KB121663

중학 한자 부수로 끝내기

중학 한자
부수로 끝내기

漢字(한자)를 알면
國(국)·英(영)·數(수)도 잘할 수 있다

김종혁 지음

J 중앙에듀북스

사람들에게 우리나라 전통(傳統)의 집을 그려 보라고 하면 거의 대부분 지붕부터 그리기 시작한다. 그러나 실제로 집짓는 사람들 가운데 지붕부터 짓는 사람은 없다.

지붕부터 집짓기를 할 수 없기 때문이다. 제대로 집짓기 위해서는 터를 정해 땅을 다진 다음 주춧돌을 놓고, 그 위에 기둥을 세운 뒤 지붕을 올려 가며 짓는 순서(順序)를 거치게 된다.

그처럼 세상의 모든 일에는 제대로 된 순서가 있다. 그 가운데 학생의 일인 학업(學業)도 실제로 집짓듯 해야 한다. 그런데 학생들이 공부해야 할 과목(科目)은 국어(國語) · 영어(英語) · 수학(數學)이 있고, 그 외에 과학(科學)이나 역사(歷史)뿐만 아니라 미술(美術)이나 음악(音樂)과 같은 과목도 있다. 이때 모든 과목의 명칭인 국어 · 영어 · 수학 · 과학 · 역사 · 미술 · 음악 등은 모두 한자로 이뤄져 있다. 뿐만 아니라 모든 과목과 관련된 학습용어(學習用語)도 대부분 한자로 이뤄져 있다. 예컨대 국어에서 배우는 용어인 의인법(擬人法)이나 의태어(擬態語), 영어에서 배우는 부정관사(不定冠詞)나 관계대명사(關係代名詞), 수학에서 배우는 방정식(方程式)이나 미적분(微積分) 등의 수많은 용어가 바로 한자로 이뤄져 있다.

따라서 공부를 제대로 하려면 용어의 개념(概念)을 파악하는 데 도움

4

이 되는 한자부터 알아두어야 한다. 한자를 모르면 결국 개념을 모르는 공부, 개념이 없는 학생이 될 수밖에 없다. 한자는 집을 지을 때에 주춧돌과 같은 존재다. 그럼에도 한자를 제대로 하지 않고 국·영·수의 공부에만 매달리는 것은 마치 집을 지을 때 지붕부터 지으려는 행위와 같다.

　대부분의 학생들에게 한자가 어렵고 재미없는 문자(文字)로 인식되어 있다. 그렇게 된 것은 여러 요인이 있겠지만, 모든 한자의 근본이 되는 부수(部首)에 대한 인식이 없기 때문이다. 부수는 한자에서 마치 한글의 ㄱ·ㄴ·ㄷ과 같은 역할을 한다. 오늘날 우리나라 사람들이 익히 사용하는 한자 가운데 가장 복잡한 한자인 鬱[우거질 울]자도 그 자소(字素)를 살피면 모두 부수(木·缶·木·冖·鬯·彡)로 이뤄져 있다. 이 책이 바로 그 부수에 대한 한자를 문자학(文字學)으로 밝혀 그 자형(字形)과 자의(字義)와 자음(字音)을 쉽고, 빠르고, 정확하게 익힐 수 있도록 쓰였다.

　이 책을 쓰게 된 데에는 적지 않은 동기(動機)가 부여되었다. 가장 큰 동기는 한자를 처음 공부하는 학습자들이 혼자서 공부할 수 있는 문자학이 바탕이 된 제대로 된 책이 없다는 점이었다. 30여 년을 한자에 천착(穿鑿)해 온 사람으로 이런 현실에 부끄러운 마음을 덜기 위해 책을 집필하기 시작했다. 하지만 한자에만 매달려 지내다 보니 주변 사람들에게 적지 않은 부담을 주고 있다. 그런 사람들 가운데 특히 가정경제(家政經濟)의 부담을 도맡고 있는 안식구에게 이 책을 통해 가장의 역할을 제대로 하지 못하는 미안한 마음을 전하고 싶다. 아울러 출판에 힘써 준 출판사 관계자들에게도 고마움을 전한다.

김종혁

문자학(文字學)을 바탕으로 내용을 구성하여 학습자(學習者)가 그 내용을 보고 자발적(自發的)으로 학습하고, 이어서 내용을 직접 옮기는 경험(經驗)을 하면서 학습하고, 다시 계속 써 보면서 완전(完全)하게 학습할 수 있도록 했습니다.

1. 자발 학습을 할 수 있도록 했습니다.

학습자 스스로 학습목표(學習目標)의 내용을 이해할 수 있도록 고문자(갑골문·금문·소전)의 자형(字形) 변화를 밝히고, 이를 바탕으로 해당 학습 한자(漢字)의 형태인 자형을 설명했습니다. 이어서 학습 한자의 뜻인 자의(字義)와 학습 한자의 음인 자음(字音)을 설명해 한자의 3요소인 자형과 자의와 자음을 분명히 알 수 있도록 책을 구성했습니다. 뿐만 아니라 해당 학습 한자와 관련 한자어의 이해를 돕기 위해 되도록 많은 사진과 그림을 덧붙였습니다.

2. 경험 학습을 할 수 있도록 구성했습니다.

자발 학습을 하여 습득한 내용을 다시 스스로의 경험을 통해 익힐 수 있도록 체계적으로 프로그램을 만들어 심화 과정을 구성했습니다. 그와 같은 프로그램은 10여 개 과정으로 만들어 처음 한자를 배우는 학습자가 해당 학습 한자의 자형과 자의와 자음을 쉽고, 빠르고, 정확하게 익히는 데 도움이 되도록 했습니다.

3. 완전 학습을 할 수 있도록 구성했습니다.

여러 번에 걸쳐 반복해 써 보면서 해당 학습 한자를 익힐 수 있도록 했습니다. 예컨대 高(고) 자의 경우에는 해당 쓰기 학습란에서 써 본 후에 이어지는 谷(곡)·骨(골)·工(공)·口(구)·弓(궁)·金(금)·己(기)자의 쓰기 복습란에서 반복해 쓸 수 있도록 했습니다.

1 이 책은 교육용 한자 1800자 가운데 중학교 교육용 900자에서 모든 한자를 학습하는 데 가장 기본이 되는 부수 한자만 학습 목표로 삼아 구성하였다.

2 이 책에서는 학습 한자의 뜻과 음을 동시에 표기할 때는 대괄호 [ ]의 형태를 사용하였고, 한자나 한자어를 한글의 음으로 바꾸거나 한글의 음을 한자나 한자어로 바꾸어 표기할 때는 소괄호 ( )의 형태를 사용하였다. 부수나 급수의 표시를 할 때는 〈 〉의 형태를 사용하였다.

3 이 책에 구성된 부수 한자는 중001 → 중002 → 중003···의 번호를 순차적으로 부여하면서, 학습 한자를 ㄱ·ㄴ·ㄷ·ㄹ···의 순으로 음에 따라 배열하였다. 또한 부수 표시와 한국어문회급수 표시를 하였다. 구성 방법은 아래와 같다(학습 한자 角자의 경우).

4 이 책의 학습 한자에 이해를 돕기 위해 사용된 고문자는 갑골문 → 금문 → 소전의 순으로 배열하였다. 관련 자형이 없을 때는 생략하

였다.

5 이 책에서는 학습자의 이해를 돕기 위해 학습 한 자나 한자어와 관련된 사진이나 그림을 되도록 많이 사용하였다.

6 이 책에서는 문자학을 바탕으로 해당 학습 한자의 자형을 풀이하고, 이어서 자의와 자음을 설명하였다.

7 이 책에서는 프로그램식으로 만든 확인 학습을 두어 한자를 처음 배우는 학습자들이 쉽고 빠르고 정확하게 익히는 데 도움이 되도록 하였다.

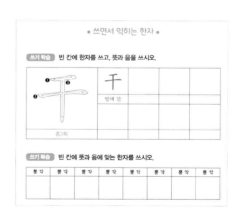

8 필순과 쓰기 학습 과정을 두었으며, 학습 한자는 다시 쓰기 복습을 통해 여러 차례에 걸쳐 완전 학습할 수 있도록 구성하였다.

차례

口 [입 구]   … 45

弓 [활 궁]   … 48

金 [쇠 금·성 김]   … 51

己 [몸 기]   … 54

머리말   … 4

책의 구성   … 6

일러두기   … 8

ㄴ

女 [계집 녀]   … 57

ㄱ

角 [뿔 각]   … 15

干 [방패 간]   … 18

甘 [달 감]   … 21

車 [수레 거(차)]   … 24

犬 [개 견]·犭 [개사슴록변]   … 27

見 [볼 견·뵐 현]   … 30

高 [높을 고]   … 33

谷 [골 곡]   … 36

骨 [뼈 골]   … 39

工 [장인 공]   … 42

ㄷ

大 [큰 대]   … 60

刀 [칼 도]·刂 [선칼도]   … 63

斗 [말 두]   … 66

豆 [콩 두]   … 69

ㄹ

力 [힘 력]   … 72

老 [늙을 로]·耂 [늙을로엄]   … 75

里[마을 리] … 78

立[설 립] … 81

非[아닐 비] … 123

飛[날 비] … 126

鼻[코 비] … 129

ㅁ

馬[말 마] … 84

麥[보리 맥] … 87

面[낯 면] … 90

毛[터럭 모] … 93

木[나무 목] … 96

目[눈 목] … 99

文[글월 문] … 102

門[문 문] … 105

米[쌀 미] … 108

ㅅ

士[선비 사] … 132

山[뫼 산] … 135

色[빛 색] … 138

生[날 생] … 141

夕[저녁 석] … 144

石[돌 석] … 147

舌[혀 설] … 150

小[작을 소] … 153

水[물 수]·氵[삼수변] … 156

手[손 수]·扌[재방변] … 159

首[머리 수] … 162

示[보일 시] … 165

食[밥 식(사)] … 168

臣[신하 신] … 171

辛[매울 신] … 174

身[몸 신] … 177

ㅂ

方[모 방] … 111

白[흰 백] … 114

父[아비 부] … 117

比[견줄 비] … 120

心[마음 심]·忄[심방변]·㣺[밑 마음심]

                       ··· 180

十[열 십]   ··· 183

氏[성씨 씨]   ··· 186

ㅇ

羊[양 양]   ··· 189

魚[물고기 어]   ··· 192

言[말씀 언]   ··· 195

玉[구슬 옥]·王[구슬옥변] ··· 198

瓦[기와 와]   ··· 201

曰[가로 왈]   ··· 204

用[쓸 용]   ··· 207

又[또 우]   ··· 210

牛[소 우]   ··· 213

雨[비 우]   ··· 216

月[달 월]   ··· 219

酉[닭 유]   ··· 222

肉[고기 육]·月[육달월]   ··· 225

乙[새 을]·乚[새을 변형자] ··· 228

音[소리 음]   ··· 231

邑[고을 읍]·阝[우부방]   ··· 234

衣[옷 의]·衤[옷의변]   ··· 237

二[두 이]   ··· 240

而[말 이을 이]   ··· 243

耳[귀 이]   ··· 246

人 [사람 인]·亻[인변] ··· 249

一[한 일]   ··· 252

日[날 일]   ··· 255

入[들 입]   ··· 258

ㅈ

子[아들 자]   ··· 261

自[스스로 자]   ··· 264

長[긴 장]·镸[긴장 변형자] ··· 267

赤[붉을 적]   ··· 270

田[밭 전]   ··· 273

鳥[새 조]   ··· 276

足[발 족]·𧾷[발족변]   ··· 279

走[달아날 주]   ··· 282

竹[대 죽]·⺮[대죽머리] ··· 285

止[그칠 지]   ··· 288

支[지탱할 지] ··· 291

至[이를 지] ··· 294

辰[별 진·때 신] ··· 297

風[바람 풍] ··· 324

皮[가죽 피] ··· 327

ㅊ

川[내 천]·巛[개미허리] ··· 300

靑[푸를 청] ··· 303

寸[마디 촌] ··· 306

齒[이 치] ··· 309

ㅎ

行[다닐 행·항렬 항] ··· 330

香[향기 향] ··· 333

革[가죽 혁] ··· 336

血[피 혈] ··· 339

戶[지게 호] ··· 342

火[불 화]·灬[연화발] ··· 345

黃[누를 황] ··· 348

黑[검을 흑] ··· 351

ㅌ

土[흙 토] ··· 312

독본 ··· 354

획수별로 정리한 부수 일람표 ··· 355

자음 색인 ··· 358

ㅍ

八[여덟 팔] ··· 315

貝[조개 패] ··· 318

片[조각 편] ··· 321

角

뽈 각

갑골문	금문	소전

〈角부수 / 6급〉

角[뽈 각]자는 소와 같은 짐승의 머리에 난 뿔을 본뜬 글자입니다. 따라서 角[뽈 각]자는 뜻이 '뿔'이 되었습니다.

'뿔'은 대개 초식동물(草食動物)이 자기 자신을 보호하면서 상대와 겨루는 데 사용하는 일종의 무기입니다. 흔히 '뿔나다'나 '뿔 솟다'라고 하면

물소의 뿔

'화가 나다'라는 의미로 쓰이는데, 이는 화가 나서 뿔로 상대와 겨루는 상황을 나타내는 것입니다. 따라서 角자는 '겨루다'의 뜻을 지니기도 합

들소가 맹수와 겨루는 모양

니다. 뿐만 아니라 뿔이 뾰족하게 겉으로 튀어나와 있기 때문에 겉으로 튀어나온 부분을 이르는 '모'의 뜻을 지니기도 합니다. 이처럼 뿔과 관련되어 '겨루다'나 '모'를 뜻하기도 하는 角

15

자는 '뿔'을 뜻하는 글자가 되었습니다.

일각수

'뿔'을 뜻하는 角[뿔 각]자는 '머리의 뿔'을 뜻하는 頭角(두각), '사슴의 뿔'을 뜻하는 鹿角(녹각), '하나의 뿔이 있는 짐승'을 뜻하는 一角獸(일각수)에서 보듯 '각'으로 읽습니다. 角자는 뜻과 음을 합쳐 '뿔 각'이라 합니다.

角자가 붙는 한자는 解[풀 해]·觸[닿을 촉]·觴[잔 상]자에서 보듯 뜻이 '뿔'과 관련 있습니다.

● 바로바로 익히는 한자 ●

확인 학습 부수 설명을 참고하여 괄호 안에 알맞은 말을 쓰시오.

1. 角자는 소와 같은 짐승의 머리에 난·(   )을 본뜬 글자입니다.

2. 角자는 뜻이 (   )입니다.

3. (   )은 대개 초식동물이 자기 자신을 보호하면서 상대와 겨루는 데 사용하는 일종의 무기입니다.

4. '머리의 뿔'을 뜻하는 頭角은 두(   )으로 읽습니다.

5. '사슴의 뿔'을 뜻하는 鹿角은 녹(   )으로 읽습니다.

6. '하나의 뿔이 있는 짐승'을 뜻하는 一角獸는 일(   )수로 읽습니다.

7. 角자는 음이 (   )입니다.

8. 角자는 뜻이 (   )이고, 음이 (   )입니다.

9. 角자는 뜻과 음을 합쳐 (   )이라 합니다.

16

10. 角자가 붙는 한자는 解·觸·觴자에서 보듯 뜻이 (   )과 관련 있
    습니다.

● 쓰면서 익히는 한자 ●

쓰기 학습 빈 칸에 한자를 쓰고, 뜻과 음을 쓰시오.

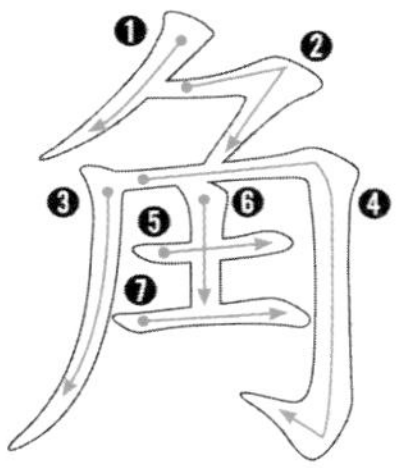

角	角			
	뿔 각			
뿔 각(총7획)				

이름 쓰기 자신의 이름을 한자로 쓰고, 아래에 뜻과 음을 적으시오.

부모님이 써 주기

스스로 써 보기

17

중002

干

방패 간

갑골문	금문	소전
Ψ	Ψ	屰

〈干부수 / 4급〉

干[방패 간]자는 끝에 갈라진 가지가 있는 옛날 무기를 나타낸 글자입니다. 이 무기는 상대를 공격하거나 막을 때 사용했습니다. 하지만 주로 막는 데 쓰이면서 干[방패 간]자는 '막다'의 뜻을 지니고, 다시 막는 무기인 '방패'의 뜻을 지니게 되었습니다.

공격은 최선의 방어이며, 공격은 막는 무기가 있을 때 더욱 더 공격적이게 됩니다. 따라서 아주 옛날부터 적이나 맹수를 공격하면서 동시에 막는 역할을 하는 무기가 만들어졌습니다. 干자 형태의 옛날 무기는 갈라진 끝이 뾰족한 무기이기 때문에 적을 범할 수도 있어 干[방패 간]자는 '범하다'의 뜻을 지니기도 합니다.

'방패'를 뜻하는 干[방패 간]자는 '방패와 창'을 뜻하는 干戈(간과)나 '방패와 성'을 뜻하는 干城(간성)

干 형태 무기(鏟)

조선의 방패

18

에서 보듯 '간'으로 읽습니다. 干涉(간섭)이나 干與(간여)에서 干[방패 간]자는 '간'으로 읽지만 뜻은 '범하다'와 관련되어 있습니다. 干자는 그 뜻과 음을 합쳐 '방패 간'이라 합니다.

干 형태의 무기를 들고 싸우는 모습

干자는 刊[책 펴낼 간]·肝[간 간]·奸[범할 간]·竿[장대 간]자 등의 글자 구성에 도움을 주면서 주로 음의 역할을 합니다.

● 바로바로 익히는 한자 ●

확인 학습 부수 설명을 참고하여 괄호 안에 알맞은 말을 쓰시오.

1. 干자는 끝에 갈라진 가지가 있는 옛날 (   )를 나타낸 글자입니다.

2. 干자는 '막다'의 뜻을 지니고, 다시 막는 무기인 (   )의 뜻을 지니게 된 글자입니다.

3. 干자는 뜻이 (   )입니다.

4. '방패와 창'을 뜻하는 干戈는 (   )과로 읽습니다.

5. '방패와 성'을 뜻하는 干城은 (   )성으로 읽습니다.

6. '범하다'의 뜻과 관련된 干涉이나 干與의 干자는 음이 (   )입니다.

7. 干자는 뜻이 (   )고, 음이 (   )입니다.

8. 干자는 뜻과 음을 합쳐 (   )이라 합니다.

9. 干자는 刊·肝·妍·竿자 등의 구성에 도움을 주면서 주로 (　)의 역할을 합니다.

● 쓰면서 익히는 한자 ●

빈 칸에 한자를 쓰고, 뜻과 음을 쓰시오.

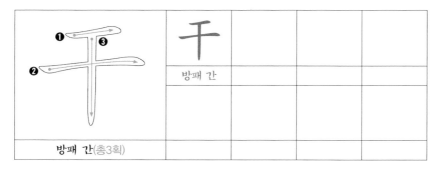

	干 방패 간			
방패 간(총3획)				

쓰기 복습 빈 칸에 뜻과 음에 맞는 한자를 쓰시오.

방패 간	방패 간	방패 간	방패 간	방패 간	방패 간	방패 간	방패 간

20

달 감

갑골문	금문	소전

〈甘부수 / 4급〉

중003

甘[달 감]자는 맛과 관련된 뜻을 지닌 글자인데, 맛은 일정한 형태가 없습니다. 하지만 '단 것'은 대부분의 사람들이 좋아하기 때문에 흔히 입 속에 넣고 즐기는 맛입니다. 따라서 입과 그 속에 무언가 '단 것'을 머금고 있는 형상을 선(線)으로 표현한 한자인 甘[달 감]자는 뜻이 '달다'가 되었습니다. 甘[달 감]자에서 甘의 형태는 '입'을 나타내고, ㅡ의 형태는 '단 것'을 나타내는 것입니다.

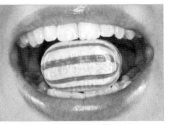

입 속에 단 것을 머금은 형상

'달다'를 뜻하는 甘[달 감]자는 '단 맛이 나는 풀'을 뜻하는 甘草(감초), '단 맛이 나는 술'을 뜻하는 甘酒(감주), '달게 받다'를 뜻하는 甘受(감수)의 말에서 보듯 '감'으로 읽습니

단 것

다. 甘자는 뜻과 음을 합쳐 '달 감'이라 합니다.

　甘자는 柑[귤나무 감]·疳[감질 감]·紺[반물 감]·嵌[산골짜기 감]자에서 보듯 주로 글자 구성에 도움을 주면서 음의 역할을 합니다.

● 바로바로 익히는 한자 ●

확인 학습　부수 설명을 참고하여 괄호 안에 알맞은 말을 쓰시오.

1. 甘자는 (　　)과 관련된 뜻을 지닌 글자입니다.

2. '단 것'은 대부분의 사람들이 좋아하기 때문에 흔히 입 속에 넣고 즐기는 (　　)입니다.

3. 입과 그 속에 무언가 (　　　)을 머금고 있는 형상을 선으로 표현한 한자가 甘자입니다.

4. 甘자는 뜻이 (　　　)입니다.

5. 甘자에서 廿의 형태는 (　　)을 나타내고, ―의 형태는 (　　　)을 나타냅니다.

6. '단 맛이 나는 풀'을 뜻하는 甘草는 (　　)초로 읽습니다.

7. '단 맛이 나는 술'을 뜻하는 甘酒는 (　　)주로 읽습니다.

8. '달게 받다'를 뜻하는 甘受는 (　　)수로 읽습니다.

9. 甘자는 음을 (　　)으로 읽습니다.

10. 甘자는 뜻과 음을 합쳐 (　　　)이라 합니다.

11. 甘자는 柑·疳·紺·嵌자에서 보듯 주로 글자 구성에 도움을 주면서 (　　)의 역할을 합니다.

● 쓰면서 익히는 한자 ●

쓰기 학습 빈 칸에 한자를 쓰고, 뜻과 음을 쓰시오.

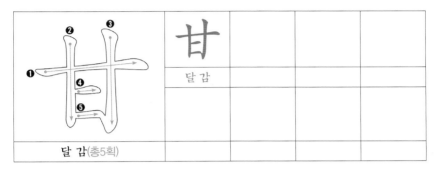

	甘 달 감			
달 감(총5획)				

쓰기 복습 빈 칸에 뜻과 음에 맞는 한자를 쓰시오.

뿔 각	방패 간	방패 간	방패 간	방패 간	방패 간	방패 간	방패 간

車

수레 거(차)

갑골문	금문	소전

〈車부수 / 6급〉

車[수레 거(차)]자는 바퀴를 특징으로 삼은 수레를 본뜬 글자입니다. 따라서 車[수레 거(차)]자는 뜻이 '수레'가 되었습니다.

옛날 사람들이 맨 처음 수레를 만들었을 때는 오늘날의 전차(戰車)처럼 주로 싸우는 데 사용했습니다. 초패왕(楚覇王) 항우(項羽)와 한고조(漢高祖) 유방(劉邦)이 서로 다투는 것을 놀이로 만든 장기판(將棋板)에서도 車(차)는 전차의 역할을 하고 있습니다.

車[수레 거(차)]자는 '사람의 힘으로 끄는 수레'를 뜻하는 人力車(인력거)나 '사람의 다리 힘을 이용해 스스로 굴러가는

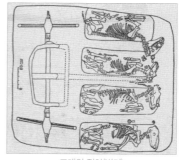

고대의 전차(병거)

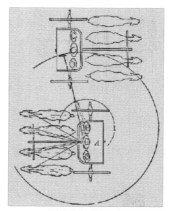

전차전의 재현 그림

수레'를 뜻하는 自轉車(자전거)에서처럼 사람의 힘으로 움직이는 수레의 뜻으로 쓰일 때는 '거'로 읽습니다. 또 '말이 끄는 수레'를 뜻하는 馬車 (마차)나 '스스로 움직이는 수레'를 뜻하는 自動車(자동차)에서처럼 동물 이나 동력을 이용해 움직이는 수레의 뜻으로 쓰일 때는 '차'로 읽습니다. 이렇게 車[수레 거(차)]자는 '거'로도 읽고, '차'로도 읽습니다. 車자는 뜻 과 음을 합쳐 '수레 거'나 '수레 차'라 합니다.

車자가 붙는 한자는 軍[군사 군]·輩[무리 배]·轟[울릴 굉]·輕[가벼울 경]자나 陣[진칠 진]·斬[벨 참]·庫[곳집 고]· 連[이을 련]자처럼 뜻이 '수레'와 관련 있습니다.

車 이체자

● 바로바로 익히는 한자 ●

확인 학습 부수 설명을 참고하여 괄호 안에 알맞은 말을 쓰시오.

1. 車자는 바퀴를 특징으로 삼은 (   )를 본뜬 글자입니다

2. 車자는 뜻이 (   )입니다.

3. 옛날 사람들이 맨 처음 수레를 만들었을 때는 오늘날의 (   )처럼 주로 싸우는 데 사용했습니다.

4. 人力車나 自轉車의 車자는 음이 (   )입니다.

5. 사람의 힘으로 움직이는 수레의 뜻으로 쓰일 때에 車자는 음을 (   )로 읽습니다.

6. 馬車나 自動車의 車자는 음이 (   )입니다.

7. 동물이나 동력을 이용해 움직이는 수레의 뜻으로 쓰일 때에 車자는

음을 ( )로 읽습니다.

8. 車자는 음을 ( )로도 읽고, ( )로도 읽습니다.

9. 車자는 뜻과 음을 합쳐 (   )나 (   )라 합니다.

10. 車자가 붙는 軍·輦·轟·輕자나 陣·斬·庫·連자는 뜻이 (   )와 관련이 있습니다.

● 쓰면서 익히는 한자 ●

쓰기 학습 빈 칸에 한자를 쓰고, 뜻과 음을 쓰시오.

수레 거(차)(총7획)		수레 거	수레 차		

쓰기 복습 빈 칸에 뜻과 음에 맞는 한자를 쓰시오.

뿔 각	방패 간	달 감	달 감	달 감	달 감	달 감	달 감

갑골문	금문	소전
犬	犬	犬

犬

개 견

개사슴록변

〈犬부수 / 4급〉

犬[개 견]자는 원래 주둥이와 두 귀가 있는 머리, 몸체에 이어진 두 다리와 꼬리가 있는 개를 세워서 본뜬 글자입니다. 따라서 犬[개 견]자는 뜻이 '개'가 되었습니다.

진돗개(진도견)

개는 늑대를 길들인 것입니다. 늑대를 인위적으로 순하게 만들어 사람을 잘 따르게 했습니다. 특히 냄새를 잘 맡으며 귀가 밝아 오늘날 사냥이나 마약 등을 탐지하는 데 활용되고 있습니다.

犬[개 견]자는 '사나운 개'를 뜻하는 猛犬(맹견), '사랑하는 개'를 뜻하는 愛犬(애견), '충성스런 개'를 뜻하는 忠犬(충견)에서 보듯 '견'으로 읽습니다. 犬자는 뜻과 음을 합쳐 '개 견'이라 합니다. 犬[개 견]자가 다른 자형과 어울려 하나의 글자를 이룰 때는 犭의 형태로 변형되기도 합니다. 犭은 '개'를 뜻하는 또 다른 한자로 어린 개와 관련된 狗[개 구]자에서 쓰임을 엿볼 수 있습니다. 犭은 형태가 사슴뿔처럼 보이기 때문에 사슴을

27

뜻하는 鹿[사슴 록]자의 뜻과 음인 '사슴 록'에, 개와 관련된 자형이므로 '개'를 앞에 붙이고, 항상 글자에서 왼쪽에 붙으므로 '변'을 붙여 '개사슴록변'이라 합니다.

화조구자도(이암)

개는 사람이 길들인 최초의 야생동물입니다. 따라서 犬자가 변형된 犭이 붙는 한자는 狐[여우 호]·狼[이리 랑]·猿[원숭이 원]·獅[사자 사]·猩[성성이 성]·猪[돼지 저]자 등에서 보듯 뜻이 주로 '야생동물'과 관련 있습니다.

● 바로바로 익히는 한자 ●

확인 학습 　부수 설명을 참고하여 괄호 안에 알맞은 말을 쓰시오.

1. 犬자는 원래 주둥이와 두 귀가 있는 머리, 몸체에 이어진 두 다리와 꼬리가 있는 ( )를 세워서 본뜬 글자입니다.

2. 犬자는 뜻이 ( )입니다.

3. 犬자가 다른 자형과 어울려 하나의 글자를 이룰 때는 ( )의 형태로 변형되어 쓰입니다.

4. 犭은 형태가 사슴뿔처럼 보이기 때문에 사슴을 뜻하는 鹿자의 뜻과 음인 '사슴 록'에 개와 관련된 자형이므로 '개'를 앞에 붙이고, 항상 글자에서 왼쪽에 붙으므로 '변'을 뒤에 붙여 ( )이라 합니다.

5. 犬자는 猛犬, 愛犬, 忠犬에서 보듯 ( )으로 읽습니다.

6. 犬자는 음이 (   )입니다.

7. 犬자는 뜻과 음을 합쳐 (   )이라 합니다.

8. 犬자가 변형된 犭이 붙는 한자는 狐·狼·猿·獅·猩·猪자 등에서 보듯 뜻이 주로 (   )과 관련이 있습니다.

● 쓰면서 익히는 한자 ●

쓰기 학습 빈 칸에 한자를 쓰고, 뜻과 음을 쓰시오.

犬 개 견	犬 개 견			
개 견(총4획)				

犭				
개사슴록변				

쓰기 복습 빈 칸에 뜻과 음에 맞는 한자를 쓰시오.

뿔 각	방패 간	달 감	수레 거	수레 차	수레 거	수레 차	수레 거

29

見

볼 견·뵐 현

갑골문	금문	소전

〈見부수 / 5급〉

見[볼 견]자는 目[눈 목]자와 儿[어진 사람 인]자
가 합쳐진 글자입니다. 目[눈 목]자는 '눈'을 나
타내고, 儿[어진 사람 인]자는 '사람'을 나타냅니
다. 儿[어진 사람 인]자는 人[사람 인]자를 약간
다르게 쓴 것입니다. 따라서 見[볼 견]자는 눈
[目]이 강조된 사람[儿]을 표현한 글자입니다.
눈을 강조하면서, 눈[目]으로 사람[儿]이 무언가
본다 하여 見[볼 견]자는 뜻이 '보다'가 되었습
니다.

옥으로 만든 사람 형상

見[볼 견]자는 '보고 배우다'라는 뜻의 見學(견학), '보고 듣다'라는 뜻의
見聞(견문), '다르게 보다'라는 뜻의 異見(이견)이란 말에서 보듯 음을 '견'
으로 읽습니다. 見자는 뜻과 음을 합쳐 '볼 견'이라 합니다.

아랫사람이 윗사람을 보는 것은 '뵙다'라고 합니다. 신하가 임금을 뵙
는 것을 '알현'이라고 합니다. '알현'은 한자로 '謁見'인데, 이때 見자가 '뵙

다'를 뜻하면서 음은 '현'으로 읽습니다. 따라서 見자는 뜻과 음을 합쳐 '뵐 현'이라고도 합니다.

見자는 現[나타날 현]·峴[고개 현]·硯[벼루 연]자에서처럼 음의 역할도 하고, 視[볼 시]·觀[볼 관]·覩[볼 도]자에서처럼 뜻의 역할도 합니다.

왕을 알현하는 모습(재현)

● 바로바로 익히는 한자 ●

부수 설명을 참고하여 괄호 안에 알맞은 말을 쓰시오.

1. 見자는 (　　)자와 (　　)자가 합쳐진 글자입니다.

2. 目자는 (　　)을 나타내고, 儿자는 (　　　)을 나타냅니다.

3. 눈[目]으로 사람[儿]이 무언가 (　　　) 하여 見자는 뜻이 (　　　)가 되었습니다.

4. 見자는 뜻이 (　　　)입니다.

5. '보고 배우다'라는 뜻의 見學은 (　　)학으로 읽습니다.

6. '보고 듣다'라는 뜻의 見聞은 (　　)문으로 읽습니다.

7. '다르게 보다'라는 뜻의 異見은 이(　　)으로 읽습니다.

8. 見자는 음이 (　　)입니다.

9. 見자는 뜻과 음을 합쳐 (　　　　)이라 합니다.

10. '알현'은 한자로 '謁見'인데, 이때 見자는 (　　　)를 뜻하면서 음은

31

( )으로 읽습니다. 따라서 見자는 뜻과 음을 합쳐 ( )이라
고도 합니다.

11. 見자는 現·峴·硯자에서처럼 ( )의 역할도 하고, 視·觀·覩자에서
처럼 ( )의 역할도 합니다.

● 쓰면서 익히는 한자 ●

쓰기 학습 빈 칸에 한자를 쓰고, 뜻과 음을 쓰시오.

	見	見		
	볼 견	빌 현		
볼 견·빌 현(총7획)				

쓰기 복습 빈 칸에 뜻과 음에 맞는 한자를 쓰시오.

뿔 각	방패 간	달 감	수레 거	수레 차	개 견	개사슴록변	개 견

32

중007

갑골문	금문	소전

높을 高

〈高부수 / 6급〉

高[높을 고]자는 건물이 높은 대(臺) 위에 있는 모양을 본뜬 글자입니다. 건물이 높은 대 위에 있다 하여 高[높을 고]자는 뜻이 '높다'가 되었습니다.

'높다'라는 뜻은 구체적인 형

고대광실 근정전

태로 나타낼 수 없습니다. 따라서 '높다'를 뜻하는 데 도움이 될 만한 높은 대 위의 건물 모양을 나타낸 高[높을 고]자로 뜻을 나타낸 것입니다. 문명이 발달되지 않았던 옛날에 사람의 힘으로 만든 것 가운데 가장 높은 것은 높은 사람이 사는 궁궐과 같은 고대광실(高臺廣室)이었습니다. 바로 고대광실과 같은 높은 대 위의 건물 모양에서 비롯되면서 '높다'의 뜻을 지니게 된 한자가 高[높을 고]자입니다.

高[높을 고]자는 '높은 산'을 뜻하는 高山(고산), '높은 소리'를 뜻하는 高音(고음), '지대가 높은 땅'을 뜻하는 高地(고지)의 말에서 보듯 음을

'고'로 읽습니다. 高자는 뜻과 음을 합쳐 '높을 고'라 합니다.

高자는 稿[볏짚 고]·膏[기름 고]·敲[두드릴 고]·縞[명주 호]·嚆[울릴 효]자의 구성에 도움을 주면서 주로 음의 역할을 합니다. 豪[호걸 호]·毫[가는 털 호]자도 高자의 일부가 생략되었지만 高자가 음의 역할을 하는 한자입니다.

초고층 건물 부르즈 칼리파

● 바로바로 익히는 한자 ●

확인 학습 부수 설명을 참고하여 괄호 안에 알맞은 말을 쓰시오.

1. 高자는 건물이 (   ) 대 위에 있는 모양을 본뜬 글자입니다.

2. 건물이 높은 대 위에 있다 하여 高자는 뜻이 (   )가 되었습니다.

3. 고대광실과 같은 높은 대 위의 건물 모양에서 비롯되면서 (   )의 뜻을 지니게 된 한자가 高자입니다.

4. 高자는 뜻이 (   )입니다.

5. '높은 산'을 뜻하는 高山은 (   )산으로 읽습니다.

6. '높은 소리'를 뜻하는 高音은 (   )음으로 읽습니다.

7. '지대가 높은 땅'을 뜻하는 高地는 (   )지로 읽습니다.

8. 高자는 음이 (   )입니다.

9. 高자는 뜻과 음을 합쳐 (   )라 합니다.

10. 高자는 稿·膏·敲·縞·嚆자의 구성에 도움을 주면서 주로 (   )의
    역할을 합니다.

● 쓰면서 익히는 한자 ●

쓰기 학습 빈 칸에 한자를 쓰고, 뜻과 음을 쓰시오.

	高 높을 고			
높을 고(총10획)				

쓰기 복습 빈 칸에 뜻과 음에 맞는 한자를 쓰시오.

방패 간	달 감	수레 거	수레 차	개 견	개사슴록변	볼 견	빌 현

중008

谷
골 곡

갑골문	금문	소전

〈谷부수 / 3급〉

谷[골 곡]자는 양쪽의 산 사이로 물이
흘러나오는 골(골짜기)을 나타낸 글자입
니다. 따라서 谷[골 곡]자는 뜻이 '골'이
되었습니다.

예부터 '산이 높으면 골이 깊다'고 했
습니다. 골이 깊으면 물도 끊이지 않고
많이 흐르게 됩니다. 谷[골 곡]자에서는
八의 형태를 위와 아래에 겹쳐 쓰면서

물이 흘러나오는 골

끊이지 않고 흐르는 물을 나타냈고, 口의 형태로 골의 입구를 나타냈습
니다. 끊이지 않고 흐르는 물과 골의 입구를 나타낸 데서 谷[골 곡]자는
'골'의 뜻을 지닌 글자가 된 것입니다.

谷[골 곡]자는 '시내가 흐르는 골'을 뜻하는 溪谷(계곡), '골에서 부는 바
람'을 뜻하는 谷風(곡풍), '깊은 산 깊은 골'을 뜻하는 深山幽谷(심산유곡)
에서 보듯 음을 '곡'으로 읽습니다. 谷자는 뜻과 음을 합쳐 '골 곡'이라

합니다.

谷자는 谿[시내 계]·豁[뚫린 골 활]자에서 뜻의 역할을 하고, 俗[풍습 속]·浴[목욕할 욕]·欲[하고자할 욕]·裕[넉넉할 유]자에서 음의 역할을 합니다.

지리산 뱀사골 골짜기

● 바로바로 익히는 한자 ●

확인 학습 부수 설명을 참고하여 괄호 안에 알맞은 말을 쓰시오.

1. 谷자는 양쪽의 산 사이로 물이 흘러나오는 (   )을 나타낸 글자입니다.

2. 谷자에서는 八의 형태를 위와 아래에 겹쳐 쓰면서 끊이지 않고 흐르는 (   )을 나타냈고, 口의 형태로 (   )의 입구를 나타냈습니다.

3. 谷자는 (   )의 뜻을 지닌 글자입니다.

4. '시내가 흐르는 골'을 뜻하는 溪谷은 계(   )으로 읽습니다.

5. '골에서 부는 바람'을 뜻하는 谷風은 (   )풍으로 읽습니다.

6. '깊은 산 깊은 골'을 뜻하는 深山幽谷은 심산유(   )으로 읽습니다.

7. 谷자는 음을 (   )으로 읽습니다.

8. 谷자는 뜻이 (   )이고, 음이 (   )입니다.

9. 谷자는 뜻과 음을 합쳐 (   )이라 합니다.

10. 谷자는 谿·豁자에서 (　　)의 역할을 하고, 俗·浴·欲·裕자에서
(　　)의 역할을 합니다.

● 쓰면서 익히는 한자 ●

빈 칸에 한자를 쓰고, 뜻과 음을 쓰시오.

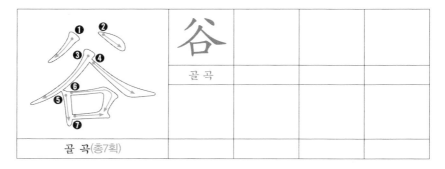

	谷 골곡			
골 곡(총7획)				

빈 칸에 뜻과 음에 맞는 한자를 쓰시오.

달 감	수레 거	수레 차	개 견	개사슴록변	볼 견	뵐 현	높을 고

38

중009

骨
뼈 골

갑골문	소전

〈骨부수 / 4급〉

骨[뼈 골]자는 원래 금이 간 뼈를 간단한 형태로 표현한 글자였습니다. 후에 금이 간 뼈는 冎로 쓰이고, 다시 뼈에 살이 붙어 있었음을 나타내기 위해 肉[고기육]자의 변형 月[육달월]을 붙인 骨[뼈 골]자가 만들어져 '뼈'의 뜻을 지니게 되었습니다.

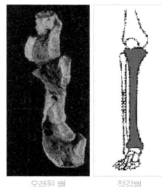

오래된 뼈   정강뼈

사람의 뼈는 같은 무게의 돌이나 쇠보다도 더 단단할 정도로 강합니다. 심지어 집 지을 때 쓰는 콘크리트보다 단단합니다. 단단한 뼈는 뇌나 폐 등의 연약한 장기를 보호하며, 몸을 지탱하는 데도 중요한 역할을 합니다. 몸을 지탱하는 뼈 가운데 중요한 하나가 정강뼈입니다. 정강뼈는 내리누르는 25톤의 충격까지도 버틸 수 있습니다. 그래서 사람이 죽으면 비교적 오랫동안 남아 있는 뼈가 정강뼈라 할 수 있습니다. 바로 그런 뼈에 금이 간 모양을 바탕으로 이뤄진 한자가 '뼈'를 뜻하는 骨[뼈 골]자입니다.

骨[뼈 골]자는 '흰 뼈'를 뜻하는 白骨(백골), '죽은 뒤에 남은 뼈'를 뜻하는 遺骨(유골), '머리를 덮는 뼈'를 뜻하는 頭蓋骨(두개골)에서 보듯 음을 '골'로 읽습니다. 骨자는 뜻과 음을 합쳐 '뼈 골'이라 합니다.

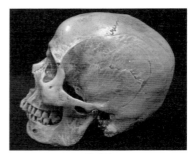
두개골

骨자가 붙는 한자는 骸[뼈 해]·髓[골 수]·體[몸 체]자에서처럼 뜻이 '뼈'와 관련이 있습니다. 骨자는 滑[미끄러울 활]자나 猾[교활할 활]자에서 음의 역할을 하기도 합니다.

● 바로바로 익히는 한자 ●

확인 학습 부수 설명을 참고하여 괄호 안에 알맞은 말을 쓰시오.

1. 骨자는 원래 금이 간 ( )를 간단한 형태로 표현한 글자였습니다.

2. 骨자는 ( )의 뜻을 지닌 글자입니다.

3. 뼈에 금이 간 모양을 바탕으로 이뤄진 한자가 ( )를 뜻하는 骨자입니다.

4. '흰 뼈'를 뜻하는 白骨은 백( )로 읽습니다.

5. '죽은 뒤에 남은 뼈'를 뜻하는 遺骨은 유( )로 읽습니다.

6. '머리를 덮는 뼈'를 뜻하는 頭蓋骨은 두개( )로 읽습니다.

7. 骨자는 음을 ( )로 읽습니다.

8. 骨자는 뜻이 (   )고, 음이 (   )입니다.

9. 骨자는 뜻과 음을 합쳐 (   )이라 합니다.

10. 骨자가 붙는 한자는 骸·髓·體자에서처럼 뜻이 (   )와 관련이 있습니다.

11. 骨자는 滑자나 猾자에서 (   )의 역할을 하기도 합니다.

● 쓰면서 익히는 한자 ●

쓰기 학습 빈 칸에 한자를 쓰고, 뜻과 음을 쓰시오.

	骨 뼈 골			
뼈 골(총10획)				

쓰기 복습. 빈 칸에 뜻과 음에 맞는 한자를 쓰시오.

수레 거	수레 차	개 견	개사슴록변	볼 견	빌 현	높을 고	골 곡

41

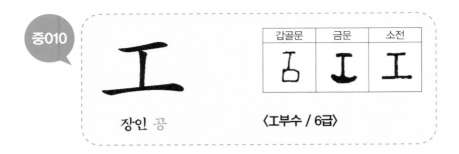

중010

工

장인 공

갑골문	금문	소전

〈工부수 / 6급〉

工[장인 공]자는 절굿공이나 도 끼, 또는 선을 긋는 자나 정과 같은 어떤 도구를 표현한 글자 로 보입니다. 그런 도구를 사용 해 물건 만드는 사람이 장인입니 다. 工[장인 공]자는 도구를 사용

장인을 표현한 그림(김준근)

해 물건 만드는 사람과 관련해 뜻이 '장인'이 되었습니다.

옛날에는 백성을 대체로 선비[士]와 농부[農]와 장인[工]과 상인[商]의 네 부류로 나누었습니다. 그 가운데 장인은 솜씨 있게 물건 만드는 일을 하는 사람을 말합니다. 솜씨 있게 물건을 만들려면 도구가 필요하니 '장 인'을 뜻하는 工[장인 공]자는 도구를 표현해 그 글자가 이뤄졌습니다.

工[장인 공]자는 '돌을 다루어 물건 만드는 장인'을 뜻하는 石工(석공), '그릇을 만드는 장인'을 뜻하는 陶工(도공), '여자 장인'을 뜻하는 女工(여 공)에서 보듯 음을 '공'으로 읽습니다. 工자는 뜻과 음을 합쳐 '장인 공'이

42

라 합니다.

工자는 功[일 공]·空[빌 공]·攻[칠 공]·貢[바칠 공]·恐[두려울 공]·鞏[묶을 공]·控[당길 공]·江[강 이름 강]·腔[빈 속 강]·紅[붉을 홍]·虹[무지개 홍]·訌[무너질 홍]·鴻[큰 기러기 홍]·項[목 항]·肛[똥구멍 항]·缸[항아리 항]자 등의 많은 한자에서 보듯 음의 역할을 합니다.

도공(폴 자쿨레)

● 바로바로 익히는 한자 ●

확인 학습 부수 설명을 참고하여 괄호 안에 알맞은 말을 쓰시오.

1. 工자는 절굿공이나 도끼, 또는 선을 긋는 자나 정과 같은 어떤
   (   )를 표현한 글자로 보입니다.

2. 도구를 사용해 물건 만드는 사람은 (   )입니다.

3. 工자는 도구를 사용해 물건 만드는 사람과 관련해 뜻이 (   )이
   되었습니다.

4. 옛날에는 백성을 대체로 선비[士]와 농부[農]와 장인[工]과 상인[商]
   의 네 부류로 나누었습니다. 그 가운데 (   )은 솜씨 있게 물건 만
   드는 일을 하는 사람을 말합니다.

5. 工자는 뜻이 (   )입니다.

6. 石工, 陶工, 女工의 工자는 (   )으로 읽습니다.

7. 工자는 음을 (   )으로 읽습니다.

43

8. 工자는 뜻이 (　　)이고, 음이 (　)입니다.

9. 工자는 뜻과 음을 합쳐 (　　　)이라 합니다.

10. 工자는 功·空·攻·貢·恐·鞏·控자 등의 많은 한자에서 보듯 (　) 의 역할을 합니다.

● 쓰면서 익히는 한자 ●

쓰기 학습 빈 칸에 한자를 쓰고, 뜻과 음을 쓰시오.

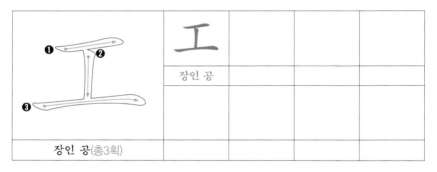

	工			
	장인 공			
장인 공(총3획)				

쓰기 복습 빈 칸에 뜻과 음에 맞는 한자를 쓰시오.

수레 차	개 견	개사슴록변	볼 견	빌 현	높을 고	골 곡	뼈 골

	갑골문	금문	소전

口
입 구

〈口부수 / 6급〉

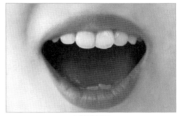
사람의 입

口[입 구]자는 입의 모습을 본뜬 글자입니다. 따라서 口[입 구]자는 뜻이 '입'이 되었습니다.

아주 옛날 사람의 입은 그저 먹는 역할만 했습니다. 하지만 사람이 손과 발을 자유자재로 사용하는 고등동물이 되면서 입은 대화를 나누는 중요한 역할을 담당하게 되었습니다. 그렇게 입은 먹고 말하는 역할을 하는 부위입니다. 먹고 말하는 것은 사람에게 중요한 일입니다. 입이 없으면 사람은 살기 어렵습니다. 따라서 口[입 구]자는 '사람'을 뜻하기도 합니다. 또 입은 먹고 말하며 음식과 말이 드나들기에 口[입 구]자는 무언가 드나드는 '어귀'나 '구멍'을 뜻하기도 합니다.

口[입 구]자는 '큰 입의 물고기'를 뜻하는 大口(대구), '한 집에서 같이 살면서 밥을 먹는 사람'을 뜻하는 食口(식구), '사람이 나가고 들어가는 어귀'를 뜻하는 出入口(출입구)에서 보듯 음을 '구'로 읽습니다. 口자는 뜻

45

과 음을 합쳐 '입 구'라 합니다.

口자가 붙는 한자는 問[물을 문]·
김[부를 소]·吐[토할 토]·名[이름 명]·
吹[불 취]자에서처럼 뜻이 '입'과 관
련이 있습니다.

대식구의 식사

● 바로바로 익히는 한자 ●

확인 학습 부수 설명을 참고하여 괄호 안에 알맞은 말을 쓰시오.

1. 口자는 (   )의 모습을 본뜬 글자입니다.

2. 口자는 뜻이 (   )입니다.

3. 입이 없으면 사람은 살기 어렵습니다. 따라서 口자는 (   )을 뜻하
   기도 합니다.

4. 입은 먹고 말하며 음식과 말이 드나들기에 口자는 무언가 드나드는
   (   )나 (   )을 뜻하기도 합니다.

5. '큰 입의 물고기'를 뜻하는 大口는 대(   )로 읽습니다.

6. '한 집에서 같이 살면서 밥을 먹는 사람'을 뜻하는 食口는 식(   )로
   읽습니다.

7. '사람이 나가고 들어가는 어귀'를 뜻하는 出入口는 출입(   )라고 읽
   습니다.

8. 口자는 음을 (   )로 읽습니다.

9. 口자는 뜻과 음을 합쳐 (   )라 합니다.

10. 口자가 붙는 한자는 問·召·吐·名·吹자에서처럼 뜻이 (   )과 관련이 있습니다.

● 쓰면서 익히는 한자 ●

빈 칸에 한자를 쓰고, 뜻과 음을 쓰시오.

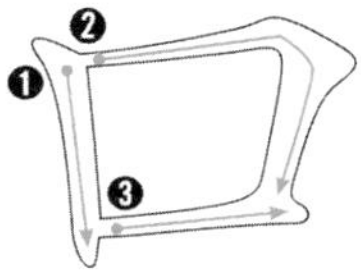	口			
	입 구			
입 구(총3획)				

빈 칸에 뜻과 음에 맞는 한자를 쓰시오.

개 견	개사슴록변	볼 견	빌 현	높을 고	골 곡	뼈 골	장인 공

47

중012

弓

활 궁

갑골문	금문	소전
🜂	🜃	🜄

〈弓부수 / 3급〉

弓[활 궁]자는 시위가 없는 활을 본뜬 글자입니다. 따라서 弓[활 궁]자는 뜻이 '활'이 되었습니다. 원래 弓[활 궁]자는 시위가 있는 형태와 없는 형태가 모두 쓰였습니다. 그러나 아무래도 시위를 매어 놓지 않을 때가 많을 수밖에 없으니 弓[활 궁]자는 시위가 없는 활로 나타냈습니다.

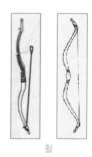

활

흔히 중국은 창의 나라, 일본은 칼의 나라, 한국은 활의 나라라고 합니다. 산이 많은 우리나라는 왜구나 오랑캐가 쳐들어오면 산 위의 성에 올라 싸웠는데, 멀리 있는 적과 싸울 때 주로 활을 사용했습니다. 이처럼 예부터 우리 조상들은 활을 주로 사용했기에, 가장 큰 스포츠 축제인 올림픽 경기에서도 활 쏘는 경기에서 좋은 성적을 거두고 있습니다.

활 쏘는 경기는 洋弓(양궁)입니다. 洋弓(양궁) 경기에서 弓術(궁술)이 신의 경지에 이를 정도로 뛰어난 弓手(궁수)는 神弓(신궁)이라 합니다. 그렇게 활과 관련된 말인 洋弓(양궁)·弓術(궁술)·弓手(궁수)·神弓(신궁)에서

48

보듯 弓자는 음이 '궁'입니다. 弓
자는 뜻과 음을 합쳐 '활 궁'이
라 합니다.

양궁 선수가 활 쏘는 모습

弓자가 붙은 한자는 引[당길
인]·弛[늦출 이]·弦[시위 현]·弧
[활 호]·張[당길 장]·彈[탄알 탄]
자 등에서 보듯 뜻이 '활'과 관련이 있습니다.

● 바로바로 익히는 한자 ●

확인 학습 부수 설명을 참고하여 괄호 안에 알맞은 말을 쓰시오.

1. 弓자는 시위가 없는 (   )을 본뜬 글자입니다.

2. 弓자는 뜻이 (   )입니다.

3. 산이 많은 우리나라는 왜구나 오랑캐가 쳐들어오면 산 위의 성에 올
   라 싸웠는데, 멀리 있는 적과 싸울 때 주로 (   )을 사용했습니다.

4. (   ) 쏘는 경기는 洋弓(양궁)입니다. 洋弓(양궁) 경기에서 弓術(궁술)
   이 신의 경지에 이를 정도로 뛰어난 弓手(궁수)는 神弓(신궁)이라 합
   니다.

5. 활과 관련된 말인 洋弓·弓術·弓手·神弓에서 보듯 弓자는 음이
   (   )입니다.

6. 弓자는 음이 (   )입니다.

7. 弓자는 뜻이 (   )이고, 음이 (   )입니다.

8. 弓자는 뜻과 음을 합쳐 (　　　)이라 합니다.

9. 弓자가 붙은 한자는 引·弛·弦·弧·張·彈자 등에서 보듯 뜻이 (　　)
   과 관련이 있습니다.

● 쓰면서 익히는 한자 ●

쓰기 학습　빈 칸에 한자를 쓰고, 뜻과 음을 쓰시오.

弓 활 궁	弓 활 궁			
활 궁(총3획)				

쓰기 복습　빈 칸에 뜻과 음에 맞는 한자를 쓰시오.

개사슴록변	볼 견	빌 현	높을 고	골 곡	뼈 골	장인 공	입 구

중013

金
쇠 금·성 김

금문	소전

〈金부수 / 8급〉

金[쇠 금·성 김]자는 금문(金文)으로 살펴보면 왼쪽의 두 점이 불에 녹인 쇳물의 덩이를 나타내고, 오른쪽의 형태가 불에 녹인 쇳물로 물건을 만들기 위한 틀, 혹은 쇳물로 굳혀 만든 물건을 나타낸 것으로 보입니다. 따라서 金[쇠 금·성 김]자는 쇳물의 쇠와 관련된 모양으로 인해 뜻이 '쇠'가 되었습니다.

주물의 틀

옛날 사람들은 애초에 여러 종류의 쇠를 모두 金(금)이라고 했습니다. 하지만 쇠의 색깔이 다른 것을 보고 '흰색의 쇠'는 白金(백금), '붉은색의 쇠'는 赤金(적금), '푸른색의 쇠'는 靑金(청금), '검은색의 쇠'는 黑金(흑금), '누른색의 쇠'는 黃金(황금)이라 했습니다. 오늘날 白金(백금)은 銀(은), 赤金(적금)은 銅(동), 靑金(청금)

쇳물로 솥 만드는 모습

51

은 錫(석)이나 鉛(연), 黑金(흑금)은 鐵(철)이라 하고, 黃金(황금)만 그냥 金(금)이라 합니다. 白金(백금)·赤金(적금)·靑金(청금)·黑金(흑금)·黃金(황금)에서처럼 金(금)자는 음을 '금'으로 읽습니다.

아울러 金[쇠 금·성 김]자는 우리나라에서 가장 많은 사람이 쓰는 성(성씨)과 관련해 '성'의 뜻을 지니기도 합니다. 金(김)씨의 뿌리가 되는 신라 金閼智(김알지)나 가야 金首露王(김수로왕)의 탄생이 모두 金(금)으로 된 궤짝과 관련이 있기 때문에 金[쇠 금]자는 '성'으로 쓰이게 되었습니다. '성'으로 쓰일 때에 金자는 음을 '김'으로 읽습니다. 따라서 金자는 뜻과 음을 합쳐 '쇠 금', 또는 '성 김'이라 합니다.

金자가 붙는 한자는 銀[은 은]·銅[구리 동]·錫[주석 석]·鉛[납 연]·鐵[쇠 철]자에서 보듯 뜻이 '쇠'와 관련이 있습니다.

● 바로바로 익히는 한자 ●

확인 학습 부수 설명을 참고하여 괄호 안에 알맞은 말을 쓰시오.

1. 金자는 왼쪽의 두 점이 불에 녹인 (   )의 덩이를 나타내고, 오른쪽의 형태가 불에 녹인 (   )로 물건을 만들기 위한 틀, 혹은 (   )로 굳혀 만든 물건을 나타낸 것으로 보입니다.

2. 金자는 쇳물의 쇠와 관련된 모양으로 인해 뜻이 (   )가 되었습니다.

3. 白金은 백(   ), 赤金은 적(   ), 靑金은 청(   )으로 읽습니다.

4. 黃金에서 金자는 음을 (   )이라 합니다.

5. 金자는 우리나라에서 가장 많은 사람이 쓰는 성(성씨)과 관련해

(   )의 뜻을 지니기도 합니다.

6. 신라 金閼智나 가야 金首露王의 탄생이 모두 金으로 된 궤짝과 관련이 있기 때문에 金자는 (   )으로 쓰이게 되었습니다.

7. 金자는 뜻과 음을 합쳐 (   ), 또는 (   )이라 합니다.

8. 金자가 붙는 한자는 銀·銅·錫·鉛·鐵자에서 보듯 뜻이 (   )와 관련이 있습니다.

● 쓰면서 익히는 한자 ●

쓰기 학습 빈 칸에 한자를 쓰고, 뜻과 음을 쓰시오.

	金	金		
	쇠 금	성 김		
쇠 금·성 김(총8획)				

쓰기 복습 빈 칸에 뜻과 음에 맞는 한자를 쓰시오.

볼 견	빌 현	높을 고	골 곡	뼈 골	장인 공	입 구	활 궁

중014

己

몸 기

갑골문	금문	소전
己	己	己

〈己부수 / 5급〉

　己[몸 기]자는 일부에서 구부리고 있는 사람의 몸을 표현하면서 뜻이 '몸'이 되었다고 합니다. 그러나 이는 옛날 글자를 보면 잘못된 풀이로 보입니다. 오히려 구부러진 굵은 줄을 나타낸 모양에서 '몸'을 뜻하는 己[몸 기]자가 이뤄졌다는 풀이가 더 바른 것으로 보입니다.

　굵은 줄 가운데 그물의 위쪽 코를 꿰어 놓은 줄이 '벼리'입니다. '벼리'는 잡아당겨 오므렸다 폈다 하면서 그물을 다스리는 역할을 합니다. 그러나 굵은 줄인 '벼리'는 후대에 糸[실 사]자를 덧붙인 紀[벼리 기]자가 대신하고, 己[몸 기]자는 벼리가 그물을 다스리듯 사람이

구부러진 굵은 줄

위에 벼리가 있는 그물

54

몸을 다스린다 하면서 뜻이 '몸'이 된 것으로 보입니다.

己[몸 기]자는 '스스로의 몸'을 뜻하는 自己(자기)에 쓰이면서 다시 '자기'의 뜻을 지니기도 합니다. 知己(지기)·利己的(이기적)·克己訓鍊(극기훈련)의 己[몸 기]자가 '자기'의 뜻을 지니고, '기'의 음으로 읽습니다. 己자는 뜻과 음을 합쳐 '몸 기'라 합니다.

己자는 紀[벼리 기]·忌[꺼릴 기]·記[기록할 기]·起[일어날 기]·杞[나무이름기]자 등의 한자에서 보듯 주로 음의 역할을 합니다.

● 바로바로 익히는 한자 ●

확인 학습 부수 설명을 참고하여 괄호 안에 알맞은 말을 쓰시오.

1. 구부러진 굵은 줄을 나타낸 모양에서 (   )을 뜻하는 己자가 이뤄진 것으로 보입니다.

2. 굵은 줄 가운데 그물의 위쪽 코를 꿰어 놓은 줄이 (   )입니다.

3. '벼리'는 잡아당겨 오므렸다 폈다 하면서 그물을 (   ) 역할을 합니다.

4. 己자는 벼리가 그물을 다스리듯 사람이 몸을 다스린다 하면서 뜻이 (   )이 된 것으로 보입니다.

5. 己자는 '스스로의 몸'을 뜻하는 自己에 쓰이면서 다시 (   )의 뜻을 지니기도 합니다.

6. 己자는 知己·利己的·克己訓鍊에서처럼 (   )의 뜻을 지니고, (   )의 음으로 읽습니다.

7. 己자는 뜻과 음을 합쳐 (   )라 합니다.

8. 己자는 紀·忌·記·起·杞자 등의 한자에서 보듯 주로 (   )의 역할을
   합니다.

● 쓰면서 익히는 한자 ●

쓰기 학습 빈 칸에 한자를 쓰고, 뜻과 음을 쓰시오.

	己		
	몸 기		
몸 기(총3획)			

쓰기 복습 빈 칸에 뜻과 음에 맞는 한자를 쓰시오.

높을 고	골 곡	뼈 골	장인 공	입 구	활 궁	쇠 금	성 김

중015

女
계집 녀

갑골문	금문	소전

〈女부수 / 8급〉

女[계집 녀]자는 두 손을 모으고 꿇어앉아 일하는 여자를 본뜬 글자입니다. 옷 등을 만들고 있는 어른인 여자를 나타냈습니다. 옛날에는 어른인 여자를 '계집'이라 했습니다. '계집'은 '계시다'의 '계'와 사람이 사는 '집'이 합쳐진 말로, 집안에 계시면서 길쌈 등을 해 살림을 꾸리는 여자를 이른 것입니다. 오늘

꿇어 앉아 일하는 여자

날에도 女[계집 녀]자는 뜻이 옛날에 어른인 여자를 이르는 말인 '계집'입니다.

女[계집 녀]자는 '옷감을 짜는 계집(여자)'을 뜻하는 織女(직녀), '바다에서 물질하는 계집(여자)'을 뜻하는 海女(해녀), '지아비가 있는 계집(여자)'을 뜻하는 有夫女(유부녀)의 말에서 보듯 음을 '녀'로 읽습니다.

그러나 女王(여왕)·女軍(여군)·女先生(여선생)에서 보듯 女[계집 녀]자가 말의 맨 앞에 놓일 때는 음이 변하여 '여'로 읽습니다. 女자는 뜻과 음을

57

합쳐 '계집 녀'라 합니다.

女자가 붙는 한자는 好[좋을 호]·奸[범할 간]·妃[왕비 비]·妓[기생 기]·妨[해로울 방]·妥[편안할 타]·姓[성씨 성]·姪[조카 질]자 등에서 보듯 뜻이 '계집(여자)'과 관련이 있습니다.

여인 방적하는 모습(기산풍속도)

● 바로바로 익히는 한자 ●

확인 학습 부수 설명을 참고하여 괄호 안에 알맞은 말을 쓰시오.

1. 女자는 두 손을 모으고 꿇어앉아 일하는 (   )를 본뜬 글자입니다.

2. 옛날에는 어른인 여자를 (   )이라 했습니다.

3. 오늘날에도 女자는 뜻이 옛날에 어른인 여자를 이르는 말인 (   )입니다.

4. 織女는 직(   ), 海女는 해(   ), 有夫女는 유부(   )로 읽습니다.

5. 織女·海女·有夫女의 女자는 (   )의 음으로 읽습니다.

6. 女자는 음이 (   )입니다.

7. 女자는 뜻이 (   )이고, 음이 (   )입니다.

8. 女자는 뜻과 음을 합쳐 (   )라 합니다.

9. 女王·女軍·女先生에서 보듯 女자가 말의 맨 앞에 놓일 때는 음이 변하여 (   )로 읽습니다.

10. 女자가 붙는 한자는 好·奸·妃·妓·妨·妥·姓·姪자 등에서 보듯 뜻이 (   )과 관련이 있습니다.

● 쓰면서 익히는 한자 ●

쓰기 학습 빈 칸에 한자를 쓰고, 뜻과 음을 쓰시오.

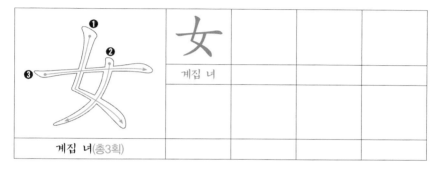

계집 녀(총3획)				

쓰기 복습 빈 칸에 뜻과 음에 맞는 한자를 쓰시오.

골 곡	뼈 골	장인 공	입 구	활 궁	쇠 금	성 김	몸 기

大

큰 대

갑골문	금문	소전

〈大부수 / 8급〉

大[큰 대]자는 정면을 향해 두 팔과 두 다리를 크게 벌리고 있는 어른인 남자를 본뜬 글자입니다. 따라서 大[큰 대]자는 팔과 다리를 크게 벌리고 있는 사람 모습과 관련해 뜻이 '크다'가 되었습니다.

'크다'의 뜻은 구체적으로 표현하기 힘들기 때문에 만물(萬物)의 영장(靈長)인 사람의 몸을 빌려 뜻을 나타냈습니다. 아이보다 큰 어른, 여자에 비해 비교적 큰 남자를 가장 크게 보이는 정면으로 본뜨고, 두 팔과 두 다리를 크게 벌린 모습의 大자로 '크다'의 뜻을 나타낸 것입니다.

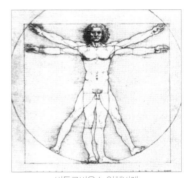

비투르비우스 인체비례

대인과 소인

60

大[큰 대]자는 '자라서 어른이 된 큰 사람'을 뜻하는 大人(대인), '큰 문'을 뜻하는 大門(대문), '큰 나라'를 뜻하는 大國(대국)의 말에서 보듯 음을 '대'로 읽습니다. 大자는 뜻과 음을 합쳐 '큰 대'라 합니다.

大자가 붙는 한자는 奄[가릴 엄]·奇[기이할 기]·套[덮개 투]·奢[사치할 사]·獎[권면할 장]자 등에서 보듯 뜻이 '크다'와 관련이 있습니다.

● 바로바로 익히는 한자 ●

확인 학습 부수 설명을 참고하여 괄호 안에 알맞은 말을 쓰시오.

1. 大자는 정면을 향해 두 팔과 두 다리를 (   ) 벌리고 있는 어른인 남자를 본뜬 글자입니다.

2. 大자는 팔과 다리를 (   ) 벌리고 있는 사람 모습과 관련해 뜻이 (   )가 되었습니다.

3. 大자는 아이보다 (   ) 어른, 여자에 비해 비교적 (   ) 남자를 가장 (   ) 보이는 정면으로 본뜨고, 게다가 두 팔과 두 다리를 (   ) 벌린 모습으로 나타낸 것입니다.

4. 大자는 뜻이 (   )입니다.

5. '자라서 어른이 된 큰 사람'을 뜻하는 大人은 (   )인으로 읽습니다.

6. '큰 문'을 뜻하는 大門은 (   )문으로 읽습니다.

7. '큰 나라'를 뜻하는 大國은 (   )국으로 읽습니다.

8. 大人·大門·大國의 大자는 (   )로 읽습니다.

9. 大자는 음이 (   )입니다.

10. 大자는 뜻이 ( )고, 음이 ( )입니다.

11. 大자는 뜻과 음을 합쳐 ( )라 합니다.

12. 大자가 붙는 한자는 奄·奇·套·奢·獎자 등에서 보듯 뜻이 ( )
와 관련이 있습니다.

• 쓰면서 익히는 한자 •

쓰기 학습 빈 칸에 한자를 쓰고, 뜻과 음을 쓰시오.

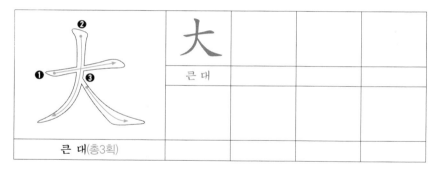

	大			
	큰 대			
큰 대(총3획)				

쓰기 복습 빈 칸에 뜻과 음에 맞는 한자를 쓰시오.

뼈 골	장인 공	입 구	활 궁	쇠 금	성 김	몸 기	계집 녀

중017

刀 刂
칼 도 선칼도

갑골문	금문	소전
🖋	🖋	🖋

〈刀부수 / 3급〉

刀[칼 도]자는 위에 칼자루가 있고 아래에 칼등과 칼날이 있는 칼을 본뜬 글자입니다. 따라서 刀[칼 도]자는 뜻이 '칼'이 되었습니다.

사람들이 최초로 만들어 쓴 칼은 돌로 만들어졌습니다. 깨진 돌의 날카로운 부분으로 무언가 자르거나 떼어내는 데 이용한 것입니다. 그러다 날카로운 부분을 좀 더 예리하도록 갈아 쓰게 되었습니다. 칼의 옛말이 '갈'인데, '갈'은 '갈다[磨·硏]'에서 비롯된 말입니다. '갈(칼)을 갈다'의 '갈(칼)'과 '갈다'는 같은 뿌리에서 생겨난 것입니다. 刀[칼 도]자는 바로 '갈'에서 비롯된 '칼'을 뜻하는 글자입니다.

청동도

돌칼

刀[칼 도]자는 '열매를 깎는 칼'을 뜻하는 果刀(과도), '짧은 칼'을 뜻하는 短刀(단도), '은으로 단장한 칼'을 뜻하는 銀粧刀(은장도)의 말에서 보

63

듯 음을 '도'로 읽습니다. 刀자는 뜻과 음을 합쳐 '칼 도'라 합니다.

刀자는 한쪽에 날이 있는 칼을 나타내고, 劍[칼 검]자는 양쪽에 모두 날이 있는 칼을 나타냅니다. 劍[칼 검]자에 붙은 刂는 바로 刀자가 변형된 형태입니다. 刂는 '선칼도'라 합니다. 刀자의 뜻과 음인 '칼 도' 앞에 刂의 형태가 곧게 선 모양이라 하여 '선'을 더해 '선칼도'라 한 것입니다.

刀(刂)자가 붙은 한자는 切[끊을 절]·分[나눌 분]·刊[책 펴낼 간]·列[벌일 렬]·初[처음 초]·利[날카로울 리]자 등에서 보듯 뜻이 '칼'과 관련이 있습니다.

● 바로바로 익히는 한자 ●

확인 학습 부수 설명을 참고하여 괄호 안에 알맞은 말을 쓰시오.

1. 刀자는 위에 칼자루가 있고 아래에 칼등과 칼날이 있는 (   )을 본 뜬 글자입니다.

2. 칼의 옛말이 (   )인데, (   )은 '갈다'에서 비롯된 말입니다.

3. 刀자는 바로 '갈'에서 비롯된 (   )을 뜻하는 글자입니다.

4. 果刀, 短刀, 銀粧刀의 刀자는 (   )로 읽습니다.

5. 刀자는 음이 (   )입니다.

6. 刀자는 뜻이 (   )이고, 음이 (   )입니다.

7. 刀자는 뜻과 음을 합쳐 (   )라 합니다.

8. 刀자는 한쪽에 날이 있는 (   )을 나타내고, 劍[칼 검]자는 양쪽에 모두 날이 있는 (   )을 나타냅니다.

9. 劍(검)자에 붙는 刂는 바로 刀자가 변형된 형태입니다. 刂는 (   )
라 합니다.

10. 刀(刂)자가 붙은 한자는 切·分·刊·列·初·利자 등에서 보듯 뜻이
(   )과 관련이 있습니다.

● 쓰면서 익히는 한자 ●

쓰기 학습 빈 칸에 한자를 쓰고, 뜻과 음을 쓰시오.

	刀		
	칼 도		
칼 도(총2획)			

刂					
선칼도					

쓰기 복습 빈 칸에 뜻과 음에 맞는 한자를 쓰시오.

장인 공	입 구	활 궁	쇠 금	성 김	몸 기	계집 녀	큰 대

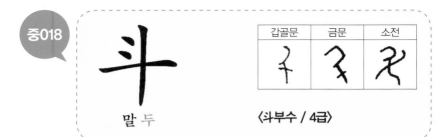

중018

斗

말 두

갑골문	금문	소전

〈斗부수 / 4급〉

斗[말 두]자는 원래 술 따위를 푸는 자루가 달린 용기를 나타낸 글자입니다. 후에 그와 같은 용기로 술 따위의 용량(容量)을 헤아리면서 斗[말 두]자는 다시 용량과 관련된 '말'의 뜻을 지니게 되었습니다. 결국 술을 뜨는 용기를 나타낸 斗[말 두]자는 용량과 관련해 뜻이 '말'이 된 것입니다.

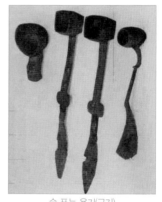

술 푸는 용기(구기)

예부터 '말술은 지고 갈 수는 없어도 마시고는 갈 수 있다'거나 '말술도 사양하지 않는다'는 말 속에 '말술'의 '말'이 바로 斗[말 두]자의 뜻입니다. '말술'은 '한 말의 용량이 되는 술'을 뜻하지만 '많이 마시는 술'을 뜻하기도 합니다.

斗[말 두]자의 옛날 글자를 살피면 마치 '북두칠성'을 이어놓은 모양처럼 보입니다. 따라서 斗[말 두]자는 '북두칠성'을 한자로 쓴 '北斗七星'에서 쓰임을 찾을 수 있습니다. '북녘[北]에 두[斗]자처럼 보이는 일곱[七] 개의 별[星]'이 北斗七星(북두칠성)입니다. '말 술[斗酒]도 사양하지[辭] 않는다[不]'는 뜻인 '斗酒不辭(두주불사)'에서도 斗[말 두]자가 쓰 입니다. '北斗七星(북두칠성)'이나 '斗酒不辭 (두주불사)'에서 보듯 斗[말 두]자는 음이 '두' 입니다. 斗자는 뜻과 음을 합쳐 '말 두'라 합 니다.

북두칠성

斗자가 붙은 한자는 料[헤아릴 료]·斜[기울일 사]·科[조목 과]자에서처럼 용량인 '말'의 사용과 관련된 뜻을 지닙니다.

● 바로바로 익히는 한자 ●

확인 학습 부수 설명을 참고하여 괄호 안에 알맞은 말을 쓰시오.

1. 斗자는 원래 술 따위를 푸는 자루가 달린 (　　　)를 나타낸 글자입 니다.

2. 斗자는 다시 용량과 관련된 (　　)의 뜻을 지니게 되었습니다.

3. 斗자는 용량과 관련해 뜻이 (　　)이 된 것입니다.

4. '말술도 사양하지 않는다'는 말 속에 '말술'의 (　　)이 바로 斗자의 뜻입니다.

5. '북녘[北]에 두[斗]자처럼 보이는 일곱[七] 개의 별[星]'이 (　　　　　) 입니다.

6. 斗자는 '말술[斗酒]도 사양하지[辭] 않는다[不]'는 뜻인 (　　　　　)에

도 쓰입니다.

7. 北斗七星이나 斗酒不辭의 말에서 보듯 斗자는 음이 ( )입니다.

8. 斗자는 뜻과 음을 합쳐 (   )라 합니다.

9. 斗자가 붙는 한자는 料·斜·科자에서처럼 용량인 ( )의 사용과 관
   련된 뜻을 지닙니다.

● 쓰면서 익히는 한자 ●

쓰기 학습 빈 칸에 한자를 쓰고, 뜻과 음을 쓰시오.

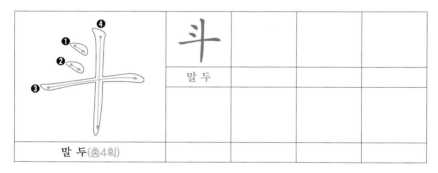

	斗 (말 두)		
말 두(총4획)			

쓰기 복습 빈 칸에 뜻과 음에 맞는 한자를 쓰시오.

활 궁	쇠 금	성 김	몸 기	계집 녀	큰 대	칼 도	선칼도

중019

豆

콩 두

갑골문	금문	소전

〈豆부수 / 4급〉

豆[콩 두]자는 제사에서 음식을 담는 데 쓰는 굽 높은 그릇인 제기(祭器)를 본뜬 글자입니다. 옛날에는 흔히 이미 만들어져 사용되는 글자를 빌려 다른 뜻을 나타내기도 했기 때문에 제기를 본뜬 豆[콩 두]자도 '콩'의 뜻으로 빌려 쓰였습니다. 따라서 豆[콩 두]자는 뜻이 '콩'이 되었습니다.

청동(靑銅)의 豆

하지만 豆[콩 두]자는 원래 제기를 본뜬 글자이므로 그 자형이 붙는 豐[풍성할 풍]자나 登[오를 등]자는 뜻이 '제기'와 관련이 있습니다.

아울러 '제기'를 나타낸 豆[콩 두]자는 '나무로 만든 제기'를 뜻하는 木豆(목두)나 '도마처럼 만든 제기'를 뜻하는 俎豆(조두)에서처럼 '제기'를 뜻하면서 '두'로 읽기도 합니다. 하지만 오늘날 豆[콩 두]

옻칠한 조두(俎豆)

69

자는 '작은 콩인 팥'을 뜻하는 小豆(소두)나 '푸른 콩의 빛'을 뜻하는 綠豆色(녹두색)의 말에서 보듯 흔히 '콩'을 뜻하면서 음을 '두'로 읽습니다. 豆자는 뜻과 음을 합쳐 '콩 두'라 합니다.

녹두

豆자가 붙는 한자는 豐[풍성할 풍]자나 登[오를 등]자에서처럼 뜻이 '제기'와 관련이 있기도 하지만 頭[머리 두]자나 痘[천연두 두]자에서처럼 음 '두'와 관련이 있기도 합니다.

● 바로바로 익히는 한자 ●

확인 학습 부수 설명을 참고하여 괄호 안에 알맞은 말을 쓰시오.

1. 豆자는 제사에서 음식을 담는 데 쓰는 굽 높은 그릇인 (　　)를 본뜬 글자입니다.

2. 제기를 본뜬 豆자는 (　)의 뜻으로 빌려 쓰였습니다.

3. 豆자는 뜻이 (　)이 되었습니다.

4. 豆자는 '나무로 만든 제기'를 뜻하는 木豆나 '도마처럼 만든 제기'를 뜻하는 俎豆에서처럼 (　　)를 뜻하면서 (　)로 읽습니다.

5. 오늘날 豆자는 '작은 콩인 팥'을 뜻하는 小豆나 '푸른 콩의 빛'을 뜻하는 綠豆色의 말에서 보듯 흔히 (　)을 뜻하면서 음을 (　)로 읽습니다.

6. 豆자는 뜻이 (　)이고, 음이 (　)입니다.

7. 豆자는 뜻과 음을 합쳐 (　　　)라 합니다.

8. 豆자가 붙는 한자는 豐자나 豋자에서처럼 뜻이 (　　)와 관련이 있기도 하지만 頭자나 痘자에서처럼 음 (　)와 관련이 있기도 합니다.

● 쓰면서 익히는 한자 ●

쓰기 학습 빈 칸에 한자를 쓰고, 뜻과 음을 쓰시오.

	豆			
	콩 두			
콩 두(총7획)				

쓰기 복습 빈 칸에 뜻과 음에 맞는 한자를 쓰시오.

쇠 금	성 김	몸 기	계집 녀	큰 대	칼 도	선칼도	말 두

중020

力
힘 력

갑골문	금문	소전

〈力부수 / 7급〉

力[힘 력]자는 옛날 사람들이 사용했던 간단한 형태의 외날 쟁기를 본뜬 글자입니다. 그런 쟁기로 땅을 일구는 일은 아주 많은 힘이 들기 때문에 쟁기에서 비롯된 力[힘 력]자는 결국 뜻이 '힘'이 되었습니다.

사람이 쟁기질을 하는 것은 먹고살기 위해서입니다. 하지만 쟁기질은 많은 힘이 들었기 때문에 식구를 부양해야 할 사내가 했습니다. 따라서 '사내'를 뜻하는 男[사내 남]자에도 농토를 나타낸 田[밭 전]자에 쟁기를 나타낸 力[힘 력]자가 붙었습니다.

力[힘 력]자는 '사람의 힘'을 뜻하는 人力(인력), '나라의 힘'을 뜻하는 國力(국력), '물의 힘을 이용한 발전소'를

옛날 쟁기

쟁기질하는 사내의 모습

72

뜻하는 水力發電所(수력발전소)에서 보듯 음을 '력'으로 읽습니다. 力자는 뜻과 음을 합쳐 '힘 력'이라 합니다. 그러나 力道(역도)나 力不足(역부족)에서 보듯 力[힘 력]자가 맨 앞에 놓일 때는 음을 '역'으로도 읽습니다.

男子의 금문

力자가 붙은 한자는 加[더할 가]·功[일 공]·勇[날랠 용]·務[힘쓸 무]·劣[못할 렬]자에서처럼 뜻이 '힘'과 관련이 있습니다.

● 바로바로 익히는 한자 ●

확인 학습 부수 설명을 참고하여 괄호 안에 알맞은 말을 쓰시오.

1. 力자는 옛날 사람들이 사용했던 간단한 형태의 외날 (   )를 본뜬 글자입니다.

2. 쟁기로 땅을 일구는 일은 아주 많은 (   )이 듭니다.

3. 쟁기에서 비롯된 力자는 뜻이 (   )이 되었습니다.

4. '사람의 힘'을 뜻하는 人力은 인(   )으로 읽습니다.

5. '나라의 힘'을 뜻하는 國力은 국(   )으로 읽습니다.

6. '물의 힘을 이용한 발전소'를 뜻하는 水力發電所는 수(   )발전소로 읽습니다.

7. 力자는 음을 (   )으로 읽습니다.

8. 力자는 뜻과 음을 합쳐 (   )이라 합니다.

9. 力道나 力不足의 말에서 보듯 力자가 말의 맨 앞에 사용될 때는 음

을 ( )으로도 읽습니다.

10. 力자가 붙은 한자는 加·功·勇·務·劣자에서처럼 뜻이 ( )과 관련이 있습니다.

● 쓰면서 익히는 한자 ●

쓰기 학습 빈 칸에 한자를 쓰고, 뜻과 음을 쓰시오.

	力 힘 력			
힘 력(총2획)				

쓰기 복습 빈 칸에 뜻과 음에 맞는 한자를 쓰시오.

성 김	몸 기	계집 녀	큰 대	칼 도	선칼도	말 두	콩 두

중021

老 耂
늙을로엄

늙을 로

갑골문	금문	소전

〈老부수 / 6급〉

老[늙을 로]자는 흐트러진 긴 머리털이 난 허리가 굽은 늙은 사람이 지팡이를 짚고 있는 모습을 본뜬 글자입니다. 늙은 사람을 표현했기 때문에 老[늙을 로]자는 뜻이 '늙다'가 되었습니다.

늙어 정신이 흐려지면 머리털을 잘 갈무리하는 데 어려움이 있기 때문에 흐트러진 머리털이 있고, 또 늙으면 대개 허리가 굽으면

지팡이를 짚은 늙은이

서 지팡이를 짚고 다니기 때문에 그런 모습으로 '늙다'의 老[늙을 로]자가 이뤄진 것입니다. 老[늙을 로]자가 다른 글자와 어울려 쓰일 때는 孝(효)자나 考(고)자에서 보듯 耂의 형태로도 쓰입니다. 耂의 형태는 '늙을로엄'이라 합니다. 老[늙을 로]자의 자형에서 耂[늙을로엄]은 '엄'의 부분만 쓰이고 있기에 '늙을 로' 뒤에 '엄'을 덧붙여 '늙을로엄'이라 부른 것입니다.

'늙다'를 뜻하는 老[늙을 로]자는 '나이가 들어 늙다'를 뜻하는 年老(연

75

로), '먹으면 늙지 않는다는 상상의 풀'을 뜻하는 不老草(불로초), '부부가 백년을 함께 늙다'라는 뜻의 百年偕老(백년해로)에서 보듯 음을 '로'로 읽습니다. 老자는 뜻과 음을 합쳐 '늙을 로'라 합니다.

老자가 老人(노인)·老母(노모)·老年(노년)에서 보듯 맨 앞에 놓일 때는 음을 '노'로도 읽습니다.

老(耂)자가 붙는 한자는 考[상고할 고]·耆[늙은이 기]·孝[효도 효]자에서 보듯 뜻이 '늙다'와 관련이 있습니다.

● 바로바로 익히는 한자 ●

확인 학습 부수 설명을 참고하여 괄호 안에 알맞은 말을 쓰시오.

1. 老자는 흐트러진 긴 머리털이 난 허리가 굽은 (　　　) 사람이 지팡이를 짚고 있는 모습을 본뜬 글자입니다.

2. 老자는 뜻이 (　　　)입니다.

3. 老자가 다른 글자와 어울려 쓰일 때는 耂의 형태로도 쓰입니다. 耂의 형태는 (　　　　　)이라 합니다.

4. '나이가 들어 늙다'를 뜻하는 年老는 연(　)로 읽습니다.

5. '먹으면 늙지 않는다는 상상의 풀'을 뜻하는 不老草는 불(　)초로 읽습니다.

6. 百年偕老는 백년해(　)로 읽습니다.

7. 老자는 음이 (　)입니다.

8. 老자는 뜻과 음을 합쳐 (　　　　　)라 합니다.

9. 老자가 老人·老母·老年에서 보듯 맨 앞에 놓일 때는 음을 (   )로
   도 읽습니다.

10. 老(耂)자가 붙는 한자는 考·耆·孝자에서 보듯 뜻이 (   )와 관련
    이 있습니다.

● 쓰면서 익히는 한자 ●

쓰기 학습   빈 칸에 한자를 쓰고, 뜻과 음을 쓰시오.

	老 늙을 로			
늙을 로(총6획)				

耂 늙을로엄						

쓰기 복습   빈 칸에 뜻과 음에 맞는 한자를 쓰시오.

몸 기	계집 녀	큰 대	칼 도	선칼도	말 두	콩 두	힘 력

里[마을 리]자는 田[밭 전]자
와 土[흙 토]자가 합쳐진 글
자입니다. 田[밭 전]자는 사람
이 농사지어 먹고살 밭[田]과
관련이 있으며, 土[흙 토]자는
밭이 흙[土]으로 이뤄졌음을
나타냈습니다.

화전으로 일군 마을(안반데기)

  예부터 사람들은 먹을 것을 해결하기 위해 밭을 일구어 농사를 짓고,
주변에 마을을 이뤄 모여 살았습니다. 따라서 농사지어 먹고살 밭[田]과
흙[土]이 합쳐진 里[마을 리]자가 '마을'의 뜻을 지니게 되었습니다.

  옛날 사람들은 흔히 산기슭을 불로 태워 농사짓는 밭을 만들었습니
다. 이때 먹고살기 위해 농사지을 수 있는 밭과 관련해 다른 마을이 이
뤄질 때는 일정한 거리(距離)를 두고 이뤄졌습니다. 따라서 里[마을 리]자
는 '거리의 단위'로도 쓰이고 있습니다.

78

里[마을 리]자는 '골 주변의 마을'을 뜻했던 洞里(동리), '시골의 마을'을 뜻하는 鄉里(향리), 또는 '1리(里 : 300걸음)의 열 곱절 거리'를 뜻하는 十里(십리), '하루에 천 리를 달리는 말'을 뜻하는 千里馬(천리마)에서 보듯 음을 '리'로 읽습니다. 里자는 뜻과 음을 합쳐 '마을 리'라 합니다.

里자는 里長(이장)이나 里程標(이정표)에서 보듯 맨 앞에 놓일 때는 음을 '이'로 읽습니다.

里자가 붙는 한자는 理[다스릴 리]·裏[속리=裡]·鯉[잉어 리]자에서처럼 주로 음의 역할을 합니다.

● 바로바로 익히는 한자 ●

확인 학습 **부수 설명을 참고하여 괄호 안에 알맞은 말을 쓰시오.**

1. 里자는 (   )자와 (   )자가 합쳐진 글자입니다.

2. 田자는 사람이 농사지어 먹고살 (   )과 관련이 있으며, 土자는 밭이 (   )으로 이뤄졌음을 나타냈습니다.

3. 예부터 사람들은 먹을 것을 해결하기 위해 밭을 일구어 농사를 짓고, 주변에 (   )을 이뤄 모여 살았습니다.

4. 里자는 뜻이 (   )입니다.

5. 里자는 '(   )의 단위'로도 쓰이고 있습니다.

6. 洞里, 鄉里, 十里, 千里馬의 里자는 음을 (   )로 읽습니다.

7. 里자는 음이 (   )입니다.

8. 里자는 뜻이 (   )이고, 음이 (   )입니다.

9. 里자는 뜻과 음을 합쳐 (   )라 합니다.

10. 里長이나 里程標에서 보듯 맨 앞에 놓일 때는 음을 (   )로 읽습니다.

11. 里자가 붙는 한자는 理·裏·鯉자에서처럼 주로 (   )의 역할을 합니다.

● 쓰면서 익히는 한자 ●

쓰기 학습 빈 칸에 한자를 쓰고, 뜻과 음을 쓰시오.

里 (그림)	里 마을 리			
마을 리(총7획)				

쓰기 복습 빈 칸에 뜻과 음에 맞는 한자를 쓰시오.

큰 대	칼 도	선칼도	말 두	콩 두	힘 력	늙을 로	늙을로엄

중023

立

설 립

갑골문	금문	소전

〈立부수 / 7급〉

立[설 립]자는 사람이 땅 위의 한자리에 서 있는 모습을 본뜬 글자입니다. 따라서 땅 위에 선 사람에서 비롯된 立[설 립]자는 뜻이 '서다'가 되었습니다.

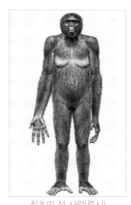

최초의 선 사람(루시)

세상의 여러 동물 가운데 사람만 유일하게 곧게 서서 활동할 수 있습니다. 원래 최초의 인류는 원숭이처럼 나무 위에서 살았습니다. 하지만 빙하기로 인해 나무가 없어지자 초원에서 살기 시작했습니다. 그러자 맹수들을 경계하고 먹잇감을 살피기 위해 사람은 미어캣처럼 머리를 치켜 올리고 두 발로 섰습니다. 그러다 결국 두 발로만 서서 활동하게 된 것입니다. 따라서 서 있는 사람 모습으로 立[설 립]자가 만들어졌습니다.

'서다'를 뜻하는 立[설 립]자는 '곧게 서다'라는 뜻의 直立(직립), '스스로 서다'라는 뜻의 自立(자립), '가운데 서다'라는 뜻의 中立(중립)의 말에서

81

사람의 진화 과정

보듯 음을 '립'으로 읽습니다. 立자는 뜻과 음을 합쳐 '설 립'이라 합니다.

立春(입춘), 立場(입장), 立地(입지)에서 보듯 立자가 맨 앞에 놓일 때는 음을 '입'으로도 읽습니다.

立자는 笠[삿갓 립]·粒[쌀알 립]·泣[울 읍]·位[자리 위]자의 구성에 도움을 주면서 음의 역할을 합니다.

● 바로바로 익히는 한자 ●

확인 학습 부수 설명을 참고하여 괄호 안에 알맞은 말을 쓰시오.

1. 立자는 사람이 땅 위의 한자리에 (   ) 있는 모습을 본뜬 글자입니다.

2. 땅 위에 선 사람에서 비롯된 立자는 뜻이 (   )가 되었습니다.

3. '곧게 서다'라는 뜻의 直立은 직(   )으로 읽습니다.

4. '스스로 서다'라는 뜻의 自立은 자(   )으로 읽습니다.

5. '가운데 서다'라는 뜻의 中立은 중(   )으로 읽습니다.

6. 直立, 自立, 中立의 立자는 (   )으로 읽습니다.

7. 立자는 음을 (   )으로 읽습니다.

82

8. 立자는 뜻이 (   )고, 음이 (   )입니다.

9. 立자는 뜻과 음을 합쳐 (   )이라 합니다.

10. 立春, 立場, 立地의 말에서 보듯 立자가 맨 앞에 놓일 때는 음을
    (   )으로도 읽습니다.

11. 立자는 笠·粒·泣·位자의 구성에 도움을 주면서 (   )의 역할을 합
    니다.

● 쓰면서 익히는 한자 ●

쓰기 학습 빈 칸에 한자를 쓰고, 뜻과 음을 쓰시오.

	立 설 립			
설 립(총5획)				

쓰기 복습 빈 칸에 뜻과 음에 맞는 한자를 쓰시오.

칼 도	선칼도	말 두	콩 두	힘 력	늘을 로	늘을로엄	마을 리

말 마

갑골문	금문	소전

〈馬부수 / 5급〉

馬[말 마]자는 길쭉한 머리와 눈, 몸체에 이어진 갈기와 발과 꼬리가 보이는 말을 세워서 나타낸 글자입니다. 말의 가장 특징적인 여러 부위를 나타낸 데서 馬[말 마]자는 뜻이 '말'이 되었습니다.

길쭉한 머리에 있는 눈은 초식동물(草食動物)인 말이 육식동물(肉食動物)을 피해 도망가

몸을 세우고 있는 말

는 데 도움이 되도록 발달되었습니다. 말은 포유류(哺乳類) 가운데 눈이 큰 동물이므로 이를 크게 강조해 나타낸 것입니다. 아울러 말은 다른 동물에서 볼 수 없는 갈기가 있기에 갈기의 모습을 쓰기 편하도록 세워서 나타냈습니다. 바로 그런 특징을 살려서 나타낸 馬[말 마]자는 '말'의 뜻을 지닌 글자가 되었습니다.

'말'을 뜻하는 馬[말 마]자는 '말이 끄는 수레'를 뜻하는 馬車(마차), '나무로 된 말'을 뜻하는 木馬(목마), '하루에 천 리를 달리는 말'을 뜻하는

84

千里馬(천리마)에서 보듯 음을 '마'로 읽습니다. 馬자는 뜻과 음을 합쳐 '말 마'라 합니다.

馬자가 붙는 한자는 駿[준마 준]·騎[말 탈 기]·駐[말 머무를 주]·驅[몰 구]·騷[시끄러울 소]·

진시황릉 청동거마

馴[길들일 순]자에서 보듯 뜻이 '말'과 관련이 있습니다.

● 바로바로 익히는 한자 ●

확인 학습 부수 설명을 참고하여 괄호 안에 알맞은 말을 쓰시오.

1. 馬자는 길쭉한 머리, 눈과 몸체, 갈기와 발과 꼬리가 보이는 (   )을 세워서 나타낸 글자입니다.

2. 馬자는 뜻이 (   )이 되었습니다.

3. '말이 끄는 수레'를 뜻하는 馬車는 (   )차로 읽습니다.

4. '나무로 된 말'을 뜻하는 木馬는 목(   )로 읽습니다.

5. '하루에 천 리를 달리는 말'을 뜻하는 千里馬는 천리(   )로 읽습니다.

6. 馬車, 木馬, 千里馬의 馬자는 (   )로 읽습니다.

7. 馬자는 음이 (   )입니다.

8. 馬자는 뜻이 (   )이고, 음이 (   )입니다.

9. 馬자는 뜻과 음을 합쳐 (   )라 합니다.

10. 馬가 붙는 한자는 駿·騎·駐·驅·騷·馴자에서 보듯 뜻이 (   )과
    관련이 있습니다.

● 쓰면서 익히는 한자 ●

빈 칸에 한자를 쓰고, 뜻과 음을 쓰시오.

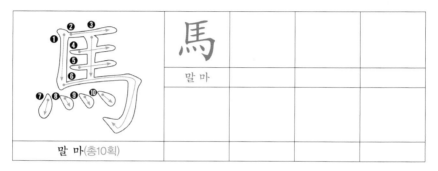

馬			
말 마			
말 마(총10획)			

쓰기 복습 빈 칸에 뜻과 음에 맞는 한자를 쓰시오.

선칼도	말 두	콩 두	힘 력	늙을 로	늙을로엄	마을 리	설 립

86

중025

麥
보리 맥

갑골문	금문	소전

〈麥부수 / 3급〉

麥[보리 맥]자는 줄기가 곧고 잎은 아래로 숙였으나 이삭이 꼿꼿하고 뿌리 부분이 특이한 형상을 한 보리를 본뜬 글자입니다. 따라서 麥[보리 맥]자는 뜻이 '보리'가 되었습니다.

곡물은 사람의 생명을 유지시키는 데 중요한 역할을 하는 식물입니다. 따라서 옛날부터 사람들은 생존을 위해 곡물 생산에 많은 관심을 기울여 왔으며, 그로 인해 비교적 많은 곡물이 재배되었습니다. 그런 곡물 가운데 보리는 밀과 함께 사람들이 맨 처음 재배하기 시작한 곡물로 보리를 뜻하는 한자가 麥[보리 맥]자입니다. 麥[보리 맥]은 다시 大麥(대맥)인 보리와 小麥(소맥)인 밀로 나뉩니다.

麥[보리 맥]자는 '보리로 만든 술'을 뜻하는 麥

자라고 있는 보리

보리와 밀의 이삭

酒(맥주), '콩과 보리'를 뜻하는 菽麥(숙맥), '보리밥 무늬가 있는 돌'을 뜻하는 麥飯石(맥반석)에서 보듯 음을 '맥'으로 읽습니다. 麥자는 뜻과 음을 합쳐 '보리 맥'이라 합니다.

麥자가 붙어 비교적 자주 쓰이는 麵[밀가루 면]자와 麴[누룩 국]자는 뜻이 '보리'와 관련이 있습니다.

보리밥

맥반석

● 바로바로 익히는 한자 ●

확인 학습 부수 설명을 참고하여 괄호 안에 알맞은 말을 쓰시오.

1. 麥자는 줄기가 곧고 잎은 아래로 숙였으나 이삭이 꼿꼿하고 뿌리 부분이 특이한 형상을 한 (   )를 본뜬 글자입니다.

2. 麥자는 뜻이 (   )가 되었습니다.

3. 麥은 다시 大麥인 (   )와 小麥인 (   )로 나뉩니다.

4. '보리로 만든 술'을 뜻하는 麥酒는 (   )주로 읽습니다.

5. '콩과 보리'를 뜻하는 菽麥은 숙(   )으로 읽습니다.

6. '보리밥 무늬가 있는 돌'을 뜻하는 麥飯石은 (   )반석으로 읽습니다.

7. 麥酒, 菽麥, 麥飯石의 麥자는 (   )으로 읽습니다.

8. 麥자는 음을 (   )으로 읽습니다.

9. 麥자는 뜻이 (　　　)고, 음이 (　　)입니다.

10. 麥자는 뜻과 음을 합쳐 (　　　　　)이라 합니다.

11. 麥자가 붙어 비교적 자주 쓰이는 麵자와 麴자는 뜻이 (　　　)와 관련이 있습니다.

● 쓰면서 익히는 한자 ●

쓰기 학습 빈 칸에 한자를 쓰고, 뜻과 음을 쓰시오.

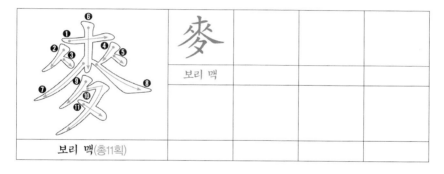

	麥 보리 맥			
보리 맥(총11획)				

쓰기 복습 빈 칸에 뜻과 음에 맞는 한자를 쓰시오.

말 두	콩 두	힘 력	늙을 로	늙을로엄	마을 리	설 립	말 마

중026

面

낯 면

갑골문	소전

〈面부수 / 6급〉

面[낯 면]자는 눈[目]을 중심으로 사람의 낯을 표현한 글자입니다. '몸이 천 냥이면 눈이 구백 냥이다'라는 속담에서도 알 수 있듯 사람의 눈은 낯에서 가장 중요한 부분이기 때문에 그렇게 본뜬 것입니다. 따라서 눈[目]을 중심으로 표현된 面[낯 면]자는 뜻이 '낯'이 되었습니다.

청동의 인면구

사람의 몸 가운데 남의 눈에 가장 잘 띄는 곳이 낯으로, 한 사람에 대한 전체적인 인상을 대표합니다. 나아가 낯은 사람에 대한 여러 정보를 확인하는 데 도움을 주는 부분이며, 사람의 현재 상태나 감정을 드러내는 구실을 하는 부분입니다. 바로 그 부위를 나타낸 面[낯 면]자는 '낯'의 뜻을 지니게 되었습니다.

옥으로 만든 사람 얼굴

'낯'을 뜻하는 面[낯 면]자는 '낯을 마주 접하다'라는 뜻의 面接(면접), '낯을 씻다'라는 뜻의 洗面(세면), '낯의 털을 칼로 깎다'라는 뜻의 面刀(면도)에서 보듯 음을 '면'으로 읽습니다. 面자는 뜻과 음을 합쳐 '낯 면'이라 합니다.

세면하는 청동대야

面자가 붙어 익히 쓰이는 한자로는 麵[밀가루 면]자 하나뿐입니다. 麵[밀가루 면]자는 面자가 음의 역할을 합니다.

● 바로바로 익히는 한자 ●

확인 학습 부수 설명을 참고하여 괄호 안에 알맞은 말을 쓰시오.

1. 面자는 눈[目]을 중심으로 사람의 (   )을 표현한 글자입니다.

2. 사람의 눈은 (   )에서 가장 중요한 부분입니다.

3. 눈[目]을 중심으로 표현된 面자는 뜻이 (   )이 되었습니다.

4. 사람의 몸 가운데 남의 눈에 가장 잘 띄는 곳이 (   )으로, 한 사람에 대한 전체적인 인상을 대표합니다.

5. 面자는 (   )의 뜻을 지니게 되었습니다.

6. '낯을 마주 접하다'라는 뜻의 面接은 (   )접으로 읽습니다.

7. '낯을 씻다'라는 뜻의 洗面은 세(   )으로 읽습니다.

8. '낯의 털을 칼로 깎다'라는 뜻의 面刀는 (   )도로 읽습니다.

9. 面자는 음을 (   )으로 읽습니다.

10. 面자는 뜻이 (   )이고, 음이 (   )입니다.

11. 面자는 뜻과 음을 합쳐 (   )이라 합니다.

12. 面자가 붙어 익히 쓰이는 한자로는 麵자 하나뿐입니다. 麵자는 面
    자가 (   )의 역할을 합니다.

● 쓰면서 익히는 한자 ●

쓰기 학습 빈 칸에 한자를 쓰고, 뜻과 음을 쓰시오.

	面			
	낯 면			
낯 면(총9획)				

쓰기 복습 빈 칸에 뜻과 음에 맞는 한자를 쓰시오.

콩 두	힘 력	늙을 로	늙을로엄	마을 리	설 립	말 마	보리 맥

92

중027

毛

터럭 모

금문	소전

〈毛부수 / 4급〉

毛[터럭 모]자는 새의 피부에 나는 깃대와 깃대에서 갈라져 나온 터럭을 간단히 나타낸 글자입니다. 따라서 毛[터럭 모]자는 뜻이 '터럭'이 되었습니다. 새 외에 동물이나 사람의 피부에 나는 실 모양의 것도 터럭입니다. 하지만 의미가 확대되어 식물의 잎이나 뿌리에 나는 실 모양의 것을 이르기도 하고, 물체의 거죽에 부풀어 일어나는 실 모양의 것을 이르기도 합니다.

깃대와 터럭

그 가운데 흔히 보면서 형태가 가장 분명한 것이 새의 깃에서 나는 터럭입니다. 따라서 새의 깃에 나는 터럭으로 이뤄진 毛[터럭 모]자는 '터럭'의 뜻을 지닌 글자가 되었습니다.

毛[터럭 모]자는 '터럭이 붙은 가죽'을 뜻하는 毛皮(모피), '양의 터럭'을 뜻하는 羊毛(양모), '터럭과 뼈'를 뜻하는 毛骨(모골)에서 보듯 음을 '모'로 읽습니다. 毛자는 뜻과 음을 합쳐 '터럭 모'라 합니다.

여러 짐승의 모피

毛자 부수에 속하는 한자는 毫[잔털 호]·尾[꼬리 미]·麾[대장기 휘]자에서 보듯 뜻이 '터럭'과 관련이 있습니다.

● 바로바로 익히는 한자 ●

확인 학습 **부수 설명을 참고하여 괄호 안에 알맞은 말을 쓰시오.**

1. 毛자는 새의 피부에 나는 깃대와 깃대에서 갈라져 나온 (   )을 간단히 나타낸 글자입니다.

2. 毛자는 뜻이 (   )이 되었습니다.

3. 새 외에 동물이나 사람의 피부에 나는 실 모양의 것도 (   )입니다.

4. 새의 깃에 나는 (   )으로 이뤄진 글자가 毛자입니다.

5. '터럭이 붙은 가죽'을 뜻하는 毛皮는 (   )피로 읽습니다.

6. '양의 터럭'을 뜻하는 羊毛는 양(   )로 읽습니다.

7. '터럭과 뼈'를 뜻하는 毛骨은 (   )골로 읽습니다.

8. 毛자는 음을 (   )로 읽습니다.

9. 毛자는 뜻이 (   )이고, 음이 (   )입니다.

94

10. 毛자는 뜻과 음을 합쳐 (   )라 합니다.

11. 毛자 부수에 속하는 한자는 毫·尾·麾자에서 보듯 뜻이 (   )과
    관련이 있습니다.

● 쓰면서 익히는 한자 ●

쓰기 학습 빈 칸에 한자를 쓰고, 뜻과 음을 쓰시오.

	毛 터럭 모			
터럭 모(총4획)				

쓰기 복습 빈 칸에 뜻과 음에 맞는 한자를 쓰시오.

힘 력	늙을 로	늙을로엄	마을 리	설 립	말 마	보리 맥	낮 면

나무 목

갑골문	금문	소전

〈木부수 / 8급〉

木[나무 목]자는 가지와 줄기와 뿌리가 있는 나무를 간단하게 본뜬 글자입니다. 따라서 木[나무 목]자는 뜻이 '나무'가 되었습니다. 나무의 잎은 푸르다가 붉게 변하기도 하고, 봄에 났다가 가을에 없어지기도 하기 때문에 나무의 본질(本質)이 될 수 없습니다. 따라서 木[나무 목]자는 잎이 보이지 않는 나무로 나타냈습니다.

언덕 위의 나무

나무는 사람들에게 매우 유용한 존재입니다. 잎이나 가지로는 대개 불을 피우고, 줄기는 도구나 집을 만드는 데 쓰이며, 일부 뿌리는 약재로도 쓰입니다. 뿐만 아니라 나무는 그 무엇보다 중요한 산소를 제공해 주고 있습니다. 따라서 나무를 일러 흔히 '아낌없이 주는 나무'라 하고 있습니다. 木[나무 목]자는 바로 그 '나무'를 뜻하는 글자입니다.

木[나무 목]자는 '나무로 만든 말'을 뜻하는 木馬(목마), '큰 나무'를 뜻하는 巨木(거목), '풀과 나무'를 뜻하는 草木(초목)에서 보듯 음이 '목'입니다. 木자는 뜻과 음을 합쳐 '나무 목'이라 합니다.

木자가 붙는 한자는 松[소나무 송]·桃[복숭아나무 도]·李[오

내 나무 찾기

얏나무 리]·梨[배나무 리]·桂[계수나무 계]·桐[오동나무 동]·梅[매화나무 매]자 등에서처럼 뜻이 '나무'와 관련이 있습니다.

● 바로바로 익히는 한자 ●

확인 학습 부수 설명을 참고하여 괄호 안에 알맞은 말을 쓰시오.

1. 木자는 가지와 줄기와 뿌리가 있는 (   )를 간단하게 본뜬 글자입니다.

2. 木자는 뜻이 (   )가 되었습니다.

3. 木자는 잎이 보이지 않는 (   )로 나타냈습니다.

4. '나무로 만든 말'을 뜻하는 木馬는 (   )마로 읽습니다.

5. '큰 나무'를 뜻하는 巨木은 거(   )으로 읽습니다.

6. '풀과 나무'를 뜻하는 草木은 초(   )으로 읽습니다.

7. 木馬, 巨木, 草木의 木자는 (　　)으로 읽습니다.

8. 木자는 음이 (　　)입니다.

9. 木자는 뜻이 (　　　)고, 음이 (　　)입니다.

10. 木자는 뜻과 음을 합쳐 (　　　　　)이라 합니다.

11. 木자가 붙는 한자는 松·桃·李·梨·桂·桐·梅자 등에서처럼 뜻이

　　(　　　)와 관련이 있습니다.

● 쓰면서 익히는 한자 ●

쓰기 학습 빈 칸에 한자를 쓰고, 뜻과 음을 쓰시오.

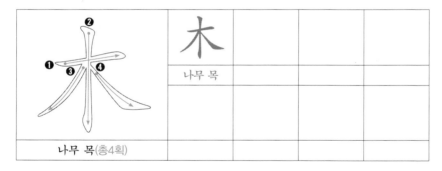

木 나무 목			
나무 목(총4획)			

쓰기 복습 빈 칸에 뜻과 음에 맞는 한자를 쓰시오.

늙을 로	늙을로엄	마을 리	설 립	말 마	보리 맥	낯 면	터럭 모

중029

目

눈 목

갑골문	금문	소전

〈目부수 / 6급〉

目[눈 목]자는 눈동자가 보이는 눈을 본뜬 글자입니다. 따라서 目[눈 목]자는 뜻이 '눈'이 되었습니다.

눈은 보기 위해 있는 것입니다. 그런데 정작 보았는데 보지 못한 사람

화장한 눈

들이 많습니다. 보고 싶은 것만 보았기 때문입니다. 아는 만큼 보이기 때문입니다. 그리고 보았는데 보이지 않은 것은 마음에 없기 때문입니다. 마음을 먹고 제대로 보아야 보입니다. 따라서 눈은 '마음의 창'이라고도 합니다.

눈은 '몸의 등불'이라고도 합니다. 아무리 맛있는 음식이 있어도 눈으로 찾아야만 먹을 수 있고, 아무리 향기로운 꽃이 있어도 눈으로 찾아야만 냄새 맡을 수 있고, 아무리 듣기 좋은 새소리라도 눈으로 찾아야만 들을 수 있기 때문입니다. 그래서 예부터 '몸이 천 냥이면 눈이 구백 냥'이라고 했습니다. 目[눈 목]자는 바로 그 '마음의 창', '몸의 등불'인 '눈'

을 뜻하는 한자입니다.

目[눈 목]자는 '귀나 눈'을 뜻하는 耳目(이목), '눈의 앞'을 뜻하는 目前(목전), '눈으로 어림잡아 재다'라는 뜻을 지닌 目測(목측)의 말에서 보듯 음을 '목'으로 읽습니다. 目자는 뜻과 음을 합쳐 '눈 목'이라 합니다.

目자가 붙는 한자는 見[볼 견]·相[볼 상]·看[볼 간]·睹[볼 도]·眺[볼 조]·瞻[볼 첨]·瞰[볼 감]자 등에서 보듯 뜻이 '눈'과 관련이 있습니다. 그 가운데 見자를 제외한 모든 한자는 目자 부수에 속합니다.

● 바로바로 익히는 한자 ●

확인 학습 부수 설명을 참고하여 괄호 안에 알맞은 말을 쓰시오.

1. 目자는 눈동자가 보이는 (　)을 본뜬 글자입니다.

2. 目자는 뜻이 (　)이 되었습니다.

3. 예부터 '몸이 천 냥이면 (　)이 구백 냥'이라고 했습니다.

4. 目자는 '마음의 창', '몸의 등불'인 (　)을 뜻하는 한자입니다.

5. '귀나 눈'을 뜻하는 耳目은 이(　)으로 읽습니다.

6. '눈의 앞'을 뜻하는 目前은 (　)전으로 읽습니다.

7. '눈으로 어림잡아 재다'라는 뜻을 지닌 目測은 (　　)측으로 읽습니다.

8. 耳目, 目前, 目測의 目자는 (　)으로 읽습니다.

9. 目자는 음이 (　)입니다.

10. 目자는 뜻이 (　)이고, 음이 (　)입니다.

11. 目자는 뜻과 음을 합쳐 (   )이라 합니다.

12. 目자가 붙는 한자는 見·相·看·睹·眺·瞻·瞰자 등에서 보듯 뜻이 '눈'과 관련이 있습니다.

● 쓰면서 익히는 한자 ●

쓰기 학습 빈 칸에 한자를 쓰고, 뜻과 음을 쓰시오.

	目			
	눈 목			
눈 목(총5획)				

쓰기 복습 빈 칸에 뜻과 음에 맞는 한자를 쓰시오.

늙을로엄	마을 리	설 립	말 마	보리 맥	낯 면	터럭 모	나무 목

101

文
글월 문

갑골문	금문	소전

〈文부수 / 6급〉

文[글월 문]자는 원래 바르게 서 있는 사람의 가슴에 갖가지 그림이 그려진 모습을 본뜬 글자입니다.

바로 그런 그림에서 오늘날 사용하는 대부분의 글(글월)이 만들어졌습니다. '글(글월)'과 '그림'의 말을 풀어서 살펴보면, 공통으로 ㄱ + ㅡ + ㄹ의 형태가 보이는 것으로도 서로 관계가 있음을 알 수 있습니다.

몸에 그림이 그려진 사람

따라서 그림이 그려진 사람에서 비롯된 文[글월 문]자는 뜻이 글의 옛말인 '글월'이 되었습니다.

오늘날에는 반대로 '글(글월)'이 '그림'으로 인식되기도 합니다. 컴퓨터나 휴대전화의 글을 이용해 그림으로 인식할 수 있도록 만들어 감정이나 느낌을 전

좌절을 의미하는 이모티콘

달하는 이모티콘(emoticon)이 바로 그런 경우입니다. 예컨대 한글 모음을 이용한 ㅠㅠㅠ는 '우는 모습'을 의미하고, 알파벳의 OTL은 '좌절'을 의미합니다.

文[글월 문]자는 '긴 글월(글)'을 뜻하는 長文(장문), '이름이 널리 알려진 글월(글)'을 뜻하는 名文(명문), '글월(글)을 쓰는 사람'을 뜻하는 文人(문인)에서 보듯 음을 '문'으로 읽습니다. 文자는 뜻과 음을 합쳐 '글월 문'이라 합니다.

文자는 紋[무늬 문]·紊[어지러울 문]·蚊[모기 문]자 등의 글자 구성에 도움을 주면서 주로 음의 역할을 합니다.

● 바로바로 익히는 한자 ●   '

부수 설명을 참고하여 괄호 안에 알맞은 말을 쓰시오.

1. 文자는 원래 바르게 서 있는 사람의 가슴에 갖가지 (   )이 그려진 모습을 본뜬 글자입니다.

2. 그림에서 오늘날 사용하는 대부분의 (   )이 만들어졌습니다.

3. 그림이 그려진 사람에서 비롯된 文자는 뜻이 글의 옛말인 (   )이 되었습니다.

4. '긴 글월(글)'을 뜻하는 長文은 장(   )으로 읽습니다.

5. '이름이 널리 알려진 글월(글)'을 뜻하는 名文은 명(   )으로 읽습니다.

6. '글월(글)을 쓰는 사람'을 뜻하는 文人은 (   )인으로 읽습니다.

7. 長文, 名文, 文人의 文자는 (　　)으로 읽습니다.

8. 文자는 음이 (　　)입니다.

9. 文자는 뜻이 (　　　)이고, 음이 (　　)입니다.

10. 文자는 뜻과 음을 합쳐 (　　　　)이라 합니다.

11. 文자는 紋·紊·蚊자 등의 글자 구성에 도움을 주면서 주로 (　　)의 역할을 합니다.

● 쓰면서 익히는 한자 ●

쓰기 학습 빈 칸에 한자를 쓰고, 뜻과 음을 쓰시오.

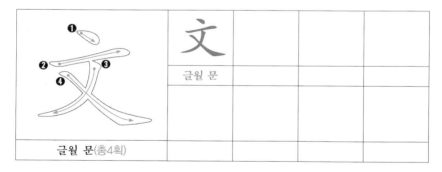

文 글월 문			
글월 문(총4획)			

쓰기 복습 빈 칸에 뜻과 음에 맞는 한자를 쓰시오.

마을 리	설 립	말 마	보리 맥	낮 면	터럭 모	나무 목	눈 목

중031

문 문

갑골문	금문	소전

〈門부수 / 8급〉

門[문 문]자는 두 짝의 문을 본 뜬 글자입니다. 따라서 門[문 문]자는 뜻이 '문'이 되었습니다.

집은 사람이 활동하는 데 안과 바깥을 구분 짓는 공간입니다. 집의 안과 바깥을 드나들며 거치는

사립문

곳이 바로 문입니다. 문은 닫아 두기 위함보다 열기 위해, 열어 두기 위해 만듭니다. 문을 닫아만 둔다면 문을 만들 필요가 없습니다.

또 문은 넓거나 높게도 만들고 좁거나 낮게 만들기도 합니다. 문이 크고 넓으면 많은 사람이 드나들 수 있지만 낮고 좁은 문은 작은 사람들만 드나들 수 있습니다. 낮고 좁은 문을 드나들기 위해서는 허리를 숙이고 몸을 낮춰야 하지요. 門[문 문]자는 바로 이러한 문을 뜻하는 글자입니다.

門[문 문]자는 '큰 문'을 뜻하는 大門(대문), '방을 드나드는 문'을 뜻하는

房門(방문), '학교를 드나드는 문'을 뜻하는 校門(교문)에서 보듯 음을 '문'으로 읽습니다. 門자는 뜻과 음을 합쳐 '문 문'이라 합니다.

성균관대학교 교문

門자가 붙는 한자는 閑[한가할 한]·間[사이 간]·開[열 개]·閉[닫을 폐]·閣[누각 각]자 등에서 보듯 뜻이 '문'과 관련이 있습니다.

● 바로바로 익히는 한자 ●

확인 학습 부수 설명을 참고하여 괄호 안에 알맞은 말을 쓰시오.

1. 門자는 두 짝의 (   )을 본뜬 글자입니다.

2. 門자는 뜻이 (   )이 되었습니다.

3. 집의 안과 바깥을 드나들며 거치는 곳이 바로 (   )입니다.

4. 門자는 (   )을 뜻하는 글자입니다.

5. '큰 문'을 뜻하는 大門은 대(   )으로 읽습니다.

6. '방을 드나드는 문'을 뜻하는 房門은 방(   )으로 읽습니다.

7. '학교를 드나드는 문'을 뜻하는 校門은 교(   )으로 읽습니다.

8. 大門, 房門, 校門의 門자는 (   )으로 읽습니다.

9. 門자는 음이 (   )입니다.

10. 門자는 뜻이 (   )이고, 음이 (   )입니다.

106

11. 門자는 뜻과 음을 합쳐 (   )이라 합니다.

12. 門자가 붙는 한자는 閑·間·開·閉·閣자 등에서 보듯 뜻이 (   )과 관련이 있습니다.

● 쓰면서 익히는 한자 ●

쓰기 학습 빈 칸에 한자를 쓰고, 뜻과 음을 쓰시오.

	門			
	문 문			
문 문(총8획)				

쓰기 복습 빈 칸에 뜻과 음에 맞는 한자를 쓰시오.

설 립	말 마	보리 맥	낯 면	터럭 모	나무 목	눈 목	글월 문

米

쌀 미

갑골문	금문	소전
		米

〈米부수 / 6급〉

米[쌀 미]자는 곡물의 이삭 줄기에 달려 있는 작은 알갱이의 쌀을 본뜬 글자입니다. 따라서 米[쌀 미]자는 뜻이 '쌀'이 되었습니다.

벼 이삭

쌀은 원래 '볏과에 속한 곡물의 껍질을 벗겨서 나온 알맹이'를 통틀어 이르는 말입니다. 볏과에 속한 곡물은 벼뿐만 아니라 보리, 밀, 귀리, 기장, 율무, 수수, 옥수수, 조 등이 있습니다. 따라서 쌀에는 볍쌀, 보리쌀, 밀쌀, 귀리쌀, 기장쌀, 율무쌀, 수수쌀, 옥수수쌀, 좁쌀 등이 있습니다. 하지만 오늘날에는 벼에서 나는 알맹이를 사람들이 주식(主食)으로 삼으면서 '쌀' 하면 '벼에서 껍질을 벗겨 낸 알맹이'

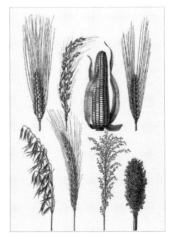
볏과 곡물의 이삭

를 이르는 말로 주로 쓰고 있습니다.

米[쌀 미]자는 '흰 쌀'을 뜻하는 白米(백미), '갓 찧어서 좀 노르께한 쌀의 빛'을 뜻하는 米色(미색), '부처에게 공양하는 쌀'을 뜻하는 供養米(공양미)에서 보듯 음을 '미'로 읽습니다. 米자는 뜻과 음을 합쳐 '쌀 미'라 합니다.

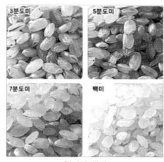
현미와 백미

米자가 붙는 한자는 粉[가루 분]·粥[죽 죽]·粒[쌀알 립]·粧[단장할 장]·精[자세할 정]·糧[양식 량]자에서처럼 뜻이 '쌀'과 관련이 있습니다.

● 바로바로 익히는 한자 ●

확인 학습 부수 설명을 참고하여 괄호 안에 알맞은 말을 쓰시오.

1. 米자는 곡물의 이삭 줄기에 달려 있는 작은 알갱이의 (   )을 본뜬 글자입니다.

2. 米자는 뜻이 (   )입니다.

3. (   )은 원래 '볏과에 속한 곡물의 껍질을 벗겨서 나온 알맹이'를 통틀어 이르는 말입니다.

4. 오늘날은 벼에서 나는 알맹이를 사람들이 주식으로 삼으면서 (   ) 하면 '벼에서 껍질을 벗겨 낸 알맹이'를 이르는 말로 주로 쓰고 있습니다.

5. 白米는 백(   ), 米色은 (   )색, 供養米는 공양(   )로 읽습니다.

6. 米자는 음이 (   )입니다.

7. 米자는 뜻이 (   )이고, 음이 (   )입니다.

8. 米자는 뜻과 음을 합쳐 (   )라 합니다.

9. 米자가 붙는 한자는 粉·粥·粒·粧·精·糧자에서처럼 뜻이 (   )과
   관련이 있습니다.

● 쓰면서 익히는 한자 ●

쓰기 학습 빈 칸에 한자를 쓰고, 뜻과 음을 쓰시오.

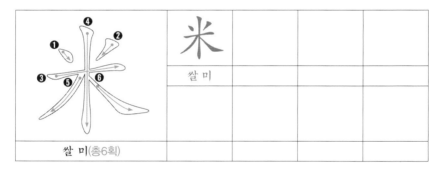

米
쌀 미

쌀 미(총6획)

쓰기 복습 빈 칸에 뜻과 음에 맞는 한자를 쓰시오.

말 마	보리 맥	낯 면	터럭 모	나무 목	눈 목	글월 문	문 문

方

모 방

갑골문	금문	소전

〈方부수 / 6급〉

方[모 방]자는 옛날 사람들이 사용했던 쌍날의 쟁기를 나타낸 글자로 보입니다. 쟁기는 땅을 일구는 농사 도구로, 끝이 뾰족하게 모가 난 모양으로 이뤄져 있습니다. 方[모 방]자는 바로 쟁기의 모가 난 모양과 관련해 뜻이 '모'가 되었습니다.

쟁기의 가장 중요한 부분은 땅을 일구는 모가 난 부분입니다. 따라서 모가 난 부분이 있는 옛날의 쟁기를 나타낸 方[모 방]자가 '모'를 뜻하게 된 것입니다.

'모'는 '네모'의 '모'와 관련이 있기 때문에 方[모 방]자는 '네모'의 뜻을 지니기도 합니다. 옛날 사람들은 사람이 사는 땅이 네모라고 여겼습니다. 따라서 方[모 방]자

옛날의 쟁기

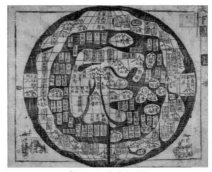

천하도로 살펴본 사방

는 네모의 각 방면을 이르는 '방향'의 뜻을 지니기도 합니다.

方[모 방]자는 '네 개의 모난 부분이 있는 자리'를 뜻하는 方席(방석), '노아가 만든 네모난 배'를 뜻하는 方舟(방주), '네모의 방향'을 뜻하는 四方(사방)에서 보듯 음을 '방'으로 읽습니다. 方자는 뜻과 음을 합쳐 '모방'이라 합니다.

方자는 防[막을 방]·房[방 방]·放[놓을 방]·紡[자을 방]·訪[찾을 방]·妨[해로울 방]·芳[꽃다울 방]·肪[기름 방]·坊[동네 방]·彷[거닐 방]자 등에서 보듯 글자 구성에 도움을 주면서 주로 음의 역할을 합니다.

● 바로바로 익히는 한자 ●

확인 학습 부수 설명을 참고하여 괄호 안에 알맞은 말을 쓰시오.

1. 方자는 옛날 사람들이 사용했던 쌍날의 (   )를 나타낸 글자로 보입니다.

2. 쟁기는 땅을 일구는 농사 도구로, 끝은 뾰족하게 (   )가 난 모양으로 이뤄져 있습니다.

3. 모가 난 부분이 있는 옛날의 쟁기를 나타낸 方자가 (   )를 뜻하게 된 것입니다.

4. '모'는 '네모'의 '모'와 관련이 있기 때문에 方자는 (   )의 뜻을 지니기도 합니다. 方자는 네모의 각 방면을 이르는 (   )의 뜻을 지니기도 합니다.

5. 方席, 方舟, 四方의 方자는 (   )으로 읽습니다.

6. 方자는 음이 (   )입니다.

7. 方자는 뜻이 (   )고, 음이 (   )입니다.

8. 方자는 뜻과 음을 합쳐 (   )이라 합니다.

9. 方자는 防·房·放·紡·訪·妨·芳·肪·坊·彷자 등에서 보듯 글자 구
   성에 도움을 주면서 주로 (   )의 역할을 합니다.

● 쓰면서 익히는 한자 ●

빈 칸에 한자를 쓰고, 뜻과 음을 쓰시오.

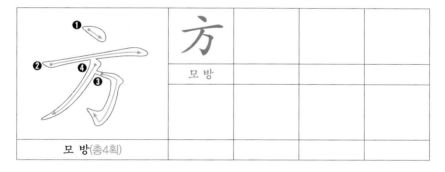

	方 모 방			
모 방(총4획)				

쓰기 복습 빈 칸에 뜻과 음에 맞는 한자를 쓰시오.

보리 맥	낯 면	터럭 모	나무 목	눈 목	글월 문	문 문	쌀 미

113

중034

白

흰 **백**

갑골문	금문	소전

〈白부수 / 6급〉

白[흰 백]자의 뜻 '희다'는 빛깔과 관련이 있습니다. 그런데 빛깔은 구체적인 형태로 표현할 수 없습니다. 뜻을 나타내려면 뜻과 밀접한 어떤 물체를 빌어서 나타내야 합니다. 하지만 白[흰 백]자는 어떤 형태를 빌어 나타냈는지 분명치 않습니다.

하얀 불빛의 불똥

白[흰 백]자는 학자들에 따라 해, 손톱, 얼굴, 불똥 등의 여러 견해로 풀이되고 있습니다. 그 가운데 白[흰 백]자는 불똥과 관련되어 이뤄졌다는 견해가 가장 타당해 보입니다. 白[흰 백]자의 고문자가 '불똥'을 나타낸 丶[불똥 주]자의 고문자와 같은 형태를 지니고 있기 때문입니다. 작은 불

금문 丶[불똥 주]

덩이인 불똥이 타오를 때에 비치는 빛과 관련해 白[흰 백]자가 '희다'의 뜻을 지니게 된 것으로 보입니다.

빛의 삼원색을 합치면 환한 흰색이 됩니다. 따라서 새까만 밤을 불빛으로 밝히면 환해집니다. 그처럼 낮

을 환하게 비추는 것이 햇빛입니다. 따라서 불빛과 관련된 白[흰 백]자는 햇빛과 서로 통하면서 햇빛의 해와 같은 뿌리에서 나온 '희다'의 뜻을 지니게 된 것으로 보입니다.

　白[흰 백]자는 '살빛이 흰 사람'을 뜻하는 白人(백인), '흰 빛이 나는 쇠붙이'를 뜻하는 白金(백금), '빛깔이 흰 흙'을 뜻하는 白土(백토)에서 보듯 음을 '백'으로 읽습니다. 白자는 뜻과 음을 합쳐 '흰 백'이라 합니다.

　白자는 百[일백 백]·伯[맏 백]·柏[나무이름 백=栢]·魄[넋 백]·帛[비단 백]·舶[큰 배 박]·迫[닥칠 박]·拍[칠 박]·泊[배댈 박]자 등에 붙어 주로 음의 역할을 합니다.

● 바로바로 익히는 한자 ●

확인 학습　부수 설명을 참고하여 괄호 안에 알맞은 말을 쓰시오.

1. 白자는 (　　　　)과 관련되어 이뤄졌다는 견해가 가장 타당해 보입니다.

2. 白자의 고문자는 (　　　)을 뜻하는 丶자의 고문자와 같은 형태를 지니고 있습니다.

3. 작은 불덩이인 불똥이 타오를 때에 비치는 빛과 관련해 白자가 (　　)의 뜻을 지니게 된 것으로 보입니다.

4. 불빛과 관련된 白자는 햇빛과 서로 통하면서 햇빛의 해와 같은 뿌리에서 나온 (　　)의 뜻을 지니게 된 것으로 보입니다.

5. 白人, 白金, 白土의 白자는 (　)으로 읽습니다.

6. 白자는 음이 (　　)입니다.

7. 白자는 뜻이 (　　　)고, 음이 (　　)입니다.

8. 白자는 뜻과 음을 합쳐 (　　　　)이라 합니다.

9. 白자는 百·伯·柏·魄·帛·舶·迫·拍·泊자 등에 붙어 주로 (　　)의 역
할을 합니다.

● 쓰면서 익히는 한자 ●

쓰기 학습 빈 칸에 한자를 쓰고, 뜻과 음을 쓰시오.

	白			
	흰 백			
흰 백(총5획)				

쓰기 복습 빈 칸에 뜻과 음에 맞는 한자를 쓰시오.

낯 면	터럭 모	나무 목	눈 목	글월 문	문 문	쌀 미	모 방

116

중035

父

아비 부

갑골문	금문	소전

〈父부수 / 6급〉

父[아비 부]자는 도끼를 손에 쥐고 있는 모습을 나타냈습니다. 도끼를 손에 쥐고 사냥 등을 해 식구를 부양하는 사람인 아비를 나타낸 것입니다. 따라서 도끼를 손에 쥔 모습에서 비롯된 父[아비 부]자는 뜻이 '아비'가 되었습니다.

'아비'는 오늘날 '아버지'의 낮춤말로 쓰이고 있지만 옛날에는 '아비' 자체가 '아버지'를 뜻하는 말이었습니다. 예전에는 '아버지'를 '아비'로 불렀던 것입니다. 따라서 父[아비 부]자의 뜻도 그때의 명칭

돌도끼

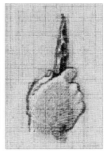

도끼를 쥔 손

돌도끼로 사냥하는 모습(재현)

그대로 '아비'라 한 것입니다. 오늘날에 입장에서 아비를 낮춤말로 보고 뜻을 '아버지'라 하는 이들이 있으나 이는 오랫동안 사람들이 불러온 명

117

칭을 무시하고 마음대로 바꾼 것에 지나지 않습니다.

'아비(아버지)'를 뜻하는 父[아비 부]자는 '아버지와 어머니'를 뜻하는 父母(부모), '아버지와 아들'을 뜻하는 父子(부자), '늙은 아버지'를 뜻하는 老父(노부)의 말에서 보듯 '부'로 읽습니다. 父자는 뜻과 음을 합쳐 '아비 부'라 합니다.

父자는 斧[도끼 부]자나 釜[가마솥 부]자의 구성에 도움을 주면서 음의 역할을 합니다. 따라서 斧[도끼 부]자와 釜[가마솥 부]자의 음은 父자와 똑같이 '부'로 읽습니다.

● 바로바로 익히는 한자 ●

확인 학습 부수 설명을 참고하여 괄호 안에 알맞은 말을 쓰시오.

1. 父자는 (   )를 (   )에 쥐고 있는 모습을 나타냈습니다.

2. 도끼를 손에 쥐고 사냥 등을 해 식구를 부양하는 사람인 (   )를 나타낸 것입니다.

3. 도끼를 손에 쥔 모습에서 비롯된 父자는 뜻이 (   )가 되었습니다.

4. 예전에는 '아버지'를 (   )로 불렀습니다. 따라서 父자의 뜻도 그때의 명칭 그대로 (   )라 합니다.

5. '아버지와 어머니'를 뜻하는 父母는 (   )모로 읽습니다.

6. '아버지와 아들'을 뜻하는 父子는 (   )자로 읽습니다.

7. '늙은 아버지'를 뜻하는 老父는 노(   )로 읽습니다.

8. 父母, 父子, 老父의 父자는 (   )로 읽습니다.

9. 父자는 음이 (   )입니다.

10. 父자는 뜻이 (   )고, 음이 (   )입니다.

11. 父자는 뜻과 음을 합쳐 (   )라 합니다.

12. 斧자와 釜자의 음은 父자와 똑같이 (   )로 읽습니다.

● 쓰면서 익히는 한자 ●

쓰기 학습 빈 칸에 한자를 쓰고, 뜻과 음을 쓰시오.

	父 아비 부			
아비 부(총4획)				

쓰기 복습 빈 칸에 뜻과 음에 맞는 한자를 쓰시오.

터럭 모	나무 목	눈 목	글월 문	문 문	쌀 미	모 방	흰 백

중036

比

견줄 비

갑골문	금문	소전

〈比부수 / 5급〉

比[견줄 비]자는 두 사람이 나란히 서서 서로 견주는 모습을 표현했습니다. 따라서 比[견줄 비]자는 뜻이 '견주다'가 되었습니다.

대체로 견준다는 말은 두 개의 존재가 어떤 차이가 있는지 알기 위해 서로 대어 본다는 것입니다. 마치 친구인 두 사람이 누가 큰지 키를 견주어 보는 것처럼 말입니다. 따라서 두

고구려 고분벽화 일부

사람이 나란히 선 모습에서 비롯된 比[견줄 비]자는 뜻이 '견주다'가 되었습니다.

比[견줄 비]자처럼 較[견줄 교]자도 '견주다'의 뜻을 지닙니다. 그래서 比[견줄 비]자와 較[견줄 교]자는 합쳐져 比較(비교)라는 말을 이루고, 比較(비교)는 '견주다'

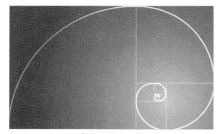

황금비 관련 도형

120

를 뜻하는 한자어가 되었습니다. 나아가 比較(비교)해서 보기 좋은 比率(비율)은 黃金比(황금비)라 합니다. 比較(비교)·比率(비율)·黃金比(황금비)에서 보듯 比[견줄 비]자는 음을 '비'로 읽습니다. 比자는 뜻과 음을 합쳐 '견줄 비'라 합니다.

比자는 批[칠 비]·砒[비소 비]·庇[덮을 비]·琵[비파 비]·毘[도울 비=毗]·毖[삼갈 비]자 등에서 보듯 주로 음의 역할을 합니다.

● 바로바로 익히는 한자 ●

확인 학습 부수 설명을 참고하여 괄호 안에 알맞은 말을 쓰시오.

1. 比자는 두 사람이 나란히 서서 서로 (   ) 모습을 표현했습니다.
2. 比자는 뜻이 (   )가 되었습니다.
3. 두 사람이 나란히 선 모습에서 비롯된 比자는 뜻이 (   )가 되었습니다.
4. 比자처럼 較자도 (   )의 뜻을 지닙니다. 그래서 比자와 較자는 합쳐져 比較라는 말을 이루고, 比較는 (   )를 뜻하는 한자어가 되었습니다.
5. 견주다의 뜻을 지닌 比較는 (   )교로 읽습니다.
6. 比率은 (   )율로 읽습니다.
7. 黃金比는 황금(   )로 읽습니다.
8. 比較·比率·黃金比의 말에서 보듯 比자는 음을 (   )로 읽습니다.
9. 比자는 음이 (   )입니다.

10. 比자는 뜻이 (   )고, 음이 (   )입니다.

11. 比자는 뜻과 음을 합쳐 (   )라 합니다.

12. 比자는 批·砒·庇·琵·毘·毖자 등에서 보듯 주로 (   )의 역할을
    합니다.

● 쓰면서 익히는 한자 ●

빈 칸에 한자를 쓰고, 뜻과 음을 쓰시오.

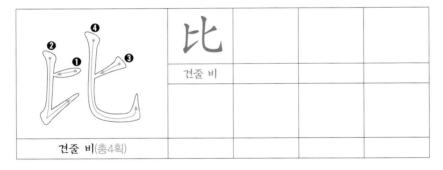

	比		
	견줄 비		
견줄 비(총4획)			

빈 칸에 뜻과 음에 맞는 한자를 쓰시오.

나무 목	눈 목	글월 문	문 문	쌀 미	모 방	흰 백	아비 부

중037 **非**
아닐 비

갑골문	금문	소전

〈非부수 / 4급〉

非[아닐 비]자는 새의 두 날개가 각기 다른 방향으로 펼쳐진 모양을 표현한 글자로 보입니다. 그처럼 두 날개가 각기 다른 방향으로 펼쳐진 모양은 결국 방향이 같은 게 '아니 다'라고 할 수 있습니다. 따라서 같은 방향이 아닌 새의 두 날개를 표현한 非[아닐 비]자는 뜻이 '아니다'가 되었습니다.

두 날개가 펼쳐진 모양

시시비비(이상선)

非[아닐 비]자의 뜻 '아니다'는 긍정(肯定)의 상대 개념인 부정(否定)을 의미해, 어떤 사실이 옳지 아니하다 여기는 것입니다. 다시 말하면 그르다고 여기는 것입니다. 따라서 非[아닐 비]자는 '그르다'의 뜻을 지니기도 합니다.

'그르다'의 뜻을 지니기도 하는 非[아닐 비]자는 '옳다'의 뜻을 지닌 是

123

[옳을 시]자와 어울려 是非(시비)라는 단어로 쓰입니다. 흔히 옳고 그름을 따질 때 '시비를 가리다'나 '시비를 따지다'라고 하는데, 그때 '시비'의 한자가 바로 '是非'입니다. '是非'는 다시 강조하여 '是是非非(시시비비)'라 하기도 합니다. 이렇게 非[아닐 비]자는 是非(시비)나 是是非非(시시비비)에서 보듯 음이 '비'입니다. 非자는 뜻과 음을 합쳐 '아닐 비'라 합니다.

非자는 悲[슬플 비]·匪[대상자 비]·輩[바퀴 비]·誹[헐뜯을 비]·排[밀칠 배]·輩[무리 배]·徘[노닐 배]·俳[광대 배]자에서 보듯 주로 글자 구성에 도움을 주면서 음의 역할을 합니다.

● 바로바로 익히는 한자 ●

확인 학습 부수 설명을 참고하여 괄호 안에 알맞은 말을 쓰시오.

1. 非자는 새의 두 날개가 각기 다른 방향으로 펼쳐진 모양을 표현한 글자로 보입니다. 그처럼 두 날개가 각기 다른 방향으로 펼쳐진 모양은 결국 방향이 같은 게 (   )라고 할 수 있습니다.

2. 같은 방향이 아닌 새의 두 날개를 표현한 非자는 뜻이 (   )가 되었습니다.

3. 非자는 뜻이 (   )입니다.

4. 非자의 뜻 (   )는 긍정의 상대 개념인 부정을 의미해 어떤 사실이 옳지 아니하다 여기는 것입니다. 다시 말하면 그르다고 여기는 것입니다. 따라서 非자는 (   )의 뜻을 지니기도 합니다.

5. 非자는 是非나 是是非非에서 보듯 음이 (   )입니다.

6. 非자는 뜻이 (   )고, 음이 (   )입니다.

7. 非자는 뜻과 음을 합쳐 (   )라 합니다.

8. 非자는 悲·匪·蜚·誹·排·輩·徘·俳자에서 보듯 주로 글자 구성에
   도움을 주면서 (   )의 역할을 합니다.

● 쓰면서 익히는 한자 ●

쓰기 학습 빈 칸에 한자를 쓰고, 뜻과 음을 쓰시오.

	非			
	아닐 비			
아닐 비(총8획)				

쓰기 복습 빈 칸에 뜻과 음에 맞는 한자를 쓰시오.

눈 목	글월 문	문 문	쌀 미	모 방	흰 백	아비 부	견줄 비

125

날 비

금문	소전

〈飛부수 / 4급〉

하늘을 나는 새

飛[날 비]자는 새가 날개를 활짝 펴고 하늘 위로 나는 모양을 본뜬 글자입니다. 따라서 飛[날 비]자는 뜻이 '날다'가 되었습니다.

새가 하늘을 날 수 있는 것은 가볍기 때문입니다. 몸이 무거우면 떨어질 수밖에 없습니다. 새는 자신의 몸을 가볍게 하기 위해 뼈 속까지 비운다고 합니다. 먹이에 욕심을 부리지 않아 소화기관의 길이도 짧습니다. 그렇게 하니 하늘을 날 수 있는 것입니다. 사람도 마찬가지입니다. 사람이 훨훨 나는 새처럼 자유로운 삶을 살려면 마음을 비워 가벼워져야 합니다. 마음을 비우려면 욕심을 버려야 합니다. 나만 더 잘 먹고 잘 살려는 마음을 버리

옛날 사람이 비행하는 모습 재현(비거)

126

고 더불어 살려는 마음을 가져야 합니다. 그래야 새처럼 하늘을 자유롭게 나는 삶을 살 수 있습니다. 飛[날 비]자는 그처럼 새가 나는 모양에서 '날다'의 뜻을 지닌 글자가 되었습니다.

飛[날 비]자는 '날아서 다니다'를 뜻하는 飛行(비행), '날아서 위로 오르다'를 뜻하는 飛上(비상), '나는 듯이 빠른 범'을 뜻하는 飛虎(비호)의 말에서 보듯 음을 '비'로 읽습니다. 飛자는 뜻과 음을 합쳐 '날 비'라 합니다.

飛자가 붙어 자주 쓰이는 한자로는 飜[날 번]자 하나뿐입니다. 飜(번)자는 飛자처럼 뜻이 '날다'입니다.

● 바로바로 익히는 한자 ●

확인 학습 부수 설명을 참고하여 괄호 안에 알맞은 말을 쓰시오.

1. 飛자는 새가 날개를 활짝 펴고 하늘 위로 (   ) 모양을 본뜬 글자입니다.

2. 飛자는 뜻이 (   )가 되었습니다.

3. '날아서 다니다'를 뜻하는 飛行은 (   )행으로 읽습니다.

4. '날아서 위로 오르다'를 뜻하는 飛上은 (   )상으로 읽습니다.

5. '나는 듯이 빠른 범'을 뜻하는 飛虎는 (   )호로 읽습니다.

6. 飛行, 飛上, 飛虎의 飛자는 (   )로 읽습니다.

7. 飛자는 음이 (   )입니다.

8. 飛자는 뜻이 (   )고, 음이 (   )입니다.

9. 飛자는 뜻과 음을 합쳐 (   )라 합니다.

10. 飛자가 붙어 자주 쓰이는 한자로는 飜자 하나뿐입니다. 飜자는 飛
   자처럼 뜻이 (   )입니다.

● 쓰면서 익히는 한자 ●

빈 칸에 한자를 쓰고, 뜻과 음을 쓰시오.

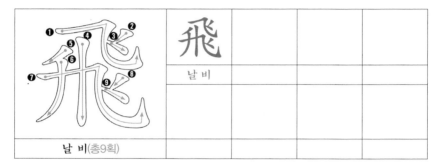

	飛			
	날 비			
날 비(총9획)				

빈 칸에 뜻과 음에 맞는 한자를 쓰시오.

글월 문	문 문	쌀 미	모 방	흰 백	아비 부	견줄 비	아닐 비

128

중039

鼻
코 비

갑골문	소전

〈鼻부수 / 5급〉

鼻[코 비]자는 自[스스로 자]자와 畀[줄 비]자가 합쳐진 글자입니다. 自(자)자는 코를 표현한 것입니다. 따라서 自(자)자가 원래 '코'를 뜻했으나 후대로 내려오면서 얼굴 중심에 있는 코로 스스로를 나타낸 데서 뜻이 '스스로'로

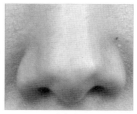
사람의 코

쓰이게 되자 '코'를 뜻하는 데는 畀(비)자를 덧붙인 鼻[코 비]자가 쓰이게 되었습니다.

화살을 나타낸 畀(비)자는 痺[저릴 비]자에서처럼 음의 역할을 하는 '비'로 읽는 글자입니다. 自(자)자와 달리 鼻[코 비]자도 '비'로 읽게 되자 역시 畀(비)자를 붙인 것입니다.

畀자의 금문

흔히 자기 사정이 급하여 남을 돌볼 겨를이 없을 때 '내 코가 석자'라고 합니다. 이를 한자로는 吾鼻三尺(오비삼척)이라 하는데, 이때에 鼻[코 비]자는 '코'가 아니라 '콧물'을 뜻합니다. 하지만 대부분의 한자어에서

鼻[코 비]자는 '코'의 뜻으로 쓰입니다.

鼻[코 비]자는 '코로 내는 소리'를 뜻하는 鼻音(비음), '콧속에 생기는 염증'을 뜻하는 鼻炎(비염), '귀·눈·입·코'를 아울러 이르는 말인 耳目口鼻(이목구비)에서 보듯 음을 '비'로 읽습니다. 鼻자는 뜻과 음을 합쳐 '코 비'라 합니다.

鼻자가 붙어 오늘날 자주 쓰이는 한자는 없습니다. 그나마 齅[냄새 후]자에서 그 쓰임을 볼 수 있는데, 齅(후)자는 후대에 다시 嗅(후)자로 바뀌어 쓰이고 있습니다.

● 바로바로 익히는 한자 ●

확인 학습 부수 설명을 참고하여 괄호 안에 알맞은 말을 쓰시오.

1. 鼻자는 自[스스로 자]자와 畀[줄 비]자가 합쳐진 글자입니다. 自(자)자 는 (　　)를 표현한 것입니다.

2. 自(자)자가 원래 (　　)를 뜻했으나 후대로 내려오면서 얼굴 중심에 있 는 코로 스스로를 나타낸 데서 뜻이 (　　　　)로 쓰이게 되자 (　　) 를 뜻하는 데는 畀(비)자를 덧붙인 鼻자가 쓰이게 되었습니다.

3. 화살을 나타낸 畀(비)자는 痺[저릴 비]자에서처럼 음의 역할을 하는 (　　)로 읽는 글자입니다.

4. 自(자)자와 달리 鼻자도 (　　)로 읽게 되자 역시 畀(비)자를 붙인 것 입니다.

5. 鼻音은 (　　)음으로, 鼻炎은 (　　)염으로, 耳目口鼻는 이목구(　　)로

읽습니다.

6. 鼻자는 음이 (   )입니다.

7. 鼻자는 뜻이 (   )고, 음이 (   )입니다.

8. 鼻자는 뜻과 음을 합쳐 (   )라 합니다.

● 쓰면서 익히는 한자 ●

빈 칸에 한자를 쓰고, 뜻과 음을 쓰시오.

鼻	鼻 코 비			
코 비(총14획)				

쓰기 복습 빈 칸에 뜻과 음에 맞는 한자를 쓰시오.

문 문	쌀 미	모 방	흰 백	아비 부	견줄 비	아닐 비	날 비

131

금문	소전
土	士

〈土부수 / 5급〉

중040

士 선비 사

士[선비 사]자는 도끼를 본뜬 글자입니다. 쇠로 도구를 만들기 시작하던 시대에 도끼는 신분이 높은 사람의 권위를 드러내는 물건으로 사용되었습니다. 따라서 士[선비 사]자는 신분이 높은 사람과 관련해 뜻이 '선비'가 되었습니다.

청동도끼

선비는 오늘날 학문을 닦는 사람, 또는 학식이 있고 행동이 바르며 의리와 원칙을 지키는 고결한 인품을 지닌 사람을 이르는 말로 여겨지고 있습니다. 이는 조선시대에 그런 사람을 선비로 우대했기 때문입니다. 하지만 고대에 선비는 지배계급에 속하는 사람이었습니다. 지배계급에 속하는 사람은 무사에 가까웠습니다. 그래서 무사가 지니는 도끼를 나타낸 士[선비 사]자가 '선비'의 뜻을 지닌 글자가 된 것입니다.

'무사'의 '사'로 쓰이는 한자인 士[선비 사]자는 軍士(군사)·兵士(병사)·壯士(장사)·鬪士(투사)·勇士(용사)에서도 그 쓰임을 엿볼 수 있습니다. 오늘

132

날 나라를 지키기 위해 교육을 받는 사관학교인 陸士(육사)·空士(공사)·海士(해사)에서도 '선비'를 뜻하는 士[선비 사]자가 원래 무사와 같은 존재였음을 알게 해 주고 있습니다.

장기판의 사(士)

士[선비 사]자는 軍士(군사)·兵士(병사)·壯士(장사)·鬪士(투사)·勇士(용사)에서 보듯 음이 '사'입니다. 士자는 뜻과 음을 합쳐 '선비 사'라 합니다.

士자는 仕[벼슬할 사]자에서 음의 역할을 하거나 壯[씩씩할 장]자나 壻[사위 서]자에서 뜻의 역할을 합니다.

● 바로바로 익히는 한자 ●

확인 학습 부수 설명을 참고하여 괄호 안에 알맞은 말을 쓰시오.

1. 士자는 (   )를 본뜬 글자입니다.

2. 쇠로 도구를 만들기 시작하던 시대에 도끼는 신분이 높은 사람의 (   )를 드러내는 물건으로 사용되었습니다.

3. 士자는 벼슬을 하는 신분이 높은 사람과 관련해 뜻이 (   )가 되었습니다.

4. 옛날에 선비는 지배계급에 속하는 사람이었습니다. 지배계급에 속하는 사람은 무사에 가까웠습니다. 그래서 무사가 지니는 도끼를 나타낸 士자가 (   )의 뜻을 지닌 글자가 된 것입니다.

5. 士자는 軍士·兵士·壯士·鬪士·勇士에서 보듯 음이 ( )입니다.

6. 士자는 뜻이 (   )고, 음이 ( )입니다.

7. 士자는 뜻과 음을 합쳐 (   )라 합니다.

8. 士자는 仕자에서 ( )의 역할을 하거나 壯자나 壻자에서 ( )의 역할을 합니다.

● 쓰면서 익히는 한자 ●

쓰기 학습 빈 칸에 한자를 쓰고, 뜻과 음을 쓰시오.

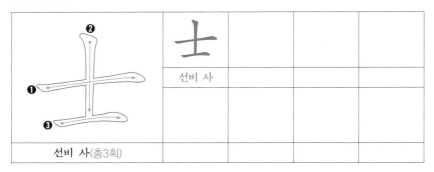

	선비 사			
선비 사(총3획)				

쓰기 복습 빈 칸에 뜻과 음에 맞는 한자를 쓰시오.

쌀 미	모 방	흰 백	아비 부	견줄 비	아닐 비	날 비	코 비

134

뫼 산

〈山부수 / 8급〉

山[뫼 산]자는 봉우리가 세 개 있는 산을 본뜬 글자입니다. 옛날에는 그 '산'을 '뫼'라고 했습니다.

조선의 4대 명필가(名筆家) 가운데 한 사람인 양사언(楊士彦)은 유명한 시조를 지었습니다.

서울의 삼각산(북한산)

"태산이 높다하되 하늘아래 뫼이로다

오르고 또 오르면 못 오를 리 없건마는

사람이 제 아니 오르고 뫼만 높다 하나니"

이 시조(時調)에 쓰인 '뫼이로다' 와 '뫼만 높다'의 '뫼'가 바로 '산'을 뜻하는 옛말입니다. 오늘날에도 山 [뫼 산]자는 옛말 그대로 뜻을 '뫼' 라 합니다. 일부에서는 뜻을 '메'라

태산 전경도 일부

고도 합니다. '메'는 '산'을 예스럽게 이르는 말인데, 우리말 표준어 기준에는 '원형과 가까운 말을 택한다'라고 했으니 '뫼'가 山[뫼 산]자의 뜻으로 더 합당할 것입니다.

'뫼(산)'을 뜻하는 山[뫼 산]자는 '불을 내뿜는 산'을 뜻하는 火山(화산), '푸른 산'을 뜻하는 靑山(청산), '서녘에 있는 산'을 뜻하는 西山(서산)의 말에서 보듯 음을 '산'으로 읽습니다. 山자는 뜻과 음을 합쳐 '뫼 산'이라 합니다.

山자가 붙는 한자는 岸[언덕 안]·岐[갈림길 기]·峴[고개 현]·嶺[고개 령]·崔[높은 산 최]자에서처럼 뜻이 '산'과 관련이 있습니다.

● 바로바로 익히는 한자 ●

확인 학습 부수 설명을 참고하여 괄호 안에 알맞은 말을 쓰시오.

1. 山자는 봉우리가 세 개 있는 (　　)을 본뜬 글자입니다.

2. 옛날에는 그 '산'을 (　　)라고 했습니다.

3. 조선의 4대 명필가 가운데 한 사람인 양사언은 '태산이 높다하되 하늘아래 (　　)이로다'라는 시조를 지었습니다.

4. 오늘날에도 山자는 옛말 그대로 뜻을 (　　)라 합니다.

5. '불을 내뿜는 산'을 뜻하는 火山은 화(　　)으로 읽습니다.

6. '푸른 산'을 뜻하는 靑山은 청(　　)으로 읽습니다.

7. '서녘에 있는 산'을 뜻하는 西山은 서(　　)으로 읽습니다.

8. 火山, 靑山, 西山의 山자는 (　　)으로 읽습니다.

9. 山자는 음이 (　　)입니다.

10. 山자는 뜻이 (　　)고, 음이 (　　)입니다.

11. 山자는 뜻과 음을 합쳐 (　　　　)이라 합니다.

12. 山자가 붙는 한자는 岸·岐·峴·嶺·崔자에서처럼 뜻이 (　　)과 관련이 있습니다.

● 쓰면서 익히는 한자 ●

빈 칸에 한자를 쓰고, 뜻과 음을 쓰시오.

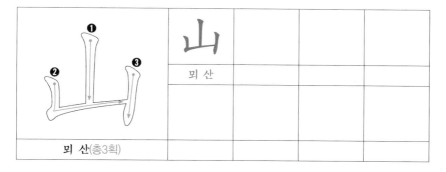

	山 뫼 산			
뫼 산(총3획)				

쓰기 복습 빈 칸에 뜻과 음에 맞는 한자를 쓰시오.

모 방	흰 백	아비 부	견줄 비	아닐 비	날 비	코 비	선비 사

137

빛 색

갑골문	금문	소전

〈色부수 / 7급〉

남녀가 서로 어르는 그림(신윤복)

色[빛 색]자는 두 사람이 서로 어르는 모습을 나타낸 글자입니다. 옛말에 '어르다'는 어른인 남자와 여자가 서로를 배필로 삼아 사랑을 나눈다는 말입니다.

조선시대에 유명한 기생이면서 글을 잘 지었던 황진이는 다음과 같은 시조를 지었습니다.

"동짓달 기나긴 밤을 한 허리 베어 내여

춘풍 이불 아래 서리서리 넣었다가

어론님 오신 날 밤엔 구뷔구뷔 펴리라"

시조에 나오는 '어론님'이 바로 '어르다'와 관련된 말입니다. '어른'도 '어르다'와 관련된 말입니다. 하지만 서로 사랑을 나누는 두 사람으로 이뤄진 色[빛 색]자는 후대로 내려오면서 서로 사랑하는 사람 얼굴의 빛과

138

관련해 뜻이 '빛'이 되었습니다.

色[빛 색]자는 '푸른 빛'을 뜻하는 靑色
(청색), '다섯 가지의 빛'을 뜻하는 五色(오
색), '같은 빛'을 뜻하는 同色(동색)에서 보
듯 음을 '색'으로 읽습니다. 色자는 뜻과
음을 합쳐 '빛 색'이라 합니다.

오색 주머니

色자가 붙어 익히 쓰이는 한자에는 豐[풍성할 풍]자와 합쳐진 艶[고울
염]자 하나뿐입니다. 艶[고울 염]자는 색[色]이 풍성하여[豐] '곱다'는 뜻의
한자입니다.

● 바로바로 익히는 한자 ●

확인 학습 부수 설명을 참고하여 괄호 안에 알맞은 말을 쓰시오.

1. 色자는 두 사람이 서로 (   ) 모습을 나타낸 글자입니다.

2. 옛말에 (   )는 어른인 남자와 여자가 서로를 배필로 삼아 사
   랑을 나눈다는 말입니다.

3. 서로 사랑을 나누는 두 사람으로 이뤄진 色자는 후대로 내려오면
   서 서로 사랑하는 사람 얼굴의 (   )과 관련해 뜻이 (   )이 되었
   습니다.

4. '푸른 빛'을 뜻하는 靑色은 청(   )으로 읽습니다.

5. '다섯 가지의 빛'을 뜻하는 五色은 오(   )으로 읽습니다.

6. '같은 빛'을 뜻하는 同色은 동(   )으로 읽습니다.

7. 色자는 음을 (   )으로 읽습니다.

8. 色자는 뜻이 (   )이고, 음이 (   )입니다.

9. 色자는 뜻과 음을 합쳐 (   )이라 합니다.

10. 色자가 붙어 익히 쓰이는 艶자는 (   )이 풍성하여[豐] 곱다는
    뜻의 한자입니다

● 쓰면서 익히는 한자 ●

쓰기 학습 빈 칸에 한자를 쓰고, 뜻과 음을 쓰시오.

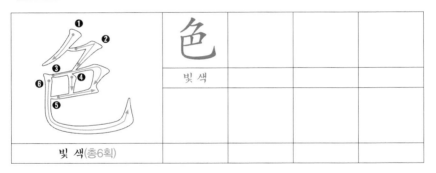

	色 빛 색			
빛 색(총6획)				

쓰기 복습 빈 칸에 뜻과 음에 맞는 한자를 쓰시오.

흰 백	아비 부	견줄 비	아닐 비	날 비	코 비	선비 사	뫼 산

중043

生

날 생

갑골문	금문	소전

〈生부수 / 8급〉

生[날 생]자는 싹[屮]이 흙[土] 위로 나는 모양을 본뜬 글자입니다. 싹이 나는 모양에서 生[날 생]자는 뜻이 '나다'가 되었습니다.

지구에 존재하는 수많은 생명체는 흙에서 나서 흙으로 돌아갑니다. 흙에서 나는 생명체 가

싹이 나는 모양

운데 먹이사슬의 가장 아래가 초목의 싹입니다. 生[날 생]자는 바로 그 싹이 흙에서 나는 모양을 나타냈습니다.

오늘날 먹이사슬의 맨 위에 있는 사람도 흔히 '흙에서 나서 흙으로 돌아간다'고 합니다. 사람이 태어난 날은 생일이 됩니다. 생일은 한자로 生日(생일)인데, 이때 生[날 생]자는 '낳다'의 뜻입니다. 이렇게 生[날 생]자는

먹이사슬 피라미드

'나다'의 뜻 외에 '낳다' 등의 여러 뜻을 지니기도 합니다.

生[날 생]자는 '나서 자라다'를 뜻하는 生長(생장), '들에서 나다'를 뜻하는 野生(야생), '저절로 나다'를 뜻하는 自生(자생)의 말에서 보듯 음을 '생'으로 읽습니다. 生자는 뜻과 음을 합쳐 '날 생'이라 합니다.

生자는 牲[희생 생]·甥[생질 생]·笙[생황 생]·性[성품 성]·星[별 성]·姓[성씨 성]자의 구성에 도움을 주면서 주로 음의 역할을 합니다.

● 바로바로 익히는 한자 ●

확인 학습 부수 설명을 참고하여 괄호 안에 알맞은 말을 쓰시오.

1. 生자는 싹[屮]이 흙[土] 위로 (   ) 모양을 본뜬 글자입니다.

2. 싹이 나는 모양에서 生자는 뜻이 (   )가 되었습니다.

3. 흙에서 나는 생명체 가운데 먹이사슬의 가장 아래가 초목의 (   )입니다.

4. 生자는 바로 그 싹이 흙에서 (   ) 모양을 나타냈습니다.

5. '나서 자라다'를 뜻하는 生長은 (   )장으로 읽습니다.

6. '들에서 나다'를 뜻하는 野生은 야(   )으로 읽습니다.

7. '저절로 나다'를 뜻하는 自生은 자(   )으로 읽습니다.

8. 生長, 野生, 自生의 生자는 (   )으로 읽습니다.

9. 生자는 음이 (   )입니다.

10. 生자는 뜻이 (   )고, 음이 (   )입니다.

11. 生자는 뜻과 음을 합쳐 (   )이라 합니다.

12. 生자는 牲·甥·笙·性·星·姓자의 구성에 도움을 주면서 주로 (   )
의 역할을 합니다.

● 쓰면서 익히는 한자 ●

쓰기 학습 빈 칸에 한자를 쓰고, 뜻과 음을 쓰시오.

生 (날 생)			
날 생			
날 생(총5획)			

쓰기 복습 빈 칸에 뜻과 음에 맞는 한자를 쓰시오.

아비 부	견줄 비	아닐 비	날 비	코 비	선비 사	뫼 산	빛 색

夕

저녁 석

갑골문	금문	소전
ⅅ	Ɗ	ⅅ

〈夕부수 / 6급〉

夕[저녁 석]자는 저녁에 뜨는 이지러진 달을 본뜬 글자입니다. 이지러진 달을 본떴지만 달이 저녁에 뜨기 때문에 夕[저녁 석]자는 이지러진 달 모양에서 '저녁'의 뜻을 지니게 되었습니다.

문명이 발달하지 않았던 옛날에는 해가 뜨는 아침에 일어나 활동하고, 달이 뜨는 저녁에 하루의 일

이지러진 달

을 마치고 잠을 잤습니다. 저녁은 다음 날의 활동을 위해 힘을 얻는 시간입니다. 夕[저녁 석]자는 바로 그런 '저녁'을 뜻하는 글자입니다.

夕[저녁 석]자는 '음력 8월 15일로, 가장 큰 보름달이 뜬다

달의 여러 모양

144

는 가을 저녁'을 뜻하는 秋夕(추석), '저녁나절의 해'를 뜻하는 夕陽(석양),
'견우와 직녀가 만난다는 음력 7월 7일의 저녁'을 뜻하는 七月七夕(칠월
칠석)의 말에서 보듯 '석'의 음으로 읽습니다. 夕자는 뜻과 음을 합쳐 '저
녁 석'이라 합니다.

夕자가 붙는 한자는 夜[밤 야]·夢[꿈 몽]·夙[일찍 숙]자처럼 뜻이 '저녁'
과 관련이 있습니다.

● 바로바로 익히는 한자 ●

확인 학습 부수 설명을 참고하여 괄호 안에 알맞은 말을 쓰시오.

1. 夕자는 저녁에 뜨는 이지러진 (   )을 본뜬 글자입니다.

2. 달이 저녁에 뜨기 때문에 夕자는 이지러진 달 모양에서 (   )의
   뜻을 지니게 되었습니다.

3. 저녁은 다음 날의 활동을 위해 힘을 얻는 시간입니다. 夕자는 바로
   그런 (   )을 뜻하는 글자입니다.

4. '음력 8월 15일로, 가장 큰 보름달이 뜬다는 가을 저녁'을 뜻하는 秋
   夕은 추(   )으로 읽습니다.

5. '저녁나절의 해'를 뜻하는 夕陽은 (   )양으로 읽습니다.

6. '견우와 직녀가 만난다는 음력 7월 7일의 저녁'을 뜻하는 七月七夕
   은 칠월칠(   )으로 읽습니다.

7. 夕자는 음이 (   )입니다.

8. 夕자는 뜻이 (   )이고, 음이 (   )입니다.

9. 夕자는 뜻과 음을 합쳐 (   )이라 합니다.

10. 夕자가 붙는 한자는 夜·夢·夙자에서처럼 뜻이 (   )과 관련이 있습니다.

● 쓰면서 익히는 한자 ●

쓰기 학습 빈 칸에 한자를 쓰고, 뜻과 음을 쓰시오.

	夕 저녁 석			
저녁 석(총3획)				

쓰기 복습 빈 칸에 뜻과 음에 맞는 한자를 쓰시오.

견줄 비	아닐 비	날 비	코 비	선비 사	뫼 산	빛 색	날 생

146

石

돌 석

갑골문	금문	소전

〈石부수 / 6급〉

石[돌 석]자는 厂의 형태와 口의 형태가 합쳐
진 글자입니다. 원래 石[돌 석]자는 厂의 형태만
으로 표현했습니다. 厂의 형태는 예리한 부분이
있는 삼각형 형태의 돌을 표현했습니다. 사실 厂
의 형태는 아주 옛날 사람들이 손에 쥐고 흔히
사용했던 돌도끼를 나타낸 것으로 보입니다. 후
에 돌로 만들어진 물건이거나 돌을 이용해 판

돌도끼

구덩이를 나타낸 것으로 보이는 口의 형태가 덧붙여져 결국 '돌'을 뜻하
는 石[돌 석]자가 이뤄졌습니다.

　문명이 발달되기 전 사람들은 돌을 이용해 활동을 했습니다. 石[돌 석]
자는 바로 그때 사람들이 흔히 만들었던 돌도끼와 관련해 이뤄진 글자
로 여겨집니다.

　石[돌 석]자는 '돌을 다뤄 물건 만드는 장인'을 뜻하는 石工(석공), '돌로
이뤄진 탑'을 뜻하는 石塔(석탑), '하늘에서 떨어진 돌'을 뜻하는 隕石(운

147

벼루

석)에서 보듯 음을 '석'으로 읽습니다. 石자는 뜻과 음을 합쳐 '돌 석'이라 합니다.

石자가 붙은 한자는 砂[모래 사]·破[깨질 파]·研[갈 연]·硯[벼루 연]·碑[비석 비]자 등에서 보듯 뜻이 '돌'과 관련이 있습니다.

● 바로바로 익히는 한자 ●

확인 학습 부수 설명을 참고하여 괄호 안에 알맞은 말을 쓰시오.

1. 원래 石자는 厂의 형태만으로 표현했습니다. 厂의 형태는 예리한 부분이 있는 삼각형 형태의 (   )을 표현했습니다.

2. 厂의 형태는 아주 옛날 사람들이 손에 쥐고 흔히 사용했던 (   )를 나타낸 것으로 보입니다.

3. 돌로 만들어진 물건이거나 돌을 이용해 판 구덩이를 나타낸 것으로 보이는 口의 형태가 덧붙여져 결국 (   )을 뜻하는 石자가 이뤄졌습니다.

4. 石工은 (   )공, 石塔은 (   )탑, 隕石은 운(   )으로 읽습니다.

5. 石工, 石塔, 隕石의 石자는 (   )으로 읽습니다.

6. 石자는 음이 (   )입니다.

7. 石자는 뜻이 (   )이고, 음이 (   )입니다.

8. 石자는 뜻과 음을 합쳐 (   )이라 합니다.

9. 石자가 붙은 한자는 砂·破·研·硯·碑자 등에서 보듯 뜻이 (　)과
   관련이 있습니다.

● 쓰면서 익히는 한자 ●

쓰기 학습　빈 칸에 한자를 쓰고, 뜻과 음을 쓰시오.

石 (돌 석)	石 돌 석			
돌 석(총5획)				

쓰기 복습　빈 칸에 뜻과 음에 맞는 한자를 쓰시오.

아닐 비	날 비	코 비	선비 사	뫼 산	빛 색	날 생	저녁 석

149

중046

혀 설

갑골문	금문	소전
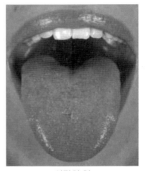		

〈舌부수 / 4급〉

舌[혀 설]자는 입 밖으로 내민 혀를 표현한 글자입니다. 따라서 舌[혀 설]자는 뜻이 '혀'가 되었습니다. 옛날에 쓰인 글자에서 혀를 갈라진 선으로 표현한 것은 움직이는 모습만을 취한 것으로 보이고, 간혹 나타나 있는 점들은 침으로 보입니다.

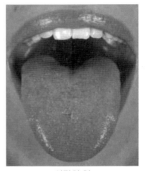

사람의 혀

혀의 주요 역할 가운데 하나가 말을 분명히 하는 데 도움을 주는 것입니다. 혀가 조금만 짧아도 발음이 어눌한 것도 혀가 말을 하는 데 중요한 역할을 하고 있음을 알게 해 줍니다. 그처럼 혀는 말하는 것과 밀접한 관련이 있기에 舌[혀 설]자는 '말'의 뜻을 지니기도 합니다.

舌 고문자

혀를 나타낸 그림

舌[혀 설]자는 '소의 혀'를 뜻하는 牛舌(우설), '혀에 생긴 암'을 뜻하는

150

舌癌(설암), '혀에 이끼처럼 끼는 물질'을 뜻하는 舌苔(설태)의 말에서 보듯 음을 '설'로 읽습니다. 그 외에 舌[혀 설]자가 '말'의 뜻으로 쓰이는 舌戰(설전)·毒舌(독설)·長廣舌(장광설)에서도 음이 '설'로 읽히는 것을 알 수 있습니다. 舌자는 뜻과 음을 합쳐 '혀 설'이라 합니다.

갑골문 飮

舌자가 붙어 오늘날 익히 쓰이는 한자로는 憩[쉴 게]자 하나뿐입니다. 하지만 갑골문 飮[마실 음]자의 자형에서 舌자의 쓰임을 엿볼 수 있습니다.

● 바로바로 익히는 한자 ●

확인 학습 부수 설명을 참고하여 괄호 안에 알맞은 말을 쓰시오.

1. 舌자는 입 밖으로 내민 (   )를 표현한 글자입니다.

2. 舌자는 뜻이 (   )가 되었습니다.

3. 옛날에 쓰인 글자에서 (   )를 갈라진 선으로 표현한 것은 움직이는 모습만을 취한 것으로 보이고, 간혹 나타나 있는 점들은 침으로 보입니다.

4. 혀는 말하는 것과 밀접한 관련이 있기에 舌자는 (   )의 뜻을 지니기도 합니다.

5. '소의 혀'를 뜻하는 牛舌은 우(   )로 읽습니다.

6. '혀에 생긴 암'을 뜻하는 舌癌은 (   )암으로 읽습니다.

7. '혀에 이끼처럼 끼는 물질'을 뜻하는 舌苔는 (   )태로 읽습니다.

8. 舌자는 (   )로 읽습니다.

151

9. 舌자는 뜻이 (   )고, 음이 (   )입니다.

10. 舌자는 뜻과 음을 합쳐 (   )이라 합니다.

● 쓰면서 익히는 한자 ●

쓰기 학습 빈 칸에 한자를 쓰고, 뜻과 음을 쓰시오.

	舌			
	혀 설			
혀 설(총6획)				

쓰기 복습 빈 칸에 뜻과 음에 맞는 한자를 쓰시오.

날 비	코 비	선비 사	뫼 산	빛 색	날 생	저녁 석	돌 석

152

갑골문	금문	소전
⁣⁣	⁣⁣	⁣⁣

小
작을 소

〈小부수 / 8급〉

小[작을 소]자는 흩어져 있는 세 개의 작
은 물체를 본뜬 글자입니다. 작은 물체를
본뜬 데서 小[작을 소]자는 뜻이 '작다'가
되었습니다.

작은 곡물의 알맹이

'작다'의 반대는 '크다'입니다. 큰 것이 갖
추고 있는 모든 것을 작은 것도 모두 갖추
고 있다면 작은 것은 특별한 것이라 할 수
있습니다. 큰 것이 모든 것을 갖추기는 쉽지만 작은 것이 모든 것을 갖추
기는 쉽지 않기 때문입니다.

小[작을 소]자는 어떤 작은 물체를 나타냈는지 분명하지 않습니다. 다
만 옛날이나 오늘날이나 사람에게 가장 특별한 것이 먹는 것이니 小[작
을 소]자는 쌀과 같은 작은 곡물의 알갱이(또는 알맹이)를 간단히 세 개만
나타낸 것으로 보입니다. 곡물의 알갱이는 작지만 하나의 생명을 품고
있는 특별한 존재입니다.

小[작을 소]자는 '작은 물건'을 뜻하는 小品(소품), '작은 계집아이'를 뜻하는 小女(소녀), '작은 사람이 사는 나라'를 뜻하는 小人國(소인국)에서 보듯 '소'로 읽습니다. 小자는 뜻과 음을 합쳐 '작을 소'라 합니다.

참새

小자는 少[적을 소]·尖[뾰족할 첨]·雀[참새 작]·肖[닮을 초]·劣[못할 렬]자의 구성에 도움을 주면서 뜻이나 음의 역할을 합니다.

● 바로바로 익히는 한자 ●

확인 학습 부수 설명을 참고하여 괄호 안에 알맞은 말을 쓰시오.

1. 小자는 흩어져 있는 세 개의 ( ) 물체를 본뜬 글자입니다.

2. 작은 물체를 본뜬 데서 小자는 뜻이 ( )가 되었습니다.

3. 옛날이나 오늘날이나 사람에게 가장 특별한 것이 먹는 것이니 小자
   는 쌀과 같은 ( ) 곡물의 알갱이를 간단히 세 개만 나타낸 것으
   로 보입니다.

4. '작은 물건'을 뜻하는 小品은 ( )품으로 읽습니다.

5. '작은 계집아이'를 뜻하는 小女는 ( )녀로 읽습니다.

6. '작은 사람이 사는 나라'를 뜻하는 小人國은 ( )인국으로 읽습니다.

7. 小자는 음을 ( )로 읽습니다.

8. 小자는 뜻이 ( )고, 음이 ( )입니다.

154

9. 小자는 뜻과 음을 합쳐 (   )라 합니다.

10. 小자는 少·尖·雀·肖·劣자의 구성에 도움을 주면서 (   )이나 (   )
    의 역할을 합니다.

쓰기 학습 빈 칸에 한자를 쓰고, 뜻과 음을 쓰시오.

	小			
	작을 소			
작을 소(총3획)				

쓰기 복습 빈 칸에 뜻과 음에 맞는 한자를 쓰시오.

코 비	선비 사	뫼 산	빛 색	날 생	저녁 석	돌 석	혀 설

중048

水 氵
삼수변
물 수

갑골문	금문	소전

〈水부수 / 8급〉

水[물 수]자는 흐르는 물을 본뜬 글자입니다. 따라서 뜻이 '물'이 되었습니다. 물은 구체적인 형태가 없기 때문에 흐르는 물로 나타낸 것입니다. 태극기에도 水자의 고문자와 같은 모양의 감괘가 '물'을 상징하고 있습니다.

흐르는 물

물이 없으면 지구의 모든 생명체는 살 수 없습니다. 다른 행성과 달리 지구에 생명체가 존재하는 것도 물이 있기 때문입니다. 물이 풍부할수록 생명체도 많이 모여 있습니다. 사람들도 아주 옛날부터 물을 중심으로 모여 살았습니다. 몸의 70%쯤이 물로 이뤄져 있는 사람에게 물은 없어서는 안 되

태극기의 감괘

는 아주 귀한 존재입니다. 따라서 오늘날 물은 blue gold(블루 골드)라 하기도 합니다. 水자는 바로 그 '물'을 뜻하는 한자입니다.

水[물 수]자는 '물에서 싸우는 군사'를 뜻하는 水軍(수군), '물의 흐름을

조절하는 문'을 뜻하는 水門(수문), '물에서 헤엄치는 일'을 뜻하는 水泳 (수영)이라는 말에서 보듯 음을 '수'로 읽습니다. 水자는 뜻과 음을 합쳐 '물 수'라 합니다. 水자가 한자에서 왼쪽에 붙을 때는 沐(목)자나 浴(욕) 자에서처럼 氵의 형태로도 쓰입니다. 氵은 '삼수변'이라 합니다. '삼수변' 은 水자의 음 '수'를 중심으로 글자의 형태가 세 개의 획으로 이뤄졌다 하여 三[석 삼]자의 음 '삼'을 앞에 붙이고, 부수가 자체(字體)의 구성에서 왼쪽에 덧붙일 때의 명칭 '변'을 뒤에 붙인 것입니다.

　水(氵)가 붙는 한자는 波[물결 파]·洋[큰 바다 양]·淸[맑을 청]·滑[미끄러울 활]·漁[고기 잡을 어]·濟[건널 제]에서 보듯 뜻이 '물'과 관련이 있습니다.

● 바로바로 익히는 한자 ●

확인 학습 　부수 설명을 참고하여 괄호 안에 알맞은 말을 쓰시오.

1. 水자는 흐르는 (　　)을 본뜬 글자입니다.

2. 水자는 뜻이 (　　)이 되었습니다.

3. '물에서 싸우는 군사'를 뜻하는 水軍은 (　　)군으로 읽습니다.

4. '물의 흐름을 조절하는 문'을 뜻하는 水門은 (　　)문으로 읽습니다.

5. '물에서 헤엄치는 일'을 뜻하는 水泳은 (　　)영으로 읽습니다.

6. 水軍, 水門, 水泳의 水자는 (　　)로 읽습니다.

7. 水자는 음을 (　　)로 읽습니다.

8. 水자는 뜻이 (　　)이고, 음이 (　　)입니다.

9. 水자는 뜻과 음을 합쳐 (　　　)라 합니다.

10. 水자가 한자에서 왼쪽에 붙을 때는 沐(목)자나 浴(욕)자처럼 氵의
    형태로도 쓰입니다. 氵은 ( )이라 합니다.

11. 水(氵)가 붙는 한자는 波·洋·淸·滑·漁·濟자에서 보듯 뜻이 ( )과
    관련이 있습니다.

● 쓰면서 익히는 한자 ●

쓰기 학습 빈 칸에 한자를 쓰고, 뜻과 음을 쓰시오.

	水 물 수			
물 수(총4획)				

氵 삼수변					

쓰기 복습 빈 칸에 뜻과 음에 맞는 한자를 쓰시오.

선비 사	뫼 산	빛 색	날 생	저녁 석	돌 석	혀 설	작을 소

158

중049

手 才
재방변
손 수

금문	소전

〈手부수 / 6급〉

手[손 수]자는 선(線)으로 간략하게 손을 본뜬 글자입니다. 따라서 手[손 수]자는 뜻이 '손'이 되었습니다.

동물 가운데 자유자재로 손을 쓸 수 있는 존재는 사람뿐입니다. 실제로 사람만 자유롭게 양 끝 손가락을 서로 맞붙일 수 있습니다. 사람을 다른 동물과 구분 짓는 중요한 부분이 바로 손입니다. 손은 제2의 뇌이며, 몸 밖의 두뇌입니다. 사람은 손을 이용해 오늘날의 발전된 문명을 이룩했습니다. 바로 그 '손'을 뜻하는 한자가 手[손 수]자입니다.

手[손 수]자는 '손과 발'을 뜻하는 手足(수족), '손으로 표현하는 말'을 뜻하는 手話(수화), '손의 가운데'를 뜻하는 手中(수중)에서 보듯 '수'로 읽습니다. 手자는 뜻과 음

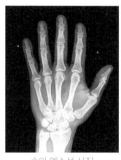

손의 엑스선 사진

양 끝 손가락을 맞붙인 손

을 합쳐 '손 수'라 합니다.

手자가 한자에서 왼쪽에 붙을 때는 指[손가락 지]자나 拇[엄지손가락 무]자에서처럼 扌의 형태로도 쓰입니다. 扌은 '재방변'이라 합니다. '재방변'은 扌의 형태가 才[재주 재]와 닮아 그 글자의 음인 '재(才)'를 빌리고 글자 곁에 붙었다 하여 傍[곁 방]자의 음인 '방(傍)'과 부수가 왼쪽에 붙을 때의 명칭 '변(邊)'을 합친 것입니다.

手(扌)자 부수에 속하는 한자는 技[재주 기]·批[칠 비]·投[던질 투]·拔[헤칠 피]·拉[끌 랍]·拍[칠 박]자 등에서 보듯 뜻이 '손'과 관련이 있습니다.

● 바로바로 익히는 한자 ●

확인 학습 부수 설명을 참고하여 괄호 안에 알맞은 말을 쓰시오.

1. 手자는 선(線)으로 간략하게 (   )을 본뜬 글자입니다.

2. 手자는 뜻이 (   )이 되었습니다.

3. 동물 가운데 자유자재로 (   )을 쓸 수 있는 존재는 사람뿐입니다.

4. 사람을 다른 동물과 구분 짓는 중요한 부분이 바로 (   )입니다.

5. '손과 발'을 뜻하는 手足은 (   )족으로 읽습니다.

6. '손으로 표현하는 말'을 뜻하는 手話는 (   )화로 읽습니다.

7. '손의 가운데'를 뜻하는 手中은 (   )중으로 읽습니다.

8. 手자는 음을 (   )로 읽습니다.

9. 手자는 뜻이 (   )이고, 음이 (   )입니다.

10. 手자는 뜻과 음을 합쳐 (   )라 합니다.

11. 手자가 한자에서 왼쪽에 붙을 때는 指자나 拇자처럼 扌의 형태로
도 쓰입니다. 扌은 (   )이라 합니다.

12. 手(扌)자 부수에 속하는 한자는 技·批·投·披·拉·拍자 등에서 보
듯 뜻이 (   )과 관련이 있습니다.

● 쓰면서 익히는 한자 ●

쓰기 학습 빈 칸에 한자를 쓰고, 뜻과 음을 쓰시오.

	手 손 수			
손 수(총4획)				

扌 재방변					

쓰기 복습 빈 칸에 뜻과 음에 맞는 한자를 쓰시오.

빛 색	날 생	저녁 석	돌 석	혀 설	작을 소	물 수	삼수변

首

머리 수

갑골문	금문	소전

〈首부수 / 5급〉

首[머리 수]자는 간략하게 나타낸 머리
털과 강조된 눈이 중심이 된, 옆에서 본
머리를 본뜬 글자입니다. 따라서 首[머
리 수]자는 뜻이 '머리'가 되었습니다.

머리를 옆으로 보고 그리면 코와 입
과 귀는 겉의 윤곽으로 이어져 표현됩

고대의 인두상

니다. 반면에 눈은 윤곽 안에 표현됩니다. 首[머리 수]자도 머리 윤곽 속
의 눈을 강조한 모습으로 자형이 이뤄지면서 '머리'를 뜻하는 글자가 되
었습니다.

'머리'는 기억하거나 생각을 하는 신체의 가장 높은 곳에 위치한 부위
입니다. 따라서 首[머리 수]자는 뜻이 확대되어 사람의 무리 가운데 지위
가 가장 높은 사람인 '우두머리'를 뜻하기도 합니다. 대통령(大統領)을 이
르는 國家元首(국가원수)에 首[머리 수]자를 쓰는 것도 그 때문입니다.

首[머리 수]자는 '스스로 머리를 들어내다'라는 뜻의 自首(자수), '머리를

베다'라는 뜻의 斬首(참수), '학의 머리처럼 길
게 빼고 애타게 기다리다'라는 뜻의 鶴首苦
待(학수고대)에서 보듯 음을 '수'로 읽습니다.
首자는 뜻과 음을 합쳐 '머리 수'라 합니다.

首자가 붙어 자주 사용되는 한자에는 道
[길 도]자가 있습니다. 道[길 도]자에서는 首자
가 음의 역할을 합니다.

참수된 모습

● 바로바로 익히는 한자 ●

확인 학습 부수 설명을 참고하여 괄호 안에 알맞은 말을 쓰시오.

1. 首자는 간략하게 나타낸 머리털과 강조된 눈이 중심이 된 옆에서
   본 (   )를 본뜬 글자입니다.

2. 首자는 뜻이 (   )가 되었습니다.

3. 首자는 머리 윤곽 속의 눈을 강조한 모습으로 자형이 이뤄지면서
   (   )를 뜻하는 글자가 되었습니다.

4. '스스로 머리를 들어내다'라는 뜻의 自首는 자(   )로 읽습니다.

5. '머리를 베다'라는 뜻의 斬首는 참(   )로 읽습니다.

6. '학의 머리처럼 길게 빼고 애타게 기다리다'라는 뜻의 鶴首苦待는
   학(   )고대로 읽습니다.

7. 首자는 음을 (   )로 읽습니다.

8. 首자는 뜻이 (   )고, 음이 (   )입니다.

163

9. 首자는 뜻과 음을 합쳐 (   )라 합니다.

10. 首자가 붙어 자주 사용되는 한자에는 道자가 있습니다. 道자에서
는 首자가 (   )의 역할을 합니다.

● 쓰면서 익히는 한자 ●

쓰기 학습 빈 칸에 한자를 쓰고, 뜻과 음을 쓰시오.

首 머리 수				
머리 수(총9획)				

쓰기 복습 빈 칸에 뜻과 음에 맞는 한자를 쓰시오.

저녁 석	돌 석	혀 설	작을 소	물 수	삼수변	손 수	재방변

중051

示
보일 시

갑골문	금문	소전

〈示부수 / 5급〉

示[보일 시]자는 신이나 하늘에 제사(祭祀) 지낼 때에 사용된 높고 평평한 제탁(祭卓)을 표현한 글자입니다. 옛날 사람들은 신이나 하늘이 좋은 일이나 나쁜 일을 사람에게 보여 알릴 수 있는 신령스런 능력이 있다고 믿었습니다. 따라서 제물을 올린 제탁에서 신이나 하늘에 제사 지내면 신령스러움이 드러나 보인다 하여 示[보일 시]자는 뜻이 '보이다'가 되었습니다.

예컨대 날씨가 가물어 농사를 짓는 데 필요한 물이 없으면 예부터 사람들은 하늘에 제사를 지내 비를 내려 달라 빌었습니다. 그렇게 제사에 정성을 드리면 하늘이 감응해 비를 드러내 보인다고 여겼던 것입

고대의 제탁

탕왕의 기우제

165

니다. 따라서 그럴 때 제사 지내는 제탁을 나타낸 示[보일 시]자가 '보이다'의 뜻을 지니게 된 것입니다.

示[보일 시]자는 '여러 물건을 펴서 보이다'라는 뜻의 展示(전시), '겉으로 드러내 보이다'라는 뜻의 表示(표시), '예를 들어 보이다'라는 뜻의 例示(예시)에서 보듯 음을 '시'로 읽습니다. 示자는 뜻과 음을 합쳐 '보일 시'라 합니다.

示자 부수에 속하는 한자는 祭[제사 제]·祀[제사 사]·祝[빌 축]·祈[빌 기]·福[복 복]·祉[복 지]자 등에서 보듯 뜻이 '제사'와 관련이 있습니다.

● 바로바로 익히는 한자 ●

확인 학습 부수 설명을 참고하여 괄호 안에 알맞은 말을 쓰시오.

1. 示자는 신이나 하늘에 제사 지낼 때에 사용된 높고 평평한 (   )을 표현한 글자입니다.

2. 제물을 올린 (   )에서 신이나 하늘에 제사 지내면 신령스러움이 드러나 보인다 하여 示자는 뜻이 (   )가 되었습니다.

3. '여러 물건을 펴서 보이다'라는 뜻의 展示는 전(   )로 읽습니다.

4. '겉으로 드러내 보이다'라는 뜻의 表示는 표(   )로 읽습니다.

5. '예를 들어 보이다'라는 뜻의 例示는 예(   )로 읽습니다.

6. 展示, 表示, 例示의 示자는 (   )의 음으로 읽습니다.

7. 示자는 음을 (   )로 읽습니다.

8. 示자는 뜻이 (   )고, 음이 (   )입니다.

9. 示자는 뜻과 음을 합쳐 (   )라 합니다.

10. 示자 부수에 속하는 한자는 祭·祀·祝·祈·福·祉자 등에서 보듯

뜻이 (   )와 관련이 있습니다.

● 쓰면서 익히는 한자 ●

쓰기 학습 빈 칸에 한자를 쓰고, 뜻과 음을 쓰시오.

	示 보일 시			
보일 시(총5획)				

쓰기 복습 빈 칸에 뜻과 음에 맞는 한자를 쓰시오.

돌 석	혀 설	작을 소	물 수	삼수변	손 수	재방변	머리 수

중052

食
밥 식(사)

갑골문	금문	소전

〈食부수 / 6급〉

食[밥 식]자는 뚜껑이 있는 그릇에 담겨 있는 밥을 본뜬 글자입니다. 따라서 食[밥 식]자는 뜻이 '밥'이 되었습니다. 食[밥 식]자는 밥을 먹는다 하여 '먹다'의 뜻을 지니기도 합니다.

밥그릇

사람이 세상을 사는 데 기본적으로 필요한 세 가지는 '의식주'입니다. '의식주'의 '의'는 '옷', '식'은 '밥', '주'는 '집'으로 모두 '짓다'라는 행위를 하는 공통점이 있습니다. 옷을 짓고, 밥을 짓고, 집을 짓고……. 그러나 그 가운데 가장 중요한 것은 '밥'입니다. '옷'이나 '집'이 없으면 춥게 살겠지만 '밥'이 없으면 죽기 때문입니다. 따

그릇에 담겨 있는 밥

라서 '의식주' 가운데 가장 중요한 것이 '식'이며, '식'으로 읽히는 食[밥 식]자는 바로 '밥'을 뜻하는 글자입니다.

食[밥 식]자는 '밥 먹는 일'을 뜻하는 食事(식사), '밖에서 사 먹는 밥'을

168

뜻하는 外食(외식), '밥을 사 먹는 집'을 뜻
하는 食堂(식당)에서 보듯 '식'으로 읽습니
다. 食자는 뜻과 음을 합쳐 '밥 식'이라 합
니다. 아울러 食자는 '밥 사'라고도 합니
다. 이때 食자의 뜻은 '거친 밥'과 관련이
있습니다. '먹이다'의 뜻으로 쓰일 때도 '사'
로 읽습니다.

食자가 붙는 한자는 飢[주릴 기]·飮[마실

조선시대 상차림

음]·飯[밥 반]·餌[먹이 이]·飽[배부를 포]자 등에서 보듯 뜻이 '밥'과 관련
이 있습니다.

● 바로바로 익히는 한자 ●

확인 학습 부수 설명을 참고하여 괄호 안에 알맞은 말을 쓰시오.

1. 食자는 뚜껑이 있는 그릇에 담겨 있는 (   )을 본뜬 글자입니다.

2. 食자는 뜻이 (   )이 되었습니다. 나아가 食자는 밥을 먹는다 하여
   (   )의 뜻을 지니기도 합니다.

3. '의식주' 가운데 가장 중요한 것이 '식'이며, 食자는 바로 (   )을 뜻
   하는 글자입니다.

4. '밥 먹는 일'을 뜻하는 食事는 (   )사로 읽습니다.

5. '밖에서 사 먹는 밥'을 뜻하는 外食은 외(   )으로 읽습니다.

6. '밥을 사 먹는 집'을 뜻하는 食堂은 (   )당으로 읽습니다.

7. 食자는 음을 (   )으로 읽습니다.

8. 食자는 뜻과 음을 합쳐 (   )이라 합니다.

9. 食자는 (   )라고도 합니다. 이때 食자는 뜻이 (   )과
   관련이 있습니다.

10. 食자가 붙는 한자는 飢·飮·飯·餌·飽자 등에서 보듯 뜻이 (   )과
    관련이 있습니다.

● 쓰면서 익히는 한자 ●

쓰기 학습 빈 칸에 한자를 쓰고, 뜻과 음을 쓰시오.

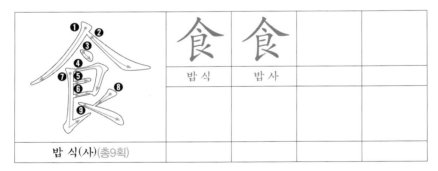

	食 밥 식	食 밥 사		
밥 식(사)(총9획)				

쓰기 복습 빈 칸에 뜻과 음에 맞는 한자를 쓰시오.

혀 설	작을 소	물 수	삼수변	손 수	재방변	머리 수	보일 시

臣

신하 신

갑골문	금문	소전

〈臣부수 / 5급〉

臣[신하 신]자는 뾰족한 도구에 찔린 눈동자가 강조된 한 눈을 나타낸 글자입니다. 臣[신하 신]자는 그런 눈을 가지고 윗사람을 섬기는 노예를 뜻하다가 다시 임금을 섬기는 신하로 의미가 확대되었습니다. 따라서 臣[신하 신]자는 결국 뜻이 '신하'가 되었습니다.

옛날에는 부족과 부족이 싸워 진 부족의 사람들은 이긴 부족의 노예가 되었습니다. 이때 반항 능력이 있는 어른인 남자는 한 눈을 뾰족한 도구로 찔러 앞을 보지 못하게 했습니다. 이렇게

옛날 눈을 해코지하는 모습

금문 臤

금문 民

제재를 받으면 의기가 꺾이는 데다 한쪽 눈이 보이지 않아 행동하는 데 어려움이 있어 반항 능력이 떨어질 수밖에 없었습니다. '신하'를 뜻하는 臣[신하 신]자는 바로 그런 상황에서 만들어진 글자입니다. 臤[단단할 견]

171

자나 民[백성 민]자도 비슷한 상황에서 만들어진 글자입니다.

임금 앞의 신하들(재현)

臣[신하 신]자는 '임금과 신하'를 뜻하는 君臣(군신), '간사한 신하'를 뜻하는 奸臣(간신), '충성하는 신하'를 뜻하는 忠臣(충신)에서 보듯 음을 '신'으로 읽습니다. 臣자는 뜻과 음을 합쳐 '신하 신'이라 합니다.

臣자가 붙는 한자는 臥[누울 와]·臨[임할 림]·監[볼 감]·望[바랄 망=望]자처럼 뜻이 '눈'과 관련 있습니다.

확인 학습 부수 설명을 참고하여 괄호 안에 알맞은 말을 쓰시오.

1. 臣자는 뾰족한 도구에 찔린 눈동자가 강조된 한 (　)을 나타낸 글자입니다. 臣자는 그런 (　)을 가지고 윗사람을 섬기는 노예를 뜻하다가 다시 임금을 섬기는 (　　)로 의미가 확대되었습니다.

2. 臣자는 뜻이 (　　)가 되었습니다.

3. '임금과 신하'를 뜻하는 君臣은 군(　)으로 읽습니다.

4. '간사한 신하'를 뜻하는 奸臣은 간(　)으로 읽습니다.

5. '충성하는 신하'를 뜻하는 忠臣은 충(　)으로 읽습니다.

6. 君臣, 奸臣, 忠臣의 臣자는 (　)으로 읽습니다.

7. 臣자는 음을 (　)으로 읽습니다.

8. 臣자는 뜻이 (   )고, 음이 (   )입니다.

9. 臣자는 뜻과 음을 합쳐 (   )이라 합니다.

10. 臣자가 붙는 한자는 臥·臨·監·竪자에서처럼 뜻이 (   )과 관련 있습니다.

● 쓰면서 익히는 한자 ●

빈 칸에 한자를 쓰고, 뜻과 음을 쓰시오.

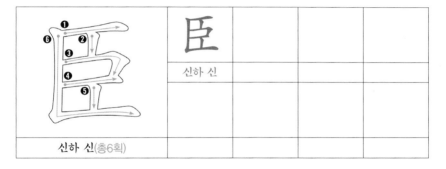

	臣		
	신하 신		
신하 신(총6획)			

빈 칸에 뜻과 음에 맞는 한자를 쓰시오.

물 수	삼수변	손 수	재방변	머리 수	보일 시	밥 식	밥 사

173

辛
매울 신

갑골문	금문	소전

〈辛부수 / 3급〉

辛[매울 신]자는 옛날에 죄인이나 포로의 얼굴에 검은 먹을 새겼던 문신 도구를 본뜬 글자입니다. 먹으로 문신이 새겨진 자는 사람의 대접을 제대로 받지 못하고 견디기 힘든 괴로움을 맛보게 되었습니다. 맛 가운데에서도 견디기 힘든 괴로운 맛

옛날 문신 도구

이 매운맛입니다. 그로 인해 문신을 새기는 도구와 관련된 辛[매울 신]자는 뜻이 '맵다'가 되었습니다.

맛은 구체적인 형태가 없습니다. 그렇게 구체적인 형태가 없는 맛 가운데 '맵다'를 뜻하기 위해 사람에게 고통을 주는 물건인 문신 새기는 도구에서 비롯된 辛[매울 신]자로 나타낸 것입니다.

辛[매울 신]자는 '신라면'을 통해 잘 알려진 한자입니다. '신라면'은 매운 맛을 내는 라면으로, '맵다'라는 뜻의 한자 辛[매울 신]자의 음 '신'을 써서 '신라면'이라 한 것입니다. 매운 맛이 나는 대표적인 식물이 고추입니

174

다. 그 외에 마늘·후추·생강·겨자와 같은 식물도 맛이 매운데, 이들 모두는 '향신료'라 합니다. 그 '향신료'의 '신'도 한자로 辛[매울 신]자입니다. 辛[매울 신]자는 '신라면'과 '향신료'를 한자로 쓴 辛拉麵과 香

문신 새기는 모습

辛料에서 보듯 '신'으로 읽습니다. 辛자는 뜻과 음을 합쳐 '매울 신'이라 합니다.

辛자가 붙는 한자는 辜[허물 고]·辟[허물 벽]·辠[허물 죄]·辥[허물 설]자에서처럼 뜻이 '허물'과 관련이 있습니다. 辛자가 허물이 있는 사람에게 문신을 하는 도구에서 비롯되었기 때문입니다.

● 바로바로 익히는 한자 ●

확인 학습 부수 설명을 참고하여 괄호 안에 알맞은 말을 쓰시오.

1. 辛자는 옛날에 죄인이나 포로의 얼굴에 검은 먹을 새겼던 (   ) 도구를 본뜬 글자입니다.

2. 맛 가운데에서도 견디기 힘든 괴로운 맛이 (   )맛입니다. 그로 인해 문신을 새기는 도구와 관련된 辛자는 뜻이 (   )가 되었습니다.

3. 구체적인 형태가 없는 맛 가운데 (   )를 뜻하기 위해 사람에게 고통을 주는 물건인 문신 새기는 도구에서 비롯된 辛자로 나타낸 것입니다.

175

4. 辛拉麵은 (　)라면, 香辛料는 향(　)료로 읽습니다.

5. 辛자는 辛拉麵과 香辛料에서 보듯 음을 (　)으로 읽습니다.

6. 辛자는 뜻이 (　　)고, 음이 (　)입니다.

7. 辛자는 뜻과 음을 합쳐 (　　　)이라 합니다.

8. 辛자가 붙는 한자는 辜·辟·辜·辭자에서처럼 뜻이 (　　)과 관련
   이 있습니다.

● 쓰면서 익히는 한자 ●

쓰기 학습 빈 칸에 한자를 쓰고, 뜻과 음을 쓰시오.

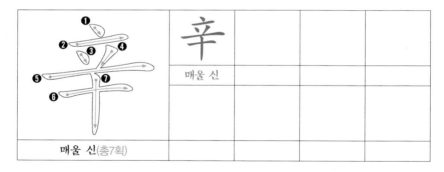

	辛 매울 신			
매울 신(총7획)				

쓰기 복습 빈 칸에 뜻과 음에 맞는 한자를 쓰시오.

삼수변	손 수	재방변	머리 수	보일 시	밥 식	밥 사	신하 신

중055

身
몸 신

갑골문	금문	소전

〈身부수 / 6급〉

身[몸 신]자는 배가 부른 사람의 몸을 본뜬 글자입니다. 따라서 身[몸 신]자는 뜻이 '몸'이 되었습니다.

배가 부른 사람의 몸은 대개 어른인 여자가 아이를 잉태하고 있을 때의 모습입니다. 그렇게 아이를 잉태하고 있으면 나쁜 것을 멀리하고, 빛깔이나 모양이 이상한 것도 먹지 않고 몸을 소중히 합니다. 따라서 아이를 잉태한 배가 부른 사람의 모습을 나타낸 身[몸 신]자가 '몸'의 뜻을 지니게 되었습니다.

임신한 토우

그렇게 身[몸 신]자가 '몸'의 뜻으로 쓰이게 되자 아이를 잉태하고 있음을 뜻하는 한자는 다시 어른인 여자에서 비롯된 女[계집 녀]자를 덧붙인 娠[아이 밸 신]자로 쓰게 되었습니다. 그런데 娠[아이 밸 신]자도 후대에 음의 역할자를 다시

여성의 몸을 표현한 빌렌도르프의 비너스

177

身[몸 신]자에서 辰[때 신]자로 바꿔 오늘날은 그 뜻을 나타내는 데 娠[아이 밸 신]자를 쓰고 있습니다.

身[몸 신]자는 '마음과 몸'을 뜻하는 心身(심신), '스스로의 몸'을 뜻하는 自身(자신), '짧은 키의 몸'을 뜻하는 短身(단신)에서 보듯 '신'으로 읽습니다. 身자는 뜻과 음을 합쳐 '몸 신'이라 합니다.

身자가 붙는 한자는 躬[몸 궁]자나 軀[몸 구]자에서 보듯 '몸'의 뜻을 지닙니다. 반면에 射[쏠 사]자는 身자와 관련이 없습니다. 射에 붙은 身의 형태는 활과 시위의 모양에서 비롯된 자형이기 때문입니다.

금문 射

● 바로바로 익히는 한자 ●

확인 학습 부수 설명을 참고하여 괄호 안에 알맞은 말을 쓰시오.

1. 身자는 배가 부른 사람의 (   )을 본뜬 글자입니다.

2. 身자는 뜻이 (   )이 되었습니다.

3. 아이를 잉태하고 있으면 나쁜 것을 멀리하고, 빛깔이나 모양이 이상한 것도 먹지 않고 (   )을 소중히 합니다.

4. 아이를 잉태한 배가 부른 사람의 모습을 나타낸 身자가 (   )의 뜻을 지니게 되었습니다.

5. '마음과 몸'을 뜻하는 心身은 심(   )으로 읽습니다.

6. '스스로의 몸'을 뜻하는 自身은 자(   )으로 읽습니다.

7. '짧은 키의 몸'을 뜻하는 短身은 단(   )으로 읽습니다.

8. 心身, 自身, 短身의 身자는 (   )으로 읽습니다.

9. 身자는 음을 (   )으로 읽습니다.

10. 身자는 뜻이 (   )이고, 음이 (   )입니다.

11. 身자는 뜻과 음을 합쳐 (   )이라 합니다.

12. 身자가 붙는 한자는 躬자나 軀자에서 보듯 (   )의 뜻을 지닙니다.

● 쓰면서 익히는 한자 ●

쓰기 학습 빈 칸에 한자를 쓰고, 뜻과 음을 쓰시오.

	身 몸 신			
몸 신(총7획)				

쓰기 복습 빈 칸에 뜻과 음에 맞는 한자를 쓰시오.

손 수	재방변	머리 수	보일 시	밥 식	밥 사	신하 신	매울 신

179

	갑골문	금문	소전

심방변　밑　마음심

마음 심

〈心부수 / 6급〉

心[마음 심]자는 가슴 속에 있는 심장을 본뜬
글자입니다. 옛날 사람들은 정신이 가슴 속의
심장에 있어서 마음을 다룬다고 여겼습니다.
따라서 심장을 나타낸 心[마음 심]자가 '마음'의
뜻을 지니게 되었습니다.

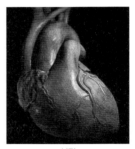

심장

'마음'은 영어로 'heart(하트)'이며, 이는 심장
을 뜻하기도 합니다. 그 심장이 유
독 두근두근할 때는 사랑할 때입
니다. 따라서 heart(하트)를 기호로
나타낸 ♡도 심장을 나타내면서
사랑한다는 의미를 지닙니다.

심장을 닮은 하트(heart)

心[마음 심]자는 '효도를 다하는
마음'을 뜻하는 孝心(효심), '도량이 작은 마음'을 뜻하는 小心(소심), '아
이의 마음'을 뜻하는 童心(동심)에서 보듯 '심'으로 읽습니다. 心자는 뜻과

180

음을 합쳐 '마음 심'이라 합니다. 心자가 한자 왼쪽에 붙을 때는 性(성)자나 憶(억)자에서처럼 忄의 형태로도 쓰입니다. 忄은 '심방변'이라 합니다. '심방변'은 心자의 음 '심'에 글자의 곁에 붙는다 하여 傍[곁 방]자의 음인 '방'과 부수가 왼쪽에 쓰일 때의 명칭 '변'을 합한 것입니다. 또 心자가 한자에서 밑에 붙을 때는 慕(모)자나 恭(공)자에서처럼 㣺의 형태로도 쓰입니다. 㣺은 '밑 마음심'이라 합니다. '밑 마음심'은 㣺이 한자에서 밑에 붙는다 하여 '밑'을 心자의 뜻과 음인 '마음 심'과 합친 것입니다.

心(忄·㣺)자 부수에 속하는 한자는 思[생각 사]·愛[사랑 애]·情[뜻 정]·恨[한할 한]·恭[공손할 공]·慕[사모할 모]자 등에서 보듯 뜻이 '마음'과 관련이 있습니다.

● 바로바로 익히는 한자 ●

확인 학습 부수 설명을 참고하여 괄호 안에 알맞은 말을 쓰시오.

1. 心자는 가슴 속에 있는 (   )을 본뜬 글자입니다.

2. 심장을 나타낸 心자가 (   )의 뜻을 지니게 되었습니다.

3. 孝心은 효(   ), 小心은 소(   ), 童心은 동(   )으로 읽습니다.

4. 心자는 (   )으로 읽습니다.

5. 心자는 뜻이 (   )이고, 음이 (   )입니다.

6. 心자는 뜻과 음을 합쳐 (   )이라 합니다.

7. 心자가 한자 왼쪽에 붙을 때는 性(성)자나 憶(억)자에서처럼 忄의 형태로도 쓰입니다. 忄은 (   )이라 합니다.

181

8. 心자가 한자에서 밑에 붙을 때는 慕(모)자나 恭(공)자에서처럼 忄의 형태로도 쓰입니다. 忄은 (   )이라 합니다.

9. 心(忄·忄)자 부수에 속하는 한자는 思·愛·情·恨·恭·慕자 등에서 보 듯 뜻이 (   )과 관련이 있습니다.

● 쓰면서 익히는 한자 ●

쓰기 학습 빈 칸에 한자를 쓰고, 뜻과 음을 쓰시오.

	心			
	마음 심			
마음 심(총4획)				

忄	忄				
심방변	밑 마음심				

쓰기 복습 빈 칸에 뜻과 음에 맞는 한자를 쓰시오.

재방변	머리 수	보일 시	밥 식	밥 사	신하 신	매울 신	몸 신

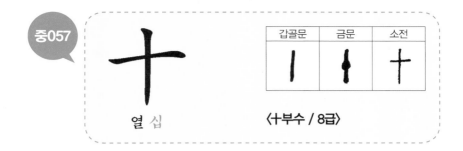

	갑골문	금문	소전
十	╎	╎	十

열 십

〈十부수 / 8급〉

十[열 십]자는 원래 ｜의 모양처럼 곧게 그어 내린 한 선(線)으로 표현된 글자였습니다. 그러다가 나중에 중간 부분이 두툼하게 되고, 다시 그 부분이 가로의 작은 한 선으로 발

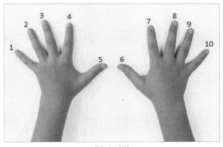

열 손가락

전해 오늘날처럼 十자로 쓰이면서 '열'을 뜻하게 된 글자입니다.

예부터 가로의 선으로는 一(일)·二(이)·三(삼)자를 만들어 썼으며, 세로의 선이 포함된 十[열 십]으로는 열을, 卄[스물 입]으로는 스물을, 卅[서른 삽]으로는 서른을 뜻하는 글자를 만들어 썼습니다. 그러나 卄자나 卅자는 오늘날 쓰이지 않고, 十[열 십]자만 '열'을 뜻하는 데 쓰이고 있습니다.

十[열 십]자는 '열 해'를 뜻하는 十年(십년), '열 명의 사람'을 뜻하는 十名(십명), '열 가운데 여덟이나 아홉'을 뜻하는 十中八九(십중팔구)에서 보듯 음을 '십'으로 읽습니다. 그러나 十月(시월←십월)을 '시월'로 읽는 것처

183

럼 十[열 십]자는 '시'로 읽을 때도 있습니다. 十자는 뜻과 음을 합쳐 '열 십'이라 합니다.

十자 부수에 속하는 한자 가운데 千[일천 천]·升[되 승]·午[낮 오]·半[절 반 반]·卑[낮을 비]·卒[군사 졸]자는 '열'을 뜻하는 十자와 관련이 없습니다. 부수의 체계를 세울 때에 편의상 十자 부수에 속하게 된 것입니다. 반면에 協[도울 협]자와 博[넓을 박]자는 十자가 뜻의 역할을 합니다.

● 바로바로 익히는 한자 ●

확인 학습 부수 설명을 참고하여 괄호 안에 알맞은 말을 쓰시오.

1. 예부터 세로의 선이 포함된 十으로는 (   )을, 卄으로는 (   )을, 卅으로는 (   )을 뜻하는 글자를 만들어 썼습니다. 그러나 卄자나 卅자는 오늘날 쓰이지 않고 十자만 (   )을 뜻하는 데 쓰이고 있습니다.

2. 十자는 뜻이 (   )입니다.

3. '열 해'를 뜻하는 十年은 (   )년으로 읽습니다.

4. '열 명의 사람'을 뜻하는 十名은 (   )명으로 읽습니다.

5. '열 가운데 여덟이나 아홉'을 뜻하는 十中八九는 (   )중팔구로 읽습니다.

6. 十年, 十名, 十中八九의 十자는 (   )으로 읽습니다.

7. 十자는 음을 (   )으로 읽습니다.

8. 十자는 뜻과 음을 합쳐 (   )이라 합니다.

9. 十月을 (   )로 읽는 것처럼 十자는 (   )로 읽을 때도 있습니다.

10. 協자와 博자는 十자가 (   )의 역할을 합니다.

● 쓰면서 익히는 한자 ●

쓰기 학습 빈 칸에 한자를 쓰고, 뜻과 음을 쓰시오.

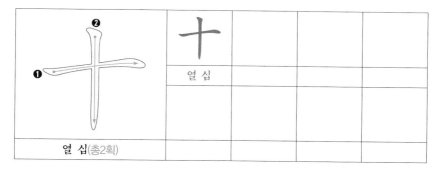

	열 십		
열 십(총2획)			

쓰기 복습 빈 칸에 뜻과 음에 맞는 한자를 쓰시오.

밥 식	밥 사	신하 신	매울 신	몸 신	마음 심	심방변	밑 마음심

185

氏

성씨 씨

갑골문	금문	소전

〈氏부수 / 4급〉

氏[성씨 씨]자는 분명하진 않지만 땅속에 있는 하나의 씨앗에서 뿌리와 줄기가 나는 모양을 표현한 글자로 보입니다. 그처럼 하나의 씨앗에서 뿌리와 줄기가 나서 마침내 많은 가지와 잎이 생기듯 사람도 한 조상으로부터 생겨나 지엽(枝葉)이 되는 많은 자손들이 같은 성씨를 사용하게

씨앗이 자라는 모양

됩니다. 따라서 하나의 씨앗에서 뿌리와 줄기가 나는 모양을 표현한 氏[성씨 씨]자는 결국 뜻이 '성씨'가 된 것으로 보입니다.

씨앗과 관련해 이뤄진 氏[성씨 씨]자는 '씨앗으로 쓸 곡식'을 뜻하는 氏穀(씨곡)이나 '씨앗이 단단한 열매'를 뜻하는 氏果實(씨과실)에서처럼 '씨앗'을 뜻하면서 '씨'의 음으로 읽습니다. 하지만 오늘날 氏[성씨 씨]자는 주로 宗氏(종씨)·無名氏(무명씨)·氏族社會(씨족사회)에서처럼 '성씨'를 뜻하면서 '씨'로 읽습니다. 氏자는 뜻과 음을 합쳐 '성씨 씨'라 합니다.

氏자의 본래 음은 '시'며, '나라 이름'을 뜻할 때는 '지'로도 읽습니다.

186

따라서 氏자는 方相氏(방상시)에서처럼 '시'로도 읽고, 大月氏(대월지)에서처럼 '지'로도 읽습니다. 그렇게 '지'의 음으로도 읽히는 氏자로 인해 紙[종이 지]자도 음을 '지'로 읽습니다. 紙(지)자는 氏자가 음의 역할을 하는 글자기 때문입니다.

방상시(方相氏)

● 바로바로 익히는 한자 ●

확인 학습 부수 설명을 참고하여 괄호 안에 알맞은 말을 쓰시오.

1. 氏자는 분명하진 않지만 땅속에 있는 하나의 (   )에서 뿌리와 줄기가 나는 모양을 표현한 글자로 보입니다.

2. 하나의 (   )에서 뿌리와 줄기가 나는 모양을 표현한 氏자는 결국 뜻이 (   )가 된 것으로 보입니다.

3. '씨앗으로 쓸 곡식'을 뜻하는 氏穀은 (   )곡으로 읽습니다.

4. '씨앗이 단단한 열매'를 뜻하는 氏果實은 (   )과실로 읽습니다.

5. 오늘날 氏자는 주로 宗氏·無名氏·氏族社會에서처럼 (   )를 뜻하면서 (   )로 읽습니다.

6. 氏자는 뜻이 (   )고, 음이 (   )입니다.

7. 氏자는 뜻과 음을 합쳐 (   )라 합니다.

8. 氏자의 본래 음은 (   )며, '나라 이름'을 뜻할 때는 (   )로도 읽습

니다.

9. 氏자는 方相氏에서처럼 (   )로도 읽고, 大月氏에서처럼 (   )로도 읽습니다.

10. 氏자로 인해 紙자도 음을 (   )로 읽습니다.

● 쓰면서 익히는 한자 ●

쓰기 학습 빈 칸에 한자를 쓰고, 뜻과 음을 쓰시오.

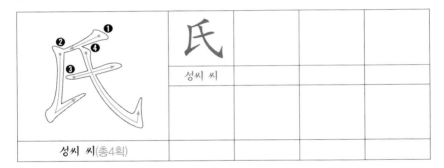

	氏 성씨 씨			
성씨 씨(총4획)				

쓰기 복습 빈 칸에 뜻과 음에 맞는 한자를 쓰시오.

밥 사	신하 신	매울 신	몸 신	마음 심	심방변	밑 마음심	열 십

중059

양 양

갑골문	금문	소전

〈羊부수 / 4급〉

羊[양 양]자는 아래로 굽은 큰 뿔과 짧은 선으로 이어진 귀와 눈, 그리고 주둥이가 있는 머리를 특징으로 삼아 양을 나타낸 글자입니다. 따라서 羊[양 양]자는 뜻이 '양'이 되었습니다.

양은 순한 동물로 알려져 있습니다. 따라서 사람들에 의해 개 다음으로 오랜 옛날부터 길들여진 동물로 알려져 있습니다. 겁이 많아 떼

야생 양 무플론

를 지어 살며, 높은 곳에 올라가기를 좋아합니다. 사람들은 주로 고기와 털 등을 얻기 위해 양을 길들였습니다. 羊자는 바로 그런 양을 나타낸 데서 '양'의 뜻을 지니게 되었습니다.

羊[양 양]자는 '산에 사는 양'을 뜻하는 山羊(산양), '양의 털'을 뜻하는 羊毛(양모), '희생되어 제물이 되는 양'을 뜻하는 犧牲羊(희생양)에서 보듯 음을 '양'으로 읽습니다. 羊자는 뜻과 음을 합쳐 '양 양'이라 합니다.

羊[양 양]자는 羔[새끼 양 고]자나 養[기를 양]자에서처럼 다른 글자와 어

189

희생양을 잡는 모습

울릴 때는 ꭡ의 형태로도 쓰입니다. ꭡ은 부르는 명칭이 없습니다. 따라서 그냥 羊자의 생략된 형태로 보는 것이 좋을 듯합니다.

羊자는 洋[큰 바다 양]·養[기를 양]·痒[가려울 양]·祥[상서로울 상]·詳[자세할 상]·翔[날 상]자 등에서 보듯 주로 음의 역할을 합니다.

● 바로바로 익히는 한자 ●

[확인 학습] 부수 설명을 참고하여 괄호 안에 알맞은 말을 쓰시오.

1. 羊자는 아래로 굽은 큰 뿔과 짧은 선으로 이어진 귀와 눈, 그리고 주둥이가 있는 머리를 특징으로 삼아 (   )을 나타낸 글자입니다.

2. 羊자는 뜻이 (   )이 되었습니다.

3. '산에 사는 양'을 뜻하는 山羊은 산(   )으로 읽습니다.

4. '양의 털'을 뜻하는 羊毛는 (   )모로 읽습니다.

5. '희생되어 제물이 되는 양'을 뜻하는 犧牲羊은 희생(   )으로 읽습니다.

6. 山羊, 羊毛, 犧牲羊의 羊자는 (   )으로 읽습니다.

7. 羊자는 음을 (   )으로 읽습니다.

8. 羊자는 뜻이 (   )이고, 음이 (   )입니다.

190

9. 羊자는 뜻과 음을 합쳐 (   )이라 합니다.

10. 羊자는 洋·養·痒·祥·詳·翔자 등에서 보듯 주로 (   )의 역할을
합니다.

● 쓰면서 익히는 한자 ●

쓰기 학습 빈 칸에 한자를 쓰고, 뜻과 음을 쓰시오.

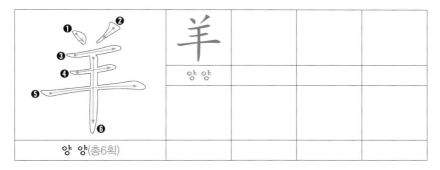

	羊 양 양		
양 양(총6획)			

쓰기 복습 빈 칸에 뜻과 음에 맞는 한자를 쓰시오.

신하 신	매울 신	몸 신	마음 심	심방변	밑 마음심	열 십	성씨 씨

191

중060

魚

물고기 어

갑골문	금문	소전

〈魚부수 / 5급〉

魚[물고기 어]자는 머리와 몸체 및 지느러미까지 완전하게 갖춰진 물고기를 그대로 본뜬 글자입니다. 따라서 魚[물고기 어]자는 뜻이 '물고기'가 되었습니다.

아주 옛날 사람들은 강이나 바다 등 물 주변에 주로 모여 살았습니다. 물가는 물을 얻기 쉽고, 물고기를 잡기 좋았습니다. 더구나 물고기는 번식이 빠르고 수가 많은 데다 위험이 없이 비교적 쉽게 잡을

물고기(붕어)

수 있었습니다. 물고기는 옛날 사람들에게 매우 중요한 식량이었습니다. 바로 그 물고기를 나타낸 魚[물고기 어]자로 '물고기'를 뜻하는 글자가 만들어진 것입니다.

魚[물고기 어]자는 '큰 물고기'를 뜻

약리도 일부

하는 大魚(대어), '몸체가 긴 물고기'를 뜻하는 長魚(장어), '물고기가 사는

192

항아리'를 뜻하는 魚缸(어항)에서 보듯 '어'로 읽습니다. 魚자는 뜻과 음을 합쳐 '물고기 어'라 합니다.

옛날 사람들이 물고기 잡는 모습

魚자가 붙는 한자는 鰍[미꾸라지 추]·鮒[붕어 부]·鯨[고래 경]·鰕[새우 하]·鯉[잉어 리]자에서 보듯 물고기처럼 '물속에 사는 동물'과 관련이 있습니다.

● 바로바로 익히는 한자 ●

확인 학습 부수 설명을 참고하여 괄호 안에 알맞은 말을 쓰시오.

1. 魚자는 머리와 몸체 및 지느러미까지 완전하게 갖춰진 (   )를 그대로 본뜬 글자입니다.

2. 魚자는 뜻이 (   )가 되었습니다.

3. 아주 옛날 사람들은 물을 얻기 쉬운 물가 주변에 주로 모여 살았습니다. 물가 주변은 (   )를 잡기 좋았습니다.

4. '큰 물고기'를 뜻하는 大魚는 대(   )로 읽습니다.

5. '몸체가 긴 물고기'를 뜻하는 長魚는 장(   )로 읽습니다.

6. '물고기가 사는 항아리'를 뜻하는 魚缸은 (   )항으로 읽습니다.

7. 大魚, 長魚, 魚缸의 魚자는 (   )로 읽습니다.

8. 魚자는 음을 (   )로 읽습니다.

9. 魚자는 뜻이 (   )고, 음이 (   )입니다.

10. 魚자는 뜻과 음을 합쳐 (   )라 합니다.

11. 魚자가 붙는 한자는 鰍·鮒·鯨·鰕·鯉자에서 보듯 (   )처럼 물속에 사는 동물과 관련이 있습니다.

● 쓰면서 익히는 한자 ●

쓰기 학습 빈 칸에 한자를 쓰고, 뜻과 음을 쓰시오.

	魚 물고기 어			
물고기 어(총11획)				

쓰기 복습 빈 칸에 뜻과 음에 맞는 한자를 쓰시오.

매울 신	몸 신	마음 심	심방변	밑 마음심	열 십	성씨 씨	양 양

194

중061

言

말씀 언

갑골문	금문	소전
묘	묘	흠

〈言부수 / 6급〉

言[말씀 언]자는 입과 혀를 표현한 글자입니다. 입과 혀는 말을 할 때에 중요한 역할을 합니다. 따라서 입과 혀를 표현한 言[말씀 언]자는 상대방이 하는 말을 높여 이르는 '말씀'의 뜻을 지니게 되었습니다.

입과 혀

앵무새나 구관조가 사람의 말을 잘 따라 하는 것은 혀가 발달되어 있기 때문입니다. 하지만 앵무새나 구관조는 자신이 하는 말이 어떤 의미인지 모릅니다. 반면에 사람은 말을 통해 상대와 자신의 생각이나 느낌을 전달합니다. 그렇게 '말(말씀)'은 사람의 생각이나 느낌 따위를 목구멍을 통해 조직적

구관조

으로 나타내는 소리를 가리킵니다. 세상에서 이런 '말(말씀)'을 할 수 있는 존재는 사람뿐입니다. 따라서 사람의 입과 혀를 나타낸 言[말씀 언]자

195

는 뜻이 말을 높여 이르는 '말씀'이 되었습니다.

言[말씀 언]자는 '사실을 증명하는 말'을 뜻하는 證言(증언), '도와주는 말'을 뜻하는 助言(조언), '죽음에 임해서 남기는 말'을 뜻하는 遺言(유언)에서 보듯 '언'으로 읽습니다. 言자는 뜻과 음을 합쳐 '말씀 언'이라 합니다.

言자 부수에 속하는 한자는 語[말씀 어]·詞[말씀 사]·談[말씀 담]·說[말씀 설]·話[말씀 화]자 등에서 보듯 뜻이 '말씀(말)'과 관련이 있습니다.

● 바로바로 익히는 한자 ●

확인 학습 부수 설명을 참고하여 괄호 안에 알맞은 말을 쓰시오.

1. 言자는 (   )과 (   )를 표현한 글자입니다.

2. 입과 혀를 표현한 言자는 상대방이 하는 말을 높여 이르는 (   ) 의 뜻을 지니게 되었습니다.

3. 사람의 입과 혀를 나타낸 言자는 뜻이 말을 높여 이르는 (   )이 되었습니다.

4. '사실을 증명하는 말'을 뜻하는 證言은 증(   )으로 읽습니다.

5. '도와주는 말'을 뜻하는 助言은 조(   )으로 읽습니다.

6. '죽음에 임해서 남기는 말'을 뜻하는 遺言은 유(   )으로 읽습니다.

7. 證言, 助言, 遺言의 言자는 (   )으로 읽습니다.

8. 言자는 음을 (   )으로 읽습니다.

9. 言자는 뜻이 (   )이고, 음이 (   )입니다.

10. 言자는 뜻과 음을 합쳐 (   )이라 합니다.

11. 言자 부수에 속하는 한자는 語·詞·談·說·話자 등에서 보듯 뜻이

    (   )과 관련이 있습니다.

● 쓰면서 익히는 한자 ●

쓰기 학습 빈 칸에 한자를 쓰고, 뜻과 음을 쓰시오.

	言 말씀 언			
말씀 언(총7획)				

쓰기 복습 빈 칸에 뜻과 음에 맞는 한자를 쓰시오.

몸 신	마음 심	심방변	밑 마음심	열 십	성씨 씨	양 양	물고기 어

구슬옥변

구슬 옥

갑골문	금문	소전
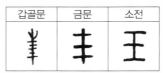		

〈玉부수 / 4급〉

玉[구슬 옥]자는 몇 개의 구슬을 끈으로 꿰어 놓은 모양으로 표현된 글자입니다. 구슬의 일반적인 형태는 동그란데 그런 구슬 하나로는 뜻을 나타내는 한자를 만드는 데 어려움이 있습니다. 세상에는 구슬처럼 동그란 형태가 많기 때문입니다. 따라서 몇 개의 구슬을 끈으로 꿰어 놓은 모양으로 '구슬'을 뜻하는 玉[구슬 옥]자가 이뤄진 것입니다. 후에 王[임금 왕]자와 구별하기 위해 글자 사이에 한 점을 붙여 마침내 오늘날의 형태 玉[구슬 옥]자로 쓰이게 되었습니다.

끈에 꿴 구슬

금문 王   소전 王

반면에 王[임금 왕]자는 도끼 모양에서 비롯된 글자입니다. 도구가 발달되지 않았던 옛날에 도끼는 권위의 상징물이었습니다. 그 도끼를 나타낸 王(왕)자가 玉(옥)자와 비슷했기에 玉(옥)자에 점이 붙여진 것입니다.

198

하지만 오늘날에도 玉[구슬 옥]자는 다른 자형과 어울려 하나의 글자가 될 때 理(리)자나 現(현)자에서처럼 원래의 형태 그대로 점이 없이 王으로 쓰이고 있습니다. 王은 주로 글자의 왼쪽에 붙기 때문에 부수가 왼쪽에 붙을 때의 명칭 '변'을 글자의 뜻과 음에 붙여 '구슬옥변'이라 합니다.

玉[구슬 옥]자는 '흰 구슬'을 뜻하는 白玉(백옥), '구슬과 돌'을 뜻하는 玉石(옥석), '(약간 파르스름한)구슬의 빛'을 뜻하는 玉色(옥색)에서 보듯 '옥'으로 읽습니다. 玉자는 뜻과 음을 합쳐 '구슬 옥'이라 합니다.

玉(王)자가 붙는 한자는 珠[구슬 주]·珍[보배 진]·瑕[옥티 하]자에서 보듯 뜻이 '구슬'과 관련이 있습니다.

● 바로바로 익히는 한자 ●

확인 학습 부수 설명을 참고하여 괄호 안에 알맞은 말을 쓰시오.

1. 玉자는 몇 개의 (   )을 끈으로 꿰어 놓은 모양으로 표현된 글자입니다.

2. 몇 개의 구슬을 끈으로 꿰어 놓은 모양으로 (   )을 뜻하는 玉자가 이뤄진 것입니다.

3. 오늘날에도 玉자는 다른 자형과 어울려 하나의 글자가 될 때 理(리)자나 現(현)자에서처럼 원래의 형태 그대로 점이 없이 王으로 쓰이고 있습니다. 王은 (   )이라 합니다.

4. 白玉은 백(   ), 玉石은 (   )석, 玉色은 (   )색으로 읽습니다.

5. 玉자는 음을 (   )으로 읽습니다.

6. 玉자는 뜻이 (   )이고, 음이 (   )입니다.

7. 玉자는 뜻과 음을 합쳐 (   )이라 합니다.

8. 玉(⺩)자가 붙는 한자는 珠·珍·瑕자에서 보듯 뜻이 (   )과 관련
   이 있습니다.

● 쓰면서 익히는 한자 ●

쓰기 학습 빈 칸에 한자를 쓰고, 뜻과 음을 쓰시오.

玉 구슬 옥			
구슬 옥(총5획)			

王 구슬옥변				

쓰기 복습 빈 칸에 뜻과 음에 맞는 한자를 쓰시오.

마음 심	심방변	밑 마음심	열 십	성씨 씨	양 양	물고기 어	말씀 언

중063

瓦

기와 와

금문	소전

〈瓦부수 / 3급〉

瓦[기와 와]자는 지붕에 줄지어 놓여 있는 기와의 일부를 본뜬 글자입니다. 따라서 瓦[기와 와]자는 뜻이 '기와'가 되었습니다.

기와로 지붕을 덮을 때는 수키와와 암

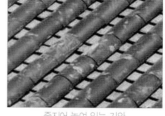

줄지어 놓여 있는 기와

키와를 번갈아 놓는데, 모양이 마치 밭이랑처럼 보입니다. 瓦[기와 와]자는 그런 모양처럼 보이는 기와의 일부를 나타냈습니다.

기와는 질그릇을 만들 때처럼 흙을 반죽해 모양을 빚은 다음, 가마에 넣고 구워 만듭니다. 그런 기와에는 청기와가 있고, 청기와는 고려시대에 만들어졌던 청자(靑瓷)처럼 구워 만들었습니다.

청기와는 한자로 靑瓦(청와)라 합니다. 바로 그 靑瓦(청와)와 관련된 집이 오늘날 우리나라 대통령이 머무는 靑瓦臺(청와대)입니다. 청와는 청자(靑瓷)처럼 만든 아주 귀한 기와이기에 옛날에는 왕이 사는 집의 지붕을 덮는 데만 사용했으며, 靑瓦臺(청와대)는 바로 그런 의미를 지니고

201

있습니다.

瓦[기와 와]자는 靑瓦臺(청와
대)에서 보듯 음이 '와'입니다.
그 외에 瓦解(와해)나 瓦當(와
당)에서도 그 쓰임을 볼 수 있
습니다. 瓦자는 뜻과 음을 합
쳐 '기와 와'라 합니다.

청와대

瓦자 부수에 속하는 瓮[항아리 옹]·瓷[오지그릇 자]·甁[병 병]·甑[시루
증]자는 뜻이 '그릇'과 관련이 있습니다. 옛날 그릇은 기와처럼 구워 만들
었기 때문입니다.

● 바로바로 익히는 한자 ●

확인 학습 부수 설명을 참고하여 괄호 안에 알맞은 말을 쓰시오.

1. 瓦자는 지붕에 줄지어 놓여 있는 (　　)의 일부를 본뜬 글자입니다.
2. 瓦자는 뜻이 (　　)가 되었습니다.
3. 기와로 지붕을 덮을 때는 수키와와 암키와를 번갈아 놓는데, 모양
   이 마치 밭이랑처럼 보입니다. 瓦자는 그런 모양처럼 보이는 (　　)
   의 일부를 나타냈습니다.
4. 청와는 청자처럼 아주 귀한 (　　)이기에 옛날에는 왕이 사는 집의
   지붕을 덮는 데만 사용했습니다.
5. 오늘날 우리나라 대통령이 머무는 靑瓦臺는 청(　)대로 읽습니다.

6. 瓦자는 靑瓦臺의 말에서 보듯 음이 (　)입니다.

7. 瓦解는 (　)해로, 瓦當은 (　)당으로 읽습니다.

8. 瓦자는 뜻이 (　　)고, 음이 (　)입니다.

9. 瓦자는 뜻과 음을 합쳐 (　　　)라 합니다.

10. 瓦자 부수에 속하는 瓮·瓷·瓶·甄자는 뜻이 (　　)과 관련이 있습니다.

● 쓰면서 익히는 한자 ●

쓰기 학습　빈 칸에 한자를 쓰고, 뜻과 음을 쓰시오.

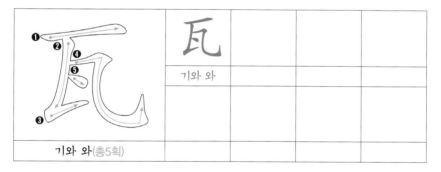

	瓦			
	기와 와			
기와 와(총5획)				

쓰기 복습　빈 칸에 뜻과 음에 맞는 한자를 쓰시오.

밑 마음심	열 십	성씨 씨	양 양	물고기 어	말씀 언	구슬 옥	구슬옥변

중064

曰

가로 왈

갑골문	금문	소전
甘	甘	甘

〈曰부수 / 3급〉

曰[가로 왈]자는 입[口]과 말할 때 입 속으로부터 나오는 소리의 기운[−의 형태]을 본뜬 글자입니다. 소리의 기운은 말하는 상황과 관련이 있는데, 옛날 남의 말이나 글을 이용해 말할 때는 '가로되(혹은 가라사대)'라는 말

말하는 입

을 사용했습니다. 曰[가로 왈]자는 바로 '가로되'의 '가로'를 뜻하는 글자입니다.

'가로되'의 '가로'는 '가르치다'의 '가르'와도 관련이 있습니다. 원래 '가르치다'는 '갈다'와 '치다'가 합쳐진 말로, '갈다'에서 나온 말이 바로 曰[가로 왈]자의 뜻 '가로'이기 때문입니다. '치다'는 '소 치는 아이'에서 치는 행위가 기르는 행위이므로 '기르다'를 뜻합니다. 결국 '가르치다'는 '말하여 기르다', '말로 잘 다스려 기른다'는 의미입니다. 따라서 '가로'는 자신의 의견을 전하기 위해 그냥 '말하다'가 아니라 가르치기 위해 '말하다'의 의미로 봐야 합니다.

'공자 가로되'는 한자로 '孔子曰(공자왈)', '맹자 가로되'는 '孟子曰(맹자왈)'이라고 합니다. 두 말을 합친 '孔子曰孟子曰(공자왈맹자왈)'은 선비들이 공자와 맹자의 책을 읽으면서 그 책에 담긴 내용은 실천하지 않는다는 말입니다. 曰[가로 왈]자는 孔子曰孟子曰(공자왈맹자왈)에서 보듯 음이

공자

'왈'입니다. 曰자는 뜻과 음을 합쳐 '가로 왈'이라 합니다.

曰자 부수에 속하는 한자에는 曲[굽을 곡]·更[고칠 경(갱)]·書[글 서]·最 [가장 최]·會[모일 회]자 등이 있지만 이들은 모두 曰자의 뜻 '가로'와 관련이 없습니다.

● 바로바로 익히는 한자 ●

확인 학습 부수 설명을 참고하여 괄호 안에 알맞은 말을 쓰시오.

1. 曰자는 입[口]과 (   )할 때 입 속으로부터 나오는 소리의 기운[一의 형태]을 본뜬 글자입니다.

2. 옛날 남의 말이나 글을 이용해 말할 때는 (   )라는 말을 사용했습니다.

3. 曰자는 바로 '가로되'의 (   )를 뜻하는 글자입니다.

4. 曰자는 뜻이 (   )입니다.

5. '가로'는 자신의 의견을 전하기 위해 그냥 '말하다'가 아니라
   (   ) 위해 '말하다'의 의미로 봐야 합니다.

6. '孔子曰', '孟子曰'의 曰자는 (   )로 읽습니다.

7. 曰자는 孔子曰孟子曰이란 말에서 보듯 음이 (   )입니다.

8. 曰자는 뜻이 (   )고, 음이 (   )입니다.

9. 曰자는 뜻과 음을 합쳐 (   )이라 합니다.

10. 曰자 부수에 속하는 한자에는 曲·更·書·最·會자 등이 있지만 이
　　들은 모두 曰자의 뜻 (   )와 관련이 없습니다.

● 쓰면서 익히는 한자 ●

쓰기 학습 빈 칸에 한자를 쓰고, 뜻과 음을 쓰시오.

	曰　가로 왈			
가로 왈(총4획)				

쓰기 복습 빈 칸에 뜻과 음에 맞는 한자를 쓰시오.

열 십	성씨 씨	양 양	물고기 어	말씀 언	구슬 옥	구슬옥변	기와 와

用

쓸 용

갑골문	금문	소전

〈用부수 / 6급〉

用[쓸 용]자는 반듯한 무늬를 곁에 새긴 쇠북(종)을 나타낸 글자로 보입니다. 쇠북(종)을 중요한 연주에 쓴다 하여 用[쓸 용]자는 뜻이 '쓰다'가 되었습니다.

예부터 나라의 중요한 의식(儀式)에는 위엄을 더하기 위해 음악을 연주했습니다. 그런 음악을 연주할 때는 맨 처음 하나의 쇠북(종)이 달린 악기인 특종(特鐘)을 쳐서 시작을 알렸습니다. 음악의 시작을 알리는 일

특종

은 매우 중요했습니다. 쇠북(종)은 음악의 시작을 알리는 데 쓰이는 중요한 악기이기에 이를 나타낸 用[쓸 용]자가 '쓰다'의 뜻을 지니게 된 것입니다. 用[쓸 용]자 구성의 바탕이 된 '쇠북'은 좀 더 분명하게 말하면 오늘날의 '종(鐘)'과 관련이 있습니다.

用[쓸 용]자는 '먹을 것으로 쓰다'라는 뜻의 食用(식용), '함께 쓰다'라는

뜻의 共用(공용), '한 회만 쓰다'라는 뜻의 一回 用(일회용)에서 보듯 '용'으로 읽습니다. 用자는 뜻과 음을 합쳐 '쓸 용'이라 합니다.

用자는 甬[쇠북꼭지 용]자에서 음의 역할을 하고, 甬(용)자는 踊[뛸 용]·勇[날랠 용=勈]·俑[목우용]·誦[욀 송]·通[통할 통]·痛[아플 통]·桶[통 통]자 등에서 보듯 주로 음의 역할을 합니다.

서주(西周) 동종(銅鐘)

● 바로바로 익히는 한자 ●

확인 학습 부수 설명을 참고하여 괄호 안에 알맞은 말을 쓰시오.

1. 用자는 반듯한 무늬를 겉에 새긴 (   )을 나타낸 글자로 보입니다.
2. 쇠북을 중요한 연주에 쓴다 하여 用자는 뜻이 (   )가 되었습니다.
3. 쇠북은 음악의 시작을 알리는 데 쓰이는 중요한 악기이기에 이를 나타낸 用자가 (   )의 뜻을 지니게 된 것입니다.
4. '먹을 것으로 쓰다'라는 뜻의 食用은 식(   )으로 읽습니다.
5. '함께 쓰다'라는 뜻의 共用은 공(   )으로 읽습니다.
6. '한 회만 쓰다'라는 뜻의 一回用은 일회(   )으로 읽습니다.
7. 食用, 共用, 一回用의 用자는 (   )으로 읽습니다.
8. 用자는 음을 (   )으로 읽습니다.
9. 用자는 뜻이 (   )고, 음이 (   )입니다.
10. 用자는 뜻과 음을 합쳐 (   )이라 합니다.

11. 用자는 甬자에서 음의 역할을 하고, 甬자는 踊·勇·俑·誦·通·痛·
桶자 등에서 보듯 주로 (   )의 역할을 합니다.

쓰기 학습 빈 칸에 한자를 쓰고, 뜻과 음을 쓰시오.

	用			
	쓸 용			
쓸 용(총5획)				

쓰기 복습 빈 칸에 뜻과 음에 맞는 한자를 쓰시오.

성씨 씨	양 양	물고기 어	말씀 언	구슬 옥	구슬옥변	기와 와	가로 왈

209

중066

又

또 우

갑골문	금문	소전
ᄀ	ㄱ	ㄱ

〈又부수 / 3급〉

又[또 우]자는 다섯 손가락을 셋으로 줄인 오른손을 간략하게 나타낸 글자입니다. 예부터 사람들은 왼손보다 오른손을 많이 사용하고 있습니다. 오른손이 많은 활동을 주도하여 쓰이고 또 쓰인다 하여 又[또 우]자는 결국 뜻이 '또'가 되었습니다.

오른손

캐나다 신경과 의사인 펜필드는 사람의 신체 각 부위를 담당하는 뇌의 영역을 크기에 비례하여 신체를 다시 표현한 괴물 같은 사람을 만들었습니다. 이를 '호문클로스'라고 합니다. '호문클로스'에서 유독 손이 커 보이는 것은 손의

펜필드의 호문클로스

역할이 그만큼 많다는 것입니다. 그런 손 가운데 오른손에서 비롯된 한 자가 바로 '또'를 뜻하는 又[또 우]자입니다.

예나 지금이나 사람들이 술자리에서 술을 마시고, 마시고, 또 마시거나 술을 권하고, 권하고, 또 권하고자 할 때 에둘러 흔히 하는 말이 있습니다. 그것이 '한 잔, 한 잔, 또 한 잔'이고, 이 말을 한자로 표현하면 '一杯一杯又一杯(일배일배우일배)'입니다. 이때 一杯一杯又一杯에서 '또'의 뜻으로 쓰이는 한자가 又[또 우]자며, 음은 '우'입니다. 又자는 뜻과 음을 합쳐 '또 우'라 합니다.

又자 부수에 속하면서 익히 쓰이는 及[미칠 급]·友[벗 우]·反[돌이킬 반]·取[취할 취]·受[받을 수]자 등은 뜻이 '손'과 관련이 있습니다.

● 바로바로 익히는 한자 ●

확인 학습 부수 설명을 참고하여 괄호 안에 알맞은 말을 쓰시오.

1. 又자는 다섯 손가락을 셋으로 줄인 오른(　)을 간략하게 나타낸 글자입니다.
2. 예부터 대부분의 사람들은 왼(　)보다 오른(　)을 더 자주 사용하고 있습니다.
3. 오른손이 많은 활동을 주도하여 쓰이고 (　) 쓰인다 하여 又자는 결국 뜻이 (　)가 되었습니다.
4. 一杯一杯又一杯는 일배일배(　)일배로 읽습니다.
5. 一杯一杯又一杯에서 (　)의 뜻으로 쓰이는 한자가 又자며, 음은 (　)입니다.
6. 又자는 (　)의 음으로 읽습니다.

211

7. 又자는 뜻이 ( )고, 음이 ( )입니다.

8. 又자는 뜻과 음을 합쳐 ( )라 합니다.

9. 又자 부수에 속하면서 익히 쓰이는 及·友·反·取·受자 등은 뜻이 ( )과 관련이 있습니다.

● 쓰면서 익히는 한자 ●

쓰기 학습 빈 칸에 한자를 쓰고, 뜻과 음을 쓰시오.

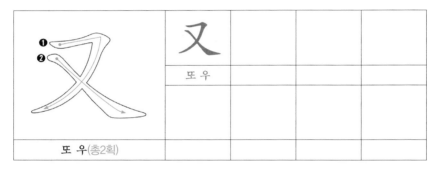

	又 또 우			
또 우(총2획)				

쓰기 복습 빈 칸에 뜻과 음에 맞는 한자를 쓰시오.

양 양	물고기 어	말씀 언	구슬 옥	구슬옥변	기와 와	가로 왈	쓸 용

212

중067

소 우

갑골문	금문	소전

〈牛부수 / 5급〉

牛[소 우]자는 커다란 뿔이 있는 머리를 특징으로 삼은 소를 본뜬 글자입니다. 따라서 牛[소 우]자는 뜻이 '소'가 되었습니다.

커다란 뿔이 있는 소는 물소

중국의 물소

입니다. 물소는 중국에서 키우는 소입니다. 한자는 중국 문화 속에서 성숙된 문자이므로 그처럼 물소를 나타내 牛[소 우]자가 만들어지면서 뜻이 '소'가 되었습니다.

커다란 뿔이 있는 중국의 물소와 달리 우리나라에서 전통적으로 키우는 소의 특징은 뿔이 작습니다. 터럭의 빛깔은 누런 누렁소가 대부분입니다. 누렁소는 흔히 황소라 하나 황소는 덩치가 큰 수소를 말합니다. 누렁소는 달리 황우(黃牛)라 합니다.

牛[소 우]자는 '우리나라의 소'를 뜻하는 韓牛(한우), '소의 젖'을 뜻하는

213

牛乳(우유), '소나 말이 끄는 수레'를 뜻하는 牛馬車(우마차)에서 보듯 '우'로 읽습니다. 牛자는 뜻과 음을 합쳐 '소 우'라 합니다.

이중섭 황소 1

牛자가 붙는 한자는 牧[기를 목]·牽[끌견]·物[만물 물]·特[특별할 특]·牢[우리 뢰]자에서 보듯 뜻이 '소'와 관련이 있습니다.

● 바로바로 익히는 한자 ●

확인 학습 부수 설명을 참고하여 괄호 안에 알맞은 말을 쓰시오.

1. 牛자는 커다란 뿔이 있는 머리를 특징으로 삼은 (   )를 본뜬 글자입니다.

2. 牛자는 뜻이 (   )가 되었습니다.

3. 커다란 뿔이 있는 소는 (   )입니다.

4. 물소를 나타내 牛자가 만들어지면서 뜻이 (   )가 되었습니다.

5. '우리나라의 소'를 뜻하는 韓牛는 한(   )로 읽습니다.

6. '소의 젖'을 뜻하는 牛乳는 (   )유로 읽습니다.

7. '소나 말이 끄는 수레'를 뜻하는 牛馬車는 (   )마차로 읽습니다.

8. 韓牛, 牛乳, 牛馬車의 牛자는 (   )로 읽습니다.

9. 牛자는 음을 (   )로 읽습니다.

10. 牛자는 뜻이 (   )고, 음이 (   )입니다.

214

11. 牛자는 뜻과 음을 합쳐 (   )라 합니다.

12. 牛자가 붙는 한자는 牧·牽·物·特·牢자에서 보듯 뜻이 (   )와 관련이 있습니다.

● 쓰면서 익히는 한자 ●

쓰기 학습 빈 칸에 한자를 쓰고, 뜻과 음을 쓰시오.

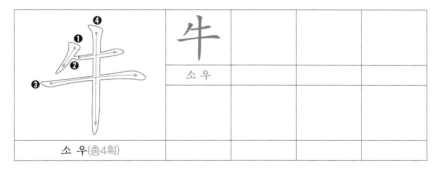

	牛 소 우			
소 우(총4획)				

쓰기 복습 빈 칸에 뜻과 음에 맞는 한자를 쓰시오.

물고기 어	말씀 언	구슬 옥	구슬옥변	기와 와	가로 왈	쓸 용	또 우

중068

雨

비 우

갑골문	금문	소전
示示	丽	雨

〈雨부수 / 5급〉

雨[비 우]자는 하늘에서 떨어지는 비를 본뜬 글자입니다. 따라서 雨[비 우]자는 뜻이 '비'가 되었습니다.

농경시대에 사람들이 농사를 지으려면 비가 매우 중요했습니다. 오늘날과 달리 당시 사람들은

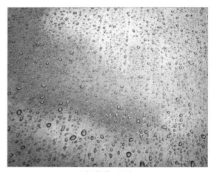

비 내리는 모습

하늘의 비를 바라보며 농사를 지었기 때문입니다. 비가 너무 많이 내려도, 비가 너무 내리지 않아도 농사에 큰 영향을 미쳤습니다. 농사는 사람이 지었던 것이 아니라 하늘이 지었던 것입니다. 그처럼 중요한 비를 뜻하는 한자가 雨[비 우]자입니다.

雨[비 우]자는 '비 올 때 입는 옷'을 뜻하는 雨衣(우의), '사납게 내리는 비'를 뜻하는 暴雨(폭우), '내리는 비의 양'을 뜻하는 降雨量(강우량)의 말에서 보듯 '우'로 읽습니다. 雨[비 우]자는 뜻과 음을 합쳐 '비 우'라 합니다.

216

비는 맑은 날을 빼놓고 가장 자주 볼 수 있는 기상현상(氣象現象)입니다. 따라서 雨자는 모든 기상현상을 대표하며, 雨자가 붙는 雪[눈 설]·霧[안개 무]·霜[서리 상]·震[벼락 진]·露[이슬 로]·雹[우박 박]·靄[아지랑이 애]자 등은 뜻이 모두 '기상현상'과 관련이 있습니다.

비가 내리지 않은 논

● 바로바로 익히는 한자 ●

확인 학습 부수 설명을 참고하여 괄호 안에 알맞은 말을 쓰시오.

1. 雨자는 하늘에서 떨어지는 (　　)를 본뜬 글자입니다.

2. 雨자는 뜻이 (　　)가 되었습니다.

3. 농경시대에 사람들이 농사를 지으려면 (　　)가 매우 중요했습니다.

4. '비 올 때 입는 옷'을 뜻하는 雨衣는 (　　)의로 읽습니다.

5. '사납게 내리는 비'를 뜻하는 暴雨는 폭(　　)로 읽습니다.

6. '내리는 비의 양'을 뜻하는 降雨量은 강(　　)량으로 읽습니다.

7. 雨衣, 暴雨, 降雨量의 雨자는 (　　)로 읽습니다.

8. 雨자는 음을 (　　)로 읽습니다.

9. 雨자는 뜻이 (　　)고, 음이 (　　)입니다.

10. 雨자는 뜻과 음을 합쳐 (　　　　)라 합니다.

11. 비는 자주 볼 수 있는 (　　　　)입니다.

217

12. 雨자는 모든 (　　　　)을 대표하며, 雨자가 붙는 雪·霧·霜·震· 露·雹·靎자는 뜻이 모두 (　　　　)과 관련이 있습니다.

● 쓰면서 익히는 한자 ●

빈 칸에 한자를 쓰고, 뜻과 음을 쓰시오.

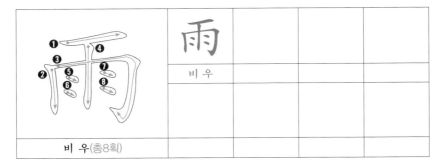

	雨 비 우			
비 우(총8획)				

빈 칸에 뜻과 음에 맞는 한자를 쓰시오.

말씀 언	구슬 옥	구슬옥변	기와 와	가로 왈	쓸 용	또 우	소 우

218

月

달 월

갑골문	금문	소전

〈月부수 / 8급〉

月[달 월]자는 이지러진 달을 본뜬 글자입니다. 따라서 月[달 월]자는 뜻이 '달'이 되었습니다.

보름달일 때는 달이 둥근 형태지만, 그런 형태는 한 달에 한 번만 볼 수 있습니다. 한 달의 대부분은 이지러진 달을 보게 됩니다. 그래서 이지러진 달의 형태로 '달'을 뜻하는 月[달 월]자가 이뤄진 것입니다.

이지러진 달

옛날 우리나라 사람들은 달에 토끼가 산다고 여겼습니다. 하지만 이는 유성(流星)이 달에 부딪치며 움푹 파인 자국의 무늬를 보고 미뤄 짐작한 것입니다. 우연히 그 자국이 토끼처럼 보였던 것이지요.

토끼 무늬가 보이는 달 그림자

月[달 월]자는 '해와 달'을 뜻하는 日月(일월), '밝은 달'을 뜻하는 明月(명월), '달이 떠오

219

르다'를 뜻하는 月出(월출)이란 말에서 보듯 음을 '월'로 읽습니다. 月자는 뜻과 음을 합쳐 '달 월'이라 합니다.

月[달 월]자를 쓸 때는 刀의 안에 =의 형태가 왼쪽에는 붙지만 오른쪽에는 붙지 않습니다. 반면에 肉[고기 육]자의 변형자인 月[육달월]은 刀의 안에 =의 형태가 왼쪽에도 붙고 오른쪽에도 붙습니다.

月자 부수에 속하면서 익히 쓰이는 朔[초하루 삭]·朗[밝을 랑]·期[기약할 기]자는 뜻이 '달'과 관련이 있습니다.

● 바로바로 익히는 한자 ●

확인 학습 부수 설명을 참고하여 괄호 안에 알맞은 말을 쓰시오.

1. 月자는 이지러진 (   )을 본뜬 글자입니다.

2. 月자는 뜻이 (   )이 되었습니다.

3. 한 달의 대부분은 이지러진 (   )을 보게 됩니다. 그래서 이지러진
   (   )의 형태로 (   )을 뜻하는 月자가 이뤄진 것입니다.

4. 月자를 쓸 때는 刀의 안에 =의 형태가 (   )에는 붙지만 (   )
   에는 붙지 않습니다. 반면에 肉자의 변형자인 月은 刀의 안에 =의
   형태가 왼쪽에도 붙고 오른쪽에도 붙습니다.

5. '해와 달'을 뜻하는 日月은 일(   )로 읽습니다.

6. '밝은 달'을 뜻하는 明月은 명(   )로 읽습니다.

7. '달이 떠오르다'를 뜻하는 月出은 (   )출로 읽습니다.

8. 月자는 음을 (   )로 읽습니다.

9. 月자는 뜻과 음을 합쳐 (   )이라 합니다.

10. 月자 부수에 속하면서 익히 쓰이는 朔·朗·期자는 뜻이 (   )과 관
    련이 있습니다.

● 쓰면서 익히는 한자 ●

쓰기 학습 빈 칸에 한자를 쓰고, 뜻과 음을 쓰시오.

月	月 달 월			
달 월(총4획)				

쓰기 복습 빈 칸에 뜻과 음에 맞는 한자를 쓰시오.

구슬 옥	구슬옥변	기와 와	가로 왈	쓸 용	또 우	소 우	비 우

중070

酉
닭 유

갑골문	금문	소전

〈酉부수 / 3급〉

酉[닭 유]자는 아가리가 작고 목이 잘록하며 몸통이 통통하면서 굽이 뾰족한 술 담는 용기를 본뜬 글자입니다. 따라서 원래 술과 관련된 뜻을 지녔습니다. 후대에 간지(干支) 가운데 열째 지지(地支)로 빌려 쓰이면서 다시 열째 지지가 상징하는 동물인 닭과 관련해 酉[닭

옛날 술병

유]자는 결국 '닭'의 뜻을 지니게 되었습니다. 술을 나타내는 한자는 水[물 수]자의 변형자 氵[삼수변]을 덧붙인 酒[술 주]자가 대신하고 있습니다.

김유신묘 십이지신 닭

간지는 '년(年)·월(月)·일(日)·시(時)'를 나타내는 데 사용됩니다. 그 가운데 酉[닭 유]자가 들어가는 해는 乙酉(을유)년, 丁酉(정유)년, 己酉(기유)년, 辛酉(신유)년, 癸酉(계유)년이 있습니다. 그 酉[닭 유]자가 들어간 해에 태어난

222

사람은 그 해가 상징하는 동물이 '닭'이므로 '닭띠'가 됩니다.

酉[닭 유]자가 들어간 해로 우리 역사에서 잊지 못할 해는 1597년의 丁酉(정유)년입니다. 1592년 임진(壬辰)년에 우리나라를 쳐들어왔다 물러난 왜군이 정유년에 다시 쳐들어 왔습니다. 이 사건을 丁酉再亂(정유재란)이라 합니다. 酉자는 丁酉再亂(정유재란)에서 보듯 음이 '유'입니다. 酉자는 뜻과 음을 합쳐 '닭 유'라 합니다.

酉자 부수에 속하는 配[짝 배]·酬[잔 돌릴 수]·酷[독할 혹]·醉[취할 취]·醒[깰 성]·醜[추할 추]자 등에서 보듯 뜻이 '술'과 관련이 있습니다.

● 바로바로 익히는 한자 ●

확인 학습 부수 설명을 참고하여 괄호 안에 알맞은 말을 쓰시오.

1. 酉자는 아가리가 작고 목이 잘록하며 몸통이 통통하면서 굽이 뾰족한 (   ) 담는 용기를 본뜬 글자입니다. 따라서 원래 (   )과 관련된 뜻을 지녔습니다.

2. 酉자는 후대에 간지 가운데 열째 지지로 빌려 쓰이면서 다시 열째 지지가 상징하는 동물인 닭과 관련해 결국 뜻이 (   )이 되었습니다.

3. 乙酉년, 丁酉년, 己酉년, 辛酉년, 癸酉년의 酉자는 (   )로 읽습니다.

4. 酉자가 들어간 해에 태어난 사람은 그 해가 상징하는 동물이 (   ) 이므로 (   )가 됩니다.

5. 酉자는 丁酉再亂에서 보듯 음이 (   )입니다.

6. 酉자는 뜻이 (   )이고, 음이 (   )입니다.

223

7. 酉자는 뜻과 음을 합쳐 (　　　　)라 합니다.

8. 酉자 부수에 속하는 配·酬·酷·醉·醒·醜자 등에서 보듯 뜻이 (　　)
과 관련이 있습니다.

● 쓰면서 익히는 한자 ●

쓰기 학습 빈 칸에 한자를 쓰고, 뜻과 음을 쓰시오.

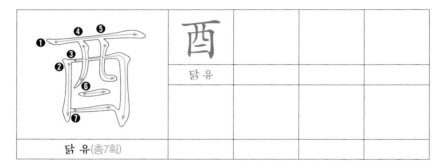

	酉 닭 유		
닭 유(총7획)			

쓰기 복습 빈 칸에 뜻과 음에 맞는 한자를 쓰시오.

구슬옥변	기와 와	가로 왈	쓸 용	또 우	소 우	비 우	달 월

肉
月
육달월

고기 육

갑골문	금문	소전

〈肉부수 / 4급〉

肉[고기 육]자는 반듯하게 베어 낸 한 덩이 고기를 본뜬 글자입니다. 따라서 肉[고기 육]자는 뜻이 '고기'가 되었습니다. 고기는 고정된 형태가 없이 다양한 형태로 되어 있습니다. 이를 일반적인 형태인 반

고깃덩이

듯하게 베어 낸 한 덩이 고기로 본떠 肉[고기 육]자로 나타내면서 '고기'를 뜻하게 한 것입니다.

肉[고기 육]자는 '익은 고기'를 뜻하는 熟肉(숙육→수육), '얇게 조각 낸 고기'를 뜻하는 片肉(편육), '고기를 삶아 낸 물'을 뜻하는 肉水(육수)에서처럼 '육'으로 읽습니다. 肉자는 뜻과 음을 합쳐 '고기 육'이라 합니다.

편육

肉[고기 육]자가 다른 자형과 어울릴 때는 月로 바뀌어 쓰기도 합니다. 月은 '육달월'이라 합니다. 이는 그 자형이 月[달 월]자와 비슷해 뜻과 음인

'달 월'에 肉[고기 육]자의 음인 '육'을 앞에 덧붙인 명칭입니다. 月[달 월] 자는 자형 가운데 =의 형태가 왼쪽 획에는 붙지만 오른쪽 획에는 붙지 않습니다. 반면에 月[육달월]은 =의 형태를 양쪽 획에 모두 붙여 씁니다.

'고기'가 '사람의 살을 속되게 이르는 말'로도 쓰이기에 肉(月)자 부수 에 속하는 한자는 신체 일부 부위를 뜻하는 데 주로 쓰입니다. 胸[가슴 흉]·腹[배 복]·腰[허리 요]·脚[다리 각]·肺[허파 폐]·膽[쓸개 담]자 등의 많은 한자가 그런 경우에 속합니다.

● 바로바로 익히는 한자 ●

확인 학습 부수 설명을 참고하여 괄호 안에 알맞은 말을 쓰시오.

1. 肉자는 반듯하게 베어 낸 한 덩이 (   )를 본뜬 글자입니다.

2. 肉자는 뜻이 (   )가 되었습니다.

3. 肉자가 다른 자형과 어울릴 때는 月로 바뀌어 쓰기도 합니다. 月은
   (   )이라 합니다.

4. '익은 고기'를 뜻하는 熟肉은 수(   )으로 읽습니다.

5. '얇게 조각 낸 고기'를 뜻하는 片肉은 편(   )으로 읽습니다.

6. '고기를 삶아 낸 물'을 뜻하는 肉水는 (   )수로 읽습니다.

7. 熟肉, 片肉, 肉水의 肉자는 (   )으로 읽습니다.

8. 肉자는 음을 (   )으로 읽습니다.

9. 肉자는 뜻이 (   )고, 음이 (   )입니다.

10. 肉자는 뜻과 음을 합쳐 (   )이라 합니다.

11. '고기'가 '사람의 살을 속되게 이르는 말'로도 쓰이기에 肉(月)자가
    붙는 한자는(   ) 일부 부위를 뜻하는 데 주로 쓰입니다. 胸·腹·
    腰·脚·肺·膽자 등의 많은 한자가 그런 경우에 속합니다.

● 쓰면서 익히는 한자 ●

쓰기 학습 빈 칸에 한자를 쓰고, 뜻과 음을 쓰시오.

	肉			
	고기 육			
고기 육(총6획)				

月				
육달월				

쓰기 복습 빈 칸에 뜻과 음에 맞는 한자를 쓰시오.

기와 와	가로 왈	쓸 용	또 우	소 우	비 우	달 월	닭 유

227

중072

乙 乚
새을 변형자

새 을

갑골문	금문	소전
乚	乁	乙

〈乙부수 / 3급〉

乙[새 을]자는 무엇을 나타냈는지 분명하지 않은 글자입니다. 학자들에 의해 생선의 창자, 제비, 초목의 굽은 새싹 등의 모양에서 비롯되었다고 풀이되고 있습니다. 그러나 후대에 쓰이고 있는 형태가 새를 닮았다 하여 乙[새 을]자는 뜻이 '새'가 되었습니다.

乙자 모양으로 깎은 나무 새

오늘날 乙[새 을]자는 '새'와 관계없이 연월일시(年月日時)를 나타내는 간지(干支) 가운데 십간(十干)의 둘째로 빌려 사용되고 있습니다. 乙巳勒約(을사늑약)의 乙(을), 乙未事變(을미사변)의 乙(을)이 바로 간지로 사용된 경우입니다. 乙巳勒約(을사늑약)은 1905년 일제에 국권을 침해당하고 강제로 맺은 조약입니다. 乙未事變(을미사변)은 1895년 일본 자객들이 경복궁을 습격하여 명성황후를 죽인 사건입니다.

십간의 乙[새 을]자는 甲[첫째 천간 갑]자의 다음에 이어지는 둘째 글자입니다. 따라서 甲과 乙은 甲論乙駁(갑론을박), 甲男乙女(갑남을녀)에서 보듯 흔히 함께 쓰이고 있습니다.

乙자는 乙巳勒約(을사늑약), 乙未事變(을미사변), 甲論乙駁(갑론을박), 甲男乙女(갑남을녀)에서 보듯 음이 '을'입니다. 乙자는 뜻과 음을 합쳐 '새을'이라 합니다.

乙자는 변형되어 乚로도 쓰입니다. 乚은 달리 부르는 명칭이 없습니다. 따라서 乚은 '乙 변형자'라 하고 있습니다.

乙자 부수에 속하는 九[아홉 구]·乞[빌 걸]·也[어조사 야]·乳[젖 유]·亂 [어지러울 란]자 등은 乙자와 아무 관련이 없고, 편의상 그 부수에 속하게 된 한자입니다.

● 바로바로 익히는 한자 ●

확인 학습 부수 설명을 참고하여 괄호 안에 알맞은 말을 쓰시오.

1. 乙자는 무엇을 나타냈는지 분명하지 않은 글자입니다. 그러나 후대에 쓰이고 있는 형태가 (   )를 닮았다 하여 乙자는 뜻이 (   )가 되었습니다.

2. 오늘날 乙자는 (   )와 관계없이 연월일시를 나타내는 간지 가운데 십간의 (   )로 빌려 사용되고 있습니다.

3. 乙巳勒約은 (   )사늑약으로, 乙未事變은 (   )미사변으로 읽습니다.

4. 甲論乙駁은 갑론(   )박으로, 甲男乙女는 갑남(   )녀로 읽습니다.

5. 乙자는 乙巳勒約, 乙未事變, 甲論乙駁, 甲男乙女에서 보듯 음이 (   )입니다.

6. 乙자는 뜻이 (   )고, 음이 (   )입니다.

7. 乙자는 뜻과 음을 합쳐 (   )이라 합니다.

8. 乙자는 변형되어 乚로도 쓰입니다. 乚은 달리 부르는 명칭이 없습니다. 따라서 乚은 '乙 (   )'라 하고 있습니다.

● 쓰면서 익히는 한자 ●

쓰기 학습 빈 칸에 한자를 쓰고, 뜻과 음을 쓰시오.

	乙			
	새 을			
새 을(총1획)				

乚					
새을 변형자					

쓰기 복습 빈 칸에 뜻과 음에 맞는 한자를 쓰시오.

쓸 용	또 우	소 우	비 우	달 월	닭 유	고기 육	육달월

音

소리 음

금문	소전

〈音부수 / 6급〉

音[소리 음]자는 말을 하는 데 중요한
역할을 하는 혀와 입을 나타낸 言[말
씀 언]자에 −의 모양이 더해진 글자입
니다. −의 모양은 입에서 나는 소리를
나타낸 부호(符號)입니다. 따라서 言(언)
자를 바탕으로 −의 모양이 더
해진 音[소리 음]자는 뜻이 '소
리'가 되었습니다.

소리를 내는 입

소리는 어떤 물질이 떨리고
그 떨림이 다른 물질을 타고 퍼
져 나가는 현상을 말합니다. 사

람은 입[口]을 통해 말[言]로 그 소리를 내어 자신의 생각이나 느낌을 표
현하고 전달합니다. 따라서 '말'을 뜻하는 한자 言(언)자에 붙는 口(구)자
에 다시 소리를 나타내는 −의 모양이 더해진 音[소리 음]자가 '소리'의

231

뜻을 지닌 글자가 되었습니다.

音[소리 음]자는 '높은 소리'를 뜻하는 高音(고음), '시끄러운 소리'를 뜻하는 騷音(소음), '코가 막힌 듯이 내는 소리'를 뜻하는 鼻音(비음)에서 보듯 음을 '음'으로 읽습니다. 音자는 뜻과 음을 합쳐 '소리 음'이라 합니다.

音자 부수에 속하며 익히 쓰이는 韻[울림 운]자와 響[울릴 향]자는 뜻이 '소리'와 관련이 있습니다. 暗[어두울 암]자와 歆[받을 흠]자는 音자가 음의 역할을 합니다.

● 바로바로 익히는 한자 ●

확인 학습 부수 설명을 참고하여 괄호 안에 알맞은 말을 쓰시오.

1. 音자는 말을 하는 데 중요한 역할을 하는 혀와 입을 나타낸 言자에 -의 모양이 더해진 글자입니다. -의 모양은 입에서 나는 (   )를 나타낸 부호입니다.

2. 言자를 바탕으로 -의 모양이 더해진 音자는 뜻이 (   )가 되었습니다.

3. '높은 소리'를 뜻하는 高音은 고(   )으로 읽습니다.

4. '시끄러운 소리'를 뜻하는 騷音은 소(   )으로 읽습니다.

5. '코로 내는 소리'를 뜻하는 鼻音은 비(   )으로 읽습니다.

6. 高音, 騷音, 鼻音의 音자는 (   )으로 읽습니다.

7. 音자는 음을 (   )으로 읽습니다.

8. 音자는 뜻이 (   )고, 음이 (   )입니다.

232

9. 音자는 뜻과 음을 합쳐 (   )이라 합니다.

10. 音자 부수에 속하며 익히 쓰이는 韻자와 響자는 뜻이 (   )와 관련이 있습니다. 暗자와 歆자는 音자가 (   )의 역할을 합니다.

● 쓰면서 익히는 한자 ●

빈 칸에 한자를 쓰고, 뜻과 음을 쓰시오.

	音 소리 음			
소리 음(총9획)				

빈 칸에 뜻과 음에 맞는 한자를 쓰시오.

소 우	비 우	달 월	닭 유	고기 육	육달월	새 을	새을 변형자

233

中074

邑
고을 읍

阝
우부방

갑골문	금문	소전

〈邑부수 / 7급〉

邑[고을 읍=𝌀]자에서 口의 형태는 읍성과 같은 일정한 경계를 지닌 지역을 표현했고, 巴의 형태는 꿇어앉은 사람인 백성을 표현했습니다. 결국 邑[고을 읍]자는 주위를 방비하기 위해 경계를 지은 지역[口의 형태]과 그 주변에서 생활을 하는 사람[巴의 형태]을 표현하면서 사람이 모여 사는 지역인 고을을 나타냈습니다. 따라서 邑[고을 읍]자는 뜻이 '고을'이 되었습니다.

남원 읍성과 주변 마을(1872년)

오늘날의 고창읍성

邑[고을 읍]자는 '고을의 안'을 뜻하는 邑內(읍내), '고을에 사는 백성'을 뜻하는 邑民(읍민), '작은 고을'을 뜻하는 小邑(소읍)에서 보듯 음을 '읍'으로 읽습니다. 邑자는 뜻과 음을

234

합쳐 '고을 읍'이라 합니다.

　邑자는 郡(군)·都(도)·郊(교)자에서 보듯 글자의 오른쪽에 붙을 때는 阝의 형태로 쓰입니다. 阝은 '우부방'이라 부릅니다. 이는 같은 모양으로 쓰이는 阜[언덕 부]자의 변형자 阝을 '좌부방'이라 한 것과 관련이 있습니다. 阜[언덕 부]자의 변형자 阝이 항상 글자에서 좌측에 붙기 때문에 '좌측'의 '좌'를 붙여 '좌부방'이라 하나, 邑자의 변형자 阝은 항상 우측에 붙기 때문에 '우측'의 '우'를 붙여 '우부방'이라 한 것입니다.

　邑자의 변형자 阝이 붙는 한자는 郡[고을 군]·都[도읍 도]·郊[성 밖 교]·邦[나라 방]·郭[성곽 곽]자에서 보듯 뜻이 '고을'과 관련이 있습니다.

● 바로바로 익히는 한자 ●

확인 학습 부수 설명을 참고하여 괄호 안에 알맞은 말을 쓰시오.

1. 邑자에서 口의 형태는 (　　　)과 같은 일정한 경계를 지닌 지역을 표현했고, 巴의 형태는 꿇어앉은 사람인 (　　　)을 표현했습니다.

2. 邑자는 주위를 방비하기 위해 경계를 지은 지역[口의 형태]과 그 주변에서 생활을 하는 사람[巴의 형태]을 표현하면서 사람이 모여 사는 지역인 (　　　)을 나타냈습니다.

3. 邑자는 뜻이 (　　　)이 되었습니다.

4. 邑內는 (　)내로, 邑民은 (　)민으로, 小邑은 소(　)으로 읽습니다.

5. 邑자는 음을 (　)으로 읽습니다.

6. 邑자는 뜻과 음을 합쳐 (　　　　)이라 합니다.

235

7. 邑자는 郡(군) · 都(도) · 郊(교)자에서 보듯 글자의 오른쪽에 붙을 때
   는 阝으로 쓰입니다. 阝은 (   )이라 부릅니다.

8. 邑자의 변형자 阝이 붙는 한자는 郡 · 都 · 郊 · 邦 · 郭자에서 보듯 뜻이
   (   )과 관련이 있습니다.

● 쓰면서 익히는 한자 ●

쓰기 학습 빈 칸에 한자를 쓰고, 뜻과 음을 쓰시오.

	邑 고을 읍			
고을 읍(총7획)				

阝 우부방					

쓰기 복습 빈 칸에 뜻과 음에 맞는 한자를 쓰시오.

비 우	달 월	닭 유	고기 육	육달월	새 을	새을 변형자	소리 음

236

중075

衣 衤
옷 의   옷의변

갑골문	금문	소전

〈衣부수 / 6급〉

衣[옷 의]자는 깃과 섶이 있는 옷을 본뜬 글자입니다. 따라서 衣[옷 의]자는 뜻이 '옷'이 되었습니다.

옛날 사람들은 오늘날처럼 위와 아래의 옷으로 구분해 입지 않고 그냥 위에

옛날의 옷

입는 옷의 밑단을 길게 만들어 아래까지 입은 것으로 보입니다. 위와 아래의 구분이 없는 옷을 입었던 것입니다. 후대로 내려오면서 위에 입는 옷은 밑단이 짧아지고 대신에 아래의 옷이 만들어져 비로소 오늘날처럼 위와 아래가 구분된 옷을 입게 되었습니다. 애초에 衣[옷 의]자는 위와 아래의 구분이 없는 옷을 나타낸 것으로 보입니다.

衣[옷 의]자는 '흰 옷'을 뜻하는 白衣(백의), '위에 입는 옷'을 뜻하는 上衣(상의), '옷과 밥'을 뜻하는 衣食(의식)의 말에서 보듯 '의'로 읽습니다. 衣자는 뜻과 음을 합쳐 '옷 의'라 합니다.

衣자는 衫[적삼 삼]자나 裙[치마 군]자에서 보듯 글자의 왼쪽에 붙을 때

237

는 衤으로 쓰입니다. 衤은 '옷의변'이라 합니다. 衤처
럼 부수가 글자의 왼쪽에 붙을 때의 명칭은 '변'입
니다. 따라서 衤은 衣자의 뜻과 음 '옷 의'에 '변'을
붙여 '옷의변'이라 한 것입니다.

衣(衤)자 부수에 속하는 한자는 裳[치마 상]·衫[적
삼 삼]·袞[곤룡포 곤]·袍[도포 포]·裸[벌거숭이 라]·襤
[누더기 람]자에서 보듯 뜻이 '옷'과 관련이 있습니다.

한묘의 여인

● 바로바로 익히는 한자 ●

확인 학습 부수 설명을 참고하여 괄호 안에 알맞은 말을 쓰시오.

1. 衣자는 깃과 섶이 있는 (　)을 본뜬 글자입니다.

2. 衣자는 뜻이 (　)이 되었습니다.

3. '흰 옷'을 뜻하는 白衣는 백(　)로 읽습니다.

4. '위에 입는 옷'을 뜻하는 上衣는 상(　)로 읽습니다.

5. '옷과 밥'을 뜻하는 衣食는 (　)식으로 읽습니다.

6. 白衣, 上衣, 衣食의 衣자는 (　)로 읽습니다.

7. 衣자는 음을 (　)로 읽습니다.

8. 衣자는 뜻이 (　)이고, 음이 (　)입니다.

9. 衣자는 뜻과 음을 합쳐 (　　)라 합니다.

10. 衣자는 衫자나 裙자에서 보듯 글자의 왼쪽에 붙을 때는 衤으로 쓰

238

입니다. 衤은 (   )이라 합니다.

11. 衣(衤)자 부수에 속하는 한자는 裳·衫·袞·袍·裸·襤자에서 보듯 뜻이 (   )과 관련이 있습니다.

● 쓰면서 익히는 한자 ●

쓰기 학습 빈 칸에 한자를 쓰고, 뜻과 음을 쓰시오.

衣 옷 의(총6획)	衣 옷 의			

衤 옷의변				

쓰기 복습 빈 칸에 뜻과 음에 맞는 한자를 쓰시오.

닭 유	고기 육	육달월	새 을	새을 변형자	소리 음	고을 읍	우부방

갑골문	금문	소전
二	二	二

두 이

〈二부수 / 8급〉

二[두 이]자는 산가지 둘이 반듯하게 놓인 것처럼 그어진 선(線) 둘을 나타낸 글자입니다. 그렇게

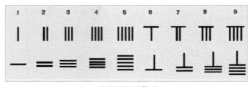

산가지의 사용례

선이 둘인 모양으로 인해 二[두 이]자는 뜻이 '둘'이 되었습니다.

둘은 하나에 하나를 더한 것입니다. 그러니 둘은 결국 하나로 이뤄진 것입니다. 세상에 단 한 사람뿐인 나란 존재도 한 아버지와 한 어머니에 의해 태어났습니다. 나 한 사람이 존재하는 데 아버지와 어머니 둘이 필요한 것처럼 세상에 존재하는 것들은 흔히 둘로 나눌 수 있습니다. 하늘과 땅, 산과 바다, 해와 달, 물과 불처럼……. 하지만 이들은 상대적인 것으로, 어느 하나가 없으면 다른 하나도 존재의 가치에 문제가 생기게 됩니다. 따라서 둘은 중요합니다.

二[두 이]자는 '두 사람'을 뜻하는 二人(이인), '두 개의 층'을 뜻하는 二層(이층), '두 바퀴의 수레'를 뜻하는 二輪車(이륜차)에서 보듯 '이'로 읽습니다. 二자는 뜻과 음을 합쳐 '두 이'라 합니다. 二자의 뜻 '둘'이 다른 말과 어울릴 때는 '두 번'이나 '두 개'에서 보듯 '두'로 읽습니다.

이륜차

二자 부수에 속하는 한자인 云[이를 운]·五[다섯 오]·井[우물 정]·亞[버금 아]자는 '둘'을 뜻하는 二자와 관련이 없습니다. 부수의 체계를 세울 때에 편의상 二자 부수에 속하게 된 것입니다.

● 바로바로 익히는 한자 ●

확인 학습 부수 설명을 참고하여 괄호 안에 알맞은 말을 쓰시오.

1. 二자는 산가지 (   )이 반듯하게 놓인 것처럼 그어진 선 (   )을 나타낸 글자입니다.

2. 선이 (   )인 모양으로 인해 二자는 뜻이 (   )이 되었습니다.

3. '두 사람'을 뜻하는 二人은 (   )인으로 읽습니다.

4. '두 개의 층'을 뜻하는 二層은 (   )층으로 읽습니다.

5. '두 바퀴의 수레'를 뜻하는 二輪車는 (   )륜차로 읽습니다.

6. 二人, 二層, 二輪車의 二자는 (   )로 읽습니다.

7. 二자는 음을 (   )로 읽습니다.

8. 二자는 뜻이 (   )이고, 음이 (   )입니다.

9. 二자는 뜻과 음을 합쳐 (   )라 합니다.

10. 二자의 뜻 (   )이 다른 말과 어울릴 때는 '두 번'이나 '두 개'에서
    보듯 (   )로 읽습니다.

11. 二자 부수에 속하는 한자인 云·五·井·亞자는 (   )을 뜻하는 二
    자와 관련이 없습니다.

● 쓰면서 익히는 한자 ●

쓰기 학습 빈 칸에 한자를 쓰고, 뜻과 음을 쓰시오.

❶ ❷	二 두 이		
두 이(총2획)			

쓰기 복습 빈 칸에 뜻과 음에 맞는 한자를 쓰시오.

육달월	새 을	새을 변형자	소리 음	고을 읍	우부방	옷 의	옷의변

중077

而

말 이을 이

금문	소전

〈而부수 / 3급〉

而[말 이을 이]자는 턱수염을 본뜬 글자입니다. 그래서 而[말 이을 이]자는 원래 '턱수염'을 뜻했으나 후에 말 잇는 접속사(接續詞)로 빌려 쓰이면서 뜻이 '말 잇다'가 되었습니다.

접속사는 앞에서 한 말과 뒤에서 한 말을 이어 주는 역할을 합니다. 대개 '그러나' 또는 '~하나', 아니면 '그리고' 또는 '~하고'라는 식으로 쓰입니다.

수염이 난 공재 윤두서 자화상

예컨대 '닮았다. 그러나 아니다', 또는 '닮았으나 아니다'라고 할 때의 '그러나'나 '~하나'가 바로 접속사로 쓰인 것입니다. 아니면 '배우다. 그리고 때때로 익히다', 또는 '배우고 때때로 익히다'라고 할 때의 '그리고'나 '~하고'도 접속사로 쓰인 것입니다.

'닮았으나 아니다'를 한자로 바꾸면 似而非(사이비)입니다. '배우고 때때로 익히다'를 한자로 바꾸면 學而時習(학이시습)입니다. 而[말 이을 이]자는

243

似而非(사이비)나 學而時習(학이시습)에서 보듯 음이 '이'입니다. 而자는 뜻과 음을 합쳐 '말이을 이'라고 합니다.

而자 부수에 속하면서 익히 쓰이는 한자는 耐[견딜 내]자뿐입니다. 耐자는 원래 '수염을 깎는 형벌'을 뜻하는 한자였습니다. 옛날에는 수염이 권위의 상징물로 여겨졌기 때문에 이를 깎는 형벌이 있었습니다.

수염을 깎는 형벌(耐)의 모습

● 바로바로 익히는 한자 ●

확인 학습 부수 설명을 참고하여 괄호 안에 알맞은 말을 쓰시오.

1. 而자는 (   )을 본뜬 글자입니다.

2. 而자는 원래 '턱수염'을 뜻했으나 후에 말 잇는 접속사로 빌려 쓰이면서 뜻이 (   )가 되었습니다.

3. 접속사는 앞에서 한 말과 뒤에서 한 말을 (   ) 역할을 합니다.

4. 似而非는 사(   )비로, 學而時習은 학(   )시습으로 읽습니다.

5. 而자는 似而非나 學而時習에서 보듯 음이 (   )입니다.

6. 而자는 음이 (   )입니다.

7. 而자는 뜻이 (   )고, 음이 (   )입니다.

8. 而자는 뜻과 음을 합쳐 (   )라고 합니다.

9. 而자 부수에 속하면서 익히 쓰이는 한자는 耐자뿐입니다. 耐자는

244

원래 '(　　　)을 깎는 형벌'을 뜻하는 한자였습니다.

● 쓰면서 익히는 한자 ●

쓰기 학습　빈 칸에 한자를 쓰고, 뜻과 음을 쓰시오.

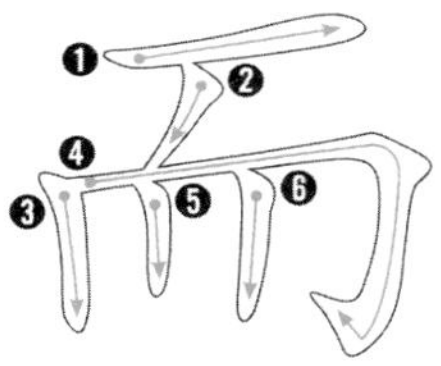

	而　말 이을 이			
말 이을 이(총6획)				

쓰기 복습　빈 칸에 뜻과 음에 맞는 한자를 쓰시오.

새 을	새을 변형자	소리 음	고을 읍	우부방	옷 의	옷의변	두 이

245

중078

耳

귀 이

갑골문	금문	소전

〈耳부수 / 5급〉

耳[귀 이]자는 윤곽과 구멍이 있는 귀를 표현했습
니다. 따라서 耳[귀 이]자는 뜻이 '귀'가 되었습니다.

귀는 소리를 듣는 부위입니다. 사람이 자기 바깥
에서 나는 소리를 듣는다는 것은 자기 바깥의 세
계와 소통한다는 것입니다. 외부의 소리를 잘 듣
고, 많이 듣는 사람은 그 소리를 통해 자신의 세계

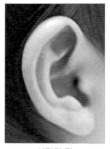

사람의 귀

를 크게 키우는 사람이 될 수 있습니다. 그런 사람은 결국 큰 사람이 됩
니다. 그래서 예부터 큰 사람의 모습은 귀를 크게 나타냈습니다. 큰 사람

귀가 큰 석가모니불

으로 여겨지는 분들은 공자나 노자, 또는 석
가와 같은 이들입니다. 이들의 초상화(肖像畵)
나 석상(石像)을 살피면 유독 귀가 크게 표현
되어 있는 것도 그 때문입니다. 耳[귀 이]자는
바로 그런 '귀'를 나타낸 글자입니다.

耳[귀 이]자는 '귀와 눈'을 뜻하는 耳目(이

246

목), '가운데 부위 귀의 염증'을 뜻하는 中耳炎(중이염), '귀·코·목구멍의 병을 치료하는 과'를 뜻하는 耳鼻咽喉科(이비인후과)에서 보듯 '이'로 읽습니다. 耳자는 뜻과 음을 합쳐 '귀 이'라 합니다.

耳자 부수에 속하는 聞[들을 문]·聲[소리 성]·聰[귀 밝을 총]·職[직분 직]·聽[들을 청]·聾[귀머거리 롱]자 등은 뜻이 '귀'와 관련이 있습니다. 아울러 耳자는 餌[먹이 이]·栮[목이 이]·恥[부끄러울 치]자 구성에 도움을 주면서 음의 역할을 하기도 합니다.

● 바로바로 익히는 한자 ●

확인 학습 부수 설명을 참고하여 괄호 안에 알맞은 말을 쓰시오.

1. 耳자는 윤곽과 구멍이 있는 (   )를 표현했습니다.

2. 耳자는 뜻이 (   )가 되었습니다.

3. 예부터 큰 사람의 모습은 (   )를 크게 나타냈습니다. 耳자는 그런 (   )를 나타낸 글자입니다.

4. '귀와 눈'을 뜻하는 耳目은 (   )목으로 읽습니다.

5. '가운데 부위 귀의 염증'을 뜻하는 中耳炎은 중(   )염으로 읽습니다.

6. '귀·코·목구멍의 병을 치료하는 과'를 뜻하는 耳鼻咽喉科는 (   )비 인후과로 읽습니다.

7. 耳目, 中耳炎, 耳鼻咽喉科의 耳자는 (   )로 읽습니다.

8. 耳자는 음을 (   )로 읽습니다.

9. 耳자는 뜻이 (   )고, 음이 (   )입니다.

10. 耳자는 뜻과 음을 합쳐 (   )라 합니다.

11. 耳자 부수에 속하는 聞·聲·聰·職·聽·聾자 등은 뜻이 (   )와 관련이 있습니다.

● 쓰면서 익히는 한자 ●

쓰기 학습 빈 칸에 한자를 쓰고, 뜻과 음을 쓰시오.

	耳			
	귀 이			
귀 이(총6획)				

쓰기 복습 빈 칸에 뜻과 음에 맞는 한자를 쓰시오.

새을 변형자	소리 음	고을 읍	우부방	옷 의	옷의변	두 이	말 이을 이

	갑골문	금문	소전

人
인변

사람 인

〈人부수 / 8급〉

사람의 진화 과정

人[사람 인]자는 옆으로 서서 걷는 사람을 본뜬 글자입니다. 따라서 人[사람 인]자는 뜻이 '사람'이 되었습니다.

사람은 만물의 영장으로, 다른 동물과 다른 점이 팔과 다리를 자유자재로 사용할 수 있다는 것입니다. 人[사람 인]자는 도구를 잘 사용하는 팔과 똑바로 서서 걸을 수 있게 한 다리를 분명히 하기 위해 옆에서 본 사람을 나타내면서 '사람'을 뜻하게 된 글자입니다.

人[사람 인]자는 '살빛이 흰 사람'을 뜻하는 白人(백인), '군대에 있는 사람'을 뜻하는 軍人(군인), '다른 나라 사람'을 뜻하는 外國人(외국인)에서 보듯 음을 '인'으로 읽습니다. 人자는 뜻과 음을 합쳐 '사람 인'이라 합니다.

人자는 仙(선)·儒(유)·僧(승)자에서 보듯 글자의 왼쪽에 붙을 때는 亻으

249

로 쓰입니다. 亻은 '인변'이라 부릅니다. 人자의 음 '인'에 부수가 글자의 왼쪽에 붙을 때 용어인 '변'을 합친 명칭입니다. 오늘날 人자 부수에 속하는 대부분의 한자는 亻으로 쓰이고 있다.

人(亻)자 부수에 속하는 한자는 什[열 사람 십]·仕[섬길 사]·付[줄 부]·仙[신선 선]·代[대신할 대]·企[발돋움할 기]·件[일 건]·伏[엎드릴 복]자 등에서 보듯 뜻이 '사람'과 관련이 있습니다.

● 바로바로 익히는 한자 ●

확인 학습 부수 설명을 참고하여 괄호 안에 알맞은 말을 쓰시오.

1. 人자는 옆으로 서서 걷는 (   )을 본뜬 글자입니다.

2. 人자는 뜻이 (   )이 되었습니다.

3. 人자는 도구를 잘 사용하는 (   )과 똑바로 서서 걸을 수 있게 한

  (   )를 분명히 하기 위해 옆에서 본 (   )으로 나타내면서

  (   )을 뜻하게 된 글자입니다.

4. '살빛이 흰 사람'을 뜻하는 白人은 백(   )으로 읽습니다.

5. '군대에 있는 사람'을 뜻하는 軍人은 군(   )으로 읽습니다.

6. '다른 나라 사람'을 뜻하는 外國人은 외국(   )으로 읽습니다.

7. 人자는 음을 '인'으로 읽습니다.

8. 人자는 뜻이 (   )이고, 음이 (   )입니다.

9. 人자는 뜻과 음을 합쳐 (   )이라 합니다.

10. 人자는 仙(선)·儒(유)·僧(승)자에서 보듯 글자의 왼쪽에 붙을 때는

250

亻으로 쓰입니다. 亻은 (   )이라 부릅니다.

11. 人(亻)이 붙는 한자는 什·仕·付·仙·代·企·件·伏자 등에서 보듯
    뜻이 (   )과 관련이 있습니다.

● 쓰면서 익히는 한자 ●

쓰기 학습 빈 칸에 한자를 쓰고, 뜻과 음을 쓰시오.

	人 사람 인		
사람 인(총2획)			

亻						
인변						

쓰기 복습 빈 칸에 뜻과 음에 맞는 한자를 쓰시오.

소리 음	고을 읍	우부방	옷 의	옷의변	두 이	말 이을 이	귀 이

251

중080

한 일

갑골문	금문	소전
—	—	—

〈一부수 / 8급〉

一[한 일]자는 산가지 하나가 반듯하게 놓인 것처럼 그어진 선(線) 하나를 나타낸 글자입니다. 따라서 그어진 선이 하나인 모양으로 인해 一[한 일]자는 뜻이 '하나'가 되었습니다.

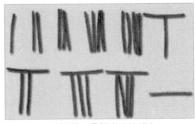

산가지를 이용한 숫자 표시법

백·천·만으로 이어지는 많은 수도 처음은 하나에서 출발합니다. 하나에 하나를 더해야 둘이 되고, 둘에 하나를 더해야 셋이 되고, 셋에 하나를 더해야 넷이 되는 것이지요. 또한 하나가 없으면 백이 될

산가지

수 없고, 하나가 없으면 천이 될 수 없고, 하나가 없으면 만이 될 수 없습니다. 그렇게 하나는 의미 있는 수입니다.

一[한 일]자는 '한 해'를 뜻하는 一年(일년), '한 걸음'을 뜻하는 一步(일보), '한집안의 가족'을 뜻하는 一家族(일가족)의 말에서 보듯 음을 '일'로 읽습니다.

一[한 일]자는 '하나'라는 뜻 외에 一讀(일독)에서처럼 '한 번', 一等(일등)에서처럼 '첫째', 一同(일동)에서처럼 '모두', 一助(일조)에서처럼 '조금', 一說(일설)에서처럼 '어떤'이란 여러 뜻을 가지고 있습니다. 하지만 一자는 뜻과 음을 합쳐 '한 일'이라 합니다. 一자의 뜻 '하나'가 다른 말과 어울릴 때는 '한 번'이나 '한 개'에서 보듯 '한'으로 읽습니다.

一자 부수에 속하는 한자인 丁[넷째 천간 정]·七[일곱 칠]·世[인간 세]·丘[언덕 구]·丞[도울 승]자는 '하나'를 뜻하는 一자와 관련이 없습니다. 부수의 체계를 세울 때 편의상 一자 부수에 속하게 된 것입니다.

● 바로바로 익히는 한자 ●

확인 학습 부수 설명을 참고하여 괄호 안에 알맞은 말을 쓰시오.

1. 一자는 산가지 (   )가 반듯하게 놓인 것처럼 그어진 선 (   )를 나타낸 글자입니다.

2. 그어진 선이 (   )인 모양으로 인해 一자는 뜻이 (   )가 되었습니다.

3. 一年은 (   )년, 一步는 (   )보, 一家族은 (   )가족으로 읽습니다.

4. 一자는 음을 (   )로 읽습니다.

5. 一자는 '하나'라는 뜻 외에 一讀에서처럼 (   ), 一等에서처럼

253

(   ), 一同에서처럼 (   ), 一助에서처럼 (   ), 一說에서처럼

(   )이란 여러 뜻을 가지고 있습니다.

6. 一자는 뜻과 음을 합쳐 (   )이라 합니다.

7. 一자의 뜻 (   )가 다른 말과 어울릴 때는 '한 번'이나 '한 개'에서

보듯 (   )으로 읽습니다.

8. 一자 부수에 속하는 한자인 丁·七·世·丘·丞자는 (   )를 뜻하는

一자와 관련이 없습니다.

● 쓰면서 익히는 한자 ●

쓰기 학습   빈 칸에 한자를 쓰고, 뜻과 음을 쓰시오.

❶	한 일		
한 일(총1획)			

쓰기 복습   빈 칸에 뜻과 음에 맞는 한자를 쓰시오.

우부방	옷 의	옷의변	두 이	말 이을 이	귀 이	사람 인	인변

중081

日

날 일

갑골문	금문	소전

〈日부수 / 8급〉

日[날 일]자는 가운데에 검은 점이 있는 둥근 해를 본뜬 글자입니다.

옛날 사람들은 해 속에 '세[三] 개의 발[足]이 있는 까마귀[烏]'인 '삼족오(三足烏)'가 산다고 여겼습니다. '삼족오'의 '오'는 한자로 烏[까마귀 오]자며, 이는 '까마귀'를 뜻하는 한자입니다. 까마귀는 몸이 검습니다. 해 속에도 검은 점이 있는데, 그 검은 점을 '삼족오'로 본 것입니다. 하지만 검은 점은 다른 부위보다 온도가 낮은 해의 표면 부위가 검게 보이기 때문에 나타납니다.

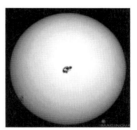

흑점이 보이는 해

고구려 오회분 삼족오

이처럼 日[날 일]자는 해를 표현했기 때문에 '해'의 뜻을 지니면서 해가 뜨고 지는 하루 동안의 의미인 '날'의 뜻을 지니기도 합니다. 오늘날 日[날 일]자가 포함된 어휘는 '해'의 뜻보다 '날'의 뜻으로 더 많이 쓰이고 있습니다. 따라서 日[날 일]자는 오늘날 뜻이 '날'로 읽히고 있습니다.

日[날 일]자는 '쉬는 날'을 뜻하는 休日(휴일), '날마다 기록하는 글'을 뜻하는 日記(일기), '태어난 날'을 뜻하는 生日(생일)에서처럼 '일'로 읽습니다. 日자는 뜻과 음을 합쳐 '날 일'이라 합니다.

日자 부수에 속하는 한자는 昏[저물 혼]·晨[새벽 신]·晴[갤 청]·暗[어두울 암]·旱[가물 한]자 등에 보듯 뜻이 '해'와 관련이 있습니다.

● 바로바로 익히는 한자 ●

확인 학습 부수 설명을 참고하여 괄호 안에 알맞은 말을 쓰시오.

1. 日자는 가운데에 검은 점이 있는 둥근 (   )를 본뜬 글자입니다.

2. 옛날 사람들은 해 속에 '세[三] 개의 발[足]이 있는 까마귀[烏]'인
   (   )가 산다고 여겼습니다.

3. '삼족오'의 '오'는 한자로 烏자며, 이는 (   )를 뜻하는 한자입니다.

4. 까마귀는 몸이 검습니다. 해 속에도 검은 점이 있는데, 그 검은 점
   을 (   )로 본 것입니다.

5. 검은 점은 다른 부위보다 온도가 낮은 해의 표면 부위가 (   ) 보
   이기 때문입니다.

6. 日자는 해를 표현했기 때문에 (   )의 뜻을 지니면서 해가 뜨고 지
   는 하루 동안의 의미인 (   )을 뜻을 지니기도 합니다.

7. 日자는 오늘날 뜻이 (   )입니다.

8. '쉬는 날'을 뜻하는 休日은 휴(   )로 읽습니다.

256

9. '날마다 기록하는 글'을 뜻하는 日記는 ( )기로 읽습니다.

10. '태어난 날'을 뜻하는 生日은 생( )로 읽습니다.

11. 日자는 음을 ( )로 읽습니다.

12. 日자는 뜻과 음을 합쳐 ( )이라 합니다.

13. 日자가 붙는 한자는 昏·晨·晴·暗·旱자 등에 보듯 뜻이 ( )와 관련이 있습니다.

● 쓰면서 익히는 한자 ●

쓰기 학습 빈 칸에 한자를 쓰고, 뜻과 음을 쓰시오.

	日 날 일			
날 일(총4획)				

쓰기 복습 빈 칸에 뜻과 음에 맞는 한자를 쓰시오.

옷 의	옷의변	두 이	말 이을 이	귀 이	사람 인	인변	한 일

중082

入

들 입

갑골문	금문	소전

〈入부수 / 7급〉

入[들 입]자는 옛날 사람들이 살
았던 움집의 입구를 나타낸 글자로
보입니다. 움집의 입구는 사람이 들
어가는 곳이니 入[들 입]자는 뜻이
'들다'가 되었습니다.

먹고살기 위해 예나 지금이나 사

옛날 사람의 움집

람들은 대개 집을 나와 생산적인 활동을 하고 저녁이 되면 편히 쉬기 위
해 다시 집으로 들어갑니다. 그렇게 들어가는 집의 입구 모양에서 비롯
된 入[들 입]자가 '들다'의 뜻을 지니게 되었습니다.

入[들 입]자의 상대(相對)가 되는 出[날 출]자나 入[들 입]자가 붙는 內[안
내]자도 자형(字形)이 움집과 관련된 글자임을 볼 때 入
[들 입]자는 집의 입구와 관련되어 뜻이 '들다'가 된 글
자임을 알 수 있습니다.

入[들 입]자는 '나가거나 들다'라는 뜻의 出入(출입),

出 갑골문

258

'들어가는 어귀'를 뜻하는 入口(입구), '들어가 산다'는 뜻의 入住(입주)에서 보듯 '입'으로 읽습니다. 入자는 뜻과 음을 합쳐 '들 입'이라 합니다.

內 금문

入자 부수에 속하는 한자에는 全[온전할 전]·兩[두 량]·兪[점점 유]자 등이 있습니다. 그러나 이들 한자는 '들다'를 뜻하는 入자와 관련이 없습니다. 부수의 체계를 세울 때 글자에 入의 형태가 붙어 있어 편의상 入자 부수에 속하게 된 한자입니다.

● 바로바로 익히는 한자 ●

확인 학습 부수 설명을 참고하여 괄호 안에 알맞은 말을 쓰시오.

1. 入자는 옛날 사람들이 살았던 움집의 (   )를 나타낸 글자로 보입니다.

2. 움집의 입구는 사람이 들어가는 곳이니 入자는 뜻이 (   )가 되었습니다.

3. 入자의 상대가 되는 出자나 入자가 붙는 內자도 움집과 관련된 글자임을 볼 때 入자는 집의 (   )와 관련되어 뜻이 (   )가 된 글자임을 알 수 있습니다.

4. '나가거나 들다'라는 뜻의 出入은 출(   )으로 읽습니다.

5. '들어가는 어귀'를 뜻하는 入口는 (   )구로 읽습니다.

6. '들어가 산다'는 뜻의 入住는 (   )주로 읽습니다.

7. 入자는 음을 (   )으로 읽습니다.

259

8. 入자는 뜻과 음을 합쳐 ( )이라 합니다.

9. 入자 부수에 속하는 한자에는 全·兩·兪자 등이 있습니다. 그러나 이들 한자는 ( )를 뜻하는 入자와 관련이 없습니다.

● 쓰면서 익히는 한자 ●

쓰기 학습 빈 칸에 한자를 쓰고, 뜻과 음을 쓰시오.

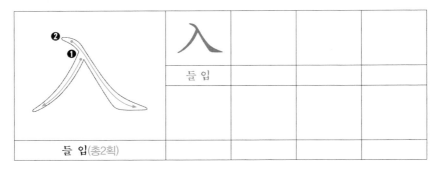

	入			
	들 입			
들 입(총2획)				

쓰기 복습 빈 칸에 뜻과 음에 맞는 한자를 쓰시오.

옷의변	두 이	말 이을 이	귀 이	사람 인	인변	한 일	날 일

260

子

아들 자

갑골문	금문	소전
♀	♀	♀

〈子부수 / 7급〉

子[아들 자]자는 막 태어난 아이를 본뜬 글자입니다. 아이는 태어날 때 다른 부위에 비해 머리가 큽니다. 따라서 사람이 태어난 날을 '귀 빠진 날'이라 한 것도 머리에서 가장 지름이 커 보이는 귀를 상징적으로 빗

갓 태어난 아이 모습

대어 말한 것입니다. 그렇게 비교적 크게 머리를 나타내 子[아들 자]자가 이뤄졌습니다.

아이를 본떴기에 子[아들 자]자는 원래 '아이'를 뜻하는 글자였습니다. 이후 의미가 축소되어 子[아들 자]자는 아이 가운데 '아들'을 뜻하는 글자가 되었습니다. 오늘날과 달리 농경시대에는 아들이 농사를 짓는 데 더 도움이 된다고 여겨 우선시되었습니다. 따라서 아들과 딸을 모두 뜻했던 子[아들 자]자가 '아들'만을 뜻하는 글자가 되었습니다.

261

子[아들 자]자는 '효로 부모를 섬기는 아들'을 뜻하는 孝子(효자), '임금의 아들'을 뜻하는 王子(왕자), '아버지와 아들'을 뜻하는 父子(부자)에서 보듯 '자'로 읽습니다. 子자는 뜻과 음을 합쳐 '아들 자'라 합니다.

아버지와 아들

子자 부수에 속하는 한자는 孝[효도 효]·孟[맏 맹]·學[배울 학]·季[끝 계]·孫[손자 손]·孤[외로울 고]자 등에서 보듯 뜻이 '아이'와 관련이 있습니다.

● 바로바로 익히는 한자 ●

확인 학습 부수 설명을 참고하여 괄호 안에 알맞은 말을 쓰시오.

1. 子자는 막 태어난 (   )를 본뜬 글자입니다.

2. 子자는 원래 (   )를 뜻하는 글자였습니다. 이후 의미가 축소되어 子자는 아이 가운데 (   )을 뜻하는 글자가 되었습니다.

3. 농경시대에는 (   )이 농사를 짓는 데 더 도움이 된다고 여겨 우선시되었습니다. 따라서 아들과 딸을 모두 뜻했던 子자가 (   )만을 뜻하는 글자가 되었습니다.

4. '효로 부모를 섬기는 아들'을 뜻하는 孝子는 효( )로 읽습니다.

5. '임금의 아들'을 뜻하는 王子는 왕( )로 읽습니다.

6. '아버지와 아들'을 뜻하는 父子는 부( )로 읽습니다.

7. 孝子, 王子, 父子의 子자는 ( )의 음으로 읽습니다.

8. 子자는 음을 (   )로 읽습니다.

9. 子자는 뜻이 (   )이고, 음이 (   )입니다.

10. 子자는 뜻과 음을 합쳐 (   )라 합니다.

11. 子자가 붙는 한자는 孝·孟·學·季·孫·孤자에서 보듯 뜻이 (   )
   와 관련이 있습니다.

● 쓰면서 익히는 한자 ●

쓰기 학습 빈 칸에 한자를 쓰고, 뜻과 음을 쓰시오.

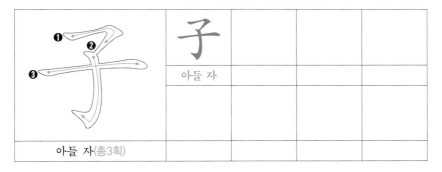

子	子 아들 자			
아들 자(총3획)				

쓰기 복습 빈 칸에 뜻과 음에 맞는 한자를 쓰시오.

두 이	말 이을 이	귀 이	사람 인	인변	한 일	날 일	들 입

263

중084

自

스스로 자

갑골문	금문	소전

〈自부수 / 7급〉

自[스스로 자]자는 코를 본뜬 글자입니다. 코는 얼굴 한가운데에서 스스로의 특징을 가장 잘 드러내는 부분입니다. 그래서 코를 표현한 自[스스로 자]자는 '스스로'의 뜻을 지니게 되었습니다.

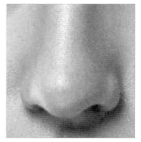

코의 모습

상대가 자신의 존재를 도무지 드러내려 하지 아니할 때 사람들은 흔히 '코빼기도 내밀지 않는다.'하거나 '코빼기도 안 보인다.'라고 합니다. 이때 '코빼기'는 '코'를 속되게 이르는 말이며, 코는 사람의 존재 자체를 의미합니다. 그래서인지 사람들은 스스로를 가리킬 때 손가락이 흔히 자신의 코를 향합니다. 따라서 코를 나타낸 自[스스로 자]자가 '스스로'의 뜻을 지니게 되었습니다.

'코'를 뜻하는 한자는 鼻[코 비]자로 쓰고 있습니다. 鼻[코 비]자는 후대에 음이 '비'로 바뀌자 自[스스로 자]자에 다시 음의 역할을 하는 畀[줄 비]자를 붙여 쓰고 있습니다.

264

'스스로'를 뜻하는 自[스스로 자]자는 '스스로 서다'라는 뜻의 自立(자립), '스스로 움직이다'라는 뜻의 自動(자동), '스스로의 몸'이란 뜻의 自身(자신)에서 보듯 '자'로 읽습니다. 自자는 뜻과 음을 합쳐 '스스로 자'라 합니다.

自자가 붙어 익히 쓰이는 한자에는 코와 관련된 息[숨 쉴 식]자와 臭[냄새 취]자가 있습니다.

코로 암을 탐지하는 개

● 바로바로 익히는 한자 ●

확인 학습 부수 설명을 참고하여 괄호 안에 알맞은 말을 쓰시오.

1. 自자는 (   )를 본뜬 글자입니다.

2. 코는 얼굴 한가운데에서 (   )의 특징을 가장 잘 드러내는 부분입니다. 그래서 코를 표현한 自자는 (   )의 뜻을 지니게 되었습니다.

3. 사람들은 스스로를 가리킬 때 손가락이 흔히 자신의 (   )를 향합니다. 따라서 코를 나타낸 自자가 (   )의 뜻을 지니게 되었습니다.

4. '스스로 서다'라는 뜻의 自立은 (   )립으로 읽습니다.

5. '스스로 움직이다'라는 뜻의 自動은 (   )동으로 읽습니다.

6. '스스로의 몸'이란 뜻의 自身은 (   )신으로 읽습니다.

7. 自자는 (   )로 읽습니다.

8. 自자는 뜻이 (   )고, 음이 (   )입니다.

9. 自자는 뜻과 음을 합쳐 (   )라 합니다.

10. 自자가 붙어 익히 쓰이는 한자에는 (   )와 관련된 息자와 臭자가 있습니다.

● 쓰면서 익히는 한자 ●

빈 칸에 한자를 쓰고, 뜻과 음을 쓰시오.

	自			
	스스로 자			
스스로 자(총6획)				

쓰기 복습 빈 칸에 뜻과 음에 맞는 한자를 쓰시오.

말 이을 이	귀 이	사람 인	인변	한 일	날 일	들 입	아들 자

266

중085

長 镸
긴장 변형자
긴 장

갑골문	금문	소전

〈長부수 / 8급〉

長[긴 장]자는 지팡이를 짚은 늙은 사람의 머리에 털이 길게 나 있는 모습을 본뜬 글자입니다. 머리에 털이 나 있는 모습이 길다 하여 長[긴 장]자는 뜻이 '길다'가 되었습니다.

'길다'라는 뜻은 구체적인 형태로 나타낼 수 없습니다. 옛날에는 머리털을 자르지 않고 길렀기 때문에 나이가 많은 어른일수록 머리털이 길었습니다. 바로 그런 긴 머리털을 지닌 사람으로 '길다'의 뜻을 지닌 長[긴 장]자가 이뤄진 것입니다. 長[긴 장]자는 긴 머리털을 지

지팡이를 짚은 사람

닌 사람이 나이가 많은 어른이므로 '어른'의 뜻을 지니기도 합니다.

長[긴 장]자는 '긴 머리털'을 뜻하는 長髮(장발), '몸이 긴 물고기'를 뜻하는 長魚(장어), '긴 거리'를 뜻하는

장어

267

長距離(장거리)에서 보듯 음을 '장'으로 읽습니다. 長자는 뜻과 음을 합쳐 '긴 장'이라 합니다. '길다'라는 뜻이 長자의 음과 함께 쓰일 때는 '긴-'으로 불립니다.

長자는 변형되어 套[덮개 투]자에서처럼 镸의 형태로 쓰이기도 합니다. 镸의 형태는 '長 변형자'라고 합니다.

長자는 張[베풀 장]·帳[휘장 장]·脹[배부를 창]·悵[슬퍼할 창]자에서 보듯 글자 구성에 도움을 주면서 주로 음의 역할을 합니다.

● 바로바로 익히는 한자 ●

확인 학습 부수 설명을 참고하여 괄호 안에 알맞은 말을 쓰시오.

1. 長자는 지팡이를 짚은 늙은 사람의 머리에 털이 (　　　) 나 있는 모습을 본뜬 글자입니다.

2. 머리에 털이 나 있는 모습이 (　　　) 하여 長자는 뜻이 (　　　)가 되었습니다.

3. '긴 머리털'을 뜻하는 長髮은 (　　)발로 읽습니다.

4. '몸이 긴 물고기'를 뜻하는 長魚는 (　　)어로 읽습니다.

5. '긴 거리'를 뜻하는 長距離는 (　　)거리로 읽습니다.

6. 長髮, 長魚, 長距離의 長자는 (　　)으로 읽습니다.

7. 長자는 음을 (　　)으로 읽습니다.

8. 長자는 뜻이 (　　　)고, 음이 (　　)입니다.

9. 長자는 뜻과 음을 합쳐 (　　　)이라 합니다.

10. 長자는 변형되어 套자에서처럼 镸의 형태로 쓰이기도 합니다. 镸
    의 형태는 '長 (   )'라고 합니다.

11. 長자는 張·帳·脹·帳자에서 보듯 글자 구성에 도움을 주면서 주
    로 (   )의 역할을 합니다.

● 쓰면서 익히는 한자 ●

빈 칸에 한자를 쓰고, 뜻과 음을 쓰시오.

긴 장(총8획)	長 긴 장			

镸 긴장 변형자					

빈 칸에 뜻과 음에 맞는 한자를 쓰시오.

귀 이	사람 인	인변	한 일	날 일	들 입	아들 자	스스로 자

269

赤

붉을 적

갑골문	금문	소전

〈赤부수 / 5급〉

赤[붉을 적=烾]자는 옛날에 쓰인 글자를 살펴보면 大[큰 대]자와 火[불 화]자가 합쳐져 이뤄졌음을 알 수 있습니다. 그러나 후에 두 글자가 서로 어울리면서 오늘날처럼 쓰이게 되었습니다.

사람이 불 앞에 선 모습

大[큰 대]자는 팔과 다리를 크게 벌리고 있는 사람을 표현한 것이고, 火[불 화]자는 불을 표현한 것입니다. 따라서 赤[붉을 적]자는 팔과 다리를 크게 벌리고 있는 사람[大]이 불[火] 앞에 선 모습을 나타낸 것입니다. 그런 상태에서 사람의 얼굴은 불로 인해 붉게 된다 하여 赤[붉을 적]자는 뜻이 '붉다'가 되었습니다.

'붉다'의 뜻은 색깔과 관련이 있습니다. 색깔은 구체적인 형태로 나타낼 수 없습니다. 따라서 '붉다'의 뜻과 같은 색깔을 지닌 불과 관련해 赤[붉을 적]자가 이뤄진 것입니다.

270

赤[붉을 적]자는 '붉은 빛'을 뜻하는 赤色(적색), '붉은 깃발'을 뜻하는 赤旗(적기), '붉은 신호'을 뜻하는 赤信號(적신호)에서 보듯 음을 '적'으로 읽습니다. 赤자는 뜻과 음을 합쳐 '붉을 적'이라 합니다.

赤자가 붙어서 이뤄진 한자로, 그나마 어휘 구성에 사용되는 한자는 '빛나다'의 뜻을 지닌 赫[빛날 혁]자 뿐입니다. 赦[용서할 사]자에 붙은 자형은 赤자와 관련이 없습니다.

赦자 금문

● 바로바로 익히는 한자 ●

확인 학습 부수 설명을 참고하여 괄호 안에 알맞은 말을 쓰시오.

1. 赤자는 팔과 다리를 크게 벌리고 있는 (　　)이 (　) 앞에 선 모습을 나타낸 것입니다. 그런 상태에서 사람의 얼굴은 불로 인해 붉게 된다 하여 赤자는 뜻이 (　　)가 되었습니다.

2. '붉다'의 뜻과 같은 색깔을 지닌 (　　)과 관련해 赤자가 이뤄졌습니다.

3. '붉은 빛'을 뜻하는 赤色은 (　)색으로 읽습니다.

4. '붉은 깃발'을 뜻하는 赤旗는 (　)기로 읽습니다.

5. '붉은 신호'을 뜻하는 赤信號는 (　)신호로 읽습니다.

6. 赤色, 赤旗, 赤信號의 赤자는 (　)으로 읽습니다.

7. 赤자는 음을 (　)으로 읽습니다.

8. 赤자는 뜻이 (　　)고, 음이 (　)입니다.

271

9. 赤자는 뜻과 음을 합쳐 (　　　　)이라 합니다.

10. 赤자가 붙어서 어휘 구성에 쓰이는 한자에는 (　　　　)의 뜻을 지닌 赫자가 있습니다.

● 쓰면서 익히는 한자 ●

쓰기 학습 빈 칸에 한자를 쓰고, 뜻과 음을 쓰시오.

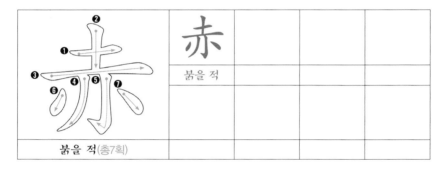

	赤 붉을 적			
붉을 적(총7획)				

쓰기 복습 빈 칸에 뜻과 음에 맞는 한자를 쓰시오.

인변	한 일	날 일	들 입	아들 자	스스로 자	긴 장	긴장 변형자

272

田

밭 전

갑골문	금문	소전

〈田부수 / 4급〉

田[밭 전]자는 경계가 분명한 농토를 본뜬 글자입니다. 옛날 사람들은 대개 잡목이 우거진 산기슭이나 산등성이에 불을 질러서 농토를 만들었습니다. 그렇게 만든 농토는 주로 밭이 되었습니다. 따라서 경계가 분명한 농토를 본뜬 田[밭 전]자는 뜻이 '밭'이 되었습니다.

화전으로 일군 밭(안반데기)

농토는 '논'이 될 수도 있고, '밭'이 될 수도 있습니다. 따라서 농토를 본뜬 田[밭 전]자는 원래 '논밭'을 통틀어 이르는 글자였습니다. 오늘날에도 중국에서는 田[밭 전]자가 여전히 '논밭'을 아우르는 뜻으로 쓰이고 있습니다. 하지만 우리나

섬진강과 평사리 들녘의 논

라는 물을 많이 이용하는 논농사가 발달하자 田[밭 전]자에 水[물 수]자

273

를 붙여 '논'을 뜻하는 畓[논 답]자를 만들고, 田[밭 전]자는 '밭'의 뜻으로
만 사용하고 있습니다.

　田[밭 전]자는 '불 질러 만든 밭'을 뜻하는 火田(화전), '밭과 논'을 뜻하
는 田畓(전답), '소금 만드는 밭'을 뜻하는 鹽田(염전)에서처럼 '전'으로 읽
습니다. 田자는 뜻과 음을 합쳐 '밭 전'이라 합니다.

　田자 부수에 속하는 한자는 대개 界[지경 계]·畿[경기 기]·疇[밭두둑 주]
자에서 보듯 '농토'와 관련된 뜻을 지닙니다.

● 바로바로 익히는 한자 ●

확인 학습 부수 설명을 참고하여 괄호 안에 알맞은 말을 쓰시오.

1. 田자는 경계가 분명한 (　　　)를 본뜬 글자입니다.

2. 농토를 본뜬 田자는 원래 (　　　)을 통틀어 이르는 글자였습니다.

3. 우리나라는 물을 많이 이용하는 논농사가 발달하자 田자에 水자
　 를 붙여 (　　　)을 뜻하는 畓자를 만들고, 田자는 (　　　)의 뜻으로만
　 사용하고 있습니다.

4. '불 질러 만든 밭'을 뜻하는 火田은 화(　　)으로 읽습니다.

5. '밭과 논'을 뜻하는 田畓은 (　　)답으로 읽습니다.

6. '소금 만드는 밭'을 뜻하는 鹽田은 염(　　)으로 읽습니다.

7. 火田, 田畓, 鹽田의 田자는 음이 (　　)입니다.

8. 田자는 음을 (　　)으로 읽습니다.

9. 田자는 뜻이 (　　)이고, 음이 (　　)입니다.

10. 田자는 뜻과 음을 합쳐 (   )이라 합니다.

11. 田자가 붙는 한자는 대개 界·畿·疇자에서 보듯 (   )와 관련된
    뜻을 지닙니다.

● 쓰면서 익히는 한자 ●

쓰기 학습 빈 칸에 한자를 쓰고, 뜻과 음을 쓰시오.

	田 밭 전			
밭 전(총5획)				

쓰기 복습 빈 칸에 뜻과 음에 맞는 한자를 쓰시오.

한 일	날 일	들 입	아들 자	스스로 자	긴 장	긴장 변형자	붉을 적

275

새 조

갑골문	금문	소전

〈鳥부수 / 4급〉

鳥[새 조]자는 비교적 깃이 풍부한 새를 본뜬 글자입니다. 부리와 눈을 나타낸 대가리, 그리고 날개깃과 꽁지깃과 다리를 나타낸 옆모양의 새를 본떴습니다. 따라서 鳥[새 조]자는 뜻이 '새'가 되었습니다. 새는 알을 낳아서 번식하며, 하늘을 자유로이 날 수 있는 짐승을 통틀어 이르는 말입니다. 鳥[새 조]자는 바로 그 '새'를 뜻하는 글자입니다.

야생 비둘기

사냥 도구가 발달되지 않았던 옛날에는 몸체가 큰 짐승을 잡으려면 위험이 따랐습니다. 하지만 새는 날아다녀 사냥하기 쉽지 않았지만 잡는 데 큰 위험이 따르지는 않았습니다. 더구나 새는 농작물에게 해를 끼치기 때문에 농작물을 지키기 위해서라도 잡아야 했습니다. 따라서 새는 아주 옛날부터 사람들의 사냥 대상이 되었습니다.

鳥[새 조]자는 '흰 새'를 뜻하는 白鳥(백조), '길한 새'를 뜻하는 吉鳥(길

조), '하나의 돌로 두 마리의 새를 잡다'라는 뜻의 一石二鳥(일석이조)에서 보듯 '조'로 읽습니다. 鳥자는 뜻과 음을 합쳐 '새 조'라 합니다.

하늘을 나는 백조

鳥자 부수에 속하는 한자는 대개 鵲[까치 작]·鳩[비둘기 구]·鷗[갈매기 구]·鴻[큰 기러기 홍]·鶴[두루미 학]·鵠[고니 곡]자 등에서처럼 뜻이 '새'와 관련이 있습니다.

● 바로바로 익히는 한자 ●

확인 학습 부수 설명을 참고하여 괄호 안에 알맞은 말을 쓰시오.

1. 鳥자는 비교적 깃이 풍부한 (   )를 본뜬 글자입니다.

2. 鳥자는 뜻이 (   )가 되었습니다.

3. (   )는 알을 낳아서 번식하며, 하늘을 자유로이 날 수 있는 짐승을
   통틀어 이르는 말입니다. 鳥자는 바로 그 (   )를 뜻하는 글자입니다.

4. '흰 새'를 뜻하는 白鳥는 백(   )로 읽습니다.

5. '길한 새'를 뜻하는 吉鳥는 길(   )로 읽습니다.

6. '하나의 돌로 두 마리의 새를 잡다'라는 뜻의 一石二鳥는 일석이
   (   )로 읽습니다.

7. 白鳥, 吉鳥, 一石二鳥의 鳥자는 (   )로 읽습니다.

8. 鳥자는 음이 (   )입니다.

277

9. 鳥자는 뜻이 (   )고, 음이 (   )입니다.

10. 鳥자는 뜻과 음을 합쳐 (   )라 합니다.

11. 鳥자가 붙는 한자는 대개 鵲·鳩·鷗·鴻·鶴·鵠자에서처럼 뜻이

   (   )와 관련이 있습니다.

● 쓰면서 익히는 한자 ●

빈 칸에 한자를 쓰고, 뜻과 음을 쓰시오.

새 조				
새 조(총11획)				

빈 칸에 뜻과 음에 맞는 한자를 쓰시오.

날 일	들 입	아들 자	스스로 자	긴 장	긴장 변형자	붉을 적	밭 전

278

중089

足 足
발족변

발 족

갑골문	금문	소전

〈足부수 / 7급〉

足[발 족]자는 무릎 아래의 다리를 나타낸 형태[口]와 발가락과 발꿈치를 나타낸 발의 형태[止]가 합쳐진 글자입니다. 따라서 足[발 족]자는 뜻이 '발'이 되었습니다.

발은 사람의 몸 맨 아래에서 몸을 지탱해 주고 움직이게 하는 부위입니다. 오늘날 사람이 그 어떤 동물보다 고등동물이 된 것은 두 발로

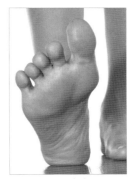

사람의 발

서서 활동을 했기 때문입니다. 두 발로 서서 활동하면서 자유로운 두 손으로 도구를 만들고 사용하면서 손의 자극이 뇌로 전해져 두뇌가 발달되면서 고등동물이 된 것입니다.

달에 찍힌 최초의 족적(암스트롱)

足[발 족]자는 '손과 발'을 뜻하는 手足(수족), '네 개의 발'을 뜻하는 四足(사족), '발이 남긴 자취'를 뜻하는 足跡(족적)에서 보듯 '족'으로 읽습니

279

다. 足자는 뜻과 음을 합쳐 '발 족'이라 합니다.

足자가 한자에서 왼쪽에 붙을 때는 路[길 로]자나 跡[자취 적]자에서처럼 ⻊의 형태로 쓰입니다. ⻊은 '발족변'이라 합니다. '발족변'은 足자의 뜻과 음 '발 족'에 부수가 자체의 구성에서 왼쪽에 붙을 때의 명칭 '변'을 뒤에 붙인 것입니다. ⻊은 '발'을 뜻하는 足자가 변형된 글자입니다. 따라서 ⻊이 붙은 한자는 뜻이 '발'과 관련이 있습니다.

足(⻊)자 부수에 속하는 趾[발 지]·跛[절뚝발이 파]·路[길 로]·距[며느리발톱 거]·跡[자취 적]자 등은 뜻이 '발'과 관련이 있습니다.

● 바로바로 익히는 한자 ●

확인 학습 부수 설명을 참고하여 괄호 안에 알맞은 말을 쓰시오.

1. 足자는 무릎 아래의 다리를 나타낸 형태[口]와 발가락과 발꿈치를 나타낸 (   )의 형태[止]가 합쳐진 글자입니다.

2. 足자는 뜻이 (   )이 되었습니다.

3. '손과 발'을 뜻하는 手足은 수(   )으로 읽습니다.

4. '네 개의 발'을 뜻하는 四足은 사(   )으로 읽습니다.

5. '발이 남긴 자취'을 뜻하는 足跡은 (   )적으로 읽습니다.

6. 手足, 四足, 足跡의 足자는 (   )으로 읽습니다.

7. 足자는 음을 (   )으로 읽습니다.

8. 足자는 뜻이 (   )이고, 음이 (   )입니다.

9. 足자는 뜻과 음을 합쳐 (   )이라 합니다.

10. 足자가 한자에서 왼쪽에 붙을 때는 路자나 跡자에서처럼 𧾷의 형태로도 쓰입니다. 𧾷은 (   )이라 합니다.

11. 足(𧾷)자 부수에 속하는 趾·跋·路·距·跡자 등은 뜻이 (   )과 관련이 있습니다.

● 쓰면서 익히는 한자 ●

쓰기 학습 빈 칸에 한자를 쓰고, 뜻과 음을 쓰시오.

	足 발 족			
발 족(총7획)				

𧾷 발족변				

쓰기 복습 빈 칸에 뜻과 음에 맞는 한자를 쓰시오.

들 입	아들 자	스스로 자	긴 장	긴장 변형자	붉을 적	밭 전	새 조

281

走

달아날 주

금문	소전

〈走부수 / 4급〉

走[달아날 주]자는 원래 윗부분이 팔을 휘저으며 달아나는 사람을 나타내고, 아랫부분이 달아나는 데 민첩한 동작이 이뤄지는 발을 나타낸 글자였습니다. 뜻을 더욱 분명히 하기 위해 달아나는 사람의 모습 아래에 다시 달리는 데 가장 밀접한 관련이 있는 발의 형상을 붙인 것입니다. 그처럼 달아나는 모습을 나타

달리는 사람

낸 走[달아날 주]자는 뜻이 '달아나다'가 되었습니다.

달아나는 일은 흔히 상대보다 약해 쫓기는 경우입니다. 아주 옛날에는 맹수에게 쫓겨 달아나거나 다른 부족에게 쫓겨 달아나는 일이 적지 않았을 것입니다. 반면에 달리는 일은 대개 자발적으로 행하는 것입니다. 오늘날 달리는 일은 흔히 운동 경기나 건강을 다지기 위해 행할 때에 볼 수 있습니다. 달아나는 일도 달리는 일이니 走[달아날 주]자는 '달리다'의 뜻을 지니기도 합니다.

走[달아날 주]자는 '패하여 달아나다'라는 뜻의 敗走(패주), '이어서 달리다'라는 뜻의 繼走(계주), '홀로 달리다'라는 뜻의 獨走(독주)에서 보듯 '주'로 읽습니다. 走자는 뜻과 음을 합쳐 '달아날 주'라 합니다.

하마에게 쫓겨 달아나는 모습

走자 부수에 속하는 한자는 起[일어날 기]·超[넘을 초]·趣[나아갈 취]자에서 보듯 '달아나다(달리다)'의 뜻과 관련이 있습니다.

● 바로바로 익히는 한자 ●

확인 학습 부수 설명을 참고하여 괄호 안에 알맞은 말을 쓰시오.

1. 走자는 원래 윗부분이 팔을 휘저으며 (   ) 사람을 나타내고, 아랫부분이 (   ) 데 민첩한 동작이 이뤄지는 발을 나타낸 글자였습니다.

2. (   ) 모습을 나타낸 走자는 뜻이 (   )가 되었습니다.

3. '패하여 달아나다'라는 뜻의 敗走는 패( )로 읽습니다.

4. '이어서 달리다'라는 뜻의 繼走는 계( )로 읽습니다.

5. '홀로 달리다'라는 뜻의 獨走는 독( )로 읽습니다.

6. 敗走, 繼走, 獨走의 走자는 ( )로 읽습니다.

7. 走자는 음을 ( )로 읽습니다.

8. 走자는 뜻이 (   )고, 음이 (   )입니다.

9. 走자는 뜻과 음을 합쳐 (   )라 합니다.

10. 走자가 붙는 한자는 起·超·趣자에서 보듯 (   )의 뜻과 관련
이 있습니다.

● 쓰면서 익히는 한자 ●

쓰기 학습 빈 칸에 한자를 쓰고, 뜻과 음을 쓰시오.

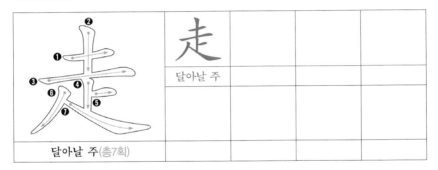

走 달아날 주	走 달아날 주			
달아날 주(총7획)				

쓰기 복습 빈 칸에 뜻과 음에 맞는 한자를 쓰시오.

스스로 자	긴 장	긴장 변형자	붉을 적	밭 전	새 조	발 족	발족변

284

중091

대죽머리

대 죽

갑골문	금문	소전

〈竹부수 / 4급〉

竹[대 죽]자는 잎이 달린 두 줄기의 대를 표현했습니다. 따라서 竹[대 죽]자는 뜻이 '대'가 되었습니다.

'대'는 흔히 '나무'를 덧붙여 '대나무'라 하기도 합니다. 하지만 '대'는 '나무'가 아닙니다. 여러해살이풀에 속합니다. 따라서 '대나무'는 잘못된 말입니다. 하지만 옛날부터 사

대(대나무)

람들이 대를 나무로 여겨 '대나무'라 했습니다. 이렇게 '대나무'는 옛날부터 사람들이 자연스럽게 써온 말이므로 오늘날에도 쓰이는 말이 되었습

대쪽을 엮어 만든 책

니다. 하지만 竹[대 죽]자의 뜻은 그냥 '대'로 부르고 있습니다.

竹[대 죽]자는 '대로 만든 칼'을 뜻하는 竹刀(죽도), '대로 만든 창'을 뜻하는 竹槍(죽창), '대로

만든 그릇'을 뜻하는 竹器(죽기)에서 보듯 '죽'으로 읽습니다. 竹자는 뜻과 음을 합쳐 '대 죽'이라 합니다.

竹자는 笠[삿갓 립]·筆[붓 필]·笛[피리 적]자에서처럼 다른 자형과 합쳐질 때는 ⺮의 형태로 쓰입니다. ⺮은 '대죽머리'라 합니다. 竹자를 간략하게 쓴 형태이므로 '대 죽'에 그 형태가 항상 자형의 '머리'에 붙으므로 이를 합쳐 부른 명칭입니다.

竹(⺮)자가 붙는 한자는 笠[삿갓 립]·筆[붓 필]·笛[피리 적]·符[부신 부]·篇[책 편]·箭[화살 전]자에서처럼 뜻이 '대(대나무)'와 관련이 있습니다.

● 바로바로 익히는 한자 ●

확인 학습 부수 설명을 참고하여 괄호 안에 알맞은 말을 쓰시오.

1. 竹자는 잎이 달린 두 줄기의 (   )를 표현했습니다.
2. 竹자는 뜻이 (   )가 되었습니다.
3. '대로 만든 칼'을 뜻하는 竹刀는 (   )도로 읽습니다.
4. '대로 만든 창'을 뜻하는 竹槍은 (   )창으로 읽습니다.
5. '대로 만든 그릇'을 뜻하는 竹器는 (   )기로 읽습니다.
6. 竹刀, 竹槍, 竹器의 竹자는 (   )으로 읽습니다.
7. 竹자는 음을 (   )으로 읽습니다.
8. 竹자는 뜻이 (   )고, 음이 (   )입니다.
9. 竹자는 뜻과 음을 합쳐 (   )이라 합니다.
10. 竹자는 笠·筆·笛자에서처럼 다른 자형과 합쳐질 때는 ⺮의 형태

로도 쓰입니다. ⺮은 (   )라 합니다.

11. 竹(⺮)자가 붙는 한자는 笠·筆·笛·符·篇·箭자에서처럼 뜻이 (   ) 와 관련이 있습니다.

● 쓰면서 익히는 한자 ●

쓰기 학습 빈 칸에 한자를 쓰고, 뜻과 음을 쓰시오.

	竹 대 죽			
대 죽(총6획)				

대죽머리				

쓰기 복습 빈 칸에 뜻과 음에 맞는 한자를 쓰시오.

긴 장	긴장 변형자	붉을 적	밭 전	새 조	발 족	발족변	달아날 주

287

중092

止

그칠 지

갑골문	금문	소전

〈止부수 / 5급〉

止[그칠 지]자는 다섯 발가락을 줄여서 세 발가락으로 나타낸 발을 본뜬 글자입니다. 따라서 止[그칠 지]자는 원래 '발'을 뜻했으나 후에 足[발 족]자가 변형된 ⻊[발족변]을 붙인 趾[발 지]자가 그 뜻을 대신하고 있습니다. 반면에 止[그칠 지]자는 발을 움직이지 않고 그친다는 동작과 관련해 뜻이 '그치다'가 되었습니다.

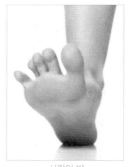

사람의 발

사람은 발로 자연스럽게 움직일 수 있지만 발로 멈춰 서기도 합니다. 그렇게 발로 멈춰 선다는 것은 움직임을 그치는 것이 됩니다. '그치다'의 의미는 구체적(具體的)으로 나타낼 수 없기에 구체적인 형태를 지닌 발 모습에서 비롯된 止자가 '그치다'의 뜻을 지니게 된 것입니다.

고문자 止

止[그칠 지]자는 '금하여 그치다'라는 뜻의 禁止(금지), '막아서 그치다'

라는 뜻의 防止(방지), '가운데에서 그치다'라는 뜻의 中止(중지)의 말에서 보듯 '지'로 읽습니다. 止자는 뜻과 음을 합쳐 '그칠 지'라 합니다.

止자가 붙는 한자는 步[걸음 보]·歷[지낼 력]·歸[돌아갈 귀]자에서처럼 뜻이 '발'과 관련이 있습니다. 祉[복 지]자나 址[터 지]자에서 止자는 음의 역할을 하기도 합니다.

반걸음과 한걸음

● 바로바로 익히는 한자 ●

확인 학습 부수 설명을 참고하여 괄호 안에 알맞은 말을 쓰시오.

1. 止자는 다섯 발가락을 줄여서 세 발가락으로 나타낸 (　　)을 본뜬 글자입니다.

2. 止자는 원래 (　　)을 뜻했으나 후에 足자가 변형된 ⻊을 붙인 趾자가 뜻을 대신하고 있습니다.

3. 止자는 발을 움직이지 않고 그친다는 동작과 관련해 뜻이 (　　　　) 가 되었습니다.

4. '금하여 그치다'라는 뜻의 禁止는 금(　　)로 읽습니다.

5. '막아서 그치다'라는 뜻의 防止는 방(　　)로 읽습니다.

6. '가운데에서 그치다'라는 뜻의 中止는 중(　　)로 읽습니다.

7. 禁止, 防止, 中止의 止자는 (　　)로 읽습니다.

289

8. 止자는 음을 (   )로 읽습니다.

9. 止자는 뜻이 (   )고, 음이 (   )입니다.

10. 止자는 뜻과 음을 합쳐 (   )라 합니다.

11. 止자가 붙는 한자는 步·歷·歸자에서처럼 뜻이 (   )과 관련이 있습니다.

● 쓰면서 익히는 한자 ●

쓰기 학습 빈 칸에 한자를 쓰고, 뜻과 음을 쓰시오.

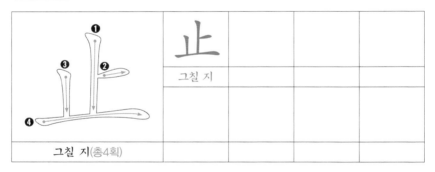

	止 그칠 지			
그칠 지(총4획)				

쓰기 복습 빈 칸에 뜻과 음에 맞는 한자를 쓰시오.

붉을 적	밭 전	새 조	발 족	발족변	달아날 주	대 죽	대죽머리

중093

支

지탱할 지

금문	소전

〈支부수 / 4급〉

支[지탱할 지]자는 나무의 가지를 오른손에 쥐고 있는 모습을 나타낸 글자입니다. 支[지탱할 지]자에서 十의 형태는 나무의 가지를 나타냈고, 又[또 우]자는 오른손을 나타냈습니다. 나무의 가지[十]를 오른손[又]에 쥐고 이를 이용해 지탱한다고 하여 支[지탱할 지]자는 뜻이 '지탱하다'가 되었습니다.

나무로 지탱하는 모습

독장수(권정용)

아울러 支[지탱할 지]자는 나뭇가지로 지탱한다는 데서 뜻이 '가지'를 뜻하기도 합니다. 하지만 '가지'를 뜻하는 데는 후대에 '나무'를 뜻하는 木[나무 목]자를 덧붙인 枝[가지 지]자가 대신해 쓰이고 있습니다.

'지탱하다'의 '지'는 한자로 支[지탱할 지]자입니다. '지탱하다'의 '탱'도 뜻이 '지탱

291

하다'인 撑[지탱할 탱]자입니다. 따라서 支[지탱할 지]자와 撑[지탱할 탱]자
는 서로 어울려 '지탱하다'의 '지탱'이 되었습니다.

支[지탱할 지]자는 '지탱하는 기둥'의 뜻을 지닌 支柱(지주)나 '도와서 지
탱하다'의 뜻을 지닌 扶支(부지)에서 보듯 '지'로 읽습니다. 支자는 뜻과
음을 합쳐 '지탱할 지'라 합니다.

支자는 주로 枝[가지 지]자나 肢[팔다리 지]자, 또는 技[재주 기]자나 妓
[기생 기]자 등의 글자 구성에 도움을 주면서 음의 역할을 합니다.

● 바로바로 익히는 한자 ●

확인 학습 부수 설명을 참고하여 괄호 안에 알맞은 말을 쓰시오.

1. 支자는 나무의 (   )를 (   )에 쥐고 있는 모습을 나타낸 글
   자입니다.

2. 支자에서 十의 형태는 나무의 (   )를 나타냈고, 又자는 (   )
   을 나타냈습니다.

3. 나무의 가지[十]를 손[又]에 쥐고 이를 이용해 지탱한다고 하여 支
   자는 뜻이 (   )가 되었습니다.

4. '지탱하는 기둥'의 뜻을 지닌 支柱는 (   )주로 읽습니다.

5. '도와서 지탱하다'의 뜻을 지닌 扶支는 부(   )로 읽습니다.

6. 支柱와 扶支의 支자는 (   )로 읽습니다.

7. 支자는 음을 (   )로 읽습니다.

8. 支자는 뜻이 (   )고, 음이 (   )입니다.

292

9. 支자는 뜻과 음을 합쳐 (   )라 합니다.

10. 支자는 주로 枝자나 肢자, 또는 技자나 妓자 등의 글자 구성에 도
    움을 주면서 (   )의 역할을 합니다.

● 쓰면서 익히는 한자 ●

쓰기 학습 빈 칸에 한자를 쓰고, 뜻과 음을 쓰시오.

	支			
	지탱할 지		.	
지탱할 지(총4획)				

쓰기 복습 빈 칸에 뜻과 음에 맞는 한자를 쓰시오.

밭 전	새 조	발 족	발족변	달아날 주	대 죽	대죽머리	그칠 지

293

중094

至

이를 지

갑골문	금문	소전

〈至부수 / 4급〉

至[이를 지]자는 화살이 먼 곳으로부터 날아와 어떤 지점(땅 또는 과녁)에 이르러 꽂힌 모양을 본뜬 글자입니다. 따라서 至[이를 지]자는 뜻이 '이르다'가 되었습니다.

'이르다'는 곧 '어떤 장소에 이르다'라는 것입니다. 문명이 발달되지 않았던 옛날에 하나의 물체가 물리적 힘에 의해 움직여서 가장 멀리 어떤 장소에 이르는 경우는 화살이 날아서 어떤 지점에 꽂힌 모양이었을 것입니다. 따라서 화살이 날아서 어떤 지점에 꽂힌 모양으로 나타낸 至[이를 지]자가 '이르다'의 뜻을 지니게 되었습니다. 나아가 至[이를 지]자는 '더할 수 없는 정도에 이르다'라는 의미의 '지극하다'의 뜻을 지니기도 합니다.

땅에 이르러 꽂힌 화살

지성

294

至[이를 지]자는 '지극히 크다'라는 뜻의 至大(지대), '지극히 독하다'라는 뜻의 至毒(지독), '지극한 정성'이라는 뜻의 至誠(지성)에서 보듯 음을 '지'로 읽습니다. 至大(지대), 至毒(지독), 至誠(지성)에서 '지극하다'의 뜻으로 쓰이는 至[이를 지]자는 원래 '이르다'의 뜻을 지닌 글자입니다. 至자는 뜻과 음을 합쳐 '이를 지'라 합니다.

至자는 窒[막힐 질]·姪[조카 질]·桎[차꼬 질]·室[집 실]자에서처럼 글자 구성에 도움을 주며 주로 음의 역할을 합니다.

● 바로바로 익히는 한자 ●

부수 설명을 참고하여 괄호 안에 알맞은 말을 쓰시오.

1. 至자는 화살이 먼 곳으로부터 날아와 어떤 지점에 (   ) 꽂힌 모양을 본뜬 글자입니다.

2. 至자는 뜻이 (   )가 되었습니다.

3. 至자는 '더할 수 없는 정도에 이르다'라는 의미의 (   )의 뜻을 지니기도 합니다.

4. '지극히 크다'라는 뜻의 至大는 (   )대로 읽습니다.

5. '지극히 독하다'라는 뜻의 至毒은 (   )독으로 읽습니다.

6. '지극한 정성'이라는 뜻의 至誠은 (   )성으로 읽습니다.

7. 至자는 음을 (   )로 읽습니다.

8. 至大, 至毒, 至誠에서 (   )의 뜻으로 쓰이는 至자는 원래
   (   )의 뜻을 지닌 글자입니다.

295

9. 至자는 뜻이 (　　　)고, 음이 (　)입니다.

10. 至자는 뜻과 음을 합쳐 (　　　　)라 합니다.

11. 至자는 室·姪·桎·室자에서처럼 글자 구성에 도움을 주며 주로
　　(　)의 역할을 합니다.

● 쓰면서 익히는 한자 ●

쓰기 학습 빈 칸에 한자를 쓰고, 뜻과 음을 쓰시오.

	至			
	이를 지			
이를 지(총6획)				

쓰기 복습 빈 칸에 뜻과 음에 맞는 한자를 쓰시오.

새 조	발 족	발족변	달아날 주	대 죽	대죽머리	그칠 지	지탱할 지

296

중095

辰
별 진·때 신

갑골문	금문	소전

〈辰부수 / 3급〉

辰[별 진]자는 대합조개를 본뜬 글자기에 원래 '대합조개'를 뜻했습니다. 그러나 문명이 발달되지 않았던 옛날 조개의 껍데기가 가볍고 다루기 편할 뿐만 아니라 깨어진 부분이 날카로워 풀이나 이삭 자르는 농사(農事) 도구로 사용했기 때문에 辰[별 진]자는 '농사'와 관련된 글자가 되었습니다. 실제로 辰[별 진]자는 農[농사 농]자에 붙여 쓰입니다. 하지만 그런 조개로 농사와 관련된 활동을 할 때에 별의 운행(運行)을 참고한 데서 辰[별 진]자는 결국 '별'의 뜻을 지니게 되었습니다. 대합조개를 뜻하는 데는 조개가

대합조개

고대의 패도(조개칼)

물가를 벌레[虫]처럼 꾸물거리며 기어 다닌 데서 虫[벌레 훼]자를 붙여 蜃[대합조개 신=蜄]자로 쓰고 있습니다.

예부터 사람들은 해와 별을 보며 하루 운세를 점쳤습니다. 이때 '해와

별'을 뜻하는 한자어가 바로 日辰(일진)입니다. 또 천자문(千字文)에 '하늘에 별들이 벌여져 있음'을 뜻하는 辰宿列張(진수열장)이란 구(句)가 있습니다. 日辰(일진)과 辰宿列張(진수열장)에서 보듯 '별'을 뜻하는 辰[별 진]자는 음이 '진'입니다. 辰자는 뜻과 음을 합쳐 '별 진'이라 합니다.

아울러 辰자는 '때 신'이라 하기도 합니다. 옛날에는 별을 보고 때를 알았기 때문입니다. 하지만 '때'를 뜻할 때는 음이 '신'입니다.

辰자는 주로 振[떨칠 진]·震[벼락 진]·賑[구휼할 진]·娠[애 밸 신]·晨[새벽 신]·脣[입술 순]자 등에 붙어 음의 역할을 합니다.

● 바로바로 익히는 한자 ●

확인 학습 부수 설명을 참고하여 괄호 안에 알맞은 말을 쓰시오.

1. 辰자는 대합조개를 본뜬 글자기에 원래 (   )를 뜻했습니다.

2. 조개로 농사와 관련된 활동을 할 때에 별의 운행(運行)을 참고한 데서 辰자는 결국 (   )의 뜻을 지니게 되었습니다.

3. '해와 별'을 뜻하는 日辰은 일(   )으로 읽습니다.

4. '하늘에 별들이 벌여져 있음'을 뜻하는 辰宿列張은 (   )수열장으로 읽습니다.

5. 日辰과 辰宿列張에서 보듯 (   )을 뜻하는 辰자는 음이 (   )입니다.

6. 辰자는 뜻과 음을 합쳐 (   )이라 합니다.

7. 아울러 辰자는 (   )이라 하기도 합니다. 옛날에는 별을 보고 (   )를 알았기 때문입니다.

8. 辰자는 주로 振·震·賑·娠·晨·脣자 등에 붙어 (   )의 역할을 합니다.

● 쓰면서 익히는 한자 ●

쓰기 학습 빈 칸에 한자를 쓰고, 뜻과 음을 쓰시오.

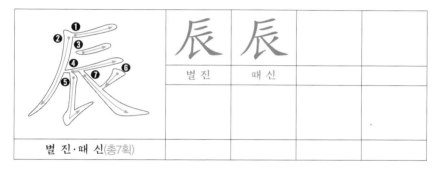

	辰	辰		
	별 진	때 신		
별 진 · 때 신(총7획)				

쓰기 복습 빈 칸에 뜻과 음에 맞는 한자를 쓰시오.

발 족	발족변	달아날 주	대 죽	대죽머리	그칠 지	지탱할 지	이를 지

299

갑골문	금문	소전
川	川	川

개미허리

내 천

〈川부수 / 6급〉

川[내 천]자는 물이 흐르는 내를 본뜬 글자입니다. 따라서 川[내 천]자는 뜻이 '내'가 되었습니다. 내는 시내보다 크지만 강보다 작은 물줄기를 뜻합니다. 시내는 골짜기에서 흐르는 자그마한 물줄기인데, 내는 그보다 큰 물줄기입니다. 그런 내의 물줄기를 나타낸 川[내 천]자는 '내'의 뜻을 지니게 되었습니다.

물이 흐르는 내(蓼川)

흐르는 내의 물줄기를 본뜬 川[내 천]자는 본래 巛로 쓰였습니다. 하지만 巛는 문자로 역할을 하지 못했습니다. 그 때문인지 巛는 개미허리를 닮은 모양으로 인해 '개미허리'라 부릅니다. 하지만 災[재앙 재]자나 巡[돌 순]자에서 쓰임을 엿볼 수 있습니다.

川[내 천]자는 '산과 내'를 뜻하는 山川(산천), '바닥을 파서 물길이 잘 흐르도록 한 열린 내'를 뜻하는 開川(개천), '한양(오늘날의 서울)의 가운데로 맑은 시냇물이 흐르는 내'를 뜻하는 淸溪川(청계천)에서 보듯 '천'으로 읽습니다. 川자는 뜻과 음을 합쳐 '내 천'이라 합니다.

옛날의 청계천

川자는 順[따를 순]·馴[길들일 순]·訓[가르칠 훈]자의 구성에 도움을 주면서 음의 역할을 합니다. 川자의 원래 형태인 巛가 붙은 巡[돌 순]자도 順(순)자나 馴(순)자처럼 음이 '순'입니다.

● 바로바로 익히는 한자 ●

확인 학습 부수 설명을 참고하여 괄호 안에 알맞은 말을 쓰시오.

1. 川자는 물이 흐르는 (   )를 본뜬 글자입니다.

2. 川자는 뜻이 (   )가 되었습니다.

3. 川자는 본래 巛로 쓰였습니다. 하지만 巛는 문자로 역할을 하지 못했습니다. 그 때문인지 巛는 개미허리를 닮은 모양으로 인해 (   )라 부릅니다.

4. '산과 내'를 뜻하는 山川은 산(   )으로 읽습니다.

5. '바닥을 파서 물길이 잘 흐르도록 한 열린 내'를 뜻하는 開川은 개(   )으로 읽습니다.

6. '한양의 가운데로 맑은 시냇물이 흐르는 내'를 뜻하는 淸溪川은 청계(   )으로 읽습니다.

7. 川자는 음을 (   )으로 읽습니다.

301

8. 川자는 뜻이 (   )고, 음이 (   )입니다.

9. 川자는 뜻과 음을 합쳐 (   )이라 합니다.

10. 川자는 順·馴·訓자의 구성에 도움을 주면서 (   )의 역할을 합
    니다.

● 쓰면서 익히는 한자 ●

빈 칸에 한자를 쓰고, 뜻과 음을 쓰시오.

	川		
	내 천		
내 천(총3획)			

개미허리						

빈 칸에 뜻과 음에 맞는 한자를 쓰시오.

달아날 주	대 죽	대죽머리	그칠 지	지탱할 지	이를 지	별 진	때 신

302

중097

青

푸를 청

갑골문	금문	소전
(그림)	(그림)	(그림)

〈靑부수 / 8급〉

青[푸를 청]자는 오늘날 龶의 형태와 円의 형태로 쓰이지만 원래 生[날 생=龶의 형태]자와 井[우물 정=円의 형태]자가 합쳐진 글자로 보입니다. 青[푸를 청]자에 보이는 生[날 생]자는 흙[土]위로 풀[屮]이

신라시대 우물(전모례가정)

나는 모양을 표현했습니다. 井[우물 정]자는 위에서 내려다 본 우물을 표현했습니다. 결국 青[푸를 청]자는 풀[生]이 우물[井] 주위에 나는 모양을 나타내면서 그 풀이 푸른 데서 '푸르다'의 뜻을 지니게 되었습니다.

물이 고여 있는 우물 주변은 아무래도 촉촉한 기운이 많고, 주변의 풀은 그 기운으로 인해 더욱 푸르게 자랄 것입니다. 따라서 '푸르다'를 인상적으로 느낄 수 있었던 것이 우물 주변의 '풀'이었습니다. 더욱이 '풀'과 '푸르다'는 같은 뿌리에서 나온 말입니다. 따라서 우물 주변에서 자라나는 풀과 관련된 青[푸를 청]자는 뜻이 '푸르다'가 된 것입니다.

靑[푸를 청]자는 '푸른 산'을 뜻하는 靑山(청산), '푸른 빛'을 뜻하는 靑色(청색), '푸른 깃발'을 뜻하는 靑旗(청기)에서 보듯 '청'으로 읽습니다. 靑자는 뜻과 음을 합쳐 '푸를 청'이라 합니다.

청산(지리산)

靑자는 淸[맑을 청]·請[청할 청]·晴[갤 청]·精[자세할 정]·情[뜻 정]·靜[고요할 정]자 등에서 보듯 주로 음의 역할을 합니다.

● 바로바로 익히는 한자 ●

확인 학습 부수 설명을 참고하여 괄호 안에 알맞은 말을 쓰시오.

1. 靑자에 보이는 生자는 흙 위로 풀이 (   ) 모양을 표현했습니다. 井자는 위에서 내려다 본 (   )을 표현했습니다.

2. 靑자는 풀[生]이 우물[井] 주위에 나는 모양을 나타내면서 그 풀이 푸른 데서 (   )의 뜻을 지니게 되었습니다.

3. 우물 주변에서 자라나는 풀과 관련된 靑자는 뜻이 (   )가 된 것입니다.

4. '푸른 산'을 뜻하는 靑山은 (   )산으로 읽습니다.

5. '푸른 빛'을 뜻하는 靑色은 (   )색으로 읽습니다.

6. '푸른 깃발'을 뜻하는 靑旗은 (   )기로 읽습니다.

7. 靑山, 靑色, 靑旗의 靑자는 (   )으로 읽습니다.

8. 靑자는 음을 (   )으로 읽습니다.

9. 靑자는 뜻이 (   )고, 음이 (   )입니다.

10. 靑자는 뜻과 음을 합쳐 (   )이라 합니다.

11. 靑자는 淸·請·晴·精·情·靜자 등에서 보듯 주로 (   )의 역할을 합니다.

● 쓰면서 익히는 한자 ●

쓰기 학습 빈 칸에 한자를 쓰고, 뜻과 음을 쓰시오.

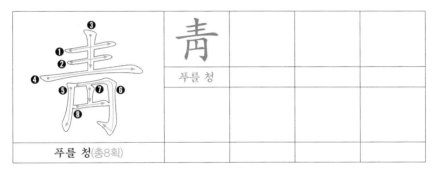

青			
푸를 청			
푸를 청(총8획)			

쓰기 복습 빈 칸에 뜻과 음에 맞는 한자를 쓰시오.

대죽머리	그칠 지	지탱할 지	이를 지	별 진	때 신	내 천	개미허리

305

중098

금문	소전
ヨ	ㅋ

寸
마디 촌

〈寸부수 / 8급〉

寸[마디 촌]자는 손을 간단히 표현한 모습에서 손목 아래 한 마디 떨어진 팔 부위에 점(點)이 붙은 글자입니다. 그래서 寸[마디 촌]자는 뜻이 '마디'가 되었습니다.

촌구에 맥을 짚는 모습

손과 팔이 잇닿은 부분은 손목입니다. 한의학에서는 바로 그 손목으로부터 손가락 한 마디 길이가 떨어진 부위를 '촌구(寸口)'라 합니다. 병(病)을 진찰하기 위해 맥(脈)을 짚어 보는 부위로, '촌구'의 '촌'이 한자로 寸[마디 촌]입니다.

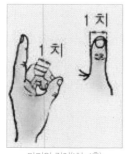

마디의 길이(1치=1촌)

이렇게 손과 관련해 이뤄진 寸[마디 촌]자는 사람 몸과 관련해 이뤄진 길이 단위 가운데 가장 작은 길이를 나타내는 데 사용합니다. 따라서 寸자는 '작다'의 뜻을 지니기도 합니다.

寸[마디 촌]자는 '작은 쇠'를 뜻하는 寸鐵(촌

철), '작게 평하다'를 뜻하는 寸評(촌평), '작은 뜻'을 뜻하는 寸志(촌지)에서 보듯 '촌'으로 읽습니다. 寸자는 뜻과 음을 합쳐 '마디 촌'이라 합니다.

寸자 부수에 속하는 한자인 寺[절 사]·封[봉할 봉]·射[쏠 사]·將[장수 장]·專[오로지 전]·導[이끌 도]자는 뜻이 모두 '손'과 관련이 있습니다. 寸자는 '손'과 관련된 한자기 때문입니다.

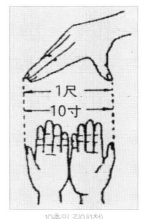

10촌의 길이(1척)

● 바로바로 익히는 한자 ●

부수 설명을 참고하여 괄호 안에 알맞은 말을 쓰시오.

1. 寸자는 손을 간단히 표현한 모습에서 손목 아래 한 (   ) 떨어진 팔 부위에 점이 붙은 글자입니다.

2. 손목으로부터 점은 한 (   )의 길이가 되는 부위에 표시되어 있기 때문에 寸자는 뜻이 (   )가 되었습니다.

3. 寸자는 사람 몸과 관련해 이뤄진 길이 단위 가운데 가장 (   ) 길이를 나타내는 데 사용합니다. 따라서 寸자는 (   )의 뜻을 지니기도 합니다.

4. '작은 쇠'를 뜻하는 寸鐵은 (   )철로 읽습니다.

5. '작게 평하다'를 뜻하는 寸評은 (   )평으로 읽습니다.

6. '작은 뜻'을 뜻하는 寸志는 (   )지로 읽습니다.

307

7. 寸자는 음을 (　　)으로 읽습니다.

8. 寸자는 뜻이 (　　　)고, 음이 (　　)입니다.

9. 寸자는 뜻과 음을 합쳐 (　　　　　)이라 합니다.

10. 寸자 부수에 속하는 한자인 寺·封·射·將·專·導자는 뜻이 모두

　　(　　　)과 관련이 있습니다.

● 쓰면서 익히는 한자 ●

쓰기 학습 빈 칸에 한자를 쓰고, 뜻과 음을 쓰시오.

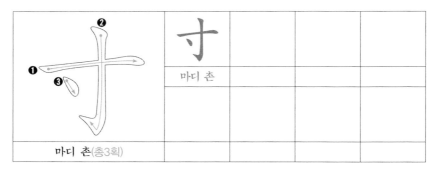

	寸 마디 촌			
마디 촌(총3획)				

쓰기 복습 빈 칸에 뜻과 음에 맞는 한자를 쓰시오.

그칠 지	지탱할 지	이를 지	별 진	때 신	내 천	개미허리	푸를 청

308

齒
이 치

갑골문	금문	소전

〈齒부수 / 4급〉

齒[이 치]자는 원래 입 안의 위아래에 나란히 나 있는 이를 표현한 글자였습니다. 따라서 齒[이 치]자는 뜻이 '이'가 되었습니다. 齒[이 치]자는 후에 음 '치'에 영향을 미치는 止[그칠 지]자가 붙었습니다.

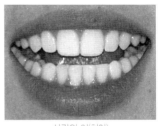

사람의 이(치아)

이는 사람 몸에서 가장 딱딱한 부위입니다. 딱딱한 이가 있기에 음식을 씹어 먹을 수 있습니다. 하지만 이가 없다면 제대로 음식을 먹을 수 없습니다. 사람이 음식을 제대로 먹지 못한다면 삶의 질이 크게 떨어

치약과 칫솔

지게 됩니다. 따라서 이가 튼튼한 것은 매우 중요합니다. 속담에 '자식은 오복이 아니라도 이는 오복에 든다'고까지 했습니다. 그렇게 중요한 '이'를 뜻하는 한자가 바로 齒[이 치]자입니다.

309

齒[이 치]자는 '벌레 먹은 이'를 뜻하는 蟲齒(충치), '건강한 이'를 뜻하는 健齒(건치), '이를 닦는 데 쓰는 약'을 뜻하는 齒藥(치약)에서 보듯 '치'로 읽습니다. 齒자는 뜻과 음을 합쳐 '이 치'라 합니다.

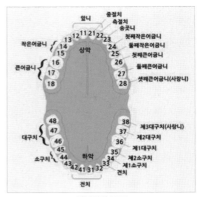

영구치의 구조

齒자가 붙는 한자는 齡[나이 령]·齷[악착할 악]·齪[악착할 착]·齦[잇몸 은]·齧[물 설]자에서처럼 뜻이 '이'와 관련이 있습니다.

● 바로바로 익히는 한자 ●

확인 학습 부수 설명을 참고하여 괄호 안에 알맞은 말을 쓰시오.

1. 齒자는 원래 입 안의 위아래에 나란히 나 있는 (   )를 표현한 글자였습니다.

2. 齒자는 뜻이 (   )가 되었습니다. 齒자는 후에 음 (   )에 영향을 미치는 止자가 붙었습니다.

3. '벌레 먹은 이'를 뜻하는 蟲齒는 충(   )로 읽습니다.

4. '건강한 이'를 뜻하는 健齒는 건(   )로 읽습니다.

5. '이를 닦는 데 쓰는 약'을 뜻하는 齒藥은 (   )약으로 읽습니다.

6. 蟲齒, 健齒, 齒藥의 齒자는 (   )의 음으로 읽습니다.

7. 齒자는 음을 (   )로 읽습니다.

8. 齒자는 뜻이 (   )고, 음이 (   )입니다.

9. 齒자는 뜻과 음을 합쳐 (   )라 합니다.

10. 齒자가 붙는 한자는 齡·齷·齪·齦·齧자에서처럼 뜻이 (   )와 관
    련이 있습니다.

● 쓰면서 익히는 한자 ●

쓰기 학습 빈 칸에 한자를 쓰고, 뜻과 음을 쓰시오.

	齒 이 치			
이 치(총15획)				

쓰기 복습 빈 칸에 뜻과 음에 맞는 한자를 쓰시오.

지탱할 지	이룰 지	별 진	때 신	내 천	개미허리	푸를 청	마디 촌

311

갑골문	금문	소전

土
흙 토

〈土부수 / 8급〉

土[흙 토]자는 땅 위에 덩이로 뭉쳐 놓은 흙을 본뜬 글자입니다. 따라서 土[흙 토]자는 뜻이 '흙'이 되었습니다.

사람에게는 먹는 것이 중요하고, 먹을 때는 그릇이 필요합니다. 土[흙 토]자는 그릇 등을 만들기 위해 뭉쳐 놓은 흙덩이를 나타내면서 '흙'의 뜻을 지니게 된 글자로 보입니다.

흙덩이로 그릇 만드는 모습

흔히 사람은 '흙에서 나서 흙으로 돌아간다'고 합니다. 성경(聖經)에 등장하는 최초의 사람 '아담(Adam)'도 땅의 흙으로 만들었다고 했습니다. 사람을 뜻하는 영어의 단어 'human(휴먼)'도 역시 흙과 관련되어 이뤄졌습니다. 정몽주(鄭夢周)의 단심가(丹心歌)에서는 '백골(白骨)이 진토(塵土)되어'라고 하면서 사람이 죽어서 흙으로 돌아간다고 했습니다. 이렇게 흙은 사람과 뗄 수 없는 존재입니다.

土[흙 토]자는 '흙으로 만든 그릇'을 뜻하는 土器(토기), '나라의 땅'을 뜻하는 國土(국토), '누런 흙'을 뜻하는 黃土 (황토)에서 보듯 '토'로 읽습니다. 土자는 뜻과 음을 합쳐 '흙 토'라 합니다.

빗살무늬토기

土자의 부수에 속하는 한자는 地[땅 지]·址[터 지]·坐[앉을 좌]·塊[흙덩이 괴]·塵[티끌 진]·墨[먹 묵]자 등에서 보듯 뜻이 '흙'과 관련이 있습니다.

● 바로바로 익히는 한자 ●

확인 학습 부수 설명을 참고하여 괄호 안에 알맞은 말을 쓰시오.

1. 土자는 땅 위에 덩이로 뭉쳐 놓은 (   )을 본뜬 글자입니다.

2. 土자는 뜻이 (   )이 되었습니다.

3. 土자는 그릇 등을 만들기 위해 뭉쳐 놓은 흙덩이를 나타내면서
   (   )의 뜻을 지니게 된 글자로 보입니다.

4. '흙으로 만든 그릇'을 뜻하는 土器는 (   )기로 읽습니다.

5. '나라의 땅'을 뜻하는 國土는 국(   )로 읽습니다.

6. '누런 흙'을 뜻하는 黃土는 황(   )로 읽습니다.

7. 土器, 國土, 黃土의 土자는 (   )의 음으로 읽습니다.

8. 土자는 음을 (   )로 읽습니다.

9. 土자는 뜻이 (   )이고, 음이 (   )입니다.

10. 土자는 뜻과 음을 합쳐 (   )라 합니다.

11. 土자가 붙는 한자는 地·址·坐·塊·塵·墨자 등에서 보듯 뜻이
   (   )과 관련이 있습니다.

● 쓰면서 익히는 한자 ●

쓰기 학습 빈 칸에 한자를 쓰고, 뜻과 음을 쓰시오.

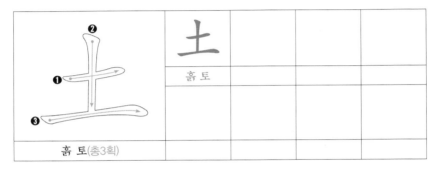

	土			
	흙 토			
흙 토(총3획)				

쓰기 복습 빈 칸에 뜻과 음에 맞는 한자를 쓰시오.

이를 지	별 진	때 신	내 천	개미허리	푸를 청	마디 촌	이 치

중101

八

여덟 팔

갑골문	금문	소전

〈八부수 / 8급〉

八[여덟 팔]자는 무언가 양쪽으로 나누는 모양을 본뜬 글자입니다. 그러나 오늘날 八[여덟 팔]자는 숫자 '여덟'을 나타내는 뜻으로 빌려 쓰이고 있습니다.

반으로 나눈 사과

'여덟'을 뜻하지만 나누는 모습에서 비롯되었기 때문에 八[여덟 팔]자가 붙는 한자는 뜻이 '나누다'와 관련이 있습니다. 分[나눌 분]·半[절반 반]·公[공평할 공]자가 바로 그런 한자입니다. 1에서 10까지의 숫자에서도 8은 가장 많이 나눠지는 수입니다.

八[여덟 팔]자는 '한 해 중의 여덟째 달'을 뜻하는 八月(팔월), '여덟 개의 모가 있는 형상'을 뜻하는 八角形(팔각형), '여덟 개의 도로 이뤄진 우리나라 강산'을 뜻하는 八道江山(팔도강산)에서 보듯 음을 '팔'로 읽습니다. 八자는 뜻

팔각형

315

과 음을 합쳐 '여덟 팔'이라 합니다.

八자 부수에 속하는 한자 가운데 典[법 전]·具[갖출 구]·共[함께 공]·兵[군사 병]자는 '여덟'을 뜻하는 八자와 관련이 없습니다. 모두 두 손[卅]과 관련이 있습니다. 그러나 부수의 체계를 세울 때 편의상 八자 부수에 속하게 되었습니다.

갑골문 典

● 바로바로 익히는 한자 ●

확인 학습 부수 설명을 참고하여 괄호 안에 알맞은 말을 쓰시오.

1. 八자는 무언가 양쪽으로 (   ) 모양을 본뜬 글자입니다.

2. 오늘날 八자는 숫자 (   )을 나타내는 뜻으로 빌려 쓰이고 있습니다.

3. 八자가 붙는 한자는 뜻이 (   )와 관련이 있습니다. 分·半·公자가 바로 그런 한자입니다.

4. '한 해 중의 여덟째 달'을 뜻하는 八月은 (   )월로 읽습니다.

5. '여덟 개의 모가 있는 형상'을 뜻하는 八角形은 (   )각형으로 읽습니다.

6. '여덟 개의 도로 이뤄진 우리나라 강산'을 뜻하는 八道江山은 (   ) 도강산으로 읽습니다.

7. 八자는 (   )로 읽습니다.

8. 八자는 뜻과 음을 합쳐 (   )이라 합니다.

9. 八자 부수에 속하는 한자 가운데 典·具·共·兵자는 (　　　)을 뜻하
   는 八자와 관련이 없습니다. 모두 두 (　)과 관련이 있습니다.

● 쓰면서 익히는 한자 ●

쓰기 학습 빈 칸에 한자를 쓰고, 뜻과 음을 쓰시오.

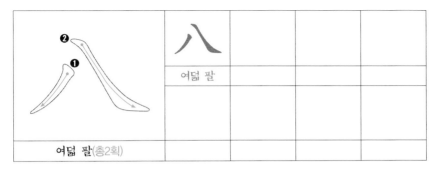

	八			
	여덟 팔			
여덟 팔(총2획)				

쓰기 복습 빈 칸에 뜻과 음에 맞는 한자를 쓰시오.

별 진	때 신	내 천	개미허리	푸를 청	마디 촌	이 치	흙 토

317

貝

조개 패

갑골문	금문	소전

〈貝부수 / 3급〉

貝[조개 패]자는 겉에서 본 조개를 본뜬 글자입니다. 따라서 貝[조개 패]자는 뜻이 '조개'가 되었습니다.

貝[조개 패]자가 본뜬 조개는 자패(紫貝)입니다. 자패는 법랑질(琺瑯質)로 되

자패(紫貝)

어 있으며, 자줏빛을 띠고 있습니다. 모양은 여성의 상징을 닮았는데, 옛날에 남자나 여자의 상징을 닮은 존재는 숭배의 대상이 되었습니다. 게다가 교통이 발달되지 않았던 시대에 자패는 남녘의 바닷가에서나 구할

수 있어 내륙에 사는 사람들이 흔히 볼 수 없었던 희귀한 존재였습니다. 그런 자패를 옛날에는 화폐로 사용했는데 貝[조개 패]자는 바로 그 '조개'를 뜻하는 한자입

비너스의 탄생(보티첼리)

니다.

화폐로 사용된 자패는 貝貨
(패화)라고 합니다. 아울러 貝貨
(패화)처럼 귀한 물건은 貝物(패
물)이나 寶貝(보패)라 합니다. 寶

화폐로 사용된 옛날의 자패

貝(보패)는 '보배'의 원말입니다. 그 외에 조개와 관련된 말에는 貝塚(패
총)이나 魚貝類(어패류)가 있습니다. 貝物(패물)·寶貝(보패)·貝塚(패총)·魚
貝類(어패류)에서 보듯 貝[조개 패]자는 음이 '패'입니다. 貝자는 뜻과 음
을 합쳐 '조개 패'라 합니다.

貝자 부수에 속하는 財[재물 재]·貢[공물 공]·貧[가난할 빈]·貴[귀할 귀]·
賤[천할 천]자 등은 뜻이 화폐처럼 '귀한 재물'과 관련이 있습니다.

● 바로바로 익히는 한자 ●

확인 학습 부수 설명을 참고하여 괄호 안에 알맞은 말을 쓰시오.

1. 貝자는 겉에서 본 (　　)를 본뜬 글자입니다.

2. 貝자는 뜻이 (　　)가 되었습니다.

3. 貝자가 본뜬 조개는 (　　)입니다.

4. 자패는 옛날 (　　)로 사용되었는데, 貝자는 바로 그러한 (　　)를
   뜻하는 한자입니다.

5. 貝物은 (　)물, 寶貝는 보(　)로 읽습니다.

6. 貝塚은 (　)총, 魚貝類는 어(　)류로 읽습니다.

319

7. 貝자는 (   )로 읽습니다.

8. 貝자는 뜻과 음을 합쳐 (   )라 합니다.

9. 貝자 부수에 속하는 財·貢·貧·貴·賤자 등에서 보듯 뜻이 화폐처럼
   (   )과 관련이 있습니다.

● 쓰면서 익히는 한자 ●

쓰기 학습 빈 칸에 한자를 쓰고, 뜻과 음을 쓰시오.

	貝 (조개 패)			
조개 패(총7획)				

쓰기 복습 빈 칸에 뜻과 음에 맞는 한자를 쓰시오.

때 신	내 천	개미허리	푸를 청	마디 촌	이 치	흙 토	여덟 팔

320

片
조각 편

갑골문	금문	소전

〈片부수 / 3급〉

片[조각 편]자는 설문해자(說文解字)에서 나무[木] 가운데를 세로로 잘라 그 오른쪽 조각을 나타낸 데서 뜻이 '조각'이 된 글자라고 했습니다. 하지만 갑골문의 片[조각 편]

나무로 만든 침상

자 형태를 살피면 침상의 형태를 세워서 표현한 것으로 보입니다. 침상을 만드는 데 나무 조각을 사용한 데서 片[조각 편]자의 뜻이 '조각'이 되었다 여겨집니다.

원대 화가 유관도의 몽접도(夢蝶圖)

침상을 한자로 寢牀(침상)이라 하는데, 寢[잘 침]자와 牀[평상 상]자에는 모두 '조각'을 뜻하는 爿[조각 장]자가 덧붙여져 있습니다. 片[조각 편]자는 爿[조각 장]자의 반대쪽을 나타낸 글자로 같은 '조각'의 뜻을 지닙니다.

片[조각 편]자는 '조각을 낸 고기'를 뜻하는 片肉(편육), '깨뜨린 조각'을 뜻하는 破片(파편), '쇠 조각'을 뜻하는 鐵片(철편)에서 보듯 '편'으로 읽습니다. 片자는 뜻과 음을 합쳐 '조각 편'이라 합니다.

片자 부수 한자에 속하면서 비교적 자주 쓰이는 版[조각 판]·牌[패 패]·牒 [글씨 판 첩]자는 뜻이 나무로 이뤄진 '조각'과 관련이 있습니다.

팔만대장경판

● 바로바로 익히는 한자 ●

확인 학습 부수 설명을 참고하여 괄호 안에 알맞은 말을 쓰시오.

1. 片자는 설문해자에서 나무[木] 가운데를 세로로 잘라 그 오른쪽 조각을 나타낸 데서 뜻이 (   )이 된 글자라고 했습니다.

2. 갑골문의 片자 형태를 살피면 침상의 형태를 세워서 표현한 것으로 보입니다. 침상을 만드는 데 나무 조각을 사용한데서 片자의 뜻이 (   )이 되었다 여겨집니다.

3. 片자는 爿[조각 장]자의 반대쪽을 나타낸 글자로 같은 (   )의 뜻을 지닙니다.

4. '조각을 낸 고기'를 뜻하는 片肉은 (   )육으로 읽습니다.

5. '깨뜨린 조각'을 뜻하는 破片은 파(   )으로 읽습니다.

6. '쇠 조각'을 뜻하는 鐵片은 철(   )으로 읽습니다.

7. 片자는 음을 ( )으로 읽습니다.

8. 片자는 뜻과 음을 합쳐 ( )이라 합니다.

9. 片자 부수 한자에 속하면서 비교적 자주 쓰이는 版·牌·牒자는 뜻
   이 나무로 이뤄진 ( )과 관련이 있습니다.

● 쓰면서 익히는 한자 ●

쓰기 학습 빈 칸에 한자를 쓰고, 뜻과 음을 쓰시오.

	片 조각 편			
조각 편(총4획)				

쓰기 복습 빈 칸에 뜻과 음에 맞는 한자를 쓰시오.

내 천	개미허리	푸를 청	마디 촌	이 치	흙 토	여덟 팔	조개 패

323

風

바람 풍

갑골문	소전

〈風부수 / 6급〉

風[바람 풍]자는 오늘날 凡[무릇 범]자와 虫[벌레 훼]자가 합쳐진 글자입니다. 凡[무릇 범]자는 배에 다는 돛을 표현했습니다. 虫[벌레 훼]자는 옛날 사람들이 모든 벌레를 대표한다고 여긴 뱀을 표현했습니다. 결국 風[바람 풍]자는 바람을 받도록 배에 다는 돛[凡]과 바람에 민감한 뱀[虫]을 나타냈습니다. 눈에 보이지 않는 바람을 나

돛단배 모양을 단 풍향계

타내기 위해 바람과 밀접한 '돛'과 '뱀'을 표현해 '바람'을 뜻하는 風[바람 풍]자가 만들어진 것입니다.

원래 風[바람 풍]자는 뱀의 자형 대신에 봉황새[鳳]가 표현되어 있었습니다. 하지만 후대 사람들이 뱀이 바람과 더 밀접하다고 여겨 바뀐 것으로 보입니다.

風[바람 풍]자는 '강한 바람'을 뜻하는 強風(강풍), '동녘의 바람'을 뜻

324

하는 東風(동풍), '따뜻한 바람'을 뜻하는 溫風(온풍)의 말에서 보듯 '풍'으로 읽습니다. 風자는 뜻과 음을 합쳐 '바람 풍'이라 합니다.

風자는 颱[태풍 태]자나 飄[회오리바람 표]자에서 뜻의 역할을 하

검은 구름을 동반한 회오리바람

고, 楓[단풍나무 풍]자나 諷[욀 풍]자에서 음의 역할을 합니다.

● 바로바로 익히는 한자 ●

확인 학습 부수 설명을 참고하여 괄호 안에 알맞은 말을 쓰시오.

1. 風자는 오늘날 凡자와 虫자가 합쳐진 글자입니다. 凡자는 배에 다는 (   )을 표현했습니다. 虫자는 옛날 사람들이 모든 벌레를 대표한다고 여긴 (   )을 표현했습니다.

2. 風자는 (   )을 받도록 배에 다는 돛[凡]과 (   )에 민감한 뱀[虫]을 나타냈습니다.

3. 눈에 보이지 않는 (   )을 나타내기 위해 (   )과 밀접한 '돛'과 '뱀'을 표현해 (   )을 뜻하는 風자가 만들어진 것입니다.

4. '강한 바람'을 뜻하는 強風은 강(   )으로 읽습니다.

5. '동녘의 바람'을 뜻하는 東風은 동(   )으로 읽습니다.

6. '따뜻한 바람'을 뜻하는 溫風은 온(   )으로 읽습니다.

7. 風자는 음을 (   )으로 읽습니다.

8. 風자는 뜻과 음을 합쳐 (   )이라 합니다.

9. 風자는 颱자나 飄자에서 (   )의 역할을 하고, 楓자나 諷자에서는

   (   )의 역할을 합니다.

● 쓰면서 익히는 한자 ●

쓰기 학습 빈 칸에 한자를 쓰고, 뜻과 음을 쓰시오.

	風 바람 풍			
바람 풍(총9획)				

쓰기 복습 빈 칸에 뜻과 음에 맞는 한자를 쓰시오.

개미허리	푸를 청	마디 촌	이 치	흙 토	여덟 팔	조개 패	조각 편

중105

皮

가죽 피

금문	소전

〈皮부수 / 3급〉

皮[가죽 피]자는 손[又]으로 짐승 몸체에서 가죽 벗기는 모양을 본뜬 글자입니다. 머리 부분에서 꼬리까지 이어진 몸체의 오른쪽 부위 가죽을 손으로 벗기고 있음을 나타냈습니다. 따라서 皮[가죽 피]자는 뜻이 '가죽'이 되었습니다.

가죽은 한자로 皮革(피혁)이라 합니다. 皮[가죽 피]자는 몸체에서 막 가죽을 벗기는 것으로 알

가죽 벗기는 모습

수 있듯 '터럭이 있는 가죽'을 말합니다. 반면에 革[가죽 혁]자는 이미 벗겨서 손질한 가죽을 펼쳐 놓은 것으로 '터럭이 없는 가죽'을 말합니다.

皮[가죽 피]자는 '터럭이 있는 가죽'이므로 '터럭'을 뜻하는 毛[터럭 모]자를 붙여 毛皮(모피)라는 말에 쓰입니다. 毛皮(모피) 가운데 예부터 사람들이 귀하게 여긴 것이 虎皮(호피)입니다. 虎皮(호피)는 '범의 가죽'을 말합니다. 虎皮(호피)와 관련된 말이 虎死留皮(호사유피)입니다. 虎死留皮(호사유피)는 '범은 죽어서 가죽을 남긴다'는 말입니다. 皮[가죽 피]자는

皮革(피혁)·毛皮(모피)·虎皮(호피)·虎死留皮
(호사유피)에서 보듯 음이 '피'입니다. 皮자
는 뜻과 음을 합쳐 '가죽 피'라 합니다.

　皮자는 被[입을 피]·疲[고달플 피]·彼[저
피]·披[헤칠 피]·波[물결 파]·破[깨뜨릴 파]·
頗[치우칠 파]·跛[절뚝발이 파]자 등에서 보듯
글자 구성에 도움을 주면서 주로 음의 역할
을 합니다.

호피(虎皮)

● 바로바로 익히는 한자 ●

확인 학습 부수 설명을 참고하여 괄호 안에 알맞은 말을 쓰시오.

1. 皮자는 손[又]으로 짐승 몸체에서 (　　) 벗기는 모양을 본뜬 글자
   입니다.

2. 皮자는 뜻이 (　　)이 되었습니다.

3. 皮자는 몸체에서 막 가죽을 벗기는 것으로 알 수 있듯 '터럭이 있
   는 (　　)'을 말합니다. 반면에 革자는 이미 벗겨서 손질한 가죽을
   펼쳐 놓은 것으로 '터럭이 없는 (　　)'을 말합니다.

4. '터럭이 있는 가죽'을 뜻하는 毛皮는 모(　)로 읽습니다.

5. '범의 가죽'을 뜻하는 虎皮는 호(　)로 읽습니다.

6. '범은 죽어서 가죽을 남긴다'는 虎死留皮는 호사유(　)로 읽습니다.

7. 皮자는 皮革·毛皮·虎皮·虎死留皮에서 보듯 음이 (　)입니다.

328

8. 皮자는 뜻과 음을 합쳐 (   )라 합니다.

9. 皮자는 被·疲·彼·披·波·破·頗·跛자 등에서 보듯 글자 구성에 도
   움을 주면서 주로 (   )의 역할을 합니다.

● 쓰면서 익히는 한자 ●

쓰기 학습 빈 칸에 한자를 쓰고, 뜻과 음을 쓰시오.

	皮 가죽 피			
가죽 피(총5획)				

쓰기 복습 빈 칸에 뜻과 음에 맞는 한자를 쓰시오.

푸를 청	마디 촌	이 치	흙 토	여덟 팔	조개 패	조각 편	바람 풍

중106

行

다닐 행·항렬 항

갑골문	금문	소전

〈行부수 / 6급〉

行[다닐 행]자는 사람들이 많이 다니는 사방(四方)으로 통하는 거리(사거리)를 본뜬 글자입니다.

예전의 광화문 사거리

그런 거리는 사람들이 많이 다니기 때문에 만들어집니다. 따라서 '사방으로 통하는 거리'를 나타낸 行[다닐 행]자는 뜻이 '다니다'가 되었습니다.

나아가 거리가 사방이 서로 통하도록 이어져 있는 것처럼 行[다닐 행]자는 친족 관계에 있어서 서로 통하는 같은 또래의 세대를 이르는 '항렬'의 뜻을 지니기도 합니다.

行[다닐 행]자는 '길을 다니는 사람'의 뜻을 지닌 行人(행인), '날아서 다니다'의 뜻을 지닌 飛行(비행), '급하게 다니다'의 뜻을 지닌 急行(급행)에서 보듯 '행'으로 읽습니다. 그러나 '항렬'의 뜻으로 쓰일 때는 行列(항렬)의 行[항렬 항]자에처럼 음을 '항'으로 읽습니다. 行자는 뜻과 음을 합쳐

'다닐 행'이나 '항렬 항'이라 합니다.

行자 부수에 속하는 한자는 街[거리
가]·衝[부딪칠 충]·衛[지킬 위]·衢[거리 구]
자에서 보듯 '거리(사거리)'와 관련이 있습
니다.

부안김씨 세보(충경공파)

● 바로바로 익히는 한자 ●

확인 학습 부수 설명을 참고하여 괄호 안에 알맞은 말을 쓰시오.

1. 行자는 사람들이 많이 다니는 사방으로 통하는 (　　　)를 본뜬 글
   자입니다. 그런 거리는 사람들이 많이 (　　　) 때문에 만들어집니다.

2. '사방으로 통하는 거리'를 나타낸 行자는 뜻이 (　　　　)가 되었습
   니다.

3. 行자는 친족 관계에 있어서 서로 통하는 같은 또래의 세대를 이르
   는 (　　　)의 뜻을 지니기도 합니다.

4. '길을 다니는 사람'의 뜻을 지닌 行人은 (　　)인으로 읽습니다.

5. '날아서 다니다'의 뜻을 지닌 飛行은 비(　　)으로 읽습니다.

6. '급하게 다니다'의 뜻을 지닌 急行은 급(　　)으로 읽습니다.

7. 行자는 行人·飛行·急行의 말에서 보듯 그 음이 (　　)입니다.

8. 行자는 음을 (　　)으로 읽습니다.

9. '항렬'의 뜻으로 쓰일 때는 行列의 行자에처럼 음을 (　　)으로 읽습
   니다.

331

10. 行자는 뜻과 음을 합쳐 (   )이나 (   )이라 합니다.
11. 行자가 붙는 한자는 街·衝·衛·衢자에서 보듯 (   )와 관련이 있습니다.

● 쓰면서 익히는 한자 ●

쓰기 학습 빈 칸에 한자를 쓰고, 뜻과 음을 쓰시오.

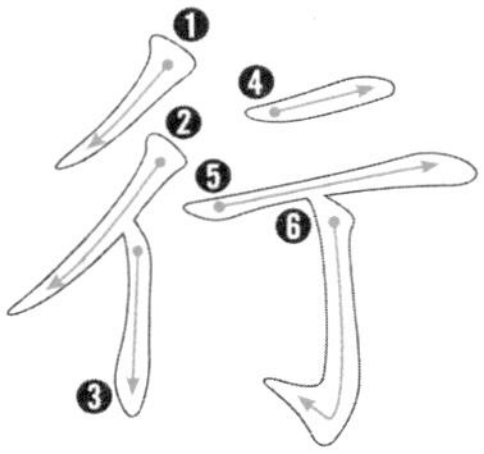	行	行		
	다닐 행	항렬 항		
다닐 행·항렬 항(총6획)				

쓰기 복습 빈 칸에 뜻과 음에 맞는 한자를 쓰시오.

마디 촌	이 치	흙 토	여덟 팔	조개 패	조각 편	바람 풍	가죽 피

332

중107

香
향기 향

갑골문	소전

〈香부수 / 4급〉

香[향기 향]자는 원래 아주 옛날 사람들이 주식으로 삼았던 기장을 나타낸 黍[기장 서]자와 그릇을 나타낸 曰의 형태가 합쳐진 글자였습니다. 곧 黍(서)자와 曰의 형태가 합쳐진 㿝자가 원래의 香[향기 향]자였던 것입니다. 하지만 후대에 黍(서)자를 좀 더 간단한 형태로 표현한 禾[벼 화]자로 바꿔 曰의 형태와 합쳐져 오늘날은 '향기'를 뜻하는 香[향기 향]자가 쓰이고 있습니다.

기장

결국 香[향기 향]자는 벼[禾]와 같은 곡물이 그릇[曰의 형태]에 있음을 나타낸 것입니다. 먹는 것이 아주 중요했던 옛날에는 벼와 같은 곡

기장밥을 담은 그릇

물을 익혔을 때에 나는 냄새가 사람들에게 가장 좋게 여겨졌을 것입니다. 그래서 벼[禾]와 같은 곡물이 그릇에 담겨 있는 모양을 표현한 香[향

333

기 향]자가 좋은 냄새와 관련되어 '향기'의 뜻을 지니게 되었습니다.

香[향기 향]자는 '향기로운 내가 나는 물'을 뜻하는 香水(향수), '향기로운 냄새'를 뜻하는 香臭(향취), '난초의 향기'를 뜻하는 蘭香(난향)에서 보듯 음을 '향'으로 읽습니다. 香자는 뜻과 음을 합쳐 '향기 향'이라 합니다.

샤넬의 유명한 향수 넘버5

香자는 이름에 쓰이는 馨[향내 날 형]·馥[향기 복]·馝[향기로울 필]자에서 그 쓰임을 볼 수 있습니다. 이들 한자는 뜻이 모두 '향기'와 관련이 있습니다.

● 바로바로 익히는 한자 ●

확인 학습　부수 설명을 참고하여 괄호 안에 알맞은 말을 쓰시오.

1. 香자는 원래 아주 옛날 사람들이 주식으로 삼았던 (　　)을 나타낸 黍자와 (　　)을 나타낸 曰의 형태가 합쳐진 글자였습니다.

2. 후대에 黍자를 좀 더 간단한 형태로 표현한 禾자로 바뀌 曰의 형태와 합쳐져 오늘날은 (　　)를 뜻하는 香자가 쓰이고 있습니다.

3. 벼[禾]와 같은 곡물이 그릇에 담겨 있는 모양을 표현한 香자가 좋은 냄새와 관련되어 뜻이 (　　)가 되었습니다.

4. '향기로운 내가 나는 물'을 뜻하는 香水는 (　　)수로 읽습니다.

5. '향기로운 냄새'를 뜻하는 香臭는 (　　)취로 읽습니다.

6. '난초의 향기'를 뜻하는 蘭香은 난(　)으로 읽습니다.

7. 香자는 음을 (　)으로 읽습니다.

8. 香자는 뜻과 음을 합쳐 (　　　)이라 합니다.

9. 香자는 이름에 쓰이는 馨·馥·馜자에서 그 쓰임을 볼 수 있습니다.
   이들 한자는 뜻이 모두 (　)와 관련이 있습니다.

● 쓰면서 익히는 한자 ●

쓰기 학습 빈 칸에 한자를 쓰고, 뜻과 음을 쓰시오.

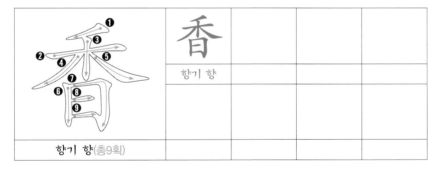

香	香			
	향기 향			
향기 향 (총9획)				

쓰기 복습 빈 칸에 뜻과 음에 맞는 한자를 쓰시오.

흙 토	여덟 팔	조개 패	조각 편	바람 풍	가죽 피	다닐 행	항렬 항

335

革

가죽 혁

금문	소전
	革

〈革부수 / 4급〉

革[가죽 혁]자는 털을 제거하고 나서 넓게 펼쳐
놓은 동물 가죽을 본뜬 글자입니다. 따라서 털
이 제거된 동물 가죽과 관련해 革[가죽 혁]자는
뜻이 '가죽'이 되었습니다.

'가죽'은 한자어로 '가죽 피(皮)'와 '가죽 혁(革)'
을 합쳐 '피혁'이라 합니다. '피혁'은 한자로 皮革
인데, 이때 皮자는 '털이 있는 가죽'을 말하지만
革자는 '털이 없는 가죽'을 말합니다. 본
래 털이 있는 가죽이 털이 없는 가죽으로
바뀌었다면 이는 그 바탕을 고친 것입니
다. 따라서 털이 없는 가죽을 뜻하는 革
[가죽 혁]자는 '고치다'의 뜻을 지니기도
합니다.

革[가죽 혁]자는 '가죽으로 만든 띠'를

동물 가죽

소가죽 모형도

뜻하는 革帶(혁대)나 '활을 쏠 때에 화살이 꿰뚫는 가죽으로 된 표적'을 뜻하는 貫革(관혁→과녁)에서 보듯 '혁'의 음으로 읽습니다. 아울러 革[가죽 혁]자는 改革(개혁)·變革(변혁)·革新(혁신)·革命(혁명)에서 보듯 '고치다'의 뜻으로 쓰일 때도 '혁'의 음으로 읽습니다. 革자는 뜻과 음을 합쳐 '가죽 혁'이라 합니다.

革자 부수에 속하는 한자는 靴[신 화]·靷[가슴걸이 인]·鞍[안장 안]·鞦[그네 추]·鞭[채찍 편]자에서 보듯 뜻이 '가죽'과 관련이 있습니다.

● 바로바로 익히는 한자 ●

확인 학습 부수 설명을 참고하여 괄호 안에 알맞은 말을 쓰시오.

1. 革자는 털을 제거하고 나서 넓게 펼쳐 놓은 동물 (   )을 본뜬 글자입니다.

2. 털이 제거된 동물 (   )과 관련해 革자는 뜻이 (   )이 되었습니다.

3. 본래 털이 있는 가죽이 털이 없는 가죽으로 바뀌었다면, 이는 그 바탕을 (   ) 것입니다. 따라서 털이 없는 가죽을 뜻하는 革자는
(   )의 뜻을 지니기도 합니다.

4. '가죽'을 뜻하는 革자는 '가죽으로 만든 띠'를 뜻하는 革帶에서 보듯 음을 (   )으로 읽습니다.

5. 革자는 改革·變革·革新·革命에서 보듯 (   )의 뜻으로 쓰일 때도 (   )의 음으로 읽습니다.

6. 革자는 뜻이 (   )이고, 음이 (   )입니다.

7. 革자는 뜻과 음을 합쳐 (   )이라 합니다.

8. 革자 부수에 속하는 한자는 靴·靷·鞍·鞦·鞭자 등에서 보듯 뜻이
   (   )과 관련이 있습니다.

● 쓰면서 익히는 한자 ●

쓰기 학습 빈 칸에 한자를 쓰고, 뜻과 음을 쓰시오.

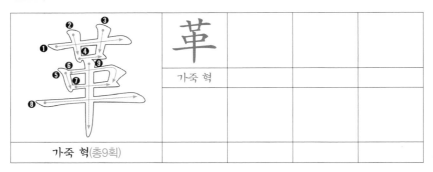

가죽 혁(총9획)				

쓰기 복습 빈 칸에 뜻과 음에 맞는 한자를 쓰시오.

여덟 팔	조개 패	조각 편	바람 풍	가죽 피	다닐 행	항렬 항	향기 향

중109

血

피 혈

갑골문	금문	소전

〈血부수 / 4급〉

血[피 혈]자는 그릇[皿]에 희생물의 피[丿
의 형태]가 담긴 모양을 본뜬 글자입니다. 피
는 구체적인 형태를 지니고 있지 않기 때문
에 그릇에 희생물의 피가 담긴 모양을 나타
낸 血[피 혈]자로 '피'의 뜻을 나타낸 것입니
다. 血[피 혈]자에 붙는 皿[그릇 명]자는 그릇
을, 丿의 형태는 피를 표현했습니다.

희생의 피를 담는 모양

옛날에는 나라와 나라가 서로 못 믿는 바
가 있으면 두 나라의 왕이 서로 만나 맹세를 했습니다. 그리고 맹세하는
사실을 하늘에 고하기 위해 소와 같은 짐승을 희생물로 잡은 뒤에 그릇
에 담아 제사를 지냈습니다. 그때 희생물의 피가 그릇에 고인 모양에서
血[피 혈]자가 이뤄지면서 뜻이 '피'가 된 것입니다. 맹세를 다지며 제사
를 지낼 때 그릇에 고인 피의 모양이 가장 인상적인 순간이었기 때문에
그렇게 나타냈습니다.

血[피 혈]자는 '피로 쓴 글'을 뜻하는
血書(혈서), '피를 흘리는 싸움'을 뜻하
는 血戰(혈전), '차가운 피를 지닌 동물'
을 뜻하는 冷血動物(냉혈동물)의 말에
서 보듯 음을 '혈'로 읽습니다. 血자는
뜻과 음을 합쳐 '피 혈'이라 합니다.

안중근이 혈서로 쓴 태극기

血자가 붙어 익히 쓰이는 한자는 恤[근심할 휼]자뿐입니다. 恤(휼)자에
서 血자는 음의 역할을 합니다.

● 바로바로 익히는 한자 ●

확인 학습 부수 설명을 참고하여 괄호 안에 알맞은 말을 쓰시오.

1. 血자는 (   )[皿]에 희생물의 (   )[ノ의 형태]가 담긴 모양을 본뜬
   글자입니다.

2. 血자에 붙는 皿자는 (   )을, ノ의 형태는 (   )를 표현했습니다.

3. 희생물의 (   )가 그릇에 고인 모양에서 血자가 이뤄지면서 뜻이
   (   )가 된 것입니다.

4. '피로 쓴 글'을 뜻하는 血書는 (   )서로 읽습니다.

5. '피를 흘리는 싸움'을 뜻하는 血戰은 (   )전으로 읽습니다.

6. '차가운 피를 지닌 동물'을 뜻하는 冷血動物은 냉(   )동물로 읽습
   니다.

7. 血자는 음을 (   )로 읽습니다.

8. 血자는 뜻이 (　)고, 음이 (　)입니다.

9. 血자는 뜻과 음을 합쳐 (　　)이라 합니다.

10. 血자가 붙어 익히 쓰이는 한자는 恤자뿐입니다. 恤자에서 血자는 (　)의 역할을 합니다.

● 쓰면서 익히는 한자 ●

빈 칸에 한자를 쓰고, 뜻과 음을 쓰시오.

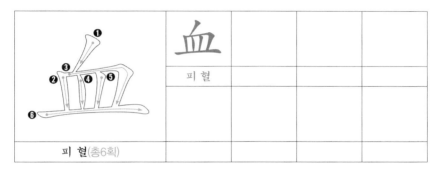

	血			
	피 혈			
피 혈(총6획)				

빈 칸에 뜻과 음에 맞는 한자를 쓰시오.

조개 패	조각 편	바람 풍	가죽 피	다닐 행	항렬 항	향기 향	가죽 혁

341

중110

戶

지게 호

갑골문	금문	소전

〈戶부수 / 4급〉

戶[지게 호]자는 기둥 하나에 달려 있는 한 짝의 문(지게문)을 본뜬 글자입니다. 사람이 들고 나는 문은 대개 두 짝으로 이뤄져 있습니다. 그렇게 두 짝으로 이뤄진 문은 한자로 門[문 문]자입니다. 그 門[문 문]자에서 왼쪽 한 짝의 문이 戶의 형태인데, 戶의 형태에서 비롯된 한자가 戶[지게 호]자입니다.

지게문(지게)

지게문이 달린 초가집

주거시설이 열악했던 시대의 옛날 집은 흔히 한 짝의 문을 통해 마루나 밖에서 방(房)으로 드나들도록 되어 있었습니다. 그런 한 짝의 문을 옛날에는 '지게문'이라 했습니다. 따라서 戶[지게 호]자는 뜻이 '지

342

게문'인데, 오늘날은 줄여서 '지게'라고 합니다. 나아가 戶[지게 호]자는 지게문이 달린 집과 관련해 '집'의 뜻을 지니기도 합니다.

戶[지게 호]자는 '두 짝의 문과 한 짝의 문(지게문)'을 뜻하는 門戶(문호)나 '창이나 지게문에 바르는 종이'를 뜻하는 窓戶紙(창호지)의 말에서 보듯 음을 '호'로 읽습니다. 그 외에 戶[지게 호]자가 '집'의 뜻으로 쓰이는 家戶(가호)나 戶主(호주)에서도 쓰임을 엿볼 수 있습니다. 戶자는 뜻과 음을 합쳐 '지게 호'라 합니다.

戶자가 붙는 한자는 房[방 방]·扁[납작할 편]·扇[문짝 선]·扉[문짝 비]자에서처럼 뜻이 '문'과 관련이 있습니다.

● 바로바로 익히는 한자 ●

확인 학습 부수 설명을 참고하여 괄호 안에 알맞은 말을 쓰시오.

1. 戶자는 기둥 하나에 달려 있는 한 짝의 (   )을 본뜬 글자입니다.

2. 門자에서 왼쪽 한 짝의 (   )이 戶의 형태인데, 戶의 형태에서 비롯된 한자가 戶자입니다.

3. 한 짝의 문을 옛날에는 '지게문'이라 했습니다. 따라서 戶자는 뜻이 '지게문'인데, 오늘날은 줄여서 (   )라고 합니다.

4. 戶자는 지게문이 달린 집과 관련해 (   )의 뜻을 지니기도 합니다.

5. '두 짝의 문과 한 짝의 문'을 뜻하는 門戶는 문(   )로 읽습니다.

6. '창이나 지게문에 바르는 종이'를 뜻하는 窓戶紙는 창(   )지로 읽습니다.

7. 戶자는 음을 (   )로 읽습니다.

8. 戶자는 뜻과 음을 합쳐 (   )라 합니다.

9. 戶자가 붙는 한자는 房·扁·扇·扉자에서처럼 뜻이 (   )과 관련이
   있습니다.

● 쓰면서 익히는 한자 ●

쓰기 학습 빈 칸에 한자를 쓰고, 뜻과 음을 쓰시오.

	戶 지게 호			
지게 호(총4획)				

쓰기 복습 빈 칸에 뜻과 음에 맞는 한자를 쓰시오.

조각 편	바람 풍	가죽 피	다닐 행	항렬 항	향기 향	가죽 혁	피 혈

344

火 灬
연화발

불 화

갑골문	금문	소전

〈火부수 / 8급〉

火[불 화]자는 타오르는 불을 본뜬 글
자입니다. 따라서 火[불 화]자는 뜻이
'불'이 되었습니다. 가운데는 좀 더 크게
타오르고, 주변은 좀 더 작게 타오르는
모양의 불덩이로 '불'을 나타냈습니다.

불은 추위나 맹수로부터 사람을 보호

타오르는 불

해 주고, 음식이나 도구를 만드는 데 도움을 주어 사람이 자연의 한계를
극복하면서 문명사회를 이루게 해 주었습니다. 사람이 다른 동물과 크게
다른 존재가 될 수 있었던 것은 바로 불의 사용에 있었습니다. 바로 그
런 '불'을 뜻하는 한자가 火[불 화]자입니다.

火[불 화]자는 '불로 인한 재앙'을 뜻하는 火災(화재), '불로 인한 상처'
를 뜻하는 火傷(화상), '불을 질러 만든 밭'을 뜻하는 火田(화전)에서 보듯
음을 '화'로 읽습니다. 火자는 뜻과 음을 합쳐 '불 화'라 합니다.

火자가 한자에서 아래쪽에 붙을 때는 熟(숙)자나 焦(초)자처럼 灬의 형

태로도 쓰입니다. 灬은 '연화발'이라 합니다. '연화발'은 火자의 음 '화'를 중심으로 자형이 네 개의 점으로 이어졌다 하여 '잇다'의 뜻을 지닌 連[이을 련(연)]자의 음 '연'을 앞에 붙이고, 부수가

화전을 하는 모양

자체의 구성에서 아래에 붙을 때의 명칭 '발'을 뒤에 붙인 것입니다.

火(灬)자 부수에 속하는 한자는 災[재앙 재]·炊[불 땔 취]·熱[더울 열]·熟[익을 숙]·焦[그을릴 초]자처럼 뜻이 '불'과 관련이 있습니다.

● 바로바로 익히는 한자 ●

확인 학습 부수 설명을 참고하여 괄호 안에 알맞은 말을 쓰시오.

1. 火자는 타오르는 (   )을 본뜬 글자입니다.

2. 火자는 뜻이 (   )이 되었습니다.

3. '불로 인한 재앙'을 뜻하는 火災는 (   )재로 읽습니다.

4. '불로 인한 상처'를 뜻하는 火傷은 (   )상으로 읽습니다.

5. '불을 질러 만든 밭'을 뜻하는 火田는 (   )전으로 읽습니다.

6. 火災, 火傷, 火田의 火자는 (   )로 읽습니다.

7. 火자는 음을 (   )로 읽습니다.

8. 火자는 뜻이 (   )이고, 음이 (   )입니다.

9. 火자는 뜻과 음을 합쳐 (   )라 합니다.

346

10. 火자가 한자에서 아래쪽에 붙을 때는 熟(숙)자나 焦(초)자처럼 灬의 형태로도 쓰입니다. 灬은 (   )이라 합니다.

11. 火(灬)자 부수에 속하는 한자는 災·炊·熱·熟·焦자처럼 뜻이 (   )과 관련이 있습니다.

● 쓰면서 익히는 한자 ●

쓰기 학습 빈 칸에 한자를 쓰고, 뜻과 음을 쓰시오.

火 불 화			
불 화(총4획)			

연화발				

쓰기 복습 빈 칸에 뜻과 음에 맞는 한자를 쓰시오.

바람 풍	가죽 피	다닐 행	항렬 항	향기 향	가죽 혁	피 혈	지게 호

347

중112

黃

누를 황

갑골문	금문	소전

〈黃부수 / 6급〉

黃[누를 황]자는 옛날 황제(皇帝)처럼 높은 사람이 몸에 차는 옥으로 이뤄진 장신구(裝身具)를 표현한 글자로 보입니다. 그렇게 몸에 차는 장신구의 옥은 대개 누른 빛이었습니다. 누른 빛은 황제를 상징하는 색깔이기 때문입니다. 따라서 黃[누를 황]자는 몸에 차는 장신구의 누른 옥과 관련해 뜻이 '누르다'가 되었습니다.

몸에 차는 장신구(패옥)

옛날 황제는 입는 옷에 자신의 지위를 드러내는 여러 장식을 했는데, 그 가운데 하나가 바로 옥입니다. 옥은 지극히 순결한 광물의 결정체로, 옛날 사람들은 그 내면에 생명력이 있다고 여겼습니다. 따라서 옥을 몸에 지니거나 장식하면 건강과 영혼에 좋은 영향을 미친다고 믿었습니다. 그래서 옛날 중국에서는 옥을 몸에 달고 다니는 풍속이 있었습니다. 黃[누를 황]자는 그렇게 몸에 차는 누른 옥과 관련해 '누르다'의 뜻을 지니게 된 글자입니다.

옥을 장식한 황제

黃[누를 황]자는 '누른 빛'을 뜻하는 黃色(황색), '누른 흙'을 뜻하는 黃土(황토), '누른 빛의 바다'를 뜻하는 黃海(황해)에서 보듯 '황'으로 읽습니다. 黃자는 뜻과 음을 합쳐 '누를 황'이라 합니다.

黃자 부수에 속하면서 익히 쓰이는 한자는 없습니다. 다만 黃자는 簧[생황 황]·廣[넓을 광]·橫[가로 횡]자의 구성에 도움을 주면서 음의 역할을 합니다.

● 바로바로 익히는 한자 ●

확인 학습 부수 설명을 참고하여 괄호 안에 알맞은 말을 쓰시오.

1. 黃자는 옛날 황제처럼 높은 사람이 몸에 차는 (   )으로 이뤄진 장신구를 표현한 글자로 보입니다.

2. 몸에 차는 장신구의 옥은 대개 (   ) 색깔이었습니다.

3. 黃자는 몸에 차는 장신구의 (   ) 옥과 관련해 뜻이 (   )가 되었습니다.

4. '누른 빛'을 뜻하는 黃色은 (   )색으로 읽습니다.

5. '누른 흙'을 뜻하는 黃土는 (   )토로 읽습니다.

6. '누른 빛의 바다'를 뜻하는 黃海는 (   )해로 읽습니다.

7. 黃色, 黃土, 黃海의 黃자는 (   )으로 읽습니다.

8. 黃자는 음을 (   )으로 읽습니다.

349

9. 黃자는 뜻이 (   )고, 음이 (   )입니다.

10. 黃자는 뜻과 음을 합쳐 (   )이라 합니다.

11. 黃자는 簧·廣·橫자의 구성에 도움을 주면서 (   )의 역할을 합

니다.

● 쓰면서 익히는 한자 ●

쓰기 학습 빈 칸에 한자를 쓰고, 뜻과 음을 쓰시오.

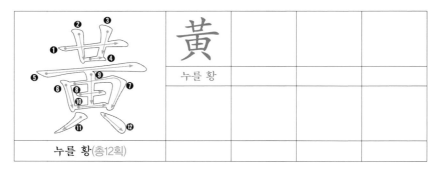

黃 누를 황			
누를 황(총12획)			

쓰기 복습 빈 칸에 뜻과 음에 맞는 한자를 쓰시오.

다닐 행	항렬 항	향기 향	가죽 혁	피 혈	지게 호	불 화	연화발

중113

黑

검을 흑

금문	소전

〈黑부수 / 5급〉

黑[검을 흑]자는 얼굴에 문신 (文身)을 한 사람 모습을 표현한 글자로 보입니다. 사람에게 문신을 할 때는 검은 먹물을 사용했습니다. 따라서 얼굴에 검은 먹물의 문신이 새겨진 사람을 나타낸 黑[검을 흑]자는 '검다'의 뜻을 지니게 되었습니다.

포로나 죄인에게 먹으로 벌하는 모습

옛날에는 부족과 부족이 싸워 이긴 부족 사람들이 진 부족 사람들을 노예로 삼았습니다. 이때 싸워 진 부족 사람들의 얼굴에 검은 먹물로 문신을 하는 노예 표시를 했습니다. 뿐만 아니라 죄를 진 사람에게도 검은 먹물로 문신을 해 죄과를 드러냈습니다. 예컨대 남의 물건 훔친 사람이 있으면 붙잡아 얼굴에 '훔치다'의 뜻을 지닌 한자인 '盜'자를 검은 먹물로 문신해 넣었습니다. 따라서 그런 모습을 표현한 黑[검을 흑]자는 뜻이 '검다'가 되었습니다.

黑[검을 흑]자는 '검은 피부의 사람'을 뜻하는 黑人(흑인), '검은 점'을 뜻하는 黑點(흑점), '검은 빛이 도는 설탕'을 뜻하는 黑雪糖(흑설탕)의 말에서 보듯 음을 '흑'으로 읽습니다. 黑자는 뜻과 음을 합쳐 '검을 흑'이라 합니다.

흑점의 그림(조응, 이우환)

黑자 부수에 속하는 한자는 點[점 점]·黜[물리칠 출]·黥[자자할 경]자 등에서 보듯 뜻이 '검다'와 관련이 있습니다.

● 바로바로 익히는 한자 ●

확인 학습 부수 설명을 참고하여 괄호 안에 알맞은 말을 쓰시오.

1. 黑자는 얼굴에 (   )을 한 사람 모습을 표현한 글자로 보입니다.

2. 사람에게 문신을 할 때는 (   ) 먹물을 사용했습니다.

3. 얼굴에 (   ) 먹물의 문신이 새겨진 사람을 나타낸 黑자는 (   )의 뜻을 지니게 되었습니다.

4. 옛날에는 싸워 진 부족 사람들의 얼굴에 (   ) 먹물로 문신을 하는 노예 표시를 했습니다.

5. 죄를 진 사람에게도 (   ) 먹물로 문신을 해 그 죄과를 드러냈습니다.

6. '검은 피부의 사람'을 뜻하는 黑人은 (   )인으로 읽습니다.

7. '검은 점'을 뜻하는 黑點은 (   )점으로 읽습니다.

8. '검은 빛이 도는 설탕'을 뜻하는 黑雪糖은 (　　)설탕으로 읽습니다.

9. 黑人, 黑點, 黑雪糖의 黑자는 (　　)의 음으로 읽습니다.

10. 黑자는 음을 (　　)으로 읽습니다.

11. 黑자는 뜻이 (　　　)고, 음이 (　　)입니다.

12. 黑자는 뜻과 음을 합쳐 (　　　　)이라 합니다.

13. 黑자 부수에 속하는 한자는 點·黜·黥자 등에서 보듯 뜻이 (　　　)
와 관련이 있습니다.

● 쓰면서 익히는 한자 ●

쓰기 학습 빈 칸에 한자를 쓰고, 뜻과 음을 쓰시오.

	黑			
	검을 흑			
검을 흑(총12획)				

쓰기 복습 빈 칸에 뜻과 음에 맞는 한자를 쓰시오.

항렬 항	향기 향	가죽 혁	피 혈	지게 호	불 화	연화발	누를 황

角	干	甘	車	車	犬	犭	見	見	高
중001	중002	중003	중004		중005		중006		중007
谷	骨	工	口	弓	金	金	己	女	大
중008	중009	중010	중011	중012	중013		중014	중015	중016
刀	刂	斗	豆	力	老	耂	里	立	馬
중017		중018	중019	중020	중021		중022	중023	중024
麥	面	毛	木	目	文	門	米	方	白
중025	중026	중027	중028	중029	중030	중031	중032	중033	중034
父	比	非	飛	鼻	士	山	色	生	夕
중035	중036	중037	중038	중039	중040	중041	중042	중043	중044
石	舌	小	水	氵	手	扌	首	示	食
중045	중046	중047	중048		중049		중050	중051	중052
食	臣	辛	身	心	忄	忄	十	氏	羊
중052	중053	중054	중055	중056			중057	중058	중059
魚	言	玉	王	瓦	日	用	又	牛	雨
중060	중061	중062		중063	중064	중065	중066	중067	중068
月	酉	肉	月	乙	乚	音	邑	阝	衣
중069	중070	중071		중072		중073	중074		중075
衤	二	而	耳	人	亻	一	日	入	子
중075	중076	중077	중078	중079		중080	중081	중082	중083
自	長	镸	赤	田	鳥	足	𧾷	走	竹
중084	중085		중086	중087	중088	중089		중090	중091

竹	止	支	至	辰	辰	川	巛	靑	寸
중091	중092	중093	중094	중095		중096		중097	중098
齒	土	八	貝	片	風	皮	行	行	香
중099	중100	중101	중102	중103	중104	중105	중106		중107
革	血	戶	火	灬	黃	黑			
중108	중109	중110	중111		중112	중113			

획수별로 정리한 부수 일람표

一	丨	丶	丿	乙	乚	亅	二	亠	人
중080				중072			중076		중079
亻	儿	入	八	冂	冖	冫	几	凵	刀
중079		중082	중101						중017
刂	力	勹	匕	匚	匸	十	卜	卩	巴
중017	중020					중057			
厂	厶	又	口	囗	土	士	夂	夊	夕
		중066	중011		중100	중040			중044
大	女	子	宀	寸	小	尢	尸	屮	屮
중016	중015	중083	중098	중047					
山	川	巛	工	己	巾	干	幺	广	廴
중041	중096		중010	중014		중002			
廾	廾	弋	弓	彐	彑	彡	彳	心	忄
			중012						중056

355

忄	戈	戶	手	扌	支	攴	攵	文	斗
중056		중110	중049	중093				중030	중018
斤	方	无	旡	日	曰	月	木	欠	止
	중033			중081	중064	중069	중028		중092
歹	歺	殳	毋	比	毛	氏	气	水	氵
				중036	중027	중058		중048	
水	火	灬	爪	爫	父	爻	爿	片	牙
중048	중111				중035			중103	
牛	犬	犭	玄	玉	王	瓜	瓦	甘	生
중067	중005		중062			중063	중003		중043
用	田	疋	正	疒	癶	白	皮	皿	目
중065	중087					중034	중105		중029
矛	矢	石	示	内	禾	穴	立	竹	𥫗
	중045	중051					중023	중091	
米	糸	缶	网	罒	罓	羊	羽	老	耂
중032						중059		중021	
而	耒	耳	聿	肉	月	臣	自	至	臼
중077		중078		중071		중053	중084	중094	
臼	舌	舛	舟	艮	色	艸	艹	虍	虫
	중046				중042				
血	行	衣	衤	西	見	角	言	谷	豆
중109	중106	중075			중006	중001	중061	중008	중019

豕	豸	貝	赤	走	足	疋	身	車	辛
		중102	중086	중090	중089		중055	중004	중054
辰	辵	辶	邑	阝	酉	釆	里	金	長
중095		중074			중070		중022	중013	중085
镸	門	阜	阝	隶	隹	雨	青	非	面
중085	중031					중068	중097	중037	중026
革	韋	韭	音	頁	風	飛	食	首	香
중108		중073		중104	중038	중052	중050	중107	
馬	骨	高	髟	鬥	鬯	鬲	鬼	魚	鳥
중024	중009	중007						중060	중088
鹵	鹿	麥	麻	黃	黍	黑	黹	黽	鼎
		중026		중112	중113				
鼓	鼠	鼻	齊	齒	龍	龜	龠		
		중039		중099					

자음 색인

ㄴ

녀 – 女 ··· 57

ㄷ

대 – 大 ··· 60
도 – 刀(刂) ··· 63
두 – 斗 ··· 66
두 – 豆 ··· 69

ㄱ

각 – 角 ··· 15
간 – 干 ··· 18
감 – 甘 ··· 21
거·차 – 車 ··· 24
견 – 犬(犭) ··· 27
견·현 – 見 ··· 30
고 – 高 ··· 33
곡 – 谷 ··· 36
골 – 骨 ··· 39
공 – 工 ··· 42
구 – 口 ··· 45
궁 – 弓 ··· 48
금·김 – 金 ··· 51
기 – 己 ··· 54

ㄹ

력 – 力 ··· 72
로 – 老(耂) ··· 75
리 – 里 ··· 78
립 – 立 ··· 81

ㅁ

마 – 馬 ··· 84
맥 – 麥 ··· 87
면 – 面 ··· 90

모 – 毛	… 93	
목 – 木	… 96	
목 – 目	… 99	
문 – 文	… 102	
문 – 門	… 105	
미 – 米	… 108	

ㅂ

방 – 方	… 111
백 – 白	… 114
부 – 父	… 117
비 – 比	… 120
비 – 非	… 123
비 – 飛	… 126
비 – 鼻	… 129

생 – 生	… 141
석 – 夕	… 144
석 – 石	… 147
설 – 舌	… 150
소 – 小	… 153
수 – 水(氵)	… 156
수 – 手(扌)	… 159
수 – 首	… 162
시 – 示	… 165
식·사 – 食	… 168
신 – 臣	… 171
신 – 辛	… 174
신 – 身	… 177
심 – 心(忄·㣺)	… 180
십 – 十	… 183
씨 – 氏	… 186

ㅅ

사 – 士	… 132
산 – 山	… 135
색 – 色	… 138

ㅇ

양 – 羊	… 189
어 – 魚	… 192
언 – 言	… 195

옥 – 玉(王) ··· 198

와 – 瓦 ··· 201

왈 – 曰 ··· 204

용 – 用 ··· 207

우 – 又 ··· 210

우 – 牛 ··· 213

우 – 雨 ··· 216

월 – 月 ··· 219

유 – 酉 ··· 222

육 – 肉(月) ··· 225

을 – 乙(乚) ··· 228

음 – 音 ··· 231

읍 – 邑(阝) ··· 234

의 – 衣(衤) ··· 237

이 – 二 ··· 240

이 – 而 ··· 243

이 – 耳 ··· 246

인 – 人(亻) ··· 249

일 – 一 ··· 252

일 – 日 ··· 255

입 – 入 ··· 258

ㅈ

자 – 子 ··· 261

자 – 自 ··· 264

장 – 長(镸) ··· 267

적 – 赤 ··· 270

전 – 田 ··· 273

조 – 鳥 ··· 276

족 – 足(𧾷) ··· 279

주 – 走 ··· 282

죽 – 竹(⺮) ··· 285

지 – 止 ··· 288

지 – 支 ··· 291

지 – 至 ··· 294

진·신 – 辰 ··· 297

ㅊ

천 – 川(巛) ··· 300

청 – 靑 ··· 303

촌 – 寸 ··· 306

치 – 齒 ··· 309

360

ㅌ

토 – 土 　　　　　　 … 312

ㅍ

팔 – 八 　　　　　　 … 315

패 – 貝 　　　　　　 … 318

편 – 片 　　　　　　 … 321

풍 – 風 　　　　　　 … 324

피 – 皮 　　　　　　 … 327

ㅎ

행·항 – 行 　　　　 … 330

향 – 香 　　　　　　 … 333

혁 – 革 　　　　　　 … 336

혈 – 血 　　　　　　 … 339

호 – 戶 　　　　　　 … 342

화 – 火(灬) 　　　　 … 345

황 – 黃 　　　　　　 … 348

흑 – 黑 　　　　　　 … 351

초등 학습 한자 시리즈 & 한자 시험 필독서

부수를 알면 한자가 쉽다!

박두수 지음

한자 입문
필독서

· **마법 술술한자 1** (새 뜻과 새 모양 부수)
· **마법 술술한자 2** (한자능력검정시험 8급)
· **마법 술술한자 3** (한자능력검정시험 7급)
· **마법 술술한자 4** (한자능력검정시험 6급)
· **마법 술술한자 5** (한자능력검정시험 5급)

· **마법 술술한자 6** (한자능력검정시험 4Ⅱ)
· **마법 술술한자 7** (한자능력검정시험 4급)
· **마법 술술한자 8** (한자능력검정시험 3Ⅱ)
· **마법 술술한자 9** (한자능력검정시험 3급)

초등학교 방과 후 수업교재

박두수 지음

▼ 세트(전6권) 판매중

1권 초등 한자의 길잡이 부수
2권 초등 저학년 한자
3권 초등 방과 후 한자

4권 초등 교과서 한자
5권 초등 고학년 한자
6권 미리 만나는 중등 한자

한자 & 학습 도감 & 청소년 권장도서

한자 부수
제대로 알면 공부가 쉽다
김종혁 지음

한자 교육 및 한국어문회, 한자
교육진흥회 시험 필독서!

술술한자 부수 200
박두수 지음

부수를 그림을 곁들여 풀이한
포켓용 한자책!

현직 선생님이 들려주는
한자를 알면 세계가 좁다
김미화 글 · 그림 | 올컬러

각종 시험, 수능(논술) 대비 올컬
러 한자 학습서!

술술 외워지는 한자 1800
김미화 글 · 그림 | 올컬러

교육용 한자 1800자를 그림과
함께 쉽게 배운다!

| 한자 공부 필독서

중학교 900자 漢번에 끝내字
김미화 글 · 그림 | 올컬러

고등학교 한자 900 漢번에 끝내字
김미화 글 · 그림 | 올컬러

중학교용 900자와 고등학교용 900자를 주제별로 분류하고, 각 한자의 자원
(字源)을 3단계로 나누어 그림으로 쉽게 풀이했다.

인체 구조 학습 도감
[다음 백과사전 선정도서]
주부의 벗사 지음 | 가키우치 요시유
키 · 박선무 감수 | 고선윤 옮김 | 올컬러

궁금한 인체 구조를 알기 쉽게
설명한 인체 대백과사전!

인체의 신비
안도 유키오 감수 | 안창식 편역

인체의 다양한 궁금증을 그림을
곁들여 쉽게 알려준다!

인간 유전 상식사전 100
[한국간행물윤리위원회 청소년
권장도서]
사마키 에미코 외 지음
홍영남 감수 | 박주영 옮김

학생은 물론 일반인도 꼭 알아
야 할 인간 유전 기초 상식!

노벨상을 꿈꾸는
과학자들의 비밀노트
[최신 개정판]
한국연구재단 엮음

세계적인 과학자를 꿈꾸는 청소
년들에게 주는 희망의 메시지!

중앙에듀북스 Joongang Edubooks Publishing Co.
중앙경제평론사/중앙생활사 Joongang Economy Publishing Co./Joongang Life Publishing Co.

중앙에듀북스는 폭넓은 지식교양을 함양하고 미래를 선도한다는 신념 아래 설립된 교육 · 학습서 전문 출판사로서 우리나라와 세계를 이끌고 갈 청소년들에게 꿈과 희망을 주는 책을 발간하고 있습니다.

중학 한자 부수로 끝내기

초판 1쇄 인쇄 | 2019년 11월 20일
초판 1쇄 발행 | 2019년 11월 25일

지은이 | 김종혁(ChongHyeok Kim)
펴낸이 | 최점옥(JeomOg Choi)
펴낸곳 | 중앙에듀북스(Joongang Edubooks Publishing Co.)

대   표 | 김용주
책임편집 | 오선이
본문디자인 | 박근영

출력 | 삼신문화 종이 | 한솔PNS 인쇄 | 삼신문화 제본 | 은정제책사

잘못된 책은 구입한 서점에서 교환해드립니다.
가격은 표지 뒷면에 있습니다.

ISBN 978-89-94465-43-2(03700)

등록 | 2008년 10월 2일 제2-4993호
주소 | ⑦ 04590 서울시 중구 다산로20길 5(신당4동 340-128) 중앙빌딩
전화 | (02)2253-4463(代) 팩스 | (02)2253-7988
홈페이지 | www.japub.co.kr 블로그 | http://blog.naver.com/japub
페이스북 | https://www.facebook.com/japub.co.kr 이메일 | japub@naver.com
♣ 중앙에듀북스는 중앙경제평론사 · 중앙생활사와 자매회사입니다.

도서
주문

www.japub.co.kr
전화주문 : 02) 2253 - 4463

※ 이 도서의 국립중앙도서관 출판시도서목록(CIP)은 서지정보유통지원시스템 홈페이지(http://seoji.nl.go.kr)와 국가자료공동목록시스템(http://www.nl.go.kr/kolisnet)에서 이용하실 수 있습니다.(CIP제어번호 : CIP2019044252)

중앙에듀북스에서는 여러분의 소중한 원고를 기다리고 있습니다. 원고 투고는 이메일을 이용해주세요.
최선을 다해 독자들에게 사랑받는 양서로 만들어 드리겠습니다. **이메일** | japub@naver.com

잡지《모던일본》

조선판 1940 완역

어문학사

| 개정판 간행에 즈음하여 |

《모던일본 조선판 1940》이라는 일본 잡지를 번역 소개한 지도 어느덧 십여 년이 지났다. 지배와 저항이라는 이분법적 시선을 넘어 한국과 일본의 문화가 교차하던 식민지기를 '일상사'라는 새로운 관점에서 근원적으로 성찰할 필요가 있다는 당시의 문제의식이 지금도 생생하다.

최근에는 어느 특정한 국민국가의 관점이 아니라 좀 더 다양한 시각에서 인간과 사회에 대한 통찰을 시도하는 '트랜스내셔널리즘 인문학'이 주목받고 있다. '제국일본'이라는 패러다임 속에서 탄생한 《모던일본 조선판 1940》은, 최근의 그러한 관점에서 되돌아보아도 충분히 유의미한 텍스트이다.

이제 십여 년의 시간이 지나 이렇게 1940년 당시 조선의 이모저모를 한 권에 담은 이 책의 개정판을 간행하게 되었다. 한국과 일본의 문화가 일상 속에 갈등하며 존재하던 1940년의 조선이 무엇을 생각하고 무엇을 말하고자 했는지, 오늘의 독자에게 시사해주는 점이 있으리라 믿는다. 이번 개정판 간행을 통해 보다 많은 독자가 식민지기 조선의 일상을 접하고 '인문학'에 관심을 가지게 되기를 기대해 본다.

끝으로 개정판 간행을 흔쾌히 허락하신 어문학사 윤석전 사장님과 수고해주신 편집부 박은지 씨, 표지 디자이너 최소영 씨에게 감사의 말씀을 드린다.

2020년 11월 가을 한일비교문화연구센터 역자 일동

『일본잡지 모던일본과 조선 1939』(이하『조선 1939』로 약칭)에 이어『모던일본』조선 특집호 1940년 8월호의 완역본인『일본잡지 모던일본과 조선 1940』(이하『조선 1940』으로 약칭)을 독자들에게 다시 선보이게 되었다. 이 특집호의 출간 경위에 대해서 모던일본사 사장 마해송은 적자를 각오하고 출판했던 제1차『모던일본』조선판(1939년 11월호)이 예상외로 엄청난 반향을 일으켜 급기야 당초 계획에 없던 제2차『모던일본』조선판을 발행하게 되었다고 한다. 또한 39년판은 자신이 기획하였지만 40년판은 모던일본사의 기자들에게 전적으로 맡겼다는 점도 피력하고 있다.

그러면『조선 1940』은 어떤 내용을 담고 있는지 간단히 소개함으로써 독자들의 이해를 돕고자 한다.

모던일본사 기자의 현지 취재가 돋보이는『조선 1940』

먼저 전체 기획 가운데 두드러진 특징은「현지 보고」이다. 사회적 관심의 초점이 되는 지역과 분야를 선택하여 모던일본사 기자가 직접 취재하고 기록하는 르포 형식의 글로서「경성 번화가 탐방기」,「옹진광산 견학기」,「소록도 탐방기」,「지원병 훈련소 방문기」,「경성 학생생활 르포르타주」등이 편성되었다.

이 가운데「경성 번화가 탐방기」는 당시 경성의 번화가인 '북촌'의 종로와 '남촌'의 본정(本町)을 기자가 직접 걸어 다니면서 옛 건축물과 유명한 맛집이나 술집, 카페 등 젊은이들이 좋아하는 가게와 그에 얽힌 에피소드를 소개하여 당시의 거리풍경을 생생하게 전한다. 또한 「경성 학생생활 르포르타주」는 경성 내의 대표적인 네 개의 대학을 들어 '신사적인 경성제국 대학생', '청춘을 구가하는 연희전문', '호걸형 보성전문', 그리고 '낙원의 처녀들 이화여전'이라는 소제목을 달아 각각 캠퍼스의 특징과 대학생들의 분위기를 소개하고 있는데 이 대학들의 현재의 모습에서도 그 흔적을 찾아볼 수 있으니 놀랍지 않을 수 없다.

그 밖에도 '지원병 제도'와 '창씨개명'의 실태가 「지원병 훈련소 방문기」와 「조선독본」에 잘 나타나 있다. 이 잡지가 발행되던 해인 1940년에는 건국 2600주년 기념을 위해 기원절이 선포되고 아울러 창씨개명이 시행되었는데 단 3개월 만에 '170만 명'이 참여했음을 현지 취재 기사는 전하고 있다. 또한 웅진광산과 지원병 훈련소는 당시의 시국에서 매우 중요한 부문으로 기사 내용은 전쟁협력적인 논지로 일관되어 있다.

이와 함께 대담, 수필, 논설, 좌담회, 단상 등 다양한 형식의 글을 배치하는 한편 같은 형식과 동일한 주제에 대해 일본 측과 조선 측의 필자를 균형있게 배치하고자 한 의도가 엿보인다. 또한 『조선 1939』보다 조선 지식인의 글이 차지하는 비중이 많아졌다. 문학 지면의 경우 『조선 1939』와 달리 일본소설이 전혀 실리지 않은 대신에, 박태원의 「길은 어둡고」, 김동리의 「동구앞 길」, 최명익의 「심문(心紋)」 등의 소설과, 박종화, 김상용, 김동환, 김억, 임학수의 시가 일본어로 번역되어 식민지 조선 문학을 본격적으로 소개하고 있다는 점이 두드러진다.

또한 간과할 수 없는 점은 이광수, 송금선, 김기진, 최정희 등 당시 조선 지식인들의 '시국영합'적인 글을 만날 수 있다는 사실이다. 특히 이광수의 「나의 교우록」과 송금선, 김기진, 최정희의 「내선문답」에서 피력한 글은 그들이 '내선일체' 고양에 적극적이었다는 의혹에서 비껴갈 수 없는 내용을 담고 있다.

홍 선 영

'내선일체'의 절정기 1940년과 '로컬'로서의 조선

우리가 그동안 일제 강점기를 이해할 때, 제국주의의 억압성과 이에 맞서는 '저항'의 코드에 초점을 맞춰 왔다면 이 책은 그런 우리들의 심기를 불편하게 하는 내용이 많다. 예를 들어 「조선의 어제와 오늘을 이야기하는 좌담회」에는 1910년대 일제교육에 대한 반항의 산물로 알고 있는 전통교육기관인 '서당'의 증가에 대해 새로운 해석의 가능성을 제시해 준다. 그리고 조선총독부 학무국장 시오바라 도키사부로(鹽原時三郎)를 인터뷰한 「조선의 황국신민화 운동」이라는 기사는 1937년 중일전쟁 이후 급격하게 발전한 조선의 중공업화와 함께 지원병제도와 창씨개명에 대하여 조선 내에는 저항만 있었던 것이 아니라 호응도 있었음을 엿보게 한다. 또한 조선은행 총재 마쓰바라 준이치의 글인 「조선 산업계의 장래」에는 조선 산업이 급격하게 공·광업 중심으로 발달한 배경에 조선이 '대일본제국'의 일부로서 이 점을 이용하여 새로운 개척지인 북중국과 만주진출을 도모하며 제국주의적 관점으로 접근했던 모습이 있었음을 알려준다.

한편 이 책에 담긴 일본 측과 조선 측 지식인의 수필은 1940년 조선의 모습과 지식인이 갖고 있던 조선 인식의 현주소를 알 수 있다는 점에서 주목할 만하다. 일본 측 필자로는 후쿠다 기요토, 야나기 무네요시, 세키구치 지로, 시모무라 가이난 등이 있으며 조선 측 필자로는 장혁주, 이극로, 안함광, 정인섭이 있다. 일본논객의 글은 대체로 조선 여행기나 조선의 전통미에 대한 내용을 중심으로 쓰고 있는데 1910년대와 1920년대 일본인의 여행기와는 달리 조선의 자연풍광의 수려함, 전통건축의 아름다움, 차분한 조선 사람들의 표정 등을 담담하게 그리면서 '진보와 전통이 공존해 있는' 조선의 모습을 소개하고 있다. 후쿠다 기요토의 「조선, 본대로의 기록」에는 기차에서 만난 조선인 젊은 부부가 조선어와 '내지어'를 섞어 쓰면서 이야기를 나누는 모습을 전하여 '조선'적인 모습과 '일본'적인 모습이 '불편하지 않게' 공존하고 있는 1940년의 풍경을 전하고 있다.

조선 측 논객으로 장혁주의 「불국사에서」를 보면 그가 당시 경주를 조선의 대표적인 문화유산으로 자리매김하는 데 큰 역할을 한 오사카 긴타로(大坂金太郞)의 제자로서 경주를 방문하는 명사들을 직접 안내하기도 했다는 점, 그리고 경주에 사는 일본인 부부가 조선인 여자아이를 입양하여 극진히 기르던 이야기, 자신의 가족은 그렇게 관광지로 거듭나는 경주와는 별반 상관없는 일상생활을 보냈다는 이야기를 담담하게 적고 있다. 그의 글에서는 '내지인'과 조선인이 마치 오래전부터 그렇게 공존하며 살아온 듯이 그려져 있어 양자의 불협화음은 찾아볼 수 없다.

한편 이극로의 「문화의 자유성」에서는 '일국 안에도 여러 문화가 병존 발전하는 것이 가능하며 다양한 문화를 포용할 수 있을 때에 대국'이라고 하여 '대일본제국'의 범주 안에서 조선의 전통문화 연구와 보존을 해야 할 필요가 있다고 지적하고, 정인섭의 「조선의 로컬 칼라」에서도 이와 비슷한 관점을 보여 당시 식민지 조선을 '제국'의 '로컬'로서 인식하고 있었던 흔적을 발견할 수 있다.

그리고 『조선 1940』에서 특히 귀중하게 생각되는 글은 '조선 고전 특집'이다. 먼저 「조선 고화폐의 연혁」을 실은 유자후는 「편집 후기」에 조선 문화의 권위자로 소개된 인물로 그의 글은『동아일보』에 1938년 2월에서 8월까지 총 133회 연재한「조선 화폐 연혁」에 의거하고 있다. 한편, 고유섭의「조선 고대의 미술 공예」는 당시 개성박물관장을 역임한 고유섭의 조선의 전통미에 대한 식견을 가늠해 볼 수 있는 글로서 주목된다.

윤 소 영

국내외에서 활약하는 조선 지식인의 면면과 대중문화의 융성

『조선 1940』에서 특히 힘을 기울인 기사는 조선의 어제와 오늘을 비교한 다양한 소재의 글들이다. 전국 21개 도시의 역사적·지리적 특징, 교통, 산업, 인구, 개발 현황 등 약진하는 조선의 오늘의 모습을 소개하고 있다. 예를 들어「도쿄에서 활약하고 있는 조선인들」,「조선에는 '해외파' 박사가 많다」,「운동계에서 기염을 토하는 조선인들」에서는 현재 언론계, 문학·예술계, 스포츠계, 학계, 실업계 등 각 분야에서 활약하고 있는 조선인들의 활약상이 나열되어 있는데 창씨개명을 한 경우에는 그 이름까지 소개해 주고 있어 주목된다. 일제의 억압구조하에서도 외국유학이 가능했던 상황을 어떻게 이해해야 할지 당시의 실상에 대한 보다 다양한 접근이 필요하다는 생각을 갖게 된다.

이 밖에 조선의 영화에 대한 소개가 주목할 만하다.「약진하는 조선 영화진」에서는「승리의 뜰」,「신개지」,「복지만리」,「수선화」,「대지의 아이」,「돌쇠」총 6편의 영화에 대해 제작자, 각본, 연출, 배역, 줄거리 등을 소개하고 있고 좌담회「반도 영화계를 짊어진 사람들」에서는 조선영화의 역사와 연혁을 비롯해 영화 제작자와 영화 제작 시의 상황이나 배우들에 관한 뒷이야기와 함께 향후 조선영화가 나아갈 바가 무엇인지에 대해 당시 조선을 대표하는 영화계의 거물들의 입을 통해 들을 수 있다. 이러한 내용은 한국영화사 연구에 귀중한 자료로 활용될 수 있을 것 같다. 아울러 서항석의 글 「반도 신극계를 전망한다」에서는 조선 신극의 현황과 그 쇠락에 대한 분석이 이루어지고 있어 당시 신극계를 가늠해 보는 데에도 좋은 자료이다.

　다음으로 여성과 관련한 기사가 비중있게 구성되었는데 화보에 '도쿄를 방문한 기생들', '기생의 하루'를 소개하여 대중적인 흥미를 유도하고자 한 점이나, 오늘날의 미스코리아 선발대회를 연상시키는 미스 조선 당선자 발표는 이 무렵의 미인의 기준을 가늠할 수 있다는 점에서 흥미롭다. 그리고 「조선 여학생 좌담회」는 『조선 1940』 출간을 위해 새롭게 기획되어 현지 취재 온 기자와 당시 조선을 대표하는 인텔리 여성으로 꼽히는 여학생들이 모여 그녀들의 음악, 문학, 무용, 스포츠, 영화 등 다양한 취미 생활을 비롯해 그녀들의 연애관과 결혼관, 좋아하는 간식과 용돈 내역 등에 대해 자유롭게 말하는 좌담회이다. 그중에서도 좌담회에 참여한 여학생들이 같은 여성의 입장에서 기생에 대한 비판도 하고 있어 주목된다. 기생들이 일반 가정부인들의 사치를 조장하고, 무턱대고 잘난 체하려 하고 부끄러운 줄을 모른다고 신랄하게 비판하는 목소리가 있는가 하면 결코 직업으로서 좋다고는 할 수 없지만 그래도 기생은 직업여성이고, 먹고 살기 위해서 일하는 하나의 수단이므로 문제 될 것이 없다는 냉철한 의견도 있다. 그러나 이러한 시선의 차이에도 불구하고 결국 기생이 번성하는 것은 사회의 죄이자 남성의 죄라는 것에는 모두 의견을 같이 하고 있다. 또 평등권을 주장하는 여자와 우위권을 주장하는 남자가 있기 때문에 결혼과 연애를 둘러싼 모든 남녀 문제가 발생하므로 "사회 질서의 건설은 남자를 처음부터 다시 단련시키는 일"이 선행과제라고 지적한다. 당시 상황에서 여성들의 고민이 결코 구태의연하지 않은 점이 신선하다.

박 미 경

독자의 흥미를 돋우는 가벼운 읽을거리로 만나는 1940년의 조선

『조선 1940』의 또 하나의 특징은 '대중잡지' 다운 다양한 편집 형식을 구사하여 독자의 흥미를 돋우는 기사가 많다는 점이다. 예를 들어 엽서회답, 만화, 시와 소설뿐만 아니라, 『조선 1939』의 형식을 계승한 것으로서 '색깔 있는 페이지'라는 기획하에 「조선복 활용법」, 「조선의 속담」을 비롯해, 위트와 재치가 있는 조선의 이야기를 담은 「조선의 거짓말 클럽」, 일본어와 한국어의 관련성을 생각하는 「조선 박식 대학」, 「은혜를 모르는 호랑이」, 「다리 부러진 제비」, 「나비의 유래」, 「조선의 명재판관」 등 지혜나 해학이 돋보이는 민담들이 소개되고 있다. 조선의 동화, 복식문화, 여행지, 만평 등의 흥미로운 소재를 알기 쉽게 풀어냈으며, 그 밖에 조선 관련 미니 상식을 연상케 하는 짧은 글과 참신한 지면 배치를 통해 독자의 흥미를 자아내는 기획력이 돋보인다. 또한 '엽서회답', '내선문답', '조선백문백답'과 같은 문답 형식의 기사들에는 편집자의 손을 거치지 않은 직접적인 전달방식을 통해 피상적인 조선인식을 탈피하고자 한 노력이 엿보인다. 예를 들어 「엽서회답」란에서는 '조선인이 내지인에게 오해받기 쉬운 점'에 대한 14명의 조선 지식인들의 답변을 담아, 조선인에 대한 편향된 인식 즉, 이기적, 배은망덕, 나태, 도벽 등으로 왜곡된 일본인의 인식부족 문제를 구체적으로 언급하고 있다.

「전설」이라는 코너를 두어 『조선 1939』의 「춘향전」과 「심청전」에 이어 『조선1940』에서는 「홍길동전」과 「숙영낭자전」이 소개되었다. 이 두 소설은 1910년대 중반 이후 한글본이 출간되어 식민지 조선에서 인기를 끌었던 작품이다. 이미 호소이 하지메(細井肇) 등 조선연구가를 통해 조선의 고전작품이 일본어로 번역되어 출간되기도 했으나 대중잡지에 소개되었다는 점에서 의미를 부여할 수 있을 것이다.

한편 「소록도 탐방기」는 당시 일본인 원장에 의해 강제노동, 일본식 생활강요, 불임 시술이 이루어졌다고 밝힌 한센병 관련 자료의 기록과는 달리, '세계에서도 손꼽히는 이상향'으로 소록도의 모습을 전하고 있어 『조선 1940』의 현실인식의 한계를 보여주기도 한다.

끝으로 이 잡지에서 흥미를 더하는 점은 1940년 10월 17일에 가을호 조선판을 발행한다는 광고가 실려 있고, 조선판의 연 2회 정기간행이 계획되어 있었다는 사실이다. 그러나 실제로 가을호가 발행되었는지는 확인되지 않으며 『모던일본』에서 기획한 조선 특집호는 센터에서 번역한 두 권뿐인 것 같다. 또한 태평양전쟁의 전운이 짙어지던 1943년에 『모던일본』은 『신태양』으로 제호를 바꾸어 발행했는데 1943년 11월호가 「징병제 시행 기념 전투하는 조선 특집호」라는 부제하에 발행되었다고 하나 이 역시 실물을 확인하지는 못하였다.

채 영 님

******

이와 같이 『조선 1940』은 전시체제하에 친일파의 활동내용이나 일반인의 '전쟁협력', '일본적인 것과 조선적인 것'이 섞인 일상생활의 모습을 여과 없이 드러내고 있는 한편, 당시 지식인이 사유한 '조선'이 무엇인지도 새롭게 성찰할 수 있는 내용을 담아내고 있다. 전통과 혁신, 보수와 진보, 도덕과 쾌락이 동시에 공존하고 충돌하던 이 시대를 구경하다보면 어디서 본 듯한 익숙한 풍경이라는 생각과 함께 그동안 일제시대에 대해 가지고 있던 선입견과 달라 "그 때 정말 그랬을까?"라는 믿기 어려운 심정이 되는 것도 사실이다. 또한 '제국 일본'이 필사적으로 최후의 항해를 하던 이 시절의 긴장감이 알게 모르게 사람들의 의식을 지배하고 있던 모습도 발견하게 된다. 이제 『조선 1940』을 통해서 어떻게 그 시대의 자화상을 찾아갈 것인가는 독자의 몫으로 남겨둔다.

끝으로 이 책의 발간에 힘써주신 어문학사의 윤석전 사장님을 비롯하여 아름다운 장정과 여러 차례의 교정 작업뿐 아니라 원본의 분위기를 살리기 위해서 특별히 본문 편집에 고생하신 어문학사 편집부에 깊은 감사의 말씀을 전한다.

한일비교문화연구센터 역자 일동

| 목차 |

개정판 간행에 즈음하여…3

역자의 말…5

일러두기…16

잡지《모던일본》조선판 1940 완역…17

역주…515

일러두기

1. 일본 고유명사의 음은 '한글 맞춤법'의 「외래어 한글 표기법」에 따랐으며 일부는 한자를 남겼다.
2. 일본식 한자는 모두 한국식 한자로 바꾸었다.
3. 중국 고유명사의 음은 우리말 한자음으로 표기했다.
4. 지나사변은 중일전쟁으로, 일본해는 동해로 번역했다.
5. 원문 중의 연도 표기는 일본식 연도를 서력으로 바꾸었다.
6. 다음의 용어는 원문을 살려 번역했다. 반도인(半島人), 내지인(內地人), 조선인(朝鮮人), 내지(內地), 조선(朝鮮), 북지(北支), 북선(北鮮), 남선(南鮮)

모던일본

임 시 대 증 간

조선판

캐비닛에 쓰인 목재는 천연 건조를 하면 70%의 수분이 제거됩니다.

그러나 이 정도의 건조재로는 건조하거나 습한 상태가 심하게 반복될 경우 반드시 고장을 일으킵니다.

동양 제일의 독자적인 과학설비를 자랑하는 당사의 인공건조법을 통해서만 남은 30%의 수분이(일본에 적용한 습도를 남기고) 제거되어 이상적인 건조재가 됩니다.

빅터 라디오의 음질이 좋은 이유는 캐비닛 목재의 건조법에까지 이러한 과학적인 양심이 기울여져 있기 때문입니다!

언제까지나 고장이 없는

아름다운 캐비닛과 소리!

방송 협회 인정

6R-75형 207엔

6구(球) 수퍼 헤테로다인
다이나믹 스피커
일렉트릭 매직 보이스
자동음량 조절장치 장착
레코드 연주기 변환단자 장착
마쓰다 진공관 사용

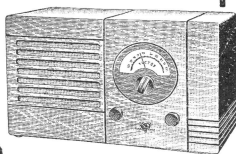

5R-15형 125엔

5구. 고주파 2단 증폭식
다이내믹 스피커
일렉트릭 매직 보이스
레코드 연주기 변환
단자 장착
마쓰다 진공관 사용

빅터 라디오

HIS MASTER'S VOICE

빈혈에
헤미날

단일한 철분만으로는 완전한 증혈효과를 기대하기 어렵기 때문에 최근에는 구리와 철을 병용하자는 학설이 제창되고 있다. 헤미날은 이 학설에 부합함은 물론, 망간·오스겐·비타민B 등을 다양하게 함유하여 모든 빈혈 증세에 효과가 있고 철분 정제 복용 시 자주 발생하는 위장장애와 그 외의 부작용이 없다고 평가받고 있다.

100정 85엔
25매(9) 75엔

설명서 증정

東京 · 三共株式會社 ·

샹송 드 파리
파리 소곡집

12.50엔

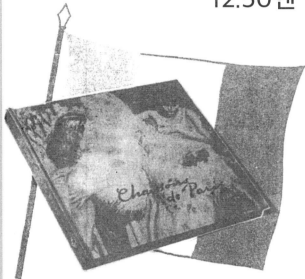

Chansons de Paris

특수 레이블 판
전 6매
―――――――――
미발표 걸작곡
전12곡
―――――――――
미야모토 사부로
(宮本三郎)씨 장정(裝幀)
앨범 · 해설 수록

파리장의 꿈은 어디로!

아리베르
시몬느
세리스시
다미아
보아이에
쿠루베
이본느조르주
데이노롯시
고우치네
도루바이
듀바네
게티

Columbia

레코드는 콜롬비아 시대

제7교향곡

슈베르트곡
부르노 월터
런던교향악단
(12인치 특자판(特紫版) 전 6매)

슈베르트의 2대 걸작으로서 「미완성」과 비견되는 「제7교향곡 C 장조」는 그의 최후작품답게 곡의 구상이 매우 원대하고 심원한 명곡으로 1828년 3월부터 11월 임종을 맞이할 무렵까지 오랜 시간이 걸린 작품입니다. 말하자면 슈베르트의 이 세상에 대한 고별 인사이기도 했습니다. 초연은 그의 사후 10년이 지난 1839년에 멘델스존의 지휘로 라이프치히에서 이루어졌는데 그 아름다운 선율은 곧바로 유럽 전 지역을 풍미했습니다. 이 곡은 당시 베토벤의 「전원교향곡」을 능가한다는 평을 받았고 슈베르트의 독보적인 우아한 멜로디와 전개반복의 묘미를 살린 매우 아름다운 4악장으로 구성되어 있습니다.

오사마(王樣) 상회
전 경

오사마 제도용 화구

오사마 크레용 · 오사마 파스텔 · 킹 수채 물감 · 포장용 목재 초크

모던일본·임시대증간·조선판·목차

표지 문예봉(文藝峰)

목차 이인성(李仁星)

속표지 김인승(金仁承)

특집클럽······33

◇미스 조선·박온실(朴溫實)◇ 송추련(宋秋蓮)◇ 조선팔경◇여행앨범에서·무라야마 도모요시(村山知義)◇조선 고전무용의 정수 한량무(閑良舞)·한성준(韓成俊)◇기생의 하루◇히비야 공원에 등장한 경성 기생◇약진하는 조선◇미스 조선현상당선 발표◇풍속 조선◇조선인삼이 만들어지기까지◇아름다움을 경쟁하는 스테이지의 꽃◇반도의 학원◇

♣화보

노수현, 김인승, 심형구, 최영수, 이승만, 아라이 다쓰오(荒井龍雄), 이인성, 오키 스구루(大木卓)

미나미 총독은 말한다-본지 기자와의 대담록······64

조선의 황국신민화운동/시오바라 도키사부로(鹽原時三郎)······78

조선산업계의 장래/마쓰바라 준이치(松原純一)······88

역대 조선총독을 말하다/이노우에 오사무(井上收)······228

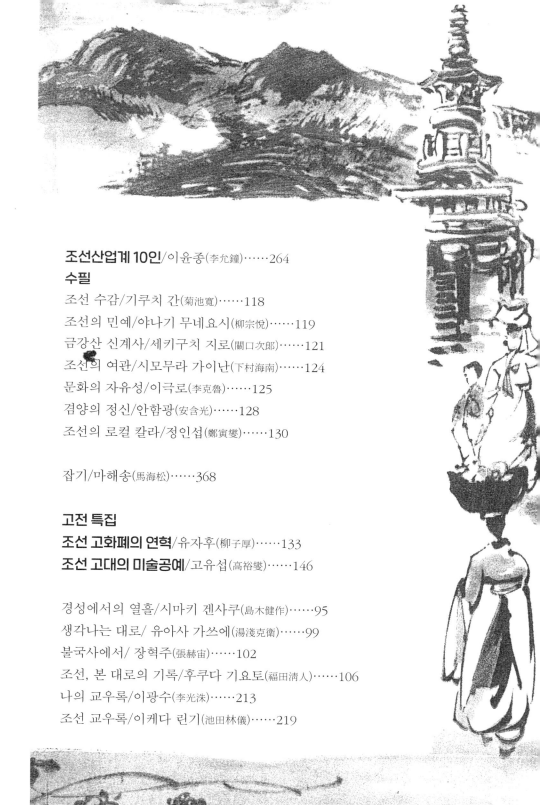

조선산업계 10인/이윤종(李允鐘)······264

수필

조선 수감/기쿠치 간(菊池寬)······118

조선의 민예/야나기 무네요시(柳宗悅)······119

금강산 신계사/세키구치 지로(關口次郎)······121

조선의 여관/시모무라 가이난(下村海南)······124

문화의 자유성/이극로(李克魯)······125

겸양의 정신/안함광(安含光)······128

조선의 로컬 칼라/정인섭(鄭寅燮)······130

잡기/마해송(馬海松)······368

고전 특집

조선 고화폐의 연혁/유자후(柳子厚)······133

조선 고대의 미술공예/고유섭(高裕燮)······146

경성에서의 열흘/시마키 겐사쿠(島木健作)······95

생각나는 대로/ 유아사 가쓰에(湯淺克衛)······99

불국사에서/ 장혁주(張赫宙)······102

조선, 본 대로의 기록/후쿠다 기요토(福田淸人)······106

나의 교우록/이광수(李光洙)······213

조선 교우록/이케다 린기(池田林儀)······219

조선의 어제와 오늘을 이야기하는 좌담회······154

〈엽서 회답〉 조선인이 내지인에게 오해받기 쉬운 점······206
이효석(李孝石)/김태준(金台俊)/김동인(金東仁)/신남철(申南澈)/구본웅(具本雄)/박경희(朴景嬉)/서광제(徐光霽)/유진오(兪鎭午)/유자후(柳子厚)/이숙종(李淑鐘)/박기채(朴基采)/안동혁(安東赫)/송금선(宋今璇)/이가원보(李家源甫)

전설
홍길동전······188
숙영낭자전······194

경성의 추억(그림과 글)/이토 신스이(伊東深水)······76
한강(그림과 글)/이시이 하쿠테이(石井柏亭)······187
조선의 현대미술(그림과 글)/이하라 우사부로(伊原宇三郎)······226
은은한 느낌의 조선 아가씨(그림과 글)/오노 사세오(小野佐世男)······374

현지보고
경성 번화가 탐방기/A기자······301
옹진 광산 견학기/B기자······244
소록도 탐방기(조선의 어느 작은 섬의 봄)/C기자······199
지원병 훈련소 방문기/C기자······238
경성 학생생활 르포르타주/E기자······282

♣ 조선예술상 심사원 결정⋯⋯75

♣ 조선에 관한 서적안내⋯⋯330

♣ 여름철 조선 요리/송금선(宋今璇)⋯⋯282

♣ 경성 일류 기생의 재산보유 순위⋯⋯306

♣ 조선 도시 소식⋯⋯394

♣ 내선만지(內鮮滿支) 연락 시간표⋯⋯509

♣ 약진하는 조선영화진(승리의 뜰, 신개지, 복지만리, 수선화, 대지의 아이,
돌쇠)⋯⋯376

조선독본⋯⋯250

산미증산계획/일본과 만주의 수송진/세계 제일의 압록강 수력발전/화제의 북선 3항/
창씨(創氏)/ 문인협회/스포츠/애국반/금강산 지하자원

변화하는 경성의 거리/에밀 마텔⋯⋯291

조선에는 '해외파' 박사가 많다/이바 가즈히코(伊庭敷彦)⋯⋯360

운동계에서 기염을 토하는 조선인들/우노 쇼지(宇野庄治)⋯⋯364

도쿄에서 활약하고 있는 반도인들/김호영(金浩永)⋯⋯352

북선(北鮮)에서 남선(南鮮)으로/이와지마 지로(岩島二郎)⋯⋯294

색깔 있는 페이지

미륵돌⋯⋯309

조선복 활용법/주월경(朱月瓊)⋯⋯324

조선의 동화……320

도쿄에 나타난 멍텅구리/노수현(盧壽鉉)……309

풍류조선1 (조선의 거짓말 클럽)/고범(孤帆)……312

풍류조선2 (마누라가 무서워)/이서구(李瑞求)……315

금광전(만화)/나카무라 아쓰쿠(中村篤九)……327

고도(古都) 경주행/하시모토 히데토(橋本秀人)……319

만화

요코이 후쿠지로(橫井福次郎)……317

나카무라 아쓰쿠(中村篤九)……324

야사키 시게시(矢崎茂四)……309

조선 천일야화……318

조선 박식대학……315

조선 속담집……314

노래가락……312

반도 영화계를 짊어진 사람들(좌담회)……380

내선문답

내지의 지식층에게 호소한다/송금선(宋今璇)……272

아소 히사시(麻生久) 선생님 귀하/김기진(金基鎭)……274

친애하는 내지의 작가에게/최정희(崔貞熙)……276

대중예술에 대하여/하마모토 히로시(濱本浩)……277

박설중월(朴雪中月) 군에게/도고 세지(東鄕靑兒)······279

조선 백문백답······498

반도 신극계를 전망한다/서항석(徐恒錫)······390
조선문단의 근황/한식(韓植)······405

　조선 여학생 좌담회······336

시
백어 같은 흰 손이/박종화(朴鐘和)······112
반딧불/김상용(金尙鎔)······113
웃은 죄/김동환(金東煥)······114
여봅소 서관 아씨/김억(金億)······115
하얼빈 역에서/임학수(林學洙)······116

창작
길은 어둡고/박태원(朴泰遠)······408
동구앞 길/김동리(金東里)······429
심문(心紋)/최명익(崔明翊)······444

조선총독부협찬 조선행진곡 가사 현상 대모집······87

♣ 미스조선 심사평······332
♣ 특별 현상 대모집······308

편리한 튜브에 담김.

레토크림은
피부를 속에서부터 아름답게 만드는 매우 우수한 제
품입니다. 열흘간 시험해보세요! 몰라볼 정도로 피부
결이 정돈되고 매끄러워지며 화장할 때 백분이 잘 스
며듭니다. 남자분들의 면도 후에도 아주 좋습니다.

레
토
크
림

レート化粧科本舗　東京　平尾賛平商店

품질이 뛰어나 한층

기품있고

아름다운

얼굴이 된다

레토 백분

モダン日本 (모던일본)

송추련

고단위 비타민B1요법에
메타보린 정

비타민B₁ 함유량 맥주효모의 약 세 배

【적응증】

각기병, 식욕부진,
위장병, 중병후 회복,
결핵성 늑막염,
열성질환, 신경통,
영유아발육장애,
산전산후 회복

피로방지와 회복
…체력 유지와 증강을 위해…

격무로 인한 정신 피로, 스포츠와 같은 급격한 운동은 체내에 다량의 대사 물질인 피로소(疲勞素)를 증대시킵니다. 비타민B₁이 부족하면 피로소가 체내에 축적되어 심신의 능력을 저하시키기 때문에 각종 질환을 유발시킵니다. 따라서 예방과 회복을 위해서는 반드시 다량의 비타민B₁이 필요합니다.

메타보린 정은 종래 저단위의 비타민B₁제와 달리 비타민B₁의 함량이 높은 비타민 복합체를 함유하고 있습니다. 이 약을 투여하면 피로방지와 회복에 효과가 있을 뿐 아니라 식욕 증진·체중 증가·체력 증진에 좋은 영향을 끼칩니다.

〔가 격〕
메타보린 정
(1정 당 순정 비타민 B₁ 0.125 킬로그램 함유)
200정 (5엔 50전)
500정 (5엔 50전)

강력 메타보린 정
(1정 당 순정 비타민B₁ 0.5킬로그램 함유)
(100정 (3엔50전)

전국 유명 약국에 있음.

빛나는 영예
황기2천6백년의
미스 조선!

박 온 실

조선

▲ 성천(成川) 동명관

대동강의 지류인 비류강에 면한 단애절벽. 성천십이봉과 건축물 동명관으로 유명하고 풍광이 매우 운치가 있다.

개성 박연폭포

천마산 기슭에 위치한 높이 20미터의 거대폭포. 부근의 기암중첩한 산악미가 경관을 이루며 유학자 서경덕과 함께 송도삼절의 하나이다. ▶ 황진이와 함께 송도삼절의 하나이다.

남원 광한루 고도(古都) 남원을 대표하는 광한루의 고전미 유명한 춘향전의 무대이다. ◀

▲ 설악산

금강산에서 굽이굽이 이어져 조선반도의 등줄기를 이루는 태백산맥 가운데 우뚝 솟은 명산이다. 단풍으로 유명하며 산속에 사찰이 산재하고 수많은 전설을 간직하고 있다.

팔경

총석정

동해북부선에 면한 작은 어촌 고저庫底를 품어 안은 작은 반도가 동해의 험한 파도에 씻겨 세로줄이 선명한 현무암 기둥으로 변했다. 아름다운 동해 풍경 가운데 특이한 경관을 선사하고 있다. 그 절벽 끝에 총석정이 있다. ▲

수원 화홍문 ▶

수원 읍내 수문 위에 누각을 세운 것인데 건축은 단아한아하며 주변 경치 또 한 아름답다.

관모연산冠帽連山 ▶

저 너머 방향으로 동해 북부 개마고원이 동면히 8천킬로미터에 이르도록 펼쳐져 있고 2천 미터 이상의 산맥이 기복하고 있다. 맹주인 관모산은 반도의 최고봉이다.

삭주朔州온천 북부 고읍인 삭주부근에서 온천이 용출하여 점점 세상사람들의 주목을 받고 있다. 지금은 산에 둘러싸인 고즈넉한 경치로 유명하다. ▲

여행

조선에서의 나

무라야마 도모요시(村山知義)

나는 카메라를 갖고 있지 않은데다가 사진을 찍을 줄도 모른다. 이것은 스스로 생각해도 의외이다. 왜냐하면 내 성격으로 보나 하는 일의 종류로 보나 카메라가 없으면 안 되는데 어찌 된 일인지 아직 인연이 없다. 그래서 이 앨범은 내가 찍은 〈여행 앨범〉이 아니라 다른 사람이 찍어준 나의 여행앨범인 것이다.

나는 재작년에 조선에 세 번 갔다. 이들 사진이 그중 언제인지는 정확하게 기억하지 못한다. 단지 그중 1.2.3이 처음 방문했을 때인 것은 확실하다.

장소는 경성 정거장 앞. 경성에 처음 온 나는 마중 나온 여러분에게 둘러싸여 그저 멍하니 있었다. 사진을 찍어준 이는 조선영화주식회사의 카메라맨이었다.

사진1은 조선영화주식회사의 여러분이 나를 위해 차편을 구하고 있을 무렵, 내 오른쪽에 있는 사람이 조선영화의 연출가 박기채 씨이다.

⑤

⑥

⑧

⑦

앨범에서

사진2는 그러다가 순간 내가 박 군에게 비행기 편을 부탁하고 있을 때 찍힌 것이다. 왼쪽의 키가 큰 사람은 극작가이자 연출가인 유치진 군이다.

사진3은 내가 유치진 군과 인사를 나누고 있을 때이다. 유치진 군은 온화하고 친절한 신사로 그 무렵 조선 최고의 신극단인 극예술연구회의 지도자였다.

사진4,5,6,7은 두 번째 방문 때라고 생각한다. 사진4는 경성 명월관에서 조선옷을 입고 포즈를 취한 나와 지금은 고인이 된 니키 도쿠진(仁木獨人). 니키 군은 신협극단의 「춘향전」을 조선에서 공연하려고 그 교섭을 위해 조선에 왔었다. 사진을 찍은 사람은 명월관에서 전화를 걸면 와서 돈을 받고 찍어주는 사진사.

사진5와 6은 조선영화주식회사에서 내가 촬영할 계획인 「춘향전」의 로케이션 헌팅을 위해 조선영화 사장 최남주 군과 남원 광한루에 갔을 때이다. 누각 위 중앙이 최 군, 오른쪽은 최 군의 동생. 누각 앞 사진의 오른쪽 끝은 자동차 운전수.

사진7은 유치진 군의 안내로 경성에서 유일한 상설 극장인 동양극장을 방문했을 때 청춘좌의 여러분과 무대 위에서 찍은 것이다. 내 왼쪽에 니키 군과 「춘향전」 연출조수인 안영일 군이 있다. 안 군의 오른쪽에 있는 이가 옛 쓰키치 소극장시절에 유일한 조선인 배우였던 홍해성 군, 당시는 동양극장의 무대감독을 하고 있었다. 오른쪽 끝에 서 있는 사람이 유치진 군, 왼쪽 끝에 흐릿하지만 구부리고 앉아있는 사람이 조선극계에서 유명한 배우 심영 군, 나한테 안겨있는 아이는 당시 조선의 셜리 템플로 인기가 있던 계선(桂仙), 지금은 무엇을 하고 있을런지?

사진8은 세 번째 방문 때 신협극단이 조선에서 「춘향전」을 공연했을 때이다. 경성 공연을 마치고 일동이 평양으로 갈 때 경성역 플랫폼에서 아키타 우자쿠(秋田雨雀) 간사장과 함께 한 모습.

결핵에 농후한 비타민 B₂ 복합체

{리켄 비타스 정

株式會社 玉置 商店
東京市日本橋區本町一丁目

• 성분 •
소간 및 쌀겨에서 추출한 강력한 비타민 B2군과 농후한 비타민 B1을 배합하여 소화와 흡수성이 좋은 비타민 B2복합체이다.

• 작용 •
신진대사를 활발하게 하고, 성장촉진 · 식욕항진 · 영양증진 및 위장 조정 작용이 뛰어나다. 또한 후라빈 B6의 해독작용으로 결핵균의 독작용을 멈추게 하고 주정(酒精)과 니코틴, 당분 과다섭취로 인한 중독을 해소한다.

가 격 **100정** 2엔 50전 / **300정** 7엔 / **900정** 20엔

약국에서 판매

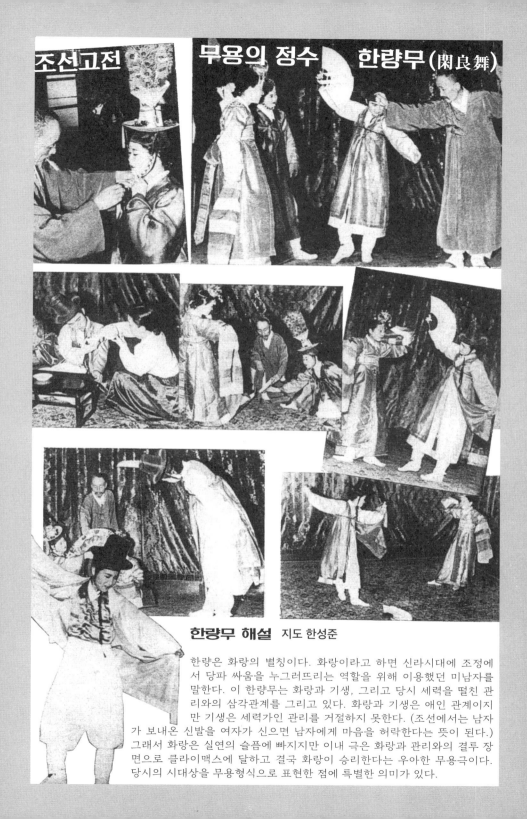

조선고전 무용의 정수 한량무(閑良舞)

한량무 해설 지도 한성준

한량은 화랑의 별칭이다. 화랑이라고 하면 신라시대에 조정에서 당파 싸움을 누그러뜨리는 역할을 위해 이용했던 미남자를 말한다. 이 한량무는 화랑과 기생, 그리고 당시 세력을 떨친 관리와의 삼각관계를 그리고 있다. 화랑과 기생은 애인 관계이지만 기생은 세력가인 관리를 거절하지 못한다. (조선에서는 남자가 보내온 신발을 여자가 신으면 남자에게 마음을 허락한다는 뜻이 된다.) 그래서 화랑은 실연의 슬픔에 빠지지만 이내 극은 화랑과 관리와의 결투 장면으로 클라이맥스에 달하고 결국 화랑이 승리한다는 우아한 무용극이다. 당시의 시대상을 무용형식으로 표현한 점에 특별한 의미가 있다.

④ 기생은 단팔죽을 제일 좋아합니다.

카메라·김정래

기생의

④

⑤

⑤ 거리를 걷노라면 사이좋은 친구도 만나고 연인도 만납니다. 사고 싶은 것, 먹고 싶은 것이 많이 있습니다. 설레임이 가득한 낮 시간의 한때.

⑥ 조선은 지금 호황이라 기생도 바쁩니다. 3시가 되면 벌써 검번(檢番)에서 마중하는 차가 옵니다.

⑦ 거리에 가로등이 켜졌습니다. 기생의 악기는 장구입니다. 독특한 리듬으로 힘 있게 두드립니다. 노래도 춤도 이 리듬에 맞춰 서정적으로 이루어집니다.

모델은 경성기생 윤단심 양

③ 아침에 일어나면 곧 아침 식사 준비를 합니다. 맛있는 밥을 짓는 동안에 무김치를 썹니다. 기생은 이처럼 가정적입니다.

⑦

하루

① 눈부
신 햇살
이 침실로
들어와 잠에서
깨었습니다. 머리
가 많이 흐트러졌다고
생각하며 거울 앞에 앉아
머리단장을 합니다.

② 기생은 낮 시간이 자유롭고 가장 즐겁습니다. 바로 옷장에서 마음에 드는 옷을 꺼내 갈아입습니다.

히비야에

바람도 싱그러운 초여름 날, 반짝반짝 햇살이 쏟아지는 도쿄에 경성 최고의 인기를 자랑하고 왕성하게 활동하고 있는 기생들이 먼 길을 마다 않고 비행기를 타고 날아왔습니다. 아름다운 저고리 옷고름, 짧은 스커트를 바람에 날리며 상쾌하게 히비야 공원을 걷노라면

⑥ 구 음악당 광장에 오니 음악대가 떠올라 명랑한 최옥자 씨와 차경자 씨는 기원 년 행진곡을 읊조리며 상쾌하게 행진했습니다.

⑤

④ "조선에 해태가 있는데, 도쿄에는 이런 사자가 있어서 깜짝 놀랐어요." 차경자 씨가 해태를 그리워하며 도쿄의 사자와 함께 사진을 찍었습니다.

⑤ 최옥자 씨는 히비야 공원의 아리따운 여인입니다. 그녀의 귀여운 보조개에서 아름다운 이야기가 탄생할 것 같아요.

⑥

④

등장한 경성기생

도쿄의 아가씨, 청년, 할머니, 할아버지 할 것없이 모두 "세상에! 정말 아름답네."라며 저도 모르게 숨을 삼키며 매료당해버립니다.

① 히비야 공원의 꽃밭을 어지럽히는 것은 경성기생 3인조. 왼쪽부터 최옥자 씨, 차경자 씨, 최창선 씨입니다.

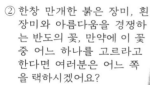

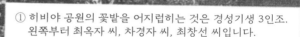

② 한창 만개한 붉은 장미, 흰 장미와 아름다움을 경쟁하는 반도의 꽃, 만약에 이 꽃 중 어느 하나를 고르라고 한다면 여러분은 어느 쪽을 택하시겠어요?

③ 운동장 부근 나무그늘 바위에 앉아서 초콜릿을 먹으며 경성에 있는 친구들 이야기를 하고 있어요. 오른쪽부터 최옥자, 차경자, 최창선. "모두 도쿄에 오면 좋을 텐데 말이야." "어느새 이 공원도 왠지 우리 집 정원 같은 느낌이 들어."

약진하는

황국신민의 서사를 가슴에 새기고 출정가를 부르며 진충(盡忠)의 영예로 죽지 않으려는가? 늠름한 조선지원병의 발걸음이야말로 약진 조선삼천만 동포의 행진악보이다! 후방에서는 거대한 기계가 굉음을 울리며 회전한다. 아아 우리의 약진하는 조선!

조선

대륙으로, 대륙으로 노도처럼 진격하는 우리 황군에 이어 건설부대도 돌진한다. 약진일본의 보고(寶庫)인 조선은 이제 그 견고한 발판이다. 보라! 바다와 육지에 무진장 묻혀있는 이 자원을! 정어리, 명태가 풍어다. 항구에 도착하여 운송선으로 운반하는 데에도 전쟁터와 같이 시끌벅적한 모습이다. 바다에서 하늘에서 속속 보내오는 물자야말로 비상시 일본을 짊어질 귀중한 연료라고 해야 할 것이다. 보라! 보고(寶庫) 조선, 약진하는 우리 조선을!

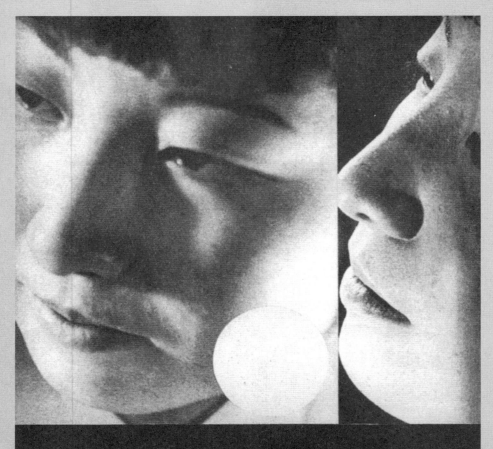

파피리오
한번 꼭 약국의 현미경으로 살펴보세요. 흑점이 하나도 없는 데다가 입자가 근본적으로 다릅니다. 그러므로 화장을 마친 얼굴과 백분을 닦아낸 얼굴을 비교해보세요.

가루백분 12색

볼연지 이야기

종래의 볼연지의 경우 붉은 색깔만을 따진다면 아름답습니다. 그러나 볼연지는 사람의 피부에 바르는 것입니다. 기모노나 그림에 사용하여 아름답게 보이는 붉은색을 그대로 사람의 뺨에 사용하면 이상해집니다.
볼연지의 붉은색은 모두 사람의 피부가 홍조를 띠었을 때의 색에서 취한 살아 있는 붉은색입니다. 이것은 크림 위에서 놀랄 정도로 잘 퍼지는데 그 퍼졌을 때의 색깔을 보시면 아실 것입니다.

볼연지 12색

파피리오의
젊은 과학자들이
조직한 우리 연구
소는 이미 190만
엔을 연구에 투자

가루 백분을 현미경으로 본 적이 있습니까? 분을 바른 얼굴을 이렇게 살펴보면……이것은 모두 세계적으로 유명한 상품입니다만 이 중에는……

프랑스○○○
상도덕상, 이름을 밝힐 수 없지만 누구나 알고 있는 이것은 과연 입자도 곱고 대체로 아름답습니다……그러나 아직 이런 흑점이 남아있네요. 이것이 피부를 물들이는 '색소 덩어리'입니다.

하고 있습니다. 그동안 계속해서 수입품만 사용하신 분은 비교해 주세요.

세계적으로 유명한 수입 입술연지 ○○○○○와 비교하여

투톤 입술연지는 얼마나 색이 바래지지 않을까요? 비교해보면 금방 알 수 있습니다. 게다가 수입품인 그 제품은 입술이 거칠어질 것입니다. '연지를 바르면 입술이 거칠어진다.'는 것이 상식이었습니다. 그것은 납이 들어 있기 때문입니다. 납을 넣지 않고 입술연지를 굳히는 것이 어려웠지만 우리는 결국 성공했습니다. 파피리오는 수입품보다 훌륭한 품질의 제품이 아니면 결코 발표하지 않습니다.

입술연지 8색

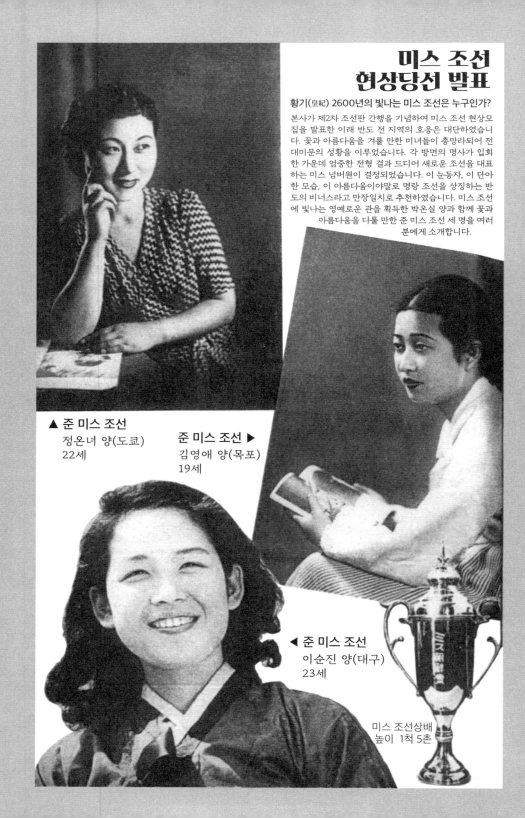

미스 조선
현상당선 발표

황기(皇紀) 2600년의 빛나는 미스 조선은 누구인가?

본사가 제2차 조선판 간행을 기념하여 미스 조선 현상모집을 발표한 이래 반도 전 지역의 호응은 대단하였습니다. 꽃과 아름다움을 겨룰 만한 미녀들이 총망라되어 전대미문의 성황을 이루었습니다. 각 방면의 명사가 입회한 가운데 엄중한 전형 결과 드디어 새로운 조선을 대표하는 미스 넘버원이 결정되었습니다. 이 눈동자, 이 단아한 모습, 이 아름다움이야말로 명랑 조선을 상징하는 반도의 비너스라고 만장일치로 추천하였습니다. 미스 조선에 빛나는 영예로운 관을 획득한 박온실 양과 함께 꽃과 아름다움을 다룰 만한 준 미스 조선 세 명을 여러분에게 소개합니다.

▲ 준 미스 조선
  정온녀 양(도쿄)
  22세

준 미스 조선 ▶
  김영애 양(목포)
  19세

◀ 준 미스 조선
  이순진 양(대구)
  23세

미스 조선상배
높이 1척 5촌

응모추천자(상금 백 엔):
　　조선평양부 모란대/구보(久保虹城)

♣ 미스 조선상
　　정상(正賞) 대상배 1개
　　부상 조선의상 2벌(경성·화신백화점 기증)
　　경성·가네보(鐘紡)서비스·스테이션 기증

♣ 준 미스 조선상
　　대상배 1개

▲미스 조선
　　박은실 양(평양)
연령　19세
신장　5척 1촌 2분
체중　13관 200중(恩)
취미　음악·무용

경성 화신 백화점 정문 앞에 장식된 미스 조선 의상

헤치마코롱

내 얼굴은 **코롱**이 지켜줍니다
나를 보면 누구나
아름다운 피부라고 말하죠

단연 동양인에게 가장 적합한 화장
수입니다. 물이 맑은 곳에 미인이
많은 것처럼 **코롱**이 있는 곳, 반드
시 미인이 태어납니다. 세수한 다
음 피부미인으로 탄생하기 위해 화
장 전에 반드시 사용해주세요.

本舗·東京　株式會社　近源商店

풍속 조선

저녁 바람이 시원할 때 평상을 내놓고 장기를 두는 기분은 조선에서도 이렇게 찾아볼 수 있습니다.

가정에서 옷에 다림질을 하는 모습입니다.

식당의 스냅사진입니다. 둥근 접시 안에는 불이 들어 있습니다.

많은 양의 음식을 보세요. 내지의 람식가여 부러워하지 마시오.

시골 가정에서 남자가 태어나면 사진처럼 새끼줄을 장식합니다.

단오절에는 종이잉어 날리기(고이노보리)보다도 상쾌한 그네가 푸른 하늘 높이 올라갑니다.

시골에서 장날이 되면 사진에 보이듯이 축제처럼 성황입니다.

오늘은 아기의 생일입니다. 저고리와 바지를 입고 방긋방긋 웃으며 유모에게 업히는 모습.

조선 부인들이 강으로 세탁하러 가는 모습입니다.

두통에 **테린**

조선 총대리점 주식회사 신정(新井) 약방

京城府 南大門通 2丁目
조선 총대리점 주식회사 신정(新井) 약방

東京市 小石川區 武島町 33
제조발매원 中村信治商店

풍속 조선

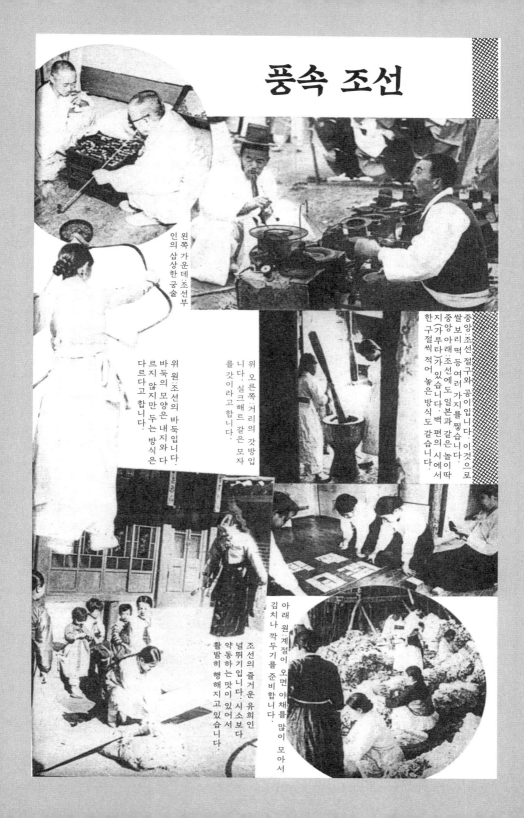

왼쪽 가운데:조선부인의 삽상한 궁술.

중앙:조선절구와 공이입니다. 이것으로 쌀보리떡 등 여러가지를 찧습니다. 중앙아래:조선에도 일본과 같은 절구가 있습니다. 백편의 시에서 지구절씩 적어놓은 방식도 같습니다. 한지에도 따라 그렇습니다.

위 오른쪽:거리의 갓방입니다. 실크해트 같은 모자를 갓이라고 합니다.

위 왼쪽:조선의 바둑입니다. 바둑의 모양은 내지와 다르지않지만 두는 방식은 다르다고 합니다.

아래 왼쪽:계절이 오면 야채를 많이 모아서 김치나 깍두기를 준비합니다.

조선의 즐거운 유희인 널뛰기입니다. 시소보다 약동하는 맛이 있어서 활발히 행해지고 있습니다.

조선인삼이

9

⑥ 오른쪽부터 1년 근부터 6년 근까지의 모습.
⑦ 인삼은 인체에 준하여 머리, 목, 어깨, 몸통, 다리로 나누며 좋은 삼은 머리가 크고 짧으며 어깨가 벌어지고 몸통이 가지런하고 두툼한 다리가 두 개 이상이어야 한다.
⑧ 모양이 망가지지 않도록 껍질을 벗긴 새하얀 살결의 인삼.
⑨ 고려인삼의 해맑은 모습.

고려인삼은 예부터 만병의 영약으로 귀하게 여겨져 보건·강장·정력증진·쇠약체질 회복 등에 놀랄 만한 효과를 발휘해 왔다. 고려인삼의 약리성에 관해서는 동서 의학 대가에 의해 이미 많은 연구가 발표되었고 확실한 효능이 입증되었다.

인삼은 조선 전국에서 거의 재배되지만 그중 개성을 중심으로 하는 1부 8군은 정부가 지정한 특별 경작 구역으로서 연간 4000여만 엔의 생산액을 자랑하고 있다. 개성이야말로 그 이름을 세계에 떨치고 있는 고려인삼의 본 고장이다. 고려인삼이란 조선인삼 중 가장 품질·형태·약효가 탁월하며 위의 특별경작구역에서 생산된 것을 말한다. 인삼은 묘포(苗圃)에서 1년, 본포(本圃)에서 5년간, 모두 6년간의 생육기간을 거쳐 수확된다. 3월 중순에 종자를 뿌리고 다음 해 봄에 본포에 이식한다. 재배법은 매우 까다로우며 토질과 기후와 밀접한 관계가 있다. 개성이 세계적으로 유명한 이유는 실로 이 조건을 구비하고 있기 때문이다. 인삼은 음성식물이지만 습기를 싫어하고 사질양토(砂質壤土)와 같은 배수가 양호한 흙을 좋아한다. 또한 연작할 수가 없고 한 번 인삼을 재배한 밭은 10년 내지 20년 동안은 다시 재배할 수 없다. 따라서 경작에는 거액의 자본이 필요하다. 인삼은 직사광선을 싫어하고 그늘을 좋아하므로 인삼밭은 반드시 북향으로 잡고 지붕을 씌워 병충해 예방, 물주기, 제초 등을 하는

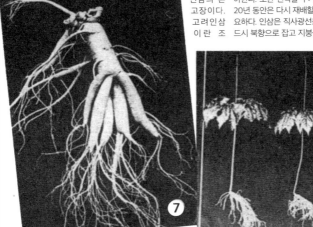

⑦

⑥

만들어지기까지

① 고려인삼 제조를 도맡고 있는 개성 삼업(蔘業) 주식회사와 마당 한가득 건조시키고 있는 백삼의 물결.
② 삼포(蔘圃) 인삼밭
③ 잘 자란 인삼. 인삼의 붉은 꽃이 지금 한창이다.
④ 수십 명 인부가 밭에서 호미로 정성스레 인삼을 캔다. 크고 모양이 좋은 인삼을 캘 때마다 '좋다'라는 환성이 올라간다.
⑤ 채반에는 찐 인삼이 넘칠 정도로 펼쳐져 있다. 곧 건조되어 불로장생의 영약 홍삼이 탄생하는 것이다.

데 그 고생은 실로 이루 다 말할 수 없을 정도이다.

3년째가 되면 밭 주위에 엄중한 담장을 쌓고 농사(農事)를 지어 정성껏 보호 배양한다. 6년째 가을이 되면 전매국원이 입회한 가운데 채굴한다. 막 캐낸 인삼을 수삼이라고 한다. 이를 엄선한 다음 홍삼 원료로 선별된 것은 일일이 물로 씻어 껍질째 찐다. 일단 증기 열로 건조시킨 후 햇볕에 충분히 말려서 엿과 같은 홍색이 된 것이 홍삼이다.

홍삼은 정부의 전매품으로 중국, 홍콩, 타이완, 남양, 네덜란드, 프랑스령 인도차이나, 해협식민지로 수출된다. 다른 수삼은 전부 물로 씻어 표피를 벗기고 즉시 햇볕에 말리는데 이것이 백삼이다. 백삼은 개성삼업주식회사에서 제조하고 제품은 개성인삼동업조합 90여 명의 검사원의 엄정한 검사를 거친다. 그 다음에 하나하나 상표가 붙은 아름다운 상자에 담겨 개성인삼판매조합을 거쳐 전국 수요에 부응하는 한편 멀리 중국 · 만주 · 홍콩 등지로 수출된다.

스테이지의 꽃

아름다움을 경쟁하는

무대배우
지경순(池京順)(오른쪽)
최승이(崔承伊)(왼쪽)

무대 배우
최은(崔銀)

고려영화 스타
전옥(全玉)

고려영화 스타
유계선(劉桂仙)

레코드 전속가수
장세정(張世貞)

반도의 학원

경성제국대학

경성법학전문학교

경성이화여자전문학교

보성전문학교

연희전문학교

복용하는 화농의 신치료제

문헌증정-임상의가 집필한 문헌·알바질 설명서 본 잡지를 명기한 후 보내주시는 대로 증정

알바질 정

화농성 질환(단독·중이염 등) 및 비뇨기 질환에 대해 단순히 그 증상만을 일시적으로 억제하던 종래의 고식 요법을 청산하고 복용을 통해 체내 병원 세균을 소멸시켜 근본치료를 꾀하는 줄폰아미드제[1]는 의학계의 새로운 공헌으로 평가받고 있다. 알바질은 그중 가장 진보한 고급 2기 줄폰아미드제를 일본 최초로 완성시킨 것으로 전국대학병원과 큰 병원에서 뜨거운 신뢰를 얻고 있다.

연쇄상·포도상구균
여러 성병 질환…

단독(丹毒)·부스럼
농창·맥립종
중이염·생인손
치 주 농 루
방 광 염
각종 비뇨기 질환

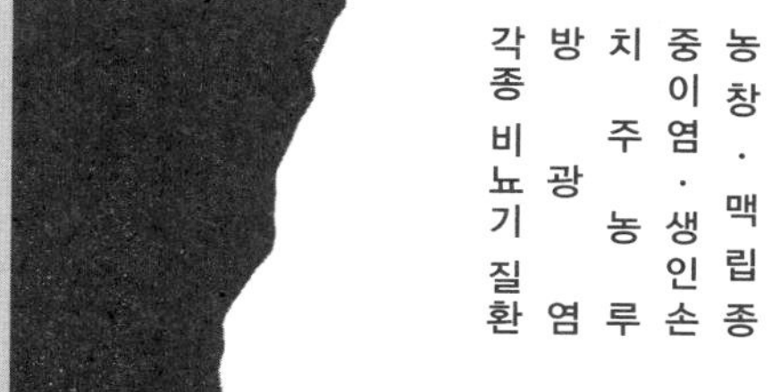

20정… 4엔
100정…17엔
각지 약국에 있음

株式會社
山之內藥品商會

즐거운 육아!

여름철 우유는 상하기 쉽다. 진공 통
에 들어 있어서 언제나 금방 만든 것
같은 놀랄 만한 신선함을 유지하는
드라이 밀크는 안심할 수 있다!
생유보다 진하게 먹일 수 있으
며 더욱이 소화와 흡수가 잘
되어 빠른 시간 안에 급격한
발육을 기대할 수 있다!
성장소를 많이 함유하
고 있어 아기가 포동
포동 살찌는 기쁨!

모리나가 드라이밀크

소화가 가장 잘되는 최고의 분유

모던일본

임 시 대 증 간

조
선
판

1940년 8월
제11권 제9호

미나미 총독은
본지 기자와의

시오바라 이쪽은 도쿄의 『모던일본』이라는 잡지사 분들입니다. 이번에 조선판 현지편집 일로 조선에 와 있습니다. 어제는 기쿠치 간 씨의 기부금으로 제정된 조선예술상 상금과 모던일본사의 예술상 상패를 이광수 씨에게 전달했습니다.

미나미 그렇군. 왜 '모던'이라는 하이칼라한 이름을 붙였는가?

기자 벌써 1935년부터 쓰는 이름인걸요.

미나미 무슨… '모던'이라고 하면 요즘은 나 같은 촌놈도 다 아는 걸. 근데, 언제 왔는가?

기자 21일에 왔습니다.

미나미 잡지는 많이 팔리는가?

기자 덕분에 전국에서 환영받고 있어요. 이번에 여기 오기 전에 내지 여러 명사들에게 조선에 대한 희망과 의견을 물어봤는데 총독께 직접 여러 이야기를 듣고 싶다는 의견이 많았어요. 우리는 그들의 의견을 수렴해서 왔습니다. 지금부터 저희가 총독께 여쭙는 것은 내지 국민의 총의라고 생각하시고 답변해 주시기 바랍니다.

말한다
대담록

미나미 어떤 건가?

기자 중일전쟁 이래 조선은 내지 국민으로부터 한층 주목받고 있는데요, 조선이 이번 전쟁에서 국가적으로 어떤 역할을 했는지에 대해 자세히 알고 싶어 합니다.

미나미 중일전쟁 이래 조선 인민이 진심으로 내선일체 사상을 갖게 된 것은 획기적인 일이지. 실제로 내지 사람들도 대륙으로 가기 위한 발판으로, 또 병참기지로서 조선이 얼마나 중대한 책임을 짊어지고 있는지 잘 깨달았으면 하네.

기자 그 중요한 입장에 놓인 조선 사람들의 의기는 어떠합니까?

미나미 정말 원기 왕성하지. 조선인은 원래 감격을 잘하는데, 이번 전쟁이 준 영향은 무언가하면 우리는 일본인이다, 충성하는 황국신민이라는 열렬한 자각이었다네. 그러한 자각에서 혈서를 쓰며 지원병을 자원하거나 자신의 직업을 포기하고 군을 위해 일하려는 무수한 감동어린 미담이 생겨났어. 이런 아름다운 마음을 갖는 반면에 인내력과 지구력 면에서는 내지 사람들과 마찬가지로 부족한 경향이 있어. 말하자면 갑자기 격해지지만 식는 것도 빨라. 오랫동안 성전(聖戰)을 수행해야 하는 우리는 함께 주의해야 한다고 생각하네. 어제 다카라베(財部) 대장이 와서 이런 말을 했어. 10년 만에 조선에 와서 놀라고 또 감동한 것은 조선의 모든 문화

총독의 열변…오른쪽 본지 기자 가네하라(金原健兒), 스가이(須貝正義)

가 약진하고 발전한 것 이상으로 일반 풍속이 참으로 변한 것이라고 하더군. 조선인 한 사람 한 사람의 눈빛이 달라져서 마치 다른 사람을 보는 것 같았는데, 그 눈빛은 의기 충천한 기풍이 역력하더라고 말했다네. 나도 그 말에 완전히 동감이라네.

기자 그렇게 발랄한 반도 사람들에게 지원병제도는 어떤 반향을 일으키고 있나요? 시오바라 국장이 계시는 앞입니다만…….

미나미 지원병제도야말로 구체적인 사례일 걸세. 현재 반도인이 어떤 기분인지 가장 잘 알 수 있지. 지원병제도를 마련한 직후에는 400명, 두 번째는 600명, 세 번째는 3,000명을 뽑았거든. 게다가 제3회의 경우는 8만 3천 명이나 지원을 했는데 자격은 소학교 졸업, 심신강건, 가정상황 등을 조사하여 엄선했기 때문에 비록 뽑히지 못한 사람일지라도 모두가 일본인으로서 나라에 순국하려는 신념으로 가득 찬 젊은이들이었지. 병사들 가운데는 이미 출정하여 명예롭게 전사한 자도 있네. 남은 가족은 이를 가문의 명예로 여기고 정신적으로

도 자랑스럽게 여기고 있는 상황이지. 조선에서는 예부터 군인이라고 하면 가장 신분이 천한 노무자처럼 여겨왔거든. 그런데 현재 반도인은 국체와 시국을 잘 인식하고 각성해서 지원병이 되려고 저렇게 지원하는 자가 많게 되었어. 지원병은 앞으로도 점점 늘어날걸세.

반도에서도 이 정도지만 해외에 있는 반도인의 자각도 실로 대단하다네. 일본의 중책을 짊어질 반도 출신임을 영광스럽게 여기면서 자신들은 용감하고 충성스런 일본인이라고 생각하고 정성 어린 모습을 보이고 있다네.

기자 반도 분들의 정신적인 면은 잘 알았습니다. 이번엔 물적 방면, 즉 조선의 산업방면은 어떤 상태죠?

미나미 현재 조선의 총생산액은 약 30억 엔이네. 농산물이 가장 많아서 총생산액의 약 50%, 임업이 1억 6천만 엔, 수산업이 1억 8천9백만 엔, 공업이 11억 4천만 엔 정도지. 이 중 농업과 공업은 평행주의를 취하고 있네. 만주사변, 중일전쟁 이전에 조선의 산업은 농업과 임업이 중심이어서 식량과 지상자원 증산에 주력했지만 전쟁 이후는 세계 속의 일본으로 우뚝 서게 한 과학의 진보에 힘입어 수력·전력·노동력을 갖추게 되었지.

수력전기의 수량이 풍부하다는 것 외에 또 근대 공업에 없어서는 안 될 지하자원, 즉 금·철·무연탄·텅스텐·몰리브텐 산출이 조선의 총생산액 증가에 힘을 실어주고 있다네. 혜택 받은 공업과 동력에 의해 시국에 걸맞는 중공업이 발전하여 비약적인 성적을 거두고 있어. 금은 조선에서 제일 중요한 산물인데 작년에 1억 2천만 엔이었던 것이 겨우 1년 만에 3억을 넘는 기록을 보이고 있다네. 또 간과해서는 안 되는 것이 수산물이야. 수산업은 1억 9천만 엔, 약 2억의 수확을 올리고 있다네.

일본은 러일전쟁 이래 북 가라후토 지역에서 소련과 어업권 분쟁이 자주 발생하고 있는데 조선 어획고는 북 가라후토, 캄차카 방면의 생산액에 필적할 정도라네.

임업도 점점 비중이 커지고 있지. 조선은 지금 내지와 만주, 지나 방면을 뒷받침하기 위해서 크게 이바지하고 있어. 현재 상황은 만주의 임업 생산량만으로는 충당이 안 되니까 북조선 임업이 내지와 대륙 양쪽의 수요를 도맡고 있는 상태야. 산출량이 많아서 크게 촉망받고 있고 또 훌륭하게 활동하고 있기 때문에 앞으로도 그 역할은 점점 커질 것이라고 생각하네.

조선의 무역액은 1939년은 23억 9천만 엔에 달하고 있네. 이것만 봐도 지금 조선이 얼마나 활약하고 있는지를 잘 알 수 있을 것이야.

기자 저희는 그런 말씀을 들으니 정말 든든하게 생각됩니다. 산업방면의 상태는 잘 알았습니다. 요즘 창씨가 이루어지고 있습니다만, 그 의의에 대해서도 한 말씀 해 주십시오.

미나미 한마디로 말하자면, 조선인에게 일본인이 될 수 있는 문호를 연 것이야. 조선은 4천 년이라는 오랜 세월 동안 성명이 중국식이 되어 버렸네. 창씨란 성명은 중국인이고 정신, 신체는 일본인이라는 모순을 없애고자 하는 것이고 성명에도 일본인이 될 수 있도록 문호를 개방한 것이라네. 성명이 중국과 같이 세 글자이므로 중국인으로 오해받기 십상이지. 그것은 바람직하지 않네. 본래 일본인이므로 어차피 같은 뿌리로 돌아간다는 의미에서 창씨제도가 생겨난 것이지. 씨의 창설이야말로 4천 년 만에 새로운 장을 연 역사적 사건이라고 말할 수 있지.

기자 반도 사람들은 흔쾌히 성명을 바꾸고 있습니까?

미나미 지금 말한 진의를 이해하고 있기 때문에 특별한 조치를 취하지 않아도 속속 바꾸고 있다네.

기자 이름을 바꾸면 무언가 특전을 준다던가 하는 게 있나요?

미나미 법령이 나왔다고 해서 강제라고 생각하는 것은 오해야. 오랫동안의의 습관을 바꾼다는 것은 인정상 쉬운 일은 아니지. 그러나 성명을 바꾸는 것이 금지되어 있어서 일본인이 되고 싶어도 될 수 없었던 사람들이 있다고 한다면 이 법령은 진정 적절한 조치라고 해야 되지 않겠는가?

기자 잘 알았습니다. 이번엔 교육에 대해 여쭤보겠습니다.

미나미 조선의 교육은 대체로 진정한 일본인, 또 충량한 황국신민이 되게 하는 것이 목적이지. 그 목적을 위해서 교과서를 비롯하여 모든 규정 등을 철저하게 개정하고 국체를 명징하여 국체관념을 양성하는 것에 심혈을 기울이고 있네. 아직 과도기이기 때문에 여러 실상을 보면 내지 교육과 형태상 다른 점은 있지만 그러한 차별도 순차적으로 없애고 언젠가는 반드시 내지와 똑같게 되는 날이 올 거라고 믿네. 결국 진정한 황국신민이 되도록 하는 것이 목적이지.

기자 의무교육은 어떻습니까?

미나미 현재의 예측으로는 1942년에는 취학률이 60%에 이르게 될 걸세. 세계 각국으로부터 식민지로 불린 조선에서 이렇게 빨리 교육이 보급되고 있다는 건 상상할 수 없는 일이지. 내지의 일반교육과 비교해 보면 잘 알 수 있을 거라고 생각하네. 내지에서도 메이지 중기 무렵은 징병검사에서 자신의 성명을 쓸 줄 알아야 하는 것이 하나의 조건이 되었을 정도였지 않나? 그러니 지금 조선에서 취학률이 60%나 된다는 것은 훌륭한 성적이라고 보지 않으면 안 되네. 내지에서 70년 만에 겨우 성취한 것을 조선에서는 그보다 훨씬 짧은 기간에 이루게 되었으니 말일세.

기자 조선에 교육이 보급되고 문화도 발전하고 있는데 총독은 반도 사람들에게 어떤 기대를 갖고 계십니까?

미나미 매우 전도유망하다고 보네. 반도인은 앞서도 말했지만 매우 의욕적이고 감정이 풍부하기 때문에 충량한 황국국민으로서 자각을 가지고 나아간다면 우리 황국 일본의 최전선으로서의 임무를 충분히 감당할 수 있을 걸세. 반도가 갖고 있는 인적 자원, 지원병, 지능, 모든 문화적 성적을 총괄해 보면 일본의 최전선이라는 사명을 완수할 것이라고 기대해도 충분하네.

기자 내지 사람들에게도 한 말씀 부탁드립니다.

미나미 내지 사람들 중에 반도와 반도 사람을 잘 이해하고 있는 사람도 있기는 하지만 최근까지 전혀 관심이 없는 사람도 있었어. 그런데 이번의 전쟁으로 내지 사람들은 확실히 반도를 제대로 인식했다고 확신하고 있네. 그 예는 이런 걸 들 수 있지. 지금 전쟁에서 우리 ○○만 병사가 조선을 통과하여 대륙의 전선으로 갔는데 그 병사들은 모두 조선 민중으로부터 열성적인 만세 환호와 형제 이상의 온정으로 배웅을 받았다네. 그들이 거리를 지나갈 때 부인단체, 청년단, 일반인으로부터 무한한 격려와 위로를 받았고 시골을 지나갈 때는 백성들이 호미나 낫을 버리고 그들의 무운장구를 비는 모습을 접하면서 병사들

이 얼마나 큰 감동을 받았는지 모른다네. 그래서 이 병사들은 전쟁터에서 그들의 친형제에게 보낸 편지에서 조선을 통과했을 때의 감격을 전하고 조선이야말로 우리들의 진정한 형제라는 글을 써서 보냈지. 이 편지를 읽은 내지의 친형제, 친척, 친구들은 분명히 조선에 대해 깊은 감동을 받고 인식을 새로이 했을 것일세. 내지의 민중은 병사들을 통해 내선일체의 정신적 결합이 얼마나 잘 이루어졌는지를 명심해야 하네.

기자 지금 내선일체라는 말씀을 하셨습니다. 그 정신에 대해 말씀해 주십시오.

미나미 오늘날까지 세계는 백인의 세상이었지. 동양도 백인의 동양이었다네. 그 때문에 백인은 선천적으로 동양보다 우수한 인종이라고 자부해 왔지. 유색인종은 백인의 발밑에서 부림을 당하는 존재였어. 동양은 유럽인의 유원지가 되어 버렸고 오로지 일본만이 일본인의 일본이었네. 이번의 성전(聖戰)은 동

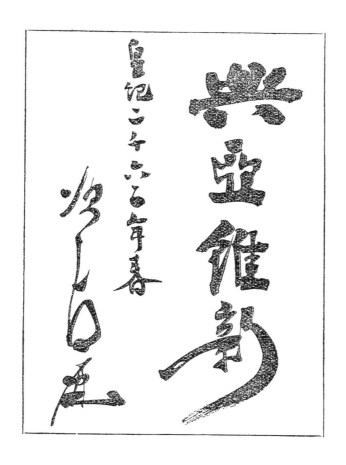

양을 동양인의 동양으로 돌려놓는 역사적인 의미를 갖고 있어. 일본인이라고 해도 백인으로부터 열등하게 취급받는 예는 지금도 있지. 실로 부당한 굴욕이야. 만약 백인이 일본인을 대하는 태도로 내지인이 반도인을 대한다면 그것은 동포라고 할 수 없을 걸세. 이런 점에서 크게 각성하지 않으면 안 되지. 반도인에게 덕의를 품지 않는다면 우리가 외국인에게 갖는 반감을 조선인은 우리에게 느낄 것이라는 사실을 깊이 고려하지 않으면 안 되네. 함부로 우월감에 빠지는 것은 오히

려 일본인으로서의 긍지를 파괴하는 일일세. 내선일체의 근본방침은 일시동인의 성지 아래 국체를 명징하고, 천황을 중심으로 하여 만민을 보익하는 길이네. 천황의 적자로서 충성을 다하고 동포를 사랑하는 것이네. 하물며 차별을 한다는 것은 천황의 성지(聖旨)를 받드는 길이 아니지.

내선일체의 목표는 거기에 있다네. 한국병합 당시는 융화가 방침이었지만 지금은 내선일체이고, 특히 만주사변과 중일전쟁 이후는 대단한 진전을 보여 반도가 스스로 앞장서서 황국신민이 되고자하는 성심을 열렬히 보이고 있어. 이것이야말로 국운을 영원히 안태하게 하는 힘이 되어야 하네. 한마디로 내선일체의 정신이라는 것은 충량한 황국신민이고자 하는 정신이지.

기자 끝으로 조선에 대한 총독의 포부를 들려 주십시오.

미나미 이제 조선은 우리 일본의 대륙을 향한 전진병참기지라네. 이를 설명하자면 두 가지 요소가 있어. 첫째는 인적자원의 배양과 육성, 반도 민중을 충량한 황국신민으로 만드는 것, 두 번째는 국방생산력의 획득 촉진이지. 이를 위해 우리가 해 온 중요한 사항은 다섯 가지인데,

1. 지원병제도의 시행
2. 교육쇄신과 보급
3. 씨의 창설에 의한 문호개방
4. 국민정신총동원연맹의 설립
5. 신사의 창립.

1936년이래 관폐대사인 조선신궁, 부여신궁 외 58개의 호국신사가 창립되었고 이들 신사는 아마테라스 오미카미(天照大神)를 비롯하여 우리 국체를 보호하는 신들을 받들고 있다네. 이상의 여러 시

오른쪽부터 미나미 총독, 본지 기자, 하야시(林南壽), 가네하라(金原健兒), 스가(須貝正義)

설을 앞으로도 점점 충실하게 확대시켜 반도인의 정신수양을 함양하도록 할 것이네. 이것이 인적 요소의 확충을 뒷받침하는 중대한 조건이지. 생산방면에서도 지상·지하자원을 확보하고, 무역을 촉진시키기 위해서 현재 여러 사업과 사무 조정을 대대적으로 하고 있는 상황이어서 전도는 양양해.

병참기지인 조선의 입장에서 보면 일본은 더 이상 동쪽에 치우친 나라가 아니야. 만주사변 이후는 사실, 대륙 일본이며 세계 일본이라고 해야 하지. 대륙정책에서는 아무래도 조선이 첫째가는 교두보

를 담당할 수밖에 없어. 불행히도 대륙에서 전쟁이 벌어진다면 작전을 수행할 기반도 물론 조선이지. 그러니 조선은 전쟁에 대비하여 평시부터 인적 요소를 육성하는 데 노력하고 이를 또 충분히 확보하지 않으면 안 된다네. 설령 일시적으로 내지와 교통이 차단된다고 해도 조선의 힘이 양성되어 있다면 크게 걱정할 것은 없을 걸세. 대륙으로의 진출은 내지와 조선이 함께 성장할 수 있는 기반이야. 일본이 성전을 계속하는 목적인 신질서 건설이라는 것은 내지와 조선이 완전히 하나가 되어 만주와 중국에 대해

73

선린우호의 도(道)를 펴는 것을 말하지. 대륙을 따라오게 하기 위해서는 우리가 내선일체가 된 아름다운 모습을 보여서 그들에게 '내선을 보라'고 외칠 수 있을 정도가 되지 않으면 안 되네.

현재 세계는 대변혁, 일대 유신의 시절이야. 이 일대 유신의 선구자가 동양 일본인 것이네. 일본의 책임은 실로 중대해. 일본은 현재 마치 단애절벽에 서 있는 것과도 같아. 그러니 우리는 충성스런 황국신민으로서 함께 홍아의 대업을 위해 결사봉공의 마음으로 그 목적을 관철시켜 나가야 하네.

기자 진심으로 감사합니다. 조선판을 통해서 각하의 말씀을 전 국민에게 전달하겠습니다.

총독부에서

조선예술상 심사원 결정

조선예술상은 작년 가을 간행된 제1차 조선판 지상에서 발표하여 내지와 조선 각 방면에서 많은 반향을 불러 일으켰습니다. 이번에 심사원 결정에 즈음하여 신중한 숙려를 거듭한 결과 다음과 같이 조선예술상 심사원을 결정했습니다.

모던일본사

또한 제1회 조선예술상은 이미 보도한 바와 같이 문학 부문의 이광수 씨로 결정되어 수상하였습니다. 제2회 1940년도에 이루어진 예술 활동에 대해서는 심사원의 심사를 거쳐 1941년 3월에 발표할 예정입니다.

조선예술상 심사원(順不同)

전 체

기쿠치 간(菊池寬)

문 학

구메 마사오(久米正雄)	사토 하루오(佐藤春夫)	우노 고지(宇野浩二)
요코미츠 리이치(橫光利一)	가와바타 야스나리(川端康成)	다키이 고사쿠(瀧井孝作)
야마모토 유조(山本有三)	사사키 모사쿠(佐々木茂索)	다니자키 준이치로(谷崎潤一郎)
고지마 세지로(小島政二郎)	무로 사이세이(室生犀星)	기쿠치 간(菊池寬)

영 화

하세가와 뇨제칸(長谷川如是閑)	다니카와 데쓰조(谷川徹三)	나카무라 무라오(中村武羅夫)
하마모토 히로시(濱本浩)	이와사키 아키라(岩崎昶)	하즈미 쓰네오(筈見恒夫)
이지마 다다시(飯島正)	이타가키 다카오(板垣鷹穗)	우치다 기미오(內田岐三雄)

연 극

후지모리 세이키치(藤森成吉)	무라야마 도모요시(村山知義)	세키구치 지로(關口次郎)
아키타 우자쿠(秋田雨雀)	나가타 히데오(長田秀雄)	기타무라 기하치(北村喜八)

미 술

이시이 하쿠테이(石井柏亭)	유키 소메이(結城素明)

음 악

야마다 고사쿠(山田耕筰)	고노에 히데마로(近衛秀麿)	다무라 도라조(田村虎蔵)
마스자와 다케미(增澤健美)	고마쓰 고스케(小松耕輔)	노무라 고이치(野村光一)
호리우치 게이조(堀內敬三)	후토다 아야코(太田綾子)	오기하라 에이치(荻原英一)
스즈키 노부코(鈴木乃婦子)		

무 용

이시이 바쿠(石井漠)	다카다 세이코(高田せい子)

경성의 추억

이토 신스이(伊東深水)[2]

내가 경성에 들른 것
은 지금부터 20년 전
의 일로 관동대지진
이 일어나기 전 해인
1922년이었습니다. 그
것도 겨우 하루, 이틀
머무른 것에 불과해서 지금은 그 거리 풍경이 어땠는지 잘 기억나지
도 않습니다. 그래서 당시의 스케치북에 남아 있던 관기(官妓)의 모습
을 다시 그려봤습니다.

관기에 대한 기억이라고 한다면, 그 당시 관기학교 졸업생이 공연
하는 연극같은 것을 관람한 적이 있습니다. 그 공연장은 내지의 변두
리에 있는 영화관처럼 페인트칠도 엉성한 보잘 것 없는 건물이었지만
역시 관기가 첫선을 보이는 공연이어서인지 요리집의 여주인, 예기들
의 가족 등 화려한 관객으로 가득 차 있어서 대단히 아름다운 인상을
받았습니다.

무대는 마침 막이 열리고 있었는데 거친 격자무늬 양복을 입고 헌
팅캡을 쓴 청년과 내지의 여학생풍 복장을 한 아가씨가 러브신 같은
것을 연기하고 있었습니다. 관객석에서는 "나리타야(成田屋), 오토와

76

야(音羽屋)³"라는 함성이 여기저기서 터집니다. 거기에 또 노동복 위에 직업을 표시한 조끼를 걸쳐서 인력거꾼처럼 보이는 남자가 차양이 넓은 학생모를 뒤로 제쳐 쓰고 묘한 몸짓으로 들어 왔습니다. 그리고 무언가 크게 소리를 내지르며 눈을 부릅뜨고 객석을 향해 독특한 포즈를 취합니다. 말이 통하지 않으니 나는 전혀 재미를 느낄 수 없었는데 관객은 "좋 - 다 - "라고 말하면서 감동하여 목청껏 외치고 있었습니다. 우리들을 안내해 준 기생들도 물론 관객들과 같이 연달아 탄성을 올렸습니다.

이 연극은 일본의 신파극이라고 하는데 인력거꾼을 연기한 사람은 이곳의 좌장 격으로 일본연극을 가장 잘하는 사람이라고 합니다.

삽화 중의 김산월, 이금선은 모두 동동권번(東同券番)에 속하는 기생이고 이선녀 양은 도쿄에 유학하고 있는 동생에게 학비를 보내고 있는 실로 당찬 여성이었는데 당시 스무 살 정도의 기생이었으니 지금은 마흔 살 정도가 되었을 겁니다. 그 후 어떻게 살고 있을까요?

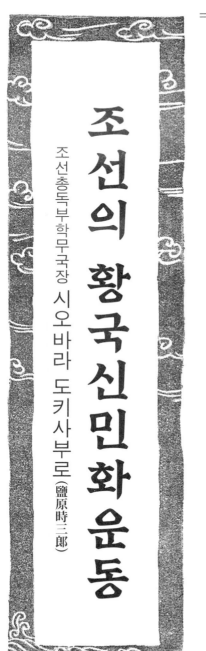

조선의 황국신민화운동

조선총독부학무국장 시오바라 도키사부로(鹽原時三郎)

조선에서의 30년간의 통치는 각 단계의 어느 부분을 살펴보더라도 그 시대마다의 요청에 부응하면서 일관되게 극히 유기적인 발전과정을 밟아왔다. 시대는 달라지고 총독은 몇 차례 바뀌었지만 일관된 일본적 양심에 따라 낮은 단계에서 점차 높은 단계로 발전해 가리라는 것은 분명하다.

한마디로 내선일체 정치로 불리는 미나미 총독의 통치도 현재를 살펴보면 진실로 이를 필요로 하는 시기이며 또 이룩할 수 있는 시기이기도 하다. 그런 의미에서 조선에서 전개되는 일본화 운동은 극히 자연스런 요구에 합치하는 것이며 결코 무리한 일이 아니다. 또한 이 뜻을 내걸게 된 이유는 통치자에게 30년간 일관되었던 일본적 양심의 귀결이라고 말할 수 있을 것이다.

조선통치의 최고 지도 목표는 널리 사람들이 알고 있는 바와 같이 일시동인의 성지를 받들어 반도 동포의 국체 관념을 확립시키고 '나는 일본인'이라는 황국신민의 명예로운 신념을 마음 깊숙이 체득하여 혼연히 내선일체를 이룸으로써 황운(皇運)을 보좌하고 황도(皇道)를 선양하는 것이다. 이른바 미나미 정치는 모든 시책의 중점을 여기로 통합하고 귀일시켜 착실히 그 성과를 쌓고 있다. 매진에 매진을 거듭하여 오늘에 이른 것이며 또한 내일을 기약하고 있는 것이다.

주지하는 대로 조선에서는 1938년 4월에 교육령을 개정하여 교학개혁을 단행하였다. 그 일부로서 지금은 내지인이나 반도인 모두 같은 소학교나 중학교, 고등여학교에서 완전히 같은 목적, 같은 내용의 교육을 받고 있다. 양자 간에는 아무런 구별이 없으며 또한 구별이 없어야 한다. 그 때문에 요즘에는 아이들도 부모들도 모두 쾌활해졌고 학교에서도 일본 국민으로서 장래에 큰 희망을 품으면서 마음을 다잡아 공부나 단련을 열심히 하고 있다. 나는 일본인이다, 위대한 일본인이다, 폐하의 적자로서 부끄럽지 않은 사람이 되지 않으면 안 된다는 강한 책임감, 일본인의 명예를 훼손하는 일은 결코 하지 않겠다는 자부심이 작은 가슴마다 솟아오르고 있다. 이러한 교육을 조선에서는 '황국신민교육'이라고 부르고 있다.

이와 거의 동시에 육군특별지원병제도가 시행되었다. 내지인과 똑같이 고생을 할 수 있다는 것이 또한 얼마나 반도 동포의 마음을 환하게 했는지, 이는 실로 예상 밖의 일이었다. 지원병은 경성 교외의 '육군병 지원자 훈련소'라는 훈련소에서 6개월간 맹훈련을 거쳐서 입영하게 되는데 그 진지한 자세는 매우 훌륭하다. 따라서 성적도 매우 좋고 모집 숫자도 제1회 때 400명, 2회 때 600명, 3회 때 3,000명이라는 대단한 증가 추세를 보였다. 이도 오로지 성적이 좋기 때문에 이루어진 것으로 항상 정원보다 20배 이상의 응모자가 몰려들어 선발하는 데에 애로를 겪고 있을 정도이다. 이 제도는 반도인의 성의가 하늘에 통해서 내지인과 똑같이 폐하의 군인이 되는 영광을 부여받은 것이라는 사실을 반도인은 누구라도 잘 이해하고 있으며 마음으로부터 감사하고 있다.

더욱이 영광스런 기원절인 올해부터 실시된 창씨 제도는 씨를 새롭게 만들어 내지인 식의 이름을 가질 수 있도록 정식으로 인정한 것인데 이 또한 내선일체 실현에 크게 박차를 가하고 있다. 조선인은 맹렬한 기세로 씨명을 변경하고 있어서 어느 관청이나 애로를 겪고 있는 상황이다.

위와 같은 사항은 총독부가 시행하는 황국신민화운동의 두세 가지 정도를 말한 것인데 다음으로는 본 운동 실천의 중추가 되어 활발한 운동을 전개하고 있는 단체, 즉 반도 관민이 혼연일체가 된 대조직인 국민정신총동원조선연맹의 애국반에 대해 한마디 하지 않을 수 없다.

1937년 7월 7일 중일전쟁 발발 후 반도의 사상계에서 의외의 변화가 일어나고 있음을 간과할 수 없다. 즉 '이렇게 된다면 내지인도 반도인도 같은 배를 탄 승객이지 않은가. 항구에 도착하는 것도 함께! 조난할지라도 함께! 이것이 운명이다.'라는 생각이 지금까지 사상적으로 비일본적이라고 여겨온 사람들 사이에서 일어났고 마침내 '일본정신을 연구하자, 황도(皇道)를 알자, 거기에 우리의 살 길이 있다.'는 목소리로 바뀌어 갔다. 이것은 기대하지도 않던 일이었다. 이에 이어서라기보단 거의 동시에 일어난 것이 반도인 대중, 그 중 하층 농민들이 열광적으로 출정하는 병사를 환송하고 후방에서 봉공하는 모습이었다. 이러한 감격이 연속되는 가운데 꿈과 같은 1년이 지나갔다. 그러나 시국은 점차 확대되고 심각해지고 전쟁의 폭과 깊이도 점점 중대해지는 상황이 되었다. 혹한과 폭염 아래 대륙의 전선에서 활약하는 황군의 노고는 이를 전해 듣는 후방을 격려해 주었고 수많은 숭고한 영령도 역 앞에서 마중 받았다.

저항력이나 시력이 떨어지기 쉬운 여름이야말로 간유가 가장 필요한 때입니다. 지금이야말로 비타민 A와 D를 잘 섭취하여 더위를 먹지 않게 예방해 가족 모두 건강하게 한여름을 났으면 좋겠네요.

여름에도 거르지 말고…

그러기 위해서는 여름에도 거르지 말고 간유 하리바를 복용해 주세요. 팥 크기 정도의 작은 알약으로 냄새도 없고 배도 더부룩해지지 않아 위장이 약한 분도 편안하게 복용할 수 있습니다.

이 무렵에 조선에 있는 우리들은 조선의 상황에 대해 깊이 응시하고 반성하게 되었다. 즉 전쟁을 계기로 하여 왕성하게 또 요원의 불길처럼 고양된 반도인의 애국적 열기를 어떻게 지도하고 통합하여 이를 통치의 근본사상인 내선일체, 황국신민화 운동으로 어떻게 유도하는가의 문제였다.

더욱이 두 번째 문제는 이번 전쟁의 상황은 우리들에게 중요한 것을 가르쳐 주었다. 즉 중일전쟁이 종료되었다고 해도 우리는 과연 마음 편히 잠잘 수 있을까라는 문제이다. 우리는 다음에 도래할 불가피한 상황과 역경을 지금이야말로 명확히 인식하지 않으면 안 된다. 동아세계에 대해 끊임없이 마수를 뻗치고 있는 적에 대해 단호하게 언제라도 일어설 수 있는 체제를 정비하지 않으면 안 되는 것이다. 그렇지 않다면 결국 동아 신질서의 완성을 기약할 수는 없다. 지금이야말로 만반의 준비를 하면서 대처하지 않으면 안 된다는 것은 엄연한 사실이며 조선도 내지도 이 점에서 완전히 같은 운명을 짊어지고 있는 것이다.

여기에서 우리는 먼저 국민에게 빈틈없는 훈련을 행하기 위해 조직을 만들지 않으면 안 되며 조직적인 일대운동이 필요하다는 것을 깨달았다. 즉 국민 총조직의 문제이다. 종래처럼 제각각 소규모 운동으로는 개개의 애국적 열정이 높을지라도 아무것도 이루어지지는 않는다. 시간이 없다. 새로 획득한 국토에서는 말할 것도 없다. 전 민중을 조직하는 것이다. 그리고 그 강력한 조직을 통하여 전 민중에게 끊임없는 지도와 훈련을 제공하는 것이다. 그리고 이 대조직을 흡사 기관차처럼 밀고 가는 것이다. 소수를 제외한 대부분의 내선인 유식자는 이것만이 민중을 대상으로 착수해야할 시국에 대응할 유일한 길이라고 생각했던 것이다.

그리하여 국민정신총동원조선연맹은 결성되었다. 그것은 중일전쟁 발발 다음해, 1938년 7월 7일의 일이었다. 그 이후 만 2년 동안 각 방면의 고심과 노력은 우선 이 기구 조직의 완성을 위해 진행되었으며 크게는 2천3백만 명의 연맹원을 끌어안는 조선연맹에서부터 행정계통에 준하여 결성된 도 연맹, 부군도 연맹, 읍면 연맹, 정동리 부락 연맹, 나아가서는 대체로 10호로 구성된 애국반에 이르기까지 또 이에 참여하는 각종 단체마다 결성한 각종 연맹 등, 결국 상하가 일관되고 정연한 조직망을 갖추기에 이른 것이다. 그중에도 이 실천세포인 애국반의 경우는 반도 정동(精動)운동의 일대 특색을 이루는 것으로 실로 이 조직이 있기 때문에 그 기능의 우수함을 발휘할 수 있는 것이다. 애국반의 수도 자그마치 40만에 달해 반도주민 전체를 망라하고 있다고 해도 과언이 아니다.

이리하여 날마다 심화해 가는 시국에 대응하고 조직과 훈련에 대한 노력도 점점 강화되어 더욱이 올해(1940 - 인용자주) 4월 신학기를 기하여 전 조선의 소학교와 중학교는 일제히 국민총조직의 강화를 위해 일어나서 전 학년은 빠짐없이 학교 정동연맹을 결성하여 생도는 항상 정동적(精動的)인 훈련을 행함과 동시에 학교에서 가정(애국반원)에 홍보하고 교사는 그가 속한 마을이나 부락의 애국반을 지도하게 되었다. 나아가서 다른 한편으로 16만 단원을 갖는 조선연맹청년단에서도 그 세포인 각 단위 청년단에 특히 정동 보급부를 설치하여 활발한 청년을 동원하여 그 소속된 애국반의 지도추진에 매진하고 있다.

더불어 귀휴제대한 지원병, 과거 백제의 수도였던 부여에 설립된 청년도장을 수료한 자, 흥아 근로보국 조선부 대원인 자 등 다수의 중견청년들은 일단 고향에 돌아가면 즉시로 연맹추진대원이 되어 문자 그대로 정동운동의 정진대(挺進隊)로서 맹렬하게 활약하고 있다.

이리하여 우리는 국민의 조직을, 그것도 총조직을 갖게 되었던 것이다. 실로 조선에서 황국신민화운동은 이 정동조선연맹의 실천망인 애국반을 통하여 내선일체, 황국신민화, 시국대응의 모든 실천운동이 전개되고 있다. 중대 시국하의 국민총훈련의 호령이 내려지고 더욱이 대국적인 지령에 입각하여 시시각각 애국반의 탄력성있는 자율적 실천활동이 전개되고 생성발전이 이루어지고 있으며, 힘써 흥아의 대도를 위해 매진하고 있는 것이다.

국민총조직 이후의 실천목표는 국민총훈련이다. 지금 성전(聖戰) 3주년을 맞이하여 반도민중은 국민 총훈련의 큰 표어를 내걸고 총조직을 한층 심화시키는 가운데 총훈련이라는 새로운 출발점에 이르렀다. 조선 정동운동의 성과는 반도황국신민화운동의 열쇠를 쥐는 것이며 그 짊어진 책임은 극히 중대하다.

한편, 총독부에서도 전술한 조선교육령의 개정, 육군특별지원병제도의 시행, 조선민사령의 개정 등을 비롯하여 내선일체의 성지 백제의 고도 부여에 중견청년수련소를 설치하고 경성에는 전 조선 소학교 교직원의 재교육 도장인 교학연수소를 설치하는 등, 실로 황국신민화정책에 따라 시설강화가 이루어지고 있다.

역사적으로 완고한 아성을 사수하고 있던 반도 기독교도가 일본적 전환을 하였고 시대의 큰 흐름에 침체되어 있던 반도 유교도들도 일본적 자각에 입각하여 분기하는 한편 그 결과 시국에 부응하여 전선 (全鮮) 유도(儒道) 연합회를 조직하는 등, 반도 민중 사이에 전개되는 황 국신민화운동의 확산과 심화는 그 끝을 알 수 없는 상황이다.

애당초 내선일체의 이념이야말로 도의적인 동아 신질서 건설의 핵 심을 이루는 것이었고 이것이 있기 때문에 만주국과 형제가 되고 신 중국과도 제휴하게 된 것이다. 세계에 유례없는 조선의 도의적 통치 가 여기에 엄존하는 것이다. 내선일체는 신대(神代)부터 오늘에 이르 기까지 역사적 사실의 입증을 기다릴 필요도 없이 미나미 총독이 말 씀하신 대로 내선일체는 서로 손을 잡는다든가, 모양이 융합한다든가 하는 그런 미지근한 것이 아니다. 손을 잡은 것을 놓으면 다시 떨어져 나가기 마련이고 물과 기름을 억지로 뒤섞으면 섞이기는 하지만 그 래서는 안 된다. 모양도 마음도 피도 살도 모두가 일체가 되지 않으면 안 된다. 이것이 내선일체의 이념이다.

대개 대사업에는 곤란과 장애가 수반되는 법이다. 내선일체 구현을 위해서는 어떠한 곤란과 어떠한 지장이 발생하더라도 이것을 극복하 고 배제해 가지 않으면 안 된다. 진지하고도 필사적이어야 한다.

지금 조선의 황국신민화운동은 관·공·사의 구별이 없고 정치·경제 는 물론, 보도, 예술, 종교 등 모든 방면, 모든 각도에서 활발하게 추 진되고 있다. 반도인의 열렬한 자각과 내지인 제군의 깊은 반성이 이 루어지고 있으며 대륙에서 황도를 선양할 추진세력으로서 장차 다가 오는 중대 시국에 대처하기 위해서 물심양면으로 대륙병참기지라는 사명에 정진할 동력이 되고 있다.

이제 이 글을 마무리하는 자리에서 나는 지금 조선의 도시와 농촌,

남녀노소를 불문하고 어떠한 경우에도 거의 모든 회의, 회합, 집회, 혹은 매일 아침 학교의 조회 등에서 전 민중, 전 애국반원에게 애송되고 있는 '황국신민의 서사'를 소개하며 글을 맺고자 한다.

황국신민의 서사

1. 우리들은 황국신민이다. 충성으로 군국에 보답한다.
2. 우리 황국신민은 서로 신애 협력하여 단결을 굳건히 한다.
3. 우리 황국신민은 인고 단련하여 힘을 배양하여 황도를 선양한다.

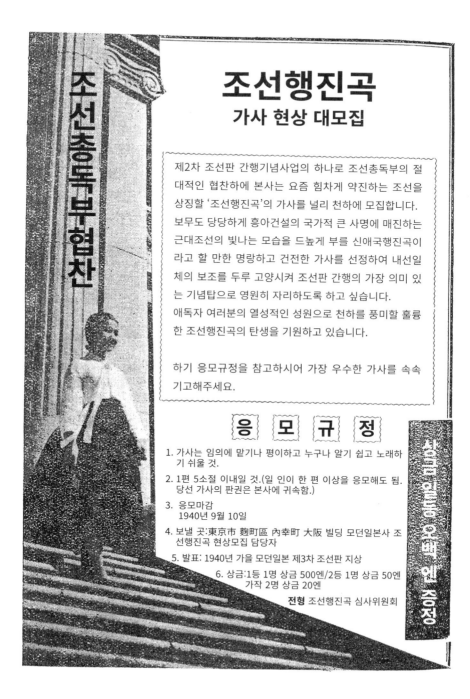

조선행진곡
가사 현상 대모집

제2차 조선판 간행기념사업의 하나로 조선총독부의 절대적인 협찬하에 본사는 요즘 힘차게 약진하는 조선을 상징할 '조선행진곡'의 가사를 널리 천하에 모집합니다. 보무도 당당하게 흥아건설의 국가적 큰 사명에 매진하는 근대조선의 빛나는 모습을 드높게 부를 신애국행진곡이라고 할 만한 명랑하고 건전한 가사를 선정하여 내선일체의 보조를 두루 고양시켜 조선판 간행의 가장 의미 있는 기념탑으로 영원히 자리하도록 하고 싶습니다.
애독자 여러분의 열성적인 성원으로 천하를 풍미할 훌륭한 조선행진곡의 탄생을 기원하고 있습니다.

하기 응모규정을 참고하시어 가장 우수한 가사를 속속 기고해주세요.

응 모 규 정

1. 가사는 임의에 맡기나 평이하고 누구나 알기 쉽고 노래하기 쉬울 것.
2. 1편 5소절 이내일 것.(일 인이 한 편 이상을 응모해도 됨. 당선 가사의 판권은 본사에 귀속함.)
3. 응모마감
   1940년 9월 10일
4. 보낼 곳:東京市 麴町區 內幸町 大阪 빌딩 모던일본사 조선행진곡 현상모집 담당자
5. 발표: 1940년 가을 모던일본 제3차 조선판 지상
6. 상금:1등 1명 상금 500엔/2등 1명 상금 50엔 가작 2명 상금 20엔

전형 조선행진곡 심사위원회

조선산업계의 장래

조선은행 총재 마쓰바라 준이치(松原純一)

최근 어느 지질학자는 조선반도를 지금 바로 뛰어오르려는 토끼의 자세에 비유했다고 하는데 지질이나 지형을 잘 관찰하면 과연 적절한 지적이라는 생각이 든다. 이 지형상의 비유는 경제 분야에도 적용시킬 수 있어서 최근의 경제적 약진을 적절히 나타내는 표현이라고도 할 수 있다.

조선은 올해가 마침 시정 30년에 해당하여 물심양면으로 내선일체가 완성되고 있고 모든 영역에서 내지와 거의 차이가 없게 되었다. 주택이라든가 의복은 오랜 역사적 발달의 결과이기 때문에 조선만의 칼라를 보이고 있으나 산업·문화 등 사회 각 분야의 상황은 내지의 진보 수준과는 다소 차이가 나지만 구성 상태는 대략 비슷하다. 현재 조선의 경제 상황을 여러 가지 경제지표(즉 생산액, 무역액, 예산, 금융기관의 예금, 대출 등)를 종합하여 내지와 비교해 보면 대략 1913, 1914년 즈음 내지 수준인 것 같다. 그러나 현재 조선은 제1차 세계대전 전에 내지에서는 볼 수 없었던 근대적인 대규모 공장이 있으며, 산업기술 수준이 어느 부분에서는 현재 내지와 동일 수준이라는 점을 고려하면 실질적 내용에서는 1913, 1914년 무렵의 내지보다 앞선 부분이 있다는 점은 주의해야 한다.

조선의 산업은 인구 구성, 생산액의 관점에서 볼 때 중추는 농업이어서 여전히 농업 지역의 단계를 벗어나지 못하고 있지만 달리 보면 거기에 바로 장래의 발전성이 잠재해 있다고 생각한다. 우선 직업별 인구를 보자.

조선 직업별 인구(1937년 말)

	총 수	내 지 인	조 선 인	외 국 인
농 림 및 목 축 업	16,651,963	25,223	16,606,624	10,106
어 업 및 제 염 업	328,364	9,348	318,892	124
공 업	765,335	98,624	658,724	7,987
상 업 및 교 통 업	1,715,843	177,759	1,524,535	13,549
공 무 및 자 유 업	946,623	260,566	684,283	1,774
기 타	1,552,320	24,182	1,518,811	9,327
무 신 고	395,037	23,800	370,986	251
합 계	22,355,485	629,512	21,682,855	43,118

이와 같이 농림 및 목축업에 종사하는 인구가 전체 인구 중 압도적 부분을 차지하는 것과 달리 근대적 산업인 공업 등에 종사하는 인구는 적다. 이는 근대산업의 미발달을 증명하는 것이지만 반면에 농촌의 인적자원 공출력이 풍부하기 때문에 장래에 근대산업이 발달할 수 있는 가능성을 보여주는 것이기도 하다. 최근 내지의 노동력 부족 사태에 직면하여 조선이 노동력의 보급지로서 어떻게 기여, 공헌하고 있는지는 이미 주지하는 바와 같다. 따라서 당면한 요청에 따라 조선이 내지에 대한 노동력 공출을 담당하고 있지만 원래대로라면 대부분의 경우 풍부한 노동력은 유리한 기업조건을 형성하는 것이므로 농촌인구가 풍부한 조선은 장래 산업발전이 이미 예약되어 있는 것이다. 즉 원시산업 중심의 인구구성은

인적자원의 관점에서 보면 근대산업발달의 가능성을 뒷받침하는 것이기 때문에 이른바 공업입지의 주요한 조건인 노동력 면에서 극히 우월하다. 이 점을 특히 강조함으로써 조선 산업의 장래를 판단하는 하나의 시사로 삼고자 한다.

인구구성에서 보면 조선은 농업중심이며 그 주요작물은 미곡생산이다. 이 점에서 조선은 단일산업지역(모노쿠릴)으로 보지만 미곡 농업 중심으로 발전한 이유는 1918, 19년경에 발생한 제국의 식량문제를 해결하기 위하여 적극적으로 미곡증산을 강행한 결과이며 조선이 다른 산업입지에 부적합하기 때문은 아니었다. 물론 산업의 발달에는 단계를 필요로 하며 원시산업을 일정수준까지 성숙시키는 것이 필요하기 때문에 과거의 조선은 미곡농업발달에 주력하여 근대산업건설에 소극적이었던 것은 부정할 수 없다. 그런데 1920년대 후반부터 내선(內鮮) 농업의 대립문제가 야기되어 조선은 미곡 농업에만 의존할 수 없게 되었고 필연적으로 근대산업 쪽으로 주의를 기울이지 않으면 안 되었다. 종래 조선에서는 대규모적인 수력발전이 불가능하다고 간주되었음에도 불구하고 당시 특수한 발전기술(유역변경발전 방식 및 제언(堤堰)식 발전방식)이 발명되어 극히 대규모이면서도 집중적인 수력발전이 이루어졌다. 즉 조선질소주식회사에 의한 부전강 수력발전과 그와 결합한 공중(空中) 질소공업의 출현이다. 전력이 근대산업의 모체임은 말할 것도 없으나 다량의 수력전기가 공급되고 가장 진보한 기술을 가진 대규모적인 근대공장이 북선(北鮮) 일각에 홀연히 나타난 점은 미곡농업을 중추로 하는 조선 산업체제에 혁명적인 변혁을 의미하는 것이었다. 거기에서부터 공업 조선이 시작되었다. 각종 생산고의 추이를 조망해보자.

	1931	%	1935	%	1936	%	1937	%	1938	%
농산물	702,855	63	1,151,047	55	1,208,911	52	1,541,366	52	1,575,787	52
임산물	59,413	5	114,005	6	118,064	5	138,710	5	156,750	5
수산물	77,562	7	133,880	6	164,003	7	187,953	6	189,824	6
광산물	21,741	2	88,039	4	110,429	5	110,429	4	미발표	
공산물	252,924	23	607,476	29	730,806	31	959,308	33	1,140,118	37
합 계	1,114,495	100	2,094,447	100	2,332,213	100	2,937,766	100	3,062,479	100

　　생산액에서 농산물은 여전히 선두를 차지하지만 증가율에서는 농산물이 가장 완만하다. 이와 반대로 공산물은 그 생산액이 농산물에 접근하고 있음과 동시에 광산물, 수산물과 더불어 그 증가율이 현저하다. 그런데 근대산업의 생산력 확충이 본격적으로 착수된 것은 중일전쟁 후인 1938년 이래의 일이므로 그에 따른 실적은 위의 통계에 반영되어 있지는 않다. 작년(1939)에는 미곡 수확량이 감소했다는 점을 고려하면 각종 산업 생산고에서 아마도 공업은 선두에 올랐을 것이고 농업은 제2위로 떨어지지 않았을까 추정된다.

　　이와 같이 조선 산업이 급격하게 공·광업을 중심으로 발달하게 된 이유는 전술한 것처럼 노동력이 풍부하다는 점과 각종 자원 또한 다채롭고 풍부하다는 점, 특히 수력발전이 풍부하다는 점에 기인한다. 그러나 이들 자원도 갑자기 발견된 것이 아니라 이미 오래전부터 지적되어 온 것이다. 따라서 유용자원으로서 등장하게 된 것은 별도로 다른 요인이 있다고 생각하지 않으면 안 된다. 그것은 다름이 아니라 만주 건국 후 내지 지식층의 조선에 대한 재인식, 1931년 말의 금 무역 재금지 후에 내지 자본의 이전 여력이 증대했다는 점, 그것과 인과관계를 갖는 기술의 발달과 조선으로의 기술 이입 등을 외적 요소로 들 수 있다. 내적 이유로는 중농정책을 농공병진정책으로 전환하여 근대공업 건설을 적극적으로 추진하게 된

점, 지방관민이 공업진흥에 열의를 갖고 공장유치에 노력한 점, 또는 만주 북지(北支) 등과의 교통이 편리하게 되었고 만주와 북지의 물자 수요가 커서 조선은 그들의 형이 된 입장에서 조선 내의 시장뿐 아니라 만주와 지나의 엔 블록을 수출시장으로 획득하게 된 점 등을 들 수 있을 것이다.

이를 한마디로 말하자면 조선 주변에서의 정치경제적 변화, 자급자족을 기조로 하는 국내자원의 개발방책이 일본 기술의 진보와 더불어 오랫동안 잠재되어 있던 조선 내의 물적 및 인적자원이 활발히 움직이게 되면서 조선에 근대산업의 급격한 발흥이 초래된 것이다.

주지하는 바와 같이 조선은 오랫동안 농산 및 원료품을 내지에 보내고 공업제품을 들여오는 경제적 입장에 놓여 있었다. 현재에도 그러한 경향은 없지 않으나 근대산업의 발달은 무역구성에 변화를 부여하여 완제품의 이입은 감소하고 있다. 최근 현저한 이입초과 원인은 건설 및 생산재의 이입 격증에 따른 것이다. 이것은 농공병진정책이 순조롭게 효과를 발휘하고 있음을 의미하는 것인데 최근 조선은 제국의 대륙병참기지로서의 사명을 갖고 그 완성을 위해 노력하고 있기 때문에 앞으로 산업발달은 더욱 기대가 된다. 조선은 이번 중일전쟁 이래 생산력 확충에 노력하고 있는데 그 계획은 기획원이 입안한 생산력확충계획에 포함되어 있으며 조선이 분담할 품목은 크던 작던 15품목 중 2품목을 제외한 13품목을 담당하게 된다. 이들 생산품목의 작년 실적은 공표되지 않았는데 지역적으로 봐서 계획에 가장 근접하여 양호한 성적을 거둔 지역이 조선이라고 알려져 있다. 따라서 근대산업의 건설이 진척되고 있음을 알 수 있을 것이다.

말할 필요도 없이 물자, 자금, 노동력의 관계에서 볼 때 생산확충 계획은 중점주의를 통해 진행될 방침이다. 이 중점주의는 산업별로 비중을 감안함과 동시에 지역적으로도 적용되지 않으면 안 된다. 즉 경제적 효과와 국방적 관점 등을 종합하여 현재 가장 필요한 산업의 생산 확충에 주력함과 동시에 가장 입지조건에 적합한 지역을 택하여 효율적인 산업건설을 할 계획이다. 후자의 지역적 중점주의는 내외의 산업배치를 어떻게 규정할까라는 블록론의 근본명제인데 그것은 국방적 요소를 가미한 산지 산업의 측면에서 조정되어야 한다. 따라서 조선은 대륙전진병참기지로서의 지위가 확인되고 있는 점에서 볼 때 지역적 중점주의에서는 극히 중시되는 입장에 있을 뿐 아니라 생산확충 계획의 실적이 보여주는 것처럼 가장 효율적인 지역으로 여겨진다. 따라서 지역적 중점주의는 조선의 산업건설에 박차를 가하는 효과를 발휘할 것이다.

조선의 생산 확충 목표가 소위 계획산업(15품목) 중 조선 분담 산업인 13품목 확충에 집중되는 것이 당연하지만 현재 미곡사정 및 외화획득의 면에 비추어 볼 때 산미증산과 수출산업 신장에 노력하지 않으면 안 된다. 전자는 산미증식계획의 부활, 후자는 수출수산품의 생산증가에 역점을 두고 있는 것이다.

즉 조선 산업의 장래는 대외적으로는 대륙병참기지를, 대내적으로는 전면적 진흥을 겨냥하고 있으며 서서히 효과를 거두고 있는 중이다. 그러나 앞서 언급한 각종 산업 생산고에 나타나는 것처럼 내

타박상, 염좌, 피로에 무엇보다 효과가 있는 바르는 연고입니다. 이들 증상이 신속하게 사라지며 다음날까지 증상이 계속되는 일 없이 직무와 학업에 정진할 수 있습니다.

50전·1엔   S A 1099

지와 비교하여 근대산업의 발달 정도는 아직 낮은 편이다. 내지는 전 산업 생산고에서 공업이 70% 내외를 차지하는 데에 비해 조선은 겨우 37%에 그치고 있으며 특히 공업생산액을 내지와 비교하면 57% 정도밖에 해당되지 않는다(1938년 내지 공산액은 197억 엔, 조선은 11억 4천만 엔). 따라서 산업건설상 가장 큰 비중을 인정하고 동시에 역점을 두어야 하는 분야가 공·광업 방면임은 당연하다. 게다가 여기에서는 자세히 다루지 않지만 인적, 물적 자원, 지리, 기후 등 기업 상의 입지조건에서 공·광업은 비약적인 진흥이 가능한 상황이다. 그중 미개발수력발전은 4백만 킬로 정도에 달하며 건설비는 내지에 비해 저렴할 뿐 아니라 한 장소에서 10만 이상이라는 집중적 발전이 가능하므로 배후지의 지하자원과 연결한 중공업의 발달이 가속도로 진행될 것임은 의심할 여지가 없다. 이를 기초로 하여 조선은 가까운 장래에 근대산업의 꽃을 피우고 내지와 일체화하여 우리 국력신장에 기여하게 될 것이다.

경성에서의 열흘

시마키 겐사쿠(島木健作)[4]

대부분 그러하듯이 나도 서른이 지나 처음 조선 땅을 밟은 사람 중 하나이다. 내가 조선에 간 것은 작년 3월 말에서부터 4월 초까지였다. 다카하마 교시(高濱虛子)의 『조선』이라는 작품, 기노시타 모쿠타로(木�下太郎) 씨와 아베 요시나리(安部能成) 씨의 글, 도쿄에서 알게 된 두세 명의 조선인 친구들의 이야기를 통해 아직 접한 적이 없던 조선은 나에게 그렇게 다가왔다.

불국사와 경주를 보고 나서 저녁 기차를 타고 다음 날 아침 9시경 경성에 도착했다. 기차가 40분이나 늦었는데 철도원은 당연하다는 듯 늦은 이유에 대해 한마디 변명도 하지 않으려 했다. 그래서 이방(異邦)에 왔다는 느낌이 들었다. 밤 기차였기 때문에 주변의 경치를 볼 수 없었던 것이 아쉬웠다.

일부러 미리 숙소를 정하지 않은 나는 조선식 여관에 머물고 싶은 마음에 마중 나온 사람에게 물어봤더니 지금은 중학교 수험기간이라 지방에서 상경한 사람이 많아 어디나 만원일 것이라는 답이 돌아왔다. 나는 말로만 듣던 학교 부족과 수험난을 실감했다. ○○호텔에 빈방이 있어서 그곳으로 가게 되었는데 이 호텔은 경성에서도 일류 호텔일 텐데 숙박한 손님의 천박하고 방약무인한 모습에 다소 놀랐다. 잠옷 바람으로 식당에 들어오는 것도 보기 좋은 모습이 아닌데다 한쪽 발을 다른 편 허벅지 부근에 올려놓고 드러난 종아리의 털을 손으로 쓰다듬으면서 시끄럽게 떠드는 식이다. 이쑤시개를 씹어서 부러트리고는 주변에 퉤하고 뱉기도 한다. 수세식 화장실의 사용법을 모르는 사람이 있는지 악취가 나는 화장실에 들어가 물을 내려서 앞 사람의 뒤처리를 해야 하는 경우가 한두 번이 아니었다. 목욕탕에서도 여러 가지 일이 있었다. 친구가 와서 함께 초밥집을 갔더니 두 명의 신사 손님이 서로 돈을 내겠다고 싸우고 있었는데 그중 한 사람이 드디어 다른 사람을 제압하고(정말로 제압해 버렸다는 느낌이 들었다.) 큰 악어가죽 지갑을 꺼내고는 "돈이라면 다 나에게 맡겨."라며호언할 때는 정말 어이가 없었다.

어느 날 한밤중에 갑자기 소란스럽게 사이렌이 울려서 문을 열어 보니 복도가 연기로 자욱했다. '불이야'라는 소리를 듣기도 전에 트렁크를 들고 뛰어나와 엘리베이터를 탔다. 거기에는 머리카락이 흐트러진 채 잠옷 위에 겉옷을 걸친 미심쩍은 여자가 있었는데 얼굴이 흙빛이 되어 남자를 꽉 붙잡고 떨고 있었다.

조선은 광산 붐이어서 이 호텔에도 그러한 사람들이 많이 숙박하고 있다고 한다. 돈도 사람도 정신없이 움직이고 있는 것이리라.

그러나 경성의 거리는 아름다웠다. 여기에서 아름답다고 말하는 것은 역사가 담긴 거리의 분위기를 풍부하게 지니고 있다는 것을 의미한다. 역에서 숙소까지 자동차로 이동하며 호기심어린 눈으로 창밖을 내다보던 내 앞에 순식간에 고색창연한 모습을 드러낸 것은 남대문이었다. 담쟁이 넝쿨은 아직 초록빛을 띠지도 않을 때였다. 나는 어떤 감동으로 가슴이 벅차 올랐다. 첫 조선 여행, 지나가는 여행객인 나조차도 이럴진대, 도쿄 등에 유학한 조선 청년이 오랜만에 돌아왔을 때는 더 깊은 감개를 느끼며 이 문 아래를 지나갈 것이다. 그런데 이 남대문을 다른 데로 옮긴다는 설이 꽤 유력하게 주장되고 있는 모양이다. 나중에 내가 봉천에 갔을 때도 어느 성벽을 어찌하려고 한다는 이야기를 듣기도 했다. 이유는 언제나 돈과 관련이 있을 테고 유력자라는 이도 대략 추측이 간다. 어디에나 그런 사람이 있는 법이다.

호텔 식당 창가에 자리를 잡으니 덕수궁 일대가 가까이 내려다보인다. 경성 거리는 위에서 내려다볼 때 매우 차분한 정취를 느끼게 한다. 그 이유 중 하나는 지붕을 이은 기와에서 받는 느낌 때문이다. 일본 내지 거리의 값싼 함석지붕에만 익숙해 있었던 탓인지 고풍스런 조선 기와가 주는 맛은 각별히 마음에 들었다. 이른 봄의 경성은 햇빛이 내리쪼이다가도 오후가 되면 갑자기 안개에 싸인 듯이 엷게 흐린 날이 이어졌다. 그 희뿌연 대기 아래로 가라앉은 고풍스런 기와가 층층이 차곡차곡 쌓여있는 것이다.

기와가 어떤 의미에서 차분한 아름다움을 보여주고 있다고 한다면 밝고 근대적인 아름다움을 보여주는 것은 조선 화강암이다. 화강암이 풍부하다는 것이 조선 문화에서 갖는 의의는 클 것이다. 나는 조선민속학회의 송석하 씨를 따라서 보성전문학교를 방문했다. 부속도서관장인 손진태 씨가 오랜 시간을 할애하여 교내의 곳곳을 안내해 주었다. 이 아름다운 흰색 건물은 배후에 산을 지고 앞에는 광대한 부지를 펼쳐 놓고 새로운 조선의 장래를 웅변하듯이 서 있다. 이 학교 건물은 실로 아름다웠다. 모든 학교가 이처럼 아름답다면 학생들은 정말 행복할 것이다. 그리고 이 건물을 이루고 있는 화강암은 옥상에 올라가면 바로 가까이 보이는 뒷산에서 채취한 것이라고 한다.

나는 또 매일신보의 백철 씨의 안내로 경성에서 다소 떨어진 신촌에 있는 이화여자전문학교를 방문했다. 이화전문의 건물의 아름다움과 그 음악당의 훌륭한 모습에 대해서는 여러 사람들에게 들은 적이 있었다. 가서 보고 나니 보성전문 쪽이 더 아름답다는 생각이 들었다. 일부러 아름다운 화강암을 사용하고 있으면서도 돌과 돌을 잇는 콘크리트가 검게 보여서 멀리서 보면 마치 거북 등갑 같은 모양이라 화강암의 아름다움이 살지 않는다. 혹평하자면 싸구려 석회반죽으로 발라 놓은 느낌이 들어 품위 있어 보이지 않는다. 지붕은 녹색으로 칠해 놓았다. 내부도 구경했다. 가사과·문과·음악과가 있는데 교실 등은 깨끗하고 아담하고 설비가 잘 갖춰져 있었다. 학생들이 사용하는 책상 수가 적어서 마치 학생들을 한 사람 한 사람 정성스레 가르치고 있다는 느낌이 들었다. 그러나 다른 한편으로 경박한 미국식 문화의 냄새가 안 나는 것도 아니어서 뭔가 소꿉장난을 하고 있는 것 같은 느낌도 받았다. "이런 하이칼라는 진정한 교육과는 관계가 없다."고 말하고 싶은 구석이 없는 것도 아니었다. 일본에서 보자면 분카(文化)학원처럼 돈을 들여 설비를 갖춘 학교에 비유할 수 있을 것이다. 음악과에는 피아노를 한 대씩 둔 자습실이 여러 개 있어서 건반을 두드리는 소리가 여기저기에서 들렸다. 자습실 문 위쪽의 작은 유리창 너머로 엿보고 싶은 유혹도 들었지만 참았다.

이 학교 졸업생 가운데에는 허영심이 강해 일반 가정에 들어가기를 싫어해서 타락하는 사람도 있다고 백철 씨가 설명해 주었다.

이왕가의 미술관은 두 번 구경했다. 그리고 경성에 사는 사람을 부럽게 생각했다. 내가 경성 사람이 부럽다고 생각한 또 다른 이유는 한강이다. 두 번 정도 친구와 함께 뱃놀이를 했다. 만주에서 돌아오는 길에 경성에 들렀을 때도 한강에서 뱃놀이를 했으니 전부 세 번이다. 그러한 나는 도쿄에 살면서 한 번도 보트를 탄 적이 없었다. 작은 연못에 보트를 띄우는 것은 정말 내키지 않는다. 경성처럼 큰 도회이면서도 도심과 가까운 곳에 그렇게 맑은 물이 가득 찬 큰 강이 있으니 경성 시민은 행복하다.

생각나는 대로

유아사 가쓰에(湯淺克衛)[5]

작년 여름이었다. 마침 내가 아버지 댁에 가 있었을 때 Y가 찾아왔다. Y는 동척(東拓) 이민의 자식으로 지금도 농장을 관리하고 있는 남자이다. 나는 그에게 그들이 조선에 왔을 때부터 오늘까지 경영을 하며 고생한 이야기를 들었다. 나는 마침 만주 이민지를 두 번째로 방문하고 돌아왔던 참이라 그의 의견 중 여러모로 참고 되는 점이 많았다.

그때 그는 이런 이야기를 했다. "내가 조선에 온 것은 소학교 2학년 때 였는데 기차를 타니 어느 역이나 국기가 걸려 있었어. 수원역에 도착했을 때는 역 앞 거리는 더 많은 국기로 장식이 되어 있더라고. 너무 기분이 좋 아서 아버지, 우리를 환영해주는 거죠?라고 말했더니 아버지도 *끄덕거리* 면서도 고개를 갸우뚱거렸어. 내지인이 적을 무렵이어서 우리들 이민이 들어오는 것을 역이나 거리에서 이렇게 환영해주는구나라고 뿌듯한 기분 이었어. 그런데 나중에 알고 보니까 그날은 기원절이었던 거야. 역 앞 거 리는 그 무렵에도 내지인 상점이 꽤 많았으니까 집집마다 국기를 내걸고 있었던 거지. 참 우쭐한 기분이었거든. 잘 기억하고 있지."

그래서 우리는 킬킬거리며 웃었다. Y는 나중에 동급생이 되었는데 집 이 학교에서 너무 멀어서 결석하는 날이 많아 나보다 2, 3년은 유급을 한 상황이었다. 그가 전학 왔다는 것을 그때 처음 알았다. 그가 우리 가족보 다 먼저 온 이주자일 것이라고 생각한 것은 완전히 그 지역에 몸이 배어 서 토박이처럼 보였기 때문일 것이다. 그는 마치 5대 정도 전부터 이곳에 서 살았던 사람처럼 보였다.

나는 두세 살 때 남선(南鮮)의 바닷가 마을에 살았고 한때는 겸이포에 산 적도 있었다. 추억담을 듣고 있노라니 집 뒤쪽에 있던 담배밭의 잎새가 버석대는 소리나 집 앞에 있던 바다에서 파도가 철썩거리는 소리가 들리 는 듯하다. 여동생이 태어났을 때 바닷가에서 돌아온 어부가 2척, 혹은 3 척 크기의 도미를 온 마을에 나눠 줘서 먹었는데 먹어도 먹어도 다 먹지 못했다고 할 정도이니 마을 사람들의 숫자도 그리 많지 않았을 것이다. 그 무렵의 정경이 주마등처럼 스쳐 지나가는데 부모님의 이야기를 듣고 연상한 것일지도 모른다.

수원에서 자리를 잡은 것은 6살 무렵이니 Y보다는 터줏대감인 셈이다. 그때부터 수원은 고향이 되어 버렸다. 그래서 '조선, 본 대로의 기록'을 적으려하면 너무나 많아서 대여섯 장 정도로는 다 쓸 수가 없어서 나중에 소설로 쓰는 수밖에 방법이 없을 것 같다.

25년 동안의 변화는 내 어릴 적 기억으로 봐도 대단한 것이다. 만주사변 직후에 거리에 청년훈련소가 생기고 총을 든 소년들이 이 산, 저 산을 돌아다니기도 하고 역에 출정하는 병사를 송영하러 가기도 했는데, 이제는 지원병이 되어 훌륭하게 성장한 모습이다. 얼마 전에 출정하는 친구를 배웅하려고 자동차로 궁성 주변을 지나가고 있으려니 지원병 1개 부대가 엄숙하게 지나가고 있었다. 나는 눈시울이 뜨거워졌다. 돌아오는 길에 히비야 공원 벤치에서 장혁주 군과 만나 이야기를 하는 중에 아까 본 지원병 부대가 화단 가운데로 들어오고 있었다. 장혁주 군이 인사할까 하며 일어섰는데 약간 거리를 두고 지나가 버렸기 때문에 그 상태로 우리는 그들을 배웅했다. 밝고 씩씩한 청년들을 보고 있으면 왠지 조선의 미래를 상징하고 있는 듯한 감정이 복받쳐 온다. 그러나 아직 빈둥빈둥 놀고 있는 생각 없는 청년들도 여전히 있기는 하다.

작년 봄 가토 다케오 씨, 하마모토 히로시 씨와 화홍문에 가서 방화수류정에 올라가려고 하니 7, 8명의 청년이 누상에서 대자로 누워 낮잠을 자고 있었다. 안내역을 맡은 역장 김씨가 "이것 봐라, 대낮부터 뭔가. 일어나게, 일어나."라고 청년들을 깨웠는데 그 역장의 모습도, 벌떡 일어나 흩어졌던 청년들의 모습도 우리에게는 정겹고 의미깊게 느껴졌다.

불국사에서

장혁주(張赫宙)

내가 아직 소학생이었을 때 여름이 되면 어머니들과 자주 불국사에 갔다. 불국사는 경주 읍내에서 40리 정도 떨어져 있는데 그 무렵은 아직 기차가 없어서 마차를 타고 갔다. 불국사나 석굴암은 당시 이미 세계적으로 유명한 고적이 되어 있었지만 예부터 살고 있었던 어머니들에게는 그다지 진기할 것도 없었다. 어머니들이 여름에 그곳을 가는 목적은 불국사 근처 계곡에 있는 작은 폭포였다. 그 폭포를 맞으면 어깨 결림이나 신경통에 효과가 있다고 하고 또 피서가 되기 때문이었다.

폭포는 불국사에서 5, 6정(丁)정도 안쪽에 있어서 우리는 폭포에 갔다 오는 도중에 절 앞 찻집에서 한 번 쉬는 것이 상례였다. 찻집은 스기야마라는 부부가 경영하고 있었다. 나는 결국 스기야마 씨는 한 번도 만나지 못했지만 스기야마 부인은 갈 때마다 만났다. 스기야마 부인은 읍내에 있을 때부터 어머니와 아는 사이였다. 스기야마 부부는 경주에 온 지 상당한 햇수가 지났는데도 아직 판잣집에 살고 있을 정도로 매우 가난했던 것 같다.

그런데 스기야마 부인의 능숙한 조선어나 붙임성 있는 접대, 그리고 내지풍의 다기와 찹쌀과자 등이 내게는 매우 신기했다. 어머니들이 내지의 방식으로 팁을 주거나 하면 스기야마 부인은 그러면 안 된다고 강하게 거절했지만 결국은 어머니를 못 이기고 받아 두었다.

그 다음 해 여름, 나는 스기야마 부인이 베로 만든 모기장 안에서 7, 8명 정도 아이들을 낮잠 재우고 있는 광경을 보게 되었다. 어머니들의 이야기로는 근처 농부의 아이들을 데려다 키운다는 것이었다. 또 그 다음 해 여름, 스기야마 부부의 양녀가 — 호적에는 양녀가 아니라 부부 사이에 태어난 아이로 해 두었다고 하는데 — 붉은 커다란 꽃 모양을 한 여름 기모노를 입고 마당에서 놀고 있는 것을 보았다. 스기야마 부인이 그 아이를 귀여워하는 모습은 보는 사람이 부러워질 정도였다. 성격이 고약한 우리 어머니와 비교되서 나는 그 아이와 바뀌었으면 하는 생각도 했었다.

그 후로 우리는 폭포로 피서를 가지 않게 되었는데 그 사이에 대구와 경주 간에 철도가 생기고 얼마 되지 않아 불국사에도 기차가 다니게 되었다. 그리고 나는 교장 오사카 로쿠손(大坂六村) 선생님의 대리로 명사들에게 고적을 안내하기 위해 자주 불국사에 가게 되었다. 물론 스기야마 부부는 판잣집에서 불국사 호텔로 이사했다. 호텔은 철도회사 경영이었지만 스기야마 부부가 위탁경영을 하고 있었다. 호텔 때문에 불국사까지 훨씬 돋보이는 것 같았다.

중학교에 들어간 후에는 무언가의 용무로 종종 그 호텔의 넓은 마당에 서서 불국사의 다보탑과 석가탑, 그리고 눈을 돌려 멀리 보이는 영지(影池)를 쳐다보곤 했다. 나는 스기야마 부인에게 "따님은요."라고 물어봤다. 부인은 대구의 여학교를 다니고 있다고 답했다. 나는 그 딸이 아무런 어려움 없이 성인이 되어 가는 것을 속으로 기뻐하고 있었다. 그리고 나서 십수 년간 나는 자신의 인생과 격투하느라고 그 따님 일은 까마득하게 잊고 있었다. 어느 봄날, 오랜만에 소학교 때 은사인 오사카 로쿠손 선생님을 방문했다가 그 따님에 대해 물어봤다. "여러 가지 일이 있었지…"선생님은 조금씩 이야기하기 시작했다. 그리고 스기야마 부인이 딸을 입양한

아이라는 것을 감추기 위해 얼마나 마음고생을 했는지 알게 되었다. 부인은 소학교나 여학교를 몇 번이나 바꾸었는데 조선 안에서는 아무리해도 감출 수가 없어서 부인의 고향에 있는 — 내지 어딘지는 잊어버렸다 — 여학교로 전학을 보내기도 했다는 것이다. 그리고 그 다음에 생긴 걱정거리는 결혼문제였다. 데리고 온 자식인데다가 조선인의 피를 이어받아서 데릴사위로 오겠다는 사람이 있을 리 만무했기 때문이다. 그런데 대구 상업학교의 교사로 그 딸을 — 이름을 몰라서 이렇게 부르지만 — 사랑한 남자가 있어서 자진해서 데릴사위가 되었다는 이야기였다.

그 이야기를 들은 다음 해인가, 불국사에 어느 선배를 안내해주었는데 그때 스기야마 부인은 매점에서 손자 같은 아이를 돌보고 있었다. 그리고 호텔에서 젊은 부인이 내려오고 있는 것을 보았다. '아, 이 여자구나'라고 생각하며 나는 그 세련된 모습의 여인을 질리는 줄 모르고 쳐다보고 있었다. 매점에서 스기야마 부인에게 그림엽서를 샀는데 부인은 옛날과 전혀 달라지지 않은 것 같았다. 그러나 스기야마 부인이 나를 기억할 리 없었다. 그런데 부인이 손자를 무릎 위에서 안고 있는 것을 보니 내 일인양 마음이 놓이는 것이었다. 돌아보니 어느새 20년이 흐른 일이다.

조선, 본 대로의 기록

후쿠다 기요토(福田清人)[6]

부산에 도착하자마자 매우 굵은 소나기가 내렸다. 내지에서는 여름에만 볼 수 있는 비다. 그것이 4월 말에 내리는 것이다. 대륙과 이어져 있어서 그런지 빗방울조차도 굵직하다고 생각했고 또 내지풍의 감정을 씻어버리라는 것인가라는 생각도 들었다. 나는 우왕좌왕하는 흰옷 무리를 헤치고 나와 향토음식을 먹으러 갔다.

철로 주변 풍경에서 몽환적이라고 말하고 싶을 정도로 인상적인 것은 이제 막 싹을 틔운 포플러다. 나무가 적은 토지에 마음껏 뿌리를 펼치고 취할 수 있는 모든 양분을 빨아들이고 있을 것이다. 매끈한 모습으로 하늘 높이 쑥쑥 자라고 있다. 가볍게 흔들리고 있는 포플러 거리를 보면서 어릴 적에 바다 속을 잠수안경을 쓰고 엿보았을 때 바다풀이 물결에 살랑살랑 흔들리고 있는 모습이 너무 아름다워 눈이 휘둥그레졌던 기억이 떠올랐다.

그 후 만주에서 하얼빈을 지나 북쪽 국경으로 가는 열차 안에서 오전 4시 쯤 잠에서 깨었을 때 본 새벽녘 만주의 지평선, 작년 여름 기타치시마(北千島)에 항해했을 때 안개 속에 홀연히 나타난 눈 덮인 산기슭에서 고산식물이 꽃밭을 이루고 있던 섬의 경관, 그리고 이 반도의 아침 안개에 흔들리는 신록의 포플러 가로수는 평생 잊지 못할 삼대 풍경이다.

그것은 조선 치마의 보드라움, 기생에게 느끼는 차가울 정도의 조용함, 어딘가 반도 사람의 생활에서 풍기고 있는 관대함도 연상되었다. 포플러는 물론 내지에도 있지만 반도의 땅에 딱 어울리는 나무라는 느낌이 들었다.

나는 경성과 평양 밖에 가 보지 못했다. 경성은 신사가 있는 높은 언덕에서 보니 어딘지 항구마을을 닮은 듯 했다. 건물에서 고풍스런 역사 도시를 예상한 것은 나의 착오였다. 해양 도시처럼 근대화되어 있다. 어딘가에 바다가 있는 게 아닌가라는 묘한 생각이 들었는데 푸른 하늘 밑에 빛나는 강의 물결이 보였다. 오래된 궁도 소박하여 뜻밖이었다.

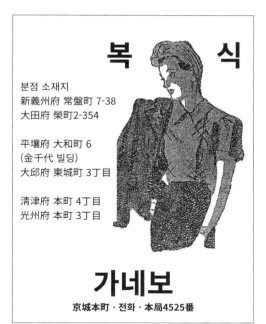

매일신보 기자이자 문예 비평가인 백철 군의 안내로 조선어 신문사를 돌아보고 각사 부장급인 몇 사람을 만났다. 모두 젊고 좋은 인상을 가진 사람들이었다. 내선일체 문제를 내지에서는 어떻게 생각하는지라는 질문이 많았다. 대체로 웅변가들이었다. 그러나 내지 사람들도 대륙에서는 웅변가가 된다는 사실을 안 것은 나중의 일이다. 슬로건은 내지에도 많지만 반도에서는 무서우리만큼 범람하고 있었다.

아리랑 노래는 인간의 영원한 슬픔을 호소하고 있어서 마음에 사무치게 다가온다. 기생은 그 슬픔조차 술자리에서 항상 곱씹고 있는지라 그렇게 조용한 것일까. 평양 대동강을 내려다보는 술집의 옆방에는 휴게실인지 열 명 정도의 기생들이 모여 있었는데 역시 경성에서 술을 따라주던 기생과 마찬가지로 일상생활에서도 조용하여 시끄럽게 떠드는 일이 없었다.

밤 기차에서 신혼부부로 보이는 이들이 앞자리에 앉았는데 아름다운 조선인 젊은 부인은 남편 팔에 기대어 졸면서 조선어로, 때로는 내지어를 섞어서 말하면서 응석부리는 듯한 웃음을 짓고 있었다. 그 표현도 노골적이지 않았다.

이러한 조용함은 짧은 여행에서 본 일부 모습에 불과한 것일까? 그렇지 않을 것 같은 느낌이 든다. 이 지역 여성의 전통적인 성품 탓이거나, 사회조직에서 오는 것, 아니면 남자의 권력이 강하고 여성이 해방되어 있지 않아서라는 등의 이유 때문이라고 생각했다.

평양 거리는 과연 오랜 전통적인 건물이 많이 남아 있었다. 신경과 봉천, 정도의 차이는 아니나 천진과 북경, 상해와 소주와 비슷한 인상이었다.

모란대에서 내려다본 대동강의 물결 - 내지에서는 어떨까라고 생각해봤지만 그런 특이한 풍경을 가진 도시는 떠오르지 않았다. 모란대의 절벽에는 예전에 이곳에서 즐거운 시간을 보냈던 관리, 군인들의 이름이 크고 작게 새겨져 있었다. 자신이 직접 새긴 것도 있고 부하가 상관의 환심을 사려고 새긴 것도 있다고 한다. 그러한 이들의 거만하고 사대주의적이며 중국의 영향을 강하게 풍기는 옛 조선이 거기에 기록되어 있는 것 같은 묘한 기분이 들었다. 그러나 대동강의 푸른 물결은 무심하게 흘러가고 놀 잇배가 유유히 떠 있는 풍경은 마음에 와닿았다.

경성에서 조선의 문화인들을 많이 만났는데 그들은 2, 3년 전과는 달리, 유진오 씨의 작품에 보는 것 같은 정형화된 인텔리의 모습을 조금이라도 극복하려는 노력이 느껴졌다. 이것은 내가 그런 소망을 갖고 있어서 그렇게 느낀 것인지 알 수 없으나 그런 생각이 들었다.

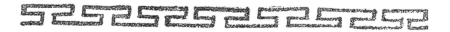

여름화장의 비결 공개
하얗고 아름다운 피부야말로 생명

　　더위가 심해지면서 피부 표면의 땀선과 피지선이 완전히 느슨해져 지방과 땀을 왕성하게 분비시킵니다. 그 때문에 화장을 하면 백분이 잘 스며들지 않고 화장도 잘 지워지게 되므로 여름화장에는 우선 피부를 충분히 정돈해 주도록 합시다.

　　이러한 계절에 아침저녁으로 클렌징 세안을 하는 것은 적합하지 않습니다. 그러나 입욕 시에 한번 가볍게 비누로 세안한 후, 올리브유나 콜드크림을 얼굴 전체에 바르고 욕조에 몸을 담그고 나서 차가운 타올로 얼굴을 덮어 주어 피부를 수축시켜 줍니다. 이 방법을 목욕할 때마다 1~2주간 정도 해주면 피부가 적당하게 정돈됩니다.

　　외출 시에는 피부에 유분이 적당하게 남아 있는 상태이므로 그 위에 엷게 볼연지를 바르고 피부에 맞는 가루분을 두드려 주면 자연스럽게 아름다운 화장이 완성됩니다. 여름에는 될 수 있는 한 엷은 화장이 좋습니다만 다소 두껍게 화장이 된 경우에는 한번 바른 백분 위에 화장수를 발라주고 그 위에 한두 번 가루백분을 두드려 줍니다. 악센트를 주기 위해서 눈썹과 속눈썹은 올리브유에 적신 면 수건으로 닦아서 윤기를 주거나 입술연지를 바르기 전에 입술에 콜드크림을 바른 다음 그 위에 입술연지를 바르면 매우 효과가 좋습니다.

그러나 아무래도 백분이 엷어지는 여름에는 피부상태가 그대로 노출되기 마련이므로 칙칙한 피부, 콧잔등의 두드러진 피지, 젊은 층을 고민케 하는 여드름, 종기 등으로 고민이신 분은 무엇보다 먼저 이러한 문제를 먼저 해결하지 않으면 안 됩니다. 피부가 하얗고 아름답게 정돈되어 있으면 화장도 즐거워지고 덕지덕지 두텁게 화장을 할 필요가 없게 되기 때문입니다.

피부를 하얗게 하고 여드름과 과다한 피지분비에서 벗어나는 방법으로 지금 호평 중인 레온 세안크림을 사용한 세안법을 추천합니다. 레온크림은 미백력, 살균력이 강한 콜로이드 유황과 세정력이 강한 약물을 교묘하게 배합한 유일한 과학적 세안료입니다. 아침저녁의 세안과 입욕 시에 가볍게 거품을 낸 레온크림으로 세안만 해도 훌륭한 효과를 발휘하여 모든 화장품이나 여러 가지 손질방법으로 성공하지 못한 칙칙한 피부, 여드름, 피지가 많은 피부를 속에서부터 하얗고 윤기 있는 피부로 만들어 줍니다.

● 레온 세안크림은 보통형 1엔 50전, 덕용 1엔 60전(송료 각각 내지 10전, 그 외 42전)으로 전국 백화점과 화장품점에서도 판매하고 있습니다만, 될 수 있는 한 제조한 지 얼마 되지 않아 효과가 좋은 제품을 제공하고자 하니 도쿄시 간다구 오가와마치 오가와마치빌딩 1-12 주식회사 레온상회(우편대체 도쿄 881번)로 직접 주문해 주시길 바랍니다.

● 엽서로 신청하시는 대로 아름다운 '세안 미백법' 등의 팸플릿을 무료로 보내 드립니다.

백어 같은 흰 손이[7]

박종화(朴鐘和)[8]

백어 같은 흰 손이 거문고 줄 위로 달릴 제
스르렁, 징, 당, 동……징, 당, 동

구름같은 노래가 발간 입술로
구울러 떨려 떨어질 때
지……화……자……지……

가을물 같은 눈결이
사람의 얼굴 위로 출렁거릴 때
……＿＿……＿＿……＿＿……

스르렁, 징, 당, 동…….징, 당, 동
지……화……자……지……
……＿＿……＿＿……＿＿…….

반딧불[9]

김상용(金尙鎔)[10]

너는 정밀(靜謐)의 등촉(燈燭)
신부 없는 동방(洞房)에 잠그리라.

부러워하는 이도 없을 너를
상징해 왜 내 맘을 빚었던지

헛 고대의 밤이 가면
설운 새 아침
가만히 네 불꽃은 꺼진다

웃은 죄(민요)[11]

김동환(金東煥)[12]

지름길 묻길래 대답했지요
물 한 모금 달라기에 샘물 떠 주고
그러고는 인사하기 웃고 받았지요
평양성에 해 안 뜬대두
난 모르오
웃은 죄밖에

114

여봅소 서관 아씨(민요)[13]

김억(金億)[14]

여봅소 서관 아씨,
영명사 모란봉엔
오늘도 넘는 해가 빨갛게 불이 붙소.

서산에 불이 붙고
동산에 불이 붙고
대동강 복판에도 불빛이 붉소구료

여봅소 서관 아씨,
이내의 열여덟엔
하소연할 심사의 불길이 타는구료.

(원주) 서관(西關)은 평양지방의 속칭입니다.

115

하얼빈 역에서[15]

임학수(林學洙)[16]

외투도 없다
옷 깃을 세우고, 의족과
지팡이를 울리면서
온종일
대합실을 어슬렁거리고 있다.

(다락방 침실에는 불도 없으리라)
그러나 부드러운 소파에
쉬고 싶은 생각도 들지 않는다.
빛바랜 채로 단정한 용모
상장(喪章)

마음가짐은 어디까지나 기품 있게

문득 창가에 기대어
불안스레——
무엇을 보고 있는 것일까?
그 푸른 눈으로

아아 이가 덜덜 떨리는
영하 40도
찌푸린 북쪽 하늘에는
오늘도 하염없는 눈이
내리건만── 헌데,
조국이 없는
알렉세이 군이여!

김종한(金鍾漢)[17] 번역

조선 수감(隨感)

기쿠치 간(菊池寬)

○ 우리들 문예가는 이번에 '문예총후운동'이라는 깃발 아래 전국강연을 전개하게 되었다. 처음에는 프로그램에 포함되지 않았었는데 조선 쪽에서 요구가 있어서 가게 되었다. 아직 멤버가 확정되지 않았지만 나는 확실히 간다. 아마도 8월 상순에 가게 될 것 같다.

○ 조선에는 1930년 9월에 간 적이 있으니 이번에 가면 두 번째다. 그렇지만 1938년 당시에는 비행기로 만주여행을 하던 중 경성에서 2박했을 뿐이다. 그러니 하늘에서 한번 봤을 뿐 거의 아는 것이 없다. 이번에 일주일 정도 각지를 순회하므로 여러모로 볼 수 있을 것이라 생각한다.

○ 나는 '조선예술상'이라는 것을 제정했다. 그런데 내가 솔선해서 모범을 보이면 조선에 관계하는 유력한 실업가들이 조선 문화 장려를 위해 5만 엔, 10만 엔은 후원해줄 것이라고 기대했는데 그런 사람은 쉽게 나올 것 같지 않다. 일본의 실업가들은 일본화 한 장에 수만금을 투자하면서도 일국의 문화나 예술을 위해 천 엔의 돈조차 기분 좋게 내놓는 사람이 없다.

한심한 일이다.

○조선 사람들은 문학, 음악, 무용 등에 특히 재능이 있는 것 같으니 장려하는 방법에 따라 찬란한 예술의 꽃이 피지 않을까 생각한다.

○얼마 전에 미나미 총독을 만날 기회가 있어서 조선예술상 장려를 위해 고려해 주십사 부탁해 두었다.

조선호텔 뒤뜰

오키스구루(大木卓)그림

조선의 민예

야나기 무네요시(柳宗悅)[18]

최근 동양에 대해 고고학자들이 점차 관심을 갖기 시작하여 특히 중국이나 조선, 일본의 옛 유물을 통하여 전통 문화를 이해하고자 하는 연구가 왕성해지고 있다. 고고학자에게 조선 문화는 매우 흥미롭다. 오래된 시대의 유물이 많이 남아 있어서 연구하면 할수록 더욱 흥미로워진다. 조선에는 재료가 많아서 흥미롭다는 것이 아니라 전통시대의 유물이 생활 속에 그대로 채용되어 쓰이고 있고 그들의 일용품 속에 우리가 눈이 휘둥그레질 정도의 골동품이 아무렇지 않게 많이 남아 있기 때문이다. 그런 의미에서 근대 및 현재의 조선만큼 고고학자에게 도움이 되는 곳은 없다.

두세 가지 예를 들면 조선의 시골 인근에 가면 논밭을 일구는 데 쓰이는 매우 독특한 모양의 낫이 있다. 옛 신라의 수도인 경주의 박물관에 가면 신라시대에 사용된 낫이 진열되어 있는데 그것과 현재 사용하는 것을 비교해 보면 조금도 다르지 않다.

또한 현재 조선에서 사용되고 있는 벼루를 보면 중국의 한나라 양식 그대로이다. 중국에서는 한나라 때 풍자연(風字硯)[19] 같은 것이 일찍이 사라져 버려 현재는 거의 볼 수가 없는데 조선에서는 조선시대에나 오늘날에도 여전히 만들어지고 있는 것이다.

일본에서는 그다지 찾아볼 수 없지만 조선에서는 일상생활에서 돌 세공을 많이 사용한다. 여기에도 옛날 한나라 때의 오래된 양식이 남겨져 있다. 예를 들자면 여러 가지가 있으나 조선의 문방구에 화각(華角)이라는 수법이 있다. 일본에서는 나라(奈良) 정창원(正倉院)에 겨우 남아있을 뿐 이른 시기에 사라졌지만 조선에는 그 수법이 지금까지 남아 있다. 그러한 유물을 보면 그들의 생활모습이랄까, 마음가짐이 매우 고풍스러우면서도 그윽하다는 생각이 든다.

지금까지 고고학자는 땅속을 파헤치고 발굴하여 옛 문화를 찾아다녔지만 지금 우리들은 그것을 땅 위에서 구할 수 있는 것이다. 현재 조선만큼 고고학자에게 많은 시사를 주고 흥미로운 부분을 제공하는 지역은 없다고 생각한다.

이렇게 말하면 조선은 진보가 없고 정체되어 있다는 식으로 생각하지만, 진보해야 하는 방면은 점점 진보하고 개혁되고 있으며 다른 한편으로 우리들이 일찌감치 잃어버린 것이 오늘날에도 여전히 보존되고 활용되고 있는 것이다. 조선은 동양 문화를 연구하는 고고학자가 그냥 지나쳐서는 안 될 보고(寶庫)이다.

(필자는 민예연구가)

금강산 신계사

세키구치 지로(關口次郎)[20]

우리가 조선에 간 것은 한여름이었다. 설상가상 남선(南鮮)에서 늦더위가 기승을 부리던 작년의 일이다. 기차 창문을 통해 바싹 타들어간 논밭만 봐서 그런지 경성의 늦더위는 더욱 참기 어려웠다. 한낮의 실외 온도는 섭씨 48도, 조선 호텔의 객실에 있어도 섭씨 37도 가까이 된다. 게다가 밤에는 시원해진다고 들었는데 새벽 4시경까지도 화끈거리는 열기는 잦아들지 않고 4시쯤 되면 벌써 동이 터서 다시 아침 해가 내리쬐기 시작하는 식이었다.

4일째 드디어 동행한 이치카와 모토(市川元)와 잠시 금강산으로 도피하기로 했다. 밤에 경성을 출발하여 이튿날 아침 경인선을 안변(安邊)에서 갈아탔는데, 우연히 3일 전쯤에 명월관에서 만난 조선일보의 부사장 이상협 씨를 우연히 만났다. 그는 전혀 달라진 산뜻한 니커보커스[21] 차림이었다. 해안의 별장에라도 가는 것이리라. 가까이에 가족이 있다고 말했다. 상음(桑陰)부터는 동해에 면한 해안선을 따라 간다. 외금강에 도착하

사진 ― 금동미륵보살반가상

니 타서 눌어붙은 것 같은, 그러나 생각보다 말끔한 광장에서 온정리에 있는 외금강 호텔로 향하였다. 호텔은 소박함 그 자체인 방갈로였다.

잠시 휴식을 취하고 나서 도시락을 부탁해서 마련하고 구룡연으로 향했다. 극락 고개라는 작은 고개를 넘자 곧 이어지는 적송 숲으로 된 경사로가 어딘가 교토 부근의 산을 연상시켰다. 가을 풀을 닮은 연보랏빛 꽃들이 피어 있었다. 내려오는 산모퉁이에 금강산 신계사가 있

다. 절 공간이 넉넉하고 다소 큰 승당이 있는 것 외에는 내지의 절과 비교하면 이렇다 할 특징은 없다. 건물도 소박하고 각각 모양이 다른 산문(山門)의 기둥이 콘크리트로 되어 있는 것이 왠지 조화를 깨트리고 있다.

절 앞 찻집에서 쉬었는데 서른네댓 살 정도의 아담하고 아름다운 주인이 매우 친절하게 접대를 해주었다. 반짝반짝 빛나는 흰모시의 조선옷도 기분이 좋을 정도로 청결하다. 무엇보다 조선에 와서 제일 먼저 놀란 것은 사람들의 여름옷의 청결함이었다. 전차를 타도 거리를 걸어도 우리의 후줄근한 여행복 차림이 매우 신경이 쓰일 정도로 색도 깨끗하고 여밈도

단정하다. 내지에서의 관념과는 전혀 다르다. 그 사이 구름이 끼기 시작한 날씨와 시간이 걱정되어 서둘러 경승 금강산의 계류를 거슬러 올라간다. 저것이 비로봉, 저것이 세존봉, 부처를 빗대어 이름을 지었음이 역력한 명산을 멀리 올려다보면서 도중에 옥류동과 비봉폭포와 같은 몇 개의 폭포, 또 장성암이라고 하는 기승을 보면서 구룡연도 이제 머지않은 곳까지 왔을 무렵 거센 빗줄기를 만났다. 하는 수 없이 바위 그늘에 잠시 피했지만 전혀 그칠 것 같지 않아서 비를 맞으며 단숨에 폭포의 찻집까지 올라갔다. 눈앞에 중천(中天)이라고 할 수는 없지만 높은 절벽에서 길고 하얀 천 자락 같은 물줄기가 떨어지는 것이 구룡연이다. 안타깝게도 주변은 장마 때처럼 희뿌옇고 눅눅한 음울함으로 가득 차있다. 외금강에 대해 말하자면 양쪽 절벽의 뽕나무와 수량이 풍부한 암석의 계류, 그리고 폭포와 기암의 풍경인데 내지의 빼어난 경승을 보던 눈으로 보면 그다지 특별한 인상은 주지 못한다. 그러나 흐르는 물만큼은 청정하고 아름다웠다. 그러나 그것도 이번 1월인가 큰 산불이 나서 양쪽 절벽의 뽕나무가 거의 불 탔다고 하니 지금은 어떤 상태일까?

어쨌거나 당시 조선에서 봐야 하는 것은 여운이 많이 남는 사적지와 훌륭한 도기라고 생각하면서 우리들은 신계사로 내려왔다. 벌써 해가 지고 있었다. 지나가는 길에 마당을 쓸고 있던 찻집 주인이 놀란 표정을 하고 자못 옛 친구를 배웅하듯 생글생글 웃으면서 인사하며 차를 내주었다.

그날 밤도 외금강에 머물렀는데 다음 날은 아침부터 이슬비가 내리고 있었다. 우리들은 정처 없이 또 어슬렁거리며 극락고개를 넘어 신계사로 갔다. 이번에는 천천히 주변을 카메라로 찍으며 구경했다. 그러자 찻집 주인은 이런 곳에 자주도 온다는 듯 어이없어 하는 표정이었지만 서둘러 차대접을 해주었다. 우리는 거기서 한나절을 즐겁게 놀았는데 비가 개자 이번에는 해금강으로 갔다. 해금강도 소문과 같은 장관은 볼 수 없었지만

아무튼 우리의 금강산 여행에서 이상하게도 가장 인상에 남는 것은 신계
사와 찻집 주인이다. 이치카와는 지금도 그 이야기를 하며 웃는다. 그러
나 여행이라는 것은 결국 이런 것이 아닐까?

(필자는 극작가)

조선의 여관

시모무라 가이난(下村海南)[22]

조선 여행은 이제 빈번해졌다. 숙박한 곳을 손으로 꼽아 봐도 함경, 강
원도에서는 회령, 웅기, 청진, 주을, 나남, 함흥, 원산, 온정리, 장안사가
있다. 경성 이북에는 신의주, 평양, 진남포, 겸이포, 경성이 있고 경성 이
남에는 부여, 군산, 목포, 소록도, 대구, 경주, 동래, 해운대 등이 있다. 그
중에 아직도 깊은 인상으로 남아있는 곳은 경주 불국사의 일출 풍경과 부
여의 시골 정취가 물씬한 여관에서의 밤이다.

그러나 그보다 더욱 인상이 깊었던 곳은 금강산 속의 장안사나 온정리
같은 산 여행이 아니라 부전 고원, 장진강 호반의 여관과 전라남도의 세
토(瀨戶) 내해(內海)라고 불리며 새롭게 물길이 연결된 소록도에서의 하룻
밤이었다. 경치도 특이하고 풍광은 가장 뛰어나다고 할 만하다. 그리고
관심을 끈 것은 황해로 흐르는 압록강 물을 막아 동해 쪽으로 물길의 흐
름을 바꾼 일이다. 게다가 50만이라는 수력발전을 일으킨다는 것은 세
계를 통틀어 보아도 최초의 시도가 아닐까 싶다. 그런 점에서 과학의 무
궁무진한 힘을 보는 것 같다. 일본 과학이 세계를 향해 자랑할 만한 일이

며 조선 산업계뿐 아니라 사상계에도 어떤 깊은 인상을 남겼다고 생각한다. 더욱이 전라남도의 소록도는 6천 명의 불행한 나병 환자가 수용되어 있다. 눈에 뭐가 씌우면 곰보자국도 보조개로 보인다고 하는

아라이 다쓰오(荒井龍男) 그림

데 그 반대로 보조개도 곰보자국으로 보이는 경우도 있을 것이다. 조선에서의 시정(施政)이 여러 방면에 이르고 있지만 이 소록도의 경우에 대해서는 아무리 백안시하려고 해도 곰보자국으로는 보이지 않을 것이다. 장진 호반이나 소록도의 여관에서는 그러한 갖가지 감회에 젖어있었기 때문에 지금도 잊지 못할 추억으로 남아있다.

(필자는 법학박사)

문화의 자유성

이극로(李克魯)[23]

동서양을 불문하고 인문이 미개한 시대에는 인지(人智)가 발달하지 않아서 일체의 이해력이 부족하고 감정이 이성을 지배하고 있었다. 그리하여 정복자는 피정복지에서 아무렇지 않게 모든 문화시설을 파괴했다.

즉 역사를 불사르고 고적(古蹟)을 파괴하고 또한 정당한 신앙도 압박했다. 그러나 인문이 발달함에 따라 중세 유럽 종교전쟁의 결과, 마침내 신앙의 자유를 허락하게 되었고 현대 국가는 그 지역 내에서 어떠한 문화든 고적 보존에 국력을 아끼지 않게 되었다.

이는 오로지 인류가 인류의 문화를 조장하고 발전시킬 의무가 있음을 깨닫고 또는 인류의 행복이 문화 발전에 따라 증진한다는 것을 이해한 까닭이다.

현대인의 생활은 자신의 향토적 혹은 전통적 문화에만 만족해서는 이루어지지 않는다. 따라서 다양한 심리(心理)가 발전하고 한편에서는 자연의 발달에만 맡기는 것이 아니라 창안가는 의복, 음식, 주택 등 시시각각으로 새로운 고안을 내놓으려 애쓰고, 발명가는 새로운 진리를 발견하는데 열중함으로써 신문화 발달을 촉진시키고 있

김인승 그림

다. 다른 한편 문명과 야만의 구별 없이 문화는 상호교류하고 있다.

따라서 문명족의 문화가 미개족에게 수입되는 것은 당연한 이치이며 반대로 미개족의 미개문화나 원시족의 원시문화가 문명족에게 수입되는 경우도 적지 않다. 예를 들면 미국 홍인종의 수공업인 토기나 직물과 같은 양식이 서양에 수입되는 것이나 미국 흑인종의 무용이 백인의 댄스홀에 수입되어 인기를 끄는 것은 우리들이 익히 알고 있는 바이다.

비유하자면 지구는 인류문화의 화원이다. 화원에는 당연히 모든 꽃이 구비되어 있지 않으면 안 된다. 이 화원을 단순히 모란 꽃밭이나 국화밭, 난꽃밭 일색으로 해서는 안 된다.

일국 안에서도 여러 가지 문화의 병존 발전이 가능하다. 아니, 여러 문화가 병존 발전할 때 비로소 대국이 될 수 있는 것이다. 오히려 하나의 문화 단위로만 이루어진 국가는 대개 약소국이다.

(필자는 조선어학자)

127

겸양의 정신

안함광(安含光)[24]

P군은 평소 친하게 지내는 친구로 점잖은 성품을 가진 사람이다. 어느 날 그가 놀러 와서 여러 가지 세상 돌아가는 이야기를 나눈 적이 있다. 그 때 P군은 겸양이라는 단어로 화제를 옮기더니, "인간의 기질에서 겸양만큼 아름답고 훌륭한 것은 없겠지만 그것이 인격과 인격, 또는 신의와 신의의 아름다운 접촉으로 이루어지는 경우는 극히 적지 않을까? 물론 상대방이 실로 높은 교양과 풍부한 정신의 소유자인 경우에 겸양의 정신은 생명과 생명의 합치를 가져오며 교제의 즐거움을 맛보게 해주지만 대개의 경우는 그와 반대로 상대방이 이쪽을 얕잡아 보거나 거드름을 피우는 태도로 나오는 경우가 대부분인 것 같아. 이렇게 오만한 자에게는 구더기에 오물을 뿌리듯 기겁을 할 정도의 모욕을 퍼부어 주는 것이 좋겠지만 그러나 이내 그런 인간을 정면에서 상대해 봤자 무슨 소용이 있겠나라는 식으로 대단히 달관한 듯한 생각을 하게 되거든. 그런데 실은 이것 또한 그 쓸데없는 겸양의 기질 탓이야. 세상은 결국 한바탕 연극이니까 경우에 따라서는 이쪽에서 선수를 쳐서 강하게 밀어붙이는 기술도 필요하다고 생각하면서도 아무래도 천성은 어쩔 수 없어서 겸양 때문에 늘 손해를 보기만 한다네. 요즘은 나의 이런 보잘것없는 기질이 절절히 초라하게 느껴지고 한심스럽기 짝이 없다."는 식의 말을 했다.

이 이야기는 P군 자신의 경험에서 나온 것임은 틀림없겠으나 그러나 꼭 P군 개인만이 경험하는 일은 아닐 것이다.

대개 인간은 사악한 의식보다는 선량한 의지가 주는 중압감 때문에 괴로워하는 경우가 많은 법이어서 이 겸양의 기질로 인해 고통을 느끼는 것

석굴암 본존

경주시 토함산

도 그 일례이다. 때로는 겸양이 일종의 위선인 경우도 있을 테지만 그러나 진정한 의미에서의 겸양도 오히려 이용당하여 오만한 정신에 짓밟혀버리고 책략의 먹이가 되는 경우가 얼마든지 있다.

나는 안타깝게도 점잖은 기질을 가진 사람, 좋은 인물은 아니지만 그렇다하더라도 서로가 좀 더 겸양의 정신을 중시해야 한다고 늘 생각하던 터이다.

이야기의 맥락은 좀 다르지만 개인적인 교유관계에서뿐 아니라 공적인 시민생활에서도 특히 그렇다는 생각이 든다. 예를 들면 기차를 타고 내리는 번잡한 승강장에서 아기를 업고 있는 부인이나 노인이 사람들에 밀려 비틀거리고 있는 모습을 볼 때마다 조마조마한 심정이 되는데 이 경우도 서로가 겸양의 정신으로 대하면 다소 좋은 질서를 유지할 수 있지 않을까 싶다.

사회의 세로축 질서는 권력이나 명령에 의해 유지될 테지만 문화생활의 주축이라 할 수 있는 가로축 질서는 각자의 윤리의식을 제쳐놓고는 기대할 수 없다. 그 윤리의식 중 가장 소중한 것의 하나가 겸양의 정신이 아니겠는가!

조선의 로컬 칼라

처음 조선을 방문한 사람들 눈에 가장 신기하게 보이는 것은 무엇일까? 대륙적인 자연, 익숙하지 않은 가옥, 무늬가 적은 흰옷, 억양이 이상한 조선어, 고춧가루가 들어간 음식 등일 것입니다. 이러한 것들은 이국적인 느낌을 줌과 동시에 여정(旅情)을 돋우는 구석이 있다고 생각합니다.

조선의 또 다른 일면으로, 백화점 거리의 처마 밑에서 채플린 복장을 한 조선인이 모자를 쓰지 않은 채 무표정하게 스텝을 밟고 있는 모습, 퍼머를 한 모던 걸이 하이힐로 아스팔트 위를 제비처럼 걸어가고 있는 모습도 보게 될 것입니다. 그리고 이러한 근대적인 풍경을 경이로운 시선으로 보게 되는 경우도 있을 것입니다.

위의 두 가지 방면, 즉 전통적 요소와 유행적 요소 중 어느 쪽이 바람직하냐의 문제는 다른 차원의 이야기이고 아무튼 어느 쪽이라 해도 외국이나 내지에서는 느껴볼 수 없는 어떤 향토적인 정서를 풍기는 것이 사실입니다. 그래서 이러한 로컬 컬러를 맛보는 것은 예술가는 물론 종교가, 정치가, 상인, 과학자 등 모두에게 필요한 일이라고 생각합니다.

예를 들면 금강산을 어떻게 공원화하느냐의 문제만 해도 거기에 있는 산사의 독특한 풍경을 무시해서는 일만 이천 봉의 대자연도 대부분 별 의미가 없어지게 될 것이고 경성부청 주변에서 광화문 거리와 남대문 방면을 바라볼 때 보이는 많은 근대적인 빌딩 가운데 여전히 보존되어 있는 많은 옛 누각이나 높은 성벽이 보여주는 종합적인 아름다움이야말로 관광도시로서의 경성의 특수한 가치여야 하는 것입니다. 신경(新京)의 신 관청 지붕이 모두 만주적인 풍취를 드러내고 있지만 현대적인 만주 문화와 조화미를 자랑하고 있는 것처럼 황금정의 반도호텔 정면 외관이나 인사동에 신축한 태화 여자관, 수원역, 경주역같은 로컬적인 건축미는 크게 장려하고 싶습니다.

그리고 의복에 대해서입니다만 함부로 유색 옷을 장려할 필요는 없다고 생각합니다. 반도인은 예부터 흰옷을 좋아하여『위지(魏志)』,『수서(隋書)』,『송서(宋書)』등을 보면 조선인의 복색은 흰색을 숭상했습니다. 이에 대해서 옛 왕실의 상복이 수년 동안 계속된 것이 흰옷의 유래라는 설도 있으나 그 진위는 별도로 하고, 또 설사 그런 사실이 있다고 하더라도 그 것은 이미 과거의 일로서 지금 흰옷은 일종의 심미적 정서가 되어버린 것입니다.

또한 최근 경제적 견지에서 흰옷에 대해 이야기한 사람도 있습니다. 이마무라 도모(今村鞆) 씨는 자신의 명저『조선만담(朝鮮漫談)』에서 "조선인의 흰옷을 매우 비경제적이라고 평하는 사람이 있으나 오히려 이만큼 경제적인 복장이 없다. 남녀노소 모든 이들이 입을 뿐 아니라 한집안 안에서도 융통성 있게 입을 수 있다. 또 다소 더러워지면 갈색으로 물들여 입고 더욱 더러워지면 한층 진한 색으로 물들여 입을 수 있는 편리함이 있다." 고 말하고 있는데 과연 그렇다라고 생각되며 이는 우리들이 일상의 가정생활에서 실감하는 것입니다.

단발을 하고 파라솔을 써도 조선의 흰옷을 입고 걷는 여성의 모습은 무엇보다 예술적이고 위생적이다. 최근 교복 문제에서도 어떤 의미에서는 조선의 로컬 칼라를 응용한다면 필시 훌륭한 교복이 탄생할 수 있다고 생각합니다.

요컨대 일국의 문화가 발달하기 위해서는 각지의 예술적인 미를 보존하면서 전체적으로 보다 큰 형태로 종합되는 포용성이 뛰어난 문화권을 구성하는 식의 방향이 필요한 것은 아닐까요?

내지에서 각 현 각 촌락의 민속 행사가 왕성하지만 조금도 행정상의 불편함을 느끼지 않는 것처럼 조선의 로컬 칼라는 동아 신질서 건설에 전혀 지장을 주지 않는다고 생각합니다.

새빨간 고추를 초가지붕 위에서 말리고 있더라도, 기생의 칭칭 감아 입은 치마 아래로 흰 버선이 살짝 엿보이더라도, 혹은 소박한 농부가 모내기를 하면서 해학적인 조선의 민요를 부르더라도 그것은 역시 동아의 미적 정서의 하나가 될 수 있는 것은 아닐까요? 보다 크고 포용적인 자세로 조선을 다시 볼 필요가 있다고 생각합니다.

(필자는 연희전문 교수)

조선 고화폐(古貨幣)의 연혁

유자후(柳子厚)**26**

과거의 어떤 드러난 현상에 대해 함부로 과장하는 것은 물론, 지나치게 깎아내리는 것은 피해야 한다. 이것은 어느 쪽의 방법이든 그 현상의 핵심에 다가가지 못하게 하고 중용의 태도를 잃게 하기 때문이다. 지금 내가 여기서 말하고자 하는 이른바 조선의 고화폐(古貨幣) 문제는 종종 추측만 무성하며 편견에 치우칠 염려도 충분히 안고 있다.

왜냐하면 과거 조선의 여러 문물제도는 어느 것이든지 일직선으로 확고부동하며 명료한 진화적 성격을 발견해내기가 어렵기 때문이다. 이렇게 말하는 이유는 역사 이래 조선은 몇 번이나 주인이 바뀌고 나라를 바꿔 소위 팔변구천(八變九遷)해 왔기 때문이다. 실로 이 파란만장한 우여곡절을 거듭한 결과로 정연하게 후대로 계승된 아름다운 열매를 충분히 엿볼 수 없다는 점은 유감천만이라 아니 할 수 없다. 그렇지만 이러한 변천 가운데 여러 가지 제도가 각각의 사람에 따라 부침(浮沈)을 겪기도 하고 시대에 따라 성쇠를 거쳐 왔기에 그러하다. 우리들의 고찰이나 연구가 자연히 다기하고 다양해지게 되었다. 이러한 점에서 일종의 묘미를 느끼며 백방으로 흥미를 느끼는 것이다. 조선 고화폐의 경우, 대표적인 과거의 제도 중 진귀한 현상의 으뜸이다. 포화(布幣)가

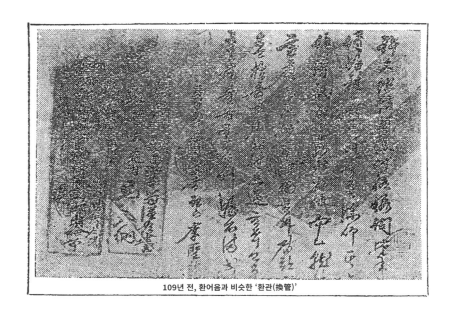
109년 전, 환어음과 비슷한 '환관(換管)'

사용되었나 하면 어느새 엽전을 사용하고, 엽전이 사용되었나 하면 어느
새 또 포화로 역행한다. 그런가 하면 또 근대적인 지폐와 같은 저화(楮貨)
가 나타나기도 한다. 저화가 쓰였는가 하면 오종포(五綜布)와 같은 화폐가
병행되어 각종 잡다한 화폐제도가 쓰이다가 흐트러지고, 다시 순서가 뒤
섞이는 혼돈상황이 우왕좌왕하여 이중주, 삼중주처럼 어지럽게 난무(亂
舞)하는 양상이 나타난다. 아무리 체계를 갖추어 면밀히 고찰하는 수고를
거듭해도 진화적인 상승발달을 인정하기가 어렵다.

　마치 폭풍우가 지나간 다음 날 아침 황폐해진 밭에 서서 미래를 바라
보는 기대감 같은 것이라고나 할까? 그러면서도 이 복잡다단한 기대감은
기묘하게도 우리들 후세의 마음을 사로잡는다. 본고에서는 이렇듯 우리
가 기대하는 마음의 선을 따라 옛 시대를 회고하는 편린들을 꺼내어 보기
로 하겠다.

상고(上古)시대의 화폐

　조선 상고시대의 화폐는 피폐(皮幣), 즉 가죽화폐이다. 단군 시절의 단궁(檀弓)이라는 활과 호시(楛矢)라는 화살은 수렵생활의 모습을 가장 잘 웅변해준다. 수렵시대의 생활법도는 사냥한 고기로 배를 채우고 가죽으로 몸을 둘렀지만 단군시대에 편발의복(編髮衣服) 제도가 확산되면서 가죽은 더 이상 옷감으로 사용되지 않고 화폐로 등장하게 된 것이다. 이는 세계 각국의 화폐발달사의 공통점이며 조선도 유사한 과정을 거치게 된다. 동서를 불문하고 고대에 조개, 거북이, 차, 담배 등을 화폐로 사용한 것은 모두 그러한 범주와 궤를 같이 하는 사례이다.

　농경이 정착한 시대로 접어들어 곡폐(穀幣), 즉 곡물화폐, 포폐(布幣), 즉 천 화폐, 사폐(絲幣), 즉 실 화폐 등이 같은 무렵에 등장하거나 이 시기를 전후하여 출현한 것은 당연한 과정이었다. 그중 사슴 가죽이나 양가죽 화폐는 조선 중기 영조 때에도 사용되었고 그중 천 화폐는 가장 생명력이 길어서 조선 말기까지 화폐로서의 사명을 다하였다.

중고(中古)시대 경화(硬貨)의 기원

　이렇게 가죽·곡물화폐는 매매와 대차(貸借)의 표준 척도였지만 경제생활이 진보하여 불편을 느끼게 되자 이른바 경화(硬幣)라는 것이 출현한다. 조선에 경화가 처음 등장한 시기에 대해서는 두세 가지 설이 나뉘는데 내가 연구한 바로는 기자(箕子) 조선시대에 시작된 것으로 보인다.

역사가 전하는 바에 의하면 홍평왕 원년(주목왕(周穆王) 45년, 기원전 957년), 지금부터 2897년 전에 자모전(子母錢)이라고 불린 자전(子錢)과 모전(母錢)이 주조되었는데 이것이 조선 경화의 비조(鼻祖)이며 엽전의 기원이었다. 제도의 상세한 내용은 알 길이 없으나, 자전이라는 것은 소전(小錢)이고, 모전이 대전(大錢)으로 자(子)와 모(母), 크고 작은 두 종류의 전(錢)을 주조하여 권형(權衡), 즉 척도로 사용했을 것으로 추정된다. 고화폐론에서 자모의 권형(權衡)이 대·소전의 척도였다는 해석에 따르면 홍평왕시대의 자모전을 이와 같이 해석해도 무리가 없을 것이다. 이 자모전이 대·소형의 조선통보(朝鮮通寶)였을 것으로 생각된다.

삼한시대의 동전(銅錢)과 철화(鐵貨)

기자(箕子) 홍평왕 원년에 처음 자모전이 주조된 이래 788년 후 마한(馬韓)의 제2대 안왕(安王) 21년에 이르러 동전이 주조되었다. 이 때를 전후로 진한(辰韓)은 철화(鐵貨)를 사용하여 당시 마한과 동예 및 바다 건너 일본과 무역을 하고 있었다. 진한의 철화에 대해 철편(鐵片)을 사용한 것이지 철전(鐵錢)이 아니었다고 주장하는 사람도 있으나 이는 편견이다. 당시 마한에서 동전이 주조되어 쓰인 것은 기

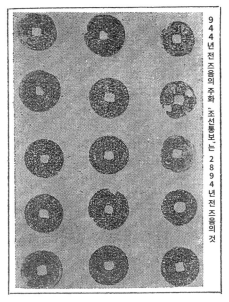

944년 전 즈음의 주화, '조선통보'는 2894년 전 즈음의 것

정사실이며 또 진한에는 진나라 시황제의 만리장성과 아방궁(阿房宮) 건설의 중노동을 견디지 못해 도망쳐 귀화한 자도 많았다. 또한 진한(辰韓)을 일명 진한(秦韓)이라고도 하였는데 이들 진(秦)나라 사람들은 오랫동안 철화(鐵貨) 사용에 익숙한 사람들로 기예가 뛰어난 사람이 많았다. 마한의 통치하에 있었다고는 하나 문물제도는 오히려 마한(馬韓)을 능가하는 나라였기에 엽전을 주조할 기술을 몰라 철편(鐵片)을 사용했다고 하는 것은 언어도단이다. 상식적으로 보더라도 견고한 철편으로 어떻게 모든 측정의 척도로 삼을 수 있었는지 이치에 맞지 않는 궤변이라고 단언하는 바이다.

변한은 따로 화폐를 사용했다는 기록은 없으나 풍속 면에서 마한보다 진한과 유사한 점이 더 많다. 뿐만 아니라 이 나라에 진한사람이 많이 섞여 살았다는 점에 비추어 볼 때 진한의 철화(鐵貨)가 많이 유통되었으며 마한의 대부(大夫)가 변한을 다스린 관계로 보더라도 마한의 동전을 수입하여 사용했을 가능성은 두말할 필요가 없다. 어떤 사람은 이 시대에 전화(錢貨)의 사용이 없었다고 주장하지만 이는 주조와 혼동하고 있기 때문일 것이다. 이상으로 보아 주조는 아니더라도 철화(鐵貨)나 동전이 사용되고 있었다는 사실은 당연한 해석이며 더 이상 이론(異論)의 여지가 없다.

삼국시대의 화폐제도

삼국 중 신라는 남방에 나라를 세워 남방의 풍요를 과시하고, 고구려는 북방에 나라를 세워 북방의 강함을 자랑하고, 백제는 그 중간에 나라를 세워 남북으로 문호를 개방하여 신라와 고구려 문화를 모두 흡수하고 절충하였다. 신라와 고구려, 백제 세 나라가 동시에 병립하고 있었지만 화

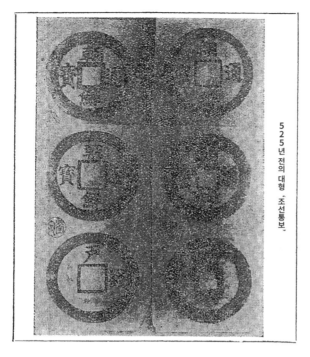

5 2 5년 전의 대형 '조선통보'

폐제도는 각각 다르고 흥미로운 성쇠의 흔적을 보인다.

첫째, 신라는 풍요로운 나라로 예술이 융성했다. 화폐로는 금은무문전(金銀無文錢), 즉 금무문전(金無文錢)과 은무문전(銀無文錢)의 두 종류를 주조하였으며 동시에 포화(布貨)를 사용하였다.

이러한 금은무문전(金銀無文錢) 제도는 상세히 알 수 없으나 포화는 처음에는 비단 6척을 한 필로 하였고 신라 문무왕 17년(677년), 지금으로부터 1263년 전에 이르러 비단의 길이 7보, 넓이 2척을 한 필로 하는 포화(布貨)를 사용하였다. 또한 비단 제조의 공정(工程) 차이를 정하여 28승포(升布), 20승포, 18승포, 15승포의 4종류로 구별하였다. 요컨대 4종류의 포폐가 있었던 것이다. 승포(升布)라는 것은 직물의 짜임새를 일컫는 말로써 28승포가 가장 촘촘하게 짜인 포화(布貨)이며, 15승포가 가장 성글게 짜인 최하의 포폐(布幣)였다. 이 포화를 짜는 기사(技師)나 기수는 물론 당시 신라의 부녀자들을 포함하여 신라의 모든 가정이 조폐국이며 신라의 모든 여자들이 조폐 기사이고 기수였다. 포화를 사용하던 시대에는 신라뿐만 아니라 모두 그러했다. 다시 말하면 누구라도 나라의 규정대로 비단을 짜면 곧 즉시 포화로 사용할 수 있었다. 처음에는 가능한 한 가늘고 좋게 짜서

규칙대로 포화를 제조하여 사용하고, 아울러 이것을 옷으로 지어 입을 수 있도록 장려했으나 점점 조악해져 짜임새가 투박한 질 나쁜 포가 나타나면서 화폐로서의 수명도 그리 길지 못하게 되었고 옷감으로 응용할 수도 없게 되어 이용후생에 아무런 도움도 되지 않는 것이 만들어져 범람하였다.

이러한 과정은 찬란한 예술문화를 가진 신라의 제도 변천사로 볼 때 일대 결점이라 아니할 수 없다. 그렇다고는 하나 이런 추포(麤布 - 거친 포)의 출현에는 하나의 깊고 큰 이유가 있었음을 간과해서는 안 된다. 즉 신라의 남자는 태생부터 예술에 몰두하는 기질인데다 삼국이 병립한 상태여서 백제의 침략 및 북방의 강한 고구려가 호시탐탐 노리는 바, 이에 대비하기 위해 군사부분에 매달리게 되니 경제생활을 짊어질 여유가 없었다. 이에 신라의 부녀자들은 남자가 예술을 완성하도록 하는 뒷바라지와 후방의 임무를 다하기 위해 남자를 대신하여 경제의 지배권을 장악하였다. 즉 심신을 바쳐 활동해야 했기 때문에 그 결과 집에서 포화를 열심히 짤 수가 없었던 것이 아닐까 짐작된다. 또 포화의 원료가 군수품으로 흡수되어 상등품을 짜기가 어렵지 않았나 하는 생각도 든다. 여하간 신라의 부녀자들이 집에 들어앉아 꼼꼼히 방적을 했다면 신라의 역사에 추포(麤布)라는 포화의 역사는 새겨지지 않았을 것이다. 각 역사가들이 이구동성으로 신라의 시판 즉 시장의 교역매매는 모두 신라의 부녀자들이 행했다고 전하는 것을 보면 상술한 이유처럼 어찌할 도리 없이 추포가 출현했던 사정을 명백히 증명하고도 남는다. 조선 부녀자의 역사를 살펴보면 신라의 부녀자들처럼 근면하게 활동했던 적은 없다. 이와 같은 이유가 있었기에 추포가 손쉽게 방적될 수 없었다고 한다면 이것은 충분히 용인되어야 할 역사적인 사정이라하지 않으면 안 된다. 달리 보면 신라의 부녀자들이 남자를 대신해서 경제활동을 짊어진 결과, 신라가 그토록 유명한 예술의 나라가 되고 또 군국의 위용을 발휘하게 된 것이라고 생각된다. 조폐 기술

고구려시대, 서강(西崗). 현실 북벽화. (만주국 통화성 집안현 소재)

자와도 같은 지위에 있던 신라의 부녀자들이 추포를 만든 것은 일을 게을리 한 죄과가 아니라 집안을 위해 나라를 위해 경제권을 장악하고 시장까지 관리하고 지배하게 되면서 안팎으로 치여 포폐를 정성들여 짤 여력이 없었기 때문이라고밖에 그 근거를 찾을 수 없다.

　나아가 이를 고전적으로 고증해보면 신라의 부녀자들이 시판에 있어서 좁쌀, 패미(稗米) 즉 도정한 곡물화폐로 시장의 모든 물가를 평정하고 무역을 했다는 구절을 볼 때 추포를 많이 직조해 급기야 화폐가 제 기능 발휘할 수 없게 되었다는 점이 무엇보다도 그 증거가 된다.(증보 문헌비고 권163 시조(市條) 1항 참조)

　둘째, 고구려는 상무(尙武)의 나라로 전쟁을 좋아하는 나라였다. 신라에 비해 자연의 혜택은 좋지 못하였으나 강건한 정신은 한발 앞서 있었다. 특히 당나라와 인접해 당의 문물을 흡수하기에 신라나 백제보다 매우 유

리했기 때문에 화
폐제도 역시 두 나
라보다 당의 영향
을 많이 받았다.
고구려는 포화·포
폐·곡폐 또는 전폐
가 모두 사용되었
으나 전폐가 신라
와 같은 금은무문
전(金銀無文錢)이었
는지는 전혀 그 종
류나 제도가 전해
지지 않아 알 수
없지만 적어도 금
은무문전(金銀無文
錢)은 아니었던 것

신라시대. 경주불국사 동탑. (다보탑)

같다. 동철(銅鐵)을 엽전으로 만들어 화폐로 통용한 것을 보면 분명 신라
를 능가한 것으로 보인다. 역사가들이 전하는 바에 의하면 고구려의 혼인
에는 돈전법(頓錢法)이 행해졌다는 사실을 그 증거로 들 수 있다. 돈전법이
란 약혼하는 경우 신부가 될 여자 쪽의 집 안채 뒤편에 작은 방을 지어 사
위의 방이라는 이름을 붙인다. 그러면 사위가 될 사람은 정해 놓은 길일
저녁을 기다려 신부가 될 여자의 집을 방문하여 현관에서 이름을 대고 사
위의 방에 머물고 싶다고 청한다.

사위가 될 사람이 이렇게 재삼 청하면 여자의 부모는 청을 받아들여 사
위가 될 남자를 준비해놓은 사위 방에 들인다. 이때 여자 집에서는 사위

141

가 될 남자에게 그에 상응하는 전백(錢帛)을 요구하고 사위가 될 남자는 청구대로 전백을 내야 사위 방으로 들어갈 수가 있었는데 이때 지불되는 전화(錢貨)가 돈전법인 것이었다. 이처럼 혼인에 돈전법이 행해진 것은 두 말할 것도 없이 고구려가 광범위하게 전(錢)을 통용하던 나라는 증거이다.

원래 고구려의 혼인제도에 재물을 요구하는 관습이 없었으니 이 돈전법이 행해진 것에는 어떠한 이유가 있었을 것이다. 추측하건대 당시 고구려와 인접한 당나라에서는 전화를 활발히 주조하였고 화폐경제를 교묘히 이용하였으나 고구려의 일반 민중은 도대체 전화라는 것에 대해 일용생활, 즉 먹고 입는 의식을 해결하는 데에 화폐의 직접적인 사용을 별로 달가워하지 않았다. 그래서 나라의 위정자는 전화를 통용시키기 위해 혼인시에 돈전법을 시행하여 누구라도 전화가 없으면 아내를 들일 수 없게 한 것으로 생각된다. 어떤 사람은 이 돈전법이 고구려의 최하층 서민생활자

신라시대. 금제 보관.

들 사이에서 행해지고 상층에서는 이러한 풍습이 없었다고 하나 결코 그렇지 않다. 왜냐하면 여자집 본채 뒤편에 작은 방을 짓는다는 것을 보면 가난하거나 하층민일 수가 없으며 본채는 고구려 고위계층의 가옥구조라고 보아 틀림없기 때문이다. 그렇다면 고구려의 돈전법이 상층에 한해 행해졌다고 이의를 제기하는 사람도 있을지 모른다. 윗물이 맑아야

고려시대. 청자상감 운학모란문 호형주자.

아랫물도 맑은 법, 상류계층에서조차 돈전법이 행해졌다면 일용생활에 필요한 물자에 대한 욕구가 고상류계층보다도 절실했던 일반 하류계층은 더욱 그러하였을 것이다. 요컨대 이 돈전법은 고구려의 상하 귀천을 막론하고 화폐통용의 습관을 넓고 깊게 함양시키기 위한 통화정책에서 비롯된 것이라고 보아야 할 것이다. 결국 아내를 얻기 위해 돈이 필요하고 돈을 벌기 위해 일을 해야 한다. 돈을 벌어야 하기에 사업이 성하고 전화가 보급되는 것이며 이로 인해 나라가 부강해지는 것이다. 고구려의 혼인 시의 돈전 정책은 화살 하나로 두 마리 새를 잡는 효과를 거두기 위해 장려

되었다고 보는 편이 올바른 해석일 것이다.

셋째, 백제는 고구려와 신라의 장단점을 취사선택한 제도가 많아 화폐제도도 그 중간을 취하고 있었으나 화폐 사용은 두 나라에 비해 그리 적극적이지 않았던 것 같다. 백제 화폐제도의 가장 큰 특색은 사폐(絲幣), 즉 실로 화폐를 삼은 것이다. 포화, 즉 옷감 화폐도 병행되어 물품을 매매할 때 우수리가 발생할 경우 포화를 찢는 대신에 그때는 마사(麻絲)로 지불했던 것 같다. 즉 포화를 모전(母錢), 즉 대전(大錢)처럼 사용하고 사폐를 자화(子貨), 즉 소전(小錢)처럼 사용한 것이다.

동옥저시대의 화폐

동옥저에서는 신라와 같이 금은무문전을 사용하고 고구려의 돈전법과 유사한 책전법(責錢法)이 행해졌다. 책전법이란 동옥저 사람들이 아내를 맞아들이는 방법으로 여자가 열 살 정도 되면 남자 집에서는 혼인을 정하여 장래의 아내로 삼는다. 성장하여 혼인 나이에 달하는 성인이 되면 신부로 맞이한 후 일단 처갓집으로 돌려보낸다. 그러면 여자 집에서는 딸을 받아들인 후 신랑 집에 책전(責錢), 즉 상당한 전폐를 요구한다. 신랑 집은 그 금액에 상응하는 돈을 마련하여 예를 갖추고 돌려보낸 신부를 다시 맞이하러 간다. 만일 책전(責錢)을 마련하지 못하면 다 지불할 때까지 신부를 여자 집에 맡겨두어야 하는 것이다. 따라서 책전법은 예부제도(預婦制度)라고도 불렀다.

동옥저의 책전법은 고구려의 돈전법과 마찬가지로 엄격하여 남자가 맡긴 신부를 데려오기 위해 어떻게든 상응하는 책전을 준비하지 않으면 안되었다. 이렇게 볼 때 동옥저 전반이 널리 전화가 통용되는 나라였다는

고려시대. 지광국사 현묘탑.

것은 추측하기 어렵지 않을 것이다. (『해동역사』18권, 혼례편 8쪽, 사서(士庶)혼

례조, 동 25권, 시역(市易)편, 7-8쪽, 호시(互市)조 12쪽, 『大東史』2권 15쪽, 동 4권 8쪽,

『문헌비고』159권 1쪽, 동 163권 1쪽, 동 164권 1쪽, 『周書』49권 이역(異域)편 참조)

(필자는 고고학자)

조선 고대의 미술공예[27]

고유섭(高裕燮)[28]

조선의 미술공예는 1600년 경, 고구려·백제·신라가 정립한 삼국시대부터 시작된다. 이 시대는 민족의 융성기이며 문화발생기여서 모든 미술공예는 참신한 기운으로 불타고 건설적이며 구축적(構築的)인 특색을 갖는다. 그 구조는 골조(骨組)를 중시하고 색채는 원감각적이며 선(線)은 추상적이다. 이들 세계관에는 애니미즘이 주류를 이루고 있어서 정지되어 있어야 하는 물리적인 것조차 유동적으로 표현되어 있다. 이러한 구축적인 특성은 저절로 공상적인 세계로 발전했으며 원감각적인 특성은 광명한 세계를 쫓고 추상적인 점은 공상적인 특성과 맞물리면서 원시 신비주의로 나아갔다. 애니미즘 자체도 이 신비주의적 성격의 중요한 요인으로 작용하고 있지만 그와 함께 의지의 자유로운 표현이라는 점에도 영향을 끼치고 있다.

그런데 신라에 의해 이 민족들 간의 단일국가가 성립되자(약 1270년 전) 그동안 분립·불균형 상태에 놓여 있었던 사회의 여러 세력은 통제력 있는 중심세력하에 질서를 갖추게 되었다. 즉 이전 시대의 구축적·조립적·골조적 특색은 그 내실성을 갖추어 온 형태를 기반으로 하여 더욱 조

소적(彫塑的)인 모델리에룽(입체적인 완성도)을 발휘하게 되었다. 말하자면 외면적인 것과 내면적인 것이 합치하고 균형을 이루는 데에 성공한 것이다. 이 점에서 우리는 소위 고전적인 특성을 발견하는 것이다. 그뿐 아니라 기존의 추상적이고 상징적인 선은 저절로 이상주의

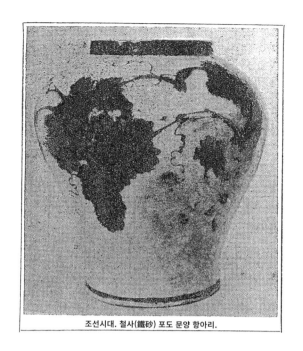

조선시대. 철사(鐵砂) 포도 문양 항아리.

적인 방향으로 기울어지고 원감각적인 광명한 색채는 물심양면의 합치에서 비롯되는 폴리크롬(복합색)적인 것이 됨으로써 점점 자신감 넘치는 장식 상의 번욕성(繁縟性)으로 나타났다. 이후 판타스틱(공상적)한 점과 장식 상의 번욕성은 조선미술공예에서 각각 전통적인 특색으로 지속되고 있는 측면이다.

고구려 고분 천정의 팔각고임, 또는 궁륭(穹隆)[29]·화반[30] 등 층층마다 전개되는 다양한 모습, 고신라 시대 제작된 토기의 공상(空想) 형태, 백제 벽화에 보이는 공상 공간(이것은 고구려의 고분벽화에서도 볼 수 있다), 통일신라 시대의 사찰과 불탑 등에 보이는 공상성, 고려시대의 만월대 왕궁터 안에 있는 공상적 구조를 한 건축 터(이것은 계획에 의해 복원된 입체로 고안된 것이며 그 일부에는 우지뵤도인(宇治平等院)의 봉황당과 같은 공상적 건축이 있었다고 알려져 있다), 그리고 조선시대의 많은 건축(특히 화단, 담장 굴뚝, 영창 등에서)

과 일반공예(특히 목공예품)에서도 여러 종류의 공상적 특성을 살펴볼 수 있다. 또한 고구려의 고분벽화의 귀갑문(龜甲文), 안테미옹[31] 문양의 번욕성, 그리고 고신라 고분에서 발견된 금관, 장례용 신발, 귀걸이, 마구, 방울, 그 외 매다는 장식품(懸垂飾), 노리개(佩飾) 등에 보이는 속잎 모양(心葉型)의 금판(金版), 옥 장식, 은세공 장식, 그리고 통일신라시대의 기와·판석·도자기의 문양, 고려시대로 넘어감에 따라 더욱 발전하는 불탑과 묘탑의 조각장식, 도자기 상감(象嵌) 장식, 이금(泥金) 장식, 금은 그릇의 누조(鏤彫) 장식, 도자기의 금은 사경(寫經) 등이 유행한 것, 조선시대 건축에 나타난 공예적 장식의 과잉, 화각 공예, 나전 칠공예, 은세공, 칠보 공예 등.

그러나 이 장식 상의 번욕성과 현란성은 환상적인 특색과는 구별된다. 고려 이전에는 절대적인 의미를 갖고 있었다면 고려 이후(약 1000년 전부터 그 이후)에는 일면 상대적이고 모순적인 성격으로 변형되고 동시에 전혀 다른 측면이 나타나서 이와 대립하게 되었다.

이렇게 말하는 이유는, 신라 통일기의 특색인 고전적이고 이상주의적인 성향은 일단 성격으로 고착되는 순간부터 이미 물(物)과 마음(心)의 균형에서 벗어나 좀 더 마음의 세계로 향하면서 어떤 것을 추구하지 않을 수 없게 되기 때문이다. 즉 내면적인 지향을 운명적으로 짊어진 존재로 활동하여 그것이 선종(禪宗)의 발생기인 통일신라 후반기부터 또 다른 경향으로 나타나더니 고려시대가 되어 더욱 발전해 갔기 때문이다. 다시 말하면 낭만성의 생성이 거기에 있었던 것이다. 그것은 자아에 대한 절대적인 신념이 동요한 것이며, 또는 성찰한 자아의식이 보다 높고 보다 맑은 것을 동경한 것이며, 또는 보다 유한한 존재가 보다 무한한 존재에 대해 겸손하게 구애한 결과이다. 따라서 그 후의 형태적인 것에는 더 이상 힘에 대한 자신감을 상실하고 있는 것이다. 즉 물체의 입체감을 부각시킬 수 있는 윤곽선이 없다. 다만 있는 것은 정서적·율동적으로 흐르고 있는 주정적인 선뿐이다. 형태의 윤곽선은 이렇게 귀납되어 버리고 만다. 그리하여 존재론적인 형태는 없다. 뿐만 아니라 물심 양면의 이원적인 폴리크롬도 마음의 모노크롬으로 환원되어 단색조 그 자체의 일원적인 적극성이 강조되는 한편 정신적으로 심원한 깊이를 보여주는 표징으로 작동하고 있다. 그것은 마치 검은색 한 점으로 형이상적인 면을 드러내고자 한 중국 송, 원 시대의 수묵화와 같은 맥락이다.

여기에 앞 시대에는 볼 수 없던 주지주의의 맹아가 존재한다. 이것이 고려 미술공예의 주된 특색을 구성함과 동시에 조선 미술공예에도 적용할 수 있는 특색이 된 것이다. 이러한 의미에서는 고려청자와 조선백자도 서로 상통한다고 봐도 좋을 것이다. 다만 양자의 차이점은 고려시대의 일원적 특성이란 동경의 대상이며 또는 자비

149

로운 은총을 내려주는 존재, 또 다른 면에서는 인정(仁情) 있는 주체였다. 또한 거기에 존재한다고 믿기 때문에 이렇게 상상하고 있는 사람이 만들어 낸 미술품에는 일종의 촉촉한 온기와 인정이 흐르고 있었다. 이와 달리 조선시대의 일원성은 따뜻함이 없고 준엄한 명령이며, 엄숙한 규범, 형이상적인 순리성으로서 성정(性情) 위에 군림하는 것이었다. 그러므로 거기에는 윤리적인, 너무나도 윤리적인 도의성만 존재하며 그것이 요구하는 것은 자칫하면 형식성뿐이고 경직된 선과 관념적이고 일률적인 관점, 윤기 없는 단색과 천편일률적인 형식성이 문자(文字) 계급의 예술의식을 구성하게 된 것이다. 그와 동시에 그와 같은 계급과 구별되고 비하 당했을 뿐 아니라 아무런 동경할 만한 대상을 갖지 못했던 민중들, 그러나 외부적인 굴레 속에서도 자유롭고 야성적일 수 있었던 민중들에게는 거친 성품과 될 대로 되라는 식의 태도, 비뚤어진 마음과 신세 한탄하는 서

글픔 등 여러 가지 복잡한 심경이 예술 의지로 작용했다. 여기에 비꼬인 듯하면서도 묘하게 구김살 없는 음영이 깊은 작품이 나타난 것이다. 조선 시대 도자기는 그 가장 알기 쉬운 예일지도 모르겠다. (5월30일 탈고)

(필자는 개성박물관 관장)

위장병이 낫는 경우와 낫지 않는 경우

의학박사 오시마 야스시(大島靖)

내지와 마찬가지로 조선반도에도 위장병이 압도적으로 많다. 원래 이 병은 증상이 복잡하고 진행도 느려 당장 생명에 지장을 주는 경우는 적으나 치료시기를 놓치는 경우도 많아 만성화되면 수년간 혹은 반평생을 이 병 때문에 고생하는 사람도 적지 않다.

병의 상태와 원인

공복 시에 속이 쓰리고 트림이 나오는 위산과다증은 위액 분비선 기능에 이상이 생겼기 때문으로 위장병 중 가장 많으며 그대로 두면 위궤양이 되기 쉽다. 식후에 속이 더부룩하며 불쾌한 경우, 위무력증, 위하수체, 위가 약한 것은 비타민B가 결핍된 영양실조에서 비롯되며 위 근육이 이완되어 있기 때문에 수축력이 떨어지거나 약하여 소화가 잘 되지 않는 것이다. 위확장증도 이와 비슷하다. 복통과 설사를 반복하는 위장염은 위장 내의 점막에 염증이 생겨서인데 위장에 염증이 생기면 영양 섭취에 문제가 생기니 만성위염인 사람은 핼쑥하게 마르게 된다. 이와 증상이 반대인 변비는 장내 연동운동에 문제가 생겨 발생한 것이며 상습적이 되면 보통 설사약으로는 습관이 되어버려 설사와 변비를 번갈아 반복하여 골치를 앓게 된다.

종래 치료법

위장병 치료에 대해서는 지금까지는 예를 들어 위산과다에는 중조를 사용하여 산을 중화시키거나, 위궤양 계통의 질환은 디아스타제와 같은

은 소화제를, 위염은 수분을 흡착하는 탄말제나 소화제를, 변비에는 설사약을 사용하는 등이었다. 그러나 이런 종류의 화학제재에 의한 대중요법은 증상을 일시적으로 완화시키는 작용은 있지만 위장을 근본적으로 치료할 수는 없다. 그뿐 아니라 남용하게 되면 위장에 나쁜 자극을 주거나 점점 약을 늘리지 않으면 약효가 떨어진다거나 하여 위가 약해지는 것을 막지 못하는 등 여러 가지 결점이 있다.

세포를 부활시키는 신요법

이상과 같은 화학요법을 대신해 위장병의 원인에 대한 치료법을 개발한 것이 바로 '정제 와카모토'이다. 위장은 소화선, 근육, 점막 모두가 세포조직으로 구성되어 있다. '정제 와카모토'는 부활의 힘을 강력하게 주입시켜 병약한 세포를 건강하게 해준다. 위장 전체가 내부에서부터 좋아지니 각각의 기능이 정상으로 되돌아가게 도와준다. 그러므로 여러 다른 증상에 제각각 약을 쓰지 않아도 이 '정제 와카모토' 한 가지만으로 각종 위장장애를 불러일으키는 원인 치료가 가능하게 되는 것이다. 소화제도 디아스타제뿐 아니라 단백질 소화에 프로티아제, 지방소화에 리파아제 이하 열 종류 이상의 효소를 포함하고 있기 때문에 전문적인 소화제 그 이상의 효과가 기대된다. 또한 각종 영양과 비타민B도 풍부하게 들어있어 이 약을 복용하게 되면 식욕, 소화, 변비통 등이 모두 좋아지니 기대해도 좋다. 쇠약했던 몸이 튼튼해집니다.

(정제 '와카모토'는 25일분 1엔 60전이라는 염가로 전국 각지 약국에 있음)

조선의 어제와 오늘을

중앙협화회 이사 귀족원위원 시모무라 가이난(下村海南)
중앙조선협회 이사 귀족원위원 세키야 데사부로(關屋貞三郎)
척식협회이사 귀족원위원 마루야마 쓰루키치(丸山鶴吉)
하이쿠 시인 다카하마 교시(高濱虚子)32
조선고주파중공업 사장 귀족원위원 아루가 미쓰토요(有賀光豊)33
전조선은행 이사 기무라 유지(木村雄次)
미쓰비시지소 주식회사 대표이사 아카호시 리쿠지(赤星陸治)34
중앙 조선협회 이사 유게 고타로 (弓削幸太郎)35
척무성관리국장 소에지마 가쓰(副島勝)
본사 측 참가자 마키노 에이지(牧野英二)

마키노 잠시 인사 말씀드리겠습니다. 바쁘신 와중에도 불구하고 출석해 주셔서 진심으로 감사합니다. 이번에 본사에서 '조선판'을 내게 되어 내지에 조선에 관한 모든 것을 소개하고자 합니다. 실은 작년 가을에 냈던 조선 특집호가 매우 호평을 얻어서 이번에도 여러분이 조선에 계실 때의 이야기라든가 앞으로의 조선에 대한 고견을 여쭈어 이 제2차 '조선판'을 보다 알차게 만들고자 합니다. 오늘 밤 사회

는 시모무라 선생님께 부탁하기로 하겠습니다. 아무쪼록 잘 부탁드립니다.

시모무라 저는 조선에서 근무를 한 적도 없고 해서 사회만은 사양하겠다고 말씀드렸는데 『모던일본』의 단골이라는 이유로 할 수 없이 일단 시키는 대로 사회를 맡게 되었습니다.

먼저 추억담이라고 하면 역시 오래된 이야기부터 하는 것이 좋겠지요? 제가 처음으로 조선에 간 것은

154

이야기하는 좌담회

1899년인데 다카하마 씨는요?

다카하마 1900년인가 1901년입니다.

시모무라 다카하마 씨의 『조선』말이에요. 젊은 사람들은 거의 모르지요? (기자에게) 자네들은 기억하나?

시모무라 가이난 씨

마키노 바로 얼마 전에 막 읽은 참이라서요…….

시모무라 우리 때에는 꽤나 유명했었는데 말이야. 대동강과 오마키차야(평양)[36]같은 곳이 나와서…….

유게 저는 조선에 가기 전에 그 책을 읽어서 오마키차야, 야나기야라는

여관, 그리고 조선인이 음식을 잘 만든다는 등의 예비지식을 얻을 수 있어서 상당히 참고가 되었습니다.

아카호시 교시 선생님은 한때 소설만 고집하신 적이 있는데 그때 쓰신 작품이 『조선』입니다. 그다지 대중적인 작품이 아니라 별로 알려져 있지는 않지만 확실히 좋은 작품이지요. 저는 이 책을 최근에 다시 읽었어요. 30년 전에 쓰여진 작품인데도 지금 보아도 전혀 손색이 없어요. 특히 지금도 모란대에 있는 오마키차야는 선생님이…….

마키노 오마키차야는 선생님과 어떤 관계가 있나요?

아카호시 선생님이 아무 말씀 안

155

하고 계셔서 알려지지는 않았지만 오마키차야는 선생님이 찾아내서서 유명해졌지요.

다카하마 그에 대해서는 『조선』에 썼는데요, 원래는 작은 찻집이었어요. 간이찻집

다카하마 교시 씨

(腰掛け茶屋)이었지요. 거기를 갔는데 오마키라는 그 집 여주인이 자기 신상에 관한 이야기를 해서 아주 즐거웠어요. 돌아오는 길에 뒤돌아보았더니 밤안개 속에 그 찻집이 희미하게 보여서 아, 오마키 찻집이구나라고 했던 것이죠. 그것이 계기가 되어 "오마키차야"라고 불리게 된 거에요.

마키노 장소는 지금과 같나요?

다카하마 네. 다만 그 후 재건축을 해서 넓어졌지요. 원래는 우에노 공원에 있는 것 같은 작은 찻집이었어요.

마키노 오마키라는 사람은요?

다카하마 이미 죽었어요. 제가 1929년에 갔을 때에는 오마키 씨가 무척 기뻐해서 삼사일 정도 묵었는데 경성에 갈 때도 줄곧 따라왔어요. 그것이 마지막이고 1년 후에 죽었지요.

아카호시 가게는 그럼 따님이 물려받은 건가요?

다카하마 손녀에 해당하는 사람에게 오마키라는 이름을 붙여 그 사람을 2대 오마키로 삼을 예정이었지요. 그런데 그 손녀는 양녀였는데 친아버지가 완고해 뜻대로 하지 못하고 오마키는 다른 사람의 손으로 넘어가고 말았지요. 그것이 지금의 경영자인 구보 고조(久保虹城)라는 사람인데 이 사람은 하이쿠 시인입니다.

아카호시 선생님의 제자지요.

다카하마 작년에 도쿄에 왔다가 우리집에도 왔었던 모양인데 제가 마침 집에 없어서 만나지는 못했습니다.

마키노 그쪽 하이쿠 모임은 활발합니까?

다카하마 활발히 활동하고 있습니다.

아카호시 그쪽에서는 교시 선생님

오른쪽부터 다카하마 교시, 아카호시 리쿠지, 마루야마 쓰루키치 씨

을 아주 사모해 시비를 세운다고 합니다. 저는 관광국에도 관계하고 있는데 조선은 전국이 앞으로 관광지로서도 발전할 겁니다. 그렇게 생각하면 선생님이 오마키차야를 찾아내시고 또 놀잇배를 계획하신 공적은 크다고 생각합니다.

마키노 그 놀잇배는 원래 조선에 있었던 거 아닌가요?

다카하마 아, 옛날 중국 진나라 때 회강에 띄웠던 놀잇배가 있었는데 그것을 본따 만들었지요. 제가 대동강은 경치가 좋으니까 놀잇

배라도 띄우면 어떻겠냐고 말을 했지요.

(마루야마 쓰루키치 씨 참석)

마루야마 비가 와서 다행이네요.
아카호시 조선에도 비가 온 모양이던데 잘됐네요.

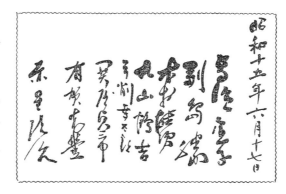

157

마루야마 얼마 전부터 계속 온 모양이더군요.

아카호시 미나미(南) 씨가 도쿄에 와서 비가 안 온다고 걱정하고 있었는데 마침 비가 와서……. 그쪽 사람들도 기뻐하고 있어요. 보리 작황이 아주 좋은 모양이에요.

마루야마 언제 오셨습니까?

아카호시 요 며칠 전에요. 마침 이케다 히데오(池田秀雄) 군과 경성에서 만났지요.

마루야마 그래요? 청진에 갔다던데…….

아카호시 즐거웠어요. 무산에서 청진까지 보고 왔지요. 정련소는 대단하던걸요.

마루야마 벌써 불이 켜졌나요?

아카호시 한창 활발히 하고 있었습니다.

아루가 마루야마 씨도 가 보세요. 재미있어요.

아카호시 그런 곳까지 아루가 씨가 가 있다고 생각하니 마음이 든

아카호시 리쿠지 씨

든하더군요.

시모무라 아루가 씨는 조선에는 언제?

아루가 저는 오래되었어요. 이토(伊藤) 통감 시절부터 다니고 있지요.

아카호시 그럼 아주 오래전부터네요.

마루야마 유게 씨는요?

유게 저는 한국병합 이듬해부터입니다.

아카호시 이야기는 좀 달라지는데요, 조선에 영주하는 사람들이 점점 많아져야 해요. 제 친척이 갈 때에도 고향의 집은 없애고 가라고 했는데 역시 일본인의 습성 때문인지 결국 내지로 돌아오더라구요. 대만에서나 조선에서 성공한 사람들이 돌아오니 문제에요.

마루야마 저는 좀 더 쌀을 증산하게 해야 한다고 생각합니다. 전에 쌀농사는 문제가 있다는 논의가 있었지요. "쌀이 너무 비싸서 농민들이 쌀만 생산하고 있으니 보다 쌀을 저렴하게 해서 이익이 별로 남지 않게 되면 다른 작물을 생산할

것이다. 그래서 쌀 한 가마니에 대해 2엔만 떼어 그 돈을 전체의 농사개량비에 충당하자"는 논의가 있었지만 저는 절대 반대라 그래서는 안 된다고 했는데 얼마 전 의회에서도 그것을 문제 삼았어요.

아루가 미쓰토요 씨

아루가 다카하마 씨, 저는 오마키를 아주 미인이라고 생각했었어요.

다카하마 그다지 미인은 아니지요.

유게 『조선』에는 야나기야를 많이 소개하셨지요.

마루야마 그 여주인도 대단하지요.

아카호시 느낌이 좋은 사람이었지요.

유게 예, 집에 돌아온 듯한 느낌이 들어요.

아카호시 저 같은 경우는 하룻밤인가 이틀밤 묵은 것뿐인데 평양까지 계속 배웅해 주었으니까요.

시모무라 다카하마 씨, 그 작품은 조선에서 쓰신 건가요?

다카하마 친구가 조선에 가 있었는데 오라고 해서 가 보았지요. 돌아와서 좀 지나고 나니 문득 조선이라는 곳에 흥미를 느껴 또 갔다가 여러 가지 재료를 얻어 내지로 돌아와서 썼어요. 처음에는 오사카 마이니치(大阪毎日) 신문과 도쿄니치니치(東京日日) 신문 양쪽에 연재했었는데 대리점이 항의를 해온다고 해서 난처했어요. 그 소설을 내기 시작한 후부터 독자가 준다더군요.

시모무라 하긴 소설치고는 야하지 않으니까요.

다카하마 어떻게든 연재를 그만해 달라는 소리를 들었지만 신문사로서도 중단할 수 없어서 둘로 나누어 상편은 마이니치 신문에만 싣고, 하편은 니치니치 신문에만 싣는 식으로 간신히 해결했지요. 연재물로서는 평이 좋지 않아서 말이에요.

시모무라 그 당시의 정세로서는 그럴지도 모르겠네요. 지금이라면 전혀 달랐을 텐데요. 하지만 그즈음의 인텔리 여성들은 그 작품을 상당히 평가했었지요.

아카호시 데라우치(寺內) 씨가 고 맙다는 인사를 해 온 것은 언제였 죠?

다카하마 그건 책으로 나온 후에 요. 다카하마 교시의 『조선』이라는 소설은 아주 훌륭하다. 조선총독으 로서 감사의 뜻을 표한다는 편지가 왔었지요.

시모무라 데라우치 씨는 아주 배 려가 깊은 사람이었으니까요.

다카하마 저는 따로 인사를 하러 가지 않았는데 식민정책에 도움이 된다며 그런 편지를 받았습니다.

아카호시 그야 크게 도움이 되겠지 요. 그 소설 속에 일본 민족이 점점 북으로 북으로 흘러간다는 이야기 나 배일(排日)을 한 나라는 결국 망 하고 일본과 손을 잡은 민족은 점점 번영한다는 것을 조선인의 입으로 말하게 한 대목같은 것은 정말 그대 로지요. 그 소설은 처음에는 사람들 에게 인정을 받지 못했지만 틀림없 이 빛을 발하는 작품이지요.

유게 다시 한번 읽으면 재미있겠 네요.

시모무라 오마키차야는 이 소설로 알려져 평양에 가기만 하면 꼭 오마 키차야에 갑니다.

타카하마 그 야나기야는 야나기야 가 아니라 마스야로 되어 있어요.

유게 그런데 실 제를 알고 있으니 까 그것을 야나기 야로 기억하고 있 는 거지요.

유게 고타로 씨

시모무라 다카하마 씨 그 당시의 추억은 없습니까?

다카하마 여행 중에 느낀 것이나 본 것은 『조선』에 모두 썼기 때문에 그 외에는 없습니다. 조선에도 꽤 오래전부터 하이쿠를 짓는 사람이 있어요. 호토토기스파의 박노식(朴 魯植)이라는 상당히 실력있는 하이 쿠 시인이 있었지요. 이 사람은 죽 었지만 지금도 하이쿠를 짓는 사람 중에 이영학(李永鶴)이라는 사람이 있어요. 미국인 중에도 하이쿠를 짓 는 사람이 있으니 조선에 하이쿠를 좀 더 보급하면 그런 문예 방면에서 도 내선융화에 이바지할 수 있지요.

오른쪽부터 유게 고타로, 시모무라 가이난, 아루가 미쓰토요 씨

유게 그 후로는 가시지 않나요?

다카하마 만주에 가는 도중에 들르는 정도지요.

마루야마 조만간 한번 더 가보시면 아주 좋을 거예요.

시모무라 이 다음에는 북선(北鮮)이 좋아요. 상당히 바뀌었거든요. 공업은 저와 분야가 다르지만 어쨌든 압록강 물을 모아 다시 그것을 거꾸로 일본해 쪽으로 떨어뜨려 동력을 만들어 냅니다. 이런 건 세계에는 유례가 없지요. 그러니 조선 사람들도 놀라겠지만 우리도 놀라는 거지요. 외국에 이러한 예가 있어서 그걸 따라 하는 것이 아니에요. 우리들이 고안해서 시작한 것이에요. 그러니까 결국 시나노(信農)강 상류의 지쿠마(筑摩)강 물을 가루이자와(輕井澤) 부근에 댐을 만들어 터널로 우스히(碓氷) 고개를 지나 요코가와로 떨어뜨리는 셈이지요.

아카호시 그거 재미있네요. 그건 원래 노구치 준(野口遵) 군이 하던 일인데 지금은 그 일은 구보타(久保田)라는 공학도가 하고 있어요. 설계는 전에 미쓰비시에서 조사하다가 무슨 사정으로 그만두게 되었는데 그 뒤를 이어 노구치 군이 이어 하고 있어요. 오쿠무라(奧村)라고 제 동생뻘 되는 사람이 관여하고 있어서 일전에 봉천에서 만나 자세한 이야기를 들었죠. 그 설명에 따르면 조선의 강은 한가운데 등줄기가 놓여있고 남쪽 방면은 비탈지고 일본해 쪽으로는 경사가 급하다고 합니다. 그래서 댐을 만들어 압록강 물을 막아 그것을 경사가 급한 쪽으로 떨어뜨리면 틀림없이 상당한 마력의 동력을 얻을 수 있다는 생각에서 계획된 것이라고 하더군요.

시모무라 댐이 여러 개 있어서 아래쪽 댐에서 위쪽 댐으로 차례로 올려서 가장 위에 있는 댐에서 터널로 빼내고 있어요. 호반에 클럽하우스가 있는데 인공호수가 가스미가우라(霞ヶ浦) 정도의 크기는 되지요. 그 주변은 소위 화전민들이 거주하는 곳입니다. 그래서 내지와 달리 거금이 드는 것도 아닙니다. 그 사람들도 품삯을 받을 수 있어서 좋아

들 하고 있어요. 아무튼 그 정도로 큰 호수인데 주변에 집도 한 채 없고 아주 이색적인 풍경이에요.

그래서 아무튼 저는 다카하마 씨가 이 지역을 여행하시게 된다면 아마도 좋은 작품재료가 많을거라고 생각해요. 한 곳 더 꼭 추천하고 싶은 곳이 있는데 부산에서 목포까지. 조선의 세토 내해라고 불리는 이곳을 배를 타고 가게 되면 소록도라는 곳이 나와요. 약 4, 5천 명쯤 되는 한센병 환자가 수용되어 있어요. 세계 제일의 규모로 꼽는데 필리핀에도 많이 수용되어 있다고 하지만 소록도는 실로 엄청나요. 주관적인 시각인 시를 짓는 데는 적당할지 어떨지 모르겠지만 소설을 쓴다면 소재가

오른쪽부터 소에지마 가쓰 , 기무라 유지, 아카호시 리쿠지 씨

162

얼마간 있을 겁니다.

아카호시 시모무라 씨가 댐을 가스미가우라라고 비유하셨는데 조금 더 과장하여 말한다면 비와(琵琶)호 정도랄까요.

시모무라 비와호 정도라고 한 것은 길림성에 만들어진 이번 댐을 두고 한 말입니다. 백두산에서 낙하시켜 60만 마력이나 되는…….

다카하마 조선과 내지인의 감정은 지금 어떻습니까?

시모무라 글쎄요……. 나는 잘 모르나 요 근래는 매년 방문을 했지요. 만주사변, 중일전쟁, 세계대전 등이 발발하는 것을 보고 대만이나 조선, 기타의 지역에서도 마찬가집니다만 미약한 힘으로는 독립이 어렵다는 것을 알게 되었을 것이구요. 그러니 어떻게 하면 진정 서로 손을 맞잡고 나아갈 수 있는지 하는 문제가 시급해요. 이탈리아를 예로 들자면 아프리카의 에티오피아인과 결혼을 금하는 식으로 매우 차별적예요. 우리는 인종이 같으니 이번 기회에 서로 융합하는 속도를 더 내야 한다고 생각해요.

다카하마 네 그렇다고 봅니다.

시모무라 이번 세계대전이 어떻게 마무리 될지 모르지만 어떻든 간에 천만, 이천만, 삼천만 정도의 힘으로 대적할 수 없다는 것을 알게된 거지요. 앞서 발발한 세계전쟁에서 그 엄청난 싸움을 하고서 수많은 작은 나라가 생긴 것부터가 잘못입니다. 내 생각에는 아마도 이번에는 나라 수가 줄어들지 않을까 생각해요.

소에지마 다카하마씨가 질문하신 것에 대해 저도 한마디.

요전에 나한테 조선 사람 몇 사람이 찾아와서는 이렇게 말하더군요. 청일전쟁, 또 러일전쟁에서 만약 일본이 패했다면 조선은 어떻게 되었을까 하고 말예요. 아마도 틀림없이 처참한 생활을 하게 되었을 것이라고 하더군요. 그러면서 어떻게든 철저히 일본 사람이 되어 이번 중 일 전쟁 에 서 도

소에지마 가쓰 씨

황국신민의 한 사람으로 있는 힘을 다해 국책수행에 기여해야 한다고 요. 이건 진심으로 하는 말이라고 생각합니다.

여러분은 저보다도 잘 알고 계시겠지만 재작년부터 조선인 지원병제도가 만들어져 경성에 지원병훈련소가 생겼습니다. 재작년에 400명, 작년에 600명, 올해는 수천 명의 생도를 양성하도록 되었지요. 여기서 반년간의 양성과정을 거쳐 훈련소를 나오면 군대에 들어가서 제일선에서 활약하게 되는데 정말 믿음직한 병사가 되구요, 벌써 전사한 자도 있다고 합니다. 지금까지 몇번 훈련 중인 자가 도쿄에 왔었습니다만 규율이 잡힌 행동거지하며 정말 훌륭해요.

더 말씀드리자면 작년 가을부터 내지의 노동력이 부족한 상태인데 조선인 노동자가 내지에 많이 들어와 탄광이나 기타 장소에서 일하고 있어요. 특히 규슈지방으로 간 노동자는 능률도 좋고 규율도 잡혀있어 매우 평판이 좋다고 합니다. 좋은

점만 말씀드렸는데 내지와의 관계를 말씀드리자면 시모무라 박사께서 말씀하신 것처럼 아주 좋아졌다고 생각합니다.

아카호시 좋아진 건 분명합니다.

소에지마 훈련소 생도가 도쿄에 와서 「바다로 가면」 노래를 부르며 눈물을 뚝뚝 흘리는 모습을 보면 기쁘기도 하고 유쾌해집니다.

시모무라 저는 1932년 단비사건[37] 이후 귀향길에 조선을 경유하게 된 것이 처음입니다만 아루가 씨는 몇 년이세요?

아루가 저는 1936년 러일전쟁 직후였습니다.

시모무라 중국에서 돌아오는 길에 대련, 조선을 들르고 싶어서였는데 허가를 받지 않고 먼저 영구(營口)로 갔어요. 거기서 대련으로 가려고 생각했는데 러시아가 비자를 주지 않았어요. 2일이 지나도 3일이 지나도 비자를 받지 못해 할 수 없이 지부(芝罘)로 가서 지부에서 인천으로 향했지요. 인천에 도착하자 일본어도 통하고 일본지폐도 통

용되어서 얼마나 기뻤는지 몰라요. 그리고는 곧 나는 서양으로 떠났고 러일전쟁 때문에 되돌아왔습니다만 그때는 부산에 러시아의 배가 억류를 당해도 인천의 고리로츠, 와리야크는 전혀 몰랐던 거죠. 최근의 전쟁은 베를린, 런던 등 각 나라마다 선전이라든가 통지 등이 즉각 알려지지만 그 당시에는 무전이라는 것이 없어서 전보를 전부 억류할 수가 있었어요. 정말 격세지감을 느낍니다.

유게 그렇다면 러시아는 아무것도 모른 채 춤을 춘 격인가요?

시모무라 네. 통신만 보더라도 그렇지요. 정말 많은 차이가 납니다.

아카호시 나는 조선에 오래 체재한 적이 없어서 별 드릴 말씀이 없으나 만주사변이 일어났을 때 한국병합 때와 비교해 보면 병합 당시는 이토 히로부미 공이 취한 정책일지 모르나 내지에서 지주나 부호들이 몰려들어와 동양척식회사하고 손잡고 토지를 사들이거나 미개한 땅을 개척하거나 했어요. 또 시부사와 씨

는 솔선하여 한국흥업을 세우고 광주에 본거지를 두었구요.

이와자키 씨 가문도 약 5천 정보의 전답을 매수했고 스미토모 씨도 그랬습니다. 그것이 만주사변이 터지자 이번엔 정반대로 부호들이 토지를 사들이는 걸 비난하는 방향이 되었어요. 오늘 제가 시비를 가리자고 말씀드리는 것이 아니고 격세지감을 금할 수가 없다는 뜻입니다.

아루가 그 당시 조선 땅에 눈독을 들인 사람은 모두 성공, 대성공을 했지요. 단 조선인이 수백 년 전에 개간하여 일구어 온 토지를 싸게 사들여 그냥 경영만 했어요. 농사의 상당 부분도 개량되었지요. 한편으로는 시종일관 조선인의 토지를 매수하지 않고 새로운 토지를 개척한 사람도 있어요. 예로 들자면 후지(不二)흥업회사, 조선개척회사 등을 비롯한 몇 개 회사를 꼽을 수 있는데 실로 위대한 공로니 경의를 표하지 않을 수 없어요. 내지에서도 농업분야의 개척은 정말 힘들어 거의 파산 지경이 됩니다만

옛날 도쿠가와(德川)시대 사람이 개척에 힘을 쏟았으나 파산한 후 수세대가 지난 메이지(明治), 다이쇼(大正)시대가 되어 표창을 받은 사람도 많이 있다니 얼마나 힘이 드는 일인지는 조선에서도 예외가 아니기에 정말 고생 많았을 겁니다.

아카호시 그렇진 않아요. 제가 말씀드린 취지는 병합 당시와 만주사변 때를 비교해 재력이 있는 사람을 불러들이거나 혹은 초청하거나 혹은 초청하지 않은 차이가 있다는 것이고 그 결과는 별도의 문젭니다. 말씀하신 것처럼 성실한 사람은 오늘날 성공을 하였을 터이니 제일 먼저 표창해야 할 사람이라고 생각하구요. 다음은 우리들처럼 안전제일주의자인데 오늘날까지 팔지도 않고 토지를 그냥 가지고 있는 사람은 벼를 심지는 못하더라도 소작인들이 기뻐하니 다소 공헌을 했다고 생각해요.

아루가 네, 물론 공헌을 하신거지요.

아카호시 황무지를 싸게 산 사람도 있는데요. 후지이 씨처럼 끈질긴 사람은 성공했지만 성공하지 못한 사람도 상당수 있어요. 이렇게 보면 세 가지 유형으로 나뉘는데 안전제일주의자로 가장 좋은 토지를 땅값을 깎지 않고 제값을 주고 사서 파는 쪽에게도 이익을 나누고 사는 쪽은 소작농을 붙여서 계속 농사를 지을 수 있게 한 것이고, 그 다음은 싼 토지를 매수한 자는 참 딱한데 고생도 많이 했는데도 여태껏 고생을 하는 사람도 있고, 그 다음은 황무지를 개간하여 노력해서 성공한 사람이지요. 후지이 씨가 터를 잡은 장소는 어디지요?

아루가 압록강 하구의 간척지, 철원대평야 개간지와 전북 간척지를 합하면 약 1만 정보 됩니다.

아카호시 엄청나군요.

아루가 근데 경리 부분에 대해선 방만한 점도 있어 곁에서 보는 사람이 이러저러한 주의를 주게 돼요.

시모무라 아루가 씨도 식산은행에서 고생 많이 하셨지요.

아루가 부당한 대출을 한다고 욕도 많이 먹었습니다만 중간에 포기하지 않고 시종일관 보호한 보람이 있어서 지금엔 대성공을 거두게 되었지만요.

마루야마 이 사람은 쌀 문제에 대해서는 진지하답니다.

마키노 혹시 반도사람 중에 숨겨진 인물은 없습니까?

아루호시 김옥균 정도밖에는 모르는데요.

아루가 그 사람은 역사적인 사람이지요.

마루야마 요전에 도야마(頭山) 선생님 연극에서 김옥균 씨를 봤어요.

시모무라 우리보다 나이 많은 사람한테 물어봐야 할 거예요.(웃음)

마루야마 소에지마 씨는 조선에 몇 번이나 가셨는지요?

소에지마 좀 드나들긴 했어도 영 실속이 없어요.

마키노 제일은행은 조선의 이왕가와 깊은 관계가 있다면서요?

아루가 네. 은행이니 관계를 가질 수밖에 없었지만 그리 깊다고 할 건 없지요.

마키노 이왕가의 재산을 관리하셨다고요.

아루가 그렇진 않아요. 오쿠라 기하치로(大倉喜八郎) 씨가 시부사와 씨에게 권유를 해서 1878년 제일은행이 부산에 지점을 내게 되었죠. 그리고 한참 지나 지폐발행권을 위촉받게 되어 지폐를 발행하게 되었구요. 이후 1907년 무렵 한국은행이 설립되서 지폐발행권을 이양하고 보통은행으로 오늘날까지 이어왔습니다만 한국은행은 병합 후에는 조선은행이 되었지요.

(기무라 유지 씨 출석)

마침 잘 오셨어요. 지금 제일은행에 대한 이야기를 하고 있던 참인데, 제가 대신해서 약간 말씀드렸습니다만……

시모무라 네. 그럼 질문 드리죠. 경성에 지점을 낸 것은 몇 년인지요?

기무라 경성은 좀 늦어요. 부산이 1878년이고 줄곧 인천이 중심이었지요.

시모무라 지금 인천은 예전만 못하지요.

아루가 그 당시 인천의 위세는 대단했어요.

시모무라 지금 이왕가의 재산을 어떻게 했다는 말이 나왔는데 그건 맞습니까?

기무라 저희 제일은행이 궁내부의 자금을 이왕가의 이름으로 맡아 예치하고 있었어요.

기무라 유지 씨

그런 중에 미와다(三輪田) 씨가 이왕가의 개혁을 단행하게 되어 그 돈은 공적인 돈이라고 하야시(林權助) 공사에게 말을 하고 몰수라고 할까, 결국 빼앗은 거지요. 그런데 당좌예금 통장을 이왕가가 가지고 있었기 때문에 잔액이 있다고 소송을 걸어온 겁니다.

요 근래까지도 법정에서 공방을 벌였는데 최근 해결이 났어요. 하야시 씨가 증인으로 소환되기도 했는데요. 당좌예금이라서 어음으로 전부 인출은 했습니다만 통장이 없어 기입을 못했고 그 때문에 잔액이 있는 것처럼 꼬이게 된 겁니다.

마루야마 이왕가의 재물을 일본이 가로챘다는 그런 사건, 소문이 많이 나돌았어요.

기무라 네, 사실입니다.

아루가 소에지마 씨. 현재 조선에 거주하는 내지인이 70만 명 정도 된다고 들었습니다만.

소에지마 70만 명 조금 안 될 겁니다만 전부 모아 그 정도일겁니다.

아루가 그렇다면 내지에 거주하는 조선인 숫자보다는 적군요.

소에지마 그럴 겁니다. 지금은 거의 백만 명을 넘어섰으니까요.

아카호시 인구문제는 내지로 들어오는 조선 사람은 부인이고 자식이고 할 것 없이 딸린 식구들이 많고, 많이 낳기도 해서요. 와 있는 사람도 많은데 점점 그 수가 늘어가는 상황입니다. 내가 볼 때는 내선융화를 가속시키기 위해서는 잡혼(雜婚)을 장려해야 한다고 봅니다. 민족의 차이를 줄여가지 않는다면 진정한 평화는 유지되지 못하니까요. 다른 외

오른쪽 유게 고타로 씨, 왼쪽 세키야 데사부로 씨

국은 몰라도 적어도 동양만큼은 친척처럼 교류를 하도록 해야 하는데 조선이 시발점으로 가장 적당해요. 진정으로 동포니까요. 예로 지금 기생을 보더라도 일본 여성들보다도 낮다는 생각이 들 정도예요. (웃음) 잡혼을 성행시켜야 된다고 보는데 어떻게 생각하시는지요.

마루야마 네, 찬성이예요. 그렇지만 실제는 좀처럼 진행하기에 어려움이 많아요. 아카호시 씨부터 솔선하시면 어떨지요. (웃음)

아카호시 조금 더 젊었다면 좋았을 것을요. (웃음)

마루야마 아드님이나 따님은 어떠세요? 나도 조선 사람들한테서 꽤 연담이 들어왔었는데 좀처럼 진행

이 되질 않았어요. 부모님 승낙을 얻고 나서도 친척이 가만있질 않았으니까요. 조선 남자 중에도 일본 여성을 맞고 싶어 하는 사람이 많아서 나도 도우려고 무척이나 애를 써 봤지만 결국 실패로 끝나요.

아카호시 앞으로는 성씨를 바꿀 수 있게 되면 좋아질 거라고 봅니다.

마루야마 그렇겠군요.

시모무라 일본 이름 중에 이건 조선에서 왔구나 하고 짚이는 이름이 많아요. 가네다(金田)라든가 마부치(馬淵) 등 현재 인구 중 몇 할이나 차지해요. 그러니 앞으로 성씨를 바꾸게 해서 전부 바뀌게 되면 정말 좋아질 겁니다.

아카호시 우리네 선조는 거의 조

169

선에서 왔으니까 말입니다.

소에지마 잡혼을 장려하는 것은 내선융화를 위해 아주 좋은 생각입니다. 단 아직까지도 민족의 순결성 운운하는 사람이 있지만요.

아카호시 동감입니다. 후생성도 좀 대담하게 나가야 돼요. 나는 민족을 생식력으로 정복하는 것이 제일 중요하다고 봐요. 제일 강하니까요.

민족성 운운하면서 히틀러 총통 흉내를 내게 되면 전쟁이 끊이질 않게 되요. 나는 친척한테도 권장하고 내 아들에게도 권했는데 싫다고 해서 결국 진행이 안 됐지만 한상룡 씨[38] 자제를 지금 제가 돌보고 있으니 어떻게든 잘 성사시켜보려고 해요. 나는 이렇게 항상 마음을 쓰고 있는데 엊그젠가 내가 평양하고 경성에서 신세진 기생에게 가방 선물도 하고 말이에요.

아루가 그렇게 기생한테만 맘쓰지 마시고. (웃음)

아카호시 그러게요. 그런 식으로도 해 나가지 않으면 안 되요. 난 이젠 능력이 없지만 젊은 사람들은 분발해줬으면 좋겠어요. 뒤처리는 우리가 할테니까 (웃음). 그 정도는 해야 된다고 봐요.

기무라 잡혼을 하는 숫자는 점점 늘 겁니다.

마루야마 내지에 들어와 일본 여성과 결혼하는 사람도 많아질 거구요.

아루가 네. 부인이 내지인인 사람이 꽤 많아졌어요.

시모무라 이런 추세는 다른 나라도 마찬가지죠.

아카호시 하층민 사이에서는 성행하니 좀 더 유식자 계급에서도 해야 한다고 봅니다. 돌아가신 고무라 씨가 살아계실 무렵 여기저기 중국에 대한 강연으로 분주할 때 청중자격으로 질문을 한 적이 있어요. "중일친선을 위해 평소 애쓰고 계시는데 중일 간의 혈연관계는 어느 정도 됩니까?" 하고 물었더니 대답을 못해 쩔쩔매셨지요. 앞으로는 이 방면으로 더욱 절실한 진전이 필요해요. 여하간 조선하고는 진행하기가 수월해요. 만주사람은 거만

하달까 안 그래요? 시모무라 씨?

시모무라 조선에선 환대받고 만주에서 차였다는 이야긴가요. (웃음)

아카호시 내선융화라 하면 내지인, 조선인으로 나누어선 안 된다는 말입니다. 한 가지 색깔로 해야지요.

유게 그렇다고 갑자기 하라고 한들 실행에 무리가 있지 않을까요? 저절로 그리되어 갈 테지요.

아카호시 내 친구 중에 오타 도칸(太田道灌)이라는 의사가 있어요.

유게 보기 드문 이름이군요.

아카호시 오타 도칸의 자손입니다. 조선 여성을 부인으로 맞았지요. 결혼식에 나도 참석했는데 신부 아버지가 한복 정장 차림으로 왔더군요.

마키노 기무라 씨가 처음 간 때가 언제입니까?

기무라 1904년에 부산으로 갔지요. 그 전에 1902년에도 여기저기 돌아다녔지만 1904년에 갔을 때는 아직 연락선이 없었고 1902년에는 기차가 시모노세키까지 가지 않았어요. 조선에 철도가 없어서 부산에서 다시 배를 타고 목포, 군산, 인천을 거쳐 경성에 도착했지요. 그 무렵 경성과 인천 사이에 경인철도가 생겼을 때 개통식에도 참석했답니다.

유게 경인철도 개통식이라니 옛날 얘기네요.

기무라 그리고 1904년에 경부선은 아직 없었어요. 부산에서 배로 갔지요. 5백 톤 정도의 선박이 날씨에 따라 출항하곤 했지요. 하루 걸러 있었는데 기상에 따라 3일, 4일씩 거르기도 했어요. 그러니 내지와의 교통이 전신 외에는 없는 셈이지요. 신문도 오지 않으니 4, 5일 정도 아무것도 알 수가 없었어요. 그런 때가 있었네요.

그리고 이토 공이 부임하고 나서 아루가 씨가 활약하기 시작했지요. 그전에는 메가타 씨가 있었어요. 조선 화폐제도는 말하자면 그레셤의 '악화가 양화를 구축한다'는 법칙대로 양화는 자취를 감추고 보조화폐가 판을 쳤지요. 경부선의 중간쯤에 있던 영동에서 경성까지는 '2전 5부'라고 쓴 백동화가 통용되었고 그 이하는 1리 혹은 2리의 엽전이 사용되었는데 이것은 관영통보(寬永通寶) 혹은, 문구통보(文久通寶)와 비슷한 거지요. 이런 화폐가 유통되고 있었고 부산 근처에서 시골로 물건을 사러 가려면 이 엽전을 많이 지니고 있어야 했어요. 이것을 창고에 쌓아두는데 창고 하나에 50엔 정도밖에 들어가지 않았어요. (웃음) 그걸 말 안장에 싣고 물건을 사러 가는 거지요. 엽전도 엽전이지만 다른 편에서는 백동화가 쓰이는데 게다가 위조와 가짜 돈이 산더미처럼 있으니 말입니다.

아루가 온통 위조입니다. (웃음)

기무라 천 몇백 종류의 화폐가 있었어요. 내게 모든 견본이 있어요.

아루가 진짜 모두 위조였다니까요.

기무라 전 지역이 그러니 이것을 정리하지 않으면 안 되었지요. 메가타 씨가 여기에 착안해서 화폐 정리를 했고요. 일이 순조롭게 진행되어 우선 제일은행이 중앙은행으로서 발행은행이 되어 시부사와 씨의 모습이 실린 지폐를 발행하고 50전, 20전, 10전의 은화와 5전의 백동화를 만들었어요. 그런데 처음에는 경부철도가 공사 중이었기 때문에 서둘러 사용하여 50전 은화로 지불하였는데 이상하게도 그대로 은행으로 되돌아오는 겁니다. 상자에 넣어서 내보내면 상자째로 되돌아오고요. 무척 고생해서 통용하도록 되었답니다.

엽전은 쉽게 정리되었는데 주요 원인은 동의 가격이 올랐기 때문이지요. 지금처럼 일본에서 동 가격이 올라서 모두 내지로 수출되었어요. 그러니 자연히 정리되었지요. 백동화의 경우 상당히 어려움을 겪었는데 1906년에 시작하여 1909년에 정리되었어요. 그때 이토 씨가 부임하여 다른 나라의 은행이 중앙은행이 되어서는 안 된다, 일본의 제일은행이 한국의 지폐를 발행해서는 안 된다고 하여 한국은행을 설립하여 중앙은행이 되었지요. 하지만 사실상 제일은행이 해주지 않으면 한국은행이 성립할 수 없었기 때문에 이토 씨는 조선에 있는 제일은행의 지점 전체와 영업권, 그리고 직원까지 한국은행에 인수시켰던 것입니다. 이것은 시부사와 씨와 이토 씨가 합의하여 결정했어요. 우리는 인수조건이 매우 불만족스러웠지만 높은 사람들이 합의하여 나라를 위하여 손을 잡은 것이기 때문에 어쩔 수 없었지요. 당시 제일은행이 받은 배상금은 너무 적었지만 울며 겨자 먹기로 참을 수밖에요. 저는 당시 경성 지점의 영업부장을 하고 있었어요. 경성 지점은 제일은행 한국총지점이라는 이름으로 자본금도 일본의 본점과는 별도였지요.

당시 총지배인은 중역인 이치하라 모리히로(市原盛弘)였는데 한국은행 총재로 이토 씨가 추대했어요. 나는 이치하라 밑에서 영업을 담당하였고 아루가 씨와 나중에 조선식산은행의 총재가 된 미즈마(水間) 씨가 한국은행 이사가 되었습니다. 그 후 1910년 병합 후 조선은행

이 된 것입니다. 이것으로 간단하지만 과거의 얘기를 마무리하지요.

마루야마 기무라 씨가 젊은 줄 알았는데 지금 이야기를 듣자니 그의 나이를 분명히 알게 되었습니다. (웃음)

마키노 최근에는 안 가시나요?

기무라 일을 하고 있으니 가끔 갑니다. 가장 최근에 간 것이 작년 9월입니다.

마키노 당시는 어땠습니까?

기무라 엄청난 차이가 있지요. 비교할래야 비교할 수가 없으니 문제

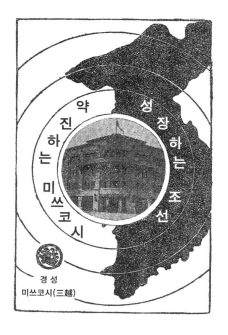

경 성
미쓰코시(三越)

가 될 게 없어요.

아루가 엽전이라는 동전은 예를 들어 부산에서 출발하여 조선을 여행할 때 엽전을 말에 싣고 갑니다. 그러다가 도중에 쉬거나 묵으면서 가면 경성에 도착할 무렵에는 한 푼도 남지 않아요. 그러니 엽전을 멀리 수송할 수 없었지요. 그 정도로 불편한 상태였어요.

기무라 메가타(目賀田) 씨는 조선 금융경제를 개선한 이로 그 후 산업조합과 농공은행 같은 것도 만들었어요. 그것이 기초가 되어 오늘날에 이르게 되었지요.

아루가 메가타 씨는 조선에 1, 2년 정도밖에 머물지 않았지만 조선에 대한 공적은 이토 씨 다음이라고 할 수 있지요.

유게 대단한 분이시군요.

아루가 그를 빼고 조선을 이야기할 수 없지요.

유게 금융조합 앞에 동상이 있어요.

아루가 금융조합도 그가 만들었는데 그의 업적 가운데 일부분에 지나지 않아요. 그만큼 사업을 신속하게 한 사람이 없어요. 스즈키(鈴木穆) 씨에게 농공은행의 계획안을 쓰게 했죠. 열심히 내지의 사례들을 조사하고 있으면 아직 계획안이 나오지 않았냐고 재촉해요. 급히 써서 들고 가면 호주머니에 꾸깃꾸깃 집어넣고 어디론가 가요. 그리고 한 시간이 지나지 않아 되돌아와서는 이대로 당장 집행하라는 거에요. 어디 갔다왔는지 물어보면 이토 통감에게 승인을 받아왔다는 거에요. 물론 이토 통감 역시 내용을 보지 않았죠. 메가타 씨는 계획안을 쓰게 하면서 읽어보지도 않아요. 그러니까 사업 진행이 매우 빠르죠.

아카보시 매우 섬세한 사람이라고 생각했는데 그렇지 않은가 보군요.

아루가 매우 배포가 큰 사람이었지요. 천일염 같은 것도 조선에서 천일염을 하면 좋을 거라는 이야기에 바로 착수시켜서 시험염전을 설치하였지요.

당시 저는 진남포 세관장으로 있었는데 대동강 입구 광량만을 천일염

전의 적격지라고 보고 종이 반장 정도 분량의 계획서를 써서 제출하자 일주일도 지나지 않아 농학사인 쓰카모토 미치도(塚本道遠) 씨를 파견하여 당장 사업에 착수하게 하였지요. 이것이 조선 천일제염의 발단이에요. 이것은 작은 예에 불과해요. 메가타 씨의 신속한 활동과 조선에 남긴 위대한 업적을 잊지 말고 조선의 은인으로서 추모해야 합니다.

기무라 토지를 사들이는 일도 재미있어요. 조선인은 돈을 보여주지 않으면 팔지 않아요. 그래서 정말 금화를 많이 들고 와서 책상 속에 넣고 토지 주인을 불러와서 책상 안을 보여주며 팔지 않겠느냐고 하면 팔겠다고 해요.

유게 엽전시대에는 어떻게 했나요. 토지를 사려면 힘들었겠어요.

아루가 토지가 싸서 어떻게든 되었지요.

유게 말에 싣고 가서 괜찮았겠군요.

아루가 마루야마 씨 당신이 오기 전에 조선경찰은 헌병제였고 후에 보통경찰로 바뀌었지요. 그때 고생한 이야기를 듣고 싶네요.

마루야마 제가 처음 조선에 간 것은 경시청 특고과장이었을 때 대례를 감시하는 일 관

마루야마 쓰루키치 씨

계로 조선을 한번 보아두면 좋겠다고 해서 간 것이죠. 약 한 달 예정으로 여기저기 조선을 돌아다녔죠. 원산까지 갔을 때, 내각의 일부 개각이 있어서 경시총감도 경질되어 돌아오지 않아도 된다는 전보를 받았지만 돌아왔어요. 귀국길에 경성의 데라우치 총독을 찾아가 작별인사를 하자 자네가 열성적으로 돌아보았다고 하니 이야기를 듣고 싶다, 조용히 들을 테니 천천히 얘기해 보게, 라는 것이었어요.

32, 3세의 경시(警視)였던 나는 매우 감격하였고 이날 점심 대접까지 받았어요. 데라우치 씨는 "최근 조선시찰을 온 이들 중에 자네가 매우 착실하게 시찰하였다고 들었으니 무엇이든 자네의 의견을 듣고

싶네." 하는 것입니다. 당시 나는 주로 헌병경찰에 관해서 이야기를 했어요. 경시청 경찰인 자신의 시선으로 헌병경찰의 4가지 정도의 장점과 5가지 정도의 병폐에 대해서 이야기했어요. 그리고 지금 보통경찰로 전환할 시기라고 주장했지요. 데라우치 총독은 매우 열심히 듣고, 과연 잘 살펴보았네. 대개의 사람들은 대접을 받으면 조선에서는 조선을 칭송하는 말을 하다가 시모노세키까지만 가도 조선을 욕하는데 자네처럼 철저한 논의를 한 이는 지금까지 없었네. 자네 의견은 경청할 만한 가치가 있지만 나는 자네와 의견이 다르다네. 아직 헌병경찰을 폐지할 시기가 아니라고 생각하네. 그런 이야기를 나누고 헤어졌지만 나는 데라우치 씨가 무단정치가라고 여러 가지 비판을 받고 있지만 이토록 조선을 진지하게 생각하는 사람이었구나 하고 경의를 표하게 되었습니다.

그리고 4년 정도 지난 후, 사이토(齊藤) 총독시대가 됩니다. 이 무렵에는 내지에서도 조선의 헌병경찰에 대한 연구가 많이 이루어져 이것을 개혁하는 것이 하나의 안이 되고 있었어요. 당시 나는 시즈오카현의 내무부장이었고 현 지사는 아카이케(赤池濃) 씨였어요. 그런데 아카이케 씨가 조선 내무국장으로 발령받아 나에게 도와달라는 것입니다. 그래서 결국 내무국의 무슨 과장으로 가게 되었지요. 경무국장으로 갈 예정이던 노구치(野口) 씨가 고베에서 병으로 죽었어요. 그리고 9월 2일 사이토 총독이 남대문 역에서 ○○○○타려고 했는데 ○○○○○○ 던져 ○○○○사건이 일어났지요(○○○는 겸열로 인한 복자(伏字) ‐ 역자).

이 일은 가볍게 넘어갈 일이 아니어서 결국 치안이 가장 중요시됨에 따라 결원 중인 경무국장을 아카이케 씨가 겸임하게 되었어요. 저도 아카이케 씨를 따라 경무국에 근무하게 되었지요. 결국 소속이 없는 무임소 사무관 — 이 무렵 무임소 대신이란 것은 있었지만 무임소 사무관은 제가 처음입니다. 그래서 점차 헌병경찰을 폐지하고 보통경찰제로 하기로 하고 내용을 검토해 보니 엄청난 일이더군요. 내 경험으로 비추어봤을 때 거의 불가능하다는 생각이 들었어요.

경시청에 있을 무렵 한꺼번에 2천 5백 명의 경찰관을 증원한 적이 있는데 상당히 어려운 작업이었어요. 이번에는 적어도 6천8백 명의 새로운 경찰관이 필요했지요. 계획상으로는 종래의 경찰에 종사하던 헌병에서 전환해 오는 사람, 그리고 내지의 현직경찰관 1천5백 명을 내무성에 의뢰하여 각 현에서 할당하여 받고 그리고 나서 새롭게 3천 몇백 명을 모집 훈련시켜 경찰관을 만든다는 것입니다. 우리들처럼 경찰에 대해 잘 알고 있는 사람이 보았을 때는 너무 무모한 사업이라고 여겨졌으니까요.

그 후 고심 끝에 다행히 모든 사람들의 노력으로 비교적 순조롭게 보통경찰로 전환되었습니다. 그런데 내지에 의뢰할 때는 성실한 순사를 부탁하였지만 각각 현에서 보내기 때문에 그리 좋은 사람을 보내지 않았던 것 같아요. 쓰레기 같은 자들도 많아 매우 곤란했어요. 게다가 당시 경제계도 호경기여서 지원자가 거의 없었고 모집에 응하는 이도 적어 질 낮은 이들이 오곤 했지요. 하지만 받아들이지 않으면 인원이 모자랐어요. 그리고 훈련도 3천 몇백 명을 수용할 교육기관이 없어서 나중에는 각 도로 나누고 각 도에서도 곤란하게 되자, 경찰서에 열 명, 스무 명으로 나누어 훈련시키게 되었습니다. 더군다나 복장은 말할 것도 없고 검이나 모자조차 없어서 내지에서 온 그대로 헌팅캡을 쓰기도 하고 그중에는 일본식 복장을 하고 교습을 받거나 해서 백귀야행(百鬼夜行)이라는 말이 있는데 조선의 경찰은 백귀주행(百鬼晝行)이라고 불릴 정도로 성급하게 만드느라 매우 힘들었지요.

그래도 시작한 지 3개월 정도의 비교적 짧은 기간에 무리해서 전환하게 되었어요. 처음에 아직 헌병의 수뇌부가 있어서 경찰부장이 부임해도 관사가 없거나 지금까지 애써 온 헌병과의 사이에서 다소 감정적인 문제도 있었지만 점차 좋아졌어요.

(세키야 데사부로 씨 출석)

아루가 세키야 씨가 오셨으니 이번에는 조선의 교육에 대해서 듣도록 하지요. 세키야 씨는 조선교육의 공로자시니까.

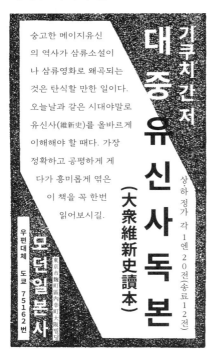

숭고한 메이지유신의 역사가 삼류소설이나 삼류영화로 왜곡되는 것은 탄식할 만한 일이다. 오늘날과 같은 시대야말로 유신사(維新史)를 올바르게 이해해야 할 때다. 가장 정확하고 공평하게 게다가 흥미롭게 엮은 이 책을 꼭 한번 읽어보시길.

기쿠치간 저
대중 유신사 독본
(大衆維新史讀本)

상하 정가 각 1엔 20전(송료 12전)

우편대체 도쿄 75162번

모던일본사

세키야 아니요, 유게 씨가 더 잘 알고 있으니 유게 씨가 먼저 해주시면 좋겠어요.

유게 그럼, 저부터 간단하게 말씀드리지요. 한국병합 때 조선 교육은 신중하게 해야 된다고 하여 병합 이후 바로 여러 가지 사업에 착수했지만 교육만큼은 잠시 보류하기로 하여 연구를 지속해 왔는데 병합 이듬해 마침내 제도가 생겼습니다. 당시 총독에 데라우치 씨, 학무국장에 세키야 씨였지요. 데라우치 씨가 교육에 관하여 열성적이어서 문부성이 시행하는 교육에 만족하지 않고 조선에 진정한 교육방침을 세워 국가의 백년대계를 세우겠다고 할 정도였지요. 교육규칙을 마련하는 회의에는 반드시 출석하여 만년필로 쓰면서 이것저것 지시할 정도로 교육에 매우 열정적이었습니다. 이렇게 만들어진 방침은 조선인을 교육칙어의 취지에 의거하여 충성스런 국민을 양성하는 것이 조선교육의 목적이었어요. 당시 조선인을 어떻게 교육할 것인가가 일본 조야의 논의의 대상이었지요. 이에 대하여 내지에서 내지인을 교육하는 목적과 조금도 다름이 없이, 즉 조선인을 장래에 내지인과 다를 바 없이 제국신민으로 만들 것이라는 점을 분명히 결정했습니다.

다음 단계의 조항에는 다만 정세와 민도를 따라야 한다, 즉 교육칙어의 취지에 따라 내지에서 내지인을 교육하는 것과 동일한 방침으로 교육하지만 조선의 정세와 민도, 경제 정세가 주요하여 이에 상응하는 교육을 한다. 최종 목적은 내지와 조금도 다를 바 없으나 정세와 민도가 다른 이상 방법과 수단을 내지와 동일하게 할 수 없다. 이러한 방침이 정해졌습니다. 그리하여 주력하게 된 것이 읽기, 쓰기, 주산을 간단하게 실용적으로 가르치고 특히 국어를 보급했죠. 국어는 국민정신이 깃드는 곳이라는 점에서 큰 힘을 기울였습니다.

이후 거의 8년간에 걸쳐 교육제도에서 다소라도 규칙을 개정하는 일 없이 오로지 내용 충실을 도모해왔는데 사이토 총독시대가 되어 정세가 크게 변화했기 때문에 교육제도 일부분을 개정하였어요. 더욱이 현재의 미나미 총독시대가 되어서는 내지와 똑같이 한다는 미나미 총독의 해석에 따라 목적도 수단도 완전히 내지와 똑같게 되었습니다. 대강 큰 흐름을 말하자면 조선교육의 경과는 이러합니다.

마키노 세키야 선생님의 말씀도 부탁합니다.

세키야 대체로 지금 유게 군이 말씀드린 대로입니다만, 처음에 우리들이 책임을

세키야 데사부로 씨

맡았을 때도 빨리 의무교육을 해달라고 희망하는 사람도 있었지요. 그런데 의무교육이라는 것은 기분 내키는 대로 할 수 있는 것이 아닙니다. 학교도 많이 필요하고 교원도 확보하지 않으면 안 되니까요. 이건 조선으로서는 매우 고통스런 일이었어요. 오늘날까지도 의무교

육이 이루어지지 못했지요. 만약 의무교육을 하려고 한다면 매우 많은 조세를 걷지 않으면 안 되니 지금도 다소 무리라고 생각합니다. 당시로서는 말할 것도 없고요. 그 점에서는 데라우치 씨의 방법이 극히 친절한 것이었습니다. 예를 들면 4년 만에 졸업하도록 한 것이지요. 이것은 내지가 6년이니까 조선은 4년으로 간단하게 가르치자는 것이 아니라 4년이면 6년 동안 배울 것을 배울 수 있다는 것이 데라우치 씨의 의견이었습니다. 조선에서는 서당이라는 것이 많이 있어서 그것을 당시에 금방 금지해버리면 서당 선생의 직업을 빼앗는 것도 되고 또한 학교가 없는 곳에서는 서당에 가는 것만으로 교육으로서는 충분하니까 폐지하지 않고 두었지요. 그러므로 서당에서 어느 정도 배운 자가 학교에 입학하니까 입학하자마자 상당히 교육 수준이 있는 자가 있었습니다. 내지와는 매우 달라서 4년 만에 6년 동안 할 공부를 할 수 있다는 의견인 것입니다.

그리고 조선은 농업이 중심이므로 보통학교에는 반드시 농경지가 붙어 있습니다. 이것은 조선의 특색이지요. 내지 소학교와 달리 조선의 공립보통학교에는 반드시 농경지가 딸려 있어서 쉬운 농사일을 가르친 것입니다. 그 이유 중 하나는 양반들이 노동을 싫어하므로 그러한 자에게 노동은 신성한 것이라는 것을 가르치지 않으면 안 된다, 이마에 땀 흘리는 것을 가르치지 않으면 안 된다고 생각한 것입니다. 그러나 그것은 걸핏하면 오해받아서 농민만을 양성하려 한다고 비난당했지요. 그렇지만 가난한 조선을 실력 있는 곳으로 만들고 백성을 부유하게 하는 것이 필요하며 이를 위해서는 농업이 무엇보다도 가장 먼저 선결되어야 한다고 생각하여 학교원(學校園)이라고 할까 농업실습지를 반드시 만들게 한 것입니다.

이 점에 대해서는 다음과 같은 재미있는 일화가 있습니다. 충청북도 어딘가의 학교에 지주의 자녀가 왔습니다. 그런데 지주의 청지기 같은 자가 학교에 와서 보니 주인집 도련님이 농사일을 하고 있어서 놀라 집에 돌아가 저런 학교에 보내면 큰일이라고 말해서 큰 소동이 벌어질 정도였죠. 여러 가지로 오해를 받았지만 유게 군이 말한 대로 정세가 변하고 국민의 인식이 달라지면서 교육도 점점 발전하여 대학도 전문학교도 설립되었으며 공립보통학교도 이름을 바꿔 지금은 소학교라고 하게 되었지요. 이것은 자연스러운 진보라고 생각하는데 앞으로는 아무래도 의무교육이 이루어지는 시대가 올 것이라고 생각합니다.

그리고 또 하나는 조선에는 사립학교가 매우 많았습니다. 그중에는 기독교 선교사가 관계한 것이 있는데 그것도 나쁘진 않지만 외국 선교사가 하는 것이므로 일본의 교육정신과 완전히 합치하지 않아 충량한 국민을 양성하지는 못해요. 언제까지고 그런 학교가 존재하는 것은 곤란하다 생각해서 공립학교의 내용을 개선하거나 학교 수를 늘려갔더니 점점 그러한 학교는 사라지게 되었지요. 우리는 결코 이들을 압박하여 어찌해 보겠다는 의도는 없었으나 자연히 감소하여 우리들 시대에는 천 개 정도로 되었습니다.

유게 그렇습니다. 이천 개 정도였는데 천 군데 정도로 줄었습니다.

세키야 서양인 선교사의 입장에서 보면 왠지 모르게 자신의 권익이 침해당했다고 생각했는지 다소 비난을 받았지만 자연스레 적어진 것입니다. 물론 서양인이 교육에 공헌한 것은 적지 않습니다. 이것은 우리도 인정하지만 소학교 교육까지 외국인에게 맡길 수는 없어요. 이 점도 초기의 시대에 다소 곤란을 겪었던 문제 중 하나였습니다.

마키노 작년 조선에 가서 어떤 것을 느끼셨는지요?

세키야 저는 작년에도 재작년에도 갔었기 때문에 특히 작년에 새삼 느낀 점은 없습니다만, 누구라도 감탄하는 것은 산업이 매우 발전한 것이에요. 그 결과 조선인도 생활 면에서나 사상면에서 크게 변화하기 시작했죠. 그건 말하자면 역대 위정자의 노고입니다. 우연히 이렇게 된 것이 아니라 점차 결실을 맺어 온 것으로 실제로 농업의 경우는 우리들이 일했던 당시와 비교하면 쌀 생산액은 두 배나 늘었지요. 내지 쪽은 최근 10년 내지 20년간을 살펴보면 그 정도의 진보는 이루지 못했으니까 말입니다. 쌀 1단보당 생산액은 조선이 훨씬 진보하고 있습니다. 올해는 시정 30년, 대만은 시정 35년입니다만 대만과는 크게 다릅니다.

아무튼 우리들이 일했을 때의 예산이 4천만 엔이었고 지금은 8억이니까요.

기무라 쌀 이야기가 나왔습니다만 후지(富士)흥업이라는 회사에서는 1만 정보 정도의 농경지를 갖고 있습니다. 간척지와 황무지를 새롭게 개간한 것이에요. 간척지는 5천 정보 정도로 매우 많은데 부근 제방은 이전에는 본 적이 없을 정도로 규모가 커요. 실은 그 농장에서 나오는 육우(陸羽)132호라는 쌀이 일본 전체의 쌀 중에서 가장 좋은 쌀이고 가장 비싸요. 이런 식으로 확실하게 발달해 온 거죠.

마키노 소에지마 씨는 조선에 대해 뭔가…….

소에지마 저는 단지 개척성(開拓省)에서 조선관계 일을 했을 뿐이에요. 일본도 팔굉일우(八紘一宇)라던가 동아의 맹주라던가 하는 큰 이상은 매우 훌륭합니다만 이것이 단순히 조선에만 해당하는 것은 아니지요. 동양 전체에 대해 더욱 크고 넓은 도량을 갖고 모두를 포용하여 사랑으로 품겠다는 마음을 갖지 않으면 안 된다고 생각합니다. 차별적인 생각을 갖고 접한다면 언제까지고 내지는 내지, 조선은 조선이라는 식이어서 결국 내선일체 융화의 실현은 힘들어지지 않을까 하고 내심 생각하고 있었지요.

아카보시 저는 이런 걸 느꼈는데요, 듣던 바대로 북선은 산업이 매우 발달했습니다. 청진을 보더라도 정말 깜짝 놀랍니다. 아유카와(鮎川) 군, 노구치(野口) 군의 사업은 실로 대단한 것이에요. 그런데 막상 이를 받아들이는 일본은 어떻죠? 북선을 수용하는 것은 니가타(新潟), 쓰루가(敦賀)일텐데 어떤 상태냐 이 말입니다. 저쪽은 대단한 기염으로 발전하는 데에 비해 매우 뒤처져 있다는 생각이 들어요. 그렇지 않습니까?

마루야마 저는 작년 오월에 조선에 갔다가 돌아오는 길에 나진에서 청진으로 가서 배편으로 니가타로 돌아왔는데요, 말씀하신 대로 그런 느낌이 드는 곳이더군요. 특히 앞으로 만주가 점점 개방될 것인데 일본의 수용방식이 매우 부족하다는 생각이 들기에 귀국해서 그런 이야기를 했어요. 이시야마(石山賢吉) 군이 듣고선 그 사람 니가타 출신이니까 이런 내용을 『다이아몬드』에 기고했는데 니가타 부근선 큰 반향을 불러일으킨 것 같아요. 그렇지만 니가타 현만으로 해결할 수 있는 문제가 아닙니다. 국가가

방침을 정해야 하는 건 아닌가 생각해요. 특히 정당 관계에서 여러 곳에 적은 돈을 뿌리는 방식으로는 어디에도 저쪽을 수용할 만한 설비를 갖출 수 없다고 봐요. 작년에 제가 니가타에 들렀을 때 이제는 고인이 된 나카무라(中村) 씨에게 도대체 저쪽엘 가보았는지 묻고서 니

가타항에 축항이 필요하다고 말했어요. 그런데 저쪽을 보지도 않은 상황에서는 아무리 말해봐도 관심이 생길리 없지요. "이유를 따지지 말고 우선 먼저 저쪽으로 건너가서 청진의 산 위에서 항구설비를 보고 오시오."라고 했더니 "관외로 출장 가는 것이 어려워졌다"고 대답하더군요. 그래도 결국 나카무라 씨가 청진 쪽으로 출장을 가게 되어서 저도 기대를 하고 있었습니다만, 돌아오던 도중에 뇌일혈로 고인이 되어버려 너무 안타까웠습니다. 당신이 말한 대로예요.

아카보시 실제로 수용할 수 있는 관문만은 제대로 준비해 두지 않으면 내지의 위신에도 저촉될 거예요.

유게 함경북도에서 도쿄로 오는 데는 니가타를 경유하면 반나절 정도 빨라요. 여름에는 아주 좋은 항로지요.

마키노 시간도 꽤 지나서 마지막 마무리를 해야 되는데요, 이 잡지를 통해서 내지인 혹은 조선인에게 한마디 하고 싶은 말씀이 있으시면 부탁드립니다. 조선은 홍아의 병참기지라던가 여러 가지로 평가받고 있습니다만 이참에 조선인에게 주문하고 싶으신 것이나 내지인이 가져야 할 마음가짐 등…….

유게 여기 계신 분들이 모두 말씀하시겠지만 내지인이 조선인을 잘 이해하도록 하는 것이 필요하지요.

소에지마 동감입니다. 더욱 조선을 이해하고 조선인을 더욱 아껴주었으면 합니다.

기무라 저도 동감입니다.

아카보시 어느 쪽도 우월감을 갖지 말고 정말 형제로서 서로 도왔으면 합니다. 솔직히 말하자면 그 춤추는 훌륭한 사람…….

마키노 최승희 씨 말입니까?

아카보시 그 사람도 그렇고 올림픽에서 훌륭한 사람이 나오면 내지 젊은이들은 좋아들합니다. 좋아는 하면서도 뭔가 석연치 않다고 할까, 흔쾌히 기뻐하지 못하는 듯해요. 내지인은 내지인이 뛰어나다 생각하고 조선인은 원래 일본인은 자기네들이 가르친 인종이라고 생각하기 때문이죠. 서로 그런 주장만 하지 말고 서로 돕지 않으면 안 된다고 생각합니다만.

세키야 요는 경애하는 마음이겠지요. 서로 존경하고 사랑하는 것이 이상적입니다. 저는 기쿠치 씨가 만든 조선예술상은 큰 의미가 있다고 생각해요. 조선학생이나 젊은이들에게 말하고 싶은데요, 아직 조선은 문화의 정도가 뒤떨어져 있어요. 학자나 예술가 혹은 문학가, 음악가, 미술가 등 여러 방면에서 더 많은 인재가 나와야 합니다. 그렇지 않으면 아무리 평등을 주장해도 내지와 차이가 있는 한 무립니다. 옛날에는 조선이 일본을 가르칠 정도의 실력을 가지고 있었지만 그것이 중도에 좌절되어 뒤쳐지게 되었어요. 예를 들어 회화라던가 도기를 보면 잘 알 수 있지요. 지금 아무리 조선인에게 고려자기를 만들라고 해도 불가능합니다. 그런데 현재의 일본인은 그에 뒤지지 않는 도기를 실제로 만들고 있으니 그 차이는 매우 커요. 이 차이가 사라져야 해요. 조선인은 뭐라도 좋으니 공헌하는 게 필요합니다. 산업방면, 문화 방면 혹은 학문방면이든 무엇이든 좋으니 조선인이 조선을 위해서, 더 거창하게 말하면 일본을 위해서 공헌하는 게 중요합니다. 물론 일본인도 아직 부족하지요. 일본인도 더욱 세계에 공헌하지 않으면 당당하게 얼굴을 들 수 없어요. 그와 마찬가지로 조선인도 크게 공헌할 수 있도록 정부에서도 그리 지도하지 않으면 안 되고 조선인 스스로도 매우 겸손한 태도로 부족함을 알고 앞으로도 크게 배우겠다는 마음으로 임해야 한다고 생각합니다.

마키노 이상 긴 시간 동안 여러 가지로 감사합니다.

(호시가오카(星ヶ岡) 찻집에서)

한강

이시이 하쿠테이(石井柏亭)**39**

작년 가을 10월 무렵 오랜만의 방문이라 그런지 경성 풍경이 어딘가 달라 보였다.

우선 영등포는 남경성(南京城)이라고 명칭이 바뀌어 있었고 주변 일대가 공장지대로 발전하는 모습은 처음 봤다. 남경성에 대비되는 청량리는 동경성(東京城)으로 바뀌어 있었으나 여유가 없어 가 보지는 못했다.

예전에 잠시 서빙고라 불렸던 곳 주변에 지게꾼들이 쉬기 위해 만들었다고 하는 판잣집을 빌려 한강을 담은 한 폭의 유채화를 그린 적이 있었는데 아쉽게도 이 그림은 요코하마에 있을 때 관동대지진 당시 소실되었다. 그 시절 서빙고 주변은 몹시 지저분해서 정말 판잣집이라도 빌리지 않으면 안 될 정도였다. 지금 마을 이름은 잊었으나 서빙고 주변 언덕 위 부근을 그림 소재를 찾아 헤매던 적도 있었다. 이젠 10년도 더 지난 옛날 일이다.

조선마을은 그 풍경에 이끌려 근처에 다가가지만 막상 마을로 들어서면 시야가 막혀서 도저히 그릴 수가 없었다. 그래서 그 근처 소학교 교정에다 화대를 세워 그림을 그리곤 했다.

작년 가을에는 여태 가본 적이 없었던 반대편 한강 주변을 둘러보았다. 한강 신사(神社)에서 조금 거슬러 올라간 쪽에는 그 주변에도 새로운 주택지가 개발되어 점점 옛 모습이 사라져 간다고 했다. 나는 가파른 경사지에 세워진 어느 집 뒤쪽 편에서 빨래가 널린 곳을 중심으로 한강 위쪽을 올려다보는 그림을 한 폭 그렸다. 강물은 그리 맑지는 않았지만 강가를 따라 펼쳐진 모래사장 풍경이 내 앞에 늘어선 포플러나무 기둥 사이로 적당히 엿보였고 멀리 산 능선을 따라서는 쾌청한 가을 하늘이 드리우고 가까이 있는 산들은 조선 특유의 벗겨진 모습을 그대로 드러내 놓고 있었다.

세조시대에 한 재상이 있었다. 성은 '홍'(洪)이라 하였고 대대로 이어지는 명문양반가 집안으로 이조참판의 관직에 있는 세도가였다.

어느 날 밤 재상은 이상한 꿈을 꾸었다. 돌연 하늘에서 번개가 치더니 청룡이 수염을 똑바로 세우고는 재상에게 덤비는 꿈이었다. 깜짝 놀라 꿈에서 깬 재상은 청룡의 꿈이라니 이는 반드시 귀공자가 태어날 징조라고 생각하여 내당에 들어가 부인 유화(柳化)에게 말했다. 그러나 유화부인은 재상의 말을 믿지 못하였고 재상은 몰라주는 부인의 무지함을 심히 섭섭히 생각하며 내당 뜰에 서서 그 이상한 꿈 생각에 잠겼다. 그때 마침 등장한 미모의 계집종 '춘섬'(春纖)에게 심정을 털어놓게 되고 '춘섬'과의 사이에서 옥동자를 낳게 되니 이름을 '길동'(吉童)이라 지었다.

길동은 체격이 강건하여 영웅호걸이 될 징조가 보였고 성장하면서 점점 총명함이 돋보여 품위가 느껴지는 총명함으로 하나를 가르치면 열을 터득하는 신동이었다. 그러나 비천한 어머니 몸에서 태어난지라 길동은 아버지를 아버지라 부르지 못하고 형을 형이라 부르지 못하는 통한의 나날을 보내게 되었다.

어느 가을 달이 휘영청 밝고 바람이 산들산들 불어오는 밤이었다. 길동이 서당에서 책을 읽고 있다가 갑자기 무슨 생각을 하였는지 다급히 책을 덮고 탄식하며 말하기를 "사나이로 태어나 공자맹자의 가르침을 얻어도 이 세상에서 뜻을 펼 수가 없다면 병법을 공부하여 동정서벌하여 국가에 큰 공을 세워 만세에 이름을 빛내는 것이 남자가 품어야 할 본분이 아닌가."

이날부터 길동은 검술에 뜻을 두고 한밤중에 사람 눈을 피해 연마하였다.

재상의 본처 '초란'(初欄)은 길동의 비범함을 두려워하였다. 기회를 노려 몰래 길동을 죽이려고 무당에게 큰돈을 주어 방법을 구하니 무당은 돈에 눈이 어두워 '초란'에게 홍인문 밖에 산다는 유명한 관상쟁이를 소개해주었다.

이 관상을 본다는 여자는 재상에게 길동의 관상이 비범함을 넘어 가문을 시끄럽게 할 우려 있다고 진실처럼 꾸며 고하니 재상도 처음에는 믿지 않았으나 결국 관상을 보는 여자의 말에 넘어가게 되었다. 이런 줄은 꿈에도 모르는 길동은 주역을 공부하면서 왠지 모르게 뒤척이며 밤잠을 설치었다.

그러자 어디선지 검은 새 한 마리가 날아와 뜰을 세 번 돌며 울어대니 새나 짐승은 밤을 피하는 법인데 지금 이 시각에 어찌하여 검은 새가 저리도 울어대는가, 큰 일이 일어날 징조인가 하고 몸을 사리고 있던 차, 아니나 다를까 몇 명의 자객이 길동에게 덤벼들었다. 그러나 자객 무리도 순식간에 길동의 손에 죽어 나갔다.

길동은 집에 있으면 안 되겠다고 깨닫고 집을 떠날 채비를 하였다. 어머니께 먼저 비장한 결심을 고하니 어머니는 울면서도 독자인 아들을 떠나보내는 것이었다.

길동은 북으로 북으로 정처 없이 길을 걸었다. 경치가 절경인 어느 곳에 이르러 머무를 곳을 찾아보았으나 인가는 눈에 띄지 않았다. 그렇게 헤매던 중 큰 바위 밑에 돌문이 있기에 그 문을 열고 들어서니 넓은 신천지가 펼쳐지는 것이 아닌가.

거기에는 꽃이 만발해 있었고 바람도 살랑살랑 일었다. 안쪽으로 더 들어가 보니 백 가구쯤 될까, 인가가 빽빽이 늘어서 있는 것이 아닌가. 그것도 잠깐 길동은 살고 있는 사람이 모두 도적임을 알고 놀라는데 강가에 수백 명의 도적이 모여 무리들의 우두머리를 뽑으려 옥신각신하고 있었다. 의견이 백방으로 갈라져 결국에는 거기에 놓여있는 커다란 바위덩어리를 들어 올리는 자를 우두머리로 삼고 그에게 영예와 절대복종하며 일체의 권리를 부여하기로 하였다.

힘이 장사인 자들이 차례로 바위 들어올리기에 도전하였으나 아무도 들어 올리지 못하였다. 이를 지켜본 길동이 나서서 만인이 지켜보는 앞에서 큰 바위덩어리를 여유있게 들어 올리고는 도적무리를 한 바퀴 휘 돌아보고는 제자리에 놓았다.

이리하여 길동은 도적의 우두머리가 되었다. 그는 부하들의 무예를 더욱 더 연마시키고 규율을 더 엄격하게 하여 몇 개월이 지나자 그들은 놀라우리만큼 강하고 튼튼한 무리가 되었다. 길동은 먼저 합천 해인사의 보물을 탈취하기로 하였다.

길동은 청포흑대(靑袍黑帶)로 꾸민 준마를 타고 몇 명을 수행하여 해인사로 갔다. 민중의 우매함을 이용하여 사리사욕을 탐한 승려들이 길동의 위세에 얼어붙었다. 관리로만 알고 하얀 쌀밥을 지어 극진히 접대 하였다. 길동은 기회를 엿보다 미리 준비해온 꽈리를 입에 물어 씹으니 그 소리로 천지가 뒤흔들리었다. 승려들은 접대가 잘못되어 화를 내는가 하고 머리를 땅에 박고 용서를 비니 이를 신호로 미리 잠복해 있던 부하들이 해인사를 덮쳐 재물과 보화를 탈취하였다.

이 사건은 안일했던 조정을 깜작 놀라게 했다. 조정은 대장 이흡(李洽)에게 길동을 잡아들이라는 명령을 내렸다. 그러나 신출귀몰하는 길동은 동에 번쩍 서에 번쩍하며 제비와 같은 민첩함으로 이곳저곳에 나타났다. 그런데 문제는 길동의 이복형이 이 일이 가문의 명예가 걸린 문제라며 아버지의 명으로 길동을 잡으려고 하는 것이었다. "우리 홍씨는 대대로 이어져온 명문가이다. 가문을 생각한다면 스스로 나와 나의 포박을 받으라."고 하였다. 그러나 이상하게도 조선팔도 각 곳에 제각각 홍길동이 출몰하고 모두 홍길동과 흡사해서 그를 잡으려는 관리들이 골탕을 먹었다. 조정에서는 길동의 형, 홍 아무개를 경상도감사로 명해 1년을 기한으로 길동이 자수하기를 기다리기로 하였다.

아버지는 마음의 병을 얻어 오늘 내일하며 죽음을 기다리는 지경이 되었다. 조정에서는 마지막 수단으로 길동에게 병조하속(兵曹下屬)이라는 직책을 주어 어떻게든 일을 풀어보려 하였다.

길동이 궁궐에 엎드려 상소하여 청하기를 "죄많은 소인이 이러한 고위 관직을 맡게 됨은 더할 바 없는 영광이나 그 은혜를 받들 수 없사옵니다." 하고 자취를 감추어 버렸다.

길동은 원래의 소굴로 돌아가 부하에게는 잠시 다녀오마 하고 그간의 정든 소굴을 나와 남경(南京)으로 향했다. 도중 '율도국'에 이르러 주위를 보니 산천이 청명하고 사람은 번성하여 여기야말로 안주할 만하다 하며 오봉산에 가 보니 이곳 또한 너무나 아름다워 감복하였다. 길동은 주위 70리 옥토수전(沃土水田)이 펼쳐지는 이곳에 정착, 은거하며 후일을 도모하기로 하였다.

그는 한양에 계신 임금께

벼 일천 석을 달라고 청하였다. 성은을 입어 벼를 받아 가지고 남경의 시
도(堤島)에 들어가 수천 가구의 집을 지었다. 농업을 경영하고 무기를 만
들어 병법을 연마하니 군대는 정예 부대가 되었고 물자도 매우 풍성해
졌다.

　어느 날 길동은 화살촉에 바르는 약을 구하러 망당산(芒塘山)에 들어갔
다. 거기에 만석꾼의 부자가 있었다. 이름은 '백룡'(白龍)이라 하였고 딸이
하나 있었는데 천하의 영웅을 사위로 삼고자 고르고 있던 중 풍설이 몰아
치던 날 딸이 행방불명되었다. 백룡부부는 주야로 통곡하며 사람을 풀어
딸을 찾아주는 사람에게 만금과 함께 딸을 주겠노라고 하였다.

　길동이 이 이야기를 듣고 불쌍히 여겨 망당산 깊숙이 들어갔다. 해는
저물고 주위는 고요한데 어디던가 사람소리가 들리더니 전방에 희미한
불빛이 보였다. 길동은 그 불빛이 있는 쪽으로 걸어갔다. 수많은 요물이

사람의 형상을 하고 있었고 천변만화(千變萬化)한 동물이 모여 웅성대고 있었다. 길동은 화살을 빼어 휙 하고 한 발 쏘았다. 그러나 길동은 요물들과 싸우는 것을 피하고 약을 찾아다녔다. 길동이 심신이 피로하고 지쳐 한 인가를 찾아 들어가니 거기에는 조금 전에 만났던 만화(萬化)의 요물들이 병으로 누워있는 자신들의 대장을 에워싸고 웅성대고 있었다.

요물의 대장은 좀 전에 길동이 한발 쏜 화살에 맞은 듯 전신이 피투성이가 되어 있었다. 길동이 다가가니 그들은 대장을 살려달라고 애원했다. 길동은 도와주는 척하며 대장에게 독약을 먹여 죽여 버렸다. 화가 난 요물들이 일제히 길동에게 덤벼들었다. 일대혈전이 벌어졌으나 수천의 요물들을 쓰러뜨린 길동이 간신히 몸을 가누고 서니 이때 눈앞에 두 명의 미녀가 나타났는데 이 중 한 명이 백룡부부의 딸임을 알고 그녀들을 구해 부인으로 맞았다.

을축년 정월 초 9일, 홍길동은 왕위에 올라 만조백관을 불러 하례하니 인근의 백성이 모여들어 충성을 맹세하였다. 백씨 조씨를 왕비로 삼고 아버지를 추대하여 현덕(賢德)왕으로 받들고 어머니는 태후로 봉하였다. 백룡(白龍)과 조철(趙鐵)은 부원군으로 명하고 아버지의 능호는 '선릉'이라 하였다. 백씨 부인에게서는 아들을, 조씨 부인에게서는 딸을 얻었고 모두 용모가 출중하였다.

이 낙토는 대대로 번성하여 태평성대가 지속되었다.

(이승만(李承萬) 그림)

세종임금 시절에 경상도 안동에 백상궁(白尙宮)이라는 양반이 있었다. 부인 정씨를 맞아들여 20년이 흘렀으나 슬하에 자식이 없었다. 이를 슬퍼하여 명산고찰을 찾아다니며 천지신령께 빌었다. 그 효력이 있어서인지 어느 날 밤 꿈을 꾸고 옥동자를 낳으니 이름을 재선(在善)이라 하였다.

성장함에 따라 재선은 이목구비가 수려하고 학문이 뛰어나기에 부부는 더할 나위 없이 기뻐하였다. 어느덧 세월이 흘러 성년이 되었으므로 부모는 좋은 짝을 찾아주려 널리 좋은 배우자를 찾았으나 마땅한 사람이 없어 걱정하고 있던 차였다.

어느 봄날 점심때를 넘긴 시각이었다. 재선이 서재에서 독서로 지친 몸을 뉘여 졸고 있었다. 그때 홀연히 아리따운 차림을 한 소녀가 나타나더니 전생에 인연이 있어 찾아왔노라고 하였다. 재선이 놀라 말하기를 속세에 사는 보잘 것 없는 나 같은 사람에게 천상의 여인인 선녀와 무슨 인연이 있을 리 없다고 했다. 그러자 선녀가 말하기를 나는 천상에서 비를 내리는 선관(仙官)이었으나 비를 잘못 내린 죄로 인간세계로 내려오게 되었다 하며 언젠가 또 만나게 될 것이라는 말을 남기고 사라졌다. 이상히 생각한 재선이 정신을 차려보니 꿈이었다.

꿈에서 깬 그는 어찌된 일인지 선녀 생각뿐이었다. 아리따운 그녀 모습이 눈가에 아른거리고 목소리도 들리는 듯 했다. 그러고부터 그는 자나깨나 선녀의 아름다운 모습만을 그리며 지내게 되었고 마침내는 얼굴도 야위어 가더니 병상에 몸져 누워버렸다. 아들의 이러한 모습을 걱정하여 어미아비가 그 연유를 물어도 그는 대꾸도 없이 병상에서 그저 선녀만을 생각하였다. 어느 날 또 꿈에 선녀가 나타나 그녀 때문에 병상에 누운 그를 불쌍히 여겨 내 초상화와 금동자를 줄 터이니 초상을 방에 걸어두고 보아달라는 말을 남기고 사라졌다.

꿈에서 깬 재선은 그녀가 남기고 간 초상을 걸어놓고 바라보며 스스로를 위로하였다. 그럴수록 그녀만 생각나는 것을 어찌할 도리가 없었다.

병세는 깊어만 갔다.

어느 날 꿈에 또 그녀가 나타나 말하기를 나로 인하여 그같이 힘들어하니 어찌해야 할지 모르겠다며 사라져 버리기에 재선은 하는 수 없이 매월(梅月)을 처로 삼으나 그래도 선녀 생각만 간절할 뿐이었다.

봄이 다시 찾아왔다. 그러나 병세에는 차도가 없어 걱정으로 애타는 부모는 천하의 명약과 명의에 매달려 보고 천신께 기도도 올려 보았으나 아무런 효험이 없어 상심으로 나날을 보내고 있었다. 재선을 불쌍히 여긴 선녀는 또 꿈에 나타나 아직 날이 차지 않아 당신과 함께 할 수 없으나 그녀를 보고 싶으면 옥연동으로 찾아오라고 했다. 재선은 뛸 듯이 기뻐하며 부모의 반대를 무릅쓰고 옥연동으로 찾아갔다. 말에 올라 옥연동으로 가는 길을 안내하여 달라고 기도를 올리며 옥연동으로 향했다.

물어물어 가던 도중 어느 꿈속 같은 깊은 산, 정자가 나오니 금색글씨로 옥연당이라고 적힌 현판이 걸려있었다. 재선의 기쁨은 이루 말로 다할 수 없었다. 벅찬 마음에 문을 열고 들어서니 선녀가 "이곳 선경을 침범한 자가 누구냐." 하고 추궁하며 말하기를 "소첩과 같은 소녀 때문에 병상에 누운 것은 애처로우나 둘이 만나려면 아직 삼 년을 더 기다려야 합니다. 만약 우리가 이곳에서 함께한다면 반드시 천벌이 내릴 것이니 부디 때를 기다려 주십시오." 하며 부탁하는 것이었다.

"만약 이대로 날 돌려보낸다면 난 살지 못할 것이오, 부디 날 구해주오." 하며 재선이 눈물로 애원하자 결국 선녀도 마음이 움직여 함께 돌아가기로 결심하고 둘이 함께 길을 나서 집으로 향했다.

백상궁 부부는 이게 꿈인가 생시인가 선녀를 보니 이 세상에 둘도 없을 아름다운 모습에 넋을 잃었다. 거처를 동별당으로 정하고 둘은 백년가약을 맺었다.

8년의 세월이 흘러 슬하에 1남 1녀를 두고 딸은 춘앵, 아들은 동춘으로 이름을 지었다. 춘앵은 방년 7세로 매우 총명한 아이였다. 동춘은 아버지를 닮아 수재였다. 집안은 화목하여 조석으로 산정에 들러 칠현금을 타고 노래를 부르며 행복한 나날을 보내고 있었다.

그 무렵 한양에서는 과거시험이 있어 부친은 재선에게 문과시험(文科)을 보라고 권유했으나 재선은 마음이 내키지 않는 듯 말하기를 시험에 급제하여 임관한들 무슨 영화가 있을 거냐며 듣지 않았다. 그러나 부인 숙영(淑英)이 열심히 권유하자 하는 수 없이 이별을 아쉬워하며 채비를 하여 한양으로 떠났다. 재선은 숙영부인 생각만 가득했다. 겨우 3리 정도 떠나왔을까 숙박할 곳을 찾아 저녁밥상을 받아도 음식이 목으로 넘어가지 않았다. 숙소의 어두운 방에 혼자 우두커니 앉아 또 부인 생각에 잠겼다.

이쯤 되자 재선은 더 견딜 수 없어 밤길을 재촉하여 집으로 돌아갔다. 집 담을 넘어 부인 방으로 뛰어 들어갔다. 숙영이 너무 놀라 이유를 물어 따지며 재선의 마음을 달랬다. 부인은 시아버지가 밖에서 듣고 있음을 알고 재선에게 말하기를 부친이 이렇게 당신이 돌아온 것을 알면 얼마나 놀라시고 상심하실 터인가 하며 날이 밝기 전에 재선을 다시 한양으로 배웅했다.

다음 날 밤 한양으로 떠났을 재선이 또 돌아왔다. 아무리 애를 써도 부인과 떨어져 한양으로 갈 수 없노라고 애원했다. 부인은 남편을 달래고 달래 만약 헤어져 있는 것이 어렵다면 내 초상을 가져가라며, 만약 초상의 색이 변하면 내 신상에 큰일이 생긴 징조로 알라며 재선을 또 다시 떠나보냈다.

매월(梅月)은 평소부터 부인을 달갑게 생각하지 않았다. 숙영이 재선의 부인이 되어 재선이 자기를 가까이하지 않기에 몹시 미워하고 있었다. 기회가 되면 이 원수를 꼭 갚아주겠노라고 벼르고 있었다.

매월이 이번 기회를 노려 복수를 하려고 하인 돌이를 돈으로 매수해 음모를 꾸몄다. 매월은 백공에게 오늘 밤 수상한 남자가 숙영의 방에 들었다며 일렀다. 공이 크게 분노하여 밖에 나가보니 아니나 다를까 수상한 남자가 부인의 방에서 나와 담장을 훌쩍 넘어 사라지는 것이 아닌가.

다음 날 공은 매월에게 숙영을 데리고 오게 하여 집안의 모든 하인을 불러 모아놓고 그 앞에서 숙영을 문책했다. 숙영이 억울하고 분함에 머리에 꽂은 비녀를 빼어 말하기를 "만약 그것이 사실이라면 하늘 높이 던진 이 비녀가 내 심장을 찌를 것이고 만약 사실이 아니라면 저 돌을 관통할 것입니다."하며 비녀를 하늘 높이 던지자 비녀는 그대로 돌을 관통했다. 지켜보던 이들은 크게 놀랐다. 공이 크게 놀라 말하기를 "네 결백을 믿으마. 내가 잘못했다."며 눈물을 쏟았다.

숙영은 "이 수치는 아무리 해도 씻을 수가 없을 것 같습니다. 그이가 돌아와도 마주 대할 면목이 없습니다. 나는 죽어 죗값을 치르겠습니다." 하며 두 아이를 불러 옆에 재우고 숙영은 스스로 비수로 가슴을 찔러 목숨을 끊었다.

이때 남편 재선은 한양의 문과시험에 급제하여 그리던 귀향길에 올랐다. 악몽을 꾸기에 부인에게 받은 초상을 열어보니 색이 변해 있었다. 이는 필시 큰일이 난 것이 틀림없다며 서둘러 말을 달렸다.

고향에서는 아들 재선이 한양에서 돌아온다 하기에 기쁘면서도 한편은 걱정이 되어 아들이 도착하기 전에 임진사댁 딸과 결혼시키려 하였다. 그

러나 재선은 이를 듣지 않고 서둘러 부인에게로 갔다.

아아, 이 무슨 일인가, 재선은 숙영의 가슴에 꽂혀 있는 비수를 재빨리 뽑았다. 그러자 파랑새 한 마리가 하늘로 높이 날아오르며 "매월이가 매월이가" 하며 우는 것이 아닌가.

공도 어찌할 수 없어 아들에게 사실을 알렸다. 결국 매월은 죽임을 당하고 하녀인 돌이는 섬에 유배되었다. 그러자 숙영부인이 다시 소생하여 일가는 다시 즐거운 나날을 보내게 되었다.

한편 백공이 재선과 약혼시킨 임진사의 딸이 다른 곳으로 시집가기를 거절하며 매일을 눈물로 보냈다. 낭자를 가엾이 여긴 재선은 부인에게 이 일을 말하니 부인도 그 마음을 받아들여 셋은 사이좋은 일대가정을 꾸리기로 하였다.

그렇게 평화는 계속되었다.

어느 날 숙영은 남편에게 "저는 그날 천상에 올라갔었어요. 옥황상제께서 말씀하시길 괘씸하다 하시며 어찌하여 지상으로 내려간 것인가 나무라셨어요. 천상에 오면 아니 되니 다시 지상으로 돌아가라 하시기에 돌아오게 된 것이랍니다."

셋은 서로 얼굴을 마주보고 웃음 지었다.

(이승만(李承萬) 그림)

소록도 탐방기

조선의 어느

작은 섬의 봄

C기자

　　인류의 가장 비참한 업보라 하는 한센병. 이 병으로 오랫동안 세상에서 버림받던 불쌍한 사람들이 조선반도 남부 다도해의 한 작은 섬, 전라남도 금산면 소록도에 수용되어 살고 있다. 1934년 조선총독부는 조선총독부 한센병요양소를 관제로 공포하고 환자 위안사업에 막대한 노력을 기울인 결과 이 작은 섬에 세계에서도 손꼽히는 이상향 소록도 '갱생원'이 출현하게 된 것이다.

　　현재 이 낙토에 거주하는 6천 명의 환자들은 어떠한 생활을 하고 있을까.

　5월 6일, 경성을 출발한 나는 호남선을 타고 순천에 도착, 거기서 경전서부선(慶全西部線)을 갈아타고 벌교에 도착했다. 다시 버스로 고흥을 지나, 7일 저녁 고흥반도 남단 녹동에 도착했다. 목적지 소록도는 풍광이 수려한 세토 내해(瀨戶內海)를 방불케 했다. 다도해의 전면은 소나무가 밀집해 있어 중국의 장정(長汀), 곡포(曲浦), 백사(白砂)처럼 청정한 자태를 뽐내고 있었다. 녹동 벌교에서 잠시 기다리는데 백조처럼 스마트한 소록도의 보트가 경쾌한 모터소리를 내며 하얀 물안개를 가르며 다가왔다.

해안 감시소에서 이름을 대니 감시인이 사무소 본관에 전화를 건다. 그러자 잠시 뒤에 은색 소형버스가 달려왔다. 사무원 한 사람이 내리더니 나에게 얼른 타라고 권한다.

나를 태운 버스가 출발. 언덕 위로 높이 세워진 시멘트 기와로 된 발전소 건물과 고압선을 쳐다볼 새도 없이 자갈길을 빙 돌더니 오르막길로 내닫는다. 신록이 우거져 늘어진 가지가 차창을 쓰다듬고 지나간다. 한참을 달렸을까. 이윽고 눈앞에 근대적 건물의 사무본관이 보이고 버스는 현관 앞에 멈춰 섰다. 왼편 아래쪽 저편에 양어장처럼 보이는 연못 부근에서 국방색 옷을 입고 호미와 괭이를 든 여자들이 삼삼오오 무리를 지어 저녁안개 속을 걸어 이쪽으로 오고 있었다.

"오늘은 봉사하는 날이라 간호원들이 저렇게 차려입고 일을 도우러 왔답니다." 라고 사무원이 말했다.

매주 화요일과 금요일 오후 전 직원은 반드시 이 같은 복장을 차려입고

소록도 갱생원 약도

노동을 한다고 했다. 안내를 따라 널찍한 본관 사무실로 들어갔다.

"정말 먼 길을 오셨습니다."

사무관이며 서무과장인 요시자키 다쓰오(吉崎建夫) 씨가 내지 옷차림으로 들어왔다.

"근무 시간이 지나 이런 옷차림이니 양해바랍니다."라며 인사를 했다.

"스와 단장님이 계셨으면 좋았을 텐데 도쿄에 출장 중이시라서요……"
라며 본관 옥상으로 안내했다.

옥상에서 둘러본 다도해의 아름다움이란!

요시자키 씨는 동서남북을 가리키면서 섬에 위치한 관사, 소학교, 구락부, 운동장, 목장, 저수지, 소록도 신사 등을 자세하고 꼼꼼하게 설명해주었다.

"이 섬은 요양소라기보다 관광지나 다름없지요."

여름이면 동쪽 해안은 훌륭한 해수욕장이 돼 본토에서 많은 사람들이 찾아오고 또 단체로 소풍을 오기도 하는데 운동장을 빌려 운동회를 열기도 한다고 한다. 이 섬의 발전소에서 35와트인 전력을 전 섬에 공급하고 있는데 이에 비해 저편 기슭인 녹동 근처는 아직도 램프를 사용하고 있으며 문화 환경에도 상당한 차이가 있어 공공회장에서 영화를 상영하거나 하면 바다를 건너와서 보기도 하고 또 이 섬에 있는 소학교를 다니는 학생도 상당수 있다고 한다.

일반 환자도 이 섬의 본관진료실 의사에게 진찰을 받으러 오기도 하여 의무관은 매일 8시부터 4시까지 본관 치료실에서 한센병 환자를 치료하고 4시 이후는 사무소 본관에서 일반 외래환자를 진찰하도록 되어있었다. 때로는 섬 밖으로도 나가 진찰을 돌기 때문에 바쁜 일정을 보낸다고 했다.

잠이 드는 듯 섬에 저녁이 찾아왔다. 나는 넓고 훌륭한 구락부의 방으로 안내되었다. 지릿함을 가득 머금은 바닷바람이 인다.

"이 방에 미나미(南) 총독도 오셨는데 좋은 방이라고 계속 머물고 싶다고 하셨어요. 목욕물 준비가 다 되었으니 내려오세요." 하며 구락부의 아주머니가 살펴주신다.

천정에 걸린 편액에는

바다 고요하고 소나무 향기 가득한 섬이로다

서로 손 잡고 날을 지새우네

소록도에서 시모무라 가이난(下村海南)

이라고 써 있었다. 목욕을 마친 후 조선에 온 후 처음으로 쌀밥을 먹고 취침했다.

○

날이 밝은 섬은 바다도 빛도 모두 고요했다. 고요함 속에 새소리가 들려온다. 멀리 목장에서 소울음 소리도 들려온다. 그 소리가 섬 계곡 사이로 울려 퍼져 마치 아름다운 교향곡 같았다. 구락부 잔디밭에는 아지랑이가 피어올랐다.

8시에 사무소 본관으로 가니 "에엥~"하는 사이렌 소리가 섬 전체로 퍼져 나간다. 직원들이 일제히 강당으로 모였다. 요시자키 서무과장이 선두에 서서 힘찬 목소리로 '황국신민의 서사'를 읊었다. 식을 마친 다음 서무과장은 전세 승용차를 불러 나를 태우고 소록도 신사 아래서부터 서쪽으로 달려 환자들이 있는 곳으로 향했다. 훤하게 닦인 도로를 따라 해안으로 내려가니 전방에 문이 보이고 한편에 있는 순시소에서 국방복을 입은 청년이 나오더니 요시자키 과장에게 경례를 했다.

먼저 섬을 한 바퀴 돌기로 했다. 자동차는 치료본관, 중앙병사 옆을 지나 섬의 북단, 신생리 1구 병동에 도착했다. 차에서 내리자 환자들은 남자, 여자, 아이, 어른 할 것 없이 머리를 숙여 정중하게 인사를 한다. 병동이라고 해도 모두 자활(自活)하고 있으니 하나의 마을이나 다름없었다. 마을의 동(棟)은 독신자 40명용과 20명용, 부부 12명용으로 나뉘어 있었다. 건물은 단층으로 모두 비슷하나 각 동은 여느 내지의 마을처럼 자연지형에 맞춰 살기 편하게 되어 있었다. 기와집에 굴뚝도 있는 조선중류층 정도의 집이라고 한다. 부부병동은 부부가 살게 되어 있어 크기가 3평 남짓이었고 모두 비슷했다. 독신자용은 큰 방 14명, 또는 4, 5명씩 쓸 수 있는 크기의 방으로 나뉘어 있었다. 각 방에는 당번이 정해져 있어 취사일체를 스스로 해결한다. 조선 특유의 큰 항아리는 어느 방이나 놓여 있었고 콩을 삶아 발효시킨 된장, 간장을 만드는 사람, 밭일을 하거나 꽃을 가꾸는 사람, 생선을 말리는 사람 등 각자 정해진 일이 있었다.

병동이 있는 마을에는 이발소와 매점, 자전거 수리소도 있었다. 자전거는 유일한 섬의 교통수단이었다.

섬에 사는 환자들이 생활하는 데 필요한 것은 물품으로 공급이 되는데 섬의 이곳저곳 공사장에서 일하면 작업수당을 2전에서 5전까지 지급받으니 의식주를 해결하지 못하는 경우는 한 사람도 없었다. 각 병동에는 직원인 간호주임과 몇 명의 간호원, 간호부, 또 환자 중에 우수한 사람을 조수를 뽑아 충당하고 있었다. 해안 가까이에 있는 정미소와 연탄공장을 견학했다. 육지에서 흰쌀밥을 보기 어렵다고 할 때도 이 섬 정미소에서는 벼를 찧어 자급자족하니 백미를 먹을 수 있었다.

자동차로 더 거슬러 올라가니 드라이브를 즐기는 멋진 관광지와 비교해도 손색이 없다. 우거진 소나무 숲 여기저기에서는 수지를 채취하고 있었다. 과수원을 가로질러 구북리 병동을 지나 거기서 더 들어가니 옛날 해적이 살았다고 하는 형무소가 있었다.

"자랑거리는 아니나 요양소에 형무소가 있다니 세계에서도 보기 드물 겁니다."라며 요시자키 과장은 쓴웃음을 지었다.

서쪽 생리병동, 구생리, 남생리를 돌아 플라타너스 가로수를 통과하여 동생리 1구 2구를 지나 다시 중앙병동으로 돌아왔다.

중앙병동에서는 의무과장 권영억(權寧億) 씨와 인사를 나누고 연구실, 세균실, 약리학연구실, 수술실을 안내대로 둘러보았다. 때마침 정오 벨 소리가 울린다. 점심식사가 준비되었다는 알림이다. 중앙병동 1,200명 분의 점심준비가 다 된 것이다. 취사장에서는 한 번에 너 말이나 밥을 지을 수 있는 대형 전기가마솥이 세 개로 삼십 분 정도 걸린다고 했다. 섬 안에서의 식량단가 일람표에는 5월 현재 시가가 게시되어 일등품 소금이 9전, 대두 한되 52전, 앵맥 한되 35전, 백미 한되가 43전이었다.

붕대, 가제를 세탁하는 세탁실, 건조실은 창고처럼 컸다. 이 섬에서는 붕대재료만으로도 일 년에 5만 엔이나 들기 때문에 순면 부족인 요즘은 세탁하는 데 눈코 뜰 사이가 없어 힘들다고 했다.

양계장으로 가니 황태후 폐하가 하사하신 계란이 부화, 성장하여 흰색 레그혼종 닭이 암수 60마리로 늘어나 있었다. 실험 중인 흰쥐와 실험용 마멋[40]이 있는 방과 약제실을 견학한 후 중앙의 대기실로 가니 섬 환자들 이 위문금을 받은 것에 대해 쓴 감사장이 한쪽 벽면을 가득 채우고 있었 는데 열성이 그대로 전해져 왔다. 이 섬의 유일한 시인 평재훈(平在勳) 군 도 만났다. 평군은 매우 겸손했다. 배우지 못해서 호쿠조 다미오(北條民雄) 나 아카이시 가이진(赤石海人)처럼은 될 수 없다면서 다음과 같은 시를 보 여주었다.

하늘이시여
그 한없는 하늘의 은총에 감사하라 명하시면서

어찌하여 그 높은 곳에 숨어 계시오니까

바다여 바다의 깊은 사랑을 알라 명하시면서

어찌하여 끝없이 멀어져만 가시오니까

나는 운동장으로 나왔다. 수천 명의 환자가 스와(周防) 단장에 대해 감사하다며 매일 피땀 어린 봉사를 하는 작업장을 견학했다. 돌을 나르는 사람, 길을 만드는 사람, 나무를 하는 사람, 직원과 환자가 일체가 되어, 호리키리(掘切) 원장의 동상을 세우는 등 그 일대 수십만 평이나 되는 기념공원을 건설하고 있었다. 병 때문에 손발이 부자연스러워도 아랑곳 않고 열심과 성심을 다해 작업하는 수천의 사람들의 모습을 보고 감동하지 않을 사람은 아마도 없으리라.

간호장인 나가타 기헤(永田喜平) 씨, 직원인 우미베 이와오(海邊巖) 씨의 말에 의하면 원장님이 아무리 거절을 해도 환자들이 봉사 작업을 그만두지 않는다며 환자들의 아름답고 진심 어린 심정을 세계에 자랑하고 싶다고 했다.

소학교 그리고 아직 감염되지 않은 아동을 방문하는 등, 보람 있는 견학을 마치고 전세승용차로 구락부에 돌아왔다.

섬의 둘째 날이 저물었다.

"와 주셔서 감사합니다."하며 간호부장인 이케다 고마(池田コマ) 씨가 인사를 왔다. 섬에서 잔뼈가 굵은 간호부로 반평생을 환자들을 위해 봉사하고 남동생을 의학박사로 길러 낸 여신과 같은 사람이었다.

"처음에는 한센병 환자들이 있다는 것조차 모르고 왔지만 환자들을 접하게 되니 명예도 지위도 버리고 평생 불행한 사람들을 위해 살겠다는 생각이 들더군요."라며 밤이 깊도록 이 섬과 환자들의 변천사를 두루두루 들려주었다. 그래서인지 나는 십 년쯤 이 섬에서 지낸 것처럼 느껴졌다.

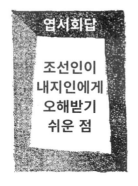

♣ **이효석**(李孝石)

한두 가지 예를 들어 그것을 모든 조선인의 습관이나 성격으로 간주하거나, 심지어 나쁜 점만을 과장하여 말하는 경향이 있다고 생각합니다. 반도인은 이기적이라든가 물욕이 많다든가 책임관념이 부족하다든가 하는 점이 천편일률적인 잣대처럼 반복됩니다. 조선 사람에게 그런 점이 없다고는 할 수 없으나 그렇게 말하는 당사자는 어떤지요? 그 이상으로 추악한 면을 드러내는 경우도 있습니다. 반도인 중에도 자기이익을 위하여 앞장서서 좋지 않게 말하는 비열한 자도 있습니다만 그러나 정색을 하고 그렇게 말하는 경우 말을 하는 사람의 품격을 의심하지 않을 수 없습니다.

♣ **김태준**(金台俊)

배은망덕에 대해

일본인은 흔히 조선인을 배은망덕하다고 평한다. 일반지식인들조차도 곧잘 그렇게 평한다. 물론 조선시대 말부터 사회적 기강이 해이해지고 최근에는 사회 환경이 매우 퇴폐해져 일반사회의 문화수준이 저하되는 한편, 시민도덕 의식이 미흡한 데다가 일반적으로 조선청년은 일인다역의 복잡한 생활을 하고 있기 때문에 소은소절(小恩小節)을 돌아볼 여유가 없기 때문이다. 만약 선량하고 유복한 일본시민이 현재의 조선청년과 같은 환경에 처한다면 그 이상의 효과를 기대하기 어려울 것이다. 또한 조선청년이 감읍할 만한 대은대덕(大恩大德)이 과연⋯⋯.

♣ 김동인(金東仁)

계통이 다르고 풍속이 다르고, 그 외 생활상태, 체질, 용모 등 모든 점에서 서로 다르기 때문에 만사가 서로 맞지 않는 것은 당연하다 할 것입니다. 그 점을 알고 이해한다면 오해는 없을 것입니다.

♣ 신남철(申南澈)

나는 평소 다음과 같은 생각을 한다. 조선에 거주하는 내지인들이 좀 더 솔직한 의견을 터놓고 말해주기 바라며 또 우리 조선인, 특히 교양 있는 지식인들이 생각하는 바를 우리 입장에서 생각해주기를 바란다. 내지인들은 우리나라 사람들의 생활과 사고추이에 대한 깊은 이해도 없이 선입관으로 모든 것을 판단해 버리는 경향이 있는 것 같다. 걸핏하면 천박한 우월감으로 무조건 솔직한 대화를 피하려는 것이 아닌가 하는 생각이 들 때도 있다. 내가 곡해를 하고 있다면 별 문제이나 친해져야 할 같은 집안 사이에서도 그러하니 어찌해야 하는가. 서로 맘속에 거리를 두고 스쳐 지나가는 표면적인 말로 시간을 때운다.

안타까운 것은 이것뿐만이 아니다. 어떤 사태의 진상을 밝히는 듯한 말을 하면 "이사람 왜 이래" 하며 경원하는 느낌이 들 때가 있다. 이래서는 안 된다고 생각하는데 어떻게 안 되는 것일까. 이해만으로 문제를 해결할 수는 없으나 우선 먼저 서로에 대한 이해가 필요하다고 생각한다.

♣ 구본웅(具本雄)

나는 1933년 봄, 도쿄에서 학창생활을 마치고 졸업하여 경성에 귀국한 이래 내지와는 별 왕래 없이 지냈습니다. 학창생활에 대한 추억도 거의 잊어버렸기에 죄송하지만 질문에 대해 답할 것이 없습니다.

 ♣ 박경희(朴景嬉)

최근 내지 사람들의 조선에 대한 인식도 상당히 깊어졌다고
봅니다. 단 일부 사람들은 조선이라 하면 아직 생활양식이 흐트러져 있고
문화적 감수성이 비교적 낮다고 생각하고 있는 것 같습니다. 이는 여행
온 관광객이 차창으로 보이는 산촌의 빈가(貧家)를 보고 조선의 전모를 상
상하는 것과 마찬가지로 잘못된 인식입니다. 오늘날 조선의 모습은 모든
분야에 걸쳐 약진을 거듭하고 있습니다. 특히 예술방면은 세계적인 수준
을 목표로 연구 중인 것도 상당히 많습니다. 결과가 어떻든 이러한 진지
한 노력은 인정해야 합니다. 예전에 헐벗은 민둥산이 지금은 우거져 있고
그 속에서 아이들이 국기를 들고 군인놀이를 할 정도가 되었으니 명랑해
진 조선에 대해 더욱더 평가해야 할 것입니다.

♣ 서광제(徐光霽)

사람 혹은 어떤 지방에 대해 오해하고 있는 점이 있다고 하면 이는 결
국 그 사람과 그 지방을 잘 모르기 때문에 생기는 문제라고 생각합니다.
내지와 조선이 같은 정치체제하에 있다고는 해도 오랫동안 전통과 풍습
이 다르기 때문에 일상생활에서부터 의복, 언어에 이르기까지 서로 다른
점이 자칫 오해를 살 여지가 많다고 생각합니다. 이는 결국 내지 사람이
'조선 및 조선 사람'을 진정한 의미에서 잘 모르고 있는 것이 아닐까요. 저
는 여기서 내지 사람이 갖가지 오해를 하고 있는 점을 열거하기보다도 중
요한 것은 서로에 대한 아량의 문제라고 생각합니다. 내지 사람은 만주나

북지(北支)로 가기 전에 조선에 대해 잘 알아두어야 하며 조선 사람은 모든 주어진 기회를 통해 내지 사람에게 조선을 잘 알려야 할 것입니다. 내선(內鮮) 문화인은 이 점에 대해 진지한 노력을 기울여야 할 것입니다.

♣ 유진오(兪鎭午)

조선 청년들을 후원한 적이 있는 내지인들이 흔히 조선인은 은혜를 모른다고 불평하는 것을 자주 듣게 되는데 이는 자제해 주었으면 한다. 첫째로 전혀 알지도 못하는 사람의 문을 두드려 신세를 지는 사람은 처음부터 사기꾼 기질이 다분한 사람이니(그중에는 순진한 사람도 물론 있겠으나), 그와 같은 어떤 특정한 사람에게 배신을 당했다고 해서 "조선 사람은 다 그렇다."는 식으로 전체를 평가하는 것은 경솔한 일이다.

♣ 유자후(柳子厚)

나는 서재에서 거의 살다시피 하는 사람으로 실외에 대한 것은 '둔감무지'하여 실로 관심이 없습니다. 그렇기에 이러한 것은 오해라고 생각한 것도 느낀 것도 없습니다. 그러나 듣기에 가끔은 오해가 있는 것 같습니다. 그것은 대체로 이복형이라는 선입견에서 생기는 것 같습니다. 이것이 사실이라면 우애의 시선과 아량이 필요합니다. 그리하면 오해는 생기지 않을 것이라고 봅니다.

♣ 이숙종(李淑鐘)

1. 내지인이 우월감을 가지고 있어서 서로 오해가 생기는 것이 아닐까.

2. 서로 간의 인정 · 풍속 · 문화에 대해 진지하게 연구하여 그것을 우리 것이라고 계몽하고 조성함으로써 모든 것은 아름다워질 것입니다. 지금까지 노력이 부족하고 서로의 풍습, 도덕을 깊이 몰랐기 때문에 무언가 앙금이 남아있는 것이 아닐까요?

♣ **박기채**(朴基采)

내지인이 조선인에 대해 오해를 하고 있다기보다는 인식 부족이라는 느낌이 듭니다. 여기에 구체적으로 예를 들 수는 없지만 아무튼 내지인이 조선 또는 조선인을 전체적으로 모른다는 것이 큰 원인이겠지요. 내지와 조선인 사이에 오해가 생긴다고 한다면 오히려 조선인 쪽이 오해를 사고 있다고 해야겠죠.

♣ **안동혁**(安東赫)

조선을 잘 안다고 자부하는 내지인들은 배은망덕 · 나태 · 도벽(盜癖)이 조선의 민족성이라고 목소리를 높인다. 또 어학에 능하다는 등의 우스꽝스런 칭찬도 너무 피상적이어서 거론할 가치조차 없다. 요즘 대륙의 민족성에 대해서도 이와 같은 천박한 견해가 떠돌고 있는 것은 실로 한탄스럽다. 근대인에게 진리나 사랑을 말하면 진부하게 느낄지 모르나 약삭빠르게 행동하면 그만이라고 하지 말고 마음으로 대하는 것이 가장 필요하지 않을까. 동아의 협동도 우선 여기에서 출발하지 않으면 진정한 관계가 될 수 없다는 것은 누구나 알고 있는 것인데……

♣ 송금선(宋今璇)

1. 조선에서는 방에 먼저 들어와 자리에 앉아있던 사람들도 어른이 들어오면 모두 일어섭니다. 내지의 앉는 법과 거의 반대이므로 이를 무례하다고 생각하지 말아 주십시오.

2. 조선에서는 손님이 벗은 신발을 반대로 돌려놓지 않는 것이 관습입니다. 옛부터 죽은 사람의 신발만 방향을 돌려놓았기 때문입니다. 그러나 점점 이러한 풍습이 바뀔 것으로 생각합니다.

3. 조선 부인들의 앉는 방법은 한쪽 다리를 세우고 앉기 때문에 내지 부인들처럼 앉는 연습을 한 적이 없습니다. 몸가짐이 흐트러져서가 아니라 풍속습관이 다르기 때문이니 양해해 주십시오.

4. 손님이 올 때마다 차를 내는 것은 근대에 들어서부터이며 조선에서는 특별한 손님이 아니면 차를 내지 않습니다.

5. 양갓집 부인이 남편을 배웅하고 마중하는 것은 타인의 눈에 띄는 곳에서는 일체 하지 않습니다. (첩은 제외)

6. 칠거, 삼종의 한 구절에는 말을 많이 하지 말라고 되어 있습니다. 부인들이 와자지껄 수다를 떠는 것은 부덕(婦德)이 있는 부인이라고 할 수 없기 때문에 조선 부인은 일체 무표정이며 말이 없습니다. 이것이 조선 부인의 부덕입니다.

♣ **이가원보**(李家源甫)

내지 사람들이 조선 혹은 조선인들에 대해 오해하고 있다기보다 인식이 부족하다고 봅니다. 이는 무리도 아닙니다. 조선에 체재하는 내지인 중에도 이런 사람들이 있습니다. 요컨대 지금으로부터 30년 전 메이지(明治) 황제폐하가 말씀하신 일시동인(一視同仁)의 성지(聖旨)를 받들고 조선통치의 근본원리인 내선일체의 정신을 신과 부처 앞에서 합장하는 마음으로 견지하면서 조선과 조선인에 대한 우월감을 없애는 것이 중요합니다.

나의 교우록

이광수(李光洙)

교우록을 의뢰받았지만 어떻게 써야 할지 참 난감합니다. 내게 이렇다할 친구가 없어서일지도 모릅니다. 자신이 뛰어난 사람이 아니기에 훌륭한 인물을 친구로 두지 못한 게지요. 우정이라는 것을 내심 매우 동경하지만 내놓을 만한 우정을 느껴본 적이 거의 없습니다. 고아에 가난한 서생이던 저는 여러분들에게 은혜를 입었지만 은혜를 우정이라고 할 수는 없겠지요.

저는 도쿄에서 중학교를 다녔습니다. 같은 급우 중에 야마자키 도시오(山崎俊夫)가 있었습니다. 야마자키 씨는 지금 쇼치쿠(松竹) 소녀가극의 문예부를 맡고 있는데 오랫동안 소식이 끊겼습니다. 야마자키 씨는 나보다한 살 위로 아마 올해 오십 정도일 겁니다. 우리들이 친해진 것은 중학교 3학년 때부터이고 두 사람 모두 아직 어렸지만 야마자키 씨는 정말로 저를 잘 대해주었지요. 니혼에노키(二本榎)에 있던 야마자키 씨의 집에 놀러가서 그의 어머니와 형님을 만난 적도 있습니다. 그는 톨스토이와 별을 좋아했습니다. 밤하늘의 별을 바라보며 눈물을 흘리곤 했는데 다소 종교적인 구석이 있었던 것 같습니다. 저는 야마자키 씨를 통해 톨스토이의 작품을 접하게 되었고 가토 나오지(加藤直士)가 번역한 톨스토이 서적을 닥치는 대로 읽었습니다.

당시 우리들 동급생에 마쓰다 시로(松田四郎), 오자키(尾崎義兵), 이와나가 이치로(岩永一郎) 등의 수재가 있었는데 그중 마쓰다 씨는 십수 년 전에 들은 바에 의하면, 남미에서 마차로 하루 종일 달려야 다 볼 수 있을 만큼 넓은 땅의 지주가 되었다고 합니다. 오자키와 이와나가 두 사람은 교실에서 저와 나란히 앉던 친구들인데 중학교 졸업 후 한 번도 만난 적이 없습니다. 다만 야마자키 씨에 대해서만은 왠지 첫사랑처럼 평생 잊지 못하고 줄곧 그리움을 가지고 있기는 하면서도 못 만난 지 어느덧 이십 년이 넘었습니다. 1937년 즈음 그가 가이조샤(改造社)에서 내 주소를 듣고 가족사진을 보내와서 봤더니 꽤 머리가 벗겨져 있었는데 5년이 지난 지금은 더하리라 생각합니다. 다음에 도쿄를 방문하게 되면 가장 먼저 찾아가려고 합니다.

와세다 문과에 있을 당시의 친구로는 가이조샤의 스즈키(鈴木一意) 씨, 그리고 지금 조선에 있는 야마모토(山本高春) 씨와 특히 친했습니다. 스즈키 씨는 저처럼 교사 출신으로 고학을 했고 당시 요시다 겐지로(吉田絃二郎) 선생님, 히다카(日高), 가쓰라가와(桂川) 선생님과 네댓 살밖에 차이가 나지 않을 정도로 급우들 중에는 가장 연장자였습니다. 스즈키 씨는 지금 가이조샤 편집부에서 왕성하게 활동하고 있으며 가끔 소식을 전해 오기도 합니다. 여보게 자네, 하고 부르던 것이 언제부턴가 정중한 말투로 바뀌고 말았습니다. 이것도 나이 탓일는지요. 하지만 이렇게 서먹한 사이가 되어버린 책임은 내가 아니라 전적으로 스즈키 씨에게 있습니다.

학교에서 배운 선생님도 친구라고 해도 되는지요. 만일 그렇다면 제가 지금도 그리워하는 분은 요시다 겐지로 선생님입니다. 나는 선생님에게 번즈의 시를 배웠을 뿐이지만, 왠지 선생님이 좋아서 센다기(千駄木)에 있는 관사로 찾아간 적도 있습니다. 그때 선생님은 미켈란젤로에 관한 커다란 영문 서적을 꺼내 보이시며 열정적으로 미켈란젤로에게 찬사를 보내시던 일을 기억하고 있습니다.

1919년 와세다를 졸업한 이후 줄곧 뵐 기회가 없었습니다만, 1931, 1932년 즈음 도쿄에 갔을 때 구메 마사오(久米正雄), 사토 하루오(佐藤春夫), 사토미 돈(里見弴)과 함께 요시다 겐지로 선생님이 저를 맞아 주셔서 가이조샤의 야마모토 사네히코(山本實彦)[41] 사장의 후의로 호시가오카사(星ヶ岡茶) 기숙사에서 하루저녁 환담을 나눈 적이 있습니다. 그리고 4년 후인 1936년 다마가와(玉川)의 댁으로 선생님을 방문한 적도 있습니다.

그때 지금은 고인이 되신 부인과 처음으로 인사를 나누었고 차와 딸기를 대접 받았습니다. 슬하에 자녀가 없는 적적함을 달래려고 개를 키우고 계셨는데 사람보다 수명이 짧아 먼저 떠나게 되면 슬프다는 말씀을 하시곤 했습니다.

그리고 대선배도 친구로 소개할 수 있다면 아베 무부쓰(阿部無佛), 도쿠토미 소호(德富蘇峰), 소에지마 미치마사(副島道正) 백작 등은 잊을 수 없는 분들입니다.

무부쓰(無佛) 아베 미쓰이에(阿部充家)[42] 선생님은 이미 고인이 되셨지만 정말 드문 인격자입니다. 검도 사범을 한 집안이라 들었는데 아마 검도와 참선으로 단련된 마음가짐 때문이겠지요. 아무런 욕심도 얽매임도 없는 분으로 많은 이들을 위해서 애쓰셨던 분이지요. 다이쇼 초기에 선생님이 도쿠토미 소호 선생님의 동지로서 경성일보 사장을 지내던 시절부터 면식이 있던 터입니다만, 선생님이 저에게 요구하는 바도 없고 저도 선생님에게 바라는 것 없이 지극히 담담한 교제를 해왔습니다. 그런데 제가 황해도의 산사에서 중병을 앓고 있을 때, 일부러 병문안을 오실 정도로 선생님은 저를 아껴주셨지만 막상 저는 선생님을 위해서 아무것도 한 것이 없습니다. 선생님의 마지막 병상을 찾았을 때 선생님은 산소호흡기로 숨을 쉬며 그저 미소만 지으셨을 뿐 말씀도 하지 못했습니다. 그리고 3, 4일 후 선생님은 돌아가셨고 시바(芝)의 조조지(增上寺) 절에서 치러진 장례식에 참석한 것이 고작이었습니다.

저에게 도쿠토미 소호[43] 선생님을 만나게 해준 이도 아베 무부쓰 선생님이었습니다. 제가 경성일보와 매일신보의 특파원으로 남선(南鮮) 여행 중에 조선으로 오시는 소호 선생님을 위해 아베 선생님과 함께 부산 부두에 마중을 나갔고, 스테이션 호텔 위층에서 아침식사를 하면서 여러가지 이야기를 나눈 것이 선생님과의 첫 만남이었습니다. 그 후 25년간 선생님은 변함없이 후의를 베풀어 주셨습니다. 제가 이 글을 쓰고 있는 오늘(5월 28일)은 마침 선생님의 경성 고택 세키스이(鵲巢居)의 시비 제막식이 있습니다. 선생님의 시는,

시내 위로 맑은 바람이 불고 흰구름 머무네. 淸風溪上白雲泊
동네 조그마한 오두막을 비스듬히 흐르는 물가에 서 있네. 洞裏蝸蘆傍水斜
집집마다 늙은 나무가 서 있고 그 집안에 돌을 안고 있네. 老樹萬門門擁石
높은 곳에 지은 까치집이 바로 내 집일세. 鵲巢高處是吾家

라고 되어 있는데 실제 풍경 또한 그러합니다. 오늘 경성의 소호회 사람들에 의해 조촐한 기념 모임이 있을 예정입니다. 몇 년 전 제가 어떤 사업으로 곤궁에 처했을 때 소호 선생은 자신의 힘든 시절의 경험을 쓴 편지와 "하늘이 나의 재주를 내었으니 창의 쓰임이 있구나(天生我才戈有用)."라는 글귀가 적힌 액자를 보내 주셨는데 이번에 제가 가야마 미쓰로(香山光郎)라는 이름으로 창씨개명하고 국민으로서의 태도 표명을 한 사실을 듣고 "일본과 조선은 본시 뿌리가 같은 민족이요, 소아를 잊고 대아를 위

해 순국하면 반드시 승리할 것이다(日鮮本是同根族忘小我殉大義欣快曷勝)."라는 글귀를 쓴 액자를 보내 주셨습니다. 소호 선생과 무부쓰 선생에 관해서는 작년 경성일보에도 쓴 적이 있으므로 이 정도로 마치겠습니다.

소에지마 미치마사(副島道正)[44] 백작과는 친교라고 할 만한 것은 없으나 한낱 미숙한 서생이던 저에게 아낌없는 온정을 주신 것에 감사하고 있습니다. 제가 백작을 안 지는 어느덧 20여 년이 됩니다. 백작이 경성일보 사장을 하시던 때였는지 그 전이었는지는 확실하지 않습니다만, 백작이 직접 자동차를 타고 도쿄의 제가 묵는 여관으로 마중 나오셔서 몸 둘 바를 몰랐습니다. 그때 백작과 함께 도고(東鄉) 원수의 저택을 방문했는데 현관까지 들어가야 할지 말아야 할지 갈팡질팡하다가 차 안에 남았던 일이 있었습니다. 그때 혹시 도고 원수와 백작에게 실례되는 일이 아니었는지 지금도 너무 불안해 견딜 수가 없습니다.

그리고 몇 년 후 어느 날 저녁, 백작의 요요하타(代幡) 저택 만찬에 초대받은 적이 있었습니다. 당일 날에는 야마모토 가이조샤 사장에게 부탁해 제 친구로서 동행했습니다. 메이지천황이 선대 다네오(種臣) 백작에게 하사한 서한과 이홍장(李鴻章)의 편지, 다네오 백작의 육필 일기와 시를 보고 존황애국의 충심과 고매한 식견에 감복한 바 있습니다. 그리고 오미야(大宮) 궁이 백작에게 하사한 과자도 먹었는데 어찌나 황송하던지요.

소에지마 백작이 유럽에 간다고 하기에 영어로 번역한 법화경을 구해서 보내 드렸는데 읽으셨는지 모르겠습니다.

야마모토 사네히코 사장은 저에게 매우 호의적이었습니다. 저를 위해 문단의 대가들을 모아 연회를 열어 주기도 하고 언제나 집으로 초대해 가이조샤가 발행한 책들을 제공해 주었습니다. 스모선수 후타바야마(雙葉山)의 1922년 여름 경기를 보여준 이도 야마모토 사장입니다. 요시다 겐

 지로 선생님, 후지모리 세기치(藤森成吉)[45], 하야시 후미코 (林芙美子) 씨 등과 함께 난생 처음 스모를 보았습니다. 그 날 고노에(近衛) 공작과 도쿠가와(德川) 공작의 모습도 망 원경 너머로 보였습니다.

후지모리 세키치 씨는 저를 집에 초대하여 따님이 손수 만든 요리와 맥 주를 대접해 준 적이 있습니다. 「사쿠마 쇼잔(佐久間象山)」을 쓸 당시인 듯 꾸밈없는 벽에는 쇼잔의 초상화가 걸려 있었고 술잔이 돌자 사쿠마 쇼잔 예찬을 하셨습니다. 첫인상은 서양식의 딱딱한 신사처럼  보였으나 역시 동양인이었습니다. 저물도록 술을 마시며 이야기를 나누었습니다.

끝으로 나의 유일한 공직자 지인으로는 하지 모리사다(土師盛貞) 씨가 있 습니다. 조선에 온 지 15년 됩니다만 제가 알게 된 것은 조선에 막 왔을 때입니다. 대학 교수답게 아주 냉철하고 이지적일 뿐만 아니라 정도 많지 요. 그는 강직한 사람으로 배포 있는 처세가가 아닙니다. 도지사를 마지 막으로 관직에서 물러나 조 선방송협회의 제1대 회장 임 기도 이번 달로 만료되어 그 가 만일 조선을 떠나게 된다 면 조선으로서는 매우 애석 한 일이라고 생각합니다.

조선 교우록

이케다 린기(池田林儀)[46]

「조선교우록」을 써 달라는 주문을 받은 순간 내 눈 앞에 떠올랐다 사라진 이는 고 박영철(朴榮喆)[47] 씨였다. 살아있는 친구의 모습이 떠오르는 것이 아니라 죽은 이의 모습이 기억에 되살아나는 것이 매우 신기하고 이상한 느낌이었다.

우리 집 현관 입구에는 '장연(丈蓮)'이라는 글씨가 쓰여 있는 액자가 걸려 있다. 녹나무의 두꺼운 목판에 새겨 글씨를 녹색으로 칠했다. 다산(多山) 박영철 씨가 마음을 담아 휘호한 것이다. '장연'이라는 두 자는 '태화봉 위에 옥 같은 우물에 핀 연꽃, 꽃이 기다랗게 피어 그 모습이 마치 배와 같구나(太華峰上玉井蓮 開花十丈藕如船)'라는 한시에서 따온 것인데 내게 아호로 하라며 써 준 것이다. 그는 '조선거인회'의 창립자이자 명예 총재였다. '신장 5척[48] 7촌[49] 이상, 체중 20관[50] 이상'이 모임의 자격이었다. 박영철 씨는 회원을 자택으로 초대하여 현관에서 신장과 체중을 심사한 후 안으로 들인다. 거인들의 친목환담회로 전쟁 전에는 먹고 마시다가 흥이 나면 노래가 나오고 춤이 나오고 마술이 나온다. 수수한 곳에서는 휘호, 시작(詩作)을 하기도 하고 그런가 하면 여흥으로 기생들도 섞여 있는 그야말로 화기애애한 하루를 보내곤 했다.

비용이 상당히 들었지만 '내선융화'라는 슬로건을 내걸던 당시에는 즐거운 분위기의 모임이었고 '내선융화'에서 '내선일체'로 이전하는 활동이 되기도 하였다. 중일전쟁 발발 후에는 총재에게만 수고를 끼쳐서는 안 되겠다고 회비제로 하고 장소도 은행구락부 같은 건실한 장소에서 열기로 했다.

박영철 씨는 조선상업은행 총재로서 온후한 신사일 뿐 아니라 반도 실업계의 중진이자 간절한 요청을 받고 만주국 명예총영사가 된 보기 드문 인물이다. 사관학교 출신 영관급 장교로서 가와시마(川島) 대장과 동기라고 알고 있다. 러일전쟁 당시 큰 활약을 했다고 한다.

조선에서는 누구나 박영철 씨와 함께 한상룡(韓相龍) 씨를 떠올린다. 이 두 사람은 마치 형제처럼 함께 거론되어 쌍두마차처럼 마차 앞으로 불려나오기 일쑤이다. 한상룡 씨는 조선생명보험회사의 사장으로 박영철 씨와 함께 반도실업계의 거물로, 그 성격은 박영철 씨가 온후하다면 한상룡 씨는 듬직하다고 할까. 바둑에 능하고 웅변가이다. 그의 연설은 유머가 넘치고 좌담에서 사람의 마음을 사로잡는 힘이 대단하다.

한상룡 씨의 저택은 조선 가옥과 조선 요리의 모범을 보이느라 혹사당하는 느낌이 들 정도로 내지에서 오는 손님들로 붐볐다. 손님들도 사농공상 천차만별로 각양각색의 사람들이 찾아오는데 내가 마지막으로 초대받았을 때의 손님에는 후타바야마(雙葉山)와 고지마가와(小島川)가 있었다.

실업인에는 화신사장 박흥식(朴興植)[51]이 있다. 20대에 화신백화점을 일으키고 39세가 된 오늘날 백만 엔의 거대 회사를 일구어 조선 전역에 연쇄점을 세웠고, 그 밖에도 제사(製絲)화학공업회사를 경영하고 있다. 백석(白晳)의 스마트하고 멋진 신사로서 술 담배도 하지 않고 오로지 사업에만 정진하는 그는 장래가 총망된다.

반도 항공계의 제1인자 신용욱(愼鏞項)[52] 씨, 그의 항공 기술, 항공 시간, 항공 거리는 반도 제1인자이며 반도 파일럿의 양성, 반도 항공로 개발에 관한 공적이 대단하다. 한때 사업자금 문제로 어려운 시기가 있었지만 수많은 역경을 헤치고 지

금에 이른 그의 성공에 대하여 친구이기에 겉으로는 '장하네'라며 농담정
도로 끝냈지만 진심으로 고개 숙여진다.

김석원(金錫源) 중령은 남원의 용사이다. 성벽 돌파 병
사를 모아 초량(草粱) 속에서 군가를 소리 높여 부르며 심
신을 일신하고, 선두에 서서 돌격 무훈을 세운 그는 중일
전쟁이 낳은 반도 최초의 장교이다. 다리에 부상을 입어 잠시 후방에서
치료를 받았는데 완쾌 후 다시 제일선에서 활약 중이라고 들었다. 반도
청년을 열심히 지도하여 이태원 소학교와 이태원 청년 훈련소는 중령의
지도로 이루어진 곳이다.

반도 언론계는 인물이 많다. 최린(崔麟) 씨, 이상협(李相
協) 씨, 백관주(伯寬珠) 씨, 방응모(方應謨) 씨, 송진우(宋鎭
禹) 씨 등의 거물 중 최린 선생은 우리들의 친구라고 하
기는 어렵고 학식과 인격 모두 대선배로서 우러러볼 따름이다. 송진우 씨
는 사상적으로 여러 가지 말이 있으나, 담력이 세고 도량이 크며 인내심
이 강한 성격은 허심탄회하게 마음을 열고 협력할 일이 있으면 반도 민중
의 지도에 크게 공헌할 것임에 틀림없다. 그는 두뇌가 영민하여 세계의
대세와 동아시아의 동향에 대해 황국 신문인으로서의 인식에 도달할 것
이다. 만일 도달하지 못하면 우리들은 친구로서 반드시 그렇게 되도록 노
력해야 한다고 생각한다.

이상협 씨는 반도 신문계의 1인자 스완슨의 말을 빌자
면 그의 위치가 '성벽 위를 건너는 군인처럼 양쪽 성벽에
서 탄환 세례를 맞고 있는' 듯 하지만 그러면서도 용케
어려운 일을 끝까지 완수하여 매일신보를 일구어냈다.

중일전쟁 발발 당시 해외로 국민사절이 파견되던 때였다. 당시 나는 윤
치호(尹致昊) 씨를 국민사절로 미국에 파견하는 것이 좋겠다고 하였다. 윤

치호 씨는 뱃멀미가 심해서 안됐기는 하지만 사절로서 그 이상의 적임자
는 아마 없을 것이다. 얼마 전 윤치호라는 이름을 버리고 창씨를 했다고
하는데 나는 여전히 '윤치호 선생'이라 부르고 싶다.

폴란드 주재 만주국총영사 박석윤(朴錫胤) 씨는 어학의
천재이자 다재다능한 사람이다. 풍채도 훌륭하여 외교관
으로 제격인 그가 폴란드를 떠나 파리인가 이탈리아로 갔
다고 하는데 그 후로는 소식을 듣지 못했다. 흔히 재능 있는 사람들의 젊
은 시절에 나타나는 자유분방한 기질이 그에게도 있는 듯 하지만 앞으로
는 어른스러운 박석윤의 면면을 보게 될 것이다.

젊은 세대로는 김성진(金晟鎭) 의학박사, 김형익(金衡翼) 의학박사, 권영
우(權寧禹), 김을한(金乙漢) 등이 있
다. 김을한 씨는 예리하고 우애가
돈독하며 의협심이 강한 사람임에
도 불구하고 때를 만나지 못해 제대
로 뜻을 세우지 못하고 있지만 아름
다운 우애와 하늘의 공정함으로 그
는 반드시 대성하게 될 것이다.

정교원(鄭矯源) 국민정신총동원
운동 부총재이다. 이 사람만큼 일
을 사랑하고 열심이며 본분에 충
실한 사람도 드물다. 매사에 언제
나 직접 몸으로 뛰는 성의는 높이
살 만하다.

최남선(崔南善) 선생의 젊음과 사
람을 압도하는 기운, 우리가 그를

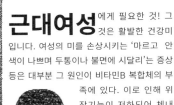

 존경하는 것은 그의 학문 때문만이 아니다.

미타(彌陀)교주 이상룡(李象龍) 씨는 올해 97세이다. 94세에 60년간의 신앙이던 수운교주로서의 위치를 떠나 불교에 귀의하고 미타교주가 되어 5천 명의 신도를 데리고 히가시 혼간지(東本願寺)에 귀속한 그의 영단은 비범하다. 그의 건강한 신체는 장사도 따르기 어렵다. 그의 장수 비법을 들어 보면, "60이 되기까지 산속에서 자고 일어나 신체를 단련했기 때문"이라고 한다.

그 밖에도 소개하고 싶은 이들이 많다. 민규식(閔奎植) 씨, 방대영(方臺榮) 씨, 김연수(金年洙) 씨, 김시권(金時權) 씨, 윤태빈(尹泰彬) 씨, 김동훈(金東勳) 씨, 이범익(李範益) 씨, 김윤정(金潤晶) 씨 등도 거명하고픈 이들이다. 회병상(會秉相) 씨의 언변, 백상규(白象圭) 씨의 활달함, 송성진(宋星鎭) 씨의 후한 접대, 김윤진(金允鎭) 씨의 자녀 훈련 등 흥미로운 이들이 많다.

반도 사상계의 중요한 역할을 하는 이광수, 그에게는 많은 어려움과 순탄함, 그리고 갖가지 곤경이 끊임없이 닥치기도 하고 사라지기도 하지만, 동서고금을 막론하고 큰 인물의 걸음 앞에는 늘 그러했다. 그저 미소를 짓거나 묵묵히 가거나 할 뿐이다.

반도 무용계에는 조택원(趙澤元) 씨와 최승희(崔承喜) 씨가 있다. 두 사람 모두 천부적인 재능으로 정평이 나 있어서 문외한이 언급할 얘기는 아니지만 장래를 기대한다면 조택원 씨는 보다 정진해야 하고 최승희 씨는 도의와 인정에 대한 반성이 필요하다고 생각한다.

멋의 심리학

멋 내는 일, 즉 화장법, 옷 만드는 법, 기모노 입는 법 등에 대해 여기 저기서 정보를 얻는 아가씨들이 더 잘 알고 있으므로 그러한 멋을 부릴 때의 마음가짐에 대해서 말하고자 한다.

'스프(스테로플 파이버사의 줄임말 - 역 주)는 국책산업이다', '순모는 없다'고 대단한 선전을 하는 바람에 자칫 대용품이 진품보다 더 낫다고 생각하는 세상이 되었지만, 그래도 대용품은 역시 대용품이라 진품을 사용하던 정신으로 대용품을 사용하면 양말도 이틀이면 헤지고 양복은 주름투성이가 되어 낙담하게 될 것이다.

대용품의 근대정신

그러면 어떻게 그런 번거로움에서 벗어날 수 있을까. 먼저, 대용품을 애용하자는 격언에서 시작되어야 한다. 대용품은 20세기에 커다란 지지를 받아 탄생한 근대적 산물이므로 과거의 사고방식을 가지고 사용하는 것은 맞지 않다. 새로운 병기에는 새로운 병기로 대항하지 않으면 당연히 영국과 프랑스처럼 참담한 패배로 끝나게 될 것이다.

예를 들어 양말의 경우 목면은 험하게 신어 늘어지더라도 "모처럼의 인연으로 사용해 주시는 것이니 좀 더 분발해 봅시다."라고 해서 꽤 오래가지만, 이것이 만일 스프사의 물건이라면 전혀 딴판이다. "에이, 심하군. 구멍이나 나라."라며 허약한 대용품은 금방 너덜너덜해지고 만다. 종이처럼 얄팍한 인심이라고 한탄해도 소용없다. 이것이 근대적 산물 특유의 개성이니 말이다.

근대아 중의 우량아

그러나 근대아라고 해도 이렇게 씩씩한 것만 있는 것이 아니다. 그중에는 화학적으로 합성된 진정한 의미의 근대아도 있다.

또다시 예를 들어 미안하지만 여성전용면 '레이디 팩스'는 탈지면 부족이라는 말이 나오자마자 만반의 준비를 갖추고 탄생한 야심찬 신상품이다. 이것은 발매 초기부터 성과를 거두어 이제는 모든 여성들의 절대적인 인기를 얻은 근대아다. 흡수력이 뛰어나고 지속 시간 24시간, 격렬한 운동에도 적합하며 처치 후에는 알아보지 못하도록 변색되어 수세식에 녹아서 흘려보낼 수 있다는 놀라운 기능은 탈지면 불용시대를 초래할 정도로 솜을 보유하지 않은 나라에게는 진정한 의미의 근대아인 것이다.

아울러 이 상품은 도쿄시 니혼바시구(日本橋區) 고후네초(小舟町) 2-7, 가미무라(上村禮三) 상점에서 발매한다. 전국 백화점이나 약국에도 있지만 일본에서 시판된 지 아직 얼마 되지 않아서 재고가 없는 경우에는 직접 본점으로 주문이 가능하다. 많은 이용 바랍니다.

기
생

조선의 현대미술

이하라 우사부로(伊原宇三郎)[53]

지
게

나는 지금 조선으로 가는 차 안이다. 사 년째 매년 같은 시기에 가는데 총독부 주최의 조선미술전람회 심사를 하러 간다고 하면 모두들 좀 놀란 얼굴을 한다. 그만큼 조선의 현대미술은 내지에 잘 알려져 있지 않다. 음악, 무용, 체육 방면에는 유명한 이들이 있는데, 미술도 특히 유화와 공예 부문은 내지의 상당한 수준의 전람회에 뒤지지 않는 내용을 가지고 있다. 조선미술전람회는 올해로 제19회를 맞이하여 조선의 문부성전람회로, 조직 면에서도 대체로 비슷하여 심사

위원 중 4, 5인은 매년 도쿄에서 오고 준심사위원으로 반도에서 10여 명 정도가 참여하는데, 추천과 특선이 있다. 매년 응모작 수는 동양화 약 150점, 유화 약 천 점, 조각공예 약 2백 점이고, 입선율은 최소 3할 정도가 된다. 유화가 1할 이상, 내선인별 비율은 동양화가 3대 2, 유화는 반반, 공예는 2대 3 정도이다. 반도인 중에 꽤 유망한 사람이 있는데 유화에 이인성(李仁星), 김인승(金仁承), 심정구(沈亭求) 등은 문부성전람회의 단골이다. 총독이 고문을, 정무장관이 위원장을 맡고 있으며 조야 명사 30여 명으로 구성되어 있는 평의원회가 있는데 총독부 학무국 관할로 알찬 조직이다. 최근 새로 단장한 전람회장은 경복궁 한편에 위치하여 내지에서도 볼 수 없을 정도로 훌륭하다.

반도 미술에서 가장 자랑할 만한 것은 이왕가 미술관인데 박물관이 아닌 순수 미술관으로서는 일본에서 유일하다. 이것은 유명한 석조전으로 작년에 지어진 신관에 박물관의 물품을 옮겨 놓아 보다 훌륭해졌다. 한편 미술학교 설립 계획을 추진하는 중인데 중일전쟁으로 중지되었지만 이미 기금은 조달되었다. 지도와 장려를 하는 기관이 완비된다면 조선미술의 장래에 큰 기대를 걸 수 있을 것이다.

우리들 유화 화가에게 조선이 특히 흥미로운 점은 예를 들어 풍경만 하더라도 내지는 습기의 영향으로 모든 것이 평면적으로 보이는데 반해 대륙적인 조선은 집과 나무, 산들이 모두 입체적으로 보여 자연에 정취가 있어서 그 자체가 유화이다. 또 과거에 조상들이 지니고 있던 원대한 조선의 문화와 미술이 현재 공예를 통하여 새롭게 싹을 틔우려 하고 있다. 앞으로 10년 정도 지나면 틀림없이 위풍당당한 작가들이 등장할 것이다.

역대 조선총독을 말하다

이노우에 오사무(井上收) 54

무단정치의 데라우치(寺內)

역대 총독의 행적에 대해 써 달라는 주문을 받았지만, 한정된 분량의 원고로 보호정치와 통감시대를 제외하고도 지금의 미나미(南) 총독까지 약 30여 년간 7대에 걸친 총독에 대해 언급하기란 매우 곤란한 일이다.

현재 한창 활동 중인 데라우치 주이치(寺內壽一) 대장의 부친 마사다케(寺內正毅)[55] 원수가 통감에서 초대 총독에 임명된 것은 1910년 10월 1일로 오늘날 조선에서 시정(施政)기념일로 삼고 있는 날이다. 데라우치 총독은 3대 통감 소네 아라스케(曾根荒助)의 뒤를 이어 1910년 5월 30일에 조선통감이 된 후 1916년 10월 하세가와 요시미치(長谷川好道) 총독이 뒤를 잇기까지 약 8년간 조선을 위해 일했다. 그의 행적을 살펴보면 한국병합 초기에 가장 어려운 기초 작업을 수행했다. 아쉽게도 나는 초대 및 2대 하세가와 요시미치 총독의 실적은 잘 모른다. 다만 아사히신문사 재직 시절 선배이자 전임자인 나카노 세고(中野正剛) 씨가 데라우치 통치에 관해서 꽤 심각하게 비판했고 시종 데라우치 총독과 대립하고 있었으며, 그 무렵 저널리즘이 자주 언급했던 군벌의식이라는 측면에서 아사히신문이 데라우치 이데올로기와는 대체로 거리를 두었던 점, 그리고 비리켄[56] 정치, 무단정치라는 수식어가 아사히신문 지상에 자주 등장했던 것을 기억한다.

8년 동안 조선에서의 데라우치의 행적을 보면 거친 면모가 많았던 것 같다. 소위 무단정책에 대해서는 평판이 결코 좋지 않았다. '정책을 따르게 만 할 뿐 알리지는 말라'는 것이 그의 통치의 전모를 나타내는 구절이다. 통치 기록에 의하면 그의 8년간은 닥치는 대로 여러 가지 일을 하느라 연구할 겨를이 없다고 할 정도로 제도 개정 등 새로운 사업 추진에 힘을 쏟았다.

나카노 세고 씨는 데라우치 정치를 '선의(善意)의 악정(惡政)'이라고 평가했는데 이 말은 지금도 사람들이 적절한 지적이라고 생각하고 있는 것처럼, 그는 진정으로 일본제국을 위해서, 그리고 조선민중을 위해서 가능한 한 병합의 진수를 철저히 달성하고자 노력했다. 표현방식은 악정이라고 하지만 선의가 있다고 말하는 까닭이다. 조선총독부에서 그는 부하 직원을 대할 때 주임관은 장교로 판임관은 하사졸로 불렀다. 겉치레나 농담이 아닌 진심을 담아 군대 정신을 업무 영역에 동원한 것이다. 그리고 그는 어떤 주임관에게든지 함부로 호통치고 눈초리를 치켜세우며 위엄을 떨었다. 가까이하거나 친해지기 어려운 전형적인 군벌의 화신과도 같은 인물이었다.

그러나 근접하기 어려운 데라우치의 속마음만큼은 늘 선한 온기로 가득했다. 지금도 조선의 노인들은 무서운 총독이었지만 고마운 분이었다고 기억한다. 육군대신을 겸직하다가 전임 총독이 되어 부임했을 때 그는 부인과 함께 그야말로 꽃다운 따님을 동반하고 왔다. 부인은 용모가 뛰어나지는 않았지만 따님은 요조숙녀로 자라 현 고다마(兒玉) 내무대신의 처인 사와코(澤子) 부인이 되었다. 세상 사람들이 말하는 눈에 넣어도 아프지 않은 자식이란 이를 두고 하는 말이다. 데라우치처럼 남에게 머리 조아리는 것을 싫어하는 무인도 고다마 히데오(兒玉秀夫) 부인 사와코에 관한 일이라면 언제나 따뜻한 아버지의 모습이었다. 여하튼 누가 총독이었다고 해도 당시에는 그러한 형식의 정치를 하지 않으면 안되는 그 시대의 요구가 있었던 것이다.

문화정치의 중심인물

2대 총독은 백작 하세가와 요시미치(長谷川善道)[57] 대장이다. 데라우치 초대 총독이 오구마 시게노부(大隈重信) 내각의 뒤를 이어 내각의 수장이 되어 도쿄로 떠난 것이 1916년 10월이다. 총독 하세가와는 이때부터 1919년 8월까지 약 3년간 근무했는데 3년 동안 치적보다는 실정의 행적을 남기고 떠나 역대 총독 가운데 가장 평판이 좋지 못하다.

지금도 경성 용산에는 통칭 아방궁이라 불리는 총독관저가 있다. 그 이름처럼 지나치게 넓기만 하여 역대 총독들은 사용하지 않았고 국제적인 연회장소로 이용하는 외에 거의 비어있던 아방궁과도 같은 이곳에 총독 하세가와가 자리를 잡고 허세를 부렸다. 그래서 아방궁이라고 일부러 곱지 않은 호칭으로 부르는 경향이 있었다.

조선 통치는 곧 소위 3대째 단계에 접어들어 수상 하라 다카시(原敬)의 추천으로 해군대장 사이토 마코토(齋藤實)[58] 남작이 안주인 역할을 할 총감 미즈노 렌타로(水野鍊太郎)를 대동하고 부임했다. 그는 유명한 사이토 문화정책, 차별철폐, 일시동인(一視同仁), 일선융화(日鮮融和)라는 화려한 간판을 내걸고 1919년 8월 12일 경성에 도착했다.

남대문 역 앞 ○○사건이라는 것이 3대 총독의 첫 부임을 맞이했다. 그러나 해양에서 단련된 사이토는 전혀 꿈쩍도 하지 않고 유유히 왜성 대의 관저에 도착하여 소요(3·1운동-역자 주) 이후의 조선인의 간담을 서늘하게 했다. 이후 1927년까지 8년간 조선의 자비로운 아버지로서 그리고 문화정치의 본산으로서 일본과 조선 양쪽에서 호평을 받았다. 문화정치라는 각본은 수상 하라 다카시가 제안한 것을 총감 미즈노가 가져와서 총독 사이토와 콤비로 완성시킨 것이다. 이러한 내용에 관한 기록은 지금도 미즈노가 소장하고 있다.

사이토 총독이 8년간 남긴 치적을 사무적으로 반복하는 번거로움은 생략하지만, 8년 중 전반부를 보면 결코 시국이 순탄하지는 않았다. 앞서 모 대관이 그 해의 치안유지를 위해 밤낮으로 분주했다고 한 것이 이 시절의 일이다. 정무총감에 미즈노 렌타로, 아리요시 주이치(有吉忠一), 시모오카 다다하루(下岡忠治), 유아사 구라헤(湯淺倉平) 네 명이나 교체되었다. 사이토가 1927년 4월 현직을 유지하면서 군축회의 전권대사로 제네바에 부임한 8개월 동안에는 육군대장 우가키(宇垣一成)가 임시대리총독을 지냈다. 이때의 경험이 우가키가 6대 총독으로 조선에 오게 되었을 때의 사전 준비가 되었을 것이다.

사이토는 1927년 말 제네바에서 귀국 후 곧 총독을 사임했고 4대 총독에 육군대장 야마나시 한조(山梨半造)[59]가 1927년 12월 말에 부임했다. 야마나시가 총독이 된 것은 총

우가키 가즈시게   미나미 지로

리 다나타 기이치(田中義一) 대장이 의리를 지킨 결과이며 안주인 역의 이케다 시로(池田四郎) 역시 다나카와의 우정에 힘입은 정치적 연출이라는 사실은 당시 상당히 화제가 되었다.

야마나시는 미워할 수 없는 호인이었다. 그는 2대 총독 하세가와와 마찬가지로 처신에서 명료함이 부족했다. 두 사람이 입장은 달랐으나 불명예스러운 퇴임이라는 점에서 동일했다. 임기는 겨우 1년 8개월 남짓이었고 '정치에는 돈이 있어야 한다'라든가 '응당한 보답을 하겠다'는 식의 경솔한 말을 남겨 시정잡배들의 웃음거리가 되었고, 안주인 역할을 해 온 이케가미 마저 먼저 떠나버림으로써 모처럼 주목받았던 남자들의 우정을 허망하게 끝내 버렸다. 그러나 그가 아무것도 안 한 것은 아니고 짧은 임기 중에도 사이토가 남긴 문화정치의 적극적인 운용을 위해 노력했음은 평가해야 한다. 그러나 오늘날 야마나시의 이름이 사람들의 기억에서 사라진 것은 안타까운 일이다.

데리우치 마사다케　　　　하세가와 요시미치　　　　사이토 마코토　　　　야마나시 한조

뼈를 묻는다고 한 우가키

야마나시가 떠나자 3대 총독 사이토 마코토가 5대 총독으로 다시 부임하였다. 1929년 8월의 일이다. 통치의 측면이라기보다 조선의 민심에 끼칠 신선함은 기대되지 않았지만, 평판이 좋지 않은 전 총독의 후임이라는 약점이 있었다. '조선의 자부(慈父) 다시 오다'라는 전주곡이 그를 맞이했으나 데라우치시대의 인물인 백작 고다마 히데오(兒玉秀雄)를 별 생각 없이 정무총감에 임명한 것은 구태의연한 감이 있었다. 두 번째 부임한 사이토에 대한 인기는 아직 남아있었지만 그는 2년 남짓의 임기 동안 획기적인 치적을 남기지 못했고, 1931년 6월, 6대 총독 육군대장 우가키 가즈시케(宇垣一成)[60]로 교체되었다.

나중에 우가키가 내각을 주도하고 정부의 대임을 맡았지만 결국 비참한 최후를 맞이한 것은 운명적으로 피할 수 없는 것이었다고 할 수 있다. 그는 해군대신 시절 지멘스 사건의 책임을 지고 미즈사와(水澤)로 낙향하여 한적하게 만년을 보내다가 하라 다카시(原敬)의 배려로 다시 정계에 나오게 되었다. 개인에게 죽음은 안타까운 것이지만, 공인으로서 그의 족적은 일본과 조선 양쪽에서 뚜렷이 각인되어 있으며 조선총독부의 대형 홀에는 데라우치 총독과 함께 그의 동상이 세워져 있어서 조선통치사의 특별한 존재로 영원히 빛나고 있다.

6대 총독 우가키는 1931년 6월부터 1936년 8월까지 5년 동안 조선 통치 최근의 역사에서 활약하였다. 우가키는 조선에 뼈를 묻겠다는 생각을 종종 밝혀왔고 조선에 묘지를 마련해 두었다고 할 정도로 조선에 집착하였으며 사무적으로는 역대 총독 가운데 가장 많은 일을 하였다. 그는 틈만 나면 여기저기 조선 전국을 발이 닳도록 누비고 다녔다. 그리고 착임 후 첫 발언에서 "조선인이 편히 먹고 살도록 하겠다."고 했는데, 재임 5년간 줄곧 이 문제를 풀고자 하였다. 그리고 농어촌의 진흥, 자력갱생에 이르기까지 그는 자신이 한 말을 좀 더 발전시키기 위해서 열심이었다. 심전개발(心田開發)운동을 제창하였고 물심양면의 원만구족(圓滿具足)을 역설하였으며, 남면북양(南綿北羊), 산금증식(産金增殖)을 시작으로 하여 그의 포부는 야마토 민족의 북진정책으로 발전했으며, 내선일체에서부터 선만일여(鮮滿一如)로 발전하는 등, 5년 동안의 경륜은 일일이 거론할 수 없을 정도이다. 그는 모든 범위와 여러 방면의 이상적인 모습을 구현하기 위해서 매일매일 노력하는 모습을 보이며 업적을 착실히 쌓아나갔다.

데라우치를 대(大)총독, 사이토를 명(名)총독이라고 한다면, 우가키를 강(强)총독이라 할 만큼 그는 뛰어난 추진력을 소유한 인물이다. 조선에 뼈를 묻을 각오와 결심으로 통치에 열심이었던 그는 1931년 여름, 사임하고 도쿄로 돌아갔다. 일본 중앙에서 일어나는 정변(政變)에서 반드시 문제의 불씨 역할을 한 그가 일본 정계 변화를 예측했기 때문이다. 아니나 다를까, 그는 얼마 후 내각 구성의 대임을 맡았다. 그러나 때가 아직 성숙되지 않았는지 육군대장까지 사임하겠다고 결심하게 될 정도로 그의 내각 구성 작업은 실패로 끝났다. 매우 안타까운 일이다. 향후의 우가키에 관해서는 여기에서 논할 일은 아니다.

안타를 친 현재의 미나미 통치

육군대장 미나미 지로(南次郎)[61]는 7대 총독으로 1932년 8월 임명되었다. 조선의 현 총독이며 내선일체의 구현자로서 그의 명성은 높다. 부임 후 오늘날까지 만 4년간 조선통치에 이바지하고 있다. 미나미 총독은 일본 군부의 장로이다. 2·26 사변 당시, 군의 선배로서 책임을 지고 만주 주둔의 현직에서 물러났다. 그는 과거 조선군 사령관을 역임했고 조선에 대한 이해가 깊다. 과거 통감에서 총독이 되었던 초대 데라우치 총독은 조선사정에 밝았는데 미나미 총독 역시 군 출신이며 내선만(內鮮滿)을 하나의 동아 신질서로 구축하고자 하는 경륜과 포부를 겸비하고 있다.

그런데 전 총독 우가키에 의한 다각적인 강령 통치는 통치의 모든 분야에서 정책으로 이루어져 왔기 때문에 소위 미나미 이데올로기나 슬로건이 들어갈 여지가 없었다. 통치자의 간판이 바뀌면 반드시 새로운 느낌을 기대하기 마련이다. 숨죽이고 지켜보는 것은 아니라고 하더라도 적어도 뭔가 새로운 것을 기다리는 2천3백만 대중과 조선 거주 내지인이 존재한다는 점은 어떤 경우에도 상식으로 되어 있었다. 그는 미나미 통치의 5대 강령, 즉 국체명징(國體明徵), 선만일여(鮮滿一如), 농공병진(農工倂進), 교학진작(敎學振作), 서정쇄신(庶政刷新)을 내건 행진곡을 연주하였다. 게다가 부임 1년 7개월 만에 중일전쟁이 일어나 조선이 병참기지로서의 중요한 위치를 점하게 되었고, 선만일여(鮮滿一如)는 더욱 내선일체의 후방의 역할을 강조하는 데에 동력이 되었다. 거기에 특별지원병 제도가 신설되어 조선동포의 시국인식은 급선회하기에 이르렀다. 장래 커다란 역할을 하게 될 지원병 제도의 창설은 미나미 총독이 친 안타로서 통치사에 영원히 빛날 것이다. 미나미 총독은 올해 내선일체의 결실을 거두기 위하여 조선 동포에 대한 창씨를 시행하였다. 이 또한 내선의 차별을 폐지할 획기적인 정책으로서 큰 호평을 받고 있다.

가와시마 요시유키(川島義之) 대장이 총재인 조선정신동원운동(朝鮮精神動員運動)은 좋지 않은 비판도 받고 있지만 조선동포 전체를 황국신민화시키고자 하는 열의는 반드시 가까운 장래에 큰 수확을 거두리라 확신한다.

이상과 같이 다소 밝은 면만을 언급하고 어두운 면을 생략한 감도 있지만 지금은 찬합의 구석까지 헤집어낼 상황은 아니다.

(필자는 국민신보(國民新報)사 주필)

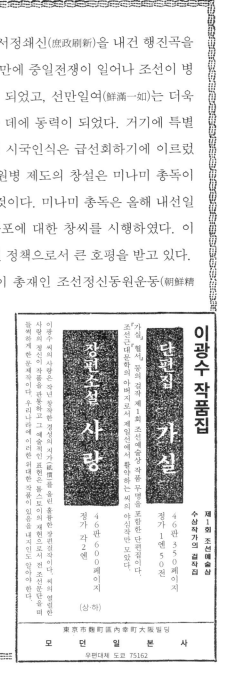

236

보음보약

정가 3엔
5엔

고귀한 향기!
참신한 맛!
신비로운 효험!

근대인의 미각에 맞추어 천고
불후의 영약 인삼과 녹용을
보급하여 흥아 국민의 체력
증진에 기여하고자 한다. 오
라! 미각의 삼매경으로, 그리
하여 심신의 건전을 꾀하라!

제조원 천일제약주식회사
발매원 천 일 약 방

우편대체 경성 19843번

삼용강장수
(蔘茸强壯水)

지원병 훈련소 방문기 C 기자

　우리나라 국방의 전위지대인 조선에 지원병제가 시행되어 지원병 훈련소에서 용감무쌍한 인적 자원을 육성하게 되자 전 조선에 커다란 반향을 일으켰다. 혈서로 지원병이 되기를 원하는 충정 넘치는 미담과 이미 성전에 참가하여 장렬하게 호국의 혼이 된 용사들도 탄생하니 이에 대한 국민들의 기대가 얼마나 큰지 모른다.

　지원병들이 어떻게 이처럼 훌륭한 국가의 간성(干城)으로 키워진 것일까. 5월 28일 지원병 훈련소를 견학하고자 경성의 동쪽, 경성 춘천 간 최근 개설된 사설 철도 성동역에서 8시 20분 묵동행을 기다리며 역 식당 테이블에서 지도를 펼쳐보니 조선총독부 육군병 지원자 훈련소는 경기도 양주군 노해면 북덕리에 있었다.

　성동역에서 30분 가면 공덕리 입구 묵동역에 도착하도록 되어 있었다. 이러한 내용을 알아보고 있는 동안 고려 영화의 명감독 방한준(方漢駿)[62] 씨가 다가왔다.

　"어딜 가세요?"

　"훈련소요. 오늘은 「승리의 정원」(지원병의 생활을 그린 영화) 마지막 촬영입니다."라고 했다. 기자는 방한준 씨와 동행하기로 했다. 방한준 씨의 말에 의하면, 훈련소 주임교수 우미다(海田) 대령은 강직하고 엄격한 사람이어서 지원병들에게 매우 존경 받고 있으며 훈련소 창립 당시부터 교관인 모리모토(森本), 다나카(田中) 두 사람과는 마치 자동차의 양쪽 바퀴처럼 마음이 잘 맞는다고 한다.

열차가 올 시간이 되었다. 방한준 씨와 나는 차에 올라탔다. 때마침 우미다 대령이 군복 차림으로 타고 있었다. 곧바로 방한준 씨의 소개로 인사를 나누고 "이번 도쿄 여행은 어떠셨습니까?"라고 물었다. 우미다 대령은 미소를 띠며 기분 좋은 듯 대답했다. "야, 아주 좋았어요. 곳곳에서 감격적인 장면을 봤지요. 특히 내지에 있는 반도 사람들의 기쁨은 대단했어요. 헌금이나 기념품을 주기도 하고 눈물겨운 격려의 말도 해주었답니다. 오사카에 갔을 때는 감격한 군중들이 숙소까지 몰려와서 일일이 대응할 수 없을 정도로 대단했답니다. 반도에서 지원병을 내주었기 때문에 내지에 있는 우리들도 이제야 훌륭한 일본국민이 될 수 있다는 자부심을 가질 수 있다면서 출정군인을 보낼 때마다 자신들은 배웅하는 입장이 될 뿐 배웅을 받는 입장이 될 수는 없는 것일까 하고 면목이 없었는데 지원병 출신 이인석 상등병이 훌륭한 공적을 세워주어서 비로소 황국국민으로서의 체면이 서고 앞으로 많은 충군애국의 병사가 나와 주기를 바란다며 격려를 해주었어요. 지원병은 체격도 좋고 훈련도 잘 받은 덕분에 긴자(銀座)를 행진할 때 가는 곳마다 절찬하는 소리를 들었답니다."

말하는 대령이나 듣는 나도 모두 같은 마음이었다. 흥아(興亞)의 성업(聖業)을 달성하고자 하는 염원으로 가슴의 피는 끓어오른다. 지금 지원병은 반도 2천5백만의 총의를 대표하여 흥아 건설을 위하여 전쟁터에서 일장기하에 장렬하게 싸울 것임에 틀림없다. 반도의 젊은이들은 정직하고 열정적이다. 가슴에 품은 애국의 정을 맘껏 발산할 때가 온 것이다.

묵동은 작은 간이역이었다. 훈련소를 위해서 만들어진 것이리라. 역의

우렁차게 나팔을 부는
지원병 나팔수

남쪽 10정 정도 앞쪽에 낮은 언덕 위에 위치한 빨간 벽돌 건물이 훈련소라고 한다. 두 개의 높은 굴뚝에서 흰 연기가 피어오르고 있다. 길목마다 싸리꽃이 활짝 피었고 아가씨들이 꽃잎을 따고 있는데 말을 타고 가는 우미다 대령를 알아보고 멀리서 인사를 했다. 우미다 대령은 싱글벙글 웃으며 답했다. 흐뭇한 풍경이었다.

훈련소에는 3백 명의 생도가 있었다. 이번이 4기 훈련생으로 제1기, 제2기가 2백 명, 3기와 이번이 3백 명, 합하여 1,000명의 병사를 내보내는 셈이었다. 훈련소는 마침 내일이 졸업식이어서 지원병들은 떠들썩하다. 이발하는 이, 청소를 하는 이, 짐 정리를 하는 이 등, 축하의 날을 맞이하여 훈련소 내부는 밝은 웃음소리로 넘쳐나고 있었다.

대강당에는 지원병의 선배로 전쟁에서 전사한 이인석(李仁錫), 이형수(李亨洙) 상등병의 사진이 걸려 있고 정면에는 미나미 총독의 '의용봉공(義勇奉公)'이라는 네 글자가 눈에 들어온다.

강당 뒤쪽에는 병영이 그대로 숙사였다. 한 반에 50명, 여섯 반으로 나뉘어 있다. 여기에 먼저 들어온 지원병이 나가면 새롭게 다음 지원병이 입소하기 때문에 소위 초년병 시절의 고생이 없이 모두 자유롭게 훈련을 하면서 일등병이 되기 때문에 군대보다 편하다. 지원병은 매일 아침 6시에 기상하여 황궁과 이세(伊勢)신궁을 향한 절, 황국신민의 서사 제창, '바다로 가면' 합창, 황국신민 체조를 마치고 아침 식탁에 앉는다. "잘 먹겠습니다." 우렁차게 인사를 하고 보리밥에 '영양반찬'으로 배를 채운다. 그리고 몸도 마음도 훌륭한 제국 군인이 되도록 엄격한 규율에 정식 훈련을 받는다. 훈육정신은 '조국(肇國)의 본의와 국체의 존엄한 이유를 체득하여 황국신민의 신념을 공고히 한다'는 내용이다.

영양식을 먹고 있는 지원병들

이를 위해서는 지도자가 훌륭한 군인정신을 지닌 존경할 만한 인격자이어야 한다. 우미다 대령은 "정말 책임 있는 자리이기 때문에 웬만한 사람에게는 지원병을 맡길 수가 없답니다."라고 진지하게 털어놓았다.

훈련소에서는 지금 제4기 생도를 둘러앉아 다시 천 명의 지원병을 수용할 수 있도록 크게 증축한다고 하며, "지금까지 2년 걸려 가까스로 천 명의 지원병을 배출했습니다만, 앞으로는 한 번에 천 명을 입소시켜서 연 3회, 3천 명의 지원병을 내보낼 계획입니다. 이를 위해 적어도 지금의 4배 정도의 건물이 필요하다."고 했다. 제5기 생 천 명 입소일도 다가와 벌써부터 준비에 한창이다. 8월까지 주야간으로 73만 엔 규모의 대공사를 준공시킬 예정이라고 한다.

지금까지 3천 명의 지원병모집에 8만 3천 명의 지원자가 쇄도한 것을 생각하면 증축은 앞으로도 더 이루어질 것이다. 우미다 대령은 검소한 교관실에서 계속 말을 이었다.

"지금 교관이 열한 사람인데 점차 30명으로 늘여야 합니다. 벌써부터 인선 때문에 고심 중이랍니다. 하하하."라고. 그때 뒤뜰에서 지원병들의 힘찬 '애국행진곡'합창 소리가 들려왔다. 내일 졸업을 앞둔 기쁨의 합창이다.

조선과 만주로 웅비하는
미 나 카 이 백 화 점

미나카이는 경제국책에 협력하며
배급사명의 성스러운 임무를 위해
최선의 노력을 계속하고 있습니다.

미나카이
본점 경성

지정영업소

부산 대구 평양 원산 함흥 흥남 청진
대전 목포 군산 광주 신경 봉천

조선의 지하자원에 주목하자!

옹진(瓮津) 광산 견학기

B 기자

현지편집

광부의 숙소

지금 전 조선의 광산업계는 시국의 요구에 부응하여 관민이 일치 협력하여 눈부신 활동은 최고조에 달해있다. 일확천금을 노리는 사업이 아니라 지하자원의 획득이야말로 흥아(興亞)건설의 원동력이라는 자각이 광산업계 전체의 경향이라고 해야 할 것이다. 광부 한 사람 한 사람이 제일선의 병사처럼 용감하고 진지하다. 이러한 상황을 견학하고자 일본광업의 소개를 받아 기자는 조선 황해도 옹진광산으로 향했다.

경성에서 오후 3시 반 대륙행 열차를 타고 떠나 토성(土城)에서 황해선으로 환승, 학과 두루미가 노니는 논밭을 달려 해주에 도착, 해주에서 다시 경편(輕便) 철도를 타고 옹진을 향했다.

캄캄한 어둠 속을 몇 시간 달리자 갑자기 하늘에 눈부신 일루미네이션이 빛나는 것이 보였다. "오오, 정말 굉장한데. 저게 뭐지?"하고 절로 탄성을 지르자, "저

것이 옹진 광산의 불빛입니다."하고 옆 사람이 설명해 주었다. 주야로 활동하는 역동적인 모습이 깊은 밤의 눈부신 불빛에서 생생하게 드러나고 있지 않은가?

10시 7분 옹진역에서 내려서니 역 주변은 캄캄하고 인가가 없다. 광산까지 2킬로의 밤길은 단념하고 숙소를 정하는 게 좋다고 해서 왔는데 숙소는커녕 아무것도 보이지 않는다. 마침 지나가던 순경에게 물어보니 광산과 반대 방향으로 기자를 안내했다. 한참 걸어가니 마을 불빛이 보이기 시작했다. 시골치고는 넓은 도로와 정돈된 마을이 나타났다. 양신각(陽信閣) 호텔이라는 일본식 숙소로 안내받았다.

여관은 만원이었고 샤미센과 장구 소리가 방에서 들려오고 매우 떠들썩했다. "오늘은 광산 사람들의 회식이 있어서요." 여관 주인이 말했다. 이곳이 온천지라는 것도 알게 되었다. 예기치 않은 온천에 기자는 기뻐서 경성 시내를 땀을 흘리며 뛰어다니고 있을 동료들에게 미안한 마음도 들었으나, 맑은 온천물에 맘껏 몸을 담그고 잠이 들었다.

아침 5시 반, 맑은 날씨 속에 출발했다. 옹진읍 도원리의 하늘은 높고 아침 햇살을 한껏 받아 회색빛의 광산은 붉게 물든 채 우뚝 서 있었다. 길은 일직선으로 산을 향해 나있었다. 산이 가까워지자 산자락에도 광산 사람들을 상대하는 담배 가게, 이발소, 식료품점이 늘어서 있다. 그곳을 지나자 오른편에 광산에서 나오는 배수(선광 가스)를 모으는 댐이 있는데 수백 명의 인부들이 그 확장공사를 하느라 한창이었다. 댐의 산 쪽으로 조선인 광부들의 사택이 천 가구 정도 나란히 늘어서 있다.

길 건너편 왼쪽에는 넓은 운동장이 있는 옹진 광산 기능자양성소가 학교처럼 서 있었다. 거리마다 방화(防火), 방역(防疫), 방첩(防諜), 국체명징(國體明徵)이라는 자경단의 슬로건이 내걸려 있다. 사택과 댐이 발아래로 내려다 보일 만큼 위로 올라가자 갑자기 눈앞의 전망대에서 국방복을 입은 청년 두세 명이 달려왔다. 내 앞에서 경례를 하고 "어디 가십니까?"라고 묻는다. 그래서 온 뜻을 말하니 그중 한 사람이 전령사가 되어 저쪽 사무실로 달려갔다. 이렇게 해서 겨우 옹진 광산 문을 들어설 수 있었다.

수십 미터 앞에 있는 사무소 응접실에서 서무과 기부네 데쓰(木船哲) 씨를 만났다. 응접실의 유리문이 달린 장식장에는 여러 가지 광물 표본이 진열되어 있는데 표본마다 금, 은, 아연 함유량이 얼마인지 표시되어 있었다. 정해진 시간의 견학코스를 돌기로 하고 소장실로 가서 이타바시 긴지(板橋謹治) 소장에게 인사를 하고 기부네 씨와 함께 사무실 밖으로 나왔다.

먼저 사무소 왼편 도로에 있는 조도과(調度課) 공급소에 가 보았다. 여기는 광부 가족들이 생활에 필요한 일용품이나 쌀, 보리, 콩을 비롯하여 여러 가지 물품을 제공받는 곳으로 쌀은 1킬로에 8전이라는 싼 가격으로 배급되고 있었다. 시중 가격이 올라도 회사 측이 부담하여 가격을 올리지 않는다. 배급도 가족 인원에 따라 킬로 수가 정해져 있어서 사재기는 불가능하다. 공급소는 물품 종류에 따라 창구에 있는 소녀에게 받도록 되어 있는데 모두 기입장을 가지고 있다. 기입장은 10일마다 정산하도록 되어 있다. 회사 측에서는 광부들이 물자가 부족하면 일에 지장을 받는다는 마음에서 남을 만큼 준비하고 있다며 창구 안쪽을 보여주었다. 창구 안은 공급소보다 몇 배 넓고 물품들이 천정까지 쌓여있었다.

그곳을 나서서 이세(伊勢) 대신(大神)과 광산의 신, 가나야마히코(金山彦)가 모셔진 신사를 참배하러 간다. 도리이(鳥居)까지 가는 동안 줄곧 사각 모양으로 겹겹이 산을 이룬 땔나무 더미가 가지런히 쌓여있었다.

"땔나무 하나조차 꼼꼼히 숫자를 파악하고 있답니다. 이렇게 정리해 두면 밤에 등불이 없어도 소재 장소나 숫자를 틀리지 않고 운반할 수 있거든요. 광산은 처음부터 끝까지 정돈주의랍니다. 어디에 무엇이 있는지,

양은 얼마인지 완벽하게 알
수 있도록 되어있지요. 불
필요한 것은 하나도 없습니
다."

기부네 씨는 빳빳한 깃의
제복을 입고 시원스레 설명
한다.

신사 언덕에 오르자 반도
광부들의 사택, 댐, 내지인
광부의 사택, 사무원의 사
택, 운동장, 욕실, 병원이 보
일 뿐 만 아니라 남쪽 멀리
마산(馬山) 평야 너머 옹진만

위   공급소
아래 팔킹관

이 한눈에 내다보인다. 게다가 기후가 온화하고 풍광이 아름다운 온천지
라고 하니 기자는 이렇게 아까운 광산은 본 적이 없다고 새삼 아름다운
경치를 바라보며 감탄하였다. 1929년 이래 새롭게 생긴 광산으로서 모든
설비가 근대적이고 밝다.

회사에서 내려와 종업원 사택, 광부 사택을 구경했다. 현관과 입구, 다
다미 3조, 6조, 8조의 규모에 부엌이 있고 5평 정도의 마당이 있는 사치스
러운 사택이다. 어디 멋들어진 도시의 문화주택지를 걷는 듯했다. 옹진
시내는 램프인데 반해 이곳 산에는 수도가 깔려 있고 전기가 통하고 구락
부도 사무소 직원, 내지인 광부, 조선인 광부를 위해서 하나씩 마련되어
있으며 당구장과 마작, 바둑, 장기, 오락기관도 충분하다. 체육운동장은
종합운동장, 테니스코트, 무도장, 궁도장이 있어서 테니스코트는 겨울에
스케이트장이 된다. 현재 증축 중인 병원을 견학하고 사무소 앞으로 돌아

가서 팔굉관(八紘館)이라는 광산이 자랑하는 강당을 구경하였다. 수용 인원 1,500명이니 도쿄에서는 중류 정도의 강당과 맞먹는다. 무대가 넓고 대규모 연극도 가능하다. 마이크로폰과 라이트 설비도 본격적이다. 게다가 영화 상영을 위한 토키 영사기가 두 대 설치되어 있는데 해주 근처 영화관에 맞먹는다. 5년 전까지만 하더라도 집 한 채 없던 산골에 건설되었다고 하니 놀랍다. 시설들을 한 바퀴 견학했으니 마지막으로 급경사진 산길을 올라 채광계 사무소로 향했다. "광부는 하루 일당이 얼마입니까?" "최저 1엔 90전이고 야간작업은 수당이 있어서 좋지요." 사무소에 도착하자 계장인 쇼다(壓田) 씨의 안내로 현장으로 향했다. 돌아가는 분쇄기의 진동으로 인해 산의 지면이 진동하고 나무통을 따라 회색물이 흘러내렸다.

"이 물은 뭐죠."

하고 묻자,

"이것이 금입니다."라고 한다.

"이 광산은 다른 광산과 달리 아무렇지도 않게 금을 이런 통을 통해서 흘려보내지요. 다른 광산에서는 광부가 이 물에 발을 담그고 양말이나 무릎 덮개에 금을 묻혀서 몰래 내다팔기도 합니다만, 여기에서는 이런 식으로 누구든 다 보이는 곳으로 흘려보내도 그런 광부는 아무도 없답니다."

○○미터의 목표지점 갱구에 도착했다. 빈번하게 왕래하는 운반차 사이를 누비며 캄캄한 갱내

총후다사
(銃後多事)

고양이 손이라도 빌리고 싶을 정도로 바쁜 농번기에 아이의 소화불량으로 인해 어머니의 일손이 빼앗기면 농민은 화가 나지요. 평소에 '와카모토'를 복용해 두면 소화불량이나 배탈 없이 안심하고 후방 업무에 전념할 수 있습니다.

소화불량, 소아각기, 배탈에 정제약 와카모토
가격 하루 수 전(錢)

로 들어가 엘리베이터를 타고 광물이 운반차에 산처럼 쌓여 올라오는 곳까지 갔다. 갱 바깥으로 운반하여 제동장치에 옮겨 담고 빈 운반차는 교대로 운반해 들어간다. 다시 바깥으로 나와 공장 안으로 들어갔다. 귀가 멍해지는 세계이다. 쇼다 씨의 설명조차 잘 들리지 않는다. 처음에 봤던 분쇄기에서 출발하여 유선원광까지 산 경사면에 세워진 공장을 위에서 아래로 내려오는 순서대로 견학하도록 되어있다. 운반차로 실어 나른 광물 덩어리는 제동장치를 통과하여 주먹 크기로 쪼개져서 벨트에 실려 나간다. 수십 명의 여공들이 벨트 앞에서 요령껏 쓸모없는 돌을 가려낸다.

공장에서 인간적인 냄새가 나는 곳은 선광 작업을 하는 부인들이 있는 이곳뿐이다. 나머지는 '콘크셔', '클래식롤'이라는 기계에 한두 사람이 붙어 있을 뿐이다. '볼밀', '돌 클랫시 파이어', '크로즈 서킷'이라는 기계를 통과할 때는 말 그대로 가루가 된다.

마지막 마광(磨鑛) 작업이 끝나고 마침내 유선원광이 된다. 유선은 먼저 기름의 거품을 일으켜 납을 부유시켜 제거하고 그 다음에 아연, 금은의 순으로 걸어냄으로써 각종 정광(精鑛)을 뛰어난 솜씨로 나누게 된다.

이러한 과정을 통해 정광은 각종 통로를 거쳐 산기슭의 건조실로 운반되어 여과(濾過) 건조시킨 다음 포장을 마치고 이곳에서 9킬로 남쪽의 비석포(碑石浦)에서 배로 진남포 제련소로 보낸다. 시간적으로 정말 순식간의 일이어서 직접 눈으로 보았지만 믿기 어려웠다. 그러나 모터가 잠시도 쉬지 않고 산 전체를 울리고 착암기(鑿岩機) 공작소에서는 불꽃을 올리고 있고 전기 작업소에서는 전력을 끊임없이 작동시키고 있었다. 이와 같이 웅진 광산은 가진 능력의 세 배의 일을 거침없이 해냄으로써 시국 요청에 부응하고 있었다.

산미증산계획

조선 최대의 생산물은 쌀이다. 한 해에 2천 4, 5백만 석을 수확하여 그중 8백만 석에서 천만 석 정도를 내지와 만주로 보낸다. 수출에서 단연 1위이다. 그리고 조선 산미증산계획의 수립으로 11년 동안 6백8십만 석이 증대하여 지금은 연 3천만 석을 확보하겠다는 계획이다.

중일전쟁의 발발로 내지 농촌의 생산력은 감소했지만 소비력은 오히려 증가했기 때문에 조선 쌀의 증산은 더욱 절실해졌다. 그리하여 또다시 제3차 증산계획이 수립된 것이다. 새 계획의 효력을 가속화시키기 위하여 쌀 이외의 유용작물도 장려하고 있어서 제1차 때와 같이 토지개량에만 주력하는 것이 아니라 경작법의 개량으로 벼의 수확량을 높이도록 애쓰게 되었다. 그리하여 5백11만 석을 증산시키고 토지개량도 그 다음 순으로 추진함으로써 169만 석을 합쳐 모두 680만 석을 수확하였으며 총 수확량은 연 3천만 석을 계획하게 되었다.

경작법의 개량은 지금도 화학비료의 사용과 품종개량을 해왔는데 이번에는 보다 전면적인 개량을 시행하여 중점인물을 양성할 지도원의 배치, 못자리 개량, 공동 못자리의 장려, 심경(深耕), 적기 파종 장려, 병충해 대책, 퇴비 제조, 공동작업 등 여러 각도에서 개량을 추진하고 이를 위하여 강습회와 인쇄물 이외에 활동사진도 활용할 계획이다.

당연히 애국반을 활용하여 이러한 취지를 살리고 실행하고자 한다. 1940년 할당예산으로 경작법 개량에 2백88만 엔, 토지개량에 4백2십8만 엔이 결정되었다. 경작법 개량 예산은 절반 이상이 지도기술원의 인건비이고 그리고 계획의 수행을 위하여 가장 곤란한 것은 필요한 만큼의 기술요원을 제대로 배치할 수 있을 것인가라는 점이다. 그러므로 산업정책의 전제로서 교육이 중요하다는 점을 강조하는 바이다.

일본과 만주의 수송진

대륙개발의 약진은 우선 교통운송부문에서 집약적으로 나타난다. 대륙으로 통하는 모든 교통로가 바다, 육지, 하늘을 막론하고 사람과 물건 수송으로 넘쳐나고 있다. 항구마다 산더미 같은 화물과 여객의 거대한 무리들이 있어도 지금은 마치 당연하다는 듯 신문들조차 거들떠보지 않는다. 엄청난 화물과 여객이 밀려들고 일본·만주 루트가 생긴 이래 아직 본 적이 없는 대혼잡을 이루고 있다. 부산의 경우, 노래로도 유명한 관부연락선이 여덟 시간, 입항과 출항 배로 실려 온 여객이 대략 8백만 명, 화물 40만 톤, 현재 7천 톤급 2척, 3천5백 톤급 3척의 연락선이 아침, 점심, 저녁 3회에 걸쳐 여객 수송을 맡고 있다. 여객이 넘쳐날 때에는 승선을 통제하기도 하였다. 연말연시의 여객이 넘치는 시기에는 하루에 자그마치 1,060명의 미탑승 기록을 남길 정도이다. 한편 플랫폼에서는 '노조미'호, '히카리'호, 신경 행 북지로 직행하는 '홍아'호, '대륙'호의 특별급행열차들이 상하 왕복 10대가 대기하여 만원 여객들을 끊임없이 대륙과 내

조선독본

조선독본

지로 수송하게 된다.

　관부연락선에 의존하는 안의(安義) 루트의 수송력은 이제 한계에 도달하여 근본적인 타개책을 마련하지 않으면 일대 혼잡을 완화시킬 방도가 없다. 그래서 관부연락선을 피하는 여객이 새삼스럽게 주목한 루트가 북선 루트이다. 지도상으로 일본 만주의 최첩경이지만 검은 파도가 넘실거리는 일본해상에서의 이틀간의 항해는 일반 여객에게는 다소 무리가 있었다. 그런데 어느 사이엔가 시대의 각광을 받는 명실공히 새로운 대륙 루트로 대두하고 있는 것이다. 이미 대륙으로 가는 화물 여객이 쇄도하여 청진과 나진의 항구는 화물이 넘쳐나서 발 디딜 틈이 없다. 마의 바다로서 두려움의 대상이던 시대는 지나고 호수 일본해 시대가 도래했다. 일본해 항로 각선 회사들도 때가 왔다는 듯 기존의 소극적인 경영에서 급선회하여 적극적인 방침을 세우고 선박의 배치와 대형선의 취항에 노력한 결과, 여객의 수도 출선과 입선에서 모두 만원을 이루고 화물도 작년에 비해 대략 3, 4배의 증가를 보였다. 특히 국책사업으로 북선 루트가 20년간 백만 가구의 만주개척민이 통과하는 경로가 되었음은 이미 잘 알려진 사실이다.

　마지막은 항로인데 현재 일본항공에 의한 도쿄 · 신경 간, 및 경성 · 대련 간을 연결하는 급행 편의 매일 운항과 경성 · 청진을 연결하는 북선 정기항로가 있다. 북선 항로는 만주 항공의 신경 · 청진 간 정기항공과 연결하여 대륙항공로를 이루고 있다. 각 항공로가 이용자 급증으로 현재는 1주일 전에 미리 신청하지 않으면 티켓을 구할 수 없는 실정이다.

세계 제일의 압록강 수력발전

황해로 흘러드는 압록강 상류의 지류를 막아 일본해로 역류시켜 소위 유역변경식 수력발전소를 건설함으로써 세상을 놀라게 한 전력왕국 조선에서 이번에는 우리나라 최대의 하천인 압록강 본류를 7군데에서 막아 160만 킬로와트에 달하는 전력개발 계획 공사가 착착 진행되고 있다. 만주국과 조선이 공동으로 기획하여 지난 1937년 8월 만주국 측은 만주 압록강 수력발전 주식회사, 조선은 조선 압록강 수력발전 주식회사를 설립하여, 각각 자본금 5천만 엔을 공동출자함으로써 같은 해 가을, 4년 계획의 제1기 공사로 압록강 하류 수풍(水豊)에 댐을 건설하는 전대미문의 공사를 착수하기에 이르렀다. 그야말로 유구한 세월 백두산이 불을 뿜던 때부터 황해로 흘러들어 온 하천을 막는다고 하니 무모하다면 무모한 일이어서 사업 당초에는 여러 가지 괴소문이 떠돌곤 했다. 공사를 추진한 지 5년, 만주 압록강 수전은 만주 측에서, 조선 압록강 수전은 조선 측에서 순조롭게 공사를 진행하여 마침내 오는 11월에 댐 완성이 예견되니 또다시 세상을 놀라게 할 것이다. 그리고 이듬해 5월에는 10만 킬로와트의 발전기 한 대가 설치되고, 이어 6대는 발전기가 도착하는 대로 설치하는 등, 완성을 눈앞에 둔 곳은 이곳 수풍발전소뿐인데 총 출력 70만 킬로와트의 전력을 출력할 수 있다고 한다. 이 댐의 높이는 94미터, 길이는 9,500미터, 콘크리트 용적이 300만 입방미터에, 사용하는 시멘트가 무려 70만 톤의 위용이다. 댐이 완공되면 거의 비와(琵琶)호수 크기만한 인공호수가 출현하는 것이고 그렇게 되면 압록강은 이제 흐르는 강이 아니라 7개의 인공호수 계단이 생기게 되는 것이다.

댐이 차례로 건설되어 예정대로 7개소의 수력발전소가 완성된다

면 총 출력 160만 킬로와트의 엄
청난 전력을 창출하게 되는 것이
다. 전력은 곧 근대 중화학공업의 동력이 되어 그야말로 부와 문화를 가
져다 줄 것이다. 압록강은 흐르지 않는 강이 될 지도 모르지만 대신 전기
문화의 흐름이 이번에는 거꾸로 하류에서 상류로 서서히 역류하게 된다.
그리하여 오늘날 문화와 격리되어 있던 압록강 수역의 비경에 새로운 산
업문화의 여명이 비추지 않겠는가? 이미 신의주에서 다사도(多獅島)항으
로 이어지는 광활한 지역에 압록강 수전의 전력소화를 예정한 수십 개의
전기 에너지 기업의 기초공사가 추진되고 있다. 곧 압록강시대가 도래할
것이다.

화제의 북선(北鮮) 3항

최근에 만철과 조선총독부 사이에 북선 3항과 배후의 철도경영 분야의
확립에 관한 협정이 체결되었다. 북선 3항과 배후의 북선 철도경영을 조
선총독부가 만철에 위탁한 것은 지난 1933년의 일인데, 7년 후인 올해 다
시 철도와 항만 일부가 7월 1일을 기해 조선총독부에 반환되었다. 북선
이 일본과 만주를 잇는 최단 교통로의 국책적 요지로서 향후 더욱더 그
중요성이 더해지고 있는 이 시기에 이와 같이 갑작스럽게 경영기구를 변
경하는 것에 대해 상당히 의아하게들 여기는 모양이지만, 사실은 결코 그
렇지 않다. 애초에 북선 3항과 철도경영의 전권을 만철에 맡긴 것은 당시
북선 항만과 철도가 우리의 대륙 국책수행을 위하여 매우 필요했기 때문
이다. 그러나 그 후 북선의 정세는 커다란 변화를 겪었다. 그중에서도 청
진항 지역의 철공업을 중심으로 한 중공업 건설과 각종 산업 개발은 총독

부의 적극적인 지도로 비약적으로 발전하였다. 이렇게 되고 보니 총독부가 향후 기존 방침에 따라 총체적으로 북선의 산업개발을 추진하기 위해서는 중요한 항구와 철도가 만철의 경영하에 있어서는 여러 가지로 불편한 점이 많았다. 이번에 청진항과 그 배후 철도의 일부를 만철 경영에서 독립시켜 다시금 총독부로 반환하게 된 경위가 여기에 있다. 따라서 이번 협정은 북선 3항의 경영 분야를 이분한 데에 특별한 의미가 있으며 동시에 항구 본연의 사명으로 보면 세 개의 항구가 각각 제자리를 찾았다고 할 것이다. 즉 청진항은 배후 철도와 함께 전적으로 북선 지역의 산업개발의 거점이 되고, 나머지 나진과 웅기 두 항구는 오지의 광활한 동북만주의 대자원을 비호하는 대륙 항만으로서 각각 독자적인 사명과 역할이 다시금 인정된 것이다. 처음부터 오히려 이렇게 되어야 할 것이었기에 이 협정은 애초부터 당연한 귀결이라고도 할 수 있을 것이다.

창 씨

반도에 실시된 획기적인 제도는 지원병 제도와 창씨이다.

조선의 2천3백만 민중이 중일전쟁 이후 정신적으로 애국심에 불타고 동아신질서의 건설을 위한 병참기지로서의 역할을 절감하여 총후의 봉공에 헌신적인 노력을 기울여 왔다. 지원병으로서 대륙에서 전사한 가슴 저미는 절절한 애국심을 발견할 수 있다.

미나미 총독은 반도인이 진정한 일본인으로서 자각하기 위해서는 모든 정신적인 면과 함께 형식적인 면에서도 일본인으로서의 자격을 공유하게 하기 위해 '씨의 창설'을 허가 하였다. 즉 과거 반도인의 중국식

성명을 일본식 성명으로 쓸 수 있도록 했다는 것이다. 이 획기적인 창씨 제도는 2천6백 년의 빛나는 역사를 맞이하여 2월 11일 기원절 기념일을 기해 향후 6개월간 호주가 내지의 성명을 씀으로써 일본인의 형식을 갖출 수 있도록 한 것이다. 물론 6개월간은 수속 면에서 간단하게 마칠 수 있다는 의미이고 향후 창씨의 기간은 영구적으로 계속될 것이다.

창씨는 하나의 부락, 하나의 마을, 하나의 회사, 하나의 동네 등 모든 기회를 통해 확대되어 갔다. 만 3개월이 지난 5월 중순에는 이미 21만 호의 가구, 약 170만의 반도인이 창씨에 속속 참여하였다.

창씨는 민중의 지도자들 사이에서 시작되었다는 점이 특기할 만하다. 어느 부락에서는 애국반장이 어느 마을에서는 면장이 또 어느 회사에서는 사장이 먼저 시작하여 확대되었고 도회(道會)에서는 도의원들이 솔선하여 도민에게 창씨를 할 것을 결의하고, 반도청년의 지도자로서 각계각층에 영향력이 있는 윤치호 씨는 일본인으로 살아가기 위하여 우선 창씨부터라고 하여 5월 23일 개명하였다. 그는 이때 반도 천만의 청년들에게 "반도 민중이 명실공히 황국신민으로서 내선일체가 되는 날을 도래케 하는 대이상을 위해 우리는 먼저 이치로 따질 것 없이 창씨하자."고 절규했다.

이제 반도 2천3백만 민중의 가슴속에 가득한 것은 단지 창씨제도만이 아니다. 이번 제2차 세계대전의 참전과 각국의 혼란을 목격한 반도인은 비로소 '일본인'으로 살아가는 기쁨을 체득한 것이다. 이 창씨로 탄생된 애국심이야말로 영원히 변치 않는 국체를 견지하는 제국이 동양에 웅비하고자 하는 출발점이 될 것이다.

문인협회

지금 조선문단은 밀려오는 시국의 비바람과 애국의 파도로 인하여 과거의 편견을 일소하고 새로운 출발점에서 황국신문화 창조를 위한 길에 나서고 있다. 작년 10월 29일 조선에 거주하는 내선인들은 모든 과거사를 청산하고 대동단결하여 조선문인협회를 만들었다. 그 목적은 "국민정신 총동원의 취지를 달성하고 문인 상호 간의 친목향상을 도모한다."라고 하여 다음과 같은 성명을 발표하여 실행에 옮겼다. 현재 우리 제국은 국력을 다해 흥아대업을 수행하고 있다. 이러한 국가 비상시에 국민으로서 화합협력하여 능력과 힘을 다해 국책전선에 나서서 분투하고 노력해야 함은 당연하다. 우리 문필에 종사하는 이들은 이러한 때 우선 펜으로 그 임무를 다해야 한다. 진심으로 시국의 중대성을 인식하는 동지가 모여 '조선문인협회'를 결성하고 흥아대업을 완성시킬 황국 신문화 창조를 위하여 용감하게 매진해야 한다."라는 성명을 발표했다. 문인들의 위문문, 저서를 넣은 위문품 수백 개를 전선으로 발송하고 조선 각지에 '문예의 저녁놀', '시국문예' 강연회를 개최하여 대중에게 호소하였다.

그리고 조선문단을 활성화시키는 데 기여한 것이 '모던일본사'가 만든 조선예술상이다. 1년에 한 번 조선예술 최우수 작품에 예술상을 수여한다. 이 상은 내지 문단과 교류해 온 조선문단에 새로운 희망과 광명을 비추는 것이며, 조선문단에는 매우 획기적인 상금제도이다.

제1회 수상자는 『무명』의 작가 이광수 씨, 즉 가야마 미쓰로(香山光郎) 씨가 수상하였는데 반도문단이 일본문단 일각에 족적을 남기고 나아가 동양문학을 위하여 커다란 지위를 구축하게 될 것이라는 다짐이 가능해졌다.

미술방면에서는 '조선미술전람회'가 이번 여름 제19회를 맞이하

여 회화, 공예, 조각에 상당한 약
진을 이루었다.

조선연극계는 어떠한가. 경성 동양극장에 근거를 둔 청춘좌, 호화선극
단이 가까스로 대중물을 상연하고 있으며 구태의연한 모습이 만연하여
발전이 늦어지고 있다. 내지 연극의 반도 진출로 인하여 조선극단을 위태
롭게 했다고 볼 수 있는데, 반도인의 내지화가 가장 큰 원인일 것이다. 다
만 그런 가운데 조선악극단이 반도의 로컬 컬러를 근대연극과 음악분야에
서 훌륭하게 소화해 냄으로써 유일하게 반도 흥행계를 압도하고 있음은
대단하다고 할 것이다. 악극은 반도뿐만 아니라 내지의 도시 대극장에 진
출하여 커다란 성과를 올리는 등, 조선 극단의 나아갈 바를 시사해 준다.

조선영화계는 과거 연구의 범주를 벗어나지 못한 채 내지 영화계로부
터 이색적인 면에서 주목을 끌었을 뿐이었으나「군용열차」,「도생록」,「한
강」,「무정」,「애련송」,「성황당」,「새로운 출발」등의 작품으로 이어져, 마
침내「수업료」에서는 비로소 예술적인 경지에 이르러 어느 정도 흥행에
도 성공을 거두는 기쁨을 누림으로써 향후 기대를 모으고 있다. 이들 영
화가 유명한 시나리오 작가 야기 야스타로(八木保太郎) 씨, 우스다 겐지(薄
田研二) 씨의 도움을 받기는 했으나 아동영화로도 훌륭한 완성도를 보였
다. 현재 지원병의 생활을 테마로 한「승리의 정원」이 순조롭게 진행 중
인데 이 영화의 성공을 둘러싸고 모든 방면에서 기대를 모으고 있으니 반
도 영화계의 장래는 앞으로에 달려 있다.

스포츠

반도는 스포츠의 왕국이다. 반도 스포츠가 우리나라에서 차지하는 지위는 매우 커서 각 종목에서 거의 독점적인 지위를 차지하고 있다.

베를린 올림픽 대회에서 40년 만에 대망의 마라톤 정복을 이루고 일장기를 내건 손기정 선수, 3등으로 들어온 남승룡 선수, 그리고 역도 세계기록을 세운 남수일 선수의 이름은 너무나 유명하다. 더구나 다지마(田島直人) 선수 이후 높이뛰기에서 크게 주목받고 있는 김원권 선수의 삼단뛰기, 장애물 넘기. 농구에서는 전보성(全普成)이 전 일본의 패권을 세 번 장악했는가 하면, 축구(어소시에이션 훗볼)에서는 전보성, 전연희(全延禧), 함흥축구단이 있고 지난 가을 메이지신궁대회에서 우승한 바 있다.

빙상계에서는 스피드왕국의 영광을 지켜 일본전의 승자, 김정연, 이성덕, 최용진, 장우식, 안중원 등의 명선수를 배출하고 일본의 스피드 기록을 갱신하였다.

한편 링에서는 권투왕국의 자부심이 대단한데, 직업선수로는 피스톤 호리구치(堀口)의 왕좌를 탈환한 현해남, 서정권 두 선수가 아직 신인이지만, 아마추어 권투계에서 각 체급의 제1인자의 자리는 모두 반도인이다. 자전거 경기에서 반도의 약진은 대단하며 연식 정구에서도 최근 7년간 전대미문의 연패를 달성하고 있다. 각 종목마다 다 거명할 수 없을 정도로 대단하다. 반도인은 상당히 스포츠에 적합한 체형을 보유하고 있으며 각 분야에서 정진하는 노력에 대해서는 존경해 마지않는다.

대륙적인 기후에서 성장한 반도인들은 100도를 넘는 폭염과 영하 20도를 넘는 혹한 속에서 훈련과 검소한 식사에도 익숙해 스포츠계에서 커다란 업적을 남기고 있는 것은 실로 인고의 단련을 통해 얻어낸 성과

조선독본

 물인 것이다.

예부터 반도에서는 발을 쓰는 일이 발달하여 내지의 공놀이와 비슷하게 종이를 동전에 묶어서 발로 차 올리는 애들의 놀이라든지 여자들의 널뛰기와 그네뛰기 등이 있다. 조선 의 독특한 것으로서 역도(力道)라고 하는 조선 씨름이 있고 족도(足道 택견) 라는 발로 싸우는 경기도 있다.

애국반

중일전쟁 이후 조선의 변모한 모습을 단적으로 보여주는 것은 국민정 신총동원연맹 애국반(精神聯盟愛國班)이다. 조선정신동원연맹은 내지와 달 리 일종의 국민조직으로서 애 국반은 그 세포조직이다. 각 부락에 5호 단위로 애국반이 모두 결성되어있고 이 중 몇 개가 모여서 부락연맹을 이루 어 나아가 면(面)연맹, 군(郡) 연맹으로 통괄되고 있다. 도 회지에서는 10호 단위로 애 국반을 만들어 정(町)연맹, 부 (府)연맹이 되고, 이들이 모여 도(道)연맹, 조선연맹이 된다.

애국반은 도쿠가와(德川)시 대의 5인조를 근대화시킨 것

종기 · 여드름에 잘 듣는
비타민 요법

비타민AD를 응용한 영양 연고로 늘 상
처 부위에 윤기와 온도를 주어 보호함으
로써 살과 피부의 신생을 촉진합니다.

50전·1엔

하리바 연고

으로 조선의 행정계통에 맞추어 조직한 것이다. 그 밖에 관청, 학교, 회사, 공장에는 각각 직장 단위의 애국반이 있어서 독자적인 연맹을 구성한다. 그리고 각 애국단체 즉, 애국부인회, 국부(國婦), 유도연맹, 문인협회, 사상보국연맹 등이 정신동원연맹에 단체 가입을 하고 있다. 기생연맹 같은 아리따운 단체도 가입해있다. 사람에 따라서는 이중 삼중으로 정신동원연맹에 가입되어 있어 형태상으로 매우 정연하고 철저하게 조직되어 있다. 이와 같이 국책과 국민을 잇는 연결선이 되고 있기 때문에 관청의 방침을 철저하게 시행하기에는 안성맞춤이다. 이것을 실제 정치에서 효과적으로 활용해가기 위해서는 세포조직인 애국반의 활동에 달려있다.

이러한 연맹조직은 1938년 7월 7일에 결성되었는데 일 년에 걸쳐 형식을 갖추고 1939년부터 여러 가지 행사를 시작하였다. 월 1회에서 2회 정도의 월례회를 열고 당면의 국책을 반원에게 알린다. 월례회에서는 먼저 국기를 걸고 궁성 쪽으로 절을 하고 기미가요 제창과 황국신민의 서사를 암송한 후 신사참배, 근로봉사를 행한다. 그 밖에도 폐품회수와 절약, 저축, 그리고 그때그때 국가가 정하는 일을 반원에게 철저하게 실행토록 하는 것이다.

농촌에서는 이러한 운동이 예상 밖의 성과를 거두었다. 우수한 애국반은 자발적인 공동작업을 하여 지하수를 파고 개관작업을 하여 가뭄에 대처하는 등 활약이 대단했다. 이처럼 농촌에서는 성공을 거두지만 도시에서는 그렇지 못했다.

1939년 9월부터 애국행사를 활발하게 장려했으나 겉치레 행사에 그치기 일쑤였고, 스스로 자숙한다고 해도 권력을 행사하지 않으면 실효를 거두기가 어려웠다. 그렇다 하더라도 1940년에 접어들자 경성에 쌀이 부족하고 대공항이 일어났을 때 식량 제고의 일제조사와 쌀 배급표

조선독본

 제도에 애국반을 동원하여 큰 성과를 거둔다. 역시 생활에 밀접한 문제와 실익과 관련되는 문제에서는 열심을 내게 되는 법이다. 농촌에서 정신동원운동이 성공을 거두는 이유는 생산활동과 실생활이 곧바로 연결되는 요소가 있었기 때문이며, 도시에서처럼 단순히 정신동원운동만 가지고서는 장기적으로 지속되기가 어렵다는 것이었다.

이와 같이 국민적인 조직인 애국반이 향후 생산증진과 가격인하 등의 생산적인 활동에 적극적으로 활용될지 어떨지는 큰 과제이나 내지와 달리 조선은 조직이 있다는 점이 큰 장점이 될 것이다.

금강산 지하자원

금강산이라 하면 조선의 자연미를 대표하는 세계적인 명승지이다.

주위 3백여 리에 달하는 대지에 일만 이천의 봉우리의 남빛 살결이 짙은 자외선을 받아 반짝이며 선명하게 한 장의 직립한 큰 바위가 되고, 기암절벽이 되어 그 사이로 흐르는 급물살은 계곡에 아름다움을 더하며, 풍요한 삼림의 조화는 유서깊은 사찰을 끌어안아 온갖 아름다움을 모은 금강산 이름을 수놓는다.

총독부에서도 이 대자연의 보물을 보호하고 탐승시설을 강구하도록 사회교육과 관할하의 국비를 써서 조사와 시설을 관리하고 있다. 그런데 천하 명산의 지하에 텅스텐, 수연흑연 등 특수광물이 가득 묻혀 있음을 알고 '자원개발'이니 '영원한 미'니 하며 경제와 예술의 갈등을 낳게 되었다. 불순한 사람들은 광산의 호경기를 타고 한탕하려는 속셈으로 몰래 산속으로 들어가 텅스텐 도굴과 정련을 하려고 수려한 산림을 훼손하는 폭거를 자행했다.

그야말로 광활한 지역이라서 단속이 제대로 이루어지지 않자 수가 늘어난 도굴단은 더욱 많아지고 마침내 작년 12월 30일에는 산불을 내고 말았다. '금강산이 불탄다'는 보도에 사람들은 아연실색하였다. 그러나 세찬 바람에 불이 번지는 속도는 빨랐지만 가지와 풀, 나무겉만 불에 타고 다행히 나무 몸통까지 불이 붙은 것은 의외로 적어서 명승지 금강은 건재할 수 있었다.

이 일이 있고나서는 도굴단을 잡아야 한다는 여론이 들끓자 강원도 경찰부에서 검거작전을 펴 금강산을 지켰다. 한편 금강산을 발굴하게 해달라고 정식으로 요청하는 일도 많아져서 금강산보존 조사위원회는 천하의 명산을 훼손시킬 수 없다고 애를 쓰나 시국이 시국이니만큼 광물자원을 필요로 하는 국책상의 문제도 있어서 광산당국의 요청에 따라 결국 10군데에 한정하여 채굴을 허가하였다. 이렇듯 시국은 금강산에도 미치게 되었다.

한상룡(韓相龍, 조선생명 사장)

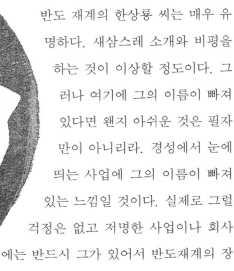

반도 재계의 한상룡 씨는 매우 유명하다. 새삼스레 소개와 비평을 하는 것이 이상할 정도이다. 그러나 여기에 그의 이름이 빠져 있다면 왠지 아쉬운 것은 필자만이 아니리라. 경성에서 눈에 띄는 사업에 그의 이름이 빠져 있는 느낌일 것이다. 실제로 그럴 걱정은 없고 저명한 사업이나 회사에는 반드시 그가 있어서 반도재계의 장로로서의 면목을 드러내고 있다고 할 것이다. 그가 일찍이 한성은행의 은

행장이었다든가 현재 조선생명의 사장이라고 굳이 말할 필요도 없거니와, 그를 가리켜 일부에서 반도의 시부사와 (澁澤) 옹이라고까지 칭송되고 있는 것을 보아도 그는 반도 재계의 선각자이며 공로자이다. 그가 현재 주관하는 조선실업구락부는 일종의 사교단체에 지나지 않지만, 널리 내선의 명사를 망라함으로써 내지인사의 반도에 대한 인식을 깊게 한 공헌은 높이 평가받을 만하다. 우선은 이 정도에서 반도 재계의 선각자에 대한 경의를 표하기로 하겠다.

민규식[63](閔奎植, 동일은행 대표이사)

민규식 씨가 동일은행의 대표이사라고 하면 주식총회의 의장이라고 속단하는 이가 있을지 모르지만 그는 일반적인 회장들과는 격이 다르다. 대표이사를 겸하고 있을 뿐만 아니라 사실상의 은행장이다. 이 은행의 주식 7, 80%를 그의 가문이 소유하

고 있으므로 소유주인 셈이다. 이것만으로도 반도 재계에서 그의 존재를 상상할 수 있을 것이다. 그는 명문에 태어나 귀공자의 풍모에 캠브리지의 본고장에서 졸업한 예술학 학사이며 전형적인 신사로서 은행가에 잘 어울리는 타입이다. 이러한 점을 세상 사람들이 오해하여 그는 결단력이 없고 적극성이 부족하다고 하는 이가 있다. 하지만 과거 한일은행과 호서은행이 동일은행으로 합병되었을 때, 이에 반대하여 그의 지인의 형님이 사장이었음에도 불구하고 단호하게 상무 자리에서 사퇴한 것을 보면 그는 신념이 없는 사람이 아니다. 또한 민씨 가문은 알다시피 반도 최고의 부호라서 신흥재벌처럼 굳이 새로운 사업을 일으킬 필요가 없을 뿐이니 소극적이라고 할 것은 없다. 실제로 현재 영보(永保) 합명회사를 중심으로 민 콘체른 내의 사업은 각 분야를 잘 아우르고 있다.

김연수[64](金秊洙, 경성방직 사장)

김연수 씨는 반도인 가운데 유일한 방직업자이다. 그가 사장인 경성방직은 그의 형님이 설립하였으나 그가 키워 낸 회사다. 자나 깨나 일에 매달려 그토록 열의를 다한 경성방직(자본금 500만 엔)은 작년에 남만방직(자본 1,000만 엔)이라는 자회사를 설립하였다. 부모보다 나은 자식이 있으면 집안이 흥한다는 속담처럼 만사가 순조로웠다. 그는 한때 조선의 전당포라는 별명이 붙을 정도였던 해동은행을 경영한 적이 있는데 경성방직에 전념하려고 이도 그만두었다. 지금은 경성방직과 고락을 함께 할 결심과 열의만으로 살아가는 듯하다. 그는 말수가 적으면서 실천력이 있고 한번 사업에 착수하면 누가 뭐래도 미동도 하지 않는 굳은 결심의 소유자이다. 교토대학 출신의 경제학사로서 교양이 있는 그는 늘 말하기를 사업의 장래에 대한 전망이 서지 않는 동안에는 위기부담을 혼자 감당하기 위해서 주식의 거래를 타인에게 권하지 않는다는 점에서도 그는 양심적인 사업가이다. 또 현재 그는 2대째 만주국 경성주재 총영사로서 선만일여(鮮滿一如)의 사명을 다하고 있으니 그에 대한 신망의 두터움을 짐작할 수 있을 것이다.

이종만[65](李鐘萬, 대동광업 사장)

칠전팔기가 거짓이 아님은 이종만 씨의 경력을 보면 알 수 있다. 그는 경남의 유복한 가정에서 태어났지만 성장했을 즈음에는 점차 집안이 몰락하여 한때는 장사를 하고 또 어떤 때는 직업을 잃고 각지를 유랑했다고 한다. 이상농촌 건설운동, 계몽운동에 종사했다가 자금이 없으면 안 된다는 것을 깨닫고 광산업계에 뛰어든 것이다. 그리하여 광산업에 종사한 지 30여 년, 실패를 거듭하기를 무려 28회, 그의 지론처럼 하늘은 스스로 돕는 자를 도왔는지 영평(함남咸南)의 금광을 발견함으로써 그는 자신의 숙원을 달성할 토대를 마련하였다. 지금은 수백 만의 자금을 배경으로 자작농의 조성, 농촌과 광산의 계몽기관을 설치하여 대동광업 전문을 경영하기 위해 2백만 엔 자금을 들인 재단을 결성하는 중이다.

그는 한학에 능하고 불경에 친숙한데 그래서인지 불굴의 용기와 인자함이 넘치는 인물로 영평 광산을 150만 엔에 팔아넘겼을 때, 10만 엔을 종업광부들에게 나누어 기쁨을 함께 했다고 한다. 그가 경영하는 대동광업은 다수의 광부가 주주로 되어있다고 한다. 이는 말로는 쉬울 수 있으나 행동으로 옮기기 어려운 일이다. 말하자면 산업인보다는 사회사업가 타입인 그는 존경할 만한 특이한 인물이다.

최창학[66](崔昌學, 대창산업 사장)

최창학 씨는 광산왕이라는 별명으로 통한다. 그도 그럴 것이 삭주(朔

州) 금광이 120만 엔에 팔렸을 당시에는 반도가 생긴 이
래 처음 있는 일이었기 때문이다. 이것이 그를 실력 이상
으로 평가받게 한 결과이기도 하였다. 상관없는 제3자의
눈으로 보면 최창학이라는 인물은 너무 돈이 많아서 곤란하다고 속단하
기 쉽다. 본인의 입장에서는 말도 안 되는 얘기다. 즉 그가 교육과 사회
사업에 투자한 10만, 20만의 기부금이 있음에도 불구하고 선입견이 있는
세상 사람들은 도무지 알아주지 않는다. 대체로 구두쇠라고 추측해 버린
다. 그러나 그의 성격은 매우 총명하고 근면하며, 사려가 깊어 자신의 신
념에 따라 일단 결심한 일은 마지막까지 움직이지 않는다. 이러한 점 때
문에 세상 사람들에게 오해받기 쉬울 것이다. 그의 지인에 의하면 그는 2
류나 3류급의 사업에는 나서지 않고 제대로 된 사업을 구상하고 있다고
하는데 이것이 사실일 것이다. 그에게는 사려와 준비와 기회가 잘 맞아서
큰 사업을 완성하는 때가 곧 올 것이다.

하준석[67](河駿錫, 조선공작 사장)

하준석 씨는 경남 창녕 출신으로 고향에서는 경남도의
원을 비롯하여 공직과 사업, 회사 방면에서 두루 중역을
맡은 경험이 있지만, 1937년 즈음 경성에 진출하여 불과
3, 4년 만에 지금은 경성재계에서 안정적인 지위를 구축하였다. 우선 그
가 설립한 특수공업 조선공장 사장을 비롯하여 신설회사의 중역진에는
대체로 그의 이름이 빠지지 않는다. 최근 조선과 중국 간 무역의 중대한
사명을 띠고 설립된 동화(東華)산업의 사장에 추대되는 등 더욱 관록을 더
하고 있다.

타 방면에서 보면 중추원 참의는 물론이고 조선총독부 세제조사위원
위촉 정도로도 대단한 관록이다. 그는 종종 탄식하기를 경성에서 거래를

하다 보면 의협심이 부족해서 놀랐다고 한다. 그도 그럴 것이 그는 재계인 가운데 효심이 깊을 뿐 아니라 중학교부터 내지에서 교육을 받아 와세다의 경제학부를 졸업하는 등 신의와 교양이 남다른 인물이다. 그는 영남에서 경성으로 나아가 대륙(동화산업, 만주약업 등을 중심으로)에 주목함으로써 조선 산업의 비약적인 발전에 크게 공헌했다고 할 수 있다.

박흥식(朴興植, 화신 사장)

옛말이지만 중국 삼국시대의 조자룡은 "온몸이 모두 쓸개요."라고 하는데, 박흥식이야말로 "온몸이 모두 사업열이요."라 할 만하다. 음주도 담배도 하지 않고 오락을 즐기지도 않으며 아침부터 밤까지 사업에만 열중하며 사업을 계획하는 데는 범상치 않은 천재이다. 그가 경영하는 화신백화점도 일부 사람들은 "×× 은행의 불량대출만 늘리는 정도겠지."라며 멸시했지만, 어느 사이엔가 지금은 10% 이상의 배당을 거두고 있으니 놀랄 만하다. 지금도 하고 있지만 왕년에 그가 신문의 종이 두루마리를 각 회사에 제공할 당시에는 일본 최초로 스위스지를 수입하여 시가보다 10, 20% 싸게 매출함으로써 업계를 놀라게 한 사건은 대단했다.

현준호[68](玄俊鎬, 호남은행 은행장)

현준호 씨는 호남은행의 은행장이라는 사실로도 전남 지역의 중진임은 틀림없다. 뿐만 아니라 이 은행의 설립자이다. 유복한 집안에서 태어나 어려움 없이 살아왔지만 그의 마음은 고생이 이만저만이 아니다. 친척과 지인을 돕기 위해서는 침식을 잊을 정도이니 모든 일에 개의치 않는 부자들의 심보와는 전혀 다르다. 그의 인적 교류는 매우 넓어서 그의 본거지인 광주에 오는 명사라면 그를 만나지 않고는 전남에 대해서 말할 수 없다고 하겠다. 그의 사업 분야에서는 호남은행을 제외하고 크게 없지만 사회사업 방면에서 중요한 역할을 한 예라면 헤아릴 수 없이 많다는 점에서 전남을 대표할 만하다. 그의 성격은 세심하고 철저한 편이어서 세상의 오해를 사기도 하는 듯하다. 또한 사교 방면에서는 지방의 재계 인사로서 중앙(경성)에 이름을 알린 이로는 그를 처음으로 꼽는다. 이는 그가 해동과 호남 두 은행의 합동 교섭을 한 것에서 말해 준다. 해은합동(사실은 매수)의 시시비비를 필자가 운운할 것은 없으나, 결국 그가 경성에 진출하는 기회를 얻지는 못한 것은 참으로 안타까운 일이다.

방의석[69](方義錫, 함흥택시 사장)

　　방의석 씨는 함남의 자동차 왕이다. 하지만 미국의 포드
가 아니라 선로를 점유하는 자동차 운반업에서 그러하다.

　　현재 함남에서 일부를 제외하고는 그가 경영하는 함흥택
시(공칭자본금 오백만 엔)가 장악하고 있다. 그는 원래 가난한 자동차 회사
의 사무원에서 성공하여 오늘날에 이르렀다. 본업 이외에 목재, 창고, 양
조, 그리고 과거에는 전기사업에 손을 대기도 하였다. 함남에서 없어서는
안 될 인물이다. 그가 경영하는 회사 주식의 전부가 그와 가족, 종업원이
차지하고 있다고 하니 저력이 있는 사업가이다. 노구치(野口遵) 씨 다음으

로 함남의 고액납세자로서 거물이다. 그의 성격은 치밀하고 활발하며 수첩이 필요 없을 정도로 기억력이 좋다고 하니 대단하다. 군말 없이 공공사업에 대한 기부를 행하여 상대방이 미안해 할 정도이고 돈을 버는 만큼 쓸 줄도 아는 사람이다. 그럼에도 불구하고 외부에 알리는 것을 싫어하여 지금도 많은 청년학생의 장학비용을 부담하고 있지만 전혀 자만하지 않는다.

김기홍(金基鴻)

　국경의 명물로 압록강만 있는 것이 아니다. 김기홍 씨야말로 국경의 유명한 존재이다. 별칭 국경총독이라 불리던 다다 에키치(多田榮吉) 씨 같은 거물도 있지만 지금은 내선인을 통틀어 신의주 최고의 실력가이다. 그는 원래 평범한 상인에서 성공하여 무슨 생각에서인지 신의주 근교의 토지를 매입했는데 마침 제1차 세계대전과 1922년 평북도청이 신의주로 이전하게 되어 크게 성공을 거두었다. 이러한 투기적인 성공을 거둔 이후에도 그는 신의주 일대를 무대로 시가지 건물, 시장, 개척사업에 참여하여 마침내 오늘날과 같은 대업을 이루고 고향 신의주에서도 그의 영향력을 빌리는 일이 많아졌다. 그를 가리켜 신의주 발전의 아버지라고 하는 것도 과찬이 아니리라. 그는 통이 크고 대인관계에서도 매력이 있는 인물이다.

(필자는 매일신보사 경제부장)

내지의 지식층에게 호소한다

송금선(宋今璇)[70]

지금 조선에서는 상하를 막론하고 내선일체, 창씨개명이 한창인데 현해탄만 건너면 조선과는 동떨어진 곳이 되어 마치 풍속과 습관이 달라 근접할 수 없는 듯이 생각하는 이들이 많은 것 같습니다.

가끔 도쿄의 ○○대학을 졸업했다는 인텔리 청년들이 소개장을 들고 찾아와 만나보면, "조선은 왠지 무척 외지고 살기 힘든 곳이라 처음엔 어떻게 해야 할지 몰라서 걱정을 많이 했는데 막상 와 보니 의외여서 놀랐다."는 칭찬인지 비방인지 알 수 없는 말을 합니다. 요컨대 조선은 말도 통하지 않고 모든 것이 불편할 것이라고 불안하게 생각하고 있었던 모양입니다.

"설마, 지금도 조선에 호랑이가 나온다고 생각하지는 않겠지요."하고 농담을 하면, "아니요, 있어요. 편지로 조선에 가면 추우니 감기에 걸리지 말라는 것과 호랑이를 조심하라고 사뭇 진지하게 주의를 하더라고요."

"정말 현실인식이 부족하군요. 설마 인텔리들은 그렇지 않겠지요?"

"아니요, 그게 모두 인텔리들로 제 친구들인 걸요. 저도 와서 보고 깜짝 놀라 재인식하게 되었지요. 모두에게 좀 더 조선을 제대로 인식시킬 필요가 있어요."

"물론입니다. 지금은 작고하셨지만 이치가와 겐조(市川源三) 씨가 이곳의 애국부인회 초대로 와서 각 지역 순회강연을 하고 도쿄로 돌아가 「조선의 젊은 어머니를 말한다」라는 제목으로 쓴 문장을 보면 그의 인식부족에 화가 치밀어 한심하기까지 하다니까요, 만지만유(蠻地漫遊)의 기분으로 조선을 접하는 불성실한 태도에 화가 치밀어요. 그러고서도 아무렇지도 않게 있을 수 있을 정도로 인식이 부족한 모습에 안타깝다는 생각이 들어요. 수박 겉핥기식으로 내실을 알 수 있을까요? 알려고조차 하지 않는 성의 없는 태도에 어이가 없을 뿐이에요. 대체로 고관대작이 오면 정해진 안내 코스와 뻔한 사람들의 말만으로 조선을 전부 알고다는 듯이 떠들어대는 데는 참을 수 없습니다. 좀 더 조선에 가까이 와서 알고자 하는 친절한 태도만이라도 가져줄 수 없을까요. 교양이 없는 노동자들을 보고 조선은 이렇다는 둥, 조선옷은 예쁘다더니 고작 저 정도야 라는 둥, 일부 불량학생을 보고 조선인 전체를 평하는 것은 난폭하다기보다 언어도단의 불성실한 태도입니다.

현재 조선에서 몇십 년이나 조선의 밥을 먹었다는 사람조차 잘못된 인식을 가지고 있고 그것이 그대로 통용된다고 하니 한심스러울 따름입니다."

"그래선 안 되지요. 앞으로 개선하도록 노력해야겠지요."

"꼭 부탁합니다. 그런데 오랫동안 조선에서 생활을 하면 신경이 둔감해진다고 하니 조심하세요."

"별 걱정을."

라고 하는 사례는 얼마든지 있습니다.

조선에 사는 분은 물론이고 멀리 조선

내선 문답

에 살지 않는 분들까지 기회가 닿는 대로 조선을 연구하고 인식하여 사이좋게 손잡고 나아갈 정도의 친절함이 있을까요? 아니, 이것은 국민으로서 당연한 의무라고 생각합니다만……

아소 히사시(麻生久)[71] 선생님 귀하

팔봉 김기진(八峯 金基鎭)[72]

저는 지금 20년 전 귀하의 풍모를 눈앞에 그리면서 「내선문답」의 펜을 잡았습니다. 귀하는 물론 나를 기억하고 있을 리 없습니다. 하지만 1920년에서 1923년 사이의 짧은 도쿄 유학기간에 귀하는 저에게 매우 인상적이었고 감화를 준 선배 중의 한 분이었으며 앞으로도 잊을 수 없는 마음속의 사람입니다. 귀하가 혼고(本鄕)의 대학 거리에서 사노(佐野) 씨 명의로 빌린 셋집에 살면서 귀하의 저서『탁류에 헤엄치다』[73]가 재판(再版)을 거듭하여 낙양의 지가(紙價)를 높이던 시절, 저는 릿교(立敎)대학 영문과 예과 2학년이었습니다. 당시 서너 번 댁을 방문했을 때 귀하는 저에게 투르게네프의『처녀지』에 관한 얘기를 했고 소로민시대에 관한 많은 말씀을 해 주셨습니다. 그리고 지금도 분명하게 저의 뇌리에 남아 있는 것은 '처녀지인 반도는 자네와 같은 청년이 지금은 무엇보다 절실하게 필요한 시대'라는 말입니다.

이 한마디 말을 행동으로 옮긴 것은 아닙니다만, 저는 1923년 대학 본과에 진학하는 것을 포기하고 반도로 돌아와 이후 10여 년간 미력을 다해 백의종군하였습니다. 그리고 그동안 저는 늘 귀하를 주의 깊게 지켜보

274

았는데 그 이유는 저도 잘 모르겠습니다. 그동안 사회정세는 급류처럼 변해 가고 사람들의 생각도 많이 바뀌었습니다. 우리들은 1922, 1923년에서 1929, 1930년까지의 약 10년간의 사건들을 생생하게 기억하고 있습니다. 귀하는 이 기간에 옛 동지들에게 엄한 지탄을 받으셨습니다. '개량주의자', 물론 이것은 기분 좋은 이름은 아닙니다.

그러나 귀하는 꿋꿋이 자신의 길을 동요하지 않고 걸어갔습니다. 이는 귀하의 건장한 체구 속에 담긴 강인한 의지를 말해 주는 것이겠지요. 얼마 전 '사이토 사건'을 계기로 대중당의 분열이 불가피해졌을 때 병석에 계시면서도 새롭게 총재가 된 귀하의 사진과 담화를 신문에서 읽으면서 저는 귀하의 몸에서 강한 의지력이 끊임없이 발산되는 듯하여 감동을 받았습니다.

요즘 거국정치체제의 필요와 강력한 신당조직의 주장에 국민의 관심이 모이고 있지만 이에 대해 정리된 조직이론이 없는 것은 어째서일까요? 국민의 재편성은 새로운 철학에 입각한 구체적인 지도이론의 확립 없이는 불가능한 일입니다. 1921년부터 오늘날까지 약 20여 년간 반도 민중의 생활은 그야말로 세기적 전환을 거쳐 이제는 내선일체로 나아가고 있습니다. 우리들은 혼란스러웠던 과거를 추억하기보다 장래에 대한 희망과 약진에 불타는 대중을 눈앞에 보고 있습니다. 국민 재편성은 모든 지역을 아울러 전 국민이 열의를 가지고 참가하지 않으면 소기의 성과를 거둘 수 없습니다. 이점 얼마나 준비가 되어 있는지 기성 정치가에게 묻고 싶습니다.

명실공히 국내외로 중대한 시국에 직면해 있는 우리 국민에게 지도적 위치에 있는 귀하들의 열의에 찬 의견을 들을 기회를 갖지 못한 점을 아쉽게 여기며 귀하의 자중과 분투를 기원합니다.

내선
문답

내선문답

친애하는 내지의 작가에게

최정희(崔貞熙)[74]

기쿠치 간(菊池寬), 구메 마사오(久米正雄), 나카노 미노루(中野實), 히노 아시헤(火野葦平), 요시카와 에지(吉川英治) 씨 여러분이 부상병 위문강연 순례를 겸하여 조선에 들른다는 소식을 신문에서 읽었습니다. 이 분들은 저를 전혀 모르겠지만, 저는 오래전부터 아는 사이라는 느낌이 듭니다. 특히 기쿠치 간 씨의 『수난화(受難華)』 등은 여학교 시절에 몇 번씩 읽고 주인공

스기하라 마사시(杉原正巳) 저
정가 1엔 50전
송료 12전

동아협동체라는 것은 무엇인가. 이 책은 신문잡지에 자주 보이는 신시대의 구호 '동아협동체'의 내용에 대하여 지도자 입장에서 피력하고 있는 책이다. 동아 신질서의 확립을 역설한 고노에(近衛) 전 수상은 이 책을 절찬하였다. 뿐만 아니라 군부의 소장파 논객도 이 원리에 입각하여 발족을 꾀하고 있다. 동아 신질서 건설의 큰 사명을 부여받은 일본 국민이 반드시 읽어야 할 흥아 지도 이론의 대작이다.

동아협동체의 원리

東京市麴町區內幸町大阪빌딩
모던일본사
우편대체 도쿄 75162 번

스미코(すみ子)가 마음에 남아 마치 제가 스미코라도 된 듯한 기분에 젖어들기도 했습니다. 나뭇잎이 바람에 흔들리고 있는 조용한 기숙사 정원을 혼자 걸으며 안개와 같은 몽상에 빠져 있던 소녀 시절의 기억이 아직도 남아 있습니다. 나무 위에는 늘 아름다운 파란 하늘이 있었습니다. 나는 오랫동안 멈춰 서서 아름다운 하늘을 올려다 보았습니다. 그러고 있노라면 「수난화」를 쓴 분의 숨결까지 느껴지는 듯해서 가슴이 벅찼습니다.

그 분들이 지금 오신다고 합니다. 그리운 사람의 귀가를 기다리는 기분으로 그날이 오기를 기다리고 있습니다. 빨리 와 주세요. 좀 더 많은 사람들이 와 주셨으면 합니다. 무샤노코지 사네아쓰(武者小路實篤), 사토 하루오(佐藤春夫), 모리타 다마(森田たま), 하야시 후미코(林芙美子), 우노 지요(宇野千代), 호리 다쓰오(堀辰雄)씨 등······.

오서서 조선을 잘 시찰하기를 바랍니다. 조선의 문화를 진정한 의미에서 밑바닥까지 제대로 알기를 바랍니다. 어떻게 모르는 것에 대해 이해가 생기겠습니까. 어떻게 이해가 없는 것에 애정을 기대할 수 있을까요? 지금까지 여러분들이 가지고 있던 태도를 버려 주세요.

대중예술에 대하여

하마모토 히로시(濱本浩)[75]

이서구(李瑞求) 군, 우리들의 친목에는 넓은 의미의 정서적인 교류가 절실히 필요하다고 생각하네. 자네들이 흥미를 가지고 미의식을 느끼는 것에 우리들도 동감하고, 우리들이 유쾌하게 즐기는 것에 대해서 자네들이 공감하는 것이네. 그러한 의미에서 연극과 문학에서 활동하면서 다년간 방송국에서 일한 자네에게 다음과 같은 질문에 대한 감상을 묻고자 하네.

1. 내지의 대중소설을 어떻게 생각하는가?

나는 조선의 대중소설을 잘 모른다. 하지만 내지의 소설 가운데 한심하고 부끄러운 것이 많다고 생각한다. 감히 지금과 같은 시국이 아니더라도 이처럼 뒤떨어진 소설을 발표해도 되는지 생각하게 된다.

2. 내지의 유행가를 어떻게 생각하는가?

수년 전 경성에서 중계방송으로 김준영(金駿泳) 작곡의 '반도 의용대의 노래'를 듣고 가사는 모르지만 멜로디에 감동하여 그 후 경성에 갔을 때, 자네에게 부탁하여 레코드를 구한 일이 있었지. 올 봄에 조선에 간 문예춘추사의 가사이(香西), 기쿄(桔梗) 두 사람이 친구에게 선물하려고 김송규(金松奎) 작곡의 '연락선 노래'라는 레코드를 사 와서 나누어 주었다고 한다. 이것은 나도 3년 전부터 좋아하던 곡인데 잡지 『히노데(日の出)』의 기자 M군은 내지에서는 이렇게 좋은 유행가를 한번도 들어본 적이 없다며 매우 감격해 했다. 이들은 모두 3, 4년 전의 유행가이고 반드시 조선을 대표하는 예술이라고 할 수는 없지만, 최근 조선악극단이 부른 유행가를 보더라도 우리도 조선의 멜로디에 감동을 받고 위로를 받는 것이 사실이다. 그러한 의미에서 내지의 유행가를 말할 때, 나는 조선의 여러분들에게 부끄러움을 감출 수 없다.

3. 내지의 영화를 어떻게 생각하는가?

나는 이전에 「여로」와 「한강」 두 편을 보고 조선영화의 열악한 제작 환경을 알았고 동시에 작품이 가지는 소박한 아름다움과 스크린에 재현된 제작 관계자들의 열의에 감동을 받은 적이 있다. 물론 내지영화가 외국영화와 비교도 안 되는 기구 아래에서 제작되고 있지만 그것을 고려하더라도 자네는 현대의 내지영화를 어떻게 생각하는가? 유감스럽지만 나는 매우 비관하고 있다. 이만.

박설중월(朴雪中月) 군에게

도고 세지(東鄕靑兒)

　　조선의 기생은 반도인의 좋은 점과 나쁜 점을 분명히 대표해 주는 듯하다. 나는 늘 단순한 여행자에 불과하여 진정한 기생의 정서를 접해 본 적이 없지만 연회에 나오는 여러 기생들을 보면 대체로 크게 두 가지 부류로 나눌 수 있는 좋은 점과 나쁜 점을 느끼게 된다. 대개 옛날 기생들은 문화적 존재로서 훌륭한 견식을 갖춘 이들이라고 알고 있는데, 그러한 우수함을 여전히 가지고 있는 기생들과, 그러한 것과는 무관하게 교양을 갖추지 않고 미모를 가꾸어 연회석에 나오는 또 다른 부류가 있다. 나는 훌륭한 기생들을 보고 그 태도와 우아하고 아름다운 얼굴에서 조선의 높은 문화를 느끼고 2천 년전 고도의 예술을 느끼지만, 이러한 훌륭한 면모도 커다란 시대의 파도에 휩쓸려 흔적도 없이 사라져 버리지는 않을까 걱정을 하게 된다. 내지에서도 이전에는 게이샤가 여자의 문화적 대표로 여겨진 시대가 있었다. 그러나 조선의 기생이 지닌 탁월함은 보다 섬세하고 이지적이라고 생각하는데

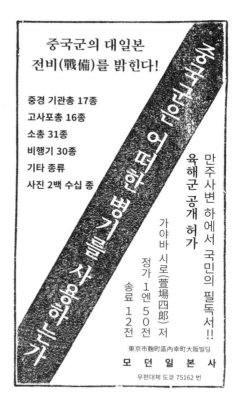

내선문답

어떠한가. 내가 만난 기생의 수는 경성, 평양에 있는 기생의 몇 백 분의 일에 지나지 않으니 자네와 도월선(都月仙), 고영란(高英蘭) 같은 이들이 내가 말한 기생의 본질적인 것을 자각하는 것이 조선의 우수함을 내지인에게 알리는 가장 손쉬운 방법이라고 나는 생각한다네. 내지의 여행자는 조선에 가면 우선 기생이라고 하겠지. 그러한 내지인에게 고려백자의 촉감을 느끼게 하고 세계에 유래 없는 옛 문화를 느끼게 하는 일이 자네들의 태도 하나에 달려 있다고 나는 자신있게 말할 수 있어.

나는 이번 조선여행에서 미천한 작부와 조금도 다르지 않은 기생이 많아졌음을 느꼈네. 그러한 가운데 자네들 몇몇의 모습에서 청아한 기품으로 우수한 조선을 느끼게 해 주어 정말 기쁘면서도 앞으로가 걱정이 되었다네.

자네가 나의 개인전에 와서 내 예술의 가장 난해한 부분에 아무런 설명이 없어도 능숙하게 몰입하는 모습에 놀랐고 헤르만 헤세와 같은 소박한 문학에 깊은 열정을 느끼고 있는 점에도 경의를 표하네. 자네들이 연회석에서 그저 생글거리는 얼굴만으로도 유구한 조선을 느끼게 한다면 그러한 배경에는 본질적인 우수함 외에 풍부한 취미생활이 뒷받침되기 때문이겠지. 약진 조선의 중요한 톱니바퀴인 자네들의 자중자애를 기원하네.

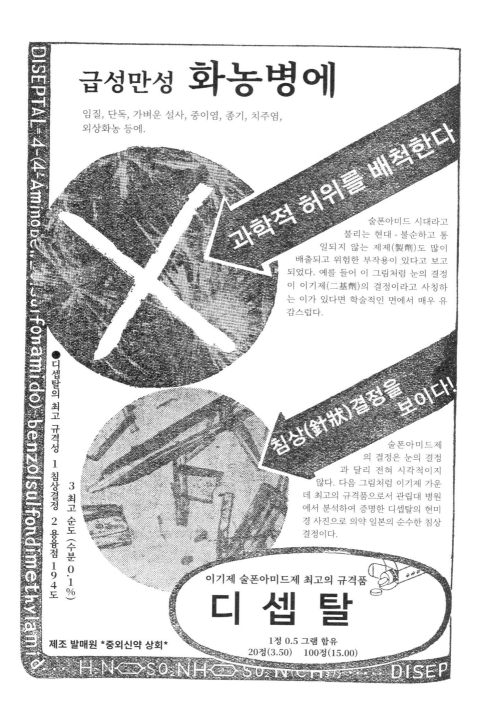

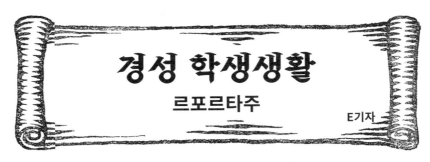

경성 학생생활

르포르타주

E기자

신사적인 경성제국 대학생

경성제국대학의 학생은 의학부 예과 갑류(이과) 120명, 을류(의학부) 240명의 3년제로 이공학부에는 대학부가 없어서 내년부터 개설하기로 되어 있다. 대학의 의학부는 1년 80명씩 320명 3년제이다.

법문학부의 예과는 1년 240명 3년제, 학부는 1년 80명씩 240명 3년제, 학비는 예과 75엔, 학부 100엔이고 학업에 전념하고 있다.

역시 그들은 최고 학부라는 자부심을 갖고 제국대생 공통의 신사적인 태도로 통학을 하고 있는 것 같다. 그러나 내막을 잘 살펴보면 그들은 프라이드를 갖고 그들만의 세계를 구가하는 것 같지는 않다.

현재는 의학부 학생이 가장 활발해 보인다. 작년에도 뜻있는 학생들이 몽고와 북지(北支) 방면으로 나가 현지의 원주민과 풍토병, 병균 등에 관

경성 이화여전강사 송금선(宋今璇)

조개전 생선부침[튀김]

재료(5인분) 대합 15개, 계란 3개, 밀가루 5 큰술 정도, 깨소금 약간, 참기름 5큰술

대합의 해금을 토해 낸 후 조갯살을 반으로 가른다. 소금과 후추를 약간 뿌려 밀가루를 묻힌다. 계란을 풀어 밀가루를 묻힌 대합에 계란물을 입힌다.

하여 인류학적 혹은 의학적으로 공헌하는 많은 보고서를 완성하여 학계의 절찬을 받으며 기염을 토하고 있다. 계속해서 이번 여름 휴가를 이용하여 멀리 원정 나갈 계획이라고 한다. 학생들은 늘 진지한 연구를 게을리하지 않고 총독부 위생 예방의학회와 함께 토막집 안에 들어가 경성의 밑바닥 생활, 소위 토막집 생활자의 생활 상태를 철저히 조사하여 사회과학 연구에 힘쓰고 있다.

이처럼 의학부 학생들이 원기왕성하게 활동하는 것에 비해 교수들은 10년을 하루같이 낡은 강의를 하여 지도 능력이 있는지 의심스러울 정도로 퇴영적이라고 한다. 단 한 사람 인류학의 이마이(今井) 박사만이 학생들의 신망을 모으고 있는 듯하다.

법문학부는 이와 반대로 교수는 무슨 일이든 적극적이고 사회적으로 활동하는 이들로 가득한데 학생들은 아무것도 하지 않은 채 그저 노트에만 매달리는 이가 많다고 한다.

학교의 아카데믹한 교육 덕분에 학생들 사이에는 일반적으로 현학적인 무리들이 있다. 전국의 제국대학 계열들이 대체로 그러하니 하는 수 없다.

전교생의 삼분의 일이 고학하는 현상은 주목할 만하다. 고학의 대부분이 가정교사이다. 그러나 어쩔 수 없는 사정으로 일을 하는 이는 손에 꼽

프라이팬에 참기름을 둘러 달군 후, 계란물을 입힌 대합을 넣고 타지 않게 앞뒤로 지져낸다.
따로 초간장을 준비해 여기에 찍어 먹는다(잣이 있으면 종이 위에 잘게 부수어 초간장에 띄운다). 굴과 그 밖의 흰살 생선을 얇게 저민 것을 이상과 같이 만들어 함께 담아낸다.

콩국수[여름철 시원한 음식]

재료 우동(수타가 좋음) 콩 2홉, 소금 약간, 얼음 약간 있으면 더 좋음.

콩을 물에 불렸다가 부드럽게 삶는다. 원래 맷돌로 갈지만 없으면 고기 가는 기계나 절구에 잘 갈아서 알맹이가 없도록 한 후 튼튼한 면주머니에 담아 약 7컵 정도

을 정도이니 제국대학생에게 가정교사 일거리가 많이 몰리고 있음을 알 수 있다.

학교는 학생들을 위해 소비조합 조직인 공제부(共濟部)를 설치하여 학용품 등 경제적으로 돕고 있다. 대체로 반도 학생은 인원이 많고 부잣집 자제가 많지만 내지에서 온 학생들 중에 고학생이 많은 듯하다. 그 차이 때문에 과거에는 협조하지 못하는 모습도 보였지만, 중일전쟁 이후 학생들 사이에 징병 소집에 응하는 자가 나오면서 서로 자각하여 현재는 문자 그대로 내선일체로 면학에 힘쓰고 있다.

스포츠는 활발하여 전국의 제국대학과 보조를 맞추고 있는데 규슈 제국대학과는 특별히 정기전을 벌이고 있다. 조선 내의 각 전문학교와 운동교류를 하지 않는 것은 이상하다. 단 아이스하키만큼은 연희전문이나 보성전문과 운동교류를 하고 있다.

음악부, 미술부, 사진부 등 각각 내용적으로는 충실하지만 학생답게 학내에서만 하고 외부로 나가 활동하지는 않는 것 같다.

의 물을 넣고 걸러낸다.
걸러낸 국물에 소금을 넣고 얼음으로 차게 하거나 얼음을 띄워 찬 국물을 우동에 부어서 내놓는다. 남은 찌꺼기는 비지로 사용한다.

수제비

재료 미역 10문76(말린 것), 쇠고기 30문,

파 2개, 마늘 한 쪽, 밀가루 수북이 대접 하나 정도, 참기름 반 컵, 간장, 후추

냄비에 참기름을 두르고 쇠고기와 마늘, 파를 잘게 썰어 함께 넣고 볶은 후 씻어서 소쿠리에 담아 놓은 미역을 넣고 살짝 볶는다. 적당한 양(7컵 정도)의 물을 넣고 간장으로 맛을 내어 냄비 뚜껑을 덮은

청춘을 구가하는 연희전문

연희전문은 문과, 상과, 수물과(數物科, 이과)로 나뉘어 문과와 수물과는 4년 수료, 상과는 3년에 수료한다. 이 학생들은 내지에 비유하면 게이오 대학의 학생들처럼 스마트하고 하는 일들이 화려하다. 학교 건물이 신촌의 아름다운 소나무 숲 언덕 위에 위치하여 이화전문이 언덕을 넘어 저편에 로맨틱하게 위치하고 있다는 점 등, 지나치게 혜택 받은 그들에게 질투가 날 정도이다. 연희전문 학생과 이화전문 학생이 사이가 좋은 것은 자연의 이치이다.

스포츠맨과 음악가와 예술가를 왕성하게 탄생시키는 점은 이러한 혜택 받은 환경에 의한 것이라고 해석할 만하다. 그들은 미국 학생들처럼 행복하다. 청춘을 맘껏 즐기고 있다.

이 학교가 자랑하는 스포츠는 일본 대표 올림픽 선수를 다수 배출한 바 있는 농구를 비롯하여 축구, 사이클 등 전반적인 분야에 걸쳐 있다. 모든 것이 완비된 운동장 역시 큰 규모이다.

스포츠에서 연희전문의 적수는 보성전문인데 양자가 맞설 때에는 연희의 잘 통제된 응원단이 학교가 자랑하는 밴드와 함께 등장하여 화려하게 상대편을 압도한다.

채로 불에 올려 잘 끓으면 뚜껑을 열어 풀어 놓은 밀가루를 수저로 얇게 퍼듯이 끓는 국물에 조금씩 넣는다. 전부 넣었으면 다시 뚜껑을 닫고 밀가루가 익었을 즈음 불을 끈다. 뜨거울 때 대접에 담아 후추를 뿌려서 내놓는다.

화전(화병)

재료 쌀가루 1봉, 쑥 (어린싹 한 주먹 정도), 진달래꽃(식용으로 가능한 꽃이면 뭐든지 좋음), 버터 다섯 술, 설탕 (꿀이 있으면 좋다)

쌀가루에 물을 넣어 귀 볼 정도로 부드럽게 반죽하여 큰 경단처럼 둥굴게 만들어 거기에 화사한 이화여자전문이 합류하기라도 하면 마음이 약한 이는 "이미 졌어."라며 싸우기도 전에 투구를 벗을 것이다.

음악은 미국에서 귀국한 유명한 음악박사 현제명 씨가 보컬 오케스트라를 친히 지도하고 있어서 아무래도 문외한 단체라고 할 수 없을 정도로 훌륭하다. 이 오케스트라에서 현재 신경(新京) 교향악단에 두 사람이 참가하고 있다. 이인룡(李仁籠) 군 등은 음악 콩쿠르에서 몇 번이나 입상한 바 있다. 음악부에서는 1년에 2회 경성 부민관에서 음악회를 유료로 열고 가끔 지방순회공연을 가기도 한다. 그 밖에 교회에서 이화전문과 합동으로 합창단을 조직하는 식이다.

연극도 왕성한데 특히 번역물, 영어극 등은 이 학교의 독무대이다. 오천 명을 수용하는 노천극장은 전 학생뿐만 아니라 경성부민의 오락장이 되고 있다. 연극부에서는 지금 영어극 춘향전을 연습하고 있다. 입센의 「바다에서 온 부인」, 단세니의 「아라비아의 텐트」, 톨스토이의 「어둠의 힘」 등은 연극부의 대표적인 레퍼토리이다. 여배우역도 남학생이 하는데 굉장한 명배우가 있어서 여학생의 동경의 대상이 되기도 한다.

실제적인 학교 교육을 지향하여 졸업하고 사회에 나가면 그대로 도움이 될 학문을 하는 것이 특징이다. 예를 들어 영어는 어학보다 회화를 중시히는 식이다.

받침 위에 놓고 손바닥으로 가볍게 눌러 얇게 편 후 그 위에 잘 씻은 쑥잎과 진달래 꽃잎을 색깔 좋게 올려놓아 떨어지지 않도록 붙인다.
프라이팬에 참기름을 두르고 달구어지면 떡을 올려 앞뒤로 굽는다. 접시나 대접에 구운 떡을 따로 한줄씩 가지런히 담아 설탕이나 꿀을 뿌려 보기 좋게 담아 작은 접시에 나누어 먹는다.

호걸형 보성전문

보성전문 학생은 연희전문과는 대조적인 색깔을 띠는 학교이다. 터진 모자에 너덜너덜한 옷을 입은 채 의기양양하게 천하를 활보하는 기풍을 지니고 있다. 연희가 게이오라면 보성은 와세다나 메이지풍이다. 학생은 어떠한 경우에도 선배와 상급생에게 절대 복종한다.

이 학교는 상과와 법과 2부로 나뉘어 있고 3년제이다. 전교생 수는 6백 명, 상하 하나가 되어 모교를 사랑하고 두터운 우정으로 맺어져 있다는 점이 다른 학교에서 볼 수 없는 아름다운 특징이다.

예를 들어 보성전문의 한 학생이 우연치 않은 일로 학교 밖에서 억울하게 당하거나 해를 입었을 때 학생들은 당장 집단을 이루어 반드시 복수를 한다고 한다. 무서운 학교이다.

이 학교도 스포츠가 활발한데 농구는 천하무적이라고 알려져 있다. 축구도 연희와 좋은 적수가 되어 두 학교가 마주치게 되면 야구의 와세다·게이오전(早慶戰)처럼 장관을 이루어 관중이 전국에서 몰려든다. 학생은 스포츠, 연극, 음악 중에서 무엇이든 반드시 하도록 의무화되어 있다.

교내에 공제부가 설립되어 있다. 공제부는 전교 학생들의 돈을 조금씩 모아 식당을 경영하고 일용품, 학용품을 취급한다. 학생들이 당번을 정해서 교대로 공제부의 점원이 되어 활발하게 활동하고 있다.

학생회가 있어서 1년에 2, 30회 각 방면의 명사를 초청하여 강연을 부탁한다. 이러한 것은 모두 학생들이 직접 한다.

강건한 기품은 학생들에게 철저하게 스며들어 있어서 여성과 함께 걷는 일조차 꺼려한다고 한다. 반도의 학교 중에서 유일하게 보성에만 있는 것으로 하이킹부가 있다. 이것도 매우 조직적이며 매주 일요일에 반드시 행해져 학생들의 체력 향상을 도모한다.

현재 학교 뒤쪽 언덕에 광대한 체육관을 위한 부지가 한참 조성 중이다. 장차 더욱 심신이 건강한 학생들이 이 학교에서 다수 배출될 것이다.

낙원의 처녀들

경성 교외 신촌의 녹색 언덕에 아름다움과 사랑의 전당처럼 존재하는 이화여자전문. 이곳에는 4백 명의 제복을 입은 처녀들이 마치 이 세상 것이라고는 생각할 수 없을 정도로 행복한 낙원에서 평화롭게 생활하고 있다.

음악과, 가사과, 문과, 보육과, 전수과로 나뉘어 (보육과 3년, 전수과 1년은 올해부터 신설되었다) 2백 명은 기숙사에서 나머지 2백 명은 각 가정에서 통학한다. 학교의 교육 방침은 진선미로 정조 교육이 이상적으로 이루어지고 있다.

음악과의 호화로움은 최고의 수준일 것이다. 수십 대의 피아노가 학생 한 명마다 자습할 수 있도록 마련되어 있고, 음악에 관한 연구 자료도 완벽하게 구비되어 있다. 혜택 받은 학생들은 자유롭고 즐겁게 음악 공부에 전념할 수 있다.

음악과는 여유가 있어서 다른 과 학생이라도 희망자가 있으면 특별히 개인교수에 들어올 수 있어서 대부분의 전교생이 거의 음악을 하고 있다고 할 수 있다.

체력 향상을 위하여 좋은 체육관과 잔디 운동장이 있다. 발레, 농구, 정구, 야구, 탁구, 발랄한 처녀들이 나비처럼 운동장이나 체육관에서 일제히 춤을 추는 모습은 천국에 온 듯하다.

크리스천 스쿨이므로 월 수 금 첫째 시간에는 교원, 학생, 전원이 모여 예배당에서 예배를 본다. 목요일에는 방과후 7시 반까지 전원 운동장에서 레코드 소리에 맞춰 황국신민체조를 한다. 하지만 학생들의 규율이 엄격하고 수업시간은 음악과, 문과, 보육과가 6시간, 가사과는 7시간인데 정확하게 시행되고 있다.

아가씨들의 꿈과 자유가 학교에서 그대로 실현되고 있는 것이라면 2회로 시간 제한된 기숙사의 외출 허가에도 만족하여 이 학교에서는 제복을 입은 처녀의 비극이나 창살없는 감옥의 문제는 일어나지 않을 것이다.

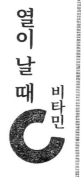

고열이나 미열이 계속 나서 얼굴색이 창백해지고 기분이 우울하고 힘이 없어서 피로가 쌓인다고 호소하는 사람의 오줌을 검사해 보면, 비타민C의 양이 매우 적어 체내에 비타민C가 결핍되어 있음을 알 수 있습니다.

☆

비타민C는 조직에 신선하고 활발한 활성분을 부여하는 영양소로 체내에 잠입한 세균에 대항하여 강한 방어력과 저항력을 제공합니다. 병균에 감염되어 열이 나면 이에 저항하기 위하여 평소보다 몇 배나 많이 소비되기 때문에 그만큼 비타민C를 많이 보충해 주지 않으면 안 됩니다.

☆

비타민C는 해열제는 아니지만 열이 날 때 다량으로 섭취하면 소비된 비타민C를 보충하고 세포의 기능이 활발해지기 때문에 열도 저절로 해결됩니다. 최근에는 비타민C를 보충하기 위하여 아스콜틴을 이용합니다. 아스콜틴은 주사를 이용한 것 같은 순수한 비타민C 결정을 분말과 정제로 한 것입니다. 분말 1그램은 신선한 레몬 약 1개분에 해당하는 정도로 진하고 과일즙처럼 불소화물을 포함하지 않고 간단하게 보충할 수 있다는 점이 특징입니다.

열이 날 때 비타민C

100정 3엔 60전   25그램 3엔 30전

오케이 그랜드쇼
오케이 싱잉팀
아리랑보이스
저고리시스터
C·M·C관현악단

조선악극단

경성부 남대문통 일정목

전화 본국 ② 7648
0374

변화하는 경성의 거리

에밀 마텔[77]

1894년(지금부터 46년 전) 조선에는 철도고 뭐고 아무것도 없었기 때문에 경성에 가려면 인천에서 말을 타는 것이 순서였다. 아침에 인천을 출발하면 12시쯤 오류동에 도착한다. 여기서 한숨 쉬고 말도 사람도 식사를 하게끔 되어 있었다. 도로 양편에 주점과 여관들이 늘어서 있었지만 일본 여관은 하나밖에 없었다.

마부들은 술과 담배를 좋아해서 겨우 한 시간의 휴식 동안 대부분 술에 취해 막상 출발하려고 하면 마부들이 취해서 없어지거나 말이 뒤바뀌어 손댈 수 없는 지경으로 엉망이 된다.

그래서 여행에 익숙한 사람은 마부에게 결코 돈을 맡기지 않는다. 담배를 원하면 2전 정도 주지만 어쨌든 오류동에서는 마부가 술을 마시지 않도록 하고 마부에게 지불할 돈은 숙소의 주인에게 맡겨 버린다.

그렇지 않으면 마부들이 말에게 먹일 것까지 전부 마셔 버려 말은 배가 고파서 움직일 수 없게 되고 결국 다른 말을 구해야 하는 상황에까지 이른다. 이렇게 경성까지 하루종일 걸리는데 정확히 말하면 8리 길을 9시간 걸려서 온다.

1899년 인천에서 영등포(지금의 남경성)까지 철도가 다니게 되었다. 오늘날에는 하루에 2, 3회 왕래할 수 있다.

26년 전의 남대문 부근

당시 경성에는 성벽 안에 같은 크기의 마을이 있는 듯한 느낌의 궁궐 경복궁이 있었다. 궁궐 근처의 수표교 부근 강변에 관료들이 사는 기와집이 있었다. 그 밖에는 모두 초가지붕으로 2층집은 하나도 없었다.

2층집을 지으면 궁궐 안이 보인다는 이유로 금지되어 있었다.

큰 거리는 지금의 황금정 거리와 남대문 거리가 조금 넓은 정도였고 그 밖의 거리는 가마 두 개가 나란히 통과하지 못할 정도로 상당히 좁았다.

남대문 거리는 넓었지만 평상시에는 거리 양쪽에 가건물로 지은 상점이 줄지어 있어서 통행로는 꽤 좁았다.

임금이 궁궐에서 동대문 밖으로 행차할 때는 한 달 전부터 관보에 발표가 있고 일주일 전에 행렬의 예행연습이 있다.

그럴 때는 남대문 거리의 가건물로 지은 상점들은 모두 철거되고 만다. 그러나 행렬이 지나면 가건물로 지어진 이 상점들은 하룻밤 사이에 원래대로 생겨나는 것이다. 이때 자리다툼으로 싸움이 일어나 큰 소동이 일기도 한다.

1897년에서 1898년에 걸쳐 처음으로 남대문 거리에 전차가 다니게 되면서 이 가건물들은 아예 철거되고 말았다. 전차는 미국 콜·브란·보스트윅 전기회사의 전차였다.

당시까지 경성은 밤에 외등이 전혀 없었는데 비로소 석유램프 외등이 철로를 따라 모퉁이와 외진 곳에 생기게 되었다. 그러나 아직 거리가 밝지는 않았다.

청일전쟁 무렵까지는 경성 거리의 상점들은 보통 아침 5시에 열어 밤 9

시에 닫는 것이 관례였는데 상점을 열고 닫는 시각을 종로의 종각이 댕댕 울려 알려 주었다.

당시의 경성에는 내지인이 별로 없었고 가게도 대여섯 채뿐이었는데 그중 여관으로는 파성관(巴城館), 포미관(浦尾館)이 있었고 요리점에는 후지이(藤井 지금의 기쿠스이 菊水), 미야코테(都亭), 가게쓰(花月) 등이 있었다. 가메야(龜屋)와 쓰지야(辻屋)는 정동정(貞洞町)에 있는 러시아 공사관 옆에 있었는데 그 후 본정(本町)으로 이전했다.

각국의 공사관에는 보병 혹은 수병의 군대가 있었다. 일본에서는 일본 공사관, 일본정(日本町)을 위해 대대가 있었다. 일본의 군부대가 있던 곳은 오늘날의 전매국(永樂町) 부근이었다. 그 후 경성거리는 점점 변해갔다. 서대문, 동소문, 광희문이 없어지고 문은 동대문과 남대문만이 남게 되었고, 과거의 좁은 도로를 넓히기 위해 대부분의 성벽이 철거되었다. 또 새롭게 태평로를 만들기 위해 도구 상점거리로 알려진 모교(毛橋)가 없어졌다. 성밖은 남대문 외에 지금의 봉래정(蓬萊町) 윗부분과 길야정(吉野町)에 민가가 있었을 뿐 한강까지는 미나리밭이 이어져 있었다.

러일전쟁 후 옛 시장과 오카자키요시노(岡崎吉野)의 산을 허물고 저지대의 미나리밭을 메워 지금의 신용산(新龍山)을 만들었다. 남대문과 경성역도 밭 한가운데에 위치하여 매년 장마철이 되면 한강물이 넘쳐 침수되기 일쑤였다. 봉래정은 구용산으로 가는 길이었고 길야정은 수원으로 통하는 길이었다.

경성은 대형건물을 지을 때마다 길을 넓히거나 새로 만들면서 발전해 왔다. 지금은 은행, 보험회사, 상점, 백화점, 부민관, 우체국 등이 연이어 들어서서 완전히 근대적인 도시의 모습을 갖추게 되었다. 시대와 문화가 발전하는 모습에 새삼 놀랄 따름이다.

(필자 프랑스인, 경성제국대학 강사)

농촌 현지보고

북선(北鮮)에서 남선(南鮮)으로

이와지마 지로(岩島二郎)

북선에서 북선으로 대륙 러쉬의 물결을 타고 북선은 지금 그야말로 사람과 기계와 금이 넘쳐나고 있다. 미나미 총독도 어느 모임 석상에서 "조선시찰을 한다면 우선 동해안과 북선을 보라, 북선과 동해안을 모르고는 조선을 말할 자격이 없다."라고 말한 적이 있는데, 붉은 벽돌과 콘크리트 공장 거리에서는 연신 연기를 뿜어내고, 카키색 노동자복을 입고 휘파람을 불며 쏜살같이 페달을 밟아 공장 문으로 쏟아져 들어가는 농촌 청년들의 모습이 때때로 보이니, 이곳도 농공병진의 과도기에 있는 조선의 한 단면을 그리고 있다. 이처럼 붐을 이루는 북선의 경기는 과연 농촌에 어떠한 영향을 끼칠 것인가.

그런 돈, 일 없어요.

함북(咸北)의 지세는 대체로 산간벽지가 많지만 경원(慶源) 일대는 조선에서 이름난 평원지대로 주변의 시야가 닿는 곳은 모두 대평원이다. 이곳에 도착해서 놀라는 일은 역에서 읍 입구까지 약 10리 정도 짐을 운반하는 수레를 빌리려고 하자, 편도에 3엔을 달라고 하는 것이다. 남선(南鮮) 중선(中鮮) 지방에서는 보통 10리에 1엔 정도로 기꺼이 가는데 3엔은 좀 비싼 것 같아서 깎으려 하면 "그런 돈, 일 없어요."라며 이쪽이 깜짝 놀랄 정도로 화를 낸다. 이상하다 싶어 알아보았더니 이 주변에서는 목재, 짐

◀조선금융연합 건물 앞에 서 있는 금융조합
창시자인 고 메가타 다네타로(目賀田種
太郎) 남작의 동상

조선금융조합연합회 회장 ▶
마쓰모토 마코토(松本誠) 씨

싣기, 운반, 뗏목 나르기, 철도공사 등 일 년 내내 일이 넘쳐서 인부의 임
금과 목재 채벌이 2엔 이상, 뗏목 나르기가 7~8엔, 수레 인부가 10~12엔
정도의 벌이가 된다. 이렇게 높은 임금에도 불구하고 농민의 주머니 사
정은 그다지 좋지 않다. 왜냐하면 수레를 끄는 인부의 경우, 소 값이 현재
180엔에 사료비가 하루에 2, 3엔 정도 들어가니 전에 비해 짚신과 버선
등이 몇 배나 비싸져서 잡비를 빼고 나면 얼마 남지 않는다는 것이다. 그
러나 함북은 소 목축이 왕성하여 전 조선에서 평균 56마리인데 비해 함북
은 농가 백호당 112마리나 된다. 금융조합도 소 사육계를 만들어 전 농가
에 소를 보유하도록 노력하고 있고, 도에서도 1932년 이후 조합에서 소
구입 자금으로 60여만 엔을 지출하여 약 천 마리의 축우 구입을 알선함으
로써 농가의 축우 열기가 점차 높아지게 된 것은 무엇보다 다행한 일이다.
　돼지의 경우는 조선 전체 평균이 49마리인데 함북에서는 119마리로 앞서 말한 것처럼 가축의 가격이 비싸고 농가에 따라 소를 세 마리에서 다섯 마리 정도 소유하는 경우가 있어서 약간의 빚이라면 소 1마리를 팔면 청산할 수 있는 희비극이 연출되기도 하는데, 힘들다고 하지만 현금 수입이 상당히 좋은 것도 사실이다. 이처럼 함북에 가축 사육이 많은 이유는 대지주가 없는 대신 소작농이 적고 농가 대부분이 평균 5~6천 평을 소유하는 자작 겸 소작농이 대다수를 차지하고 있어서 자연히 가축 사육 수도 많기 때문이다. 이것이 농가의 강력한 저력으로 작용하는 배경인 것이다. 소위 남면북양(南綿北羊)이라는 슬로건을 내건지도 오래되었는데 이 지역 일대는 구릉지로 천연 목장을 이루고 있어서 근처에 동양척식회사가 경영하는 2개의 대목장에서는 각각 2,000마리의 양을 사육하고 있다. 그리고 ○○보충부에서 키우는 면양의 무리도 변해가는 조선 농촌의 특수한 풍경을 그려내고 있다.

옮겨다니는 사람들

두만강 상류를 따라 백두산에 가까운 무산(茂山)에서 연사(延社), 혜산진(惠山鎭), 신갈파(新乫坡)를 돌아보았는데 이 일대는 겹겹이 산으로 둘러싸인 밀림지대로 목재의 일대 보고라 할 수 있다. 버스가 여러 개의 산허리를 돌아가는 동안 평지다운 곳은 거의 없고 이따금 보이는 평지도 한쪽이 하천을 이루어 도저히 농경을 하기 어려운데 준험한 산꼭대기에서부터 잘 경작되어 있다. 일단 교통이 불편하고 인구가 희소한 지역이어서 구한국시대부터 유배지였다. 현재의 주민도 그 자손이 많고 이들은 국유림을 태우고는 야생원숭이처럼 유랑하던 습관을 쉽게 벗어 버리지 못하고 있다. 주민들은 화전민처럼 이동성이 강한 성격을 가지고 있어서 여름에는 마을로 돌아가고 겨울에 다시 집을 나서는 식이다. 감자와 귀리가 주식이던 옛날 농민들은 그럭저럭 자급자족해 왔는데 작년에는 이들 농작물이 흉작이었고 잡곡의 가격이 비싸서 만일 식량배급이 원활하게 이루어지지 않는다면 단경기(端境期)[78]에 곤란한 사람들이 상당수에 이를 것이다. 이에 대하여 함북의 이시가키(石垣) 농무과장은 혼작 이모작을 장려하자고 주장하였는데 분명 효과 있는 시책이 될 것이다.

그리고 조선에서 농촌진흥이라 해도 역시 관과 기타 농업단체에 의한 보호육성이 필요하고 현재 군, 면, 농회, 금융조합이 농촌진흥운동의 제일선에서 활약하고 있고 그중 금융조합은 내지인들이 상상하는 이상으로 농촌과는 뗄래야 뗄 수 없는 관계를 맺어 조합이사에 대한 농민들의 신뢰와 친밀함은 이루 말할 수 없다. 현재 전 조선의 도에는 본 지소를 포함하여 938개소의 조합이 그물망처럼 조직되어 있다. 이사는 관에서 선출하는데 전문학교 이상 출신자로 지식계급이 지위와 명예를 버리고 오로지 농촌을 위하여 일하는 모습에는 머리를 조아리게 된다.

남선의 봄

산 저편에서
말이 등에 봄을 업고 온다.
새가 산으로 들로 날아올라 춤추고
아버지의 담배연기도
모락모락
길 위에 춤추는 아침이다.

북선과 남선은 한달 남짓 차이가 있다. 남선의 보리는 쑥쑥 자라 모내기가 7할 정도 끝나고 여름 농작물 피해를 입은 농민들의 얼굴에 이제야 겨우 안도감이 돈다.

가뭄피해를 회복해 가는 것을 돌아보면서 진주, 함양, 거창, 합천 등 경남의 주요 농촌을 다녔다. 같은 조선이지만 북선과 남선, 산악지대와 평야지대는 농촌 상황이 매우 다르다. 특히 남선은 집약적인 지방이어서 그만큼 이용할 수 있는 최대한의 토지는 모두 이용되고 있는 형편이고, 북선과 비교한다면 분명 혜택 받은 지역이다. 논의 55%가 이모작으로 향후 8할 정도까지 이모작이 가능해질 것이며 따라서 가뭄 피해를 완전히 극복하는 것도 시간문제다.

작년 가뭄피해에 대한 당국의 구제책은 자력갱생과 이웃 상조, 노동알선, 지주 구제, 만주 및 북선로의 개척이주 장려, 노임 지급 등이 있었는데 이 중에서 금융조합은 농촌진흥운동의 금융부문을 담당하고 있다. 예를 들어 농가의 암적 존재로 일컬어지는 고리 부채정리는 거의 조합이 담당하는 부분으로써, 1932년 이후 대장성 예금부가 특히 금융조합에 고리 부채정리 자금을 융통해 주었고 조선 금융조합연합회에서도 같은 금액의 자기자금을 보태어 열성적인 지도를 하면서 대신해서 대부를 떠안았다. 특히 작년에는 가뭄 피해를 계기로 적극적으로 관여하여 경남에서만 1936년 11월부터 작년 9월 말까지의 누계는 94,147가구, 금액 6,004,630 엔에 달한다. 그러나 가뭄피해를 겪어도 나쁜 일만 있는 것은 아니어서 내지로 가는 노동자 송출은 이로 인하여 수월해지고 만주 이민도 원활하게 진행되고 있다. 농작관계에서 진주지방은 대마가 매우 풍작이어서 과거 일 관에 일 엔 정도에 거래되던 것이 4엔으로 폭등하였고 면적당 벼 수확량이 두 배로 증가하였다. 남해지방에서는 쌀보리가 풍작을 거두어 가격도 좋다고 한다.

가장 가뭄 피해가 컸던 산간지대조차 밤, 감, 대추 등이 예년에 없던 풍작을 거두었고 모래 제방 공사로 뿌려지는 노임으로 인하여 농가에서는 현금수입을 올리게 되었다. 이로 인하여 이재민의 심리는 대개 평온해졌고 이러한 농촌의 기대하지 못한 탄력성과 내구력에 대하여 새삼스럽게 놀라게 된다.

그러나 가뭄 피해지역에서는 소작료가 면제되었기 때문에 지주계급 중에는 오히려 상당한 피해를 입은 이가 많고 토지 매물도 나온 모양이다. 금융조합에서는 이를 매수하여 많은 자작농 창출에도 힘을 기울였다. 아무튼 각지의 제일선 지도자들이 농민정신의 증진을 위하여 열심히 일하는 모습은 도시에서는 상상하기 어려우며, 부흥에 대한 열의를 가지고 임하는 농민들의 모습은 참으로 믿음직스럽다.

300

경성에서는 "이봐, 한잔 하러 가지." "좋지. 남촌에서 할까, 북촌에서 할까."라는 것이 선결문제이다. 남촌, 북촌은 경성의 번화가인 본정(本町)과 종로를 말하는 것인데 경성 거리 중앙을 흐르는 청계천을 경계로 남쪽으로는 본정이, 북쪽으로는 종로의 번화가가 있다. 본정은 내지인 거리이고 종로는 순수한 조선거리이다. 도쿄에서 '강을 건넌다'든지 '강 건너 간다'라고 하면 왠지 나쁜 곳을 다니는 것으로 알지만, 경성에서는 종로에서 놀다가 본정으로 장소를 바꾸고자 할 때 '강을 건너자'는 말을 자주 쓰게 된다.

조선은행과 미쓰코시 사이의 광장을 가로지르는 우체국 옆에서부터 본정 일정목이 시작된다. 거리 입구에 하얀 전등으로 만든 아치 밑으로 들어가서 어슬렁어슬렁 걸어다니면 가구라자카(神樂坂)나 시부야(澁谷)의 도겐자카(道玄坂)와 다름없다. 미나카이(三中井)백화점의 쇼윈도, 메이지야(明治屋), 에도가와(江戶川)의 장어집, 가네보(鐘紡)의 제과점, 마루젠(丸善) 등 특별히 신기할 것도 없다. 금강산이라는 과자점은 신주쿠(新宿)의 나카무라야(中村屋)처럼 고급스러운 다방을 열고 있다. 메이지제과에서 2정목이 시작된다. 오른쪽 모퉁이에 미야타(宮田) 조선 물산관이 발길을 끌지만 조금 앞쪽에 조선풍의 4층 건물로 기념품 전문 조선관이 있으므로 조선관을 향해서 서두르다 보면 왼쪽 모퉁이에 철격자가 끼어진 이상한 돌문이 있고 돌문에는 '만세문'이라는 글씨가 새겨

져 있다. 고조 시
게루(古城重)라는
문패가 걸린 의사
의 저택이다. 의사
의 집 문 앞에 멍하
니 서 있는 것을 본
것인지 지나가던
사람이 "저 만세문

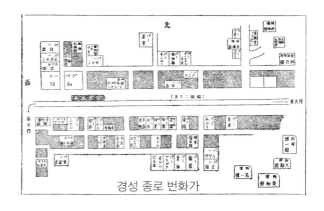

경성 종로 번화가

이라는 글씨는 지금의 이왕 전하가 쓰신 글씨를 여기에 옮긴 거랍니다.
이 의사 선생은 이곳의 개척자와도 같은 분이지요."하고 일부러 알려 주
었다.

목적지인 조선관은 외관과 달리 내부가 한적하고 물건도 별로 없어서
기대에 어긋났다. 실망한 순간 피로가 몰려와서 3정목 쪽으로 가지 않고
세카(精華)에서 생맥주를 한잔하며 쉬었다. 내지인 거리여서 손님도 내지
인이 많다. 가족, 군인, 기모노를 입은 사람, 양복을 입은 사람 등 다양하
지만 그중에는 잠옷차림으로 대낮부터 비프스테이크를 안주 삼아 정종을
마시는 무례한 이도 있었다.

기자와 같은 테이블에 모던한 조선 학생이 카레라이스를 먹고 있길
래 무심코 거리 풍경에 대해서 물어 보았다. 그러자 그 학생은 웃으면서,
"본정을 걸으면서 조선의 젊은 아베크족들이 많은 걸 모르셨나요."라고
한다.

"종로 쪽을 걸으면 조선인이 많아서 남의 눈에 띄기 쉬우니 조선인 아
베크족들은 대게 본정으로 온답니다. 종로는 조선인끼리 서로 편하게 다
니기 때문에 여자를 데리고 걸으면 이런 놈을 봤나, 건방지군 하며 덤벼
들기도 하거든요, 그래서 아베크족들은 모두 본정으로 몰리지요." 이런

얘기를 듣고 거리를 보니 정말 아베크족들의 러브 퍼레이드이다.

학생과 헤어져서 기자의 육감으로 본정 거리를 탐색해본 결과, 소화거리의 후미진 곳에 위치한 삼덕(三德) 떡집 옆에는 남산 목욕탕이 있다. 그곳 2층에 있는 고급 다방 남령(南嶺)은 조일정(朝日町)의 게이샤와 유한 마담들이 자주 모이는 곳이고, 반대편 영화관 메이지좌 쪽으로 향해서 가면 후유노야도(冬の宿)가 있다. 이곳은 명곡을 자주 듣는 음악 애호가와 문학청년들이 자주 모이는 곳이고, 메이지좌에서 조지야(丁字屋)를 향하는 오른편에 있는 제일 다방은 극영화, 미술가, 기생 등 호화로운 이들이 모이는 장소인 듯하다. 메이지좌 건너편 토스카니의 그림을 건 미마쓰(美松)도 문화인들이 좋아하는 고급 다방이다.

이 정도 돌아다녔더니 밤이 되었다. 카페로 서둘러 가자. 이곳에서 가장 오래되고 큰 카페는 '마루비루'이다. 도쿄 마루빌딩의 크기를 떠올리면 안 된다. 우선 2층도 계산에 넣어 신주쿠의 다이가 정도이다. 조화에 종이등을 매달아 조명을 약간 비추는 취향으로 봐서는 아사쿠사 일대와 비슷하다. 이곳의 여종업원들은 모두 내지인이고 관서지방 출신이 많은데 홋카이도에서 온 사람도 있다.

여종업원의 우두머리인 오유미(おゆみ)는 어린 아이를 데리고 20년이나 여종업원 생활을 하고 있는 경성 카페계의 개척자이다. 그녀의 여걸다운 모습은 대단한데 때마침 손님들끼리 싸움이 일어나자 폭발 직전의 사람들 사이로 뛰어들어 어머니처럼 달래더니 간발의 차이로 소동을 잠재웠다. 오유미 씨가 땀을 닦으며 기자에게 돌아왔을 때 "고생했어요."라고 하자, "매일 이런 일이 한두 번은 있으니 힘들어요."라고 했다.

그 밖에 본정의 뒷골목 카페 바는 무수하게 많고 모두 손님들로 북적였다. 그곳에서 떨어져 강을 건너기로 했다. 전매국 앞을 지나 황금정(黃金町) 2정목을 곧장 지나 낮은 지붕의 집들이 늘어선 어두운 골목길을 빠져 나가면 지금은 복개공사를 하여 이름뿐인 청계천을 건너 종로로 나선다.

종로 보신각 앞에 멈춰 서서 화신 빌딩을 올려다보며 다방 아시아에 들러 소다수를 마신 후 마음을 단단히 먹고 출발한다. 종로의 밤거리는 노점상으로 즐비하다. 경성의 야시장에는 어떤 것이 있는지 궁금하여 물건을 사지 않고 값만 물어보고 다녔는데 도쿄와 크게 다르지 않았다.

우선 바나나 가게이다. 위세가 당당하여 싼값으로 판매하는 일은 없다. 턱수염을 기른 아저씨가 유유히 곰방대를 물고 사고 싶으면 사라는 식의 태도이다. 콩가게에는 남경콩이 잔뜩 쌓여 있다. 사과와 귤 가게가 있고, 셔츠 가게는 이미 여름 물건을 팔고 있다. 아이스크림 가게는 아사쿠사를 떠올리게 한다. 지갑이나 넥타이 가게는 손님을 부르지 않으니 그냥 지나친다. 잉크 지우개 가게만이 조선어로 소리치고 있었다. 옷감 가게와 골동품 가게를 뚫어져라 쳐다보았지만 대단한 물건이 나올 것 같지는 않다. 조선 바둑이 있는데 오목은 아니다.

이렇게 구경하며 다니는 동안 이들 가게에 멀쩡히 서서 바보처럼 물건들을 바라보는 사람은 기자뿐이고, 다른 손님들은 쭈그리고 앉아서 꼼꼼히 물건을 살펴보고 다닌다.

야시장이 아닌 가게들 중에는 도로보다 낮은 가게가 몇 채 있었다. 다소 먼지투성이가 되었기 때문에 잠시 쉬려고 파고다 공원으로 들어가 본다. 화단에 튤립꽃이 향기를 내며 아름답게 피어 있었다.

벤치와 나무 그늘을 사복 순경처럼 살피고 다녔는데도 사람 눈을 피하는 광경이라곤 전혀 찾아볼 수 없다. 경성 남자는 지나치게 품행이 방정하구만, 공원의 기분 좋은 모래바닥을 밟으며 팔각탑과 원각사지 다층석탑을 돌아 나와 다시 종로 2정목 근처 안쪽 골목으로 기어들었다. 네온빛이 도쿄 출신에게는 매혹적이다. 고마쓰 오뎅, 동아(東亞) 바, 미도리, 하쿠스이 오뎅, 덴이치(天一), 호비(豊美) 등의 가게가 있다. 기분이 좋아져서

미로같은 길을 즐거이 걸어다니다 보면 어느새 가도가도 어두운 곳이 이어져 청계천에 다다르면 깜짝 놀라 되돌아오는 일이 두세 번 있었다.

　그나저나 언제까지 돌아다녀도 별 수 없다. 그래서 어느 바에 들어가 본다. 다이아몬드 본관. 자욱한 보랏빛 연기, 조선어의 대교향곡이 펼쳐지고 있어서 비로소 먼 땅에 왔음을 느낀다. 양복과 조선옷을 제각각 입은 예쁜 여종업원들이 꽤 있다. 여종업원의 이름은 기요미, 도시코, 모두 일본 이름이다.

　맥주를 앞에 두고 우두커니 조선의 분위기를 둘러보고 있으면 귀여운 여종업원이 맥주를 들고 "드세요."(메시아가리 나사이)라고 한다. 잔을 따르는 제스처라는 것은 알겠으나 하는 말은 좀체 알아듣지 못한다. "이봐, 국어(일본어)로 말해 주게." 기자가 부탁하자, "국어요? 국어만 쓰면 왠지 별로예요."라며 고개를 돌린다. 레코드가 걸려 있다. 조선어로 된 블루스 오래된 화원, 비의 블루스 등의 노래가 목소리까지 내지 음반과 비슷하게 녹음되어 있다. 그리고 바를 한두 군데 더 들르고 가잔야(花山屋)라는 포장마차에 들어가 좋아하는 안주에 소주를 마시며 충분히 술을 즐긴 후, 마지막으로 마치 고마가타(駒形)에 있는 장어집처럼 으리으리한 건물의 다이쇼야(大昌屋)에 들러 설렁탕을 먹고 철수했다.

경성 일류 기생의 재산보유 순위

行司 「朝鮮版」

豪遊兒

一、金額の單位は萬圓
二、鐘路（鐘路券番）漢城（漢城券番）朝鮮（朝鮮券番）

勤進元 モダン日本社

右上段

位	氏名	金額	券番	出生地
橫綱	金月色	二〇	朝鮮	西鮮
大關	禹綾波	八	漢城	京城
關脇	崔翠玉	八	漢城	西鮮
小結	鮮于一扇	六	漢城	南鮮
前頭	文英子	六	朝鮮	京城
同	文山月	五	朝鮮	京城
同	申海中	五	漢城	京城
同	孫瓊月	五	朝鮮	西鮮
同	李暎月	五	漢城	西鮮
同	嚴山心	五	漢城	西鮮
同	盧竹心	四	漢城	西鮮
同	宋芙蓉	四	鐘路	京城

左上段

位	氏名	金額	券番	出生地
橫綱	金山月	一二	漢城	西鮮
大關	康一枝	一〇	漢城	西鮮
關脇	朴花仙	八	鐘路	京城
小結	都梅仙	六	鐘路	京城
前頭	鄭月花	六	鐘路	京城
同	金一紅	五	漢城	南鮮
同	孫錦心	五	鐘路	南鮮
同	朴眞珠	五	鐘路	南鮮
同	文香淑	五	朝鮮	南鮮
同	洪玉心	五	漢城	南鮮
同	卞小玉	五	漢城	南鮮
同	金香王	四	漢城	南鮮
同	朴明玉	四	漢城	南鮮
同	朴雪中月	三	鐘路	西鮮

右中段

位	氏名	金額	券番	出生地
前頭	金愛姬	三	漢城	京城
同	金明春	三	朝鮮	西鮮
同	朴又玉	三	鐘路	京城
同	洪彩淑	三	鐘路	南鮮
同	成絲珠	三	鐘路	南鮮
同	韓飛鳳(?)	三	朝鮮	京城
同	高京子	三	漢城	南鮮
同	車彩心	三	朝鮮	京城
同	金丹心	三	朝鮮	南鮮
同	尹山月	三	漢城	京城
同	金昌玉	二	鐘路	西鮮
同	韓花仙	二	鐘路	西鮮
同	裵花仙	二	鐘路	西鮮

左中段

位	氏名	金額	券番	出生地
前頭	劉松月	三	鐘路	西鮮
同	趙錦仙	三	朝鮮	南鮮
同	方錦仙	三	鐘路	南鮮
同	全錦英	三	鐘路	西鮮
同	林淳月	三	朝鮮	西鮮
同	申花中月	三	鐘路	西鮮
同	金山淑	二	朝鮮	西鮮
同	韓貞玉	二	鐘路	西鮮
同	李德華	二	鐘路	西鮮
同	鄭錦江	二	鐘路	西鮮
同	任彩鳳	二	鐘路	京城
同	金素姬	二	朝鮮	南鮮

右下段

位	氏名	金額	券番	出生地
前頭	南順實	二	鐘路	西鮮
同	朴蘭順	一	朝鮮	西鮮
同	金在玉	一	朝鮮	京城
同	崔桃花	一	漢城	西鮮
同	宋桃玉	一	漢城	京城
同	劉碧桃	一	漢城	京城
同	鄭仁淑	一	鐘路	南鮮
同	金蓮花	一	鐘路	京城
同	李花仙	一	鐘路	西鮮
同	崔錦桃	一	朝鮮	京城
同	孫福春	一	鐘路	西鮮
同	田德華	一	鐘路	京城

左下段

位	氏名	金額	券番	出生地
前頭	金鸚鵡	二	朝鮮	南鮮
同	嚴月玉	一	鐘路	西鮮
同	李山仙	一	漢城	西鮮
同	崔妍玉	一	漢城	西鮮
同	金彩鳳	一	漢城	京城
同	姜彩仙	一	漢城	京城
同	李銀仙	一	朝鮮	西鮮
同	李昌仙	一	鐘路	南鮮
同	朴椿受	一	鐘路	西鮮
同	朴瓊愛	一	鐘路	京城

대륙으로 가는 최단 경로!
여행으로 약진하는 조선을 확인하자.

특별 현상 대모집

조선판

응모규정 ○마감일 1940년 8월 12일
○용지 관제엽서 1인 1매
○보낼 곳 東京市麴町區內幸町 오사카빌딩
모던일본사 「조선판」 현상 담당자
○발표 모던일본 본지 10월호 지상

JOMK 여기는 모던일본 방송국입니다. 전국의 애독자 여러분께 말씀드립니다. 황기 2600년의 경사스러운 해를 맞이하여 더욱 약진하고 발전하는 조선, 그 빛나는 모습을 상징하는 아리따운 '미스 조선'이 반도 이천삼백만의 열광 속에 경사스럽게 결정되었습니다. 그런데 이 '미스 조선'의 영예를 차지한 아가씨는 누구일까요. 답을 아시는 애독자 여러분은 상기 규정을 참고하여 한 분도 빠짐없이 「○○○」라고만 적어 이 특별대현상에 응모해 주십시오.

상품
○1등: 할증금과 함께 지나사변(중일전쟁) 저축채권 15엔권 1장 1명
○2등: 할증금과 함께 지나사변 저축채권 7엔 50전권 1장 5명
○3등: 웰 만년필 1자루 100명
○4등: 특제 그림엽서 1세트 1,000명

(彌勒石) 미륵돌

초등학생이 일요일을 학수고대 하듯이 명절이 하나 지나가면 다음 명절, 또 다음 명절로 이어져 아이들의 가슴을 설레게 하지만, 가난한 사람들에게는 깊은 시름의 씨앗이 되기도 하는 조선의 연중행사에는 어떤 것이 있는지 한번 들어 보세요.[79]

♣설 - 연세가 많으신 할아버지 할머니를 모시고 있는 사람은 일단 좀 고생이다. 아침부터 밤까지 밀려드는 세배객들 한 사람 한 사람에게 음식을 대접하는 이 풍습은 (아이들에게는 세뱃돈으로 과자값을 준다) 실로 아름다운 것임에는 틀림이 없지만 연장자를 모시고 있는 사람에게는 아무튼 고생이다. 설날 아침 일찍 조상께 제사를 올리는 일은 신분과 빈부를 막론하고 행해지고 있다.

309

♣ **정월 보름** - 설이 조상의 날, 새해를 위한 날이라고 한다면 보름은 완전히 놀기 위한 날. 오곡밥을 먹고 달을 보고, 그것이 좀 도를 넘어 도박범들까지 늘어 경찰들은 괴로울 따름이다.

♣ **한식**(정해져 있지 않지만 2월 중순에서 하순 사이) - 조상에게 성묘하는 날. 남녀노소를 불문하고 일가가 총출동한다. 맛있는 음식을 가득 담은 바구니를 머리 위에 인 아낙네들의 하얀 행렬이 이산 저산을 물들인다.

♣ **단오**(5월 5일) - 씨름이 시작된다. 1등 큰 소 한 마리, 2등 중 소 한 마리, 3등 송아지 한 마리. 모내기를 끝내고 벼가 익기를 기다리고 있는 젊은이들은 구리빛 팔뚝을 자랑스레 휘두르며 각 마을로 들어온다. 소를 상으로 받아 내년 논농사에 쓰기 위해서라기보다도 김참봉네 빚을 갚을 수 있어서다…….

그네뛰기 대회는 여자들의 절호의 외출 찬스. 하얀 치마가 공중에 나부낀다. 일 년 내내 방 안에 틀어박혀 있던 그녀들의 얼굴은 초여름의 더운 날씨에도 불구하고 밝은 미소로 가득하다.

♣ **추석**(8월 15일) - 가을밤 그야말로 휘영청 밝은 보름달. 이 날도 조상에

게 성묘를 하는 날이다. 막 거두어들인 쌀로 밥을 짓고, 떡을 만들어 조상에게 드리고 싶은 마음은 보름달만큼이나 아름다운 것이다.

♣ **9월 9일** - 같은 성을 가진 사람들이 모여서 그 성씨의 시조의 묘에 성묘하는 날. 족보를 펼쳐 미래의 가장이 될 아이들에게 땀을 흘려가며 "김씨는 대대로 양반이니 가문을 더럽히지 말아야 한다."고 설교를 하느라 여념이 없다.

아이들은 눈을 깜박거리며 "양반이 뭐야?"라고 물으면 아버지 이마에는 구슬땀이. "말세로다!"라고 한숨.

바다가 담수라면
요코이 후쿠지로
(横井福次郎)

가엾게도!
이제 삼 일만 더 표류하면
넌 말린포가 될거야.

미륵돌(컷에 대한 설명) - 조선 아이들 이름에는 미륵돌이라든가 미륵네라는 이름이 많다. 미륵돌은 만병을 고치는 신. 귀한 아이라서 미륵돌에게 맡기는 것이다. 북선(北鮮)에는 미륵돌이 한 마을에 하나씩 있다.

○노세 노세 젊어서 놀아
늙어지면 못 노나니(좋다) / 화무십일홍이요 / 달도 차면 기우나니

○사랑하는 우리님 창가를 비추는
빛나는 둥근달이여 / 저녁에 그 님은 혼자 있더냐
원수와 함께 있지는 않더냐

○유자도 나무련만 열매는 두세 개로다
폭풍우가 와도 흔들려 떨어지지는 않으리오 / 님과 나도 저 유자처럼
둘이서 함께 살고 싶구나

조선의 거짓말 클럽

고범(孤帆)[80]

　옛날 어느 나라의 재상이 자기를 감쪽같이 속이는 자가 있으면 금 백 냥을 주겠다는 방을 붙여서 당시 유명한 거짓말쟁이가 나섰습니다.

　"나리, 이제부터 시작하겠습니다."

　"으음. 좀처럼 너 같은 녀석에게 속을 내가 아니다만 한번 해 보아라."

　"감쪽같이 속이면 상금은 어떻게 됩니까?"

　"틀림없이 주겠다. 그러나 실패하면 네 수염을 잘라버릴 테다."

　이리하여 이야기가 시작되었습니다.

312

○나의 마음은 저 청산
님의 마음은 벽수 / 물은 흘러도 산은 변함이 없건만 / 아아 얄미운 그 사람
○왔소 왔소 이제야
천 리 타향에서 먼 길을 / 바람을 타고 구름을 타고 / 사랑하는 그대를 보러 왔소
○가을바람 추운 저녁때
울며 하늘을 날아가는 기러기여 / 용문학관의 북쪽 나라 / 오래도록 참고 견디어 온
그 님에게 / 안타까운 이내 몸의 슬픔을 / 다다를 수 없는 님에게 전해다오
○우쭐대는 봄날의 꿈을 버리고
고목이 삭막한 들녘에 / 내리는 서리를 몸에 받아 / 홀로 피는 소국이로다

"어느 마을에 사냥꾼이 있었습니다."

"응."

"가을도 저물어 가던 어느 날이었습니다. 사냥을 나갔는데 공교롭게도 하루 종일 한 마리도 잡지 못하다가 때마침 기러기 떼를 발견하고 즉시 목표물을 정해 탕 하고 한 발! 그러자 그 중에서 큰 기러기 한 마리가 떨어졌습니다."

"응."

"그러고는 울타리 안쪽의 앵두나무밭에 사뿐히 떨어졌습니다. 마침 앵두밭에는 앵두가 빨갛게 달려 있었습니다. 그래서 그는 기러기는 깜박 잊고 앵두를 우적우적 먹기 시작했습니다. 커다란 앵두였습니다. 주먹 정도 되는 놈으로."

313

○**천지가 얼어붙는 겨울날에**
눈은 산과 들에 가득하고 / 매화도 피지 않는 엄동에 / 자라나는 대나무의 푸르름이여

○**내 마음은 청산**
당신의 마음은 벽수여 / 벽수는 흐르지만 / 산의 마음은 변함이 없네 / 멈출래야 멈출 수 없는 벽수여 / 어떻게 막을까요 당신의 마음

○**가요 나는 갑니다**
당신을 남기고 갑니다 / 마음을 두고 가요 / 가기는 가지만 당신을 / 잊을 수 있으리오 잊지 못하리

"잠깐만. 앵두가 주먹만 하다고? 거짓말 하지 마라."

"네. 그럼 어린아이의 주먹만하다고 하지요."

"무슨 소리야."

"그럼 엄지손가락만 하다고 하지요."

"안돼, 안돼. 그런 거짓말로는 안 된다. 어때? 항복하겠나?"

"네. 나리."

"약속대로 그 수염을 자를 테다."

"아니요. 나리. 제가 이겼습니다. 실은 흔히 경험이 많고 옛일을 잘 아는 노인이 다음과 같은 노래를 부릅니다."

……기러기는 초가을에 날아들고 앵두는 초여름에 열리누나……

조선 속담집

- 안 되는 사람은 뒤로 넘어져도 코가 깨진다.
- 기와 한 장 아끼다가 대들보 썩힌다
- 고삐가 길면 밟힌다.
- 아무리 바빠도 바늘허리에 실 못 매어 쓴다.
- 부부싸움은 칼로 물 베기.
- 자다 남의 다리 긁는다.
- 매 새끼 어미 매를 잡아먹는다.
- 종로에서 뺨 맞고 한강에서 눈 흘긴다.
- 큰 잉어가 뛰면 송사리도 뛴다.
- 우물에 가 숭늉 찾는다.
- 쇠귀에 경 읽기.
- 열 길 물속은 알아도 한 길 사람의 마음속은 모른다.
- 누워서 침 뱉기.
- 배보다 배꼽이 크다.
- 미운 놈 떡 하나 더 준다.
- 동냥은 못 줘도 쪽박은 깨지 마라.
- 달리는 말에 채찍.
- 우습게 본 풀에 눈 찔린다.
- 불에 놀란 놈이 부지깽이만 보아도 놀란다.
- 홀아비는 이가 서 말이고 과부는 은이 서 말이라.
- 어리석은 자는 말이 많다.
- 물고기를 잡으려고 쳐 놓은 그물에 기러기가 걸린다(어망홍리).
- 여자가 한을 품으면 오뉴월에도 서리가 내린다.
- 물고기 한 마리가 물을 흐린다.
- 꿩은 머리만 풀에 감춘다.

기생과 게이샤

조선하면 바로 연상될 정도로 유명한 기생은 보통 내지어로 '기상'이라고 하지만, 정확한 발음은 '기생'인데 안타깝게도 내지어에는 '애' 발음이 없다. 그리고 보면 '기생'과 '게이샤'라는 발음은 거의 같다고 할 정도로 비슷하다. 옛날에는 상류계급에, 현대에는 고전적 예능을 가장 잘 보유하고 있는 '기생'과 '게이샤'의 발음이 이렇게까지 비슷

마누라가 무서워

이서구(李瑞求)

    이완(李浣)[81] 대장은 밖에서는 언제나 으스대고 다녔지만 집에서는 부인에게 아주 설설 기었다. 그 덕에 부인은 기세가 등등했는데 때로는 지나치게 난폭하게 굴기 때문에 그렇게 꼼짝 못하던 이 대장도 불끈 화가 치밀어 순간 후려치고 싶어질 때도 있었다. 그러나 가문의 체면이 있으니 상놈같이 부인을 후려갈기는 상스러운 짓은 차마 못하고 늘 우울하기 그지없었다.

한 것은 재미있기도 하고 의미심장한 일이기도 하다.

가마에 대해

가마라는 발음은 내지어로는 '가마' 혹은 '가마도'인데 조선어로도 '가마'이어서 실로 놀라울 따름이다.

사랑하는 이의 대명사

만요(萬葉)[82]의 가인(歌人)들이 자주 사용하던 '기미'라는 말에는 그윽하고 고상한 매

어느 날 이 대장은 수하의 병사를 수백 명 모아 왼쪽에는 백기를, 오른쪽에는 빨간 기를 세우고 늠름한 태도로 말하기를,[82]

"너희들은 집에 돌아가서 부인이 말도 안 듣고 난폭하게 굴 경우에는 어떻게들 하느냐. 만일 그럴 때 부인을 후려치는 자는 빨간 기 쪽에 모이고, 부인에게 전혀 꼼짝 못하는 자는 백기 쪽에 모여라!"

라고 명령을 하였다.

병사들은 이완 대장의 명령이라 거역할 수는 없었다. 명령이 떨어지자마자 백기 아래 모여 영문을 몰라 하고 있었다. 이 대장은 그럴 줄 알았다는 듯이 무심결에 새어 나오는 미소를 참지 못하고 이 광경에 흡족해 하고 있었다.

그러자 이상하게도 병사들 중에서도 가장 몸집이 작은 한 남자가 유연하게 빨간 기 아래에 서 있는 것이 아닌가! 이완 대장은 그만 배를 움켜쥐

력이 있다. 조선의 시조(단카와 비슷한 것)에서는 사랑하는 이를 '님'이라고 부른다. 그런데 문제는 '기'와 '니'인데 '기'는 貴로 존경의 의미를 나타내고, '니'는 조선어로 '왕'을 '님금'이라고 하여 절대적인 존경을 나타낸다.

고 터져 나오는 웃음을 참지 못했다. 저렇게 나약하고 몸집이 작은 사내놈이 마누라를 당당히 정복하다니 이건 포복절도감이라고 생각하여,

"이봐 자네는 어째서 빨간 깃발 아래 서 있는 겐가? 마누라가 무섭지 않은가? 이보게, 도대체 어떻게 무서운 마누라를 정복했지? 대답해 보게."라고 소리쳤다.

병사가 이완 대장의 명령이라서 직립부동 자세를 늦추지 않고 답하기를,

"대장님 그게 아닙니다. 우리 마누라는 늘 이런 말을 합니다. - 당신은 다른 사람보다 몸집이 작아 볼품이 없으니 너무 다

요코이 후쿠지로(橫井福次郎)

른 사람이 모여 있는 장소에는 가지 말고 가능한 한 떨어져 있으라고 제게 매일같이 말하거든요."

짧은 이야기:
거짓말로 아내를 맞이하다

옛날에 아주 거짓말을 좋아하는 재상이 "내 마음에 드는 거짓말을 하는 사람에게는 나의 외동딸을 주겠노라."라는 방을 붙여서 조선 각지에서 거짓말쟁이들이 앞을 다투어 모여들었다. 하지만 재상의 마음에 드는 거짓말을 하는 사람이 나오지 않았다. 그러던 어느 날 영리한 젊은이가 마음속으로 벼르고 재상에게 면담을 요청해 왔다. 그 젊은이는 허리에 찬 주머니에서 공손히 오래된 증서를 한 장 꺼내더니 "이것은 선대감께서 돌아가시기 전에 제게 빌리신 십만 냥의 차용증서입니다. 이것을 꼭 돌려주셨으면 합니다."라고 다그쳤다. 거짓말을 좋아하는 재상은 마음속으로 "이걸 거짓말이라고 하면 딸을 주어야 하고, 또 사실이라고 하면 십만 냥을 지불

해야 하고……." 결국 그 젊은이에게 딸을 빼앗기고 말았다는 이야기.

조선 천일야화
나비의 유래

옛날 어느 마을에 한 처녀가 있었습니다. 그 처녀에게는 부모가 정해 준 사람이 있었는데 불행하게도 결혼 전에 그 사람이 죽고 말았습니다. 처녀는 울며불며 흰 천으로 뒤덮인 가마를 타고 시댁으로 가 머리를 풀고 쓰러져 울었습니다. 그 후로 아침저녁으로 남편 묘를 찾아가 죽은 남편의 이름을 부르며 묘 주위를 울고 다니는 가여운 처녀가 되었습니다. 처녀는 얼굴조차 모르는 남편의 이름을 부르며 연모의 정에 잠기었습니다. 양반 집안에서는 엄격한 규율이 있어서 남편을 앞세운 아내는 재혼은 생각할 수도 없는 일이라 어느 가문에 젊은 과부가 나오면 독을 먹여 죽이기도 하는 무서운 일조차 행해지던 옛날이니 어찌 재혼 같은 것을 바라겠습니까.

저세상에서라도 부부가 되게 해달라고 처녀는 매일 기도했습니다. 어느 날 처녀가 이렇게 기도를 드리고 있는데 기도한 보람이 있었는지 묘가 두 개로 갈라졌습니다. 처녀는 자진해서 그 속으로 뛰어들었습니다. 이를 본 하녀가 깜짝 놀라 처녀의 치마를 붙잡았지만 이미 때는 늦어 처녀의 몸이 묘 속으로 깊숙이 들어가 버리고 덧없이 치마 끝자락만 살짝 남아 있을 뿐이었습니다. 하녀가 그 남아 있던 치맛자락을 잡고 세게 당겼더니 치맛자락이 쫙 찢어져 순식간에 아름다운 나비로 변해 하늘하늘 날아올라 하늘 높이 날아갔습니다. 지금 이 꽃에서 저 꽃으로 날아다니는 나비들도 모두 이 나비에서 태어난 것이라고 합니다.

조선의 명재판관

1

어떤 사람이 이웃 젊은이에게 자신의 곰방대를 빌려주었는데 반나절이 지나도 돌려주지를 않아서 재촉을 하니 "농담 마세요. 이건 제 곰방대인 걸요."라고 뻔뻔하게 우겨대서 결국 싸움이 관청으로까지 번지게 되었습니다. 명재판관으로 이름 높은 당시의 군수는 두 사람을 잘 타일러 "겨우 곰방대 하나 가지고 싸우느니 내가 곰방대를 하나 줄 테니 이것으로 담배라도 피면서 화해하는 게 어떤가."라고 말했다. 두 사람은 크게 기뻐하며 담배를 피기 시작했다. 그런데 젊은이는 담뱃불이 약해지자 담뱃대의 대통을 재떨이 한가운데 돌출된 곳에 대고 담뱃재를 털려고도 하지 않고 일부러 담뱃대보다 짧은 손을 뻗어 엄지손가락으로 담뱃대를 누르려 했다. 이는 보통 짧은 담뱃대를 사용하는 사람의 습관이라서 군수는 곧장 그 젊은이를 잡아 투옥시켜 버렸다고 한다.

2

또 어느 날 두 상인이 광목 한 필을 서로 자기 것이라고 다투는 소송이 일어났는데 재판관은 "이런 사건은 재판할 도리가 없으니 너희 둘이서 힘껏 그 광목을 서로 잡아당겨 이긴 사람의 것으로 하는 것이 좋겠다."라고 말했다. 그러자 훔친 사람은 욕심에 눈이 멀어 열심히 당기고 그 광목 주인은 자신의 물건에 흠집이 나는 것을 꺼려 별로 힘을 쓰지 않아 지고 말았다.

이를 본 군수는 즉시 훔친 사람을 판별해 감옥에 하옥시켰다고 한다.

짧은 이야기:
개를 그려 삼키다.

어떤 한 남자가 "어쩐지 배 속이 더부룩한데"라고 하자 마침 함께 있던 뭐든 잘 아는 사람이 말하기를 "그야 배 속에 여러 불순물이 쌓여서 그런 걸세. 그러니 개를 그려 삼키면 그 개가 불순물을 모두 먹어 버릴 걸세."라고 하였다.
"그럼 그 개는 어떻게 꺼내나?"라고 묻자,
"그건 호랑이를 그려 삼키면 개가 쫓겨나오겠지."
"그 호랑이를 그럼 어쩌나?"
"포수를 그려 삼키면 나오지."
"포수는?"
"포수는 밀렵을 잘 하니 포졸을 그려 삼키면 되네."
"그럼 포졸은?"

"군수의 호출명령서를 삼키면 나온다네."

고도(古都) 경주행
하시모토 히데토(橋本秀人)

계 림

안개 아침 안개
이제 어슴푸레 밝아오는 여명
아침 햇살에 빛나는 오동나무, 물푸레나무, 회화나무여.
아아 너는 훌륭한 왕을 내었도다.
(뻗어가는 신라!)

불국사

바위 누각, 붉은 전각
화강암 다리가 하얗구나
석가, 다보탑에 깃든 아름다움이어
진좌하신 부처와 함께 금지 있으랴
옥 같은 돌 하나하나야말로 쌓아 온 문화의 발자취여라.

석굴암

장육불의 찬란함도 뛰어난 석굴의 석존,
팔만 사천의 위광으로 자비 신라를
부처의 가르침이 깃든 이 도읍지로 모으셨으라.
— 해는 저물어도 석굴암은 밝구나.

319

은혜를 모르는 호랑이

한 나그네가 어느 산속 기슭에 다다르자 함정에 큰 호랑이 한 마리가 빠져 있었습니다. 호랑이는 나그네를 보고

"제발 살려 주십시오. 그 은혜는 결코 잊지 않겠습니다."

라고 금방이라도 울음을 터트릴 듯한 목소리로 말했습니다. 나그네는 가여운 생각이 들어 함정 속으로 막대기를 내려 주어 호랑이를 구했습니다. 그러자 호랑이는 함정에서 나오자마자 커다란 입을 벌려 한입에 잡아먹어 버리려고 했습니다. 나그네는 깜짝 놀라 "이봐 잠깐만. 너무하지 않은가. 생명의 은인에게 덤벼들다니."라고 말했습니다. 그러자 호랑이는 껄껄 웃으며,

"은혜는 은혜고, 먹이는 먹이다. 배가 고플 때는 뭐든지 먹는 것이 당연하지."라고 말했습니다. 나그네는 옆에 서 있는 소나무에게 누구의 말이 옳은지 물어 보았습니다. 그러자 소나무는,

"그야 당연히 호랑이 말이 맞지. 나야말로 어릴 적부터 인간들에게 많은 은혜를 베풀고 있지. 잎과 나뭇가지는 땔감으로 주어 온돌을 덥혀 주고, 송로와 송이버섯을 키워 인간들에게 맛있는 것을 먹여 주고 있는 데도 모처럼 커지기만 하면 바로 잘라내어 목숨을 빼앗아 버리지. 호랑이님의 말이 더 지당해."라고 말했습니다. 호랑이는 자기편이라도 얻은 듯이 나그

동화

네에게 덤벼들려 하였습니다. 당황한 나그네는 호랑이를 말리며,

"잠깐. 누군가에게 한번 더 물어 보자."

라고 하고 지나가는 소에게 사정을 이야기하고 누구의 말이 옳은지 판단해 달라고 부탁했습니다. 그러자 소가 대뜸

"그야 당연히 호랑이 말이 옳아. 도대체 인간들은 내게 무거운 짐을 지우고, 수레를 끌리고, 정신없이 부려 먹지. 어디 그뿐인가. 우리 젖을 짜내고, 심지어 때려잡아서 고기까지 먹어. 호랑이에게 잡아먹히는 정도는 당연한 일이지."

라고 말했습니다. 호랑이는 점점 득의양양해졌습니다. 마침 그때 여우가 한 마리 달려왔습니다. 나그네는 여우에게 공평한 재판을 해 달라고 부탁했습니다. 그러자 여우는

"도대체 호랑이님은 어떤 상태로 함정에 빠져 있었습니까?"

라고 물었습니다. 호랑이는 대단한 기세로 함정으로 획 뛰어들어갔습니다. 그것을 보고 여우는 껄껄 웃으며

"애당초 당신이 호랑이를 살려줘서 이런 성가신 일이 생긴 거잖소. 호랑이는 저대로 내버려 두면 되오. 그러니 당신은 이런 곳에서 우물쭈물하지 말고 어서 당신 집으로 돌아가시오."

라고 말했습니다.

다리 부러진 제비

옛날에 놀부와 흥부라는 두 형제가 있었습니다. 형 놀부는 심술궂은 욕심쟁이였지만 부자인 반면에 아우 흥부는 정직하고 정이 많은 사람이었지만 아주 가난했습니다.

어느 날 새끼 제비 한 마리가 둥지에서 떨어져 다리가 부러졌습니다. 흥부가 그것을 보고 곧 발에 약을 발라 실로 동여매어 둥지로 되돌려 주었습니다. 이듬해 봄, 제비는 강남에서 박씨를 하나 입에 물고 와서 흥부네 집에 떨어뜨려 주었습니다.

흥부는 그 씨앗을 마당 한 구석에 심어 두었습니다.

얼마 후 싹이 나고 쑥쑥 자라 꽃이 피고 커다란 박이 네 개 열렸습니다. 그것을 따다가 하나씩 타보니 죽은 자를 살리는 약과 눈 먼 사람을 치유하는 약과 벙어리와 귀머거리를 치유하는 액과 불로초 등이 들어 있는 병을 가지고 동자가 나타나는가 하면 커다란 나무와 돌이 나오기도 하고 수많은 목수가 나와서 집을 지어주기도 하고 곡식과 보물이 나오기도 해서 흥부는 순식간에 엄청난 벼락부자가 되었습니다.

형 놀부는 그것을 보고 부러워 어쩔 줄 몰라했습니다. 놀부는 급히 서둘러 처마 끝에 둥지를 만들어 긴 장대에 나뭇잎을 달아놓고 그곳을 지나는 제비들을 억지로 자기네 집으로 몰아넣었습니다. 제비들은 모두 달아났지만 애꾸눈 제비 한 마리가 집 안으로 몰려 겨우겨우 둥지 안으로 들어갔습니다. 곧 새

동화

끼 제비가 서너 마리 태어났습니다. 놀부는 아주 기뻐하며 제비가 둥지에서 떨어지기를 이제나저제나 하고 기다리고 있었는데 좀처럼 떨어지지 않습니다. 놀부는 분해서 사다리를 놓고 둥지가 있는 곳으로 올라가 느닷없이 제비 한 마리를 잡고 일부러 다리를 부러뜨렸습니다. 놀부는 곧 약을 바르고 실로 동여매어 정성껏 돌봐주었습니다. 이듬해 봄, 이제비도 씨앗을 하나 물고 와서는 놀부 앞에 똑 떨어뜨렸습니다. 놀부는 그것을 바로 심었습니다. 그러자 역시 싹이 나고 쑥쑥 자라 꽃이 피고 큰 박이 주렁주렁 열한 개나 열렸습니다. 놀부는 우쭐해져 박을 열하나 따서 서둘러 타 보았습니다. 그러자 이게 어쩐 일입니까. 거지와 스님과 상복을 입은 남자와 무녀와 거인들이 연달아 계속 나와 놀부를 호되게 나무랐습니다. 놀부는 많은 돈을 내어 간신히 쫓아버렸습니다. 욕심 많은 놀부는 그래도 아직 멈추려 하지 않고 마지막 박을 타보니 어쩐지 황금색이 나는 것이 보였습니다. 놀부는 "이번에야말로 황금이다"라고 뛸 듯이 기뻐하며 퍽 쪼개보니 황금색 똥과 오줌이 강같이 솟아나서 놀부네 집을 덮어 버렸습니다. 놀부는 겨우 목숨만 건져 동생네 집으로 도망쳤습니다.

흥부는 새로 집을 지어주고 형 놀부를 평생 편하게 살게 해 주었습니다.

조선복 활용법

주월경 (朱月瓊)

조선복이라고 하면 흰옷을 상상할 정도로 예로부터 색깔 옷은 별로 이용되지 않았는데 현재는 제법 양장 분위기가 도입되고 있는 듯합니다.

옷 자체의 형태가 단순하고 일본 옷과 같이 형태가 정해져 있는데 색깔이나 무늬를 잘 이용하지 않아 매우 청초하고 담백한 느낌이었습니다. 그러던 것이 현재에는 상당히 변화되어 색깔이나 무늬가 있는 것 등을 사용하여 양복에 가까워지고 있고 일본옷감 등도 사용하게 되어 앞으로 조선복식계의 발전이 기대되는 바입니다.

현대의 부인복은 두 가지 형태를 띠고 있습니다. 예로부터 내려오는 전통적인 것과 양장화된 소위 현대적인 것입니다. 앞으로 이 조선복을 어떻게 활용하고 개량해야 할지 특히 개선이라는 입장에서 이야기해 보고자 합니다.

즐거운 여행
나카무라 아쓰쿠(中村篤九)　　　총석정　　　　만물상 삼선암　　　　금강산 명경대

현재의 옷도 그대로 약간만 개량하거
나 그 용도에 맞춰 입으면 상당한 효과를
얻을 수 있을 것으로 생각됩니다. 이미
일부 인텔리 여성들 중에는 실제로 실행
하고 계신 분들도 제법 눈에 띕니다. 그
두세 예를 들어 봅시다.

1. 형태

가) 전통적인 부인복(폭이 넓고 기장이 긴

치마저고리)은 우아한 아름다움과 정적인 미를 지니고 있습니다.
이는 예복 혹은 외출복으로 사용됩니다.

나) 개량된 현대풍의 옷은 속옷도 양장용 속옷을 그대로 이용하고 치
마는 통치마로 만들어 허리를 다는데 이를 길게 하거나 주름을 잘
게 잡음으로써 서양의 이브닝 드레스, 웨딩 드레스, 애프터눈 드
레스 등에 상당하는 옷을 만들 수 있습니다. 저고리(상의)는 고름
을 다는 형태로 만들고 그 길이는 각자의 웨스트라인을 표준으로
한 길이가 몸에 잘 어울려 좋습니다. 치마를 적당히 짧게 함으로

써 서양의 홈드레스, 스포츠드레스, 산책 시에 입는 옷 등에 이용합니다. 저고리는 단추로 고정하면 더욱 활동적이고 편리합니다.

2. 색상

전통적으로 단순한 색이 많이 사용되어 왔습니다. 노랑 저고리에 진한 다갈색 옷감을 깃, 고름, 소매에 대고 잘게 주름을 잡은 감색 치마, 빨강 치마 등을 지금도 조선 부인복의 대표적인 것으로 생각하고 있는 분들이 많은 것 같습니다. 이 다갈색 깃, 소매 등도 배색이 좋은 저고리에 사용하면 제법 오래도록 쓸 만합니다. 복식미에 있어서 이 배색이 가장 중요합니다.

경성 같은 도회지에서는 양장에 전혀 손색이 없을 정도로 고상하고 우아한 색상의 조선옷을 발견하기도 하는데 용도를 잘 살리면 한층 좋은 결과를 가져올 수 있을 것입니다.

3. 체격, 무늬가 있는 옷을 입는 법

20년 전 무렵까지 무늬 옷은 사용되지 않고 단색의 변형짜임 직물 정도밖에 사용되지 않았지만 최근에는 무늬옷이 상당히 많이 사용되고 있습니다. 일본 옷감은 그다지 사용되고 있지 않습니다. 그 이유는 저고리는 소매폭도 좁고 기장도 짧아서 무늬가 큰 것은 어울리지 않기 때문입니다. 일본 옷감 중에서도 무늬가 작고 단순한 것은 치마로 사용할 수 있는데 특히 메센[83] 같은 것이 좋습니다.

어쨌든 조선의 청초하고 담백한 전통은 어디까지나 살려 나갔으면 합니다.

328

신발매

국책 식량

**영양가 천 킬로그램에
4천 칼로리**

한 상자·10전

| 맛은 | 각종 곡물과 정선된 야채류를 이용하여 국내의 신자원을 활용하였습니다. |

| 영양은 | 단맛이 아주 적은 비스킷입니다. 딱딱한 정도도 개량되어 먹기 쉽고 많이 먹어도 질리지 않는 일본인에게 안성맞춤인 맛입니다. |

| 원료는 | 천 킬로그램에 4천 칼로리라는 비스킷 최고의 영양(쌀밥의 3배)으로 단백질, 지방, 탄수화물, 무기질, 비타민 A B1 B2 D E를 신속하게 흡수하는 신과학 식량입니다. |

| 반찬 | 동물성 단백질, 무기질, 당분으로 조미했습니다. |

반찬이 들어 있는

모리나가 도시락

모리나가제과주식회사

경성제대 법문학회 편
조선지나문화의 연구(朝鮮支那文化の研究) 刀江書院
1929

홀활곡쾌천(忽滑谷快天) 저
조선선교사(朝鮮禪敎史) 春秋社 1930

조선총독부 조선사편수회 편
고려사절요(高麗史節要) 1932

취락사(聚樂社) 편
조선명화집(朝鮮名畵集) 1933

사토(佐藤 種治) 편
조선역사지리사전 富山同人 1933

김소운(金素雲) 역편
조선동요집(朝鮮童謠集) 岩波書店 1933

우치야마(內山省三) 저
조선도자(朝鮮陶磁) 寶雲舍 1933

백남운(白南雲) 저
조선경제사(朝鮮經濟史) 改造社 1933

백남운(白南雲) 저
조선사회경제사(朝鮮社會經濟史) 刀江書院 1933

하마다(濱田耕作), 우메하라(梅原末治) 저
신라기와의 연구(新羅古瓦の研究) 刀江書院 1934

조선총독부 조선사편수회 편
조선사료총간(朝鮮史料叢刊)(전 44권) 1934

이나바(稻葉岩吉), 야노(矢野仁一) 저
조선·만주사(朝鮮·滿洲史) (세계역사대계 11권) 平凡社 1935

다카하시(高橋亨) 저
조선사상사대계(朝鮮思想史大系) 寶文館 1935

호소이(細井肇) 저
조선총서(朝鮮叢書) 조선문제연구회 1936

이청원(李淸源) 저
조선사회사독본(朝鮮社會史讀本) 白楊社 1936

구도(工藤文哉) 저
조선서도사(朝鮮書道史) 1936

야마모토(山本實彦) 저
만선(滿鮮) 改造社 1936

이청원(李淸源) 저
조선독본(朝鮮讀本) 學藝社 1936

오야(大屋德城) 저
고려속장조고고(高麗續藏雕告攷) 京都便利堂 1937

도쿄미술청년회 편
고려다완차제록(高麗茶碗次第錄) 1937

시립하코다테도서관 편
신라의 기록(新羅之記錄) 1937

백남운(白南雲) 저
조선 봉건사회경제사(朝鮮封建社會經濟史) 改造社 1937

조선총독부 편
조선인명사전(朝鮮人名辭典) 1937

조선총독부 편
조선총독부 시정연보(朝鮮總督府施政年報) 1937

조선총독부 조선사편수회 편
고려사절요 보간(高麗史節要 補刊)(5권) 1938

조선문화보급회 편
조선대관(朝鮮大觀) 1938

시모무라(下村 宏) 저
수필평론집 조선·만주·지나(隨筆評論集 朝鮮·滿洲·支那) 第一書房 1939

오구라 신페(小倉進平) 저
조선어학사(朝鮮語學史) 刀江書院 1940

아키타(秋田雨雀), 장혁주(張赫宙), 무라야마(村山知義), 유진오(兪鎭午) 편집
조선문학선집(朝鮮文學選集) (전3권) 赤塚書房 1940

신건(申建) 역편
조선소설대표작집(朝鮮小說代表作集) 敎材社 1940

이광수(李光洙) 저
가실(嘉實) 모던일본사 1940

이광수(李光洙) 저
유정(有情) 모던일본사 1940

김소운(金素雲) 역편 시집
우유빛 구름(乳色の雲) 河出書房 1940

미스 조선
박온실

제2차 「조선판」 간행을 기념하여 본사가 모집한 미스 조선은 역시 내지와 조선에서 응모가 폭주하였다. 미스 조선 심사위원들이 엄선에 엄선을 기하여 영예로운 미스 조선을 결정했다. 선정된 미녀는 그야말로 전 조선을 대표하는 여성이다. 심사위원 전원의 추천사를 들어보자.

♣ 기쿠치 간(菊池寛)

나는 박온실을 미스 조선에 추천한다. 조선의 고전미라고 할 수 있는 청초한 아름다움이 좋다. 정온녀도 내지 여성과 비교하여 전혀 손색이 없는 미인이라고 생각한다.

♣ 구메 마사오(久米正雄)[84]

박온실과 정온녀 두 아가씨를 나란히 두고 꽤나 망설였다. 정 양의 이지적인 미. 그러나 어딘지 모르게 꾸민 듯한 느낌이 나는 것이 아쉽다.

전체적으로 청초하고, 연분홍빛 느낌이 물씬 나는 박온실을 추천한다.

미스 조선 박온실 양
주소: 평양부 모란대 오마키차야
연령: 19세
신장: 1미터 57센티미터
체중: 45킬로그램
추천자: 구보(久保虹城)씨

준 미스 조선 정온녀 양
주소: 도쿄(東京)시 스기나미쿠(杉橙區) 와다혼쵸(和田本町) 899 가마타 고로(鎌田五郎) 씨 댁
연령: 22세
신장: 1미터 55센티미터
체중: 47킬로그램

조선 심사평

눈썹과 눈썹 사이가 넓은 것이 오히려 포용력이 있고 누구에게나 호감을 줄 것 같은 이미지라 좋다.

♣ 야마카와 슈호(山川秀峰)

저는 이순진 씨를 추천합니다. 밝고 청순한 아름다움이 있는 분이라고 생각합니다. 보고 있노라면 조선의 산과 하늘이 떠오르는 듯한 느낌이 듭니다. 근대문명이 발전해 가는 조선의 모습이 확실히 이순진 씨의 아름다운 모습에서 상징적으로 나타나 있습니다.

♣ 이하라 우사부로(伊原宇三郎)[85]

'미스 조선' 후보의 아리따운 사진이 도착하던 날, 마침 저는 조선미술전람회 용무를 마치고 20일 남짓한 조선여행에서 돌아오는 길이었습니다. 그래서 더욱이 조선에 있는 듯한 기분으로 사진을 몇 번이고 보았는데 상당히 고민한 끝에 박온실 씨에게 최고점을 드리기로 결심했습니다.

준 미스 조선 이순진 양
주소: 시나가와쿠(品川區) 기타시나가와(北品川) 4-722
연령: 23세
신장: 1미터 56센티미터
체중: 44.9킬로그램

준 미스 조선 김영애 양
주소: 전남 목포부 죽교리
연령: 19세
신장: 1미터 60센티미터
체중: 55킬로그램

미스 조선상 증정

2천만 전 조선이 흥분의 도가니 속에 약진하는 조선의 '미스 조선'은 보시는 바와 같이 아리따운 박온실 씨가 최고 점수로 결정되었습니다. 본사는 이 영예로운 미스 조선에게 빛나는 은제 컵 미스 조선상을 수여할 예정입니다. 이 밖에 화신, 가네보의 후원으로 미스 조선을 위해 특별히 제작한 멋진 조선 의상을 기증했습니다. 아리따운 미스 조선이 아름다운 의상을 입고 꽃으로 장식되면 얼마나 멋질까요.

준 미스 조선
정온녀

조선의 미인들 중에는 내지인에게는 찾아볼 수 없는 고운 피부와 기품이 넘치는 분이 있는데 이 박온실 씨도 사진으로는 좀 엿보기 어렵기는 하지만 선천적으로 그런 기질을 지닌 분인 것 같고 누구나가 단단히 묶으려고 하는 가슴의 리본을 여유 있게 묶고 있는 데에서도 온화한 성품이 느껴집니다. 머리 모양도 인위적이지 않고 자연스러운 면에 호의가 느껴집니다.

♣ **기도 시로**(城戸四郎)[86]

정온녀의 눈은 예리하고 지적인 빛을 띠고 있다. 얼굴은 둥글고 볼은 통통하다. 얼굴이 포동포동한 것은 건강한 증거이다. 이런 의미에서 나는 정온녀를 미스 조선으로 추천합니다.

♣ **모리 이와오**(森岩雄)[87]

박온실 양은 조선의 옛 도자기와 같은 아름다움.

정온녀 양은 조선의 신식 정원에 피는 새로운 꽃처럼 매우 신선하고 생동감이 넘치는 느낌이 들었다.

미스 조선으로는 조선의 전통적인 아름다움을 구현하고 있는 박온실 양이 적합하다고 생각한다.

♣ 안석영(安夕影)[88]

박온실 양은 촬영기술이 다소 실물을 망친 듯하지만 조선의 여인으로서 손색없는 아름다움을 지니고 있다고 생각합니다. 조선의 하늘처럼 언제나 청명한 분위기, 전통적인 미소를 지니고 있습니다. 단 귀가 좀 걸리지만……

'제2위' 정온녀 양

부분적으로는 아름다운 여인입니다. 세련된 표정이 오히려 자신의 감정 표현을 제대로 드러내지 못했다는 생각이 듭니다.

'제3위' 이순진 양

거리에서 본 여인이라면 평범하지 않은 인상으로 남겠지요.

'제4위' 김영애 양

미인입니다. 그러나 특색이 없는 것이 안타깝습니다.

♣ 박기채(朴基采)[89]

제1위는 이순진 양이 적합하다고 생각합니다. 현대적인 매력이 있는 여성으로 굳이 영화와 관련지어 말하자면 하나의 독특한 타입의 여성으로서 말입니다.

1위 이순진, 2위 김영애, 3위 박온실, 4위 정온녀.

조선여학생 좌담회

출석자

중앙보육학교	김봉주(金鳳珠)(19)
이화여자전문(가정과)	조영숙(趙英淑)(21)
이화여자전문(음악과)	김순애(金順愛)(21)
이화여자전문(문학부)	최종옥(崔鐘玉)(23)
경성여자의학전문학교	임명순(林命順)(25)
경성보육학교	최순임(崔順姓)(19)
경성보육학교	한순택(韓順澤)(19)
숙명여자전문학교	한영희(韓寧姬)(21)

본지 기자

기자 이번에는 제2회 조선판을 출간하게 되어 현지 편집부의 새로운 기획으로 도쿄에서 이곳까지 왔습니다. 이곳에서 하는 첫 번째 일이기도 한데요, 젊은 인텔리 여성 여러분을 모신 이 좌담회가 『모던일본』특유의 신선하고 명랑발랄한 것이었으면 합니다. 학교 교실의 딱딱한 분위기가 아니라 개방된 자유로운 기분으로 말씀해 주시길 바랍니다.

그럼 먼저 여러분의 취미에 대해 들어 볼까요? 음악 같은 거 좋아하지 않으세요? 악기를 다루시거나 하시지는 않는지요.

김봉주 오르간을 좀 만지는 정도이긴 하지만……

조영숙 저도 오르간을 합니다. 기껏해야 찬송가를 치는 정도이긴 하지만요. 바이올린도 좀 합니다.

김순애 저는 음악이 전공이긴 하지만 성악을 잘 못합니다. 작곡을 공부하고 있어요. 저는 차이코프스키의 작품을 특히 좋아합니다. 일본의 작곡가로는 야마다 고사쿠(山田作)[90] 씨를 좋아합니다.

최종옥 저는 음악은 아무것도 안 하지만 듣는 것은 아주 좋아합니다. 서양음악으로는 바이올린을 좋아해요. 하지만 가장 좋아하는 것은 조선음악입니다. 조선음악은 듣고 있으면 정말 즐거워지거든요. 학교에서 조선음악을 가르치기 때문에 자연히 익숙해지게 되죠. 노래도 조선노래를 부릅니다. 하지만 전 선천적으로 음악적이지 못해서

들기만 하지요. (웃음소리) 조선의 음악은 서정적이라 좋아요.

한영희 전 음악이라면 뭐든지 좋아해요. 기악, 성악, 독창, 합창 할 것 없이요. 하지만 저는 아무것도 못해요. (웃음) 베토벤이나 슈베르트 같은 것은 레코드와 신경(新京)교향악단 덕분에 잘 들을 수가 있지요. 앞으로도 좋은 음악을 많이 듣고 열심히 공부할 생각이에요.

임명순 저도 음악에는 옛날부터 관심이 있고, 밥보다도 좋아하지만 제가 원래 좀 둔해서 직접 못하는 게 안타까워요. 성악을 좀 하는데 목소리가 나빠서 사람들 앞에서는 못 불러요. (웃음소리)

한순택 베토벤 곡이라면 레코드로 거의 공부했어요. 제가 할 수 있는 것은 소곡을 서툴게나마 부르는 정도이긴 하지만 듣는 것은 좋아해요.

최종옥 양산도(楊山道) 같은 것은 조선의 대표곡이라고 생각합니다.

한영희 조선 민요는 학교에서도 가르쳐요. 저희는 배우지 않아도

외워버리지요.

김순애 조선에서는 지금까지 극히 일부 사람들만 노래를 해왔습니다. 그래서 발달하기는커녕 퇴보했다고 해도 과언이 아닙니다. 노래는 천한 하층민이 하는 것으로 여겨져 왔어요. 그래서 하고 싶어도 내놓고 할 수 없었던 거지요.

예로부터 조선의 음악은 악기가 상당히 발달되어 있었어요. 특히 가야금 같은 것은 아주 정교하지요. 그것이 여러 환경의 영향으로 퇴보하기는 했지만 앞으로 좋아질 거라고 생각해요. 저희 학교에서도 조선음악 특히 가야금이나 양금(洋琴;

피아노가 아님)을 가르치고 있습니다. 얼마 전에도 라디오 방송을 했구요. 다음 달에도 대대적으로 방송을 하기로 되어 있어요. 그래서 지금 열심히 연습 중입니다.

기자 그럼 무용에 관한 얘기를 들어볼까요? 무용은 조선에서 최승희 씨 같은 세계적으로 유명한 사람이 나왔으니 여러분들도 관심이 많으실 거라 생각하는데요.

김봉주 저는 특별히 춤을 추지는 않지만 학교에서 하는 무용은 해요. 체조 시간에는 체육댄스…….
(웃음소리) 최승희 씨의 춤은 안타깝게도 못 보았구요. 이시이 바쿠(石

井漢) 씨의 춤은 한 번 보았습니다.

조영숙 얼마 전에 조택원 씨의 춘향전 춤을 보았습니다. 정말 멋지더군요. 특히 의상이 인상적이었어요.

김순애 저는 무용에 관해서는 전혀 문외한이라서 뭐라 말할 수도 없고 춤을 추지도 못하지만 다른 사람이 춤추는 것을 보는 것은 재미있어요.

임명순 저도 무용은 가끔 보는데 제가 해 볼 용기는 없어요.

최순임 최승희 씨의 춤은 고전적이고 예술적이라 아주 좋아요. 하지만 저는 전혀 문외한이라 비판 같은 것은 못하겠네요.

한순택 최승희 씨의 춤은 체육으로 아주 좋다고 합니다. 학교에서 최승희 씨 무용의 기초 정도는 가르치고 있는데 건강체조라고나 할까요. 효과 100%라고 생각해요.

기자 그럼 이번에는 미술과 문학 작품, 작가에 대해서 비판이든 감상이든 뭐든지 듣고 싶습니다.

김봉주 전 문학을 좀 알아요. 조선 시인의 작품을 좋아하지요. 특히 임학수(林學洙) 씨의 작품은 줄곧 애독하고 있습니다. 조선의 시가 좋아요. 내지의 작가로는 나쓰메 소세키(夏目漱石) 선생님의 작품이 걸작이라고 생각합니다. 시는 사이조 야소(西條八十) 선생님의 작품이 부드러워서 좋아요. 혼자서 시를 좀 연구하고 있긴 한데 너무 어려워서 잘 안 되더군요.

조영숙 저는 러시아 문학을 좋아합니다. 도스토예프스키의 작품은 철학적이고 인생의 묘미를 잘 포착하고 있다고 생각합니다.

김순애 저는 문학이라면 뭐든 좋아합니다. 많은 책을 독파하고 있습니다. (웃음소리) 조선 사람으로는 정지용(鄭芝鎔)[91] 씨의 작품에 좋은 것이 많다고 생각합니다.

최종옥 저도 독서를 싫어하는 편은 아닌데요. 읽을 시간이 없어요. 아까도 어느 분인가가 말씀하셨지만 도스토예프스키의 명작은 잊을 수가 없어요.

한영희 저는 내지분으로는 아베

339

도모지(阿部知二)[92] 씨의『겨울 여관(冬の宿)』같은 것은 걸작이라고 생각해요. 외국 것으로는 헤르만 헤세의 작품을 좋아합니다.

최종옥 저도 헤르만 헤세는 정말 좋아해요.

임명순 저는 의학이 전공이기는 해도 문학을 전혀 읽지 않는 것은 아닙니다. 저도 문학의 캠퍼(kamfer; 강심제의 하나) 주사 정도는 맞고 있다고 생각합니다. 그런 점에서는 모리 오가이(森鷗外)[93] 선생님을 존경합니다. 문학자이면서 동시에 과학자로서 세계적으로 유명한 분이니까요. 저희 학교에서는 반이 두 그룹으로 패가 나뉘어져 있습니다. 하나는 과학 신자이고, 다른 하나는 문학예술 숭배자입니다. 두 파로 나뉘어 열띤 토론을 벌일 때가 있지요.

최순희 저도 나쓰메 선생님의『풀베게(草枕)』를 숙독하고 음미하고 있어요. 학교에서도 나쓰메 선생님과 같은 작가의 작품은 읽히고 있구요.

한순택 저희 학교에서는 도서부를 만들어 문학예술 방면을 크게 장려하고 매 학기마다 비평연구를 시키고 있습니다. 특히 신학기부터 본격적으로 착수하기 때문에 아무래도 그 방면으로 익숙해지기 마련이지요.

최종옥 번역물은 아무리 잘 되어 있는 것이라도 사실 잘 모르겠어요. 영문 원서는 어려워서 좀처럼 잘 못 읽어요. 선생님의 해석에 의존하는 것이 고작이죠. 그래서 아무래도 번역물을 읽게 돼요.

한영희 여학교 시절에는 무조건 서양 작품의 번역만 읽었는데 지금은 일본 작품을 읽게 되었습니다. 그 편이 순서에 맞고 공부가 되기 때문에 일부러 일본어 작품을 읽고 있습니다.

기자 그럼 스포츠와 레뷰 쪽으로 옮겨 갈까요.

김봉주 저는 겨울에 롱 스케이트 타는 것을 좋아합니다. 여름에는 탁구를 하고요. 농구와 정구는 보는 것을 좋아합니다.

조영숙 저는 여학교 시절에는 상

당히 뛰었습니다. 배구는 제 스스로도 자신이 있었고 당당한 선수였습니다.(웃음소리) 정구는 여자 스포츠로는 이상적이라고 생각해요. 지금은 아무것도 안 하지만 하이킹은 가끔 갑니다. 여자 야구도 좋다고 생각해요. 인디언 야구입니다. 그 운동은 아주 재미있어요.

최종옥 저는 뭐든 가능해요. 인디언 야구와 농구를 가장 잘합니다.

한영희 저는 스케이트만은 열심히 했습니다. 대체로 스포츠는 거의 가능하지만 특별히 해 보고 싶은 것은 자전거 경기입니다. 하지만 여자가 자전거를 타서는 안 된다는 말도 있고 해서 낮에는 못 타요. 한밤중에 몰래 자전거를 끌어내서 애용해 주고 있지요.(웃음소리) 자랑 같지만 아직 한 번도 교통사고를 낸 적은 없어요.

임명순 원래 저는 운동은 뭐든지 열심히 하는 사람이었는데요. 학교가 바뀌고 나서는 공부에 쫓겨 지금은 아무것도 안 하고 있습니다. 저희 학교에서는 일요일마다 등산

을 하게 되어 있어요. 10월과 3월의 시험기간에는 못하지만 그 외의 일요일에는 빠짐없이 등산을 하고 있습니다.

기자 여기 계신 여학생 분들 중에서 권투 팬 계십니까?

임명순 조선에는 복싱을 보는 여학생은 거의 없다고 생각합니다. 저도 한 번도 본 적이 없습니다.

기자 내지의 여학생들은 모두가 레뷰 팬이라고 해도 될 정도입니다. 이곳에도 'OK그랜드쇼'라는 것이 있지요? 그런 건 상당히 크지 않나요?

조영숙 저희는 별로 관심 없어요. 내지에서는 왜 그렇게 인기가 있는지 모르겠네요. 다카라즈카(寶塚) 같은 건 내지 수학여행 때 한 번 보았는데 진정한 재미는 잘 모르겠더라구요.

한영희 저도 내지 수학여행 때 연무장(演舞場)에서 보았는데 잘 모르겠어요.

기자 영화는 이곳에서도 상당히 팬이 많지요? 이곳에서는 전문학

교에서도 극장이나 영화관에 가는 것이 금지되어 있습니까?

최순임 저희 학교에서는 금지되어 있습니다. 하지만 모두들 몰래 가지요. (웃음소리)

김봉주 저는 좋은 영화가 오면 학교에서 데려가 주기 때문에 그래서 참고 있어요. 혼자 가기는 쓸쓸하고…….

최순임 봐도 되는 영화는 부지런히 가 주지 않으면 안 되지.

기자 그럼 여러분들이 보신 영화의 작품, 배우, 감독에 대한 감상이나 비평을 부탁드리겠습니다.

조영숙 비평은 못하지만 펄벅 원작의 『대지』 같은 건 영화로도 걸작이었어요. 그리고 조선 영화로는 「새 출발」 같은 건 아주 좋았습니다. 그리고 이번의 「수업료」도 훌륭하다고 생각해요. 내지 영화로는 「신여성 문답」, 「애염(愛染) 가발」 등이 좋았구요.

한영희 외국영화 「제복을 입은 아가씨」가 아주 좋았습니다. 「창살 없는 감옥」도 잊을 수 없는 영화였어요.

김순애 영화를 보면 눈이 아파서 별로 자주 보지 않습니다. 음악영화라면 듣기만 해서 좋은데 영화를 보면 꼭 병이 나는 거에요. (웃음소리)

한영희 춘희를 보고 폐병에 걸린 사람도 있어요. (폭소)

조영숙 「여로」도 최근의 히트작이라고 생각해요.

김봉주 「흙」의 출연자가 모두 총동원되어 있던데요.

최종옥 영화는 비극물이라고 해서 바로 울어서는 안 돼요. 냉정하게 제3자의 입장에서 비판적으로 감상하고 나서 울든지 웃든지 해야 해요. (웃음소리) 조선 사람은 내지 사람보다 안 울어요. 눈물샘이 막혀서 그렇겠지요. (크게 웃음)

임명순 그렇지 않아요. 저 같은 사람은 잘 우는 편이에요. 제가 울 때 옆 사람을 봤더니 역시 울고 있던 걸요. 반도 사람들도 울어요.

김순애 얼마 전에 「엄마의 노래」를 보고 손수건을 두 장이나 적시고 말았어요.

한영희 내지인이든 반도인이든 그때의 기분에 따라 우는 것이 아닐까요. 특히 여자들의 경우는 더욱 그럴 것 같은 생각이 드는데요.

최종옥 동감이에요. 환경의 지배를 받게 마련이지요.

임명순 「소년의 거리」는 메이지좌(明治座)를 울음바다로 만들어 버렸지요.(웃음)

조영숙 「소년의 거리」는 중학생들에게 꼭 보여주고 싶어요. 아주 감명적인 영화였어요.

기자 그럼 이쯤에서 화제를 바꾸어 실례되지만 여러분들은 매월 용돈을 얼마나 쓰십니까?

한영희 아버지 기분에 따라 매월 액수가 달라져요.(웃음)

김봉주 저는 기숙사에 있기 때문에 식대를 포함해서 월 30엔 이상 들어요.

기자 그 내역을 말씀해 주시지 않겠습니까?

김봉주 식비가 20엔 정도이고 나머지 10엔이 잡비입니다. 수업료는 학기 초에 따로 내고요.

조영숙 저는 가정과라서 제법 들어요. 한 달에 40엔 가지고 좀 부족합니다. 25엔이 식대와 가정과 재료비이고, 나머지 15엔이 책과 그밖의 용돈입니다. 기숙사에 있어서 외출했다가 돌아올 때 친구에게 줄 선물 같은 것을 사가지고 오기 때문에 비용이 제법 많아져요.

기자 선물이라면 초콜릿입니까?

조영숙 케이크와 전병 같은 거죠. 초콜릿은 비싸서 먹고 싶은 마음이야 굴뚝같지만 좀처럼 못 사요.(웃음소리)

김순애 저는 음악과라서 책값이 많이 들어요. 1권에 5엔 이상이니까 예산의 3할을 뺏기는 셈이죠. 간식도 먹어야 하고 월액으로 정하지는 않고 있지만 보통 이상은 씁니다. 약 20엔 정도 써요.

조영숙 저도 그래요. 책은 매달 꼭 사는데 예산의 대부분이 들어서 진절머리가 나요.

최종옥 저는 저희 집에서 다니고 있어서 식대는 안 들지만 잡비가 10엔 정도 들어요. 학교가 멀어서

기차, 전차비가 커요. 책은 학교 도서관에서 빌려 보고 있습니다. 자선냄비에 매월 1, 2전을 몇 차례 내는 것이 낙이에요.

한영희 저도 저희 집에서 다니기 때문에 아버지에게 10엔 정도의 용돈을 받고 있는데 그것을 엄마에게 맡기고 있어요.

기자 그럼 몰래 사 먹거나 하지는 못하지 않습니까?

한영희 아니요. 그게 그렇지 않답니다. 그러곤 아버지의 기분을 살피죠. 기분이 좋을 때를 골라 바로 용돈투정을 하는 거죠. 운이 좋으면 월에 5, 60엔은 받을 수 있지요. (웃음소리) 그것으로 친구들을 불러 식당에 가기도 하고 영화를 보러 가기도 해요.

임명순 저도 집에서 다녀서 식대는 안 들어요. 잡비는 10엔 정도입니다. 주로 하이킹비로 저축해 둡니다. 매월 두세 번 하이킹 가는 것이 유일한 낙이지요. 의학서적은 평균 10엔 정도는 들기 때문에 별도로 집에서 받고 있구요.

최순희 저는 잡비 15엔 정도입니다. 과자와 영화에 7할 이상 사용하고 있어요. 케이크가 제일 맛있지만 물가가 올라서 어쩔 수 없지요.(웃음소리)

조영숙 저희는 군밤을 즐겨 먹습니다. 이불을 뒤집어쓰고 몰래 먹거나 하지는 않습니다. 당당하게 수다를 떨며 먹어요.

한영희 홍아만주도 맛있어요. 가메야에서 팔고 있는데 그거 굉장히 좋아해요.

한순택 저는 한 달에 12엔 씁니다. 양말이 비싸서 고생하고 있습니다. 싼 것도 1엔 50전은 하거든요. 간식은 집에서 사주셔서 덕을 보고 있긴 하지만요.

기자 여러분들이 잘하시는 요리에 대해 듣기로 하겠습니다.

조영숙 학교에서 대충은 배우지만 어려워요. 양념을 잘못하면 요리가 엉망이 되고 맛의 칵테일이 되어버려서.(웃음소리)

기자 중국요리, 일본요리, 조선요리의 풍미와 특징에 대해 자유롭게 의견을 말씀해 주십시오.

조영숙 요즘은 조선요리도 서양화되고 있다고 생각합니다. 먹는 법이나 식기도 서양풍의 것이 많아졌습니다. 조미료도 순수한 조선 것은 없습니다.

기자 어느 요리가 가장 맛있습니까?

조영숙 역시 조선요리가 가장 맛있다고 생각해요. 학교에서도 김치류는 우리들이 만들어요. 졸업 무렵에는 가사실습실에서 모두 총동원입니다. 무우, 배추는 물론 된장, 간장도 우리들이 만듭니다. 김치는 양이 아주 많지만 결코 비경제적이지 않지요. 조선 사람들은 습관상 간식을 안 하거든요.

기자 조선요리 중 가장 대표적인 것으로 자랑할 만한 요리는 무엇입니까?

조영숙 글쎄요. 저는 신선로라고 생각합니다. 맛이 좋아서 모두들 좋아하지요.

최종옥 맞아요. 신선로가 대표적이죠. 재료도 30가지나 사용합니다.

조영숙 일본요리는 너무 담백해서 뭔가 부족한 느낌이 들어요. 좀더 먹고 싶을 때 벌써 끝나 버리고 말거든요.

한영희 정말 그래요. 조선요리는 양이 많아서 그런 점은 안심이지요. 일본요리 중에는 생선회가 맛있었어요. 참치회는 천하일품.(웃음소리) 그리고 조선요리에서 갈비는 각별한 맛이 있어요. 하모니카를 불듯이 베어 먹어요.

조영숙 베어 먹을 때의 맛은 정말 최고지요.

최종옥 다시마 튀각과 김구이도 맛있어요.

기자 이번에는 치장에 관한 이야기를 하지요.

조영숙 학교에서는 엷은 화장은 해도 되지만 입술을 바르거나 눈썹을 그려서는 안 되요.

김봉주 저는 학교 갈 때 크림만 살짝 바르는 정도입니다.

한영희 화장법은 옛날에는 어떠했는지 모르겠지만 요즘에는 모두 서양식이 되어 있지 않나요? 딱딱한 분 같은 것은 이제 안 써요.

조영숙 화장법이라고 해도 각자의 개성에 맞는 화장법이어야 해요.

김순애 저는 화장에 관심이 없지만 피부에 맞는 화장을 했으면 좋겠어요.

한영희 저는 잠꾸러기라서 화장이고 뭐고 없어요.(웃음)

기자 여자들의 복장에 대해서는 어떻게 생각하십니까?

조영숙 복장은 물론 조선 것이 좋다고 생각합니다. 일본옷도 유카타 같은 것은 여름에 시원해서 좋을 것 같구요.

한영희 유카타는 입어 본 적은 없지만 일본옷의 허리띠를 매면 마음이 긴장되는 느낌이 들어요.

임명순 조선옷은 건강상 좋습니다.

조영숙 경제적으로나 실용적으로도 좋아요. 양장은 체격이 빈약한 사람은 불쌍해서 못 보겠어요.

임명순 수년 전까지는 저고리만 '벨벳'이었는데 요즘은 이제 치마에도 벨벳을 사용하기 시작했더군요. 저는 쓸데없는 낭비라고 생각합니다.

한영희 옛날에는 비단도 무늬가 없었는데……. 정말로 조선 부인들의 옷이 많이 사치스러워졌어요.

최종옥 실용적이고 튼튼하고 착용감도 좋은 것은 마와 견직물이 좋습니다.

조영숙 짧은 스커트는 주로 직업 여성이나 여학생이 입고요, 기생도 자주 입습니다. 하지만 역시 긴 것이 정통이지요.

기자 거리에 보이는 기생 중에는 흰 목면 옷을 입고 있는 사람이 있는데 이유가 뭡니까? 오히려 일반 가정부인들이 멋을 부리고 있는 것 같던데요.

조영숙 그건 기생들의 허영이에요. 요즘엔 비단보다 목면이 더 비싸거든요…….

임명순 요즘에는 가정부인들

347

이 평상복으로도 비단을 입어요. 목면이 없으니 도리가 없지요. 멋을 낼래서 내고 있는 게 아니에요.

기자 기생 이야기가 나왔는데 같은 여성의 입장에서 한번 기생을 비판해 주십시오.

한영희 외면적으로도 기생이 있기 때문에 가정부인들의 사치가 조장되고 있는 것이 아닐까요.

조영숙 반대로 기생이 될 수 있는 한 가정부인처럼 보이고 싶어 하는 것 같아요. 거의 구분이 되지 않을 정도이에요. 이제 옷만 가지고는 누가 누구인지 구분 못 해요.

최종옥 기생도 직업 여성입니다. 먹고 살기 위해서 일하는 하나의 수

단이라고 생각하기 때문에 문제 될 건 없다고 생각합니다. 하지만 일하는 직업으로서 좋다고는 할 수 없지요. (웃음소리)

한영희 조선에서도 일부 종교단체가 기생폐지운동을 한 적이 있습니다. 어쨌든 기생들이 무턱대고 잘난 체하고 싶어 하는 것은 문제라고 생각해요. 전혀 부끄러운 줄을 몰라요. 좀 솔직해지면 좋겠습니다.

임명순 자포자기해 버리기 때문이 아닐까요? 하지만 불쌍하지.

최종옥 경제적으로 부모 형제를 부양해야 하는 불쌍한 사람들이에요.

임명순 다들 사정이 있겠지만 장래를 생각해 다시 시작했으면 좋겠어요. 자기인식을 깊게 하면 기생 같은 것 못하지요.

한영희 아무튼 사회의 죄, 남성의 죄라고 생각해요. 기생의 번성은 모두 남자들 덕이지요. 여자가 기생놀이를 한다는 소리는 들은 적이 없으니까 말이에요. 모두 남자들의

죄예요.

일동 동감이야. 남자들을 무찔러야 해. (환성)

임명순 여자를 노리개로 삼는 것은 남성입니다.

기자 대단히 죄송합니다. (폭소) 그럼 분위기가 무르익은 참에 연애문제 결혼문제로 옮겨 갈까요. 남성들에게 참고가 될 만한 이야기를 해 주십시오.

조영숙 여자는 평등권을 주장하는 반면에 남자는 우위권을 주장하기 때문에 문제예요.

한순택 기생은 남자의 첩 같은 존재로 '남자와 첩'의 문제가 발생합니다. 그렇기 때문에 연애결혼보다도 첩의 문제를 해결하지 않고는 이야기를 진행시킬 수가 없습니다.

일동 옳소. 옳소.

임명순 모두 남자들의 책임이에요. '사회질서의 건설은 남자를 처음부터 다시 단련하는 일'부터예요.

조영숙 80퍼센트 이상의 남자가 한 여자로 만족하지 못한다고 어떤 책에 나와 있었는데요. 어째서 남

자는 둘 이상의 여자를 소유하고 싶어 하는 걸까요.

김순애 그건 탐욕스러운 남자들의 정복욕이지. (웃음소리)

한영희 요즘은 여자 쪽에서도 가만히 있지 않습니다. 첩 같은 것을 들이면 당당하게 이혼해 버리지요.

조영숙 최근 신문 가정란의 인사 (人事)상담 등은 온통 이혼문제뿐이에요. 조선의 조혼의 폐해죠. 모두 시골의 무지한 여자들이 남자들의 가혹한 처사에 피해를 당하고 있어요. 시골 여자라서 이혼당하는 것은 아니지요. 당당한 인텔리 여성도 이혼당해요. (웃음소리)

기자 그럼 여러분은 남자를 싫어하십니까? 실례지만 연애같은 것은 안 하실 생각이십니까?

한영희 지금까지 조선의 엄격한 관습상 연애는 허락되지 않았습니다.

조영숙 조선에서는 일반적으로 연애를 싫어했지요.

기자 이유가 뭡니까?

임명순 싫어한다는 말에는 어폐가 있어요. 부모의 허락이 있으면 청

순한 연애는 있을 수 있다고 생각합니다.

김봉주 정당한 연애는 결혼이 전제라고 생각해요. 연애와 결혼은 불가분의 관계에 있다고 생각합니다.

조영숙 그러나 연애와 결혼은 별개라고 말하는 사람도 있어요.

기자 말씀하시는 분은 어떻게 생각하십니까?

조영숙 아마 하지 않을 테니 모르겠습니다. (웃음소리)

기자 만일 댁에서 반대하시면 어떻게 하시겠습니까? 연애를 포기하시겠습니까?

임명순 정도의 문제라고 생각합니다.

조영숙 이상적인 연애는 미리 부모의 양해를 얻은 상대와 순수한 관계를 지속하다가 결혼에 "골인"하는 것이 제일이라고 생각해요.

최종옥 조선 사람들의 사고방식으로는 결혼 혹은 부부관계는 전생의 인연이라고 봅니다. 반드시 무언가의 운명이라고 믿고 있어요. 그래서 연애를 잘 안 하는 거지요.

김순애 불교 사상에서 말하는 인연설도 일리는 있다고 생각해요. 전생에서 약속을 해야 부부가 될 수 있는 것이지요.

기자 여러분의 가장 이상적인 남편은 어떤 분입니까?

김봉주 남성적이고 쾌활한 사람이 좋아요. 체격은 보통이면 되구요.

조영숙 이해심이 있고, 건강한 분. 그리고 명랑하고 성실하지 않으면 곤란해요. (웃음소리)

최종옥 학자가 좋아요.

한영희 뭐든지 곧게 생각하고, 정직한 분이면 충분합니다.

임명순 이지적인 생각을 가지고 있는 사람, 그리고 직업을 이해해 주는 사람입니다.

최순임 지위나 명예가 있는 사람은 필요 없습니다. 설령 5, 60엔 받는 샐러리맨이라고 하더라도 아내를 소중히 여기는 사람, 일생을 함께 할 수 있는 사람이면 됩니다.

한순택 건강이 제일이에요. 여자의 마음을 잘 이해해 주는 사람, 신실하고 쾌활하면서도 점잖은 사람이 좋아요. (웃음소리)

기자 장시간 여러 가지 말씀에 감사드립니다. 그럼 이쯤에서 좌담회를 마치도록 하겠습니다.

(마이니치(每日)신보사 회의실에서)

도쿄에서 활약하고 있는 반도인들

1. 언론계·문예계

먼저 비상시 일본을 선전하는 총본부인 동맹통신에 변성렬(邊成烈)이 있다. 그는 영문 담당부 차장을 맡고 있는데 20대에 이미 영어 실력으로 링컨상을 받은 천재이다. 동맹통신이 있는 전통(電通)빌딩 7층이 '독일 전보통신'. 여기는 철학자 강세형(姜世馨)의 사무실이다. 히틀러 시절 전에 독일에서 유학한 그가 어떻게 괴벨스[94]에게 인정을 받았는지 작년에 조선을 방문했던 히틀러 유겐트[95]라든가 신문사절단 등의 일본에서의 일정을 그가 정했다는 이야기만으로도 독일에서의 그의 신망이 대단함을 알 수 있을 것이다.

한편, 간다(神田) 가마쿠라강 언덕에 산업조합신문이라는 그다지 유명하지 않은 신문사가 있는데 여기 편집장인 기쿠타 가즈오(菊田一夫) 즉 김대욱(金臺郁)은 현재 산업조합의 대장 센고쿠 고타로(千石興太郎)[96]의 브레인 트러스트 중의 한 사람이다. 또한 간다에는 조선화보사를 경영하고 있는 김을한(金乙漢)의 사무실이 있다.

역시 신문사가 모여 있는 스키야바시로 가면 도쿄아사히신문사에 장원종(張元鐘)이 있다. 홋카이도 통신부에 오래 근무하면서 러시아산 생선을 먹어서인지 조선어보다도 러시아어를 잘한다고 한다.

슈킹의『취미와 문학』을 번역한 도쿄대학 출신의 가네코 가즈(金子和) 즉 김삼규(金三圭)는 그 분야에서는 생계가 어려워 광산을 찾으러 조선에 간 이후로 연락이 없다. 역시 도쿄대학 출신의 김사량(金史良)은 아쿠다가와 상 후보작 「빛 속으로」를 문예춘추(文藝春秋) 3월호에, 「천마(天馬)」를 문예춘추 6월호에 발표하여 일약 중앙문단에 등장했다.

부인화보 편집부에는 김종한(金鐘漢)이 있다. 그는 정열적인 시인이다.

그 밖에 중앙공론(中央公論)에 주한옥(朱漢玉), 데이니치(帝日)의 기시 창호(昌昌鎬). 기계공업신문에 최제일(崔齊一), 닛신의학사(日新醫學社)에 마키노 사부로(牧野三郎) 즉 한만상(韓晚相) 등의 젊은이들이 활약하고 있으며 작가로는 그 유명한 장혁주(張赫宙)가 있다.

또 선데이 마이니치의 당선 작가 김성민(金聖珉)이 있다.

2. 무용계, 음악계

이 분야에서 첫 번째로 손꼽히는 인물은 최승희(崔承嬉)일 것이다. 반도의 무희가 세계의 무희가 되기 위해 미국에서 프랑스로, 프랑스에서 남미로 순회공연을 하고 있는데 이번에 귀국하면 볼만할 것이다. 함귀봉(咸貴奉)[97]은 '미키 히데토(三木秀人)'라고 창씨개명 하였다. 그는 교육무용에서 일가를 이룬 듯하다. 도쿄대학 출신의 인텔리 구니 마사미(邦正美)[98]가 있는데 현재는 어엿한 대가가 되어 오스트리아에서 무용 선생을 한다고 한다. 춤도 최고이지만 가난으로도 최고인 조택원은 파리에서 익힌 솜씨로 최근에는 발레「학」을 상연해 야심찬 면모를 보여 주었다. 작년에 그의 파트너 역할을 한 와카쿠사 도시코(若草敏子) 즉 김민자도 유망하다. 에구치, 미야무용연구소에는 권오봉(權五鳳)이라는 소녀가 있는데 체조학교 출신인 만큼 힘차고 발랄하며 무용도 유망하다고 한다.

다음으로 음악계를 훑어보자. 킹레코드사에 나가타 겐지로(永田絃二郎) 즉 김영길(金永吉)이 있다. 그는 도야마(戶山)학교 출신이라는 특이한 경력의 소유자로 미우라 다마키(三浦環)의 상대역인 만큼 상당히 목소리가 좋은 사람이다. 역시 킹레코드사에 나쓰메 후미코(夏目芙美子) 즉 나선교(羅仙嬌)가 있다. 용모도 좋으며 목소리도 좋다. 왕년의 폴리돌 전속 '스마일걸'인 왕수복(王壽福)도 있다. 그녀는 구로가네 요시코(鐵能子) 문하에서 이탈리아 음악을 배우는 중이라고 한다. 또 신경교향악단에는 바이올리니스트 문학준(文學準)이 있고, 물랭루주(Moulin Rouge)[99]에 있던 김안라(金安羅)는 도호(東寶)명인회에 등장하여 올가을에 제1회 발표회를 한다고 의욕에 넘쳐 있다. 신문배달부를 거쳐 이 업계 사람이 된 행운아 김산목(金山穆)이 있다. 그는 하라 노부코(原信子)[100]가 발견해 낸 훌륭한 테너이다. 바리톤은 김문보(金文輔)가 유명한데 다마가와 강변에서 한가한 나날을 보내고 있다.

3. 연극, 영화, 미술계

신극의 본가 신협극단에는 안영일(安英一)이 있다. 춘향전 상연 이래로 그의 활약은 눈부신데, 그 성실하고 진지한 태도와 더불어 교통비가 없을 때는 와세다(早稲田)에서 쓰키지(築地)까지 걸어 갈 정도로 열심이었던 것이 그의 오늘을 만들었다고 할 것이다. 역시 신극 경영부에 허달(許達)이 있다. 일금 20엔짜리 소극장 주식을 네 사람이 출자해서 '4분의 1 주주'가 되었다는 열성적인 사나이다.

영화 관련으로는 최근 개봉된 「국경」의 주역인 여배우 김소영. 그 밖

에 신흥도쿄정보부의 미요
시 히카루(三好光), 예술영
화사의 전용길(田鎔吉), 문
부성 추천을 받았다는 가
오(花王) 비누의 문화영화
「손」을 도운 후카야마 에노
스케(深山英之助) 즉 김영화,
도쿄발성에 오종진(吳淙鎭)
이 있다. 그는 경성제대 출
신이다. 보수적인 경성제
대에서도 영화인이 배출되
는가 보다. 유명한 전각가
이자 서도가인 성제(惺齊)
김대석(金大錫) 옹. 이 분은
'중화민국 대총통의 인'을
전각해서 본고장의 중국
인을 놀라게 한 장인인데
지금은 고지마치(麴町) 히
라가와쵸(平河町) 외곽에서
'성재서원(惺齊書院)'을 열고
있다.

미술계에는 고학 역행한
문부성 전람회 입상자 강
창규(姜昌奎)가 있는데 이타
바시 일각에서 제작에 열

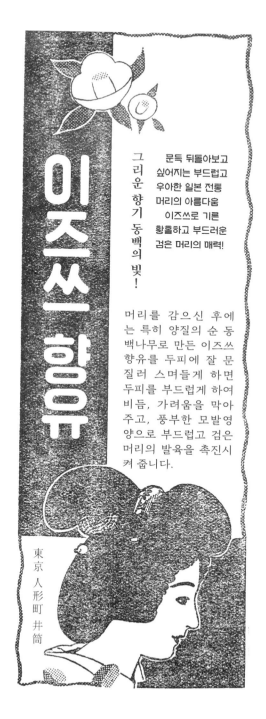

이즈쓰 향유

그리운 향기 동백의 빛!

문득 뒤돌아보고
싶어지는 부드럽고
우아한 일본 전통
머리의 아름다움
이즈쓰로 기른
황홀하고 부드러운
검은 머리의 매력!

머리를 감으신 후에
는 특히 양질의 순 동
백나무로 만든 이즈쓰
향유를 두피에 잘 문
질러 스며들게 하면
두피를 부드럽게 하여
비듬, 가려움을 막아
주고, 풍부한 모발영
양으로 부드럽고 검은
머리의 발육을 촉진시
켜 줍니다.

東京
人形町
井筒

중하느라 얼굴도 볼 수 없다. 후지시마 다케지(藤島武二) 문하의 심형구(沈亨求)는 종군화가로 활약하고 있으며 기타 고지(北宏二) 즉 김용환(金龍煥)은 실업지일본사(實業之日本社) 관련의 모든 지상에서 뛰어난 삽화를 그리고 있다.

4. 스포츠

베를린 올림픽대회에서 마라톤왕이 된 손기정(孫基禎, 메이지대학 졸업)이 요요기(代代木) - 기치조지(吉祥寺) 간을 매일 왕복 연습했다는 열성과 마찬가지로 남승룡(南昇龍)도 스루가다이(駿河臺) 조였다. 그러나 두 사람 모두 조선으로 돌아갔다. 일본체협(日本體協)의 공로자이자 세력가 이상백(李想白)은 도쿄에서 북경으로 옮겼다. 야구계에서는 메이지대학 야구부 투수에 후지모토 하치류(藤本八龍) 즉 이팔룡이라는 분이 있는데 대단한 명투수라고 한다.

권투계를 들여다보면 비스톤 호리구치를 쓰러뜨린 현해남(玄海男)이 있고, 최용덕(崔龍德), 다카쓰 고로(高津五郎)가 있는 상황으로 정말로 뛰어난 인물이 많다는 느낌이 든다.

5. 학계, 교육계

학계에서는 시바아카바네바시(芝赤羽橋) 다이메도(泰明堂) 원장 유태익(劉泰翊) 박사가 있다. 그는 고학 역행의 주인공으로 논문을 제출하고 십수 년이 지나서야 학위를 받았을 정도로 어려운 상황에서도 고군분투를 계속하고 있는 끈기의 사나이다. 리켄(理研)에 김양하(金良瑕)가 있는데 경성제국대학 교수도 마다하고 비타민E를 연구한다고 실험용 쥐 모르모트만 죽이고 있으며, 농학박사 임호식(林浩植)은 영양연구소의 결식아동 구제기관과 같은 간판을 내걸고 있는 모르모트파이다. 도쿄대학 연구실에 있는 최응석(崔應錫)은 『조선의 농촌 위생』이라는 획기적인 보고 문헌을 써서 이와나미서점에서 출판하였으며, 리켄의 조광하(趙廣河), 릿교(立敎)대학의 이용한(李容漢), 순천당 의원의 김택민(金澤旻) 등은 모두 열성적인 인물들로 예비 박사들이다. 주오(中央)대학 교수 김규홍(金奎弘)은 제국호텔의 보이를 하면서 고학을 한 입지전(立志傳)적인 사나이다. 메이지(明治)대학에는 조교수 김순식(金洵植)이 있다. 덴마크 공사관에 은무암(殷武岩)이 있는데 그는 6개 국어의 회화가 대수롭지 않을 정도의 수재이다.

6. 실업계 및 기타

자산가라고 해도 십만 이상 가지고 있을 것으로 보이는 사람을 두세 명 들어 보면 '가네다전기 주식회사 대표이사'라는 어마어마한 직함을 가진 허상규(許象圭)가 있다. 그는 비상시국 덕택에 부상한 행운아이며, 동양 네임플레이트 주식회사 사장 가나자와 에사부로(金澤永三郎)는 전라도 금산에 펄프회사를 창설해 빈틈없는 경영을 하고 있다. 후카가와 경성상점의 이진(李進), 제일 상호택시주식회사 대표이사 정호성(鄭浩成), 도쿄 시험 제작소 사장 김영섭(金永攝), 네임플레이트 금속 제판소(製版所) 사장 박일종(朴一鍾) 등은 모두 맨주먹으로 시작해 오늘을 이루어 낸 노력가들이다. 이외에도 긴자(銀座) 댄스홀의 경영자 이기동(李起桐), 대의사 박춘금(朴春琴) 등이 있다. '기타'에 속하는 별종으로는 장학사 이봉호(李琫浩)가 있는데

이 사나이는 어찌 된 일인지 본업인 양복점은 제쳐놓고 백수십 명의 고학 생들을 돌보는 일을 시작했다.

김호영(金浩永)

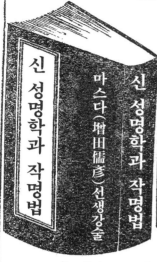

사진 오른쪽부터
윤치호(尹致昊) 박사[101]   신어우(申魚雨) 박사
김영희(金永羲) 박사   이극로(李克魯) 박사
김활란(金活蘭) 박사[102]   계정식(桂貞植) 박사[103]
고봉경(高鳳京) 박사

조선에는 '해외파' 박사가 많다

이바 가즈히코 (伊庭數彦)

　　조선에는 해외파 박사가 많은데 여기에 박사 인명록을 늘어놓기보다는
다양하게 소개해 보고자 한다.

　　윤치호 옹은 현대 조선의 '청년의 아버지'로 존경을 받고 있는데 올해
70세로 여전히 청년을 능가하는 기질을 지니고 있을 뿐 아니라 영어가 유
창하기로도 제1인자이다. 20년 전 이미 에모리대학교(Emory University)에
서 PH.D 명예학위를 받았다. 신어우 박사는 조선 기독교계를 대표하여
미국으로 건너가 다년간 각지를 다니며 유세를 해 그 이름을 드높였는데
그의 조리 있고 막힘 없는 당당한 영어연설은 미국 전역을 석권했다고 전
해진다. 남가주대학(University of Southern California)에서 학위를 받았다.
이제 쉰이 넘었는데도 빨간 넥타이의 멋진 스타일로 영국식 신사다운 면
모를 잃지 않는다. 역시 50대 박사로 조선일보 부사장 이훈구(李勳求)[104]
박사가 있다. 평양숭실전문, 도쿄제국대학, 도호쿠(東北)농과대학을 거쳐
미국으로 가 조선의 농촌문제를 역설하여 박사학위를 받은 학자이다.

종교 철학 분야에는 이화여자전문의 김영희 박사가 있다. 미국에서도 유명한 예일대학 출신의 젊은 학자로, 지금도 꾸준히 연구를 계속하여 『기독교전』외 다수의 저서가 있다.

한치진(韓稚振, 이화여전), 갈홍기(葛弘基, 연희전문), 하태성(河泰成, 연희전문), 김인영(金仁泳, 협성신학), 변홍규(卞鴻圭, 협성신학), 박형용(朴亨龍, 평양신학), 문장욱(文章郁, 협성신학)은 모두 종교가로 명성을 얻고 있다. 역사, 철학 방면에서는 에모리대학 출신의 백낙준(白樂濬), 하버드대학과 보스턴대학을 모두 마친 연희전문 학감 이인묵(李印默) 씨, 하버드대학의 하경덕(河敬德) 씨 등이 젊은 학자로 촉망을 받고 있다.

과학 방면에서는 이화학의 최규남(崔奎南, 연희전문)[105] 씨와 유일한 천문학 박사 이원철(李源喆, 연희전문 휴직중)[106] 씨가 과학자로 알려져 있다. 또 청년기사로 노구치 계열의 홍남질소회사의 최황(崔晃) 박사가 있는데 연희전문 교수에서 국책회사인 이 회사로 초빙된 우수한 학자로 현 교토제국대학의 합성섬유 발명자인 이죽기(李竹基) 박사와 나란히 조선의 과학계를 짊어지는 쌍벽이라고 할 수 있다.

그 밖에 한때 화려했던 경제학의 조병옥(趙炳玉) 씨가 있으며, 상학의 최순주(崔淳周, 연희전문), 심리학의 박희성(朴希聖, 보성전문), 문학의 오천석(吳天錫), 음악의 현제명(玄濟明) 씨 등 모두 미국 박사이며, 최근 귀국해서 구미 내지 중일정치 문제로 알려져 있는 장덕수(張德秀) 박사(보성전문)가 있다.

홍일점 격의 여성 박사 두 사람도 있다. 이화여자전문학교 김활란 박사와 같은 학교 교수 고봉경 박사인데 김박사는 여류 웅변가로서 미국 전역을 편력하여 콜롬비아대학과 보스턴대학에서 학위를 받았으며 고박사는 도시샤(同志社)여자대학을 마치고 미국 미시간주립대학에서 법학을 전공한 귀한 미혼 선생님으로 인기가 있다.

이상은 대체로 미국계이지만 독일계와 그 외 지역으로는 다음과 같은 사람들이 있다.

현재 조선어학회 이극로 씨는 베를린에 십수 년이나 체제하며 베를린대학에서 훌륭하게 경제학 분야의 철학박사 학위를 받고 1927,1928년경 귀국, 각 방면에서 실력을 보였는데 느낀 바 있어 현재의 학회를 조직하여 오로지『조선어 사전』이라는 대저술을 오랜 세월에 걸쳐 완성하였다.

그동안 자산까지 들여 연구를 위해 각지를 돌아다니고 밤낮없이 일해 귀중한 문헌을 완성한 것이다. 역시 독일에서 유학하고 돌아온 김중세(金重世) 박사는 일찍이 베를린대학에서 동양철학 강의를 했으나 지금은 시골에 한거하고 있다.

현재 칸트 철학의 대가로는 보성전문의 안호상(安浩相)[107] 씨인데 상당한 연구가로 알려져 있다. 그의 귀부인 모윤숙(牟允淑, D·K어린이 시간 강사)[108] 씨도 조선 여류 시인으로 부군에 뒤지지 않는 지위에 있는 것도 명콤비라 할 만하다.

최근 독일에서 귀국한 사람으로 세 명의 귀재가 있다.

함흥 출신의 도유호(都宥浩)[109] 씨는 뮌헨대학에서 빈으로 가 철학과 고고학 학위를 받았다. 벨기에 켄트대학에서 전쟁을 피할 수 있었던 김재원(金載元)[110] 씨는 뮌헨대학에서 교육과 철학 학위를 받고 벨기에에 가 있다.

　다음으로 이공학을 전공하여 베를린대학에서 공학박사 학위를 받은 유재성(劉在晟) 씨가 있다. 전시하의 독일에서 돌아온 데다 기계학 방면에 탁월한 연구를 쌓아 동대학에서 귀국을 안타까워했을 정도이니 그의 시국적인 활동에 기대하는 바가 크다.

　의학 방면에서는 독일계 이갑계(李甲桂) 씨가 경성제대 교수로 이채롭다. 계정식 씨는 같은 베를린 국립 음악대학에서 음악을 전공하여 박사가 된 사람인데 조선악단의 중진으로 바이올린의 제1인자이다.

운동계에서

우노 쇼지(宇野庄治)

스포츠계에서 조선 출신들의 위치는 매우 크다. 내지인과는 비교가 되지 않는 균형 잡힌 신장과 풍부한 지구력은 기술보다 체력이 필요한 스포츠에는 절대로 빼놓을 수 없는 조건이다. 원래 조선, 중국 민족은 선천적으로 손과 발의 섬세한 기예에 능하다. 이 탁월한 기술과 강인한 육체력, 어떠한 어려움에도 꺾이지 않는 투지를 지닌 육체야말로 스포츠에 가장 적합한 것이라 할 수 있다. 이러한 의미에서 보면 조선 스포츠는 일본 스포츠계를 대표하고도 남지만 지리적 이유와 그 밖의 사정에 의해 조선 스포츠계는 천부적으로 훌륭한 육체력을 보유하고 있으면서도 지금까지 그다지 눈부신 성과를 드러내지 못했다. 만일 조선 스포츠계가 내지와 같이 전국적으로 활성화되어 있다면 대부분의 일본 대표선수는 조선 출신들로 독점된다고 해도 과언이 아닐 것이다. 그 정도로 조선에는 천재적인 인재가 묻혀 있기 때문에 이 귀중한 자원발굴이야말로 일본 스포츠계가 당면한 급선무라고 단언해도 좋다. 또 그와 동시에 조선 국내에서도 자기 손으로 인재를 발굴하고 지도에 힘을 기울일 필요가 있다. 올해 1월, 조선 출신들끼리 권투팀을 결성하여 마닐라 원정을 가서 전승의 기록을 남기고 돌아온 것 등은 분명히 좋은 시도였다.

모든 스포츠는 도약력 즉 뚝심과 감이 없어서는 안 되는데 축구·육상·농구·스케이트·권투 등의 경기에 선천적인 스포츠 선수가 배출되고 있는 것을 볼 때 앞으로 야구, 수영 등에서도 내지인을 능가하는 위대한 선수가 나오리라는 추측도 가능하다.

일찍이 스포츠 선수로 기염을 토하고 현재 요직에 있는 대표적인 인물이 두 사람 있다. 그 한 사람은 박석윤(朴錫胤)이라는 사람인데 제3고등학교의 명투수로서도 유명해 도쿄대학 졸업 후 경성에서 교편을 잡고 있었는데 만주국 독립과 동시에 만주국으로 갔다가 작년인가 폴란드 주재총영사로 부임한 청년외교관이다. 폴란드 멸망 후의 동정은 확실하지 않지만 아마도 본국 정부의 요직에 있을 것으로 생각된다.

또 한 사람은 이상백(李想白)이다. 와세다대학 재학 중에는 농구의 명수로 칭송받았으며 체육협회 상무이사 시절에 탁월한 수완을 발휘하여 에리한 두뇌의 소유자로 평가되었다. 현재는 교육성 유학생으로 북경에서 동양사 연구에 몰두하고 있다.

박석윤에게는 박석기(朴錫紀)라는 동생이 있는데 형과 같은 학력을 거쳤고 운동도 야구를 했는데 강한 어깨로 맹타를 날리는 것으로 유명했다. 현재는 경성에 있다고 한다. 그리고 좀 지난 이야기로는 제3고등학교, 도쿄대학 시절 럭비의 명 백로로 드높은 명성을 떨쳤던 윤명선(尹明善)이 있다. 제3고등학교 시절 하루에 한 번은 교고쿠(京極)에서 욘조도오리(四條通り)를 거쳐 히가시야마(東山)로 한 바퀴 돌지 않고는 못 잔다는 희한한 습관의 소유자였는데 지금은 만주국 재무부의 중직에 있고 동아대회에도 만주팀을 인솔해 상경했다. 역시 와세다대학의 명 스리쿼터로 날렸던 가자창(柯子彰)[111]도 잊어서는 안 될 존재이다.

최근 몇 년 사이에는 뭐니뭐니해도 손기정을 들어야 할 것이다. 베를린대회 마라톤에서 1위를 차지하여 일본 마라톤의 위력을 전 세계에 드높인 공적은 너무나도 크다. 15만이라는 많은 관중의 박수와 환호 속에 맞이한 그 감격적인 장면은 영화 「민족의 제전」에서 얄미울 정도로 생생하게 묘사되었다. 더욱이 손기정의 제패에 금상첨화였던 것은 3위를 차지한 남승룡이다. 그는 손기정의 명성에 가려 주목받지 못했지만 그 활약도 결코 잊어서는 안 될 것이다.

이상의 사람들은 이른바 과거의 사람들인데 그럼 현재 스포츠계에서 활약하고 있는 사람들은 어떤 사람들이 있는가. 먼저 두각을 나타내는 인물이 적은 야구에서는 후지모토(藤本)가 홀로 대표를 하고 있다. 후지모토는 메이지의 주전선수로 그 강구(剛球)는 시모노세키 상사 시절부터 이미 유명했다. 올봄의 제패도 후지모토의 괴력적인 팔뚝에 힘입은 바 크다.

프로 쪽에는 이글스의 곡최옥(谷崔玉)이 맹타를 날려 기염을 토하고 있다.

육상에서는 경성고상(京城高商)의 김원권(金源權)과 인강환(印康煥)이 유명하다. 김원권은 동아대회 오사카대회 삼단뛰기에서 하라다(原田)를 누르고 1등을 차지해 하라다의 후계자로서 일본 높이뛰기를 짊어지고 나가야 할 입장이 되었다. 인강환은 해머 던지기에서 장래가 촉망되는 인재이다. 축구는 조선이 잘 하는 스포츠 중의 하나이다. 김희수(金喜守), 김인철(金仁喆, 함흥), 김성간(金成玕, 연희전문 출신), 김용식(金容植, 보성전문 출신), 이유형(李裕瀅, 연희전문 출신), 민병대(閔丙大, 보성전문출신)가 제일선에서 활약하고 있다. 사이클에서는 김운학(金雲鶴), 송순호(宋淳鎬), 박병희(朴柄喜), 조순호(曹淳鎬)가 빛난다.

특필할 만한 사람으로는 역도의 남수일(南壽逸)이 있다. 그는 일본역도 제패를 홀로 짊어지고 있는 세계공인기록 보유자이다.

탁구도 최근에 우수선수가 배출되고 있는데 그중 최근항(催根恒)은 6월에 거행된 범태평양대회에서 미국, 호주의 강호를 무너뜨리고 멋지게 우승한 간사이가쿠인(關西學院) 학생이다. 정구도 연식이 마침내 대두할 기미를 보이고 있는데 호세(法政)대학의 윤석창(尹錫彰)은 기쿠치와 한 조를 이루어 아시아대회에서 우승하는 수훈을 세웠다.

권투는 아마 가장 유행하고 있는 경기일 것이다. 먼저 학생 권투계에서는 이희황(李禧晃, 센슈(專修)), 정봉광(鄭鳳鑛, 센슈(專修)), 문춘성(文春成, 센슈(專修))은 모두 각 체급의 패자(覇者)이다. 프로 쪽은 정말 인재가 많다. 그 필두로 손꼽히는 것이 현방담 즉 현해남(玄海南)인데 미국에서 단련한 스윙으로 늘 승리하던 호리구치(堀口)를 쓰러뜨린 유일한 파이터이다. 그 밖에 미쓰야마 이치로(光山一郎, 김은성(金恩聲)), 모토야마 하루키치(元山春吉), 심상욱(沈相昱), 박용진(朴龍辰), 덕영진(德永進) 즉 소우다 모토미쓰(左右田基光) 등은 프로계에 없어서는 안 될 멤버이다.

한편 스케이트로 눈을 돌려보면 완전히 독무대 상태이다. 일찍이 이성덕(李聖德), 김정연(金正淵)부터 현재는 난도 구니오(南洞邦夫, 와세다대학), 이인원(李仁源, 메이지대학), 이명천(李明天, 메이지대학), 장우식(張祐植), 채창렬(蔡昌烈, 메이지대학), 나카쿠스 세제(中楠瀨, 와세다대학), 김영준(金永俊, 메이지대학), 김장환(金莊煥, 메이지대학) 등이 빙상계의 최전선에서 활약하는 사람들이다.

이상은 대략적으로 이름을 열거한 것에 지나지 않지만 앞으로 어떤 천재가 나타날런지 우리는 큰 기대를 걸어 마지않는다.

(필자는 요미우리(讀賣)신문사 운동부 기자)

잡 기

마해송(馬海松)

주지하는 바와 같이 작년 10월에 발행된 제1차 조선판은 완전 품절되었고 평판도 매우 좋았다. 회사 창립 10주년을 기념하여 떠들썩한 축제 기분으로 기획한 것이어서 전부 다 팔린다 해도 적자를 면치 못할 것이라고 각오하고 한 것이었다. 그래서 조선판을 계속 낼 생각은 조금도 없었다.

그런데 그야말로 문자 그대로 엄청난 반향이 있어서 "바로 제2호를 내라."든가 "꼭 월간으로 하라"는 투서가 해가 바뀌고 나서도 매일처럼 쏟아져 나보다도 사원들이 마음 편히 있을 수 없게 된 듯하다. 다음은 올 2월에 전선의 용사에게 받은 편지이다.

×

부대 안에서 쓰는 편지가 마해송 씨에게 전해질지 어떨지 확신은 없지만, 마해송 씨가 직접 이 편지를 읽어 주면 좋겠다는 희망으로 낡은 램프 아래 대륙의 냉혹한 추위와 싸우면서 며칠 밤이 걸리더라도 짬을 내어 이 편지만은 꼭 쓰고 싶다.

모던일본『조선판』은 확실히 내가 최근에 읽은 것 중에서 특이하면서도 감동적이었다. 먼저 마해송 씨의 열정과 노력에 대해서는 깊은 경의와 감사를 표해 마지않는다. 특히 조선명인 백인은 근래의 대단한 위용을 보여 주었다.

조선에 대한 내 관심은 출정 도중 이곳에 상륙한 제1보에서 시작되었다. 길에 늘어선 동포 제군의 열렬한 환영 모습은 눈물이 나올 정도로 기뺐다. 겨우 몇 분간의 정차 시간 동안 어느 한산한 역에서 흰옷을 입은 나이 많은 농부가 준 사과의 맛은 평생 나의 뇌리를 떠나지 않을 것이다. 전쟁터에서 접하는 대부분의 일본인이 조선 출신이라는 점도 조선에 대한 관심을 고조시키는 원인이었다. 하야시 후사오(林房雄) 씨의『애희전(愛姬傳)』과 조선유기(遊記), 무라야마 도모요시(村山知義)의『단청(丹靑)』을 통해 조선을 조금은 이해할 수 있었는데,『조선판』을 읽으면서 나의 조선에 대한 사랑은 극에 달하게 되었다고 해도 좋을 것이다.

조선의 경제적인 가치, 군사적인 지위는 새삼 왈가왈부할 것도 없을 것이다. 여러 가지 문제가 일찍부터 논의되어 왔고 또 그것이 필요했던 것도 새삼스레 말할 필요도 없다. 다만 문제는 그럼 어째서 모든 대중이 조선에 대한 관심을 증대시키기 위해서 필요하고도 간단한 방법을 채택하지 못했냐는 것이다. 나는 조선판 간행이 왜 이렇게 늦었는지 한탄하지 않을 수 없다.

이토록 중요한 문제에 대해 왜 좀 더 일찍 일반에 널리 알릴 수 있는 방법을 강구하지 못했을까. 납득할 수 없을 정도로 이상하다. 아마 여러 간행물이 발행되었을 것이다. 그러나 불행히도 대중의 한 사람인 나는 읽을 기회를 얻지 못했다. 그러한 의미에서도『조선판』이 준 효과는 크다고 생각한다.

알다시피 내선융화 운운한 지는 오래되었다. 그러나 다른 역사를 걸어온 민족이 완전히 동화되기까지는 상당한 노력이 필요하다. 내가 말하고자 하는 필요하고도 간단한 방법이 여기에서도 역시 유효하지 않을까 한다. 즉『조선판』의 월간 발행이 필요하다는 것이다.

『조선판』의 월간 발행은 나 혼자만의 바람은 아닐 것이다. 모든 독자의 바람이요 또 성전(聖戰)을 수행하고 있는 일본의 절실한 희망이라고 생각한다. 경영에 여러 가지 어려운 점이 있겠지만 이 기회에 마해송 씨의 분발을 바라마지 않는 바다.

어쨌든 근무시간에 짬을 내서 서툰 글을 적은 것이라 요령부득으로 끝내게 되어 부끄러운 글이 되었지만 요약하면 (1)조선판에 대한 칭찬 (2)조선판 출판에 대한 마해송 씨의 노력과 열정에 대한 경의와 감사 (3)조선판의 월간화에 대한 요망 이상 3가지이다. (후략)

1940년 1월 15일

중지(中支) 파견 사카이 야스시(酒井康) 부대내   ○○부대

아라키(荒木政旺)

조선 사람들의 열망은 물론이거니와 전선과 총후(銃後)의 사람들로부터 이러한 편지를 받으리라고는 전혀 예기하지 못했던 일이다. 그 일부를 조선판 보고 팸플릿(1월)에 발췌하기도 했는데 잡지인이 아니고서는 맛볼 수 없는 행복이라고 생각한다. 이 많은 분들의 요망에 보답하기 위해서 손득의 문제는 일단 차치하더라도 종이 부족 문제만은 어쩔 수 없어서 마음이 아팠다.

　　　　○

종이 부족 문제가 해결되면 월간으로 하고 싶은 마음은 굴뚝같다. 그러나 당분간은 그럴 가능성이 없을 뿐만 아니라 연 2회도 어려워서 아무런 약속도 할 수는 없지만 가능한 한 자주 발행하고 싶다는 생각은 하고 있다.

　　　　○

이번 『조선판』에서는 나는 별로 한 일이 없다. 작년에는 "그건 그 사람

이 만들어서 억지로 조선의 좋은 점만 보여준 것이다."라는 말을 하는 내 지인이 있는가 하면 "네가 사장을 하고 있는데 어째서 그런 만화를 실을 수 있냐."며 화를 내는 조선인이 있었다. 대수롭지 않은 일이기는 하지만 한 번 정도 내가 신경을 쓰지 않은『조선판』을 만드는 것도 좋겠다고 생각해 사원들이 하는 대로 맡겨 두었다.

하긴 대부분의 기획은 아래 여러분의 지도에 힘입은 바가 크다. 기록하여 감사의 뜻을 표하고 싶다.

이토(伊藤整), 후쿠다(福田淸人), 야마자키(山崎宗晴), 사사키(佐佐木茂索), 나카무라(中村武羅夫), 야스다카(保高德藏), 아다치하라(足立源一郎), 세키구치(關口次郎), 이토(伊藤永之介), 무라야마(村山知義), 쓰보이(坪井進之助), 도고(東鄕靑兒), 다마가와(玉川一郎), 마쓰오카(松岡正男), 기요사와(淸澤洌), 하마모토(濱本浩), 이이지마(飯島正), 다쓰노(唇野九紫), 오노(小野賢一郎), 이시이(石井漠), 나카무라(中村正常), 아키타(秋田茂), 이와다(岩田龍雄)

　　　　　○

긴바라(金原), 스가이(須貝), 하야시(林) 세 명을 조선으로 파견했다.

불과 3주간이기는 했으나 관민, 친구, 지인의 배려로 많은 지식을 얻고 돌아왔다. 총독부의 시오바라(鹽原) 학무국장, 노부하라(信原) 문서과장, 도서과 이데(井手) 사무관, 경성일보 미타라이(御手洗) 사장, 매일신보 이(李) 부사장에게 많은 신세를 졌다고 한다. 깊은 감사를 전한다.

「조선총독상」을 내걸고 영화 각본을 현상모집하고 있다. 7월 10일 마감(11월호 발표)이므로 본지가 나올 즈음에는 예선에 착수해 있을 것으로 생각하는데 상당히 좋은 각본이 있다. 내지 상영을 목표로 하고 있는 일이다. 많은 기대와 성원을 부탁드린다.

○

조선영화 「수업료」가 동화상사, 「지원병」이 쇼치쿠(松竹)에 의해 내지에서 상영될 예정이다. 잘 만들어졌을 뿐 아니라 평판도 좋다고 하는데 상품가치보다도 두 회사의 호의에 감사하고 싶다.

○

최근에 조선 작가의 작품이 번역되어 잇달아 출판되고 있는 것은 더없이 기쁜 일이다. 사견이기는 하지만 번역 출판의 경우 번역자보다도 원작자를 우대하여 원작자에게 판권을 갖게 하면 어떨까 한다. 외국문학을 번역하는 경우와 달리 조선의 작품에 한해 이렇게 하면 어떨까 하는 생각을 한다. 조선인은 일본인이고 일본어는 국어이며 조선 대부분의 독서계급이 일본어 해독자라는 점에서 그러하며, 조선작가는 조선에서의 활동만으로는 그다지 혜택을 받지 못하기 때문이다. 다행히 찬성을 해주신다면 기쁘겠다.

○

이광수의 『가실(嘉實)』, 『유정(有情)』은 모두 대단한 호평을 받고 있다. 이 두 단편집은 이광수 씨의 자선(自選) 작품집이며, 가까운 시일 내에 출판 예정인 장편소설 『사랑』은 내가 좋아서 출판하기로 했다. 이광수 씨는 대체로 장편 작품이 많은데 『사랑』은 작년에 쓰여진 것으로 경성에서 평판이 좋아 많이 팔리고 있다고 한다. 모든 조선판 독자에게 꼭 한번 읽어 보시기를 권하고 싶다.

○

본지에도 한 번 썼지만 조선예술상 기금을 내 주실 유지(有志)는 없는가. 조선에서는 상당히 자산을 이루게 되면 학교에 돈을 내거나 경영을 하거나 하는 사람이 많은데 이 상금의 기금을 내 줄 사람이 아직 없는 것은 유감스러운 일이다. 연리 3천3백 엔, 세금을 제하고 3천 엔 정도인데 이것으로 매년 대여섯 명에게 예술상을 줄 수 있다. 십만 엔은 영구히 없어지지 않으므로 유지의 이름도 사라지지 않으며, 재단법인으로서 훌륭한 단체를 조직하여 기금을 관리해 갈 생각이다.

○

예술상 심사위원을 내지인만 발표한 것은 조선 쪽 심사위원이 아직 결정되지 않아서인데 차차 결정해 갈 생각이다. 내지 쪽에서 일방적으로 치루는 행사로만 여기지 말아주었으면 한다. 조선측의 의사와 여론에 비중을 두어야 한다는 것은 새삼 거론할 여지도 없다. 조선의 지식인 계급이 좀 더 관심을 가져주기를 바란다.

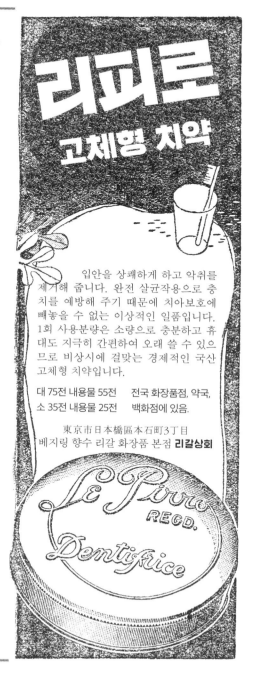

은은한 느낌의 조선 아가씨

오노 사세오(小野佐世男)[112]

진주빛, 그 형언할 수 없는 꿈같은 살빛. 이러한 따뜻함과 청순함이 풍기는 보석이 있을까요? 오랫동안 반도 여행을 하는 사람들은 파란 버드나무 그늘 아래나 달빛이 고요한 물가에서 홀로 조용히 벌레 소리를 듣는 아름다운 조선 아가씨의 모습을 볼 것입니다.

그 시원스런 얇은 여름옷을 통해 배어나는 은은한 향기야말로 조선 아가씨의 진주빛 피부입니다. 연한 색 삼베옷의 매력은 마리 로랑생(Marie Laurencin)[113]의 유화를 떠올립니다. 맑게 개인 반도의 하늘에 비치는 그녀들의 걸음걸이는 마치 오색구름의 명랑함입니다.

나는 동양 제일의 아름다운 느낌이라고 생각합니다. 그런데 경성의 거리를 걷다가 그토록 멋진 아름다움을 한순간에 무너뜨리는 광경을 보고 말았습니다. 뭘까요? 지짐 머리와 샌들입니다.

이 두 가지야말로 조선 의복을 좀먹는 바실러스균입니다.

엉덩이와 가슴이 꽉 끼는 젊은 중국여성들의 중국옷

에는 이 파마와 샌들도 의외로 잘 어울
려서 마치 중국옷을 위해 만들어졌
나 싶을 정도이고, 일본옷의 후
리소데[114]에도 그런대로 어울려
그 지짐 머리가 어색하지는 않
습니다.

　그에 반해 어찌된 일일까요.

　조선옷에 이 지짐 머리
와 샌들은 전혀 어울리지 않
아 이상합니다.

　아 - 조선의 아가씨여! 벼락이 떨어져도 파마를
하지 말아 주십시오. 샌들을 신어서는 안 됩니다.

　신이여, 반도에서 지짐머리와 샌들을 없애 주십시오. 아 - .

약진하는

승리의 뜰
(조선구귀(九貴)영화사 작품)

제작·구성: 기쿠치(菊地盛央)
촬영: 최순흥(崔順興)

조선총독부 육군지원자 훈련소 전 생도, 전 교관이 출연해 반도의 젊은 이들이 황국의 병사로 성장해 가는 건전한 생활을 극적으로 구성한 기록 영화이다. 시종일관 지원병들의 열연이 이어진다.

신개지(新開地)
(한양영화사 작품)

원작: 이기영(李箕永)
제작: 김갑기(金甲起)
각색: 박송(朴松)
연출: 윤봉춘(尹逢春)
배역: 강윤수(姜允秀) - 이금룡(李錦龍), 김순남(金順南) - 고영란(高永蘭), 그 외
줄거리: 월천강(月川江)이라는 마을에 사는 윤수와 순남은 서로 사랑하는 사이였다. 두 사람이 가을에 있을 결혼식을 기다리는 동안 마을에 가뭄이 들었는데 윤수는 물 문제로 다투다 실수로 학성(學成)을 죽인다. 윤수가

조선영화진

형기를 마치고 나오자 순남은 작부가 되어 있었다. 윤수가 월숙(月淑)이라는 신여성을 만나게 되자 순남은 자신의 사랑을 포기하고 월천강을 떠나간다.

복지만리(福地萬里)
(만주영화, 고맥(高麥)영화 제휴 작품)

제작: 이창용(李創用)
시나리오·연출: 전창근(全昌根)
배역: 심영(沈影), 전옥(全玉), 진진중(陣鎭中), 왕은파(王銀波), 그 외

줄거리: 조선에서 돈벌이를 하러 온 노동자 강(姜)을 비롯한 일동은 만주로 이주했다. 만주에서의 생활은 희망적이었다. 그러나 뜻하지 않은 일로 조선인 마을과 만주인 마을 간의 불화가 일어난다. 강은 이 불화로 초래될 몇 백만 조선이민의 불행을 걱정하며 두 민족의 화합이야말로 동아 평화의 사명이라 믿고 방책을 강구해 자신이 건설한 조선마을에 방화를 하고 자신도 화염 속으로 뛰어들었다.

수선화
(조선영화사 작품)

제작: 이재명(李載明)

시나리오: 남일로(南一路), 이익(李翼)

연출: 김유영(金幽影)

배역: 문예봉(文藝峰), 김신재(金信哉), 김복진(金福鎭)

줄거리: 아름다운 호수를 앞에 두고 소봉가(素封家: 벼슬은 없는 재산가 - 역주) 김 씨는 일족을 거느리고 부락을 이루고 있었다. 이 마을에 시집 온 유 씨는 양자 재길 소년을 유일한 위안으로 10년 동안 미망인 생활을 해왔다. 그러던 중 이 마을에 학교를 부활시키기 위해 백 선생을 맞이했다. 양자 문제로 백 선생과 유 씨에 관한 헛소문이 퍼지고 유 씨는 결국 호수에 투신해 죽는다.

대지의 아이
(동아영화 작품)

원작: 이기영(李箕永)

제작: 최승일(崔承一)

각색·연출: 안석영(安夕影)

배우: 최운봉(崔雲峰), 문예봉(文藝峰)

줄거리: 풍병호(豊炳浩)의 친구 황체우(黃逮宇)는 김의 가족을 데리고 만주 개척에 대한 희망으로 부풀어 있는 김이 살고 있는 북만주의 어느 작은 집에 도착한다. 두 사람은 협력하여 개척에 나선다.

돌쇠
(경성 영화과학공장 제작)

원작·각색: 노무라 유야(野村裕也)

연출: 이규환(李圭煥)

배역: 돌쇠 - 이화삼(李化三), 단실
- 문예봉(文藝峰), 그 외

줄거리: 돌쇠는 천애의 고아로 하
늘과 땅을 집 삼아 방랑을 계속하
고 있었다. 그런 그가 어느 마을에서 공사장 책임자를 만나 사람의 정을
알게 되고, 돌쇠는 또 단실을 사랑하게 되면서 처음으로 인생의 따뜻함을
알아간다.

반도 영화계를 짊어진 사람들

좌담회

출석자

고 려 영 화	이창용 (李創用)
고 려 영 화	방한준 (方漢駿)
조 선 영 화	안석영 (安夕影)
동 아 영 화	최승일 (崔承一)
고 려 영 화	최인규 (崔寅奎)
신흥 키네마	가나이 세이치 (金井成一)
총독부도서과	니시키 모토사다 (西龜元貞)

기자 오늘은 바쁘신데 이렇게 와 주
셔서 감사합니다. 조선을 대표하는 영
화계 최고의 분들을 모시고 조선영화
의 모든 것에 대해 이야기를 들었으면
합니다.

먼저 조선영화의 역사와 연혁에 관한
이야기를 니시키 씨에게 듣도록 하겠
습니다.

니시키 영화 회사가 처음으로 생겨난
것은 1921년 입니다. 한일합방 전에
영미(英美)담배회사가 경성에 있었는
데 그 회사에서 자전거표라는 담배를
팔았지요. ·담배 빈 종이를 10장인가
20장 가지고 가면 그 회사 창고가 남
대문에 있어서 거기서 단편영화를 보
여 주었습니다. 고작 1, 2백 미터짜리
단편이기는 해도 파테사의 단편, 요시
자와(吉澤)상점의 단편을 보여 주었습
니다.

이것이 조선에서 흥행이라고는 하지 못해도 영화 상영으로는 최초라고 합니다.

오른쪽부터 최승일, 최인규, 니시키

그 다음으로 돈을 받고 보여 준 것이 경전(京電)의 차고지 근처인 광무대(光武臺)입니다. 그 후 황금정(黃金町)에 고등연예관이라는 것이 생겼습니다. 거기서는 상당히 상설적으로 입장료를 받고 영화를 상영하고 있었습니다. 한국병합이 막 되고 나서였을 겁니다.

활동사진 제작이 확실히 알려진 것은 1919년입니다. 마침 콜레라가 전조선에 유행한 해인데 그때 콜레라 예방 선전영화로 필름 4개 분량의 극영화를 극단 취성좌(聚星座)를 주재하고 있던 김소랑(金小浪)이라는 사람에게 만들게 했습니다. 이것이 최초의 극영화라고 일컬어지고 있습니다. 1921년 경에 부산에 조선키네마라는 것이 생겨서 「월하의 맹세」라는 작품을 만들었습니다. 그 후 조선키네마에 있던 윤백남(尹白南)[115]이 조선키네마에 있던 니시카와(西川)라는 카메라맨과 나운규(羅雲奎)[116]라는 스태프를 데리고 경성에 와서 백남프로덕션이라는 것을 시작했습니다. 처음에 만든 것이 이광수 원작의 「개척자」입니다.

장마철의 맑은 날씨

여름의 풍물로는 풍경·발·금붕어 어항, 식욕부진에는 정제 와카모토. 금색 정제를 식사 전후에 네다섯 알. 잔뜩 찌푸린 장마철에 활짝 개인 청명함을, 운치 없는 식탁에도 꽃을 더한 기분이 들게 해 줄 것이다.

만성위장병·결핵·쇠약에
정제 와카모토

최승일 「심청전」이 최초지요.

이창용 아무튼 그곳에서 두 편인가 세 편 만들고 망하고 나서는 잡다한 프로덕션이 많이 생겨났다가 망했습니다. 그러고 나서 좀 더 조직적으로 조선키네마 프로덕션이라는 것이 생겼습니다. 이것은 요도 도라조(淀虎藏)라는 내지인이 주축이 되었는데 거기에 가담한 스태프로는 방금 말한 나운규가 중심입니다. 물론 카메라맨은 내지에서 데려왔지요. 그때 일하던 이들이 지금까지 조선 영화계에서 가장 오래 일하고 있는 멤버입니다. 지금 카메라맨을 하고 있는 이명우(李明雨)라든가 윤봉춘(尹逢春)[117], 이금용(李錦龍)[118]이 있고, 저도 그때 카메라맨 보조로 들어갔습니다. 처음 들어간 곳은 백남프로덕션입니다. 그리고 토키를 가장 먼저 만든 이가 와케지마 구니지로(分島國次郎)라는 사람입니다. 이 사람이 처음으로 「춘향전」을 토키로 찍었습니다. 감독이 김소봉(金蘇峯)이라는 이름으로 되어 있지만 실은 이명우 씨가 감독과 촬영을 한 것이지요. 이것이 상당히 좋은 성적을 거두었습니다. 당시의 조선영화로서는 아주 많은 제작비를 들였는데 전에 없이 좋은 수입을 얻은 덕에 그 프로덕션은 연이어 대여섯 편의 영화를 만들었습니다. 나운규가 이에 질세라 토키 스튜디오를 만들어 「아리랑 제3편」이라는 것을 만들었는데 그 한 편으로 망하고 말았지요. 이상이 조선영화의 연혁입니다.

방한준 「춘향전」의 성공이 조선 토키의 시작으로 봐도 되겠군요.

이창용 그 다음으로 화제에 오른 것은 역시 「여로」지요.

기자 이제 조선영화의 현재가 궁금한데요, 현재 제일선에는 어떤 사람들이 있습니까?

니시키 프로듀서로는 조선영화의 이재명(李載明) 씨, 고려영화의 이창용 씨. 이 두 분이 큰 존재지요. 그 다음이 한양영화의 김갑기(金甲起) 씨가 있습니다. 그리고 한 편밖에 만들지 않았지만 여기 계신 최승일 씨를 들 수 있는데 기탄없이 말하자면 아직 프로듀서로 인정하기에 부족하긴 합니다.

감독은 여기 계신 방한준 씨, 안석영 씨, 최인규 씨. 이 세 사람이 현재 대표적인 감독이라고 생각합니다. 그리고 고려영화에 들어간 박기채(朴基采) 씨, 김창근(金昌根) 씨. 「여로」로 유명한 이규환(李圭煥) 씨, 「군용열차」의 서광제(徐光霽) 씨. 그리고 윤봉춘 씨, 이명우 씨, 한양의 중경균(中敬均) 씨가 있습니다.

다음으로 카메라맨으로는 뭐니뭐니해도 이명우 씨겠지요. 그리고 양세웅(梁世雄), 황운조(黃雲祚), 이신웅(李信雄), 이병목(李丙穆), 최순흥(崔淳興), 또 특히 특기할 만한 사람은 여기에 있는 가나이(金井) 씨인데 일찍이 내지로 건너가 현재 신흥의 어엿한 카메라맨이며, 때때로 조선에 와서 활동하고 있습니다. 또 한 사람은 현재 예술영화사에 있는 이병우(李炳宇) 씨. 카메라맨으로는 이 두 사람이 내지에서도 독자적으로 활동하고 있는 존재입니다.

배우는 워낙 많아서요, 먼저 여배우부터 말할까요. 문예봉(文藝峰), 김소영(金素英), 김신재(金信哉), 한은진(韓銀珍), 현순영(玄舜英), 거기에 원로로 복혜숙(卜惠淑), 김복진(金福鎭), 전옥(全玉), 유계선(劉桂仙) 정도입니다. 남자배우로는 왕평(王平), 김일해(金一海), 이금택(李錦宅), 최운봉(崔雲峰), 독은기(獨銀麒), 서월영(徐月影), 김한(金漢), 강홍식(姜弘植), 심영(沈影), 전택이(田澤二), 이백수(李白水) 등입니다.

기자 그럼 이재명 씨와 이창용 씨를 도마 위에 올려 프로듀서론을 펼쳐 주셨으면 합니다.

최인규 이창용 씨 자리를 좀 비켜 주시는 것이 좋겠는데요.(웃음소리)

이창용 그럴 필요 없소.

안석영 그럼 시작할까.(웃음소리) 프로듀서라는 말이 조선에서 유행하기 시작한 것은 최근입니다. 내지의 도호(東寶) 등의 프로듀서와는 달리 훨씬 자유로운 입장에 있습니다. 이창용 씨와 같이 카메라맨으로 고생하다가 프로듀서가 된 사람도 있고, 또 조선영화주식회사에서 활동하고 있는 이재명이라는 프로듀서도 있습니다.

오른쪽부터 최승일, 최인규, 니시키

니시키 이창용 씨의 경우, 프로듀서로서 하는 일은 어떻습니까?

방한준 조선에서 프로듀서로서 영화를 제작하거나 운영해 나가는 사람은 현재 이창용 씨가 유일하지 않을까 합니다.

기자 그럼 이창용 씨에게 프로듀서로서의 포부를 부탁드릴까요?

이창용 조선의 현황을 보면 아직 기초가 완전하지 않아서 제 이상이라든가 포부를 말씀드려도 공상에 그치는 부분이 많습니다. 지금 우리들의 입장은 영화를 제작하는 기초공사 즉 초석이 되면 좋겠다고 생각하고 있습니다.

최승일 우리 프로듀서들은 좋은 자본가와 기업가가 나와 주기를 바라고 있습니다.

기자 그럼 이번에는 감독으로 화제를 돌려 먼저 방한준 씨를 도마 위에 올려서…….

최승일 방한준 씨의 작품에는 「한강」, 「성황당」이 있습니다. 조선영화의 연출, 구성에서 하나의 새로운 신기원을 만들었지요.

니시키 방한준 씨가 일하는 모습을 보면 아주 장인적이고 생활면은 호탕하면서도 비교적 야무진 곳이 있는데 그런 것에 비해 작품은 지나치리만큼 담담합니다. 그것이 장점이기도 하지만 동시에 단점이기도 해서 만일 방한준 씨가 좀 더 극적인 요소를 만들어 낸다면 확실히 전문적이고 뛰어난 감독이 되리라고 생각합니다.

안석영 「한강」이나 「성황당」에는 방한준 씨 특유의 조선의 색채가 있습니다. 다른 감독에 비해 소박한 맛이 살아 있어서 우리들은 매우 흐뭇합니다.

최인규 방한준 씨는 자신의 모습과 생활 그대로를 영화화하고 있습니다.

기자 이번에는 안석영 씨에 대해 말씀해 주십시오.

니시키 안석영 씨는 시인이자 화가이며 문인이고, 사회적으로 또 인생에서 많은 경험을 쌓아 온 사람입니다. 그렇기 때문에 작품에 풍부한 내용을 담아낼 수 있는 사람으로 기대하고 있습니다. 그러나 「심청전」과 「지원병」에는 풍부함이라는 면이 아직 드러나지 않았어요. 그 대신에 불안한 요소도 없고 차분한 연출을 하고 있습니다. 좀 더 모험을 해도 좋지 않을까 합니다.

방한준 「심청전」을 보면 안석영 씨의 침착한 면이 느껴집니다. 그러나 제삼자에게는 이해 할 수 없는 면이 있습니다. 결국 테크닉의 문제가 아닐까 생각합니다.

방한준 최인규라는 사나이는 무서운 사람입니다. 뭐든지 가능하거든요.

이창용 병적인 예리함을 가지고 있지요. 지나치게 세세한 것에 예리한 사람은 큰 것을 보지 못하는 경우가 있기 때문에 좋은 프로듀서를 만나지 않고는 좋은 작품이 나오지 않을 수도 있죠.

기자 그럼 카메라맨에 대해서…….

니시키 우선 이명우 씨를 꼽을 수 있지요.

안석영 그 사람은 조선의 카메라맨 중에서 가장 대담하고 기대할 만한 사람이라고 생각했는데요, 과학적인 연구는 부족한 것 같아요.

니시키 이명우 씨는 내지에 내놓아도 부끄럽지 않은 사람이라고 생각합니다.

이창용 그 사람은 저와 함께 카메라맨이 되었어요. 그는 카메라맨이

자 감독이기도 하죠. 그래서 연출자와 맞지 않을 때도 있지만 현재는 조선에서 가장 훌륭한 카메라맨이기 때문에 좋은 작업을 할 수 있는 사람입니다.

니시키 그럼 양세웅 씨 이야기를 할까요?

방한준 그는 상당히 일을 열심히 하는 사람입니다.

이창용 하지만 기복이 있지요. 지금까지의 작품을 보면 아주 좋을 때와 나쁠 때가 있습니다.

니시키 내지에서도 상당히 인정을 받고 있어요.

방한준 「한강」은 그 사람이나 저에게 두 번째 작업입니다. 「한강」은 풍경을 주제로 찍어야 하는 영화인데 그는 오로지 예쁘게만 찍어서 전 그게 불만이었지요.

방한준 가나이 씨는 아주 열심입니다. 가나이 씨의 열성에 이끌려 우리도 좋은 작업을 할 수 있었다고 생각합니다.

최인규 「성황당」은 11월의 춥고 황량한 시기에 찍은 사진치고는 아주 좋아요.

방한준 후지필름을 사용하고 다른 사람의 카메라를 쓴데다 도중에 두 번이나 바뀌었는데도 그 정도로 마무리를 했으니 앞으로 충분히 기대할 만하지요.

이창용 이노우에(井上) 씨도 최근에 「눈」을 찍어 내지에서 우수한 카메라맨으로 인정을 받고 있지요.

방한준 그 사람은 이병우(李炳宇)라고 합니다. 상당히 열심이라 자나 깨나 영화뿐이죠. 최근에 찍은 「정어리」도 매우 칭찬을 받고 있어요. 촬영이 아주 깔끔합니다.

기자 그럼 배우에 관한 이야기로 옮겨 먼저 여배우부터…….

이창용 먼저 꼽을 인물은 문예봉이겠지요.

방한준 여배우 중에는 가장 오래되었지요.

이창용 그녀는 현모양처라는 한마디로 끝나죠.

기자 부인입니까?

니시키 예. 벌써 오래된 부인이지요. (웃음소리) 연기를 잘 못하기도 하지만 연출이 그녀를 제대로 활용하지 못하고 있다고 생각합니다. 「지원병」에서도 그렇고 「수업료」에서도 그렇습니다. 「새로운 출발」에서는 젊은 역에서 늙은 역까지 30년의 역할을 하고 있는데 이규환(李奎煥) 씨의 공으로 문예봉의 새로운 면이 드러나고 있지요.

기자 김소영 씨는 어떻습니까?

방한준 마스크로 말하면 조선의 여배우 중에서 제일이지요.

이창용 연기 면에서도 상당히 인정받고 있어요. 「국경」에서 가장 좋은 장면은 담배를 피면서 한탄하고 있는 얼굴입니다. 가장 김소영답고 잘 어울리는느낌이 나더군요.

방한준 김신재는 일본의 다나카 기누요(田中絹代)의 느낌입니다. 만년 소녀지요.

기자 남자 배우쪽으로 가볼까요.

니시키 왕평은 얼굴 생김새를 보면 피터 로렌 같지만 성격배우입니다. 대사는 다소 서투르지만요.

방한준 김일해는 「한강」에서 처음 같이 했는데 아주 편한 사람이더군요. 카메라에 익숙해 있어서 오버액팅이 많을 정도지요.

안석영 이금용 씨도 성실한 사람으로 성격배우입니다. 노인 역이 일품이지요.

이창용 최운봉 씨는 「한강」의 뱃사람 역이 적격이었지요. 방한준 씨가 그 사람의 센스를 잘 살렸다고 할까, 좋던데요.

기자 그럼 시야를 돌려서 내지의 영화, 영화인에 대한 감상을 듣고 싶습니다.

안석영 제가 존경하는 분은 우치다 도무(內田吐夢) 씨와 다사카 도모타카(田阪具隆) 씨입니다. 일본의 감독 중에서 가장 큰 부분을 차지하고 있는 사람이라고 생각합니다.

방한준 저는 시마즈 야스지로(島津保次郎) 씨를 목표로 하고 있습니다. 그 사람은 일을 아주 편안하게 합니다. 그런 점이 아주 좋아요.

니시키 조선에서는 「흙과 병사」보다도 「흙」쪽이 압도적인 인기가 있고, 「늦가을 국화 이야기(殘菊物語)」는 아무리 좋은 작품이라도 이해가 잘 안 되니까 그다지 환영받지 못하는 모양입니다.

이창용 최근에 크게 유행한 것은 「백란(白蘭)의 노래」입니다. 이향란(李香蘭)의 인기와 만주라는 소재가 지리적으로 가까운 점도 작용해 인기를 끌었다고 생각합니다.

방한준 저는 「난류」와 「늦가을 국화 이야기」가 감명적이더군요.

기자 내지의 배우에 대해서는?

방한준 탐나는 배우가 많지요. (웃음소리) 오후나(大船)의 다카미네 미에코(高峯三枝子) 씨를 기용해 보고 싶고…… 조선옷을 입혀서 현대 여성을 연기시켜보고 싶군요.

이창용 오후나의 류지슈(笠智衆) 같은 사람을 좋아합니다.

최인규 하라 세쓰코(原節子)를 한번 써 보고 싶군요.

안석영 저는 「님을 부르는 노래」에 나왔던 사토미 아이코(里見藍子)가 좋더군요.

기자 그럼 마지막으로 조선영화의 미래를 이야기한다는 마음으로 포부를 말씀해 주셨으면 합니다.

이창용 영화 발전상 멜로드라마를 무시할 수는 없겠지만 제 개인적인 희망으로는 희극과 만화를 연구해 보고 싶습니다.

방한준 저는 조선의 있는 그대로의 모습, 특히 농촌을 다루고 싶습니다.

안석영 저는 조선 민요를 다룬 음악영화를 찍고 싶습니다.

최승일 최승희가 가진 국제성 있는 영화를 발견하고 싶습니다.

최인규 이미 착수한 것인데 「춘향야화」를 하고자 합니다. 내용은 다르지만 조선의 「브르크데이터」(1936년 독일영화 - 역자 주)같은 거지요.

가나이 이창용 씨 같은 분이 훌륭한 회사를 만들어 주기를 바랍니다.

니시키 조선영화는 곧잘 체코영화와 비교되는데 조선은 내지와 다른 에스프리를 가지고 있다고 생각합니다. 저는 민족의 역사나 고전 걸작이 나와야 한다고 생각합니다. 조선영화는 내지로 진출함과 동시에 대륙으로 진출하는 영화를 만들어 가지 않으면 안 됩니다. 홍아(興

亞)의 전초기지가 되어 성업(聖業) 달성을 위해 일익을 담당할 수 있다면 전도는 양양하다고 생각합니다.

기자 대단히 유익한 말씀 감사드립니다.

반도 신극계를 전망한다

서항석(徐恒錫)[119]

　현재 조선 신극계를 바라보면 적막감을 감출 수가 없다. 작년 봄까지
는 신극이라는 이름에 걸맞는 극단으로「극연좌」,「낭만좌」,「신극계」,「중
앙무대」등을 꼽을 수 있었고, 그 활동도 볼만한 것이 있었다. 그런데 5월
이래 극연좌는 침묵을 지키고 있으며 중앙무대는 해산했고 남은 인원과
극연좌를 탈퇴한 사람들이 결성한「협동예술좌」는 초가을에 창립공연을
가진 이래 10월에는 흐지부지한 상태가 되었다. 9월까지 가장 활발한 활
동을 이어가던 낭만좌도 그 후에는 전혀 활동이 없다. 그래서 올해 이미
반이나 시간이 지났음에도 불구하고 신극계는 단 한 차례 공연도 찾아볼
수가 없다. 신극은 그 존재마저 의심스러운 지경이 되었다.

　이는 신극이 성황을 이루던 작년 봄 이전과 비교하면 정말로 현저한 변
화라 할 것이다. 당시에는 창립 8년이라는 역사를 자랑하는 극연좌가 신
극계를 리드하고 있었고, 신예의 낭만좌가 합세하여 신극 특유의 억양이
매력을 발산하여 민중을 사로잡았었다. 그래서 중앙무대처럼 처음에 중
간극을 표방하고 나섰던 극단도 중간극을 해소하고 신극으로 뛰어들지
않았던가. 그러나 올해는 신극의 침체가 심각해서 2, 3년전부터 신극의
융성을 보여 주던 동아일보사의 연극 콩쿠르도 결국 계획이 중지된 형편
이다.

　최근 이렇게 조선의 신극이 쇠락하고 있는 이면에는 원인이 있기 마련

이다. 그 주된 이유를 다음에 세 가지 들어 보겠다.

첫째, 성급한 직업화이다. 종래 조선의 신극인은 연극을 전업으로 해서는 생활을 유지할 수 없으므로 자신의 기예를 활용할 수 있는 직업을 따로 가지고 여가를 이용하여 연구적, 실험적 태도로 예능을 연구하고 서서히 신극에 대한 이해가 사회에 스며들도록 노력해 왔다. 그런데 이러한 방식에 답답함을 느낀 그들은 한편으로 외부적인 정세에 눌려 시기상조라고 생각하면서도 결국 신극의 전문화, 기업화를 외쳤던 것이다. 이러한 외침은 한층 신극의 융성을 가져온 듯이 보이지만 이로 인해 신극계는 수많은 유능한 동지를 잃을 수밖에 없었다. 신극에 참가하던 넓은 범위의 문화인들이 후퇴했음은 물론이요, 신극인 중에도 신극의 직업화에 불안을 안고 다른 직업으로 옮기는 사람이 많았다. 그래서 신극의 진용은 별안간 빈약해져서 직업화의 불안은 한층 고조되었다.

둘째, 재정난이다. 조선의 신극은 성시를 이루던 때조차 극단의 경영을 지탱할 만한 수입을 얻지 못해 늘 얼마간의 경제적 희생을 필요로 하고 있었는데, 모든 극단이 일정한 후원자를 확보하지 못하고 그때마다 동지들의 지원을 구하거나 극단원에게 갹출을 하지 않으면 재정이 마련되지 않았다. 상기의 직업화도 어떤 면에서는 재정난의 타개책으로 강행된 것이지만 그로 인해 한때 확대되었던 예산은 극단의 재정을 더욱 궁지로 몰아넣어 극단이 자칫하면 신극이라는 이름에 어울리지 않는 행동도 서슴치 않을 정도로 퇴색하기 시작했다. 사정이 이러하니 설령 극단 중추에 통솔력과 임기응변의 재주를 갖춘 인물이 있다 하더라도 쇠퇴를 만회할 방법은 없었다.

셋째, 전용극장이 없는 것도 한 원인이다. 경성에는 조선인 측 연극전용극장으로 동양극장이 하나 있을 뿐인데 이는 상업극단이 차지하는 곳이다. 신극은 주로 가끔 부민관의 대강당을 이용할 뿐이어서 기껏해야 이

삼일밖에 연속 상연을 하지 못한다. 공연을 한 달이나 두 달에 한 번 볼 수 있는 것이 고작이다. 그래서 직업화를 부르짖은 각 극단은 모두 지방 순회를 시도하게 되었다. 그러나 그 결과 연극의 질적 저하, 단원의 피로, 극단의 피폐를 초래했을 뿐이다. 전용극장을 갖지 않은 신극운동은 취약했던 것이다.

이상 신극 쇠퇴의 원인을 세 가지 들었다. 그럼 향후 신극은 어떻게 될까. 물론 신극의 재기는 일정 기간을 기다려야 할 것이다. 그럭저럭 1년 가까운 침묵, 이것은 너무도 긴 침묵이다. 그러나 내일의 조선신극을 위해서 헛된 침묵은 아니다. 조선의 신극인에게 그 정도의 긴 반성과 정양은 필요하기 때문이다.

한때는 직업화가 목적을 향한 지름길인 양 생각하고 저돌적으로 추진해 나갔지만 이제 와서 돌이켜 보면 그것은 조선의 신극을 궤도 밖으로 몰고 갔을지도 모르는 성급한 방침이었다. 긴 침묵 속의 반성을 통해 향후에는 신극의 대도를 벗어나지 않을 만큼의 주의력이 생겨난 것이다. 이렇게 보면 직업화를 시도한 것이 비록 실패로 끝났으나 신극을 위해서는 좋은 시금석이었다.

무엇보다 우리들을 고무시키는 것은 오랫동안의 정양 덕분에 많은 신극인이 비육지탄을 억누르지 못하고 있다는 것이다. 그들이 결속하여 재기를 도모하는 것이 그리 먼 미래의 일이라고는 생각되지 않는다.

지금도 여전히 가늠할 수 없는 것은 재정난, 극장난의 타개이지만 이는 조선신극이 시작부터 각오한 장애였고, 앞으로 신극인의 열정과 노력, 사회 유지층의 이해와 지원으로 제거될 수 있는 문제이다.

지금은 바야흐로 철저한 재편성이 필요한 시기이다. 떠난 자를 쫓지 말고 사이비 신극인도 배제하고 양심과 열정이 있는 진지한 신극인만을 엄선하지 않으면 안 된다.

재기한 신극도 직업화를 기도할 것이다. 그러나 직업화를 부르짖는다고 해서 직업화가 지금 당장 이루어지리라 지레짐작하는 사람은 이제 없을 것이다. 그것으로 충분하다. 잘못된 것은 성급한 직업화였지 직업화 그 자체가 잘못된 것은 아니다. 직업화는 여전히 신극이 언젠가는 도달해야 하는 하나의 목표이다. 조선의 신극은 다시금 직업화를 목표로 하면서 그동안 심화된 신극 정신과 자발적이고 공고한 결속력으로 가까운 시일 내에 재기할 것이다.

(필자는 예흥사주간(藝興社主幹))

신의주

압록강 수력발전댐 구축으로 인해 벌목한 목재를 하류로 흘려 보내던 뗏목이 중지되어 나무의 고장 신의주도 이제 수명을 다했다고 생각한 것은 짧은 소견이었다. 다시 목재를 하류로 수송하는 뗏목의

저수장 풍경

모습을 볼 수 있게 되었다고 한다. 목재도 여전하고 전력이 풍부하다면 공업도시로의 성장은 비약적일 수밖에 없다. 다사도(多獅島)항에 문을 연 산업도시, 이것이 신의주의 새로운 모습이다. 현재도 통과무역은 조선 제일로, 모든 면모가 산업 신의주이다.

원산

원산 송도원 해수욕장
(영흥만 요새사령부 검열 마침)

이른 시기에 동해안에 열린 무역항. 북선(北鮮) 3항이나 성진보다도 가장 앞선 항구이면서도 원산은 왠지 뒤쳐진 형태였다. 그러나 최근의 사정은 원산 재흥의 활기찬 기운을 자아내고 있다. 공업이 부흥하고 화물이 쇄도하기 때문이다. 송도원의 해수욕, 신풍리의 스키라는 즐거운 '조선 최고'의 두 종목을 소유한 원산의 평화로움은 약진을 거듭하여 또 한바탕의 소란스러움에 귀를 막을 지경이 될 것이다.

함흥

흥남 센터의 공업권이 출현하고 나서 함흥도 눈부신 발전을 하여 겉으로 보기에는 신흥도시적 색채가 강하지만 옆에 있는 흥남과는 사뭇 성격이 다르다. 함흥에는 큰 공장이 없지만 도청소재지이자

함흥 정화능

군사 도시로 또 소비적인 도시로 번영하고 있다. 흥남이 일터라면 함흥은 휴식공간이다. 함흥은 팽창하고 번영한다. 북선의 발전과 함께 함흥의 발전도 계속될 것이다.

흥남

조선질소비료 유안 공장

공업 북선의 종가는 뭐니뭐니해도 흥남이다. 노구치 준(野口遵)은 내지 산업인에게는 의외로 인기가 없지만 조선에서는 산업의 신(神)이다. 노구치의 조선질소비료를 중심으로 한 일련의 화학공업이 노구치의 장진강 수력발전을 동력으로 삼아 요란하게 울어대는 도시가 흥남이다. 만주사변 전에 북선 공업화에 앞장서 해안가 논 위에 세계 제일의 공장을 우뚝 세워 모은 인구가 5만 명. 이제는 옆 도시 본궁(本宮), 서호진(西湖津)을 합해 대략 8만 명이다.

조선도시소식

진남포

진남포항은 끊임없이 화물이 드나든다. 대동강과 재령강 유역의 쌀과 석탄, 평양 중심의 공장지대가 내놓는 공산품, 만포(滿浦)·매집(梅輯)선으로 유입되는 오지의 화물과 2억을 넘는 무역이 진남포의 땀을

진남포항

흘리게 한다. 명물은 사과, 일광 제련소의 굴뚝. 최근에는 나고야(名古屋)에 높은 굴뚝이 생겨서 세계 제2위가 되었지만 여전히 남포의 구름 위에 우뚝 솟아 있다.

성진

성진어항의 정어리

올봄 성진항은 인구 5만 명 돌파와 무역 1억 엔 돌파를 겸한 대축하회를 열었다. 1931년의 인구 만 천 명. 무역 4백만 엔이라는 숫자에 비추어 만주사변 이후의 북선이 얼마나 변했는지를 대략 알 수 있다. 약진하는 북선에 도약하는 성진, 그 도약의 동인 중 가장 큰 것이라고 하면 일본 고주파 중공업이라고 주저없이 말할 수 있다. 청학곶의 아름다운 팔에 안긴 성진항에 윙윙 울리는 것이 고주파이고 그 고주파로 단련된 강철이다. 성진은 특수 강철의 메카로 성장하고 있다.

나진

나진은 북선항로의 기점이 되어 서서히
만주의 동쪽에 위치한 문호로 본격적인
활동에 돌입했다. 앞으로의 움직임이 괄
목할 만한데 시가지는 아직 설계도에 불
과하다. 인구 30만의 계획도시에 현재 인
구가 3만 남짓이라면 대충 짐작이 갈 것

나진 만철 야마토호텔
(나진 요새사령부 검열 마침)

이다. 단 완성된 제1기 계획의 부두와 만척(滿拓)의 개척민 수용소, 만철의
야마토호텔 등 나진에 위용을 뽐내는 것이 모두 만주에서 만든 것이어서
조선에 위치하지만 만주의 항구인 나진의 성격을 역력히 드러내고 있다.

평양

평양 대동강(모란대 부근)

먼저 모란대를 구경하고 기생과 놀잇배
로 대동강을 돌고 나서 기생학교를 방문
하는 것이 유경(柳京) 평양의 상식이다. 낙
랑, 고구려 이래의 고도이다 보니 일단 당
연한 상식이기는 하지만 서선(西鮮) 자원
지대의 한복판, 약진하는 조선을 약 사등분하는 일대 상공업센터로서의
평양을 모르면 병참들이 애석해할 것이다. 만포선·매집선이 연결되었고,
평원선(平原線) 전 구역 개통도 머지않다. 어떤 중요 시설도 착수되었고,
인구도 최근 1, 2년 사이에 30만이다. 평양은 아주 분주하다. 노래하는
기생의 수심가에만 빠져 있을 수 없다.

대구

경부선 열차가 역에 도착하여 대도시라는 느낌을 주는 것이 대구이다. 인구 18만, 쌀의 경북, 누에고치의 경북, 사과의 경북. 그런 풍요로운 경북의 심장 도시. 철도·자동차 교통이 사통팔달한 것이 대

대구 사과

구의 상권을 그물코처럼 만들어 주고 번화하고 풍성한 상거래는 조선 재래의 거래기관인 남문과 서문 시장과 약령시의 성황을 보아도 알 수 있다. 고도 경주와 임나 유적, 해인사 등의 관광 루트, 일본항공의 공항, 명산 사과, 대시장 등등이 있다.

여수

관부(關釜)연락선이 초만원이 되면서 점점 관여(關麗 시모노세키 - 여수)연락선이 세상의 관심을 불러일으켜 최근에는 박여(博麗 하카타 - 여수)연락선 개설을 요구하는 운동도 일어나 대륙 루트 제2선으로 여수

여수의 고건축 진남관

의 위상이 근래 상당히 화려해졌다. 이렇게 내선연락 항로가 확대되고 국비 천만 엔의 대축항이 준공된 후의 여수는 정말로 기대된다. 맛있는 생선으로 매출이 3백만 엔에 달하는 손꼽히는 대어장이다. 뭐니뭐니해도 남해의 매력은 여수이다.

진주

히데요시(秀吉)의 조선전쟁 때 서로 공방
하여 사력을 다한 진주성 전사(戰史)는 기
생 의사(義士) 논개가 일본 장군을 팔에 안
고 남강에 몸을 던졌다는 에피소드와 함
께 잊을 수 없는 이곳 진주의 이야깃거리

진주 촉석루

이다. 진주성 일각 남강을 바라보고 서 있는 이름난 건축 촉석루에서 옛
진주의 모습이 그려진다.

도청의 부산 이전으로 진주의 발전이 종종 답보 상태인 듯 하지만 전통
의 힘과 교통이 편리한 지역의 이점으로 경제활동도 매우 활발하고 최근
에 부(府)로 승격하여 명실 공히 남선 제일의 주요 도시가 되었다.

부산

관부연락선

내지에서 가장 가까운 도시로, 지리·교
통상은 물론 도시의 풍모로도 그러하다.
여기서는 초밥도 튀김도 본고장 맛을 내어
위화감이 전혀 느껴지지 않는다. 내지인에
게는 추억의 도시이다. 그러나 부산은 내
지가 아니다. 대륙과 내지를 잇는 큰 교량이요, 대륙과 내지의 밀물 썰물
이 크게 소용돌이치는 곳이다. 조선 최대의 무역항, 조선(造船), 방적, 도기
의 대공업지, 법랑철기와 꼬마전구의 수출산업지로 인구는 불과 25만 명
이지만 항구 도시로서의 지위로 말하자면 세계적이다. 부산은 크다.

군산

군산은 오래전부터 쌀로 유명하지만 최근에는 쌀 반출도 예전과 사정이 달라져 언제까지나 쌀의 군산으로 밀고 나가기는 어려울 것이다. 역시 공업적 발전이다. 성냥 공장과 구라시키 견직, 일본공업디젤

군산 부두의 반출미

등의 대공업 진출은 군산의 성격을 바꾸어 놓았다. 금강하구에 부잔교(浮棧橋)가 설치된 항구는 보기에는 좋지 않으나 쌀가게 거리는 훌륭해서 내지에 돌아온 듯한 착각을 불러일으킨다. 교마치(京町) 유곽 등도 다른 군산급의 도시에서는 볼 수 없을 정도로 좋다. 내지인의 인구 비율이 높은 이 도시의 특징은 곳곳에서 발견된다.

경성

경성 경회루

대백아전(大白亞殿)인 총독부를 중심으로 전초기지 조선의 거점을 형성하고 있는 인구 백만의 경성. 아베 요시나리(安倍能成) 씨는 경성의 경관은 아테네와 비슷하다고 한다. 아테네는 모르지만 험준한 북악을 북에 두고 낮은 바다처럼 펼쳐진 경성 시가. 게다가 겨울 아침 무렵 보라빛 안개가 낀 경관은 아는 사람이면 다 안다. 게다가 조선 500년의 역사는 국제간선을 따라 펼쳐진 근대문화의 '서울시티'와 조화를 잘 이룬다.

해주

해주는 물이 맑고 여자들이 곱다. 여름 밤 자수정처럼 얇게 비치는 파란 조선옷을 입은 기생이 500년 역사의 예스러운 멋이 감도는 부용당(芙蓉堂) 주변을 줄지어 걷고 있는 모습은 우아하고 요염하다. 더

욱이 연못에는 연꽃이 아름답게 활짝 피어 있다. 항구가 보수 개축되고 기차가 벽지 조선과 연결되었으며 비행장도 생겨 해주는 막 깨어난 청년 같다.

목포

남쪽의 항구 목포는 온통 바다의 정취로 가득하다. 해안에 솟아 있는 유달산이 황해로 잠겨드는 빨간 석양에 빛나는 것도, 열악한 간조를 타고 어두운 잔교(棧橋)에서 울부짖으며 출항하는 배들의 기적

목포의 김

도, 해안의 다도해에 깜박이는 등대 불빛도 모든 것이 항구의 서정시이다. 항구에는 여자가 있다. 목포에 그러한 감상이 꽃피는 것도 여자가 있기 때문일지 모른다. 그중에 명물 '이치노타니(一の谷)'는 여행으로 밤을 지새우는 남자들에게 잊지 못할 하룻밤의 연정을 불태우는 곳이다.

조선도시소신

수원

수원이야말로 녹색의 에메랄드에 묻힌 산자수명의 고도이다. 조선풍 역사(驛舍)에서 하얀 길을 2킬로미터 가면 기와지붕에 풀이 난 팔달문이 맞이해 준다. 거기서 동쪽으로 성벽터를 돌면 봉화대, 연무대,

수원 화홍문

그리고 방화수류정이 있다. 그 근처에 화홍문이라고 하는 고풍스러운 수문이 자리를 잡고 있고 하류에서는 마을 아낙네들이 빨랫방망이를 두드리고 있다. 풀에 널어 놓은 흰옷에서 나그네는 틀림없이 '…저 신성한 아마노카구야마(天香具山)'라는 옛 노래를 떠올릴 것이다.

청진

청진의 정어리

푸른 리만 해류 위의 하얼빈호가 짙푸른 고말반도의 곶을 돌면 청진항이다. 개항은 1908년, 검은 겨울바람이 불어오는 북쪽 변방의 마도로스에게 더할 나위 없는 바다의 오아시스이다. 도시는 유성천

델타 위에 위치하여 이제 머지않아 인구 백 만을 꿈꾸며 잔뜩 부풀어 있다. 북선의 자원을 배경으로 미쓰비시(三菱)제철·닛테쓰(日鐵)·니치보(日紡) 등 더욱이 수산화학공업 등이 세기의 엔진을 시끄럽게 돌리고 있으며 특히 바다에서 10월의 소리가 들리면 정어리 떼가 해일이 되어 육지로 쏟아져 들어오고 항구에는 여자들의 화장분이 밤의 불빛 아래 피어난다.

조선 도시 소시

개성

개성은 고려의 고도. 만월대의 초석은 풀에 가리워도 사람들은 선죽교의 돌에 밴 충신 정몽주의 핏빛에 머리를 조아린다. 또한 개성은 인삼의 도시로 연간 순이익이 356만 엔이다. 그리고 개성은 상인의 도시

개성 선죽교

이기도 하다. 이들은 오우미(近江)상인[120]과 비슷하다. 다부지고 야무지다. 남편이 일 년 내내 타향으로 돌고 부인들은 청초하고 알뜰하며 부지런해서 마루 같은 데가 검은 빛으로 빛나게 잘 닦여 있다. 그리고 보니 의자가 깨끗하게 닦여진 개성의 선술집은 조선에서 맛의 으뜸을 자랑한다.

인천

인천 월미도 유원지

항구도시 인천은 아주 오래된 이름이다. 청일·러일전쟁에서 늘 전쟁의 서막을 알리는 존재로 보도된 곳이다. 산동 일대에서 온 중국인들의 거리에는 푸른 창문, 노란색 난간의 집들이 언덕을 원색으로

물들이고 드나드는 배들의 기적소리는 아득한 근심을 돋운다. 월미도의 솔바람 소리가 언덕 위 측후소의 풍신기를 돌리면 간만의 차 30척인 저녁 밀물이 움직이기 시작한다. 이 조류를 수력전기로 전환시키려는 계획을 갖고 있는 세기의 인물도 있다. 이것은 단순한 꿈이 아니다. 이미 경인 간은 흥아의 맨체스터가 되려고 엄청난 전진을 하고 있다.

대전

호남지방의 육지의 항구로서 중계 화물과 승객이 많지만 비교적 인상
이 약한 도시이다. 원래 철도 개통으로 생긴 도시인데 충청남도 도청이
공주에서 옮겨 온 이후 비중이 높아져서 현재는 인구 5만이 넘는 대전부
(府)이다. 공업지로서의 조건도 갖추고 있어 이미 꽤 많은 굴뚝이 연기를
내뿜고 있으며 앞으로도 상당히 성장할 것이다. 요컨대 특급 '아카쓰키'
가 정차하기 때문에 제법 눈에 띄는 곳임에 틀림없는데 열차 손님의 발걸
음이 이곳에 멈춰지지 않는 것이 자못 아쉽다.

조선문단의 근황

한식(韓植)

　최근 내지에서 조선문학에 대한 관심이 높아지면서 두세 명의 조선 작가가 소개되고 작품이 번역되고 있다. 그런데 지금까지 두세 차례 모두 같은 사람들뿐이어서 자칫 이 사람들만이 조선의 대표적 작가로 생각되고 있는 듯하다. 물론 이들은 모두 유력 작가임에 틀림없지만, 이들만이 유독 조선적 지방성을 풍부하게 갖춘 것도 아니며 더욱이 요즘처럼 조선 문단의 주류나 경향이 확실하지 않은 시기에는 이들의 작품을 읽은 것만 가지고 전체를 판단할 수 있는 것은 아니다. 그저 이들이 적극적으로 일본어로 발표하고 있는 것과 아울러 그 작품이 번역하기 쉬운 단편이었기 때문일 것이다. 작품의 수량이나 문단적 위치로 보아 우리는 10명이나 12명의 유력한 작가를 더 들 수가 있다. 그중에서도 세태소설가라 불리며 조선적 세속과 인정의 세계를 섬세하게 그려내고 있는 박태원(朴泰遠)[121], 채만식(蔡萬植)[122], 김남천(金南天) 등은 말할 필요도 없고 한설야(韓雪野)[123], 이무영(李無影)[124], 여류작가 최정희(崔貞熙) 등도 작년부터 연달아 가작, 역작을 발표하고 있다. 박태원은 김남천과는 다소 방향이 다르기는 하지만 그래도 이들은 모두 세태나 항간에서 제재를 즐겨 찾고 있다. 박태원은 이제 서른을 막 넘긴 정도의 사람이지만 이미 중견으로서의 지위를 확고히 굳히고 있다. 호세(法政)대학에서 배운 적이 있으며,「소설가 구보(仇甫) 씨의 일일」,「천변풍경」,「지나소설집」 등의 작품집이 있다. 작년

『문장』지의 화제작 「음우(陰雨)」, 「길은 어둡고」의 완성에 이어 장편 「애경(愛經)」을 연재하고 있다. 그 외에도 단편 「최노인전 초록」과 중편 「뒷골목 안」을 쓰고 있다. 그는 조선문단에서 좀처럼 볼 수 없는 개성적인 작가로, 그 독특한 작풍은 「소설가 구보(仇甫) 씨의 일일」에서 이미 충분히 보여 주고 있어서 신선한 스타일리스트로 출발하였다. 그의 작품은 모두 내용적으로 도회 생활의 소비적 측면을 근대적 감각으로 묘사하고 있으며, 문단의 최고 수준으로 평가되는 「천변풍경」에서도 역시 천변 생활자의 모습을 극명하게 관찰함으로써 자신의 문학 원칙을 보여 주고 있다. 모두 그야말로 조선적 생활의 꾸밈없는 인생 풍경을 묘사하는 것으로 섣불리 관념 따위를 개입시키지 않는 점에서 오히려 독자의 호감을 사고 있다. 이른바 이 작가는 가장 충실한 리얼리스트의 한 사람이라고 생각한다. 채만식은 잠시 중단했던 작품 활동을 최근 만회하여 가장 활발히 활약하고 있는 작가 중 한 사람이다. 최근 발표한 「순공(巡公)이 있는 일요일」을 써서 지금까지의 작풍에 정서적 아이러니를 가미한 작품을 발표하고 있다. 김남천은 역시 작년에 탈고한 장편에 이어 올해도 『인문평론』에 장편 「낭비」를 발표하며 에너지 넘치는 일면을 보인다. 이들 작가들 외에도 특이한 작풍으로 알려져 있는 안회남(安懷南)[125]은 「탁류를 헤치고」를 썼는데 이 사람은 이미 내지에 소개된 이효석(李孝石)에 견줄 만한 또 한 명의 유력한 단편작가라 할 만하다. 그의 작품은 단아하고 명석하기로 정평이 나 있다. 내지의 신감각파 작가들이 발전해 가는 과정과 비교될 정도로 확실히 일종의 근대적인 의미의 스타일리스트라고 할 수 있다. 한동안 이렇다 할 작품을 선보이지 않던 이효훈(李孝薰)은 최근 「부채(負債)」, 「유랑」 등을 발표하고 있다. 이무영은 신문사를 그만두고 귀향한 이래로 「제1과 제1장」과 그 속편으로 「흙의 노예」를 쓰고 있다. 한설야는 「모색」과 그 외 단편을 발표하고 있다. 이것은 작년의 화제작 「진창」에서 보여주었던 것과 같이 모색시대를 살아가는 주인공의 심리 분열, 의식적 고뇌, 자학을 부부관계의 대립에 가탁하면서 더욱 날카롭게 인간성의 내면을 파헤치고 있다. 활동이 미미한 여류작가 중에서도 홀로 분발하고 있는 최정희는 화제의 「지맥(地脈)」의 후속작품으로 「인맥(人脈)」을 탈고했다. 이것은 모델소설로 주목을 받았다고 한다. 이 작품의 모럴은 특별히 작가가 강조할 정도로 새로운 것은 아니지만 다만 자신을 객관화해 묘사하는 데 성공하였고, 심리분석에서 남자 작가에 뒤지지 않는 발전을 보이고 있는 점은 대견스러운 일이라 할 것이다.

이 외에도 신인의 활약상이 상당히 두드러져 마음이 든든하다. 그중에서 작년에 「심문(心紋)」을 써서 일약 문단의 주목을 받은 최명익(崔明翊)은 매우 진중한 태도로 작품을 쓰는 것으로 유명한데 한 해에 한두 작품 정도밖에 쓰지 않는 듯하다. 신인이라고 해도 벌써 마흔이 가까운 나이이고, 문단에서 일약 유명해진 것도 작년의 「심문(心紋)」, 「폐어인(肺魚人)」 등부터인데 이들 작품 중에서 그는 생활을 관찰하고 묘사하는 사람들과는 달리 여유가 없는 생활환경 속에서도 여전히 고귀한 인간성의 광맥을 찾아내고 있다. 뛰어난 신인들 중에 김동리(金東里)[126]는 정비석(鄭飛石)[127], 김영수(金永壽)[128] 등과 함께 가장 앞날이 촉망되고 있는 인물인데 힘찬 정열을 보여 주고 있으며, 신인 중 가장 많은 작품을 썼다. 「무녀도」를 비롯해 「황토기」, 「잉여설」, 「완미설(阮味說)」 등 인상 깊은 작품만 쓰고 있는 것을 보면 확실히 재능이 풍부한 작가임에 틀림없다. 최근작으로 「동구앞 길」, 「혼구(昏衢)」 등이 있어 신세대에 속하는 작가를 대표할 만한 기개를 지니고 있지만 작품에는 아직 특별한 새로움을 보이지 않고 있다.

(필자는 문예평론가)

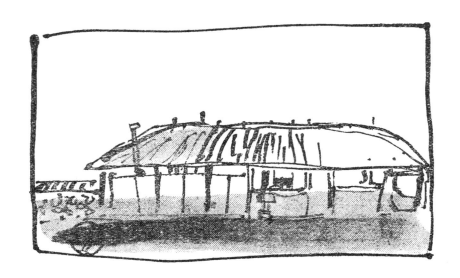

길은 어둡고[129]

박태원(朴泰遠)

1. 이렇게 밤늦어

　등불 없는 길은 어둡고 낮부터 내린 때 아닌 비에 골목 안은 골라 디딜 마른 구석 하나 없이 질척거린다. 옆구리 미여진 구두는 그렇게도 쉽사리 흙물을 용납하고 어느 틈엔가 비는 또 진눈깨비로 변하여 우산의 준비가 없는 머리와 어깨는 진저리치게 젖는다. 누구 집에선가 서투른 풍금이 찬미가를 하는가 싶다. 겁 집어먹은 발끝으로 향이(香伊)는 어둠 속에 길을 더듬으며 마음은 금방 울 것 같았다. 금방 터져 나오려는 울음을 목구멍 너머에 눌러둔 채 향이는 그래도 자기 앞에는 그 길밖에 없는 듯이 또 있어도 하는 수 없는 듯이 어둠 속을 안으로 안으로 더듬어 들어갔다.

2. 에—홍 에—홍

소리도 언짢게시리 상여가 지나간다. 가난한 이가 돌아갔는가 싶다. 상여는 조그맣고 메는 이는 단 네 명. 외로운 이가 돌아갔는가 싶다. 상제, 복쟁이 하나 없이 오직 뒤따르는 이가 두세 명. 그래도 에—홍 소리만은 격에 맞게 가난한 행렬은 눈앞을 지나 차츰차츰 멀리 더 멀리……

그것이 완전히 시야에서 떠나자 거리는 벌판으로 변하고 벌판에는 불이 일어난다. 탐스럽게 새빨간 불길이다. 마음이 두려움보다도 먼저 아름다움을 느낄 불길이다. 향이는 이윽히 그곳에 서서 그 아름다움에 취한다.

그러나 다음 순간 바람은 갑자기 불어들고 불어드는 바람에 불길은 세를 얻어 넓디넓은 벌판이 삽시간에 불바다로 변한다. 향이는 문득 자기 신변에 그렇게도 가까이 미친 불길과 또 그 불길이 가까워 오는 위험을 느끼고 질겁을 하여 뒤로 달음질치려 한다.

그러나 다리는 마음대로 놀려지지 않고 시뻘건 불길은 더 좀 가까워 향이가 거의 울 지경이 되었을 때 문득 다시 들려오는 에—홍 소리. 돌아다보니 바로 아까 그 상여가 불속을 이리로 향하여 나온다. 잠을 깨인 뒤에도 에—홍 소리는 그저 귀에 있었다. 그 탐스럽게 새빨간 불길은 그저 눈에 있었다. 향이는 잠깐 동안 언짢고 또 야릇한 생각에 잠겨 천정을 똑바로 쳐다보고 있었다. 그러다가 언뜻

"참 꿈에 송장을 보면 퍽 좋다는데……."

물론 향이가 본 것은 상여요 송장은 아니었다. 그래도 역시 상여는 그 안에 반드시 송장을 담았고.

"그뿐인가? 또 불을, 불이 활활 일어나는 것을 보아도 퍽 좋다니까."

그래 향이는 눈을 깜박거리며 이제 참말 다행한 빛이 그에게 있을 듯싶어 마음에 은근히 좋았다.

이제 좋은 일이 내게 있으려나 보다.

좋은 일이?

그러나 향이가 새삼스레 곁을 돌아보았을 때 그곳에는 그의 사내가 완전히 그에게로 등을 향하고 누워 있었고 좁은 단칸방에 변통수 없이 맞붙여 깔아 놓은 요 위에 그래도 그들의 사이는 서너 자나 떨어져 있었고 외풍이 심한 방 안에는 찬 기운이 휘돌고 있었고 또 밖에는 철겨운 궂은비가 내리고 있었고……. 그러한데 무슨 참말이지 그러한데 무슨 눈곱만한 좋은 일도 이 속에서 생겨날듯 싶지 않았다. 다시 힘없이 고개를 돌리고 힘없이 눈을 감고 또 힘없이 한숨을 쉬고.

3. 삶은 괴롭다

그러한 것을 새삼스레 느끼지 않으면 안 되는 향이다.

아직도 나이 어린 향이가 — 향이는 이제 갓 스물이었고 갓 스물이라도 생일이 섣달인 갓 스물이라 만으로 치자면 이제 겨우 열여덟……. 그러한 향이가 벌써 삶의 괴로움을 맛보지 않으면 안 되었던 것은 확실히 한 개의 애처로운 사실이었다.

그러나 물론 삶의 괴로움은 요즘에 비롯한 것이 아니다. 향이가 네 살이나 그밖에 안 되었을 때 어떤 노는 계집과 손을 맞잡고 만주라든가 어디라든가로 도망간 아버지는 그 뒤 영영 소식을 끊었고 아직도 젊은 어머니는 오직 향이 하나를 키우느라 10년이나 연초 공장에를 다니다가 이내 그 저주할 폐병을 얻어 돌아갔고……. 오오 가엾은 어머니.

향이의 눈에 저도 모르게 눈물이 고인다. 그때부터 열세 살 되던 해 봄부터 에누리 없이 외로운 향이의 몸 위에 온갖 고생살이는 달려들었다.

향이는 부리나케 고개를 뒤흔든다. 과거 8년간의 온갖 쓰라린 일, 온갖 슬픈 일, 온갖 괴로운 일을 이제 또다시 생각 속에 되씹어 보더라도 그것이 무슨 보람이 있으랴. 오직 그의 마음은 좀 더 아프고 그의 앞길은 좀 더 어두워질 것에 지나지 않지 않느냐. 뿐만 아니라 그는 이제까지 온갖 고생과 싸워 오는 동안 자기에게도 지지 않게시리 혹은 좀 더하게시리 가여운 사람들을 알았다. 또 그러한 사람들이 이 세상에는 얼마든지 있다는 것도 알았다. 나뿐이 아니다. 나뿐이 아니다. 물론 결코 향이 한 사람뿐이 아니었다. 하지만 그래도 사람들은 그 괴로움 속에서도 만약 그들이 구하려만 든다면 기쁨과 또 위안을 — 그것이 비록 얼마나 값어치 없는 것이라 하더라도 — 그 보잘 것 없는 기쁨과 또 똑같이 보잘 것 없는 위안을 능히 구하여 얻고 그리고 그것에서 잠시라도 삶의 다행함을 느낄 수 있는 것이 아니냐. 더할 나위 없이 비록 더할 나위 없이 가난한 살림살이 속에서도 그래도 그들은 그들의 주위에 그들이 사랑하는 사람을 또 그들을 사랑하는 사람을 갖고 있고. 참말이지 사랑이 따뜻한 사랑만이 그들에게 있어서는 온갖 좋은 것을 약속하고 있는 것이 아니냐. 문득 향이는 견뎌 낼 수 없는 외로움에 빠진다. 내게는 이 가엾은 향이에게는? — 그래도 한낱 엷은 바람을 갖고 향이는 충동적으로 그이의 편을 돌아보았으나 남자는 역시 그와 사이에 서너 자나 그만한 간격을 둔 채 저편을 향하여 누워 있었다.

4. 男子는 분명히

그가 자기와 이러한 생활을 시작한 것을 뉘우치고 있다.

요즘에 이르러 때때로 뜻하지 않은 기회에 문득 그러한 것을 생각하면 향이의 눈앞에서 그 휘황한 오색(五色)은 갑자기 그 빛을 잃고 전기 축음기에서 울려 나오는 그 소란한 재즈는 그 소리를 멈추었다.

이미 오래 전에 빈 술잔에 병을 들어 새로 술을 권할 것도 잊고 향이가 그렇게 한참을 멍하니 맞은편만 바라보고 있으면 객은 물론 그의 마음속은 알아낼 길 없이…….

"무슨 생각을 그렇게 하구 있는 모양이야 하나짱."

그러면 향이는 이미 향이가 아니고 얼른 하나코가 되어

"우리 고이비토 생각!"

그리고 그는 푸르고 또 붉은 등불 아래 얄밉고 또 귀여운 웃음조차 웃어 보인다.

"그럼 계약 제시로군. 경의를 표해야지."

그러한 말을 하면서 무진회사(無盡會社)나 그러한 데를 다니는 듯싶은 안경잡이는 그 모양없는 손을 하나코의 넓적다리 위에 슬쩍 놓는 것으로 경의를 표하려 든다.

하나코는 술 취한 이의 손이 좀 더 다른 방면으로 움직일 것을 경계하며 그래도 정 있는 듯싶게 술을 따라

"자, 약주 드세요."

그리고 향이는 근래로 분명히 자기에게 대하여 냉정해진 남자를 생각하고 순간에 또 마음은 어두워진다. 남자의 마음이 일찍이 그렇게도 자기를 사랑하던 남자의 마음이 단 반년을 못가서 이렇게도 쉽사리 변하여 버릴 줄은 과시 몰랐다.

전에는 밤늦도록 마음에 없는 웃음을 팔고 뭇 사나이들의 주정받이에 마음이 몸이 함께 괴로웠어도 그래도 하루 일을 마치고 집으로 돌아가면 그곳에는 사랑하는 이의 따스한 품이 그를 기다리고 있었다.

그것이 그의 모든 시름을 없애주고도 남았다.

그러나 지금은 지금은 그것이 없다.

남자는 본래의 그의 아내에게서 그렇게도 쉽사리 자기에게로 사랑을 옮겼던 것과 마찬가지로 이제 또 다른 女子에게로 마음을 주려는 것인지도 모른다.

만약 그렇다면 어떤 女子에게 어떤 계집년에게.

향이는 문득 줄 곳 없는 질투의 불길에 혼자 마음을 태우며 그러면서도 하나코는 한편으로 객이 어느 틈엔가 입에 담배를 물고 있는 것을 발견하고 그래 그는 재빨리 성냥을 그어 불을 붙여주고

'흥! 네가 그러면 내가 쉽사리 갈라설 줄 아니.'

속으로 그런 말을 향이는 중얼거려 보고 잠시 혼자 흥분도 하여 보았으나

'그렇지만 사랑도 없는 생활을 이대로 좀 더 계속하면 또 무얼하누.'

그러한 생각을 하면 아주 더 늦기 전에 깨끗이 헤어지는 것이 좋을 듯도 싶었다.

'인제 서로 헤어지나 헤어져 버리나.'

그런 것을 혼자 생각하려니까 한없이 제 신세가 가엾어 향이는 저도 모르게 눈물을 머금고 옆에서 안경잡이가

"오늘 밤은 웬일이요. 하나짱."

그리고 그 기회를 타서 그의 등 뒤로 팔을 돌려 어깨를 가만히 잡아 흔들었어도 향이는 얼마 동안은 하나코가 되는 일도 없이 그대로 향이 채로

'인제 서로 헤어지나 영영 헤어져 버리고 마나.'

몇 번씩 되풀이 그 생각만 하고 그리고 끝없는 슬픔 속에 빠져 버린다.

5. 헤질 것을 생각하고

돌아다보면 그들의 지난 반년간의 생활이란 오직 괴로움만으로 가득 찬 것인 듯싶었다.

사랑이라는 것에 비로소 눈을 떠 이 사나이면 몸과 마음을 함께 허락하여도 좋다고 생각한 그 사나이에게 이미 아내가 있고 자식이 있음을 향이가 안 것은 그가 그의 마음과 몸을 엊그제 허락하여 버린 그 뒤의 일이었다.

사나이의 입에서 처음으로 그 말을 들었을 때 향이는 놀랐다. 그것이 남자의 그 말이 자기 앞길에 무엇을 의미하는 것인지 생각하여 볼 마음의 여유도 없게시리 오직 놀랐다.

사나이는 그의 눈과 눈이 마주칠 것을 피하며 오직 한 마디,

"향이. 용서하여 주우."

그래도 오직 향이는 크게 뜬 눈으로 사나이의 옆얼굴만을 바라보았다.

그러나 남자가 흘낏 그를 보고 얼른 다시 외면을 하며 또 한번 용서를 빌었을 때 향이는 갑자기 그곳에 방바닥 위에 몸을 던지고 그리고 느껴 울었다. 남자는 물론 그러한 것쯤은 예상하고 있어야만 옳았을 것이다. 또 사실 그는 예상하고 있었을 것이다.

그래도 그는 여자의 느껴 우는 소리를 처음 듣는 순간 그것이 마치 뜻밖의 일이나 되는 것 같이 그렇게 허둥댔다. 잘못했소, 용서해주, 자 울지 마오……. 그러한 말을 낮게 빠르게 연(連)대여 말하고 향이의 격렬하게 움직이는 어깨 위에 가장 자신없는 손을 놓았다.

그러나 여자가 그것을 마치 무슨 징그러운 더러운 물건이나 되는 것 같이 진저리치게 몸부림하여 물리쳤을 때 남자는 저도 질겁하여 손을 떼고 그리고 잠깐은 어찌해야 좋을 바를 분명히 모르고 있는 모양이었다.

그래도 얼마 있다 그는 마음을 결한 듯이 여자에게 대하여 자기의 진정

심형구(沈亨求) 그림

을 토하려 들었다.

향이는 남자가 그의 아내와는 퍽 어렸을 적에 열다섯 살이나 그밖에 안 되었을 적에 부모들의 의사로 결혼하였을 뿐으로 그 사이에는 눈곱만한 애정도 없다는 이야기를 하였을 때 그것이 대체 내게 무슨 상관이냐고 속으로 부르짖으며 그저 느껴 울기만 하였다.

그러나 남자가 이제 조금만 기다려 주면 반드시 아내와 이혼하고 그를 정실로 맞아들이겠노라 하는 것이며 자기는 이제 이르러서는 결코 이 사랑을 단념할 수 없다는 것이며 또 이제부터 어떠한 짓을 해서든 결코 그를 불행하게는 하지 않으리라는 것이며 그러한 것들을 말하는 동안에도 몇 번씩이나 되풀이하여 자기의 사랑이 영원히 변치 않으리라는 것을 맹서 지었을 때 향이는 울기만 그저 울면서도 그래도 분하고 또 슬픈 생각이 얼마나 덜어지는 것을 속으로 느꼈다.

뿐만 아니라 이제 다른 무슨 수가 또 있을 것이랴.

"우선 어디 방이라도 한 칸 조용한 것을 얻어 둘이 살림을 합시다. 그저 나를 믿고 있우. 그저 나를 사랑만 하여 주우."

그러한 말을 남자가 하고 또 망설거리며 그의 등에 손을 얹었을 때 그래 향이는 결코 그것을 물리치려 들지 않았다.

6. 그러나 그렇게 하여

시작된 생활은 참말 기쁨과 참말 행복을 가지고 올 수는 없는 것인지도 몰랐다.

제일에 그것이 무슨 크나큰 죄나 되는 듯싶어 남의 눈을 피하여 가며 살 수밖에 없는 것이 언제든 향이에게는 재미적었다.

때로 그는 자기의 붕배(朋輩)들이 가장 살림을 차린답시고 얻은 사내라는 것이 일개의 자동차 운전수나 철공장 직공이나 그러한 것에 지나지 않는 것에 비겨 자기의 사내가 중산계급의 지식계급의 남자라는 것을 마음 그윽이 자랑해 보려고도 한다.

그러나 생각이 한번 남자의 가정에 남자의 처자에 미칠 때마다 향이는 풀이 죽지 않을 수 없었다.

이제 수이 제 아낙과는 이혼을 하겠노라고 남자는 거의 입버릇같이 말을 하지만 이미 자식을 셋이나 낳아 놓은 아내를 그냥 제가 싫다는 그러한 이유 하나만으로 내보낼 수는 없을 것이요 당자(當者)나 당자의 부모는 말할 것도 없이 우선 남자의 말에 의하면 무던히나 완고한 듯싶은 그의 부모부터가 누구보다도 강경하게 그것을 반대할 것이다.

향이는 외롭게 단념하고 문득 첩이면 첩이라도 좋다고 그렇게 생각한다. 불행에 익숙한 사람은 욕심이 크지 않다. 하지만 그거나마도 가망이 없는 듯싶었다.

남자는 둘이서 이 생활을 시작하기 전부터도 두 달이나 석 달이나 하숙 생활을 하며 집에는 들러보는 일도 없던 것이 이제는 혹 길에서 집안사람이나 一家집 아낙네라도 만날 것을 두려워하여 별로 바깥출입도 없이 두 사람의 사이를 어디까지지도 비밀에만 붙이려 드는 것이 언제 첩이면 첩이라고 어엿하게 자기를 내세워줄지 까마득하였다.

그러나 그러한 것도 다 좋다고 하여 두자. 두 사람의 사랑을 위하여 비밀이 필요하다면.

7. 하지만 넓은 듯하면서도

좁은 것이 세상이었다.

남자의 집에 근 10년을 두고 단골로 다니는 동대문 무슨 기름회사라든가의 기름장수 늙은이는 그들이 들어 있는 안집에도 역시 사나흘에 한번씩을 드나들었다.

그래도 그들은 대개 오정이 넘어서야 기동을 하였고 기름장수 늙은이는 오전 중에 다녀가는 것이 통례였으나 아마 남자가 아침에 변소에를 다녀나오는 그 뒷모양이라도 기름장수는 보았든 것일지 모른다.

그들이 그렇게 숨어산 지 한 달도 채 못 되는 어느 하룻날 아침 남자의 본여편내는 그 늙은 기름장수 마누라를 앞장을 세워 가지고 사직동 꼭대기에서 와룡동 구석까지 자기 남편을 찾아왔다.

8. 그때 세 사람 사이에 일어났던

소동을 되생각하여 볼 때마다 향이의 마음은 견디기 어렵게 불쾌하고 또 우울하였다.

한 사나이를 가운데 두고 두 여자는 마치 행랑것들끼리나 같이 거의 입에 담지 못할 욕지거리까지 하고…….

구경(究竟) 그 여자에게 교양이 없는 까닭이었겠지만 그 뒤부터는 향이는 고개를 들고 밖을 나댕길 수가 없었다. 그렇게 무식하고 또 못생겼으니까 남편의 사랑도 못 받는 것이지 하고 그러한 것을 생각하는 일이 있어도 문득 여자가

"세상에 어느 남자가 없어서 그래 처자 있는 사내를 농락하니?"

하던 말이 머리에 떠오르면 향이는 의례히 가슴이 아팠다.

그 말은 일찍이 자기의 가엾은 어머니가 주책없는 남편과 정이든 계집에게 향하여 할 일이 있던 말이었다.

가엾은 아내와 또 가엾은 딸은 자기에게서 떠난 무정한 남편, 무정한 아버지에게보다도 오히려 더 큰 증오를 거의 아무것에도 비길 수 없게시리 큰 증오를 그 계집에게 — 자기들에게서 남편을 아버지를 영영 빼앗아 가고만 그 계집에게 가지고 있었던 것에 틀림없었다.

향이는 가만히 한숨 쉰다. 지금의 자기가 바로 그 몹쓸 년의 계집인 것이었다.

9. 순정을 다하여

한 사나이에게 마음과 몸을 허락하였을 뿐으로 오직 그뿐으로 원래는 아무런 은원(恩怨)도 없었던 한 여인과 또 제 어린애들에게 한없는 불행을 주고 그리고 자기는 언제까지든지 그들의 원한과 또 증오대상이 되지 않으면 안 된다. 그것은 오직 잠깐 생각만 하여볼 뿐으로 견딜 수 없이 마음 괴로운 일이었다. 그래도 그나마 남자가 언제까지든 자기를 사랑하여 주고만 있다면 그러면 향이는 그러한 온갖 아름답지 못한 또 떳떳하지 못한 지위에서도 모든 것을 꾹 참고 그리고 결코 몸을 빼치려고 안 할 것이다. 헤아릴 길 없는 어둠의 심연 속에 걸핏하면 빠져 들어가려는 제 마음을 향이는 신칙하고 곧잘 하나코가 되어

"홍!"

경박하게 코웃음치고,

"별 빌어먹을 년의 팔자도 다 있지."

그리고 눈을 한껏 매섭게 치켜뜨면 그 순하고 또 귀여운 눈도 어쩌면 그렇게도 표독해 보이는지.

"네가 대체 오늘 밤엔 웬일이냐? 뭣에 요렇게 성이 났니?"

거동이 느리고 따라서 말조차 느린 어느 은행 출납계 주임이라는 매우 살찐 사나이가 가장 점잔을 빼고 말하면

"흥! 서방질이 하구 싶은데 걸려드는 놈팡이가 없으니 그래 화가 안나 겠수?"

입에서 나오는 대로 아무렇게나 그런 말을 하고

"참 오늘이 월급날이로구료? 나 술 좀 사주."

그리고 느린 이가 채 느리게 대답할 수 있기 전에 하나코는 홱 고개를 돌려

"얘 얘 히데짱, 위스키 좀 가져와."

가져오면 남들이 채 어떻게도 할 수 있기 전에 자작으로 서너 잔이나 연거푸 들이 마시고 그리고 그대로 술 사준 이의 가슴 위에 가 쓰러진다.

10. 그러한 요사이의

향이였던 까닭에 한 사나이로부터 군산으로 놀러 갈 의향이 없느냐고 그러한 꼬임을 받았을 때 그는 그것을 단번에 물리치려 들지는 않았다. 그 사나이는 그 사나이의 말에 의하면 군산에서 목하 그중 큰 카페를 경 영하고 있다 한다. 그리고 이번에 점포를 '일신', '개축', '대확장'하는 것을 기회로 경성에서 '미인 여급'을 '특별우대'로 '초빙'하려고 바로 그 목적으 로 상경한 것이요라고 말하였다.

그는 또 어느 틈에 어떠한 방법으로 조사하였는지 '하나코'가 이곳 주인

에게 275원의 빚이 있음을 알고 있었고 자기는 물론 그것을 깨끗이 청산하여 줄 것이요. 그 밖에 따로 의상 기타의 준비로 100원의 돈을 돌려주겠노라고 덧붙여 말하였다.

그러나 군산의 어떠한 곳임을 모르고 있는 하나코는 아무리 그밖에 도리가 없는 일이라 하더라도 역시 불안하지 않을 수 없었다. 그것을 아마 눈치 챘던 게지 그 사나이는 자아 이걸 좀 보라고 주머니에서 그림엽서를 한 장 꺼내보였다.

그러나 그것은 공교롭게 군산 시가지를 촬영한 것이 아니라 군산항의 대두(大豆) 수이출(輸移出)의 정경을 보여주고 있는 것에 지나지 않았다. 항구에 무턱대고 많이 쌓여 있는 콩섬 더미를 그 사나이는 알코올로 하여 매우 몽롱하여진 눈을 부릅뜨고 한참을 들여다보다가

"아니 이거 말구."

허둥대며 다시 주머니에 손을 넣었으나 다른 정말 군산 시가의 그림엽서는 아마 또 좀 다른 여급들을 권유하던 경우에 소실되었던지 끝끝내 나오지 않았다.

그는 그만 그것을 단념하고 그림으로 보여 줄 수 없는 군산을 말로써 방불케 하려 들었다. 결국 그의 한 말을 종합하여 보면 군산이라는 곳은 경성보다도 훨씬 더 크고 훨씬 더 좋은 곳인 모양이었으나 하나코가

"내 갈테야요."

하고 말하였다고 그 사나이가 자기 구변(口辯)에 자신을 가지려 한 것은 그러나 옳지 않았다.

향이는 군산이 어떠한 곳이든 사실 그러한 것이 큰 문제일 수 없이 오직 그는 근래도 좀 더 싸늘해진 남자의 태도만을 생각하고 있었던 것에 지나지 않았다.

11. 그러나 그 사나이를 따라

군산으로 떠난다는 날이 내일 모레로 닥쳐왔을 때 향이는 역시 어찌하면 좋을지 망설거리지 않을 수 없었다. 바로 어젯밤에 그 사나이는 또 찾아와 돈을 다만 그것은 100원이 아니라 70원이었으나 그 70원을 그에게 주고 그리고 그것으로 우선 옷이라도 준비하라고 글피 밤에는 틀림없이 떠날 수 있도록 차리고 있으라고 몇 번씩을 다짐을 주고 갔다.

그러나 이미 이렇게까지 된 이제에 이르러 남자와 헤어질 마음은 도리어 엷어지고 그 75원이 만약 그렇게 하여 생긴 것이 아니라면 그 돈을 가져 남자와 둘이서 단 한 회라도 마치 축복받은 애인끼리 같이 손을 맞잡아 본정(本町)으로 백화점으로 또 극장으로 모든 시름을 잊고 가장 호화스럽게 돌아다녀 보았으면 하고 그러한 생각만 일어나는 것은 어인 까닭일까.

아무런 직업도 갖지 않은 남자에게 달에 단 몇 원 수입이라 수입이 있을 턱없이 이제까지의 그들의 생활비란 거의 거들어 말할 것도 못되는 하나코의 '팁'으로 대여 왔던 것이다. 이제부터라도 남자에게 무슨 별 뾰족한 수 있을 턱없고 그러니 두 사람의 생활이란 역시 늘 한 모양일 거고 더구나 남자는 분명히 마음이 변한 듯싶었고……. 그러한 모든 것을 셈 쳐 보았으면서도 그래도 자기의 그 남자에게 대한 떠나기 어려운 감정을 향이는 아무렇게도 하는 수 없었다.

그러나 남자는 언제나 다름없이 그에게 등을 향하고 잠들었고 깨어 서로 얼굴을 대하여도 거의 말 한 마디 주고받는 일 없었고 경제적으로 남자가 완전히 무력함을 알고 있는 주인 마누라는 한결같이 향이만을 졸랐고 그리고 또 밖에는 며칠을 연대여 궂은비만 내렸고……. 그러고 보니 이제 이 남자에게서 떠나는 수밖에 무슨 다른 도리가 그곳에 있을 듯싶지 않았다.

12. 그러나 그러한 생각만 하고

혼자 서러워할 것은 없을지도 몰랐다. 이제 그와 헤어져 혹은 다행한 빛이 자기를 찾아들지도 몰랐다. 향이는 문득 며칠 전의 그 꿈을 생각해 내고 혹은 이번의 군산행이 온갖 좋은 일을 의미하고 있는지도 모르겠다고 눈을 깜박거려 본다. 더구나 남자의 처자를, 남자의 가정을 염두에 둘 때 그는 아무래도 그와 헤어져 제 자신, 새로운 길을 찾는 수밖에 없다고 그렇게 생각하였다.

그러나 대체 어떠한 말을 가져 사나이와 헤어지나? 이제 서로 갈라서자는 말을 이제 그와 떨어져 군산으로 간다는 말을 제가 먼저 입에 올려 말할 용기가 향이에게는 없었다.

그야 남자 자신 이미 오래전부터 둘이 갈라서기를 바라고 있는 것인지도 모른다. 그러나 설혹 그렇다 하더라도 어찌 그것을 제가 먼저 입 밖에 내어 말할 수 있으랴!

향이는 생각 끝에 남자에게는 떠날 때까지 결코 아무 말도 하는 일없이 오직 사연을 자세히 쓴 편지를 그것도 경성에서 바로 떠나기에 미처 그에게 부치리라고 그렇게 마음을 정하였다. 그리고 나서 그의 마음은 서운하고 또 슬펐다. 그러나 그와 함께 잘했던 한 가지 일을 딱 결정을 냈다 해서 역시 마음이 시원하기도 하였다.

13. 목도행 열차는

오후 10시 50분 정각에 경성역을 떠났다.

플랫폼에 벨이 울리고 차장의 호각이 울고 다음에 기적소리 그리고 덜

컥 차체가 움직인 다음 열차가 궤도 위를 역 밖으로 미끄러져 나갔을 때 향이의 가슴은 마치 큰일을 저지른 듯싶게 털썩 내려앉고 그의 눈에는 순간에 이슬이 맺혔다.

아아, 그예 나는 서울을 떠난다. 그예 나는 그이와 헤어졌다. 나는 이제 일찍이 보지도 못하였던 듣지도 못하였던 먼 곳으로 외로운 혼자 몸이 이렇게 밤늦어 도망꾼같이 떠난다. 눈물이 뒤에서 뒤에서 자꾸 흘러나왔다. 신중히 고려하여 볼 시간의 여유를 갖지 않은 사람이 우선 일을 결행하여 놓고 다음에 반드시 맛보지 않으면 안 되는 뉘우침이 지금 향이의 가슴속에 있었다.

내 잘못했다. 내 잘못했다.

향이는 자기가 차에 오르기 전에 역에서 부쳤던 남자에게의 편지를 생각하고 역시 자기는 그러한 방법을 취하지 말고 직접 터놓고 남자의 진심을 물어보았어야만 하지 않았나 뉘우친다.
용산 시가의 불빛이 어리는 차창 위에 문득 기약하지 않고 그이의 얼굴이
떠올랐다. 이제 두 시간 지나 그제도록 여자가 돌아오지 않을 때 그는 역
시 그렇게 늦은 여자를 염려할 것이요. 마침내 그 밤이 새고 아침에 여자
대신 여자의 편지가 들어와 여자가 자기에게서 영영 떠났다 알 때 그는
반드시 자기를 배반한 여자를 미워하고 또 슬퍼하고…….

'참말 그이는 나를 미워하고 또 슬퍼해 주고 할까?'

향이는 눈을 똥그랗게 뜨고 차창 위의 일점(一點)을 응시하였다.

어느 틈엔가 차는 한강 철교를 건너고 있었다. 술이 잔뜩 취한 새 주인
은 동행하는 또 다른 두 명의 여급과 희롱하면서 자리 위에 담요를 피고
잠잘 준비를 하고 있었다. 하나코와 같이 군산으로 끌려가는 두 계집들은
서울을 떠나는 것에 별 감흥도 감개도 없는 듯이 연해 재잘거리며 껌을
씹으며 또 과실 껍질을 벗기며 하고 있었다.

그러나 향이는 그들 축에 들려고도 않고 오직 한 생각에만 잠겨 있었다.

'참말 그이는 나를 미워하고 또 슬퍼해 주고 할까?'

그러나 그러할 사람이면 그렇게 오랫동안을 두고 자기에게 그토록이나
냉정할 수 있었을라고.

'역시 결국은 그와 헤어져버리는 수밖에 없지 않은가?'

그리자 뜻하지 않고 그의 머릿속에 가장 아름다웠던 가장 즐거웠던 그
이와의 하룻날이 떠올랐다.

달포전이다.

아직 둘이서 둥지에 잠자지 않았을 때 하룻날 밤 그는 그이에게 내일이
바로 내일이 자기의 생일이로라고 말하였다.

"내일이 내일이 당신 생일이요? 허!"

그이는 자기를 그렇게도 힘 있게 안아주고 그리고 이튿날 아침 어데 가

서 어떻게 변통하였는지 5원의 돈을 들고 그는 돌아왔다.

"오늘은 점(店)에 나가지 말고 나와 둘이서 하루 즐겁게 놉시다."

참말 얼마나 즐거웠던 또 황홀하였던 하루를 그들은 가졌던 것이랴.

가엾은 어머니가 돌아간 뒤 자기의 생일을 함께 즐겨준 오직 한 사람의 그이였다.

'이제 누가 또 누가 또…….'

눈물이 암만이든 줄을 지어 그의 뺨 위를 내렸다.

"하지만 그이의 사랑은 이미 식었고 이제 둘이서는 이렇게 헤어지는 수밖에……."

그리자 그는 갑자기 속으로 외쳤다.

'그것을 누가 아니? 참말이지 누가 아니? 그이가 나를 사랑하지 않는다는 것을 내가 어떻게 알아낼 수 있니? 또 그이면 그이래도 참말 제 마음은 모르고 있을 것을…….'

문득 돌아보니 저편 좌석에 가 담요 위에 다리를 꾸부리고 누워있는 새 주인은 무슨 생각을 하고 있는지 호색한인 듯싶은 얼굴에 야비한 웃음을 띠고 있다. 갑자기 기적이 그의 고막을 울렸다.

14. 영등포역 대합실

그중 구석진 의자에 가 향이는 조그마니 앉아서 자기는 또 한 번 일을 그르치지 않았나 뉘우쳐 본다.

그러나 역시 자기 앞에는 그 길밖에 없는 듯싶었고 그이의 앞을 떠나 자기에게는 아무런 바람도 있을 듯싶지 않았다.

20년 동안 제 자신 그렇게도 아껴왔던 자기의 깨끗한 마음과 또 몸은 처음이요 또 마지막으로 그이에게 받았던 것이 아니냐. 사랑이 엷어졌다 사랑이 식었다 암만 그러더라도 자기의 몸 위에 불행이 있을 때 그래도 그것을 걱정하여 주고 가엾어 하여 주고 또 슬퍼해 줄 사람은 오직 그이 하나뿐이 아닌 것이 아니냐. 역시 그이에게로 돌아가리라. 돌아가리라.

문득 개기름이 지르르 흐르는 새 주인의 얼굴이 눈앞에 떠올랐다. 그것은 그를 제법 불안하게 하여 준다. 그러나 이렇게 된 이상에는 이대로 나가는 수밖에 아무 도리가 없었고 오직 그이의 사랑만이 부활한다면 모든 것은 그들 앞에서 결코 큰 문제일 수 없을 것이다.

영등포역을 열한 점 40분에 떠난 열차는 15분 지나 경성역에 닿았다.

15. 이렇게 밤늦어

등불 없는 길은 어둡고 낮부터 내린 때 아닌 비에 골목 안을 골라 디딜 마른 구석 하나 없이 질척거린다. 옆구리 미여진 구두는 그렇게도 쉽사리 흙물을 용납하고 어느 틈엔가 비는 또 진눈깨비로 변하여 우산의 준비가 없는 머리와 어깨는 진저리치게 젖는다. 누구 집에선가 서투른 풍금이 찬미가를 하는가 싶다. 겹 집어먹은 발끝으로 향이는 어둠 속에 길을 더듬으며 마음은 금방 울 것 같았다. 금방 터져 나오려는 울음을 목구멍 너머에 눌러둔 채 향이는 그래도 자기 앞에는 그 길밖에 없는 듯이 또 있어도 하는 수 없는 듯이 어둠 속을 안으로 안으로 더듬어 들어갔다.

김종한(金鍾漢) 역

427

428

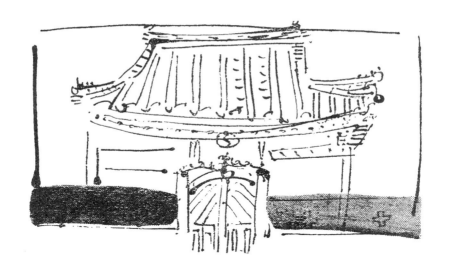

동구앞 길[130]

김동리(金東里)

오늘도 역시 좋은 날씨건만 선이는 아직 보이지 않는다.

뜰은 아침에 갓 쓸어 놓은 그대로 깨끗하고 장독 곁 감나무 그늘 밑엔 새빨간 수탉 한 마리가 웅크리고 누워 있다. 감나무에서는 이따금씩 하얀 감꽃이 하나씩 내려와 장독을 때리고는 뜰로 굴러 떨어진다.

순녀는 따뜻한 툇마루에서 어린 것에 젖을 먹여 재워 놓고 아까부터 씻다 둔 고무신짝을 다시 씻기 시작하였다. 씻어 보니 의외로 많이 낡았으나 그래도 친정어머니나 올케들이 사뭇 맨발로 지낼 것을 생각하니 그나마 깨끗이 씻어 아껴 신고, 그리고 며칠 전에 사다 준 새 신은 이번 친정 갈 때나 가져가고 싶다.

오늘이 오월 초하루라 인제 보름만 지내면 바로 친정어머니의 생신날이다. 그때엔 이웃집 옥남이에게 어린놈을 업히고 자기는 닭을 안고 어머

429

니를 보러 갈 것을 생각하니 순녀는 시방도 곧 가슴이 두근거린다.

생각하면 그 동안이 어느덧 칠 년, 한 해를 삼백예순 날씩으로만 잡아도 이천하고 오백 날에, 순녀가 진정으로 살아 본상 싶은 날은 그나마 한 이레뿐이었다고 생각된다. 한 해에 한 번씩밖에 오지 않는 어머니의 생신이다. 순녀에게는 일 년 삼백예순날이 모두 이 하루를 위해서만 있는 겐지 모른다. 게다가 올해엔 또 어린놈까지 옥남이에게 업혀서 갈 것을 생각하니 사뭇 즐겁지 않을 수 없다.

그렇다고 무어 순녀가 이번 처음으로 아이를 낳았다거나 하는 것은 아니다. 이렇게 살림이라고 든 지 칠 년 만에 그새 아들만 연달아 셋을 빼놓았다. 사십 줄에 들도록 아들 구경을 못해서 잔뜩 기갈이 들었던 참에 갑자기 이런 복덩이들이 셋이나 잇따라 쏟아졌으며 영감님께서도 인젠 그 아들 기갈이 반이나 풀린 셈인지 이번엔 어째 백날이 다 가도록 업어 가는 둥 져 가는 둥 하는 말이 들리지 않는다.

그날 영감이 흰 고무신 한 켤레와 시방 저 감나무 밑에 웅크리고 누워 있는 수탉 한 마리를 사 가지고 와서, 신은 네 신이다, 어디 발에 맞느냐, 닭은 이번 보름날 가져 갈 게다, 그동안 어디 얼마나 더 키워서 가는가 보자는 둥 하며 제법 흐뭇한 눈치 길래, 그래 이 짬을 타서 순녀도 영감의 복장을 좀 다뤄 볼밖에 없어,

"나도 늘 혼자서 너무 심심하고 하니 이번 아일랑은 그만 여기서 기뤄볼 란요."

여러 번 두고 벼르던 걸 한번 이렇게 넌지시 물어 보았는데,

"……."

영감은 그냥 못 들은 체하고 궐련만 빨고 있었다.

이러고 보면 순녀도 한번은 더 다잡을밖에 없으므로,

"큰댁엔 그렇게 아이들이 둘이나 있고 하니, 마누라님도 늙마에 그것들

기르느라고 매양 그렇게 애쓸 것 없이, 여기선 이렇게 젖도 넘고, 나도 늘 혼자서 너무 서운코 하니……." 즉 영감은 그제야,

"그렇게 늘 심심커든 밖에 나가 자꾸 일이나 하지."는 것이다.

순녀는 어안이 벙벙하여 그대로 입을 다물어 버리려다 어느덧 속으로 뾰루퉁한 설움이 솟아올라,

"허기야 머 늘 노는 줄만 아신감네, 저 앞밭에 한번 나가 보겠이먼, 그 보리랑 감자랑 마늘이랑 목화랑 모두 뉘 손으로 그렇게 가꿔 놨게요. 것두 낮뿐이먼야 무슨 짓을 한들 무에 그리 갑갑할겝네까. 사철 자나 새나 한번 들여다 볼 아이 하나 없고 하니 그런 게지."

아까부터 옷고름은 눈에 갖다 대이고 있었으나 그것은 그저 그런 습관뿐이요 눈물은 노상 바닥으로만 쏟아지는 것이다. 이에,

"……."

영감은 담배만 피우고 앉아 있으면 그만인 것이었다.

순녀도 이번엔 한사코 한번 해 보고 말 참이라, 이번조차 그렇게 앗아 간다면 사실 그녀는 세상에 살맛이 조금도 없다. 본래가 부모 형제를 위하여 거의 팔려오다시피 된 몸이라고는 할망정 이미 아들을 둘이나 앗아 갔으면 그만이지 이 위에 또 다시 은혜를 더 갚아야 하는 겐가. 또 은혜래야 실상 별 것이나 있나, 그때 논 다섯 마지기 소작 얻어 부치게 된 것뿐인 걸 그걸 가지고 무어 그리 두드러진 은혜라고들 하는가.

맥 모르는 이웃 사람들은 언필칭 인사라고,

"그렇게 편하구두 왜 이리 말르누?" 고들 하지만 그러기 사람이란 본래 남의 속 모른다는 게지. 사람의 마음속이 편해야 편한 게지 옷 밥 굶주리지 않는다고 마르지 않을까. 누구나 자식 낳아 기르지만 제 속으로 난 자식 남에게 앗기고도 먹는 것이 참으로 살로 갈까. 그것도 십 년이나 이십 년쯤 지낸 뒤일지라도 도로 제 어미라 찾아나 줄게라면, 그만큼 철이나마

든 것이라면, 그래도 그때를 바라고나 살아본다지만, 이건 행여 제 어미 낯이라도 알까 보아 채 인줄도 마르기 전에 들싸안고 가 버렸으니 이것들이 자란들 나중 가서 제 어미를 어민 줄로나 알아 줄 것인가.

더구나 큰집 마누라의 하는 꼴이란 이건 일껏 아들을 낳아 주어도, 아니 그럴수록 원수로 친다. 본디 제 복에 없던 아들이 셋이나 늘어져 놓고 보니 인제 순녀는 갈데없이 마누라의 혹이 된 셈이다. 그러니까, 먼저 아직 이 셋째 놈이 나기 전에만 해도 마누라는, 허줄한 논이나 댓 마지기 제 앞으로 떼어 주어서 아주 손을 끊어 버리라고 영감을 들쑤시더란 소문은 이제 온 동네에 모르는 사람이 없지마는, 그때 영감이 그저 그만하고 있은 것은 무어 마누라보다 그가 순녀를 그리 끔찍이 더 생각해서가 아니라 아무리 허줄한 논이라고는 할망정 한참에 논을 다섯 마지기나 떼어내 주기란 참말이지 아까워서 못할 노릇이었을 게라고도 또한 이웃 사람들이 쑥덕거리는 그대로다.

속 모르는 친정 오라버니는 공연히 어리석은 헛 욕심에 들떠서 제발 영감님이 그러라고만 하거든 두말 말고 선선히 그러란 부탁이다. 허나 이건 남의 속을 몰라주어도 분수가 있지 그까짓 논 댓 마지기에 속아 떨어질 순년 줄 아는가 보다. 이젠 친정도 영감도 아무것도 대수롭질 않다. 제 속으로 난 자식을 셋이나 두고 왜 남이 된단 말인가. 그까짓 친정 오라버니야 목이 달든 말든, 그리고 영감이야 돌아보든 말든, 순녀는 인제 아들만 바라보고 살아 갈 참이니 열 번 죽더라도 찰거머리가 돼야만 할 것 같다.

순녀도 처음부터 아주 이렇게만 생각했던 것은 물론 아니다. 처음으로 순녀가 이 살림을 들기로 한 것은 말하자면 순전히 친정을 위해서였다. 아버지는 이제 겨우 한 오십밖에 안 된 이가 벌써 여러 해째 천만으로 드러누워 주야로 들볶느니 약 타령뿐이요, 집안일이라곤 손 하나 까딱할 줄 모르는 형편이고, 그중에 보통 학교 졸업이라도 했다는 아들은 만준가

「대국」인가를 가버린 채 그 뒤 소식도 없고, 그 밖에 들끓는 건 모두 입 벌리고 먹으려고나 하는 어린 조카와 동생들뿐 맏오라범 혼자 손으로 남의 논 서너 마지기 부치는 걸 가지고 그 많은 식구들이 어떻게 다 입에 풀칠인들 할 수 있겠는가. 이 짬을 넘겨다보고 윗마을 양주사 영감이 사이에 사람을 넣어서 순녀를 달란다고 하였다.

윗마을 양주사라면 첫째, 돈 많고 토지 많은 사람인 줄 이 근처에선 모르는 사람이 없지만 그가 또 여태껏 아직 아들 없는 사람인 줄도 다 안다. 그때 그 중매를 들러 온 하생원의 말을 들으면 누구든지 거기 살림만 들게 되면 제 하나 호강은 다시 말할 것도 없고, 저희 친정 한 권속까지 농사 한 가지는 으레 실컷 얻어 부치는 게고 게다가 아들자식 하나만 낳고 보면, 그 많은 살림이 모두 뉘 것이 될까 부냐고, 골골골 목구멍에 해소를 끓이며 귓속말로 일러주던 것이다. 순녀라고 그 말을 그대로 다 믿은 것은 아니지만 그래도 그중에 어쨌든 친정에서 농사 한 가지라도 실컷 얻어 부치리라고 믿지 않았더라면 당초 그의 소실을 들려고는 안 했을 것이다.

과연 그 뒤 동네 사람들이 쑥덕이는 것처럼 그렇게 친정 형편이 정말 제법 늘어진 건 아니지만 그래도 이전보다는 숨 돌리기가 좀 나아졌다고는 그 어머니나 오빠로부터도 듣는 바이다.

그러나 이제 와 순녀에게 있어 제일 목마른 건 친정도 영감도 아니요 다만 한 가지 제가 낳은 자식 셋뿐이다. 어떻게 하면 제가 낳은 자식을 제 자식이라 부를 수 있고, 그 자식들을 위하여 마음껏 어머니 노릇을 해 볼 수 있을까 하는 것이다라기보다도 우선 어떻게 해야 그 그리운 자식들의 얼굴을 한번이라도 더 만나 볼 수 있을까가 더 절실한 소원이다.

그는 시방도 이렇게 따뜻한 툇마루에다 어린 것을 재워 놓고 바로 그 곁에 앉아 고무신을 씻노라는 둥 하는 것도 무어 저 감나무 밑에 웅크리고 누워 있는 새빨간 수탉을 곧장 지켜보기 위함도 아니요 그냥 햇볕을

수묵산수화 김명국(金明國) (인조시대)

경성 이왕가미술관 소장

434

흠씬 쬐어 보잔 것도 아니고, 실상은 저쪽 묵은 성(城) 모퉁이를 돌아 이쪽으로 개천을 끼고 들어오고 있을 선이를 기다리는 터이다. 아니, 선이를 기다린다기보다 그 선이에게 이끌리어 올 자기의 맏아들 영준이나 혹은 선이의 등에 업혀서 올 기준이를 맞고자 함이다.

순녀는 선이를 시켜 아이들을 꾀어 오게 하는데 지금껏 갖은 애를 다 썼다. 그것도 선이로 보더라도 어른들의 눈을 속이고서 아이들을 꾀어 내 오기란 여간 큰 '모험'이 아니다. 한번 들키기만 하는 날이면 그날로 당장 쫓겨나기는 물론이지만 우선 그 매를 어찌 다 맞아 내겠는가. 그러매 밥도 주고, 떡도 주고, 혹 엿도 사주고, 꽃주머니도 채워 주고 하여 보는 족족 꾀이고 달래었다. 나중에는 저의(선이의) 어머니에게까지 청을 넣고 애원을 하여 마침내 선이도 그 모험을 승낙했던 것이다.

달포 전에 선이는 이 모험에 한 번 성공한 일이 있었다. 그때 선이는 작은 놈인 기준이만 업고 왔었다. 하나 그것만으로도 선이는 순녀로부터 충분히 환대를 받을 수 있었고 또 순녀 자신으로는 오래 두고 가슴에 새긴 설움을 이에 눈물로 풀기에 족하였던 것이다.

선이를 달래어 어른들의 눈을 속이게 하는 것이 결코 떳떳하지 못한 일인 줄은 순녀도 모르는 바 아니나, 하지만, 남의 자식을 낳는 대로 번번이 앗아 가서는 여러 해가 되도록 아이들의 코빼기도 보여 주지 않는 것은 대체 떳떳한 일인가. 그것도 몇 천리 먼 곳에 떠나가기나 한 것이라면 또 모를 일이지만 바로 동네 하나 사이에 두고 이렇게 몇 해 동안이나 한번 보기도 어려우니 이 어찌 답답할 노릇이 아닌가?

감나무 그늘 밑에 웅크리고 누워 있던 새빨간 수탉이 활개를 털고 일어나 제법 늘어지게 낮울음을 세 번이나 울었다. 저쪽 묵은 성 모퉁이를 돌아 이쪽으로 개천을 끼고 들어 올 선이는 아직 보이지 않는다.

동향 채 집 그늘이 뜰로 서 발로 더 내려와 순녀가 그제야 점심을 마악

들고 앉으려 할 때에 토닥토닥 아이들의 발소리가 나기에 가슴이 덜렁하여 눈을 들어 보니 이윽고 문에 들어서느니 선이요, 선이 등에 업힌 기준이요, 선이에게 손목을 잡힌 영준이들이다.

순녀는 처음 아이들을 멀거니 바라보고 서서 등신처럼 비죽이 웃고 있었다. 다음 순간, 문득 그는 미친 것처럼 뛰어 들어 영준이를 덥석 품에 안았다.

영준아 영준아 영준아……. 그러나 그 소리는 그녀의 목구멍밖에 들리지 않고 영준이의 등 너머로 수그린 그녀의 낯에서는 눈물만이 쏟아져 내렸다.

선이는 순녀의 형편을 잘 알고 있는 터이지만 같이 덩달아 눈물을 흘리기도 쑥스런 노릇이고 그렇다고 그것을 빤히 쳐다보고 구경을 한단 수도 없어서 마루 난간에 궁둥이를 대고 비스듬히 선 채 고개만 수그리고 있다.

그러나 그중 놀란 것은 영준이다. 암만 봐야 낯선 사람인데 왜 이렇게 저를 꼭 부둥켜안고는 놓아주질 않는 것일까. 게다가 이 낯선 사람은 눈물까지 흘리는 눈치가 아닌가.

"영준아!"

낯선 사람은 상기 눈에 눈물을 담은 채 이렇게 부른다. 가뜩이나 울 짬만 엿보고 있던 참이라 이판에 그만,

"응 애애." 고 울음보를 더 놓았다.

"왜 울어? 울지 마, 응, 아가."

순녀는 일어나 벽장문을 열고 준비해 두었던 백설기와 사탕가루와 엿과 과자를 내놓았다.

"자, 이거 먹고 울지 마, 자아, 자아, 그래야 착하지."

순녀는 백설기를 집어 영준이의 손에 쥐어 주었으나 영준이는 기어이 주먹을 쥔 채 그것을 밀어내 버렸다.

선이가 그것을 보고 딱했던지,

"영준아 받아라. 엄마다." 한즉, 영준이는 잠깐 울음을 그치고 고개를 들어 선이를 뻔히 바라본다.

"받아라, 응 받아라."

이번엔 선이가 손수 그것을 집어 영준이의 손에 들려주려니까 그제야 슬그머니 손을 편다.

순녀는,

"옳지, 그래야 착하지, 참 예쁘지……."

이렇게 입은 놀리면서도 문득 눈물이 핑 쏟아졌다.

순녀는 아이들이 보지 않게 얼른 눈물을 닦고 나서,

"영준아 내가 뉘고? 어디 한번 알아 맞혀 보렴, 맞히면 내 참 존거 주지."

"……."

"자아, 어디 내가 누구?"

그러나 영준이는 어리뚱한 눈으로 순녀의 낯을 멍하니 바라볼 뿐이다.

"영준아, 엄마다 엄마."

선이가 곁에서 나지막한 목소리로 이렇게 일러 주어도 아직 곧이들리질 않는 눈치다.

그래 순녀가,

"너이 엄만 집에서 머하던?" 그렇게 한번 물어본즉 그제야,

"엄마 잔다." 하고 입을 뗀다.

"왜, 아파서?"

"응."

"어디가?"

"머리가."

"어디, 머리가 아파? 아이도 거짓말은……." 하고 선이가 참견을 한즉,

"그때 아팠거던, 그때……." 영준이는 선이를 향해서만 대꾸를 한다.

순녀가,

"기래 너이 엄마 참 좋든?" 한즉,

"……." 영준이는 고개를 끄덕끄덕 한다.

선이는 등에 업고 있던 기준이를 끌러 순녀에게 주고 뜰로 내려가 감꽃을 주웠다. 영준이도 따라 내려갔다.

순녀는 기준이를 받아 안고 젖을 먹이었다. 영준이가 감꽃을 주워서 좋아라고 뛰어 오는 것을 보고,

"영준아 앤 뉘고?" 하고 또 물어 본즉,

"우리 기준이."

"기준이 네 동생이지?"

"그럼."

"그러면 저 앤 뉘고?" 방에 누운 성준이를 가리켰다.

"……."

영준이는 그냥 생긋이 웃었으나 그건 무어 영문을 알아서가 아니라 아이들이 저보다 더 어린 애를 보면 으레 잘 웃는 그러한 웃음일 따름이었다.

선이가 있다,

"영준아 네 동생이다 동생." 하고 가르쳐 준즉,

"거짓말." 한다.

순녀는 영준이의 대답이 으레 그러려니 하는 생각은 머리부터 들었으나, 홧홧 달아 오르는 그 어떤 목마름에 쫓기듯 하며 그래도 행여나 싶어서,

"영준아, 너 날 모르겠나? 정말 내가 누군 줄 모르겠나?"

다시 한번 이렇게 물어본 즉 영준이는 곧,

"선이 늬 엄마." 하였다. 선이 저의 엄마란 뜻이었다.

순녀는 갑자기 달아나듯 부엌으로 펄쩍 뛰어가 사발로 냉수를 퍼마시

마을 여인 최영수(崔永秀) 그림

었다.

그날 밤으로 큰댁 마누라가 얼굴이 파랗게 되어서 뛰어왔다.

참으로 할 수 없는 것은 아이들이었다. 돌아가는 길 집에 가서 암말 말라고 선이가 그렇게 당부를 하고 영준이 제 쪽에서도 이에 응낙하여 약속까지 했건마는 그놈의 백설기랑 감꽃이랑 하는 이야기 통에 그만 선이와의 약속을 깜빡 잊어버리고 말았던 것이다.

이에 눈치를 챈 마누라는 온갖 음식과 노리개로 영준이를 꾈 대로 꾀어서 별별 거짓말까지 다 보태 듣고 나서 이번엔 매를 들고 선이를 닦달하기 시작했던 것이다.

그러나 본디 아이 못 낳는 사람이 대개 매섭고 모진 이가 많다는데 이마누라 역시 그러한 축의 한 사람이었던지 그 가무파리한 낯빛부터 찬바람이 일 듯한 서슬이 느껴진다. 워낙이 키는 작은 편이나 광대뼈에서 어깨통 엉덩판 이렇게 모두 딱딱 바라지게 생긴 체격인데다가 여러 해 동안 무슨 아이 낳는 약이다 속 편한 약이다 하고 별별가지 좋은 약만을 사철 대고 연복을 하고 보니 가뜩이나 늙마에 너무 편한 몸인지라 곧장 살이 찔 밖에 없어 이건 속담 그대로 아래 위가 틈박한 절구통이 되었다.

마누라는 신돌 위에 신을 벗고,

"애햄." 하며 툇마루로 콩 하고 올라서자 마침 기미를 알아차리고 반색을 하며 미닫이를 여는 순녀의 앙가슴을 향해 절구통은 그냥 철환이 되어 튄다.

"아이구머니이!" 순녀는 고대 뒤로 휘딱 나자빠졌는데,

"허억, 끄륵! 끄륵!" 하고 혀가 목구멍 속으로 당겨 들어가고 얼굴이 금시 흙빛이 되었다.

그러나 마누라의 분통은 아직 절반도 풀리지 않아서,

"흥! 이년! 누구 앞에 엄살이야! 엄살이……."

그래 이번엔 집에서 일껏 벼르고 온대로, 즉 손에 머리채를 휘휘 감아 쥐고,

"이녀언! 네 이년!" 너무나 억울하고 분이 차서 떨리는 목소리다.

"이녀언! 네 이년! 네 죄 네 알지, 네 이년 네가 누굴 악담 해, 네 이년! 목을 천 동강을 내어도 죈 죄대로 남을 년, 네 이년아! 네가 날 죽으라 밤마다 축원 지내고 축수하지, 네 이년! 이년아! 간을 다 내어 씹어도 죈 죄대로 남을 네 이년아!"

마누라는 몇 번이나 거듭 이렇게 외치곤 하면서 손에 감아 쥔 머리채로 골이 부서져라고 방바닥에 짓찧고 또 온 낯과 가슴과 젖통을 닿는 대로 물어뜯어서 제 낯과 순녀의 상반신을 온통 피투성이로 만들었다.

이웃 사람들이 와서 말리려고 집적거려 보다가 모조리 모진 매만 한번씩 얻어맞고는 다 물러섰다. 말리는 사람이라도 사정을 두는 일이 없다. 닥치는 대로 물어 떼고 머리채를 잡아낚고 두 눈에 불을 켜서 덤비는 데야 바로 제 형제나 제 부모 아니고는 굳이 항거해 볼 사람도 없다.

그러나 마누라의 분통은 역시 아직 절반도 풀린 것이 아니다.

순녀의 상반신이 이제 아주 피투성이가 되자 이번엔 그 치마와 속곳을 입으로 뜯고 손으로 찢고 그리고는, 거기 나타난 허연 배와 두 다리 위에 마악 엎드러져 입질을 시작하려 할 무렵, 진작부터 이웃 사람들의 기별을 받고 그리고도 그냥 드러누워 한참이나 담배를 피우고 나온 그네 영감이 그때야 비로소 이 방문을 열던 것이다.

"아아니, 이게 웬일들이여! 응? 웬일로 이렇게 야단들이여! 응?"

영감은 방 안에 들어서자 얼굴이 시뻘개져서 방 안이 떠나가도록 고함을 질렀다.

그러자 마누라는 또 한번 목청을 돋구어,

"이녀언 네에! 이년, 순녀야! 이년 네가 날 죽으라 축수한 년 아이가!

네! 이녀언! 간을 내어 씹어도 쥔 죄대로 남을 네 이년, 네 죽고 나 죽자! 네에 이년아!"

이렇게 외치며 또 다시 그 하얀 이를 악물고 두 다리 위에 엎드러졌다.

보니, 온몸이 피투성이가 되다시피 된 순녀는 아무런 반항도 못할 뿐 아니라 아주 숨기도 멎은 모양이다. 그제야 영감도 가슴이 덜렁하여 황망이 마누라의 덜미를 잡아 뒤로 낚아 놓은 다음에 곧 사람을 시켜 의사를 부르게 하였다.

뒤로 한번 자빠졌던 마누라는 곧 벌떡 일어나 앉아 입에 게거품을 물고,

"네에, 이년, 순녀야! 이년, 너는 서방 있구나, 나는 서방 없다! 너는 자식 있구나, 나는 자식 없단다! 나는 내 혼자뿐이다! 네에 이년 순녀야 일어나거라! 너는 서방 있고 자식 있는 년이구나, 나는 서방도 없고 자식도 없는 년이다! 네에 이년 일어나거라!"

이렇게 시작한 넋두리는 거의 한 시간이나 계속하여 의사가 들어온 뒤 여러 사람들이 억지로 떼밀고 나가기까지 그치지 않았다. 여자는 제 손으로 제 머리를 다 뜯고 제 옷을 다 찢고, 제 손등을 다 물어 떼고, 그리고 그 주먹으로 제 가슴을 마치 방망이질이나 하듯 두드리며 몸부림을 치다가는 다시 번쩍 일어나 이를 갈고 또 대성통곡을 하는 것이다.

"오냐, 오냐, 이년아, 순녀야, 너는 아들 나았다, 자식 낳았다, 오냐 그래 늙은 년 괄시 말아, 오냐, 오냐, 이년아 서방 있고 자식 있다. 불쌍한 년 괄시 말아……, 어떤 년은 팔자가 좋아서 아들 낳고 서방 빼앗노. 아이고, 아이고, 내 팔자야 분해라, 억울해라, 엉이 엉이 엉이, 내 팔자야 아이고 원통해라, 절통해라, 엉이 엉이 엉이……."

상기 주먹으로 가슴이 터져라고 두드리며 입을 벌리고 울어대는 것이다.

이때 옥남 할머니가 또 밖에서 눈물을 찔끔거리며 추창한 듯이 혀까지 끌끌 차고 한 것은 그새 무슨 순녀의 분하고 원통함을 깜박 잊은 바는 아

니나 마누라의 넋두리에 문득 자기의 맏딸을 생각하고, 자기의 맏딸도 아직 딸만 둘을 낳고 아들은 하나도 없음을 깨닫고 그래 그 맏딸의 신세를 서러워한 것이다.

의사가 와서 주사를 좋은 지 거의 한 시간이나 지난 뒤 순녀는 그 동안의 혼수상태에서 다시 한번 이 사파의 세계로 눈을 뜨지 아니치 못했다.

그날 밤 의사가 돌아가고 온 동네 수탉들이 홰를 칠 무렵까지 동네 앞 길 위에선 마누라의 울음소리가 그치지 않았다. 그리고 이튿날도 역시 아직 기진하여 누워 있는 순녀의 귀에,

"어차피 널 모렌 데려 갈 아이니까…… 젖이…… 보채고……."

하는, 영감님의 목소리가 꿈결같이 어렴풋이 들리었다.

그런 지 한 보름이나 지낸 뒤다.

푸른 버들(수양)가지는 아침 햇빛에 젖어 흐르고 제비들은 서로 부르며 정답게 나르는 동구 앞 길 위에, 역시 그 낡고 흰 고무신에 새빨간 수탉을 안고 가는 것은 한 보름 전보다 좀 더 해쓱해진 순녀의 얼굴이다.

다만 성준이를 업고 그 뒤에 따라갈 계획이었던 옥남이만은 보이지 않았다.

김산천(金山泉) 역

뉴스 퍼레이드
『세계의 특종』

나카노 고로(中野五郎) 편역

1.5엔 우송료 14전

이 책은 유럽에서 가장 뛰어난 기자들이 전 세계를 동분서주하여 개가를 올린 역사적인 신문 특종 겨루기이다. 세계 언론계에서 활약해 온 백전노장의 인기 특파원들이 대양을 건너고 대륙을 넘어 창공을 가르며 마치 영화처럼 신출귀몰한다. 이 책이야말로 세계 속의 호화로운 특종의 향연이자 신문 기자의 두뇌와 발로 만들어 낸 세계사의 화려한 삽화다. 이 책만큼 공포와 괴이함과 모험에 넘치는 글을 우리는 결코 만날 수 없을 것이다.

심문(心紋)[131]

최명익(崔明翊)[132]

　시속 오십 몇 킬로라는 특급 차창 밖에는, 다리쉼을 할 만한 정거장도 역시 흘러갈 뿐이었다. 산, 들, 강, 적은 동리, 전선주, 꽤 길게 평행한 신작로의 행인과 소와 말. 그렇게 빨리 흘러가는 푼수로는, 우리가 지나친 공간과 시간 저편 뒤에 가로막힌 어떤 장벽이 있다면, 그것들은 캔버스 위의 한 터치, 또한 터치의 오일같이 거기 부딪혀서 농후한 한 폭 그림이 될 것이나 아닐까?고 나는 그러한 망상의 그림을 눈앞에 그리며 흘러갔다. 간혹 맞은편 폼에, 부풀듯이 사람을 가득 실은 열차가 서 있기도 하였다. 그러나 무시하고 걸핏걸핏 지나치고 마는 이 창밖의 그것들은, 비질 자국 새로운 폼이나 정연히 빛나는 궤도나 다 흐트러진 폐허 같고, 방금 브레이크 되고 남은 관성과 새 정력으로 피스톤이 들먹거리는 차체도 폐물 같고, 그러한 차체에 빈틈없이 나붙은 얼굴까지도 어중이떠중이 뭉친 조난자같이 보이는 것이고, 그 역시 내가 지나친 공간 시간 저편 뒤에 가로막힌 캔버스 위에 한 터치로 붙여 버릴 것같이 생각되었다.

이런 생각은 무슨 대단하거나 신기로운 관찰은 물론 아니요, 멀리 또는 오래 고향을 떠나는 길도 아니라 슬픈 착각이랄 것도 없는 것이다. 그렇다고 내가 영진이 되었거나, 무슨 사업열에 들떴거나 어떤 희망에 팽창하여 호기와 우월감으로 모든 것을 연민시하려 드는 것도 아니다. 정말 그도 저도 될 턱이 없는 내 위인이요 처지의 생각이라 창연하다기에는 너무 실없고 그렇다고 그리 유쾌하달 것도 없는 이런 망상을 무엇이라 명목을 지을 수 없어, 혹시 스피드가 간질여주는 스릴이라는 것인가 하고 생각하면 그럴 듯도 한 것이다.

결코 이 열차의 성능을 못 믿는 것은 아니지만 이렇게 무도(?)하게 돌진 맹진하는 차 안에 앉았거니 하면 일종의 모험이라는 착각을 느낄 수 있고, 그것인 착각인 바에야 안심하고 그런 스릴을 향락할 수 있는 것이다. 이렇듯 거진 십 분의 안전율이 보장하는 모험이라 스릴을 향락하는 일종의 관능 유희다. 명수의 바이올린 소리가 한껏 길고 높게 치달아 금시에 숨이 넘어갈 듯 한 것을 들을 때, 그 멜로디의 도취와는 달리 '이 순간! 다음 순간!' 이렇게, 땅 하니 줄이 튀지나 않을까? 하는 소연감(疏然感)을 아실아실 느껴 보는 것도, 일종의 관능 유희로 그리 경멸할 수 없는 음악 감상술의 하나일 것이다. 그처럼 내가 탄 특급의 속력을 '무모(無謀)'로 느끼고, 뒤로 뒤로 달아나는 풍경이 더 물러갈 수 없는 장벽에 부딪혀 한 폭 그림이 되고, 폐허에 버려 둔 듯한 열차의 사람들도 한 터치의 오일이 되고 말리라고 망상하는 것은 한번도 가본 적이 없는 곳으로 달려가는 이 여행의 스릴로서 내게는 다행일지언정 그리 경멸한 착각만은 아닌 듯싶었다.

그러나 나 역시 이렇게 빨리 달아나는 푼수로는 어느 때 어느 장벽에 부딪혀서 어떤 풍속화나 혹은 어떤 인정극 배경의 한 터치의 오일이 되고 말는지 예측할 수는 없을 것이다.

어느덧 국경이 가까워, 이동 경찰이 차표와 명함을 요구한다. '金明一'이라는 단 석자만 박힌 내 명함을 받아 든 경찰은 우선 이런 무의미한 명함을 내놓는 나를 경멸할밖에 없다는 눈치로 직업과 주소와 하얼빈은 왜 가느냐고 물으며 수첩을 꺼내 들었다. 그리고 나의 무직업을 염려하고 또 일정한 주소가 없다니 체면에 그럴 법이 있느냐는 듯이 뒤캐어 묻는 바람에, 나는 미술학교를 졸업했으니 화가랄밖에 없고, 재작년에 상처하고 하나뿐인 딸이 지난봄에 여학교 기숙사로 입사하자 살림을 헤치고는 이리저리 여관 생활을 하는 중이라고, 그러나 지금 가는 하얼빈에는 옛 친구인 이군이 착실한 실업가로 성공하였으므로 나도 그를 배워 일정한 직업과 주소를 갖게 될지 모른다고 무슨 큰 포부를 지닌 듯이 그 자리를 꿰맬밖에 없었다. 그러나 이런 내 말이 전연 거짓이랄 수도 없는 것이다. 사실 나는 일정한 직업과 주소도 없는 지금의 생활이 주체스러워 견딜 수가 없는 것이다.

삼 년 전에 처 혜숙이 죽자 나는 어느 중학교의 도화 선생이라는 직업을 그만둔 후에는, 팔리지 않는 그림을 몇 폭 그렸을 뿐인 화가라는 무직업자였다. 그리고 지난봄에 딸 경옥이를 기숙사에 들여보내고는, 혜숙이와 신혼 당시에 신축하여 십여 년 살던 집을 팔아 버렸으므로 일정한 주소가 없었다.

내가 늘 집에 있는 것도 아니요, 있더라도 아침이면 경옥이가 학교에 간 후에야 일어나게 되고 밤이면 경옥이가 잠든 후에야 들어오게 되는 불규칙한 내 생활이라, 나와 한집에 있더라도 어미 없는 경옥이는 언제나 쓸쓸하고 늘 외로울밖에 없는 애였다. 그뿐 아니라 차차 자라서 감수성이 예민해 가는 그 애에게 나 같은 아비의 생활이 좋은 영향을 줄 리도 없을 것이었다. 그래 내 누님은 경옥이를 자기 집에 맡기라고도 하는 것이었으나, 마침 경옥이와 같이 소학교를 졸업하고 한 여학교에 입학하여 입사하게 된 친한 동무가 있었으므로 경옥이는 즐겨 기숙사로 들어간 것이었다. 그리고 보니 늙은 어멈만이 지키게 되는 집을 그저 둘 필요는 없었다.

내가 상처한 후에 늘 재취를 권하던 누님은, 정식 결혼을 할 의사가 없으며, 첩살림이라도 차려서 그 집을 팔지 말라고 하였지만, 십여 년 혜숙이의 손때로 길든 옛집에 새 처나 첩이 어색할 것 같고, 그 집에서는 내가 무심히 '여보'하고 부르는 것이 자연 혜숙일밖에 없을 것이나 '네'하고 나타나는 것이 딴 여자라면 나의 그 우울은 어찌할 도리가 없을 것이다. 또한 어린 경옥이 역시 한 성 안에 제가 나서 자란 옛 집이 있으면서 기숙생활을 하거니 생각하면 더 외로워질 것이요, 혹시 외출하는 날 별러서 찾아온 옛집에 제가 닮지 않은 새어미의 얼굴을 보게 될 때마다, 제 어머니의 생각이 더한층 새로울 것이다.

이런 심정으로 내가 재취를 않는다면 나는 경옥이와 같이 옛 집을 지키면서 좀 더 그 애 곁을 떠나지 않아야 할 것이었다. 생각만은 그러리라고 애를 써가면서도, 그런 생각으로 학교를 사직까지 하고도, 오히려 그 모든 시간을 여행이라기보다 — 방랑, 그리고 방탕 — 술과 계집과 늦잠으로 경옥이를 더욱 외롭게 해온 것이다.

이러한 생활에서도 나는 — 팔리지 않는 — 그림을 간혹 그리었고, 그린 혜숙의 초상으로 경옥이의 방을 치장하는 것으로 그 애를 위로하는 보람을 삼아 온 것이다. 그러한 내 생활이다. 이번에도 역시 방랑이나 다름없이 떠난 여행이지만, 근 십 년 전에 만주로 표랑하여 지금은 실업가로 일가를 이루었다는 이군을 만나서 혹시 생활의 새 자극과 충동을 얻게 된다면 다행일 것이다.

무사히 세관을 치르고 국경을 넘은 나는 식당으로 갔다. 대만원인 식당에 겨우 자리를 얻은 나는 첫눈에도 근엄하달 수밖에 없는 어떤 중년 여자와 마주 앉게 되었다. 가수 미우라의 체격에 수녀 비슷한 양장을 한 그 중년 여자는 국방색 안경알 위로, 연방 기울이는 나의 맥주잔을 이따금 넘겨다보는 것이었다.

그런 중년 여자가 뒤적이는 작은 신약전서로 나는 방인시되는 나를 느낄밖에 없었고, 그런 불쾌한 우연을 저주하며 마시는 동안에 창밖의 풍경은 오룡배(五龍背)로 가까워 갔다. 익어 가는 가을의 논과 밭으로 문재 돋친 들 한가운데는 역시 들이면서도 사람의 의도로 표정이 변해 가다, 차차 더 매스러운 손길로 들의 성격이 정원으로 비약하는 초점 위에 온천 호텔 양관이 솟아 있고, 그 주위에는 넘쳐흐르는 온천물로, 청등한 가을 하늘 아래 아지랑이같이 김이 떠오르는 것이었다.

들이 닿는 폼에는 유랑에 곤비한 발걸음이나 분망에 긴장한 얼굴이나 찌든 생활의 보따리는 볼 수 없이, 오직 꽃다발 같은 하오리(일본 옷의 겉에 입는 짧은 겉옷)의 부녀와 빛나는 얼굴의 신사 몇 쌍이 오르고 내릴 뿐이었다. 구십 퍼센트의 분망과 유랑과 전쟁과 혹은 위독 사망 등 생활의 음영으로 배를 불리고 무모하게 달아나던 이 시커먼 열차도 이러한 유한에 소홀하지 않은 풍류적인 성격의 일면이 있었던 것이다. 그러한 이 열차의 성격을 이용하여 나도 이 오룡배에 소홀하지 않은 인연의 기억을 남긴 것이다.

지난봄에 나는 여옥이를 데리고, 그때도 이 열차로 여기 와서 오래간만에 모델을 두고 (여옥이를) 그려 본 것이었다. 여옥이는 동경 유학시대에 흔히 있는 문학소녀로 그 당시의 어떤 청년 투사의 연인이었다는 염문을 지닌 여자였다.

그때 나는 간혹 출입하던 어느 다방의 새 마담으로 여옥이를 알았고 방종한 내 생활면을 오고 간 그런 종류의 한 여자라는 흥미로 여기까지 데리고 온 것이었다.

여옥이는 건강한 육체미의 모델이라기보다도 어떤 성격미랄까, 그러나 그때처럼 나는 그 모델의 성격을 마스터하지 못하여 애쓴 적은 없었다.

전연 처음 대하는 모델인 때에는 직감적으로 느껴지는 성격의 힘에 이끌려서 저절로 운필이 되거나, 그렇지 않으면 그 모델의 어떤 특징을 고조하여 자유롭게 성격을 창조할 충동과 용기가 나는 것이다. 그래서 제작자의 해석과 의도로 뚜렷이 산 인물이 그려지는 것이지만 그러나 그때의 여옥이는 그렇지가 못하였다. 아마 뚜렷하게 통일된 인상을 주기에는 나와의 관계가 너무도 산문적이었던 탓일 것이다. 이 산문적이라는 말은 그때 우리 사이의 권태를 의미하는 말은 아니다. 우리는 권태를 느꼈다기보다 내 흥미가 사라지기 전에 헤어지고 말았던 것이다. 권태라기에는 오히려 그때 여옥이를 보는 내 눈이 때로는 너무도 주관적으로 도취되었고 때로는 객관적으로 여옥이의 정열을 관찰하게 되는 것이었으므로 그림이 되기에는 여옥이의 인상이 너무 산란하였다는 말이다.

침실의 여옥이는 전신 불덩어리의 정열과 그러면서도 난숙한 기교를 갖춘 창부였고, 낮에는 교양인인 듯 영롱한 그 눈이 차게 빛나고 현숙한 주부인 양 단정한 입술을 늘 침묵하였다. 그리고 무엇을 주고받을 때 무심히 닿힌 그의 손가락은 새삼스럽게 그 얼굴을 쳐다보게 되도록 싸늘한 것이었다. 그렇게 산뜻한 손은 이지적이랄까, 두 사람만이 거닐던 호젓한 봄동산에서도 애무를 주저하게 하는 것이었다. 그뿐 아니라, 그 영롱한 눈과 침묵한 입술, 그 사이에 오연히 높은 코까지 어울려, 어젯밤은 언제더라 하는 듯한 그 표정은 나를 당황케 하였고 마침내 그 뺨을 갈겨보고 싶도록 냉랭한 여옥이었다.

"혹시 나는 여옥이를 정말 사랑하게 될까 봐!"

나는 내 손바닥 위에 가지런히 놓인 여옥이의 그 싸늘한 손끝의 감촉을 만지며 이렇게 말하는 것이었으나 자기는 알 바 아니라는 듯이 여옥이는 금시에 하품이라도 할 듯한 무료한 표정이었다.

나는 간혹 여옥이의 얼굴에서 죽은 내 처의 모습을 발견하게 되는 것이 반갑고도 슬픈 것이었다. 여옥이의 중정(中正)과 인당(印堂)은 이십여 년 평생에 한번도 찌푸려 본 적이 없는 듯한 것이다. 혜숙이 역시 죽은 그 얼굴까지도 가는 주름살 작은 티 한 점 없이 맑고 너그러운 중정과 인당이었다. 나는 그 생전에, 어머니의 젖가슴같이 너그러우면서도 이지적으로 맑은 아내의 인당에 마음 붙이고 응석인 양 방종을 부려 본 적이 한두 번이 아니었다. 그러나 그러한 남편을 둔 혜숙이는 한번도 그 얼굴의 윤곽이 일그러져 보인 적이 없었다. 나는 그러한 아내의 온후한 심정을 그의 귀 탓이거니 생각하기도 하였다.

영롱한 구슬같이 맑고 도타운 그 수주(垂珠)는 마음의 어떠한 물결이든 이모저모를 눌러서 침정하는 모양으로 그의 예절이 더욱 영롱할 뿐 아니라, 방종에 거친 나의 마음도 온후한 보살상의 귀를 우러러보는 때처럼 가라앉는 것이었다.

나는 그때도, 혜숙이의 귀보다 좀 작고 작기는 하나같은 모양으로 영롱한 여옥이의 귀를 바라볼 때 침실의 여옥이의 열정을 의아히 생각하리만큼 이 낮의 여옥이는 귀엽도록 단아하였다. 여옥이의 그 귀 뿐 아니라 전체로 가냘픈 몸매무새와 작은 얼굴 도래에, 소복단장을 하여 상덕스러우리만큼 소탈한 한 가지의 백합으로 그릴까? 진한 녹의홍상으로 한 묶음의 장미 꽃다발로 그릴까? 이렇게 그 초상화의 성격을 궁리하면서,

"안 그래? 내가 여옥이를 정말 사랑하게 될 것 같잖아?"

고 다시 물었을 때,

"글쎄요, 그럼, 낮에요? 밤에요?"

여옥이는 이렇게 반문하였다. 그렇게 묻는 여옥이를, 나만이 밤의 여옥이와 낮의 여옥이가 딴사람이라고 보아 왔지만 여옥이 역시 나를 밤과 낮으로 구별하여 보는 것이 분명하였다. 그렇다면 본시부터 모호하던 두 사람의 심정의 초점이 더욱 모호해진다기보다도 밤과 낮으로 다른 두 여옥이와 두 '나'로 분열하고 무너져 가는 마음의 풍경을 멀거니 바라볼밖에는 별도리가 없는 듯하였다.

그러한 모델을 대하는 제작자인 나라, 이중의 관찰과 이중의 인상으로 갈피를 잡을 수 없는 몽타주가 현황히 떠오르는 캔버스 위에 애써 초점을 맞추어 한붓 한붓 붙여 가노라면, 나타나는 것은 눈앞의 여옥이라기보다, 내 머릿속의 혜숙이에 가까워지므로 나는 화필을 떨어뜨리거나 던질밖에 없었다.

처음 그런 때 여옥이는,

"어디가 편찮으세요?"

물었고, 그 다음에는 내가 흰 칠로 화면 얼굴을 뭉갤 때마다 모델로서 자기가 마음에 안 드는가 물었다. 한번은 내가 채 지워 버리지 못한 그림을 보자,

"그것은 누구야요……? 아마 선생님의 옛 꿈인 게죠?"

하였던 것이다. 그 다음부터 모델대에 서는 여옥이의 눈은 한순간도 초점을 맞추지 않았고 그 입 가장자리에는 인광(燐光)같이 새파란 미소가 흘렀다. 그러한 여옥이는 비록 그 얼굴을 내 붓 끝 앞에 정면하고 있지만 그 마음은 늘 내 눈앞에서 외면하는 것이 분명하므로 나는 더욱 갈팡질팡하게 되어 마침내는 화를 내서 찢어지라고 화폭을 뭉갤밖에 없었다.

그런 때면 여옥이는 치맛자락이 제 다리를 휘감으리만큼 돌아서 방으로 들어가고 말았다. 나는 미안한 생각에 따라 들어가면 여옥이는 침대

에 엎드려 작은 팔목시계의 뒤딱지를 떼들고 속을 들여다보고 있는 것이다. 시계의 고장으로 그러는 것이 아니라 여옥이는 혼자 심심하거나 나와 말다툼이라도 하여 화가 나는 때면 언제나 시계 속을 들여다보거나 귀에 붙이고 소리를 듣거나 하는 버릇이 있었다. 여옥이의 그러한 버릇에 나는 한껏 요망스러운 잔인성을 느끼기도 하였다. 그러나 때로는 어린애 장난같이 귀엽기도 하여 들여다보고, 그 산뜻한 손끝으로 귀에 대주는 시계 소리를 번갈아 들어 가며 한나절을 보내는 때도 있었다. 그런 때 혹시 여옥이는 마음이 싸라서 하는 말로, 언젠가는 사내 가슴에 귀를 붙이고 밤새도록 심장의 고동을 듣고 나서, 머리가 욱신거려 사흘이나 앓은 적이 있었다고 하였다.

그런 말에 시계 속을 들여다보는 여옥이의 취미가, 혹 여러 개 보석으로 찬란한 시계 속에서 사물거리는 산 기계를 작은 생명같이 사랑하는 연인다운 심정이거나,

시간이라는 추상적 관념을 걸어가는 치차(톱니바퀴)에 신비를 느끼려는 것이 아니라,

밤새도록 심장을 들을 사내의 가슴속이나 머릿속을 들여다보고 싶은 요망스러운 잔인성이거니도 생각되는 것이었다. 사실 그렇다면 여옥이의 그런 상징적 행동이 궁금하여, 지금 그 시계 속에서 여옥이는 누구의 마음속을 엿보고, 시계 소리에서 누구의 심장을 듣는 것인가고도 생각되었다.

그때 여옥이를 따라 들어온 나는 넓은 더블베드 요 속에 잠기고 남은 여옥이의 잔등이와 허리와 다리의 매끄러운 선을 그리고 그 손에 든 것을 시계 대신에, 소프트 쓴 인형을 크게 그려 만화를 만들까 망설이면서,

"여옥인 시계 속을 보면서 무슨 생각을 하나?"

하고 중얼거리듯이 물어 보았던 것이다. 그 말에 여옥이는,

"선생님은 나를 모델로 세워 놓고 누굴 그리세요?"

하는 것이었다.

"……."

"부인을 그리시지요? 아마."

"여옥인 옛날 애인을 생각하나? 그럼."

"그렇다면 뉘 탓일까요?"

"내 탓일까?"

"그럼 내 탓인가요?"

"……."

"흥! 미안하게 된걸요. 그렇게 못 잊으시는 부인의 꿈을 도와 드리진 못 하구 훼방을 놓아서……."

이렇게 말하자 여옥이는 시계를 방바닥에 팽개치고 엎드려서 느껴 울기 시작하였다.

그때 나는 말로 여옥이를 위로하려고는 않았으나 끝없이 미안하였다. 이지적으로 명철하다기보다 요기롭도록 예민한 여옥이의 신경을 내 향락의 한 자극제로만 여겨 온 것이 미안하고 죄송스럽기도 하였다. 낮과 밤이 다른 여옥이는 여옥이가 그런 것이 아니라, 맹목적이어야 할 사랑과 순정을 못 가지는 나의 태도에 여옥이도 할 수 없이 그런 것이 아닐까? 그런 관계이므로 낮에 냉랭한 여옥이의 태도는 밤의 정열의 육체적 반동이 아니라 여옥이의 열정을 순정으로 받아 주지 않는 나에게 대한 반항일 것이다. 그러므로 나는 그 히스테릭한 여옥이의 열정을 순정으로 존중하여야 할 것이요, 낮에 보는 여옥이의 인당과 귀에 혜숙이의 그것을 이중 노출로 보는 환상을 버리고 여옥이 그대로 사랑해야 할 것이다. 여옥이도 나의 처지와 심정을 이해하므로 결혼을 전제로 하는 사이는 물론 아니지만, 그러니만큼 나는 더욱 인격적으로 여옥이의 열정을 받아들이고 사랑하여

야 할 것이었다.

그래서 나는 새로운 눈으로 여옥이를 그리려고 부족한 화구를 사러 그 이튿날 안동으로 갔던 것이다. 그러나 그날 저녁에 돌아온즉 여옥이는 낮에 북행차로 혼자 떠나고 말았던 것이었다. 여옥에게 맡겼던 지갑과 같이 호텔 지배인이 내주는 편지에는,

이렇게 돌연히 떠나고 싶은 생각이 스스로 놀랍기도 하였사오나 돌이켜 생각하오면 본시 그런 신세로 그렇게 지내 온 몸이라 갈 길을 가는 듯도 하올시다. 저로서도 무엇을 구하여 가는지 전혀 지향 없는 길이오니 애써 찾아 주지 마시옵소서. 얼마의 여비를 가져갑니다. 그리고 주신 반지도 가지고 갑니다.

여옥 배(拜) 하였을 뿐이었다. 그때 여옥이는 이 차를 탔을 것이다. 찾지 말아 달라는 여옥이의 편지가 아니더라도 나는 그럴 염치조차 없는 듯하였고, 오히려 무거운 짐이나 부린 듯이 마음이 가벼워졌다. 그렇게 헤어진 여옥이라 그 후에 무슨 소식이 있을 리 없었다.

그러나 한 월여 후에, 하얼빈 이군의 편지 끝에, 어느 카바레의 댄서인 경옥이라는 미인이 군과 소홀하지 않은 사이던 모양이니 멀리서나마 군의 만년 염복을 위하여 축배를 드네, 한 의외의 문구로 여옥이의 거취를 짐작하였을 뿐이다.

그러나 이번 내 여행이 결코 여옥이를 만나러 가는 길은 아니다. 연래로 이군이 편지마다 오라는 것이요 나 역 가고 싶던 하얼빈이라 가는 것이지만, 일부러 여옥이를 만날 욕심도 흥미도 없는 것이다. 그러나 우연히 만나게 된다면 애써 피하지도 않을 것이다.

나는 이렇게 담담히 생각하기는 하면서도, 그러나 담담히 생각하려는 노력같이도 느껴지는 것이었다. 그렇다고 여옥이에 대한 내 생각이 담담하지 못하여 그런 것은 아닐 것이다. 단순히 나를 반겨 맞아 줄 이군만이

기다리는 '하얼빈'이 아니라, 애욕 때문이랄까! 복잡한 심리적 암투를 하다가 달아난 여옥이가 있는 곳이라 생각하면,

이국적 호기심을 만족할 수 있고, 옛 친구를 만나는 기쁨만이 기다리는 하얼빈이 아니요, 혹시 어떤 음울한 숙명까지도 나를 노리고 있을 것 같이 생각되는 것이다.

숙명이란 이렇다 할 원인이 없는 결과만을 우리에게 던져 주는 것이다. 원인이 있더라도, 지금 마주 앉은 중년 여사의 신약전서에 있을 '죄는 죽음을 낳고'라는 '죄'와 같이 추상적인 것으로, 그런 추상적 원인 '죽음'이라는 사실적 결과를 맺게 하는 것이 숙명이라면 우리는 그런 숙명 앞에 그저 전율할밖에 없을 것이다.

그런 무서운 숙명이 나를 기다리는지도 모를 하얼빈이라고 생각하면 그곳으로 이렇게 달아나는 이 열차는 그런 숙명과 같이 음모한 괴물일는지도 모른다고 나는 좀 취한 머릿속에 또 한 가지 이런 스릴을 느끼었다. 그러면서 큰 고래 입 속으로 양양히 헤엄쳐 들어가는 물고기들을 상상하며 그런 물고기의 어느 한 부분인지도 모르는 피시 프라이의 한 조각을 입에 넣고 씹으며 마주 볼 때, 나보다 한 접시 앞선 중년 여자는 소위 어느 한 부분인지도 모를 스테이크의 마지막 조각을 입에 넣고 입술에 맺힌 핏물을 찍어내는 것이었다.

하얼빈.

내 이번 여행은, 앞서도 한 말이지만 역시 전과 다름없는 방랑이라 어떤 기대를 가졌던 것은 아니지만 그러나 이같이 우울한 여행일 줄은 몰랐다. 가는 차 중에서 일종의 모험이니 무서운 숙명과의 음모이니 하여 즐겨 꾸민 망상이, 단순한 망상이 아니었고, 어김없이 들어맞는 예감이었던 것이다.

물론 하얼빈서 이군을 만났고, 그의 십 년 풍상과 지금의 성공을 사업

과 장차의 경륜을 듣고 보아 의지의 인 이군을 탄복하고 축하하는 바이지만, 나의 이 여행기는, 그런 건전하고 명랑한 기록은 아니다.

내가 치우쳐 침울한 이야기만을 즐겨 한다거나 이야기로서의 소설적 흥미와 효과만을 탐내 그런 것은 물론 아니다.

'이군의 성공담'은 이야기의 주인공격인 '나'라는 나와는 별개의 것이 되고 말았으리만큼 이 하얼빈서 나는 나와 너무나 관련이 깊은 사건에 붙들리고 말았으므로 우선 그 이야기를 할밖에 없는 것이다. 그것은 물론 여옥이의 이야기다.

이군의 안내로 하얼빈 구경을 나섰다.

"천생 소비자인 자네라, 하얼빈의 소비면부터 안내하세."

하는 이군을 따라 이름난 카바레, 레스토랑, 댄스 홀, 그리고 우리가 '하얼빈'으로 연상하는 소위 에로 그로를 구경하는 동안에 밤이 되고 두 사람은 좀 취하였던 것이다.

"……누구라던가? 그 미인 말일세. 자나 만나 봐야지 않나!?"

"여옥이 말인가? 글쎄……."

"글쎄라니……."

이렇게 시작된 이야기로,

"타향에 봉고인이라고 이런 데서 만나면 다 반갑다네. 자, 가세."

하고 이군은 나를 끌었다. 그러나 금시에,

"내가 어디서 만났더라?"

여옥이가 어디 있는지 분명하지 않은 모양으로 중얼거리던 이군은 언젠가 그때도 역시 구경 온 손님을 데리고 갔던 어느 카바레에서, 그리 흔치 않은 조선 댄서라, 이야기를 붙인 것이 여옥이었다는 것이다. 더욱이 고향에서 온 여자라기에 자연 이야기가 벌어져 마침내 나와의 관계도 짐작하게 되었다는 것이다. 그러나 이군은 나와 여옥이가 어떻게 헤어지게 된 것까지는 모르는 모양이다. 여옥이가 지내는 형편이 어떤가고 묻는 내 말에 그때 만나 본 것뿐이라 알 수 없지만 그런 삼류 사류 카바레의 댄서 라 물론 수입은 많을 리 없고, 혹 패트런이 있다면 몰라도 겨우 먹고 지내 는 정도일 것이라고 하였다. 그러면서 만나면 반가울 사이니, 내일은 하 루 여옥이를 앞세우고 그 방면의 생활 내막을 엿보아 두라고 하였다.

아마 여긴 듯하다고 하면서 뒷골목 보도 밑에서 음악이 들리는 지하실 카바레를 헛들어갔다. 서너 집 만에야 여옥이를 발견하였다.

높은 천장 찬란한 샹들리에, 거울 같은 마룻바닥, 휘황한 파노라마, 그 속에서 음악의 물결을 헤엄치는 무희들, 이렇게 내 눈이 어느덧 높아진 탓인지, 여옥이가 있는 카바레는 너무도 초라한 것이었다. 사오 명밖에 안 되는 밴드의 소란한 재즈와 구두 바닥에 즈벅거리는 술 냄새로 머리가 아팠다. 이 구석 저 구석에 서너 패 손님이 있을 뿐, 텅 빈 듯한 홀 저편 모 퉁이에는 십여 명 댄서들이 뭉켜 있었다. 그중에는 호복을 입은 것도 있 고, 기모노를 걸친 백인 계집에도 있었다. 전갈하는 만주인 보이를 따라 우리 테이블에 가까이 온 여옥이는 나를 바라보자 눈을 크게 뜨고 한순간 걸음을 멈추었다.

"내가 반가운 손님 모셔 왔죠? 자, 앉으시우."

이러한 이군의 말에, 그를 알아보고 비로소 자기 앞에 나타난 나를 이 해할 수 있는 모양으로 여옥이는 다시 침착한 태도를 회복하여 우리 앞에 와 앉으며,

"오래간만에 뵙겠습니다."

하고 숙인 머리를 한참이나 들지 않았다.

이군은 또 술을 청하였다. 이군은, 나와 여옥이의 관계를 자세히 모를 뿐 아니라,

만주 십 년에 체득한 대륙적 신경으로 그러한 여옥이의 태도나 나의 어

색한 표정같은 것은 개의하지도 않는 모양이었다. 그저 쾌하게 웃고 마시면서, 내일은 내가 영시로부터 한시까지 여옥이를 찾아갈 것과 여옥이는 여옥이로서 내게 보이고 싶은 곳을 안내할 것과, 자기는 세시나 네시까지 전화를 기다릴 터이니 만나서 같이 저녁을 먹기로 하자고 이군은 작정하고 말았다. 그 작정에 여옥이는 특별히 안내할 곳은 없지만 내가 간다면 그 시간에 기다리겠다고 하며 내 여관에서 자기 아파트까지의 지도를 그리고 주소를 적어 주는 것이었다.

그래서 나 역시 정한 시간에 여옥이를 찾아가기로 하였다. (독자 중에는 이 "그래서나 역시……"라는 말에 불쾌를 느끼고, 그만 것을 동기나 이유로 행동하는 나를 경멸하는 이가 있을는지 모를 것이다. 사실은 나는 그러한 독자를 상대로 이 여행기를 쓰는 것이다.) 그때 내게는 굳이 여옥이를 찾지 않고 말 이유가 없었던 것이다.

오히려 나는 어젯밤에 주저하는 기색도 없이 나를 기다린다고 한 여옥이가 인사성으로만 그런 것이 아니라 혹시 조용한 기회를 지어 지난봄의 자기 소행을 사과하려는 것이나 아닐까고도 생각되었던 것이다. 물론 사과하고 말고가 없을 일이나, 그도 아니라면, 피차에 긴한 이야기도 없을 처지에 여옥이의 자존심을 일부러 구차한 자기 생활면을 보이려고 나를 집으로 오라고 할 리도 없을 것이다. 사실 어젯밤에 본 여옥이는 반년이 되나마나 한 동안에 생활에 퍽 시달린 사람같이 초췌하고 차가운 하늘빛 양장도 파뜻한 맛이 없고 고운 때가 오른 것이었다. 그리고 그 빨갛게 손톱을 물들인 손가락에 그런 직업 여자에게는 큰 장식일 것이건만, 내가 주었던 반지가 없는 것만으로 미루어 보아도 그의 생활이 구차하게 상상될밖에 없는 것이다.

들어선 여옥이의 살림은 사실 거친 것이었다. 방 한가운데는 사기 재떨이만을 올려놓은 둥근 탁자와 서너 개 나무의자가 벌리어 있고, 거리 편으로 잇대어 난 단 두 폭의 벼락닫이 창 밑에는 유난히 닳아 모서리에는 소가 비죽이 나온 장의자가 길게 누운 듯이 놓여 있었다. 그것은 사실 길게 누운 듯이라 할밖에 없이 그 작은 방에는 어울리지 않게 큰 것이었고, 진한 자줏빛 유단이나 육중한 나무다리의 미끄러운 결태와 은은한 조각이 장중하고 호화스럽던 가구였다. 그리고 화문이 다 낡은 맞은편 담과 방 윗목을 병풍 치듯 건너막은 판장 담 모퉁이에는 역시 낡은 삼면 경대가 비죽이 서 있었다. 체두리 나무의 칠이 벗고 조각의 획이 굵히고 거울면 한복판에는 두터운 유리가 국살진 듯이 수은이 들뜨고 밀린 것이나, 본 체재만은 역시 호화롭고 장중한 것이었다. 그런 경대나 장의자가 여옥이의 손때로 그렇게 낡았을 리는 없을 것이다. 당초에 여옥이같이 가냘픈 몸집, 가볍게 떠도는 생활에 맞추어 만들어진 것부터가 아닐 것이었다.

방 윗목을 가로막고, 그런 장중한 가구가 차지하고 남은 좁은 방이라, 더욱 길길이 높아 보이는 침침한 천장을 쳐다보는 나는, 하얼빈의 여옥이는 이다지도 황폐한 생활자던가 느껴지는 것이다. 그뿐 아니라 이런 가구를 주워들은 것이 여옥이의 취미였다면 그 역 하잘것없는 위인이라고도 생각하였다.

여옥이는 내가 기억하는 그 몸매의 선을 그대로 내비치듯이 달라붙는 초록빛 호복을 입고 붉은 장의자에 파묻히듯이 앉아서 열어 놓은 창틀 위에 팔굽이를 세운 손끝에 담배를 피워 들었다. 짧은 호복 소매 밖의 그 손목은 가늘고 시들어서 한 가닥 황촉을 세운 듯하고 그 손끝의 물들인 손톱은 홍옥같이 빛나는 것이다. 그런 손끝에서 피어오르는 담배 연기를 바라볼 뿐 나는 별로 할 말이 없이 묵묵히 앉아 있었다.

여옥이도 무슨 생각에 잠기는 모양이었다. 본시 그런 여옥인 줄 아는 나라 실례랄 것도 없이 나는 나대로 창밖을 내다보고 있었다. 거리 맞은집 유리창은 좀 기운 햇볕에 눈부시었다. 고기비늘 무늬로 깔아 놓은 화

노수현 그림

강석 보도에 메마른 구둣발 소리가 소란하고 불리는 먼지조차 금싸라기 같이 반짝이는 쨍인 햇볕 속을 붉고 파란 원색 옷의 양녀들이 오고 간다. 높은 건축의 골짜구니라 그런지, 걸싼 양녀들은 헤엄치는 열대어나 금붕어같이 매끄럽고 민첩하다. 그러한 인어의 거리에 무더기 무더기 모여 앉은 쿨리(부두의 노동자)떼는 바다 밑에 깔린 바윗돌같이 봄이 가건 겨울이 오건 무심하고, 바뀌는 계절도, 역사의 파도까지도 그들을 어쩌는 수 없는 존재같이 생각되었다. 그러한 창 밖에 눈이 팔려 있을 때 들창 위에 달아 놓은 조롱에서 새가 울었다. 쳐다보는 조롱의 설핀 댓살을 격하여 맑은 하늘의 한 폭이 멀리 바라보였다. 종달새도 발돋움을 하듯이 맨 윗가름대에 올라서서 쫑쫑쫑. 쪼르르릉 쫑쫑. 을 연달아 울어 가며 목을 세우고 관을 세우고 가름대 위를 초조히 오고 간다. 금시에 날아 보고 싶어서, 날갯죽지가 미미적거리는 모양이나, 그저 혀를 차고 말 듯, 쫑 쫑. 외마디 소리를 해가며 가름대 층계를 오르내릴 뿐이다. 나는 그러한 종달새 소리에 알 수 없이 초조해지는 듯한 이야기 실마리조차 골라 낼 수 없이 무료한 동안이 길었다. 여옥이는 간간이 손수건을 내어 콧물을 씻어 가며 초록빛 호복자락으로 손톱을 닦고 있었다. 나는, 그의 직업 탓이려니도 생각하지만, 그러나 천한 취미로 물들여진 여옥이의 손톱이 닦을수록 더 영롱해지는 것을 보던 눈에 종달새의 며느리발톱이 띄자 깜짝 놀랄밖에 없었다. 그것은 병신스럽게 한 치가 긴 것이었다. 나는 길게 드리운 호복 소매 속에 언제나 감추어 두는 왕(王)이나 진(陳)이라는 대인(大人)들의 손톱을 연상하였으므로,

"이건 만주 종달샌가?"

물었다.

"글쎄요, 예서 산거라니까, 아마 만주 칠걸요."

"……."

"뒷발톱이 어지간히 길죠?"

"병신스럽구 징그러운걸."

"병신이라면 병신이지만, 그래도 배 안엣 병신은 아니래요. 제 손톱두 그렇구요."

여옥이는 빨간 손톱을 가지런히 들어 보이며 웃었다. 그리고는 종달새의 발톱은 왕대인이나 진대인같이 치레로 기른 것은 아니지만 누가 깎아주지도 않고 조롱 속에서 닳지도 않아서 자랄 대로 자랄밖에 없는 것이고 또 길면 길수록 오래 사람의 손을 태운 표적이 되어 값이 나가는 것이라고 설명하였다.

"저 발톱만치 길이 들었다면 들었고, 사람의 손에서 병신이 된 게라면 병신이구…… 환경이나 처지의 힘이랄까요!"

여옥이는 이러한 자기 말에 소름이 끼치는 듯이 오싹 몸짓을 하고는 또 콧물을 씻어 가며 조롱을 쳐다본다.

나는 그 종달새 역시 여옥이의 손에서 뒷발톱이 그렇게 길었을 리는 없다고 생각되어, 혹시 이 방에는 또 다른 누가 있지나 않은가고 새삼스럽게 방 안을 둘러보았다. 그러자 여옥이는 재채기를 연거푸하며 눈물과 콧물을 씻는 것이었다.

"감기가 든 모양인데, 추운가?"

"아뇨."

하는 여옥이는 새삼스럽게 나의 얼굴을 쳐다보고, 수줍은 듯이 인작 내리까는 그 눈에는, 그리고 그 입술에는 알 수 없는 미소가 떠오르기 시작하였다.

그 알 수 없는 미소는 오룡배에서 "꿈을 그려요?"하던 때의 웃음 같기도 하였으나 지금의 여옥이가 새삼스럽게 예전의 그 웃음으로 나를 빈정거릴 리는 없을 것이다. 다시 보아도 그 웃음은 사라지지 않는다. '혹시!' 지금 여옥이는 밤과 낮을 혼동하는 것이 아닌가? 그것은 여옥이의 밤의 웃음 비슷한 것이므로 나는 이렇게까지도 생각하였다. 이렇게 쌀쌀하다리만큼 청등한 낮에는 볼 수 없던 웃음이므로 혹시 여옥이는 제 말대로, 이 하얼빈, 그리고 지금 그의 처지의 힘으로 획 변하여 이런 때도 무절제한 충동을 느끼게 되고, 또 충동하려 드는 요망한 웃음이나 아닐까? 이렇게 '혹시! 설마?'하는 눈으로 바라볼 때,

여옥이는 역시 같은 웃음을 띤, 그리고 좀더 가늘게 뜬눈으로 나를 바라보면서 몸을 차차 기울여 마침내 장의자 팔걸이에 어깨를 기대고 반쯤 누워 버리고는 눈을 감았다.

나는 더 의심할 여지가 없었다. 오직 그 퇴폐적 작태를 경멸하면 그만이라고 생각되어 짐짓 그의 얼굴을 빤히 들여다볼 때, 눈동자가 내비칠 듯이 엷은 여옥이의 눈꺼풀이 떨리며 한 방울 눈물이 쏙 비어져 눈썹 끝에 맺히자 하하 하하 하는 웃음소리가 그 엷은 어깨를 흔들며 새어 나오는 것이었다.

나는 오싹 등골에 소름이 끼쳐서 머리를 싸쥐고 눈을 감았을 때, 머리 위의 조롱이 푸득거리며 찍찍 하는 쥐소리 같은 것이 크게 들리었다. 놀라 쳐다본즉, 종달새가 가름대에서 떨어져 조롱 바닥에서 몸부림을 하는 것이었다. 새는 다시 날려고 애써 몸을 솟구다가는 또 떨어지고 그때마다 그 긴 발톱과 모지라진 날개로 헤적이면서 쥐소리 같은 암담한 비명을 지르는 것이다. 새는 몇 번인가 조롱이 흔들리도록 몸을 솟구다 못하여 그만 제 똥 위에 다리를 뻗고 눈을 감아 버린다. 아직도 들먹거리는 새의 가슴을. 나는 그 암담한 광경을 그저 멍히 보고만 있을 때,

"그 조롱 이리 내려 주세요, 네, 어서 좀."

하며 여옥이는 내 팔을 잡아 흔드는 것이다.

한 손에 그 조롱을 든 여옥이는 한 손으로 쓸어 더듬듯이 담을 의지하

고 방 윗목에 쳐놓은 판장 병풍 속으로 들어갔다. 들어가자, 침실인 듯한 그 안에서는 판장 위로 담배연기가 무럭무럭 떠오르기 시작하고, 무슨 동물성 기름이 타는 듯한 냄새가 풍기었다. 그러자 푸드득거리는 날개 소리가 나고 쫑쫑 하는 맑은 소리가 들리었다.

다시 살아난 조롱을 들고 나와 제자리에 걸어 놓고 앉은 여옥이는,

"지금 제가 웃지요?"

하고 어색한 듯이 빨개진 얼굴의 웃음을 더욱 뚜렷이 지어 보이며,

"……웃잖아요? 이렇게 뻔뻔스럽게."

하고는 웃음 소리까지 내었다.

"……."

사실 나는 무엇이라 대답할 말을 몰랐다.

"웃잖으면 어떡해요?"

하고 여옥이는 조롱을 툭 쳐서 빙그르 돌리며,

"너나 내나 그새를 못 참아서 이 망신이냐?"

하였다.

거리에 나선 나는 여옥이가 안내하는 대로 카바레나 레스토랑에서 센 위커와 진한 커피를 조금씩 맛볼 뿐이었다. 나 역시 너무 강한 자극물이 싫고 으리으리할 뿐 아니라 마주 앉은 여옥이는 그런 것에 입술을 적실 뿐으로도 기침을 하므로 더욱 마실 생각이 없었다. 그리고 여옥이는 몇 번 코를 풀고 나서 핸드백에 든 흰 약(모르핀)을 내어 담배에 찍어 피우며, 그때마다. 웃긴 왜 싱겁게. 하고 싶도록 외면을 하고 싱글거리는 것이다.

지나가던 길에 들러 본 박물관에서는 나 역시 여옥이에 덩달아 재채기만을 하고 나왔다. 우중충한 집 속에 연대순으로 진열된 도자기나 불상이나 맘모스의 해골이 나가 지니고 있는 오랜 시간이 휘잉한 찬바람으로 느껴질 뿐이었다. 차근차근히 보고 싶은 이 역사를 이렇게 설질러 놓으면

또다시 와볼 용기가 있을까고도 염려되었다. 이 박물관뿐 아니라 여옥이를 앞세우고 다닌다면 나의 하얼빈 구경은 모두가 이 모양일 것이라고 염려하였다. 대체 나는 여옥이와 아직 어떤 인연이 남았을까고 속으로 중얼거리며,

"이번엔 송화강엘 가세요."

하고 앞서는 여옥이를 또 따라갈밖에 없었다.

아직도 노서아 사람과 유태인이 많이 살 뿐 아니라 하얼빈으로 연상하는 에로 그로의 이국적 향락과 소비기관이 집중되었다는 기다이스캬야를 거쳐 송화강 부두로 나갔다. 여옥이의 퍼머넌트 한편에 붙인 모자의 새것이 내 뺨을 스치도록 나란히 걸으면서도,

"대동강의 한 세 배? 한 다섯 배? 혹시 한 열 배 될지 몰라도."

"글쎄, 장히 넓군요."

이런 삭막한 이야기를 주고받을 뿐이었다. 그뿐 아니라 나는 내 키보다도, 마음의 눈을 더 높이 쳐들고 내려다보며 이 계집애의 운명은 장차 어찌 될 것인가? 고, 여옥이를 동정하기보다 오히려 여옥이를 멀찍이 떠밀어 세워 놓고 윈 공론을 하는 듯한 내 마음씨였다. 무료한 침묵이 주체스러워 그저 걷기만 한다.

부두의 쿨리들은 욱 몰려와서는 오리떼같이 뜬 경묘한 배를 가리키고, 강 건너 수영장을 손질하며 선유를 강권한다. 그들의 생활에 흔히 있을 것 같지 않은 웃음을 지어 보이며 우리 간에 이렇게 웃을 젠 얼마나 좋겠느냐는 듯이 손짓을 해가며 알 수 없는 말로 우리를 유혹하는 것이다. 그러나 여옥이는 배 타보세요? 하는 기색도 없이 손을 내젓고 그래도 따라오면 '부요' 소리를 지르고 발을 구르기까지 하였다.

"곤하시죠?"

"머, 괜찮소."

이렇게 대답은 하고도 여옥이가 자주 손수건을 꺼내는 것을 생각하자,

"참, 이군이 기다리겠군요."

하고 마차를 불렀다.

아파트 현관에 닿았을 때는 네시가 퍽 지났다. 여옥이가 전차를 탈 동안 자기 방에서 기다리라고 하며 같이 층계를 올라갔다. 컴컴한 복도를 서너 칸 걸어 방문 앞에 선 여옥이가 핸드백에서 열쇠를 뒤질 때, 그 문은 우리 앞에 저절로 풀썩 열리었다. 불의의 일이라 나는 놀랄밖에 없었다. 한걸음 앞섰던 여옥이도 깜짝 놀라는 모양이었다.

"어서 이리 들어오시죠."

무겁게 울리는 듯한 녹슨 음성이 들리었다. 짧은 가을해가 높은 건축 저편으로 완전히 기울어 굴 속같이 음침한 방 한가운데, 길고 해쓱한 유령 같은 얼굴이 나를 바라보는 것이었다.

"자아 들어가세요."

여옥이의 또렷한 음성에 한순간 잊었던 나를 발견하고 나는 비로소 걸음을 옮겨 방 안에 들어 섰다.

"인사하시죠. 이이는……."

이렇게 소개하려던 여옥이의 말을 앞질러서 그 남자는,

"머어 소개 않아두 김명일씬 줄 짐작하지…… 자아, 앉으시우."

하고 자기가 먼저 의자에 털썩 주저앉았다.

여옥이는 기가 질린 듯이 더 말이 없고 그 남자는 자기소개를 하려는 기색도 없이 담배를 붙이는 것이었다. 그가 그런 인사를, 미처 생각 못 했거나, 또는 짐짓 않더라도 나 역 그 남자가 혹시 여옥이의 옛 애인이던 현모(玄某)가 아닐까고 짐작되었다.

이런 때 담배란 참 요긴한 것이었다. 자기소개도 않고 인사말도 없이 담배만 피우고 있는 그 남자의 거만하다기보다 모욕적 태도에(그렇다고 단

박 싸움을 걸 계제도 아니라) 나도 담배를 붙여서 그의 얼굴 편으로 길게 뿜는 것으로 이 무언극의 상대역을 할밖에 없었다. 그러나 그 남자는 팔꿈치를 테이블에 세운 손끝에서 타들어가는 담배를 별로 빨지도 않고 무슨 생각으로 차차 골똘히 잠겨 들어가는 얼굴이었다. 생면 손님을 눈앞에 앉혀 놓고 혼자 생각에 정신을 팔고 있는 것은 더욱 나를 무시하는 배짱이라고 생각하면 내가 느끼는 모욕감은 더할밖에 없었다. 그러나 단순히 나를 모욕하는 수단으로 그런다기보다도, 이 남자가 내 짐작에 틀리지 않은 현모라면 이 삼각관계(?)의 한 점이 되는 그로서 자연 어떤 생각에 잠기는 것도 무리한 일이 아니라고도 생각되었다. 사실 그렇다면 모욕감으로 혼자 흥분하고 있는 나보다 그는 퍽 침착한 사람이라고도 생각되었다.

그 남자는 꽤 벗어진 이마로 더욱 길고 여위어 보이는 창백한 얼굴이 석고상같이 굳어져 있다가 다 탄 담배를 비벼 끄고 일어나 좁은 방 안을 거닐기 시작했다. 검푸른 무명 호복이 파리한 어깨에서 발뒤꿈치까지 일직선으로 흘러서 더 수척하고 길어만 보이는 그 체격은, 더욱더 짙어 가는 방 안의 어둠을 휘감은 듯하였다. 그보다도 어둠이 길게 엉기고 뭉쳐서 내 눈앞에 흐느적거리는 것같이도 생각되는 것이다.

불은 왜 안 켜나? 나는 어둠이 주는 그런 착각이 싫고 그 남자의 길고 빠른 백골같은 손끝이 비수로 변하지나 않을까도 생각하며, 그저 연달아 담배를 피울밖에 도리가 없었다.

"혹시 여옥 군한테 들어 짐작하실지 모르지만 나는 현일영이라고 합니다."

갑자기 내 앞에 발을 멈추고 이렇게 말을 시작한 그는 다시 걸으며,

"아주 보잘것없는 낙오자지요. 낙오자라기보다 지금은 어쩔 수 없는 아편 중독자지요…… 그러나 한때 나는 젊은 투사로 지도 이론 분자로 혁혁한 적이 있었더랍니다."

여기까지 하던 말을 그친 현은 문 옆의 스위치를 눌러 전등을 켰다. 켰더라도, 천장 한가운데 드리운 줄에 갓도 없이 매달린 작은 전구의 불빛은 여간 희미하지 않았다. 현의 장의자에 털썩 주저앉아 호복 안섶 자락에서 뒤져 흰 약을 궐련에 찍어서 빨기 시작하였다. 그 누르지근한 냄새를 풍기는 연기가 판장 병풍 뒤에서도 떠오르는 것이었다. 여옥이가 거기에 들어가기 전에 삼면 경대 위에 들여다 놓았던 조롱에서는 은방울을 굴리는 듯이 종달새가 반겨 울었다.

"아마 방면은 달랐어도 현혁이라면 짐작하실 걸요. 한때 좌익 이론의 헤게모니를 잡았던 유명한 현혁이 말입니다. 현혁이 하면 그때 지식계급으로는 모르는 이가 없을 만치 유명한 현혁이었으니까요. 언제나 현혁이 신변에는 현혁이를 숭배하는 청년들이 현혁이를 따라다녔지요."

이러한 현의 말에 하도 자주 나오는 '현혁'이를 나도 신문이나 잡지에서 간혹 본 기억이 있다. 나는 한번도 유명해 본 경험이 없어 그런지는 모르나, 그렇게 쉽고 쉽듯이 불러 보고 싶도록 매력이 있는 '현혁'일까고 이상스럽게 들리었다. 혹 현이 취한 탓일까? 모르핀도 취하면 술과 같이 흥분하는가 하여 침침한 전등빛에 유심히 바라보았으나 현의 얼굴은 더욱 해쓱하게 쪼들어지고 눈은 더 가늘어진 듯하였다.

"여옥이도 그렇게 유명한 현혁이를 숭배하던 학생 중의 하나였답니다. 그때 패기만만한 현혁이는 연애에도 패자였지요. 연애도 정치입니다. 정치는 투쟁, 극복입니다. 여자란 남자의 투쟁력과 극복력이 강하면 강할수록 숭배하고 열복하는 것입니다. 결혼이니 부부니 하는 형식은 문제가 아니지요. 여옥이는 오륙 년이나 현혁이가 감옥으로 방랑으로 떠돌아다니는 동안에 떨어져 있었지만 종시 현혁이를 잊지 못하고 이렇게 따라온 것입니다. 따라와서는 여급으로 댄서로 나를 벌어 먹이지요. 지금의 현일영이는 계집이 벌어 주는 돈으로 이렇게 아편까지 먹습니다. 왜 아편을 먹는가 하겠지만 지금은 이것이 밥보다도 소중하고, 없으면 반나절도 살 수 없으니까, 계집이 벌어 준 돈이니 어떠니 하는 체면이나 의리 문제는 벌써 지나친 일입니다. 그럼 왜 당초에 아편을 시작했는가고 대들겠지요……."

그때 판장 병풍 뒤에서 흐득흐득 느끼는 여옥이의 울음소리가 들리었다. 말을 멈춘 현은 약을 피우던 담배 꽁다리를 던져 버리고 일어나서 뒷짐을 지고 다시 거닐며 말을 계속한다.

"……김선생도 으레 그렇게 물으실 겝니다. 지금은 다 나를 버렸지만 옛날 친구나 동지들이 그랬고 다시 만난 여옥이도 그렇게 묻고 대들고, 울고 야단을 치고 이제라도 끊으라고 애걸을 했지요. 간혹 제 정신이 든 때마다 나 역시 내게 묻고 대들고 울고 야단을 치는 때도 있었습니다.

물론 아편을 먹는 이유랄 것도 없는 것은 아닙니다. 신병, 빈곤, 고독, 절망, 자포자기, 이런 이유랄까, 핑계랄까. 아마 그중에 제일 큰 이유나 동기랄 것은 '자포자기'겠지요. 신병, 빈곤, 고독, 절망, 이런 순서로 꼽아 내려가다가 흔히들 '자포자기' 하는 것이지만, 반드시 그런 것은 아니라고 나는 생각합니다.

신병이나 빈곤은 그리 쉽게 마음으로 안 되는 것이지만, 자포자기를 하고 않는 것은 각자 그 사람에게 달렸다고 생각합니다. 나와 못지않은 역경에서도 칠전팔기란 말 그대로 자기의 운명을 개척해 나가는 친구도 많았습니다. 이 말은 결코 야유가 아닙니다.

그런데 나만은 자포자기를 하였습니다. 비록 신병이 있고 빈곤하더라도, 시작을 않았으면 그만일 아편을 자포자기로 시작했지요. 그래서 지금은 아주 건질 수 없는 말기 중독자가 되고 말았죠.

말하자면 아무런 시대나 환경이라도, 사람을 타락시킬 힘은 없다고 봅니다. 그 반대로 타락하는 사람은 어떤 시대나 환경에서든지 저 스스로 타락하고야 말, 성격적 결함이 있는 것입니다.

그래서 나는 내 환경을 저주하거나 주제넘게 시대를 원망할 이유도 용기도 없습니다. 오직 내 약한, 자포자기하게 된 내 성격을 저주하는 것뿐입니다.

그러나 지금에는 그런 반성을 하는 것도 지난스러워지고 말았습니다. 사실 그런 반성이 지금 내게 무슨 소용이 있습니까? 이런 말을 내가 하고 보면 도리어 우스운 말이 되고 마는군요.

내가 지금 초면인 김선생 앞에서 이같이 장황히 지껄인 것은 혹시 옛날의 내 교양의 찌꺼기나마 자랑하고 싶은 허영이었을는지도 모릅니다. 그보다도 이런 과거의 교양이랄까 지식을 씹으려 즐기는 수단이겠지요."

현은 더 말할 수도, 거닐 수도 없이 피곤한 모양으로 장의자에 몸을 던지듯이 주저앉아서 두 손으로 이마를 받들어 짚고, 아직도 그치지 않은 여옥이의 느껴 우는 소리를 한참 동안 듣고 있다가 또 흰 약 담배를 피워 물었다.

"사실 나는 지금 이렇게 모르핀 연기와 추억의 꿈을 먹고사는 사람입니다. 반성에는 지쳤고, 자책에는 양심이랄 게, 이성이 마비되고 말았지만, 옛날 현혁의 명성을 더 히로익하게 꾸미고, 그리 풍부하달 수도 없는 로맨스를 연문학적으로 과장해서 씹어 가며, 호수 같은 시간 위에 떠도는 것입니다. 그러는 내게도, 여옥이가 김선생을 버리고 내 품속으로 돌아온 것입니다. 여옥이로서는 제 첫사랑의 추억으로 그랬겠지만, 나는 옛날의 혁혁하고 유명하던 현혁이, 즉 나의 패기와 극복력에 이끌린 것이라고 생각하지요. 지금 여옥이에게 물어 보아도 알 것입니다. 그래서 내 과거의 기억은 더 찬란해지고 내 꿈의 양식은 더 풍부해진 것입니다. 그러므로 나는 이 처지에도 행복을 느낄 수 있습니다. 내 곁에 여옥이만 있어 주면 나는 죽는 날까지 행복일 것입니다. 여옥이도 내가 죽는 날까지는 내 옆을 떠나지 않겠지요. 꼭 그래야 할 것입니다.

그런데 이미 여옥이를 놓쳐 버렸던 김선생이 돌연히 우리 앞에 나타난 것은 무슨 까닭입니까? 지금 와서 선생님이 아무리 금력으로 유혹한댔자, 사내다운 매력이 없는 김선생을 따라갈 여옥이가 아닙니다. 그뿐 아니라, 결코 내가…….”

현은 벌떡 일어나서 내 앞에 다가선다.

“이이 내가 만만히 놓아주질 않는단 말이요, 네? 이 내가 말이오. 알아 듣겠소?”

이렇게, 흥분으로 떨리는 높은 음성으로 말하는 현은 두 팔로 탁자를 짚고 들이댄 얼굴에 살기등등한 눈으로 나를 노리며,

“네? 알아듣느냐 말요. 이 내가 만만히 놓아 주질 않는단 말요.”

이렇게 버럭 고함을 지르며 현은 주먹으로 제 가슴과 탁자를 두들기었다.

좀전의 예감이 종내 이렇게 실현되고야 마는 것을 눈앞에 보고 있는 나는 그저 난처할 뿐이었다. 이렇게 발작된 현의 병적 흥분과 오해를 풀려면 장황한 이야기가 필요할 것이나, 그럴 시간의 여유가 없으므로 나는 할 수 없이 의자에서 일어나 모로 서며, 나도 주먹을 부르쥐고 노리는 현의 눈을 마주 노려볼밖에 없었다. 짧은 동안이었다.

금시에 현은 파리한 어깨가 들먹거리고 숨이 가빠지는 것이었다. 그때, 어느 결에 튀어나온 여옥이가 두 사람 사이에 막아서며 허전허전한 현의 허리를 붙안아 의자에 주저앉히고 그 무릎에 쓰러져 느껴 울기 시작하였다.

테이블 위에 놓인 모자를 집으려다가 현의 코언저리에 번쩍번쩍 흐르는 눈물을 보게 되자 나는 웬 까닭인지 그 자리에 멍하니 섰을 밖에 없었다. 그러한 그들을 그 자리에 그대로 차마 버려두고 나올 수 없었음인지,

혹은 더덮인 영마같이 뭉커 앉은 그들의 눈물에 냉담한 호기심을 느낀 탓인지는 아직도 모르지만, 그때 나는 그들 앞에 의자를 당겨 놓고 다시 앉았던 것이다.

입때껏 나는 현의 장황한 독백을 들을 뿐, 그의 착잡한 심리적 독백의 결론이라 할 수 있는 오래를 풀려고도 않고 훌쩍 일어서 가버리면 너무 심한 모욕이 아닐까 하여, 간명하게 변명할 이야기의 실마리를 찾아보려고도 하였다. 내가 여옥이를 유혹하러 왔다는 현의 오해를 풀려면, 다른 말보다도, 지금 나는 결코 여옥이를 사랑하지 않는다고 해야 할 것이다. 그뿐 아니라, 사랑 여부가 없이 아무런 호기심까지도 느끼지 않는다고 해야 할 것이다. 현의 흥분이 단순한 오해가 아니요, 영락한 자신과 나와의 대조로 인한 자굴적 질투이기도 할 것이므로, 변명하려면 이렇게까지도 말해야 할 것이다. 그런 내 말이 현의 흥분과 오해를 풀기에는 효과적이겠지만,

그러나 본인 여옥이 앞에서는 그런 말은 삼가야 할 것이다. 여옥이의 여자로서의 자존심을 위해서만도 그러려니와, 그러한 솔직한 내 말이, 어떻게 되면 현의 자존심까지도 상할 염려가 없지 않을 것이다.

이런 주저로 미처 할 말이 없이 그저 담배만 피우며, 이따금 쫑쫑거리는 새소리를 듣고 있을 때 눈물 젖은 여옥이의 음성으로,

"지금 이런 나를 가지구, 누가 유혹을 하느니 질투를 하느니, 모두 우스운 일이 아니야요? 김선생님은 어서 돌아가세요."

하고 여옥이는 마침 자리를 일어 옷자락을 터는 것이다.

나는 더 주저할 것도 없이 되었으므로 모자를 집어 들고 나왔다.

내가 현의 오해를 풀자면 더듬고, 에둘러 중언부언 늘어놓아야 할 말을 단 한마디로 포개 놓고 마는 여옥이의 그 총명이 다시금 놀라웠다. 그러나 여옥이의 그런 말에 내 마음이 경쾌하다기보다, 그 총명과 직감력으로

여옥이는 더욱더 불행한 여자가 되는 것이라고 오히려 우울할밖에 없었다.

그날 밤에 만난 이군은, 일이 끝나서 네시까지 내 전화를 기다리다 못해, 아파트 사무실에 전화로 여옥이를 찾았더니 웬 남자의 음성으로 여옥이가 들어오면 전할 터이니 무슨 말이냐고 묻기에, 무심히 내 이름을 일러 주고, 지금 여옥 씨와 같이 나갔을 모양이니 돌아오면 이라는 사람이 기다린다는 말을 전해 달라고 부탁했던 것이라고 한다.

일이 그렇게 된 것이라면, 현이 첫눈에 나를 알아본 것이 조금도 신비로울 것은 없었다. 시초가 그렇다면 갑자기 우리 앞에 열린 문이나, 홀연히 나타난 그러한 인물의 괴이한 독백이나 흥분이나, 그리고 활극 일순 전에 수탄(愁嘆)으로 끝난 그 일막극은 모두가 몰락한 정치 청년이 꾸며 놓은 가소로운 멜로 드라마였던 것이 아닐까? 사실 그렇다면 그때 일종의 괴기와 압박감을 느끼고 마침내는 슬픈 인생의 매력에 감동(?)했던 나는, 그들이 피운 마약에 오히려 내가 취하였던 것이라고도 할 것이다.

이런 생각에, 본시 나의 버릇인 급성 신경쇠약으로 또 판단력을 잃고 만나는 마주 앉은 이군이 미처 권할 사이도 없이 연장 잔을 기울이면서 그때의 여옥이의 '눈물'과 '총명한 말'까지도? 이렇게 속에 걸리는 것을 느끼면서도 그것은 모두가 다 현이 자작자연한 엉터리 희극이었다고만 치우쳐 설명하는 것으로 그때 흔들린 내 마음을 위로하였다. 그래서 나는, 언제나 제 권모술수에 빠져서 솔직한 말과 행동을 하지 못하는 소위 정치가 타입의 인물을 싫어하는 것이라고 현을 조소하는 것이었으나, 그러한 내 조소에 천박한 여운을 들을밖에 없었고, 그럴수록 나는 그런 여운을 안 들으려고 더욱 크게 웃을밖에 없었다. 그래서 눈이 둥그래진 이군이, '봉변은 하구두, 옛 애인을 만나 대단히 유쾌한 모양일세.'

하도록 나는 유쾌한 듯이 웃었던 모양이다.

473

그 이튿날 늦잠을 자고 일어나자, 보이가, 벌써부터 로비에서 기다린 손님이라고 안내한 것은 여옥이었다.

정오의 양기가 가득 찬 방 안에 들어선 여옥이는 분홍 저고리에 초록 치마가 오룡배 적 차림이요, 풍기는 향료까지도 새로운 추억이었다. 오직 그 눈만이 정기를 잃었을 뿐이다.

"어제는 나 때문에 두 분을 괴롭혀서 미안하외다."

하는 내 말은 어색하도록 경어로 나왔다.

"천만에요."

역시 어색하도록 공손히 시작된 여옥이의 말은 이러하였다.

그러한 제 생활을 애써 숨기려고 한 것만도 아니지만, 잠시 다녀가는 나에게 알릴 필요도 없던 일이, 그만 공교롭게 그 모양으로 알려져서 도리어 미안하다고 하였다.

이미 탄로된 일이라 더 숨길 필요도 없으므로 저간 지내 온 이야기를 다 하고, 또 부탁도 있으니 들어달라고 하는 여옥이는,

"중독자에게서 흔히 볼 수 있는 몰염치한 생각인지는 모르지만……."

내가 잠시 손을 내밀어 준다면 여옥이는 내 손을 붙잡아 의지하고 지금의 생활에서 자기를 건져 내고 싶다는 것이었다.

"제가 중독자의 몰염치로 이런 말씀을 하게 되는 것인지는 모르지만……."

여옥이는 또 이런 말을 앞세우고, 아직 자기의 몰염치를 자각할 수 있고, 애써 자기를 건져야겠다는 의지가 남아 있는 이때를 놓치면 영 자기는 폐인이 되고 말 것이라고 말하는 그의 눈에는 눈물이 괸다.

그러한 여옥이의 말을 듣고 눈물을 보니 나는, 언제나 나의 의식을 분열시키고야 말던, 그 역시 분열된 의식으로 갈피를 잡을 수 없던 여옥이의 표정이 갱생에 대한 열정과 동경을 초점으로 통일된 것을 발견하고,

지금의 여옥이면 역력히 그럴 수 있다고 생각하였다. 어제 장의자에서도 여옥이의 눈물을 보았지만 그것은 역시 병적 권태에 물들고 니힐한 웃음에 떨리는 눈물이었다.

지금 한 초점으로 통일된 의식과 순화한 정서로 맺힌 맑은 눈물을 바라보는 나는 여옥이가 잠시 내밀어 달라는 손을 어떻게, 얼마나 잠시 내밀어야 하는 것이며 현과의 관계는 어떻게 되는 것이며를 전혀 알 수 없지만 당장 그런 조건을 묻는 것은 너무 타산적으로, 혹시 여옥이의 자존심을 건드려 존중해야 할 그 결심을 비누 풍선같이 깨치게 될지도 모르므로 나는 우선,

"참 좋은 결심입니다. 그래야지요. 내가 할 수 있는 일이면 해야지요."

할밖에 없었다. 그러한 내 말에 눈물어린 눈으로 나를 쳐다보던 여옥이는 자기 무릎에 얼굴을 묻고 느끼어 우는 것이다. 나는 한참이나 떨리는 그의 어깨를 바라보다,

"자아 이젠, 어떻게 할 방도를 의논해야지 않소?"

하였다.

"……네, 감사합니다."

눈물을 씻고 난 여옥이는 창 밖에 내다보며,

"무엇보다 저는 이곳을 떠나야 해요. 할 수만 있다면 저를 데리시구 조선으로 나가 주셨으면 합니다."

그러한 여옥이의 말에,

"……?"

나는 그저 잠잠히 귀를 기울일 뿐이었다.

"……전같이, 결코, 그런 염치없는 생각으로 말씀드리는 것은 아닙니다. 단지 병인을. 사실 병인이니까요. 한 정신병자를 감시하시는 셈치시구 저를 조선까지 데려다만 주세요. 저 혼자서는 무섭기는 하면서도, 그 마약의

매력과, 또…… 그런 것을 저버리고 이겨 나갈 자신이 없을 듯해요."

마약의 매력과 또…… 이렇게 여옥이가 주저하다 흐려 버리고 만 '그런 것'이란 무엇일까? 현? 현에 대한 애착일까? 나는 이런 의문에 어젯저녁에 현의 무릎에 쓰러져 울던 여옥이의 모양을 다시 눈앞에 그릴밖에 없었다. 그때. 아무리 내가 더덮인 영마 무더기라고 경멸의 눈으로 보면서도, 낙척, 패부, 그리고 절망과 눈물에 젖은 슬픈 인생에도 황홀한 매력과 감격한 인정을 은연중 느끼는 듯하고 그들 중에 나만이 그런 감격과 인정의 문 밖에 호젓이 서 있는 듯한 고독감을 느끼기도 하였던 것이다. 나의 그런 느낌이 혹시 여옥이에 대한 미련의 질투나 아닐까?고 생각되자 '천만에'하고 떨어 버렸던 생각이다.

"어제 보신 바와 같이, 현은 한 과대망상광일 뿐 아니라, 제게는 무서운 악마같이 보이는 때도 있습니다. 제가 모르핀을 시작하여 된 것도 현이 강제로 그런 것이죠."

이렇게 다시 시작된 여옥이의 이야기는,

사실 현혁이라면, 조선은 물론 일본의 동지간에도 주목되던 이론분자였고, 심각한 지하운동에도 민활히 활동한 사람이었다. 그때 여옥이는 현의 애인이었지만, 현은 감옥으로, 출옥 후에는 정처없는 방랑으로 오륙 년간의 소식을 몰랐다. 그 동안 본시 고아인 여옥이는 여급으로, 티룸 마담으로 전전하다가 평양까지 와서 나를 알게 되었다. 그 얼마 후에 우연히 만난, 동경시대의 현의 친구에게 현이 하얼빈 있다는 소식을 들었다. 그러나 그때는, 오륙 년이라는 세월을 격하여 현을 따라갈 몸도 처지도 못 되므로 용기는 내지 못하였던 것이다. 그러나,

"오룡배가 얼마 멀지는 않아도, 아마 국경을 넘었다는 생각만으로도 하얼빈이 지척같이 생각되었던 게죠…… 그러구 또, 그때는 그럴 만도 하게 되잖았어요!"

476

하는 여옥이는 얼굴을 붉히며 웃었다. 나 역시 따라 웃을밖에 없었다. 서로 어이없는 일이었다는 듯이 웃고 나서,

"지금 이런 말을 한 대서 부질없는 말이지만, 그때 일은 전연 내 잘못이지요. 너무 진실성이 없었으니까요. 그때 여옥 씨가, 그런 내 태도에 모욕감을 느끼셨을 것도, 그래서 달아나신 것도 여옥씨다운 총명한 행동이었지요."

이런 내 말에 여옥이는 금시에 또 솟는 눈물을 씻었다.

"……그때 선생님의 심정도 당연히 그랬을 게죠. 만일 그 반대로, 그대 선생님이 진정으로 저를 사랑하셨다면, 저는 도리어 감당할 수 없어서 더 송구스러웠을 게죠."

잠시 말을 끊고 주저하던 여옥이는,

"……또, 참을 수가 없구먼요."

하고 핸드백에서 마약을 내어 피워 물고 외면한 얼굴에 눈물이 어린다.

여옥이는 그만큼이라도 내 앞에 터놓은 마음이라 부끄러움을 싱글싱글한 웃음으로 가릴 처지가 아니므로, 그만 눈물이 나는 모양이었다.

"지금 제 말씀같이 그렇게는 생각하면서도, 그때 선생님이 저를 사랑하시려는 노력이 아니라, 그림을 위해서만이라도 옛 환상을 버리시려고 애쓰시면서도 못 하시는 것을 볼 때 저는 저대로 자존심은 상하고, 그러니 자연 반발적으로 저도 옛날 꿈을 그리게 될밖에 없었어……."

그래서 달려와 이곳에서 만난 현은, 명색 어느 변호사와 사무원이지만, 정한 수입도 없고 하는 일도 없는 하잘것없는 중독자였다는 것이다. 현은 다년간 혹사한 신경과 불규칙한 생활로 언제나 아픈 안면신경통과 자주 발작하는 위경련으로, 없는 돈에 가장 수월하고 즉효적인 약으로 시작한 마약에 중독되기 시작하였다는 것이다.

그래서 여옥이는 현을 애걸하다시피 달래고 얼러서 모르핀 환자 수용

소까지 데리고 갔으나, 한번은 문 앞까지 가서 현이 뿌리치고 달아났고 한번은 여옥이가 현에게 설복되어 그저 돌아오고 말았던 것이다.

"아편이 도리어 설복되다니요?"

내가 묻는 말에,

"참 괴상한 일 같지만, 거역할 수 없는 사정이었어요."

그 사정이란 것은 지금 마약에 눌리어 있는 현의 신경통과 위경련은 마약의 힘이 사라지기가 무섭게 전보다 몇 배의 고통과 발작을 일으켜서 그 병만으로도 지금이나 다름없는 폐인이 될밖에 없고, 따라서 생명도 중독으로 죽으나 다름없이 짧을 것이라는 것이다. 그럴 바에는 죽는 날까지 고통이나 없이 살겠다는 것이요, 그뿐 아니라 적극적으로 현재의 자기 생활을 혼자서나마 합리화하고 살자는 것이다.

그것은 역사적 결론의 예측이나 이상은 언제나 역사적으로 그 오류가 증명되어 왔고, 진리는 오직 과거로만 입증되는 것이므로, 현재나 더욱이 미래에는 있을 수 없다는 것이다. 그러므로 사람의 생활은 그런 이상을 목표로 한다거나, 그런 진리라는 관념의 율제를 받아야 할 의무도 없을 것이요, 따라서 엄숙하달 것도 없다는 것이다. 그뿐 아니라 사람은 허무한 미래로 사색적 모험을 하기보다도 거짓 없는 과거로 향하는 것이 현명하다는 것이다. 그러기에는 아편 연기 속에서 지난 꿈을 전망하는 것이 얼마나 황홀하고 행복스러운지 모른다고 하며 현은 여옥이에게도 마약을 권하였다는 것이다.

그러나 여옥이가 그런 말을 들었을 리가 없었다. 오직 두 사람의 생활을 위하여 홀의 댄서로 카바레의 여급으로 피로한 밤낮을 지낼 뿐이었다. 그러한 생활에 밤 세시 네시까지 지친 몸으로 곤히 잠들었다가도, 혹시 심한 기침에 몸을 뒤치다 눈을 뜨게 되면 현은 그때도 일어나 앉아서 모르핀을 피우고 있었다. 그러던 중, 어느 날 밤은 얼굴에 더운 김이 훅훅

김인승(金仁承) 그림

끼치는 것을 느끼며 자꾸 기침이 나면서도 가위에 눌린 듯이 목이 답답하고 움직일 수 없이 사지에 맥이 풀리어, 간신히 눈만을 떴을 때…… 깊은 안개 속으로 보이는 듯한 현의 얼굴이 막다른 담과 같이 눈앞에 크게 막히고 그 입으로 뿜어내는 마약 연기를 여옥이 코로 불어넣고 있었다. 그런 줄 알자 여옥이는 비명을 지르고 달아나려 하였다. 그러나 현에게 붙잡힌 손목을 용이히 뿌리칠 기력도 없이, 그저 현이 무서워 떨리고, 야속한 설움에 그저 주저앉아 울밖에 없었다. 여옥이는 그때 그러한 광경을 지옥으로 느끼었다고 한다.

그러나 현은 가장 엄숙한 음성으로,

"미안하다. 내가 죽일 놈이다. 그러나 지금 나는 너 없이는 살 수 없는 위인이 아니냐."

하면서, 그대로 두면 여옥이는 언제든지, 혹시 내일이나 모레라도 현을 버리고 달아날는지 모르므로, 현은 잠시도 불안하여 견딜 수가 없다는 것이었다. 그래서 같은 중독자가 되어 현이 죽는 날까지 자기를 버리지 말아 달라고 울며 애걸하였다는 것이다.

그때 그러한 현의 말이, 여옥이 없이는 못 살으리만큼 여옥이를 사랑한다는 뜻인지, 여옥이가 벌어 먹이지 않으면 못 산다는 말인지 분명히 알 수는 없으면서도 어느 편이건, 여옥이는 그저 현이 애처롭게 불쌍하게만 생각되었다는 것이다.

"웃지 마세요. 여자란 아마, 저 없이는 못 산다면, 몸에 휘감긴 상사구렁이도 미워는 못 하나 봐요."

하고 여옥이는 얼굴을 붉히며 웃었다.

그래서 그때부터 여옥이는 현이 권하는 대로 무서운 중독자가 되어 가면서도, 한 남자의. 더욱이 첫정을 바쳤던. 사람의 마음을 아직도 완전히 붙잡고 있다는 여자의 자존심이랄까?로 만족하게 지낼 수가 있었다고 한다.

"그러시다면, 지금 조선으로 나가실 결심은? 또 현씨는 어떻게 하시구서?"

비로소 나는 아까부터 궁금하던 생각을 물을 수가 있었다.

"네에, 제 말씀을 들으세요."

하고 계속한 여옥이의 말은, 그런 생각으로 의지하는 현을 받들어 지내 가면서도 문득문득 일생의 파멸이라는 생각이 들 적마다, 여옥이는 전율에 떨고 울기도 하였다는 것이다. 혹시 그러한 여옥이를 보게 되면 현은. 왜? 아직도 딴 세상에 미련이 남았나? 내가 짐스러운가? 물론 그렇겠지만 병신자식을 둔 어머니의 운명으로 알고 얼마 머지않아서 죽을 나이니까, 좀만 더 참으면 오래잖아 자유로운 몸이 될 터이니까. 현은 여옥이를 위로하는 셈인지 이런 말을 하게 되었다. 그 말을 들을 때마다, 여옥이는, 여옥이 없이는 못 산다는 현의 말뜻이 어떤 것인지 짐작되어, 차차 파멸에 대한 공포가 더 커가서 울게 되는 때가 많아졌다. 이즈음에는 여옥이가 울 때마다, 현은 그렇게 내가 여옥이의 젊은 육체의 자유까지를 구속하려는 것은 아니니 자기 앞에서 그렇게 울어 보이지는 말아 달라고 성을 내는 것이다. 현의 그런 말이 본시부터의 심정인지, 나날이 쇠약해 가는 생리적 타격으로 변한 생각인지는 모르지만 여옥이에 대한 현의 생각을 너무도 분명히 알게 되어 한없이 슬픈 것이라고 한다. 그러나 여옥이는,

"선생님이 어떻게 들으시라고 하는 말씀은 결코 아니지만, 여자로서 선생님에게 업신여김을 받은 자존심을 살리기 위해서만이라도, 현이 내게 의지하는 것이 어떤 심정이건, 그 마음만은 내가 지니려는 노력을 해왔지요만."

현은 훔쳐 낼 처지가 아니고 필요도 없으련만 여옥이 모르게 돈을 뒤져

내기도 하고, 심지어 여옥이가 다니는 홀이나 카바레 주인에게 선채할 수 있는 대로 돈을 취해 가지고는 겨우 지내 가는 구차한 살림이라 물론 집에 많은 돈이 있을 리 없고 선채를 한 대도 중독자에게 큰 돈을 취해 줄 이도 없지만 돈이 없어질 때까지는 흰 약보다 더 좋다는 아편을 빨 수 있는 비밀여관에 틀어박혀서 집에 들어오는 법이 없었다. 그러한 현이 어제 집에 있는 것은 여옥이로서도 의외였다.

그러나 여옥이는 어젯밤까지도, 현을 버리고까지 제 몸만을 건져보려는 생각은 없었다. 현의 말대로 병신자식을 둔 어머니의 운명으로 남은 반생을 단념하고 현이 사는 날까지 현을 지키려고 했다는 것이다.

그러나 어젯밤에 내가 나오자 김명일이가 여옥이를 따라온 것이 아니냐고, 하도 여러 번 재차 묻는 현의 말씨나 태도가 단순한 질투나 시기라고 할 수 없으므로 짐짓 여옥이는,

"아마 그런지도 모를걸요."

해보았더니 현은 으레 그럴 것이라고 자기의 추측이 어김없는 것을 자긍하듯이 만족해하며,

"그럼 여옥이도 역시 김명일이를 못 잊어하지? 아마."

"⋯⋯."

"그러면 그렇다고 솔직히 말하면 아무리 내가 니힐한 에고이스트라도 송장이 다된 나만을 위해서 여옥이를 희생할 염치도 없으니까."

하면서 자기 앞에서 김명일이가 아직도 여옥이를 사랑한다고 언명하면 현은 두말없이 물러설 터이니 여옥이의 심정부터 솔직히 말하라고 다졌다는 것이다. 그래서 여옥이의 심정부터 솔직히 말하라고 다졌다는 것이다. 그래서 여옥이는, 그럼 당신은 내가 없어도 살수가 있느냐? 이젠 내가 소용이 없느냐?고 되물었더니, 현은 결코 그런 것은 아니라고 하며 자기 욕심만 같아서는 죽는 날까지 여옥이가 있어 주었으면 그 이상 행복

이 없지만, 아직 장래가 투철한 두 사람이 서로 사랑하는 것을 눈앞에 뻔히 보면서야 산송장인 자기 욕심만 채우잘 수도 없으므로, 두 사람은 자기 앞에서 솔직한 대답을 하라는 것이다. 그래서 여옥이는, 나에게만 솔직한 대답을 강요하지 말고, 당신부터. 당신은 나보다 돈이 필요해서 김명일 씨가 나를 사랑한다고만 하면 그 말을 빌미로 잡아 가지고 돈빌미로 잡아 가지고 돈을 강청할 심사가 아닌가! 좀 솔직히 말해 보라고 하였던 것은 현은 하도 의외의 말이라는 듯이 펄쩍 뛰며, 비록 지금 여지없이 타락하였지만, 아직도 '현혁'이의 자존심만은 남아서 제 계집을 팔아먹게까지는 안 되었다고 하며 여옥이의 말이 너무 야속하다는 듯이 현은 울었다고 한다. 그래서 나는,

"그건 사실 여옥 씨가 너무 현씨의 심정을 야속하게만 곡해하는 것이 아닐까요?"

하고 물었다.

"혹 그런지도 모르죠."

하는 여옥이는 곧 말머리를 돌려서,

"선생님은 지금 저와 같이 가서서, 현이 묻는 대로 아직도 저를 사랑하신다고 말씀해 주세요. 쑥스러운 일 같지만 그 한마디 말씀으로 저는 현에게서 벗어나 갱생할 수 있을는지도 모르니까요…… 그리구 이것 가지셨다 현이 요구하면 내주세요."

하면서 여옥이는 핸드백에서 백 원 지폐 석 장을 내 손바닥에 놓았다.

"이 돈은 선생님이 주셨던 보석을 지금 팔아 온 것입니다."

하는 여옥이는 내가 준 다이아반지를 수식물로만 아껴 지니고 있었다기보다 어느 때 닥쳐올지 모를 불행을 위하여 현도 모르게 간직해 두었던 것이라고 한다.

나는, 이 돈이 현의 장비였구나! 그러나 지금은 여옥이의 몸값이 되는

구나! 생각하면서도,

"설마…… 현씨가……."

이렇게 시작하려는 나의 말을 앞질러서,

"죄송하지만 지금 곧 가주셨으면……."

하고 여옥이는 먼저 일어선다.

이 일이 장차 어떻게 될 것인가? 속으로 중얼거리면서도 나는 여옥이의 단호한 기상에 주저할 여유가 없었다.

마차 위에서 여옥이의 몸은 가볍게 흔들리지만 그 마음은 호수같이 가라앉은 모양으로, 어느 한곳을, 아마 때진 결심으로 한 점 구름 같은 잡념도 없이 맑은 호수 같은 제 마음을 들여다보는 듯한 그 눈은 깜빡이지도 않았다.

그러한 여옥이 옆에 앉은 나는 그에게 미안하면서도, 아까 중동무이된 "설마……현씨가……"하던 나의 의문을 "현이 설마 돈을 요구할라구요?" 하고 계속해 보는 것이었다. 그러나 그것은 단지 의문의 형식으로 여옥이의 자존심을 위한 인사말이었고, 오히려 의문은, 혹시. 만일 현이 의외로 담박하게 돈 이야기 같은 것은 하지도 않고 만다면, 그때의 여옥이는 어떻게 할 것인가? 이것이 더 궁금한 의문이다.

물론 현이 돈을 요구할 것이라 예측하는 것이요, 그 예측이 맞는다면 여옥이를 돈으로 바꾸는 현을 여옥이도 마음 가뜬히 버리고 나를 따라 조선으로 가는 것이 정한 순서일 것이다. 그러나 천만의 외에도 현이 여옥이의 행복만을 위하여 여옥이를 버린다면 그때의 여옥이는 어떻게 될 것인가? 정녕 여옥이는 다시 현을 따라가게 될 것이다. 현이 돈을 요구하든 말든, 지금의 결심대로 여옥이가 나와 같이 조선으로 간다면 이 연극은 제법 막이 닫히고 끝나는 것이지만, 만일 여옥이가 다시 현을 따라가고 만다면, 나는 중토막에서 히로인이 뛰어 들어가고 만 무대에서 혼자 어떤 제스처를 해야 할 일일까? 또, 그것은 결과라 기다려 봐야 할 것이나 그 전에 그그로한 인물 현 앞에서, 결혼식도 아닌데 여옥이를 사랑하느냐? 고 물으면 "네." 대답해야 할 것은 또 얼마나 싱거운 희극일까? 이런 생각에 자연 싱글거려지는 내 옆의 여옥이는 또 얼마나 새색시같이 얌전한가! 생각하면 본무대에 오르기 전에 하나미치인[133]이 하얼빈 거리에서부터 희극은 연출된 것이라고 더욱 싱글거리자,

그렇게 싱글거리는 나를 본 집시 계집애는 부리나케 손을 벌리고 웃으며 따라온다.

나는 포켓에서 잡히는 돈 한푼과 같이 웃음도 집어던지고, 한순간 후에 좌우될 운명으로 긴장하고 슬픈 여옥이와 같이 긴장하여, 내 생활에도 적지 않게 영향이 있을지도 모르는 이 일을 생각해 보려는 사이에 마차는 현관에 닿고 말았다. 막상 그 문 밖에 서게 되자 나는 지나치게 긴장하여 두근거리는 가슴으로 심호흡을 할 때 여옥이는 앞서 문을 열고 들어섰다.

"어서 이리 들어오시죠."

어젯저녁과 꼭 같은 말소리가 나며 현은 문어귀까지 나와서 내 앞에 손을 내밀었다. 그림에서 본 유령의 손같이 희고 매듭이 올근볼근한 긴 손이 반가울 리 없으나 마지못하여 잡은 장바닥에 의외로 눅직한 온기가 무슨 권모술수 같아서 더욱 불쾌하였다.

"어제는 퍽 놀랐을걸요."

사실은 사실이지만 무엇이라 대답할 말이 없는 인사이므로 묵살하고 말았다.

"자아, 앉으세요."

현은 또 이렇게 나에게 의자를 권하면서 먼저 털썩 앉았다.

묽은 구름이 엉긴 초가을 북만(北滿) 하늘은 백동색(白銅色)으로, 해 안 드는 방안은 물속같이 냉랭하다. 마주 앉아 낮에 보는 현의 벗어진 이마

와 뺨가죽은 낡은 양피같이 윤기 없고 구겨졌다. 나는 그의 성긴 머리털 속에서 방금 날아올 듯한 비듬에서 눈을 돌리며 그저 지나는 말로,

"만주는 사시는 재미가 어떠십니까?"

하고 물었다.

"저 같은 사람에게 그런 말씀을 물으시는 것은 실례죠, 허허."

"송화강을 보셨나요?"

"네에, 어제 잠깐."

"대학에서는 만주 농사 경제사를 연구한 적도 있었죠. 하나 지금은…… 이걸 좀 보시우."

현은 담에 붙여 놓은 낡은 만주 지도 앞에 가서,

"지도를 이렇게 붙여 놓고 보면 송화강이 이렇게 동북으로 치흐른다기보다 오호츠크 바닷물이 흑룡강으로 흘러들어와서 한 갈래는 송화강이 되어 만주로 흘러내려와 이렇게 여러 줄기로 갈리고 갈려서 나중에는 지도에 그릴 수도 없을 만치 작은 도랑이 되고 만나면 어떻습니까, 재미나 잖아요?"

하고는 허허 웃었다. 나도 따라 웃는 것이 인사겠으나 그만두었다. 부질없는 말을 물어서 이런 객설을 듣게 되었다고 후회하면서, 대체 이 현이라는 인물은 어디서 시작한 이야기가 어디로 번지어 어떤 결론을 낼는지 모를 자라고, 나는 이 앞으로 나올 이야기가 더욱 창망할 것을 미리부터 염려하며 무료히 담배만을 피웠다.

여옥이도 무료히 장의자에 앉아서 조롱을 내려놓고 모르핀 연기를 뿜어 주고 있었다.

한동안 호신을, 닳아 처진 리놀륨 바닥에 철떡거리며 나와 여옥이 사이를 왔다갔다 거닐던 현은 역시 거닐면서,

"이렇게 두 분이 같이 오셨을 적엔, 여옥이에게 내 말을 들으시구 오신

것이니까 일부러 김선생의 말씀을 들어 보잘 것도 없겠지요. 어제 나는 김선생 앞에서 흥분하고 눈물까지 보였고, 여옥이는 아시다시피 소리내 울었습니다. 그렇게 눈물을 흘리면서 나는 왜 이렇게 슬퍼하는가고 생각하였지요. 영락, 폐인, 절망, 이런 것들은 어제도 말씀한 것같이 새삼스럽게 지금 설움이 될 리는 없고, 오직 우리 앞에 나타난 김선생의 탓이라고 할 수 있습니다."

"……?"

나는 자연 머리를 들어 크게 치뜬 눈으로 그를 바라볼밖에 없었다.

"가만, 제 말씀을 들으시죠."

현은 역시 거닐면서,

"처음에는, 여옥이가 김선생을 버리고 내게로 돌아왔지만, 이 생활을 슬퍼하고 후회하는 지금의 여옥이라, 김선생이 그런 여옥이를 내게서 빼앗기는 여반장이리만치,

지금의 나는 김선생의 적수가 아니라는 생각과, 설사 여옥이가 김선생의 유혹을.

어폐가 있는 말인지는 모르지만. 뿌리치고 여전히 내 곁에 있어 준대도, 김선생이 나타나기 전과는 다른 여옥일 것입니다. 여옥이의 본시 슬픈 체관은 더욱 슬픈 체관일 것이고, 내게 대한 동정은 더 의식적 노력이 될밖에 없을 것입니다. 그러한 여옥이의 강인한 희생의 신세를 지게 된다는 고통, 그리고 김선생 같으신 신사가 아직도 못 잊으시고 여기까지 따라올 만치 아담한 여옥이를 나는 아낄 줄 모르고 폐인을 만들어 놓았거니 하는 자책과, 그보다도 새삼스럽게 더욱 나를 원망하게 될 여옥이의 심정. 이러한 가지가지의 우리의 심리적 고통은 우리 앞에 나타난 김선생 탓이 아니면 누구 탓일까요? 설사 김선생이 여옥이를 찾아 온 것이 아니요 단지 우리 앞에 우연히 나타난 것이라 하더래도, 우선 여옥이의 마

음을 흔들어 놓고, 내가 애써 잊어버리려던 내 자존심과 반성력을 일부러 일으켜 세워 가지고 때리고 휘둘러서 비록 인간답지는 못하더라도 그런 대로 평온하던 우리 두 사람의 생활을 김선생이 여지없이 흩트려 놓고 만 것입니다. 그렇잖아요? 김선생, 이렇게 생각하는 것도 역시 중독자의 착각일까요, 김선생?"

이렇게 묻는 현은 내 앞에 의자를 당겨 놓고 앉아서 대답을 기다리는 듯이 내 얼굴을 바라보는 것이다.

그러나 나는 무엇이라 대답할 바를 몰랐다. 내가 그들 앞에 나타난 것이 우연이었더라도 결과로는, 그들의 생활을 흩트려 놓은 셈이라는 현에게 사실 여옥이를 유혹 . 현의 말대로 . 하러 온 길이 아니라고 변명할 필요도 없을 것이다. 있더라도 여옥이와의 언약이 있는 나는 지금 그런 말을 할 처지가 아니었다. 그것은 그렇다 하고,

현이 당장 묻는 것은 내가 그들의 생활을 흩트려 놓은 셈이냐 아니냐가 문제일 것이다. 그래서 나는,

"아마 그렇게 생각할 수도 있겠지요. 그러나 그렇게도 생각할 수 있다는, 단지 그뿐이겠지요."

할밖에 없었다.

"그뿐?"

현은 눈을 치떠 노리듯이 한순간 나를 바라보다가,

"아마 김선생으로선 그렇게 생각하시겠지요. 우리 앞에 나타나신 것이 고의건 우연이건 간에 김선생 자신이 의식적으로 나를 모욕했다고 생각하시지는 않으실 터이니까. 단지 그뿐이라고 아무런 책임감도 안 느끼시겠지요. 그러나 내가 모욕을 당하고, 여옥이의 마음이 흔들리고, 그래서 우리 생활이 흩트러진 것은 너무나 분명한 사실입니다. 안 그럴까요?"

"……."

사실 그렇다더라도 그것이 내 책임일까고 나는 속으로 중얼거렸을 뿐이다.

　"사실입니다. 김선생의 의식적 모욕이 아니라고, 우리 앞에 나타난 김선생으로 해서 이렇게 우리가 받는 모욕감과 고통을 어떻게 합니까? 김선생 때문에 받는 이 모욕감이 김선생의 책임이 아니라면 나는 어떻게 해야 합니까? 물론 김선생의 책임이라고만도 할 수 없겠지요. 이런 내 모욕감은 김선생과의 대조로서 비교도 안 되는 약자의 모욕감이라고 할 것입니다. 그렇다면, 그렇다고 지금의 내가 다시 당자가 되어 김선생에게서 받은 모욕과 박해를 설욕할 수가 있을까요? 지금 김선생은 내게 여옥이를 내놓으라고 내 앞에 버티고 앉아 있지 않습니까! 그것이 박해와 모욕이 아니고 무엇입니까? 그렇지만 나는 설욕할 만한 강자가 될 수 없습니다. 영원히 될 수 없습니다. ……그래서 나는 피로써 피를 씻는다는 격으로. 그렇다고 김선생의 모욕을 모욕으로 갚을 수 없는 나는, 나 자신을 내가 철저히 모욕하는 것으로 받은 모욕감을 씻어 볼밖에 없습니다. 그러자면 김선생에게 자진하여 여옥이를 내주는 것입니다. 김선생 때문에 마음이 흔들린 여옥이를 그대로 내 옆에 두고두고 모욕감을 느끼기보다, 내가 자굴해서 물러가는 것이 오히려 내 맘이 편하겠지요. 그렇다고 김선생을 따라가는 여옥이의 행복을 위한다거나, 김선생의 연애를 축복하자는 것도 아닙니다. 오늘 아침까지도 여옥이에게 그런 말을 했습니다. 그러나 내게 그런 인간다운 생각조차 남았을 리가 없지요. 그저 김선생과 겨룰 수 없는 폐인의 자굴입니다. ……나는 여기 더 있을 필요가 없는 사람입니다. 가겠습니다."

　하며 현은 일어선다.

　나는 그의 그런 장황한 이야기가 그런 결론으로 끝나는 것이 의외였다. 사실 현은 그러한 자기의 결론 그대로 행동할 것인가?고, 망연히 그를 바

라볼 때, 아까부터 장의자에 엎드려 소리 없이 울던 여옥이가 일어선 현의 앞에 막아 선다.

"머어 이제 더 할 말도 없을 것이고, 이렇게 김선생을 모서 온 것만으로도 알 수 있으니까, 여옥이가 이제 무슨 말을 한다면 제 마음을 속이고 또 나를 속이는 것뿐이니까……."

현은 이렇게 말하면서 여옥이를 비켜 서 내 앞에 다가서며,

"김선생, 스스로 나를 모욕하려는 나는 철저히 할밖에 없습니다…… 지금 김선생은 이것이 필요할 것입니다."

하고 현은 호복 안섶을 뒤져서 열쇠 하나를 꺼내어 탁자 위에 놓는다.

"이것은 여옥이와 내가 하나씩 가진 이 방의 열쇠입니다. 지금 내게는 소용없는 것이지만 김선생은 필요할 것입니

다……이 열쇠를 사주시오. 천 원이고 만 원이고,

　김선생에게는 필요한 것이니까 사서야 할 것입니다."

　하고 현은 내 얼굴을 바라보는 것이다. 이외리만큼 현은 너무 태연한 얼굴이었다.

　하기는 그의 장황한 이야기의 결론으로 당연한 일일 것이다. 그러나 나는 한번 여옥이를 쳐다볼밖에 없었다. 그러나 쳐다본 여옥이는 두 손으로 얼굴을 감싸쥐고 있었다. 돈을 주고받는 것을 차마 못 보는 뿐일 것이다. 나는 더 주저할 필요가 없음을 깨달았다. 그래서 아까 여옥이가 준 지폐 석 장을 그 열쇠 위에 던졌다.

　"고맙습니다."

　현은, 많다 적다는 말도 없이, 오히려 의외로 많은 돈에 버럭 탐이 난 듯이 덥석 움켜쥐고,

　"이것으로, 나 자신을 모욕할 대로 해서 만족합니다. 자아, 나는 갑니다."

　하고 현은 도망이나 하듯이 문 밖으로 나가 버리었다.

　철떡철떡 하는 호신 끄는 소리마저 사라지자 여옥이는 의자에 쓰러져 느껴 울기 시작하였다. 들먹거리는 여옥이의 어깨를 바라볼 뿐 나는 위로할 말도 없이 한동안 멍하니 앉아 있을 뿐이었다.

　얼마 후에 눈물을 씻고 일어나 앉은 여옥이는,

　"죄송하올시다. 여기 일은 될 대로 끝난 셈입니다. 현도. 현에게는 돈은 곧 아편이니까요. 아편이 풍부해졌다고 만족할 것입니다. 현은 본시 지식인이던 사람이 벌써 중독자의 필연적 증상이랄 수 있는 파렴치를 애써 변호해 보려고 그같이 궤변을 늘어놓은 것입니다. 그래서 자기 말에 스스로 흥분하고 슬퍼도 했지만, 지금쯤은 멀쩡히 잊어버리고 그저 제 생활이 풍족하다고 좋아할 것입니다…… 저는 또 제 일을 새로운 눈물을 씻었다.

그래서 나는 슬픔과 흥분으로 피곤한 여옥이를 우선 누워서 쉬라고 이르고 여관으로 돌아왔다. 목욕을 하고 저녁을 먹고 나니 어느덧 밤이었다. 나 역시 피곤하여 이군을 찾을 생각도 없이 반주로 좀 취한 김에 일찍이 자리에 들고 말았다. 그러나 흥분하였던 탓인지 깊이 잠들 수도 없었다. 어렴풋한 머릿속에, 당장 잘 생각하려고도 않는 생각들이 짤막짤막 뒤섞여 떠오를 뿐이다. 여옥이는 장차 어떻게 되는가,

어떻게 할 셈인가, 정말 나를 따라 조선으로 나가는가, 내가 데리고 가는가, 나가면 어떻게 하나, 우선 입원시킬 밖에 없다. 그래 완인이 되면? 그 후의 여옥이는 또 어떤 길을 밟게 될까? 혹시 또 나와! 그렇게 될지도 모른다. 사람의 일이라니 알 수 있을라구. 이런 뒤숭숭한 생

각이 자꾸 반복되었다.

얼마나 지났을까? 잠이 풀깃 드는 듯할 때 똑똑 문 두들기는 소리가 나는 듯하여 벌떡 일어나 앉았다. 역시 누가 문을 두들기는 것이었다. 보이의 안내로 백인 애 메신저가 들어와 네모난 서양 봉투의 묵직한 편지를 주고 간다. 여옥이의 편지였다.

죄송한 말씀이오나 내일 아침 좀 일찍이 저를 찾아주시면 감사하겠습니다. 혹 제가 없이 문이 걸렸더라도, 제 방에서 잠시 기다려 주시옵소서. 열쇠를 동봉하옵니다.

이런 간단한 사연에, 아까의 그 열쇠가 들어 있었다.

무슨 일일까? 할 말이 있으면 잘 아는 길이라 자기가 오면 그만인데, 일부러 메신저를 보내고, 나를 오라고.

혹시 앓는가? 앓아서 못 올 사람이라면 이른 아침에 '혹 제가 없이……'라는 것은 웬일일까? 나는 이런 생각을 하면서도, 내일 가보면 알 일이라고 다시 자리에 들어 자고 말았다.

이튿날 아침에 일어나자 이군에게서 전화가 왔다. 어젯밤에도 전화로 나를 찾았으나 잔다기에 오지 않았다고 하며 지금 가도 좋으냐고 묻는다. 그러나 여옥이를 찾아보아야 할 것이므로 볼일을 보고 내가 찾아가마 하였더니. 자네가 하얼빈서 볼일이 무엇이냐고 하며 아마 여옥 씨부터 찾아뵙는 판이냐고 껄껄대는 큰 웃음 소리를 방송하는 것이었다. 나 역시, 그런가 보다고 웃었다.

상쾌하게 맑은 날씨였다. 내가 여옥이의 아파트에 가기는 아홉시였다. 방문 밖에서 기침을 하고 문을 두들기었으나 대답이 없었다. 사실 열쇠가 필요했구나…… 하고,

언제나 찬찬한 여옥이가 고마운 듯한 당치 않은 착각에 열리는 쇳소리도 경쾌하게 들으며 방 안에 들어섰다. 들어서자, 서늘한 공기가 묵직하

게 가슴에 안기는 듯이 틈
틈하다. 밤 자고 난 창문을
열지 않아서 그런가 하였으
나, 그 느긋한 마약 냄새도
식어 날아 버린 듯하고 사
람의 온기도 느낄 수 없이
냉랭한 바람이 휘잉 하면서
도 가슴이 틉틉하고 불쾌하
였다. 그러나 나는 여옥이
를 기다려야 할 것이므로
장의자에 앉아 담배를 붙였
다. 창을 열고 내다보며 이
맑은 날 잘 울 종달새를 생
각하고 방 안을 둘러보았으
나 조롱은 없었다. 그때였
다. 침실이라고 생각되는
판장 병풍 뒤에서 푸득거리
는 소리와, 이어서 찍찍 하
는 소리가 들리었다. 첫날
와서들은 그 암담한 비명이
었다. 그대로 두면 또 제 똥
위에 다를 뻗고 누워 버릴
것이다. 여옥이가 와서 마
약을 뿜어 주지 않으면 그
대로 죽어 버릴 것이다. 또

몸을 솟구는 모양으로 푸득거리고 쥐소리를 지른다. 여옥이는 어디를 갔나? 나는 초조한 생각에, 별 도리는 없을 줄 알면서도 보기라도 할밖에 없었다.

판장문을 열었다. 그 안에 여옥이가 있었다. 비좁은 침실이라 빼곡 찬 더블 배드 한가운데 그린 듯이 누운 여옥이는 잠들어 있었다. 조롱도 그 침대 위에 놓여 있었다.

내 앞에 내놓인 여옥이의 한 팔은, 그 빨간 손톱으로 찢어지도록 침대 요를 한줌 긁어 쥐고 있었다. 그 손 아래 침대 밑에는 겉봉에 '김명일 선생 전'이라 쓴 편지가 떨어져 있었다. 여옥이의 손은 본시 이 편지를 쥐고 있던 모양으로 편지는 구겨졌다.

나는 조용히 장의자로 돌아와 그 편지를 뜯었다.

아무리 염치없는 저이지만 선생님에게 이런 괴로움까지는 안 끼치려고, 송화강, 철도를 생각하기도 하였으나 인적이 부절하고 경계가 엄하와 실패할 염려가 없지 않사오므로, 이런 추한 모양을 보이게 되옵니다.

혹 선생님이 떠나신 후에나, 또는 지금 멀찍이 떠나서 죽을 곳을 찾을까도 생각하였사오나, 죽음을 지니고 어디를 가거나 시기를 기다리고 있을 만한 힘도 용기도 없었습니다. 그뿐 아니라 너무 외롭고 무서웠습니다. 야속한 생각이오나, 시체나마 생전에 아무런 인연도 없는 손으로 처리된다고 생각하오면, 너무 외롭고 무서웠습니다.

선생님의 괴로우심을 만 번 생각하면서도 믿고 이렇게 갑니다. 저는 갱생을 꿈꾸기도 하였습니다.

선생님을 따라 본국으로 가겠다 말씀드린 것은 본심이었습니다.

선생님이 "설마…… 현이……" 하실 때, 저 역시 그런 의문이 있었사옵고, 만일 현이 그런 만일의 태도를 갖는다면 저는 또 현을 따라갈 것이 아닐까 염려되도록 명확한 결심이 없었다면 없었고, 또 그만치 갱생을 동경하였던 것이라고 할 것입니다. 그러나 현은 제가 예상한 태도로 나갔습니다. 그것이 현의 본심이라기보다 병(고칠 수 없는)인 줄 아옵는 고로, 현에게 버림받은 것이 분해서 죽는 것은 아니외다. 그저 외롭습니다. 지금 제가 다신 현을 따라간대도, 이미 저를 사랑하기를 잊은 현은 기회만 있으면 누구에게나 '열쇠'를 팔 것이외다.

그렇다고 저의 지금 병(중독)을 고친댔자 다시 맑아진 새 정신으로 보게 될 세상은 생소하고 광막하기만 하여 저는 더욱 외로울 것만 같습니다. 갱생을 꿈꾸던 것도 한때의 흥분인 듯하올시다. 지금 무엇을 숨기오리까. 요사한 말씀이오나 저는 선생님의 심정을 완전히 붙잡을 수 없음을 슬퍼하면서도 선생님을 잊으려고 노력할 밖에 없었습니다.

그러한 제가 이제 다시 선생님을 따라가 완인이 된댔자, 제 앞에 무슨 희망이 있을 것입니까. 내내 선생님 기체 만강하시옵소서.

- 6일 밤 6시 여옥 상

나는 여옥이의 유서를 읽고 다시 침실로 들어갔다.

한 점의 티나 가는 한 줄기 주름살도 없는 여옥이의 인당을 들여다보면서 죽은 내 처 혜숙이의 그것을 보는 듯이 반갑기도 하였다.

그 영롱한 인당에 그들의 아름다운 심문(心紋)이 비치어 보이는 것이다.

여옥이는 그러한 제 심정을 바칠 곳이 없어 죽었거니! 나는 그러한 여옥이의 심정을 받아들일 수 없었거니! 하는 생각에 자연 복받쳐 오르는 설움을 참을 수 없었다.

나는 그 싸늘한 여옥이의 손을 이불 속에 넣어 주면서 갱생을 위하여 따라 나서기보다, 이렇게 죽어 가는 것이 여옥이의 여옥이다운 운명이라고도 생각하였다.

김산천(金山泉) 역

문 조선의 아사쿠사(淺草)는 어디입니까?

답 굳이 말하자면 종로 뒷골목.

문 조선에는 만담이 있습니까?

답 만담은 없고 라쿠고(落語)에 해당하는 '재담(才談)'이 있습니다. 다분히 만담적인 요소를 포함하고 있습니다.

문 조선에서 가장 흔한 질병은?

답 위장병, 기생충.

문 조선에도 협객이 있습니까? 그들만의 특유한 첫 대면 인사를 나눕니까?

답 그런 사무라이는 거의 찾아볼 수 없습니다.

문 아리랑이란 무슨 뜻입니까?

답 이렇다 할 의미는 없습니다. 민중이 만들어 낸 민요의 한 유형이라고 할 수 있겠지요. 일본어의 '초이나초이나' 같은 추임새입니다.

문 조선에도 추석, 설날이 있습니까? 있다면 그날에는 어떤 풍습이 있습니까?

답 설날에는 세배와 덕담을 나누고 조상신께 제사를 드리고 여러 가지 놀이를 하며 새해를 축하합니다. 추석은 음력 8월 15일인데 성묘를 합니다.

문 조선에 씨름이 있다고 하는데 어떤 종류입니까?

답 고구려시대에는 오늘날 내지의 씨름과 같은 형태의 씨름이 있었지만 현재에는 처음부터 맞붙어 일어서 싸우는 형태입니다. 씨름의 종류에는 왼씨름, 바른씨름, 띠씨름 등이 있고 기술에도 여러 가지가 있지만 정적이고 변화가 많지 않습니다.

문 백백교(白白敎)란 어떤 것입니까?

답 조선에서 유사 종교단체로 취급되던 것입니다. 백백이란 그들의 주문 '백백백의의의적적'에서 온 것입니다.

문 조선에 있는 유사 종교단체는 몇 개 정도 입니까?

답 천도교, 시천교, 상제교, 청운교, 청

림교, 백백교, 보천교 등 60개 이상이나 있었지만 현재는 거의 자취를 감추어 천도교와 시천교가 남아 있습니다.

문 조선 부인들은 어떤 스타일의 머리를 합니까?

답 결혼하면 늘어뜨렸던 머리를 틀어 올리는데 올림머리에는 첩지머리와 쪽진머리가 있습니다. 첩지머리는 옆머리에 덧드리는 다른 머리를 넣고 이분하여 그것을 이마 위에서 묶고 나머지를 머리 위에 둘둘 감은 머리이고, 쪽진머리는 늘어뜨렸던 머리를 올려 후두부에서 묶어 비녀로 고정한 머리인데 둘 다 빨간 댕기를 하고 또 쪽진머리에 귀이개, 머리장식 등을 꽂는 것이 보통입니다. 현재 신여성들 사이에서는 롤 말기가 유행하고 있습니다.

문 최근 출판계의 베스트셀러는?

답 『대춘부(待春賦)』박종화, 『춘원 시가집』이광수, 『소파전집』방정환— 이상은 박문서관 출판.『문장강화』이태준, 『가람 시조집』이

병기 —이상 문장사 출판.『임꺽정전』홍벽초 조광사 출판. 『성씨논고』정광현 동광당 출판.

문 조선의 10대 저널리스트를 말씀해 주세요.

답 이상협, 차상찬, 이서구, 설의식, 정인익, 함상훈, 이상호, 김형원, 안재홍, 김동환

문 창씨개명 신고는 어느 정도입니까?

답 32만 6105가구 (전 가구수의 7부 6리) (5월 20일 현재)

문 국어(일본어)를 아는 사람은 얼마나 됩니까?

답 3백6만 9천32명(총인구의 1할 3부) (1939년 말 현재)

문 양끝을 잘라 필터나 물부리가 달리지 않은 궐련은 어떤 종류가 있습니까?

답 싼 월급쟁이들을 위한 「가가야키」, 「이야사카」, 「미도리」, 「홍아」, 「가치도키」. 1급 위인 「하토」, 「가이다」, 「금강」, 최하급은 「미도

리」와 「가치도키」로 10개 비들이 12전.

문 조선 신발은 잘 벗겨지지 않나요? 비가 오는 날에는 무엇을 신습니까?

답 보기보다 잘 안 벗겨집니다. 비가 오는 날에는 네덜란드의 사보(조선말로 나막신)와 같은 것이 있습니다.

문 다듬이질을 하면 어떤 효과가 있습니까?

답 윤기를 내줍니다.

문 조선의 좋지 못한 관습은 무엇입니까?

답 손님에게 밥을 먹이고 싶어 하는 것. 단 식량도 전표제가 되면 고쳐지겠지요.

문 조선이라고 부르기 시작한 것은 언제부터입니까?

답 단군 이래 5천 년의 긴 역사를 가지고 있습니다.

문 경성에서 지금 유행하고 있는 복장은 어떤 것입니까?

답 치마는 짧아지고 저고리는 길어졌습니다. 특히 저고리는 딱 붙어서 육체미를 드러내게 되었습니다.

문 조선에도 악단이 있습니까?

답 조선 악극단, 김연실쇼, 예원좌 등이 있습니다.

문 경성에는 전차가 얼마나 있습니까?

답 150대 정도.

문 조선에는 광산이 몇 개 있습니까?

답 8천6백23광구. 그중 금은광이 4천8백77구, 금은동납 기타 철이 천8백88구(1939년 초 현재)

문 정동(精動)의 멤버를 소개해 주세요.

답 총재 가와시마 요시유키(川島義之), 이사장 시오바라 도키사부로(鹽原時三郎), 사무참사 오쿠야마 센조(奧山仙三).

문 경성에 영화관이 몇 개 정도 있습니까?

답 1류 3개, 2류 9개, 뉴스관 2개.

문 조선에는 조선어 레코드가 있

습니까?

답 빅터, 콜롬비아, 폴리돌, 오케, 태평 등 여럿 있습니다.

문 백화점 판매원의 복장은 조선 옷입니까, 양장입니까, 혹은 일본 옷입니까?

답 세가지 모두 입습니다.

문 조선 농민의 생활 상태를 약술해 주세요.

답 농가 특히 소작농 중에는 가을 수확 시에 소작료와 농사짓는 동안 빌린 양곡을 갚고, 빌린 돈의 이자를 갚고 나면 나중에는 타작을 한 멍석과 퍼담은 바가지만 남는 비참한 상태에 놓이는 사람도 적지 않습니다. 예로부터 조선에는 이러한 빈곤 상태를 표현하는 '춘궁'이라든가 '보릿고개'라는 말이 있습니다.

문 조선에만 있는 놀이나 오락이 있습니까?

답 윷 - 오락으로 설날 정취를 띠는 조선 특유의 놀이. 두 개의 둥근 막대를 세로로 잘라 네 개로 만들어 이것을 높이 던졌다가 땅바닥에

떨어질 때 뒤집히고 바로 되는 모양에 따라 계산해 나가는 간소하면서도 유쾌한 놀이이다.

널뛰기 - 이것은 여자들의 설날 놀이이다. 짚이나 가마니 등을 베개로 삼아 그 위에 널빤지를 올려놓고 널빤지의 양끝에 한 사람씩 서서 탄력을 주면서 번갈아 뛰어오릅니다.

그네 - 이것은 단오(5월 5일)의 놀이로 수양버드나무 가지에 줄을 걸어 그네를 만들고 고운 색깔의 화려한 옷을 입은 젊은 여자들이 그네 위에서 제비처럼 날아오릅니다. 그 모습은 정말로 신선놀이입니다.

문 아가씨와 부인의 머리모양의 차이는?

답 미혼 여성은 머리를 가운데서 나누어 후두부에서 세 갈래로 땋아 거기에 빨간 댕기를 매어 늘어뜨린 머리가 보통입니다. 그러다가 결혼을 하면 내렸던 머리를 올

501

려서 올림머리로 합니다.

문 아내는 남편과 함께 식사를 할 수 없다고 하는데 정말입니까?

답 옛날 구가정에서는 그렇습니다.

문 조선인이 싫어하는 것은 무엇입니까?

답 맨살을 드러내는 것.

문 복덕방이 뭡니까?

답 토지나 건물 등의 중개업.

문 조선에는 부(府)가 몇 개 있습니까. 어디어디입니까.

답 19개. 경성, 인천, 개성, 대전, 군산, 전주, 목포, 광주, 대구, 부산, 마산, 진주, 해주, 평양, 진남포, 신의주, 원산, 함흥, 청진(나진과 통합)

문 경성의 전차 요금은 얼마입니까?

답 1구역 5전, 2구역 8전, 3구역 10전.

문 조선의 소학교는 내선인(內鮮人) 공학입니까?

답 공학인 곳도 있지만 대개는 따로 되어 있습니다.

문 소학교에서 가르치는 것은 일본어입니까?

답 일본어.

문 조선의 언문에 대해 말해 주십시오.

답 조선 고유의 알파벳 문자로, 조선어로 한글이라고 합니다. 세종 28년(1446년)에 훈민정음으로 반포되었고 현재 사용하고 있는 자모는 전부 40자. 이것만으로 글을 자유자재로 쓸 수 있습니다.

문 조선에는 어떤 미신이 있습니까?

답 설날 밤에는 야광이라고 하는 악귀가 남의 신발을 훔쳐간다고 합니다. 그리고 도둑맞은 사람은 1년 내내 불행하다고 하여 그날밤은 불을 빨리 끄고 모두들 신발을 감추고 잠을 잡니다.

문 조선에서 가장 맛있는 음식은 무엇입니까?

답 김치겠지요. 재료는 배추나 무로 여기에 소금, 파, 마늘,

미나리, 밤, 배, 명란젓, 굴 등을 넣은 것인데 산해진미가 아주 잘 어우러지고 그 풍미와 색상이 좋아 분명히 조선이 만든 음식 중에 왕위를 차지할 것입니다. 또, 갈비 같은 것도 의외로 맛있습니다. 소의 늑골 부위를 뼈가 붙어 있는 채로 마늘과 참깨 등으로 양념을 해 구운 것입니다.

문 현재 남자와 여자 어느 쪽이 많은가?

답 여자 100에 대해 남자 103.17.

문 조선의 목욕탕은 어떤 식입니까?

답 공중 목욕탕은 내지와 마찬가지이며 개성에는 한증막이 있습니다.

문 조선에 있는 내지인 수는?

답 65만 80명(인구 1,000명에 내지인 29명) (1939년 말 현재)

문 중학교 이상의 조선인 학생 수는?

답 5만 690명(그중 7천5백89명은 내지에서 공부하는 자)(1937년 말 현재)

문 조선어 신문은 몇 개 있는가?

답 4개. (조선일보, 동아일보, 매일신보, 만선일보)

문 조선에서 간행되고 있는 예술 방면 잡지를 가르쳐 주세요.

답 『영화시대』, 『조선영화』, 『극예술』, 『조선문학』, 『신인문학』, 『삼사문학』, 『단층』 등이 있었는데 중일전쟁 이후 모두 폐간되고 지금은 『문장』, 『문장평론』만이 남아 있습니다.

문 박물관 수와 그 박물관에 소장되어 있는 미술품은?

답 조선총독부 박물관(경성) - 신라 불교 융성기의 걸작 금동반가불은 남선(南鮮) 출토의 도제옹관, 조선시대에 창제된 활자 및 중앙아시아의 토우, 미이라 등 1만 4천 점.

이왕가박물관(경성) - 신라, 고려 및 조선 초기 분묘 내의 발굴품, 불상, 회화, 공예 및 지나, 일본의 무기류. 진열점수 1만 8천여 점.

총독부박물관 경주분관 - 고분 출토 금옥제관, 석불, 범종 등(또, 백제의 옛 도읍지 부여에도 본부박물관 분관이 있으며 백제시대 유물을 전람).

평양박물관 - 향토박물관으로 낙랑 유적으로 채문칠광(彩文漆筐), 옥류, 청동경. 고구려시대의 와전(瓦塼), 고분 벽화 등이 있습니다. 개성박물관 - 이것도 향토박물관으로 고려왕조 5백 년의 옛 도읍에 존재하는 유물을 주로 진열. 고려도자기에는 청자, 회고려(繪高麗), 백자, 부목(夫目), 삼도수(三島手)[134], 염부(染付) 등이 있습니다.

문 조선에서는 누가 가장 인기가 있습니까?

답 이광수(소설), 최승희(무용), 안병소(음악), 손기정(마라톤), 신정언(야담).

문 친척관계의 남녀는 결혼하지 못한다고 하는데 정말입니까?

답 정말입니다. 동성동본의 동족 간에는 아무리 먼 사이라고 해도 '동성은 혼인하지 않는다'고 하여 결혼하지 않습니다. 이는 혈통의 순결을 유지하기 위해서입니다.

문 시조는 내지의 단카와 비슷한 것인가요? 아니면 하이쿠에 가까운 것입니까?

답 와카에 가깝다고 하겠지요.

문 조선 담배의 생산액은?

답 필터나 물부리가 달리지 않은 담배 - 5,174. 물부리가 달린 담배 - 146(단위 백만 개비). 황각(荒刻) 15,052. (단위 1000킬로그램)(1937년도)

문 홍삼, 백삼, 수삼의 산출액은?

답 홍삼 36,617. 백삼 60,915. 수삼 18,840(단위 1,000근)(1937년도)

문 수력전기의 현황은?

답 장진강 및 황수원강(허천강)의 두 개의 큰 수력을 주 전원으로 하여 경성 이북의 중선(中鮮), 서선 및 북선지방 일대를 송전 구역으로 하는 북부 전력계통과 강릉 수력 등을 주요 전원으로 남선지방 일대를 송전 구역으로 하는 두 개 구역으로 나누어 대략 올해까지 실현시킬 예정이라고 합니다.

문 무라사키 시키부(紫式部)에 해당하는 여류작가는 누구입니까?

답 황진이.

문 조선에서는 어째서 정어리가

많이 잡힙니까?

답 조선의 동해안 지방은 리만한류가 흐르고 또 해안에서 바로 깊어지기 때문에 추운 바다에 사는 정어리 같은 것이 얼마든지 잡힙니다. (1937년도의 어획고는 13억 8천8백여만 킬로그램, 그 가격이 33천4백여만 엔)

문 조선의 가장 좋은 계절은 언제입니까?

답 가을.

문 조선의 연중행사는 무엇입니까?

답 정월의 다례(茶禮), 세배. 입춘의 봄 축하. 한식날의 성묘. 4월 8일에 불공을 드리고 이날 각 가정에서는 오색등을 밝혀 집 밖에 걸어둡니다. 5월 5일 단오의 창포 목욕, 그네, 씨름. 6월 15일의 유두연(流頭宴), 8월 15일 추석의 성묘, 동지의 팥죽, 섣달 그믐날의 묵은 세배 등.

문 조선 고유의 스포츠가 있습니까?

답 한 마을 혹은 한 지방이 동서로 나뉘어 각 가구에서 볏짚을 모아 두 조의 큰 동아줄을 만들어 마을 사람들이 총동원되어 줄을 당겨 승부를 겨루는 줄다리기와 서로 돌을 던져 승부를 겨루는 석전 등의 용감한 경기가 있었으나 모두 사라져 버리고 지금은 씨름과 축구가 활발히 이루어지고 있습니다.

문 미녀를 표현하는 형용사를 소개해 주었으면 합니다.

답 달, 이화, 꽃 등이 있습니다.

문 미남을 표현하는 형용사를 소개해 주었으면 합니다.

답 '풍채가 왕관과 같다' '기상이 늠름하다'

문 조선 팔경을 들어 주세요.

답 한라산, 부전 고원, 금강산, 경주 불국사, 부여, 모란대, 묘향산, 지리산.

문 조선의 장마철은 언제입니까?

답 조선에는 그런 음울한 날씨가 계속되는 일이 없습니다. 여름에도 거의 내지의 가을에도 볼 수 없을 것 같은 파란 하늘입니다.

문 조선에 처음으로 철도가 놓인 것은 언제입니까?

답 1899년 경성 인천 간입니다.

문 조선 사람들은 왜 매운 것을 먹습니까?

답 기후 풍토와 관계가 있습니다. 위생적인 면에서 말씀드리자면 마늘, 생강, 고추, 그런 것으로 살균을 하지요.

문 조선에서 가장 풍부한 것은 무엇인지요.

답 쌀과 금.

문 부인복 옷감 중에서 최상의 직물은?

답 조선산 한산 모시. 비싼 것은 한 필의 양이 손에 잡힐 정도입니다. 이 정도로 우아하고 고상하며 더욱이 시원한 느낌이 넘쳐나는 옷감은 또 없을 것입니다.

문 일본의『온나다이가쿠(女大學)』(옛날부터 전해오는 것이지요)에 해당하는 것이 있습니까?

답 그 옛날의『오륜행실』

문 조선의 중류계급은 한 달에 어느 정도의 생활비가 듭니까?

답 5인 가족으로 보아 200엔 정도일 것입니다.

문 기생(평양, 경성)의 수는 어느 정도입니까?

답 경성 1,800명, 평양 250명 정도.

문 일류 기생은 한 시간에 얼마 정도입니까?

답 요금은 모두 동일하며 1시간 1엔 30전입니다.

문 조선의 소리와 그 유래는?

답 조선의 노래는 크게 세 가지가 있습니다. 하나는 평양을 중심으로 발달한 수심가, 다른 하나는 진주를 중심으로 한 단가, 나머지 하나는 경성을 중심으로 한 시조입니다. 고래로 평양지방 사람에게는 입신출세의 기회를 거의 주지 않았기 때문에 수심가는 세상에서 인정받지 못하는 수많은 젊은 인재들이 체념하여 부른 것입니다. 단가는 당시의 정부에게 미움을 사 유배지의 달을 바라보며 뜻을 같이 한 사람들의 울분을 노래에 담은 것으로 아주 절실한 가사로 불려지고 있습니다. 시조는 중앙도시 개성, 경성에서 태평성대를 찬양하기 위한 노래로 여겨집니다.

문 조선무용의 고전은?

답 상당히 옛날부터 있었던 모양입니다. 현재 한성준 씨에 의해 전해지고 있는 검무 같은 것은 신라와 고려시대의 가장 우수한 무용으로 여겨집니다.

문 연극 단체 수는?

답 극연좌, 청춘좌, 호화선, 조선무대, 고협, 아랑 등 약 스물대여섯 단체.

문 일본의 가부키 배우와 같은 전통적인 것이 있습니까?

답 탈춤의 놀이꾼

문 조선미인의 표준을 알려주세요.

답 옛날에는 발이 작을 것, 머리가 길 것, 온몸에 부덕(婦德)이 넘치는 여자였으나 미인의 표준은 전 세계 공통이겠지요.

문 민중이 사랑하는 악기는 어떤 것입니까?

답 농민들은 모내기가 끝나고 나서 보리와 쌀을 거두어들이고 나면 북과 장구를 치면서 막걸리를 주고 받습니다.

507

내선만지(內鮮滿支) 연락 시간표

여행을 떠날 때는 꼭 잡지 모던 일본을 잊지 마시길!

つばめ		かもめ	さくら	よじ						よじ	さくら				かもめ		つばめ
食 圖11	食 圖 9	寢 1031	食 圖1	食寢 圖3	食 圖5	食寢 圖19	食 圖7			食寢 圖2	食 圖18	食 圖10	食寢 圖14	食 圖8	食 圖6	寢 1032	食 圖12
9.00	10.30	1.00	1.30	3.00	9.00	10.25	11.00	發 東 京 著		9.25	4.40	7.45	6.55	7.30	9.55	5.20	9.00
2.22	5.06	6.34	7.05	8.32	4.12	5.49	6.47	發 名古屋 發		9.56	11.07	1.16	10.46	11.47	2.51	11.55	3.45
4.26	7.54	8.45	9.24	10.53	7.12	9.02	9.55	發 京 都 發		7.32	8.40	10.20	7.44	8.25	11.45	9.37	1.36
5.04	8.45	9.24	10.07	11.34	8.00	9.50	10.45	發 大阪 發		6.48	8.00	9.31	7.01	8.01	11.00	9.00	1.00
5.37	9.24	9.58	10.44	0.11	8.40	10.30	11.24	發 神戸 發		6.09	7.19	8.50	6.20	7.19	10.20	8.20	0.20
	11.43		1.15	2.33	11.01	0.50	1.50	發 岡山 發		3.35	4.50	6.18	3.50	4.55	7.53		
	3.00		4.21	5.45	2.06	3.55	5.16	發 廣島 發		0.02	1.35	2.57	0.30	1.22	4.30		
	6.55		8.00	9.25	6.00	7.35	9.30	著 下 關 發		8.30	10.00	11.00	8.50	9.25	0.50		

寢 108	寢 8	18		食 圖4	食 圖102	14	16			寢 圖7	寢 107	13	食 圖3	食 圖101	121		
10.45	10.30	8.15		0.50		7.30	0.15	發 鹿兒島 著		7.10			8.34	4.56			
5.37	6.24	6.32			2.40	5.02	10.15	發 長崎 發			7.29			9.11	5.10		
7.45	8.05	8.40		7.33	6.14	7.10	0.20	發 博多 發		11.45	1.34		10.44	10.22	11.56		
				9.05	7.40			著 門 司 發		10.05	10.55		7.55	8.50	9.20		
8.05	8.20			9.30	8.00	7.20	0.30	發 門 司 著		9.55	10.35		7.30	8.30	9.50	9.02	
8.20	8.35			9.45	8.15	7.35	0.45	著 下 關 發		9.40	10.20		7.15	8.15	9.35	8.47	

1		7						2		8				
	10.30			10.30			發 下 關 著				7.15			
ひかり 興亞 8.00		あかつき のぞみ 大陸 6.00				著 釜 山 發	興亞	11.45 ひかり		11.30 大陸 のぞみ あかつき			

食寢 圖1	食寢 圖3	寢 103	食寢 43	寢 17	食寢 圖7	食寢 圖9	寢 5	寢 47			食寢 圖4	食寢 44	寢 104	食寢 圖2	寢 49	寢 5	食寢 圖10	食寢 8	寢 18
7.00	7.40	8.05	9.45	7.05	7.50	8.30	8.55	11.20	發 釜 山 著		10.40	8.45	9.50	11.05	7.10	8.20	9.50	10.10	10.40
7.47	8.34	9.90	10.45		8.43	9.23	10.00	0.31	發 三浪津 發		9.52	7.26	8.42	10.19	5.59	7.05	9.02	9.24	
9.15	9.57	11.17	0.30	9.01	10.13	10.54	0.16	2 23	發 大邱 發		8.20	5.45	6.55	9.03	4.10	5.18	7.95	7.57	8.50
10.21		0.47	1.54			0.01	1.57	4.06	發 金泉 發			4.19	5.19	7.52	2.24	3.39	6.25		
11.56	0.36	2.51	4.05	11.21	0.56	1.40	4.19	6.34	發 大田 發		5.43	1.56	3.13	6.19	11.55	1.10	4.50	5.17	6.28
1.00		4.36	5.30			2.46	5.37	8.19	發 天安 發			1.08	0.12	5.09	10.08	11.24	3.39		
		5.56	6.47			3.34	7.15	9.98	發 水原 發				0.12		8.48	10.07	2.48		
2.30	3.08	7.06	7.50	1.36	3.28	4.18	8.20	10.40	著 京 城 發		3.02	10.05	11.10	3.40	7.40	9.00	2.02	2.42	4.00
2.40	3.15		8.05		3.40	4.30	8.40	11.05	發 京 城 著		2.55	9.50		3.30	7.20	8.40	2.30		
4.03		9.57			5.50	9.57	1.02		發 開城 發		1.33	7.59		2.06	5.20	7.17	1.31		
	7.28	2.11			7.48	1.09	5.16		發 黄海黃州 發		10.28	3.31				4.02	9.29		
7.36	8.16	3.30		8.44	9.40	1.59	6.30		發 新安州 發		9.42	2.27		10.35	11.35	3.15	8.46	9.38	
	9.41	5.20			10.50	3.20	8.56		發 新義州 發		8.18	0.30		9.12	9.25	1.51	7.30		
9.33	10.26	6.30		10.45	11.37	3.57	10.01		發 安東 發		7.36	11.30		8.27	7.52	1.08	6.47	7.38	
11.20	0.15	9.25		0.40	1.35	6.20	1.15		著 安 東 發		5.40	8.20		6.30	4.25	0.40	4.50	5.43	
11.50	0.45		10.15		1.10	2.05	7.00	1.55	發 森家 發		5.10	7.34		6.00	9.33	10.05	4.20	5.13	
4.48	8.08		6.15		6.41	7.31	1.08	9.28	發 奉天 發		11.47	11.53		0.50	7.50	9.38	11.11	11.40	
5.20	6.40		6.43		7.15	8.00	1.35	9.55	發 新京 發		11.28	11.27		0.28	7.25	3.15	10.49	11.18	
9.45					11.42				著 新京 著			8.00						8.50	
	10.35					8.25			發 天津 發		9.50						10.12		
						10.40			著 北 京 發		7.00						7.50		

	食寢 圖307	食寢 圖309	寢 303	寢 305	食寢 101	食寢 204			寢 304	食寢 圖310	寢 306	食寢 圖308	302	食寢 203	食寢 102
301	7.55	3.40	4.35	9.20	11.00		發 京 城 著		7.20	9.00	8.30	2.20	10.25		
	10.25	5.38	6.39	11.51	1.46		發 鐵原 發		4.33	10.24	5.53	0.28	7.57		
	1.50	8.19		2.56	5.14		發 逸安 發		1.43	7.33	2.23		4.23		
	2.24	8.35	9.34	3.28	5.48		發 元山 發		11.40	7.13	2.08	9.24	3.59		
	5.25	10.56	11.51	6.35	9.20		發 咸興 發		10.55	7.05	0.52				
	11.30	3.38	4.34	0.57	3.53		發 城津 發		8.17	11.32	4.25	2.10	6.35		
		4.35	5.32	2.24	5.18		發 吉州 發		0.15	10.33	0.30	1.15			
		6.52	7.50	5.28	8.23		發 朱乙 發		8.58	8.19	0.02	10.56			
		7.43	8.48	6.38	9.37		發 鏡城 發		7.59	7.90	11.00	10.07			
			9.02	6.50	9.37	8.30	1.35	著 會津 發		7.35	7.10	10.36			9.50	11.45
		10.02			11.27	4.44	發 上 南 三				8.26		1.25	9.26	
		10.47			0.20	5.35	發 降陽 發				7.37		0.23	8.17	
		11.40			1.28	6.35	發 武陵 發				7.00		11.23	7.18	
		0.46					發 羅津 著				5.32 (201)		(104)		
		9.30		(202)	(103)		發 南陽 發			10.25	2.20	11.05			
				9.00	5.50		發 吉林 發			6.51		6.10			
				0.24	10.59		發 新京 發			10.50			1.11		
				8.43		4.86	發 牡丹江 發			8.35			10.05		
				10.50		7.52	著 佳木斯 發					8.50			10.40
					8.45	9.40						9.00			10.00

정평이 난 **웰 만년필**

보급형 - 잉크 멈춤 장치 에보나이트축 1.5엔

A형 - 잉크 멈춤 장치 자동 흡입식 에보나이트축 2엔

B형 - 비스크로이드축 2.5엔
고급용 - 흡입식 3.5엔
송료 - 내지 16전
그 외 45전

펜촉은 신합금제로 내산(耐酸), 내식(耐蝕), 사용감은 금펜과 차이가 없고 오히려 금펜을 훨씬 능가한다.

취미로 만드는 그림 오비[136]

특상 옷감 - 12엔 | 그림 - 6엔

유행을 초월한 근대 부인의 복장에 세련된 색채를 더한 유화그림을 그려 넣은 '오비'는 사용하시는 분의 품격을 돋보이게 합니다. 좋아하시는 색상의 명주나 면에 사용하세요.

송료 - 내지 16전, 외지 49전

모던일본 특매 조선 특산 **인삼정차**

150그램 들이 - 180인분 5엔
50그램 들이 - 60인분 2엔
송료 - 시내 16전 외지 45전

인삼은 예로부터 식물성 호르몬, 정력 증진제로 너무나 유명합니다. 이것은 뜨거운 물로만 복용할 수 있도록 분말로 만들어 여기에 정제당을 배합하여 한층 맛을 좋게 한 것입니다. 병후의 쇠약, 식욕 부진, 정력 결핍, 심신 피로, 숙취, 발육기의 소아 등에 좋고 건강한 사람은 평상시에 복용하면 더욱 원기를 배가시켜 줍니다. '인삼정차'는 건강의 근본이며 분말상태여서 더욱 효과가 큽니다. 꼭 복용해 보세요.

★ 데루미 화장품

피부손질 기초 콜드크림 | 대 1.4엔 소 90전 | 열대산 아보카도유를 포함한 비타민 ABC가 함유된 특수 콜드크림

벌꿀 함유 바니싱 크림 | 대 85엔 소 55전 | 벌꿀에 몇 가지 종류의 귀중한 미백제를 배합한 바니싱 크림

향수 포마드 | 하드 타입, 소프트 타입 각 1.1엔 |

렌젠 | 1.5엔 | 속눈썹을 길게 하는 양모 크림

투톤 립스틱 | 미첼에 비해도 손색없는 핑크색 립스틱

도런크림 | 74전 | 생기가 넘치는 청춘들의 화장! 일곱 가지 자연색, 청초하고 발랄한 메이크업을 원하시는 분들께.

★ 크라야 화장품

오데 코롱 | 1.2엔 | 두발용 타월용 만능 향수! 여름에는 필히 이 시원한 느낌의 향수를!

올리브 브리앙 | 1.2엔 | 올리브유를 원료로 한 서양식 머리에 윤기를 내는 향유

웨이브 세트 로션 | 90전 | 파마 머리의 손질을 용이하게 해줍니다.

아몬드 팩 | 1.2엔 | 아몬드를 주재료로 하는 주름제거 백백 마사지용

젤리 팩 | 1.2엔 | 아몬드 팩과 자매품, 약한 피부를 위한 팩 마사지용

데루미 비누 | 20엔 | 아름다운 피부 효과에 뛰어난 비타민 함유 화장비누

근대 여성에게 복음!! **노립스**

여성들에게 가장 큰 고민은 견이나 인견양말의 올이 나가는 것인데 이 노립스를 사용하면 완전 방지가 됩니다. 단돈 1엔으로 완전하게 강사작용을 할 수 있어서 양말의 수명이 서너 배나 길어집니다. 여러 번 세탁을 해도 지장이 없습니다.

세 컬러 들이 50전
송료 - 내지 15전, 외지 45전

사진 확대에는 성의, 신속, 저렴

확대 - 전지(신문지 한 쪽 크기) 가격 3엔 80전
반절 가격 2엔 80전 | 사절 가격 1엔 89전 | 팔절 가격 1엔

어떤 작은 사진도 크게 확대할 수 있습니다. 원판이나 사진만으로도 가능하며, 사진으로 확대하실 경우에는 1엔의 추가 요금이 있습니다. 삭제하는 부분이 있거나 때 묻은 부분을 제거할 경우에는 별도로 에어브러쉬 요금이 최소 1엔 부과됩니다.

송료 - 15전

사로메틸 (표지 4)
스토마츠켈 (61)

종합부
닛신생명(日清生命) (329)
일본성명학관 (227)
조선철도국 (183)
리비로치약 (235)
오사마 크레용 (목차 7)

가네보 (63)
제백(第百) 은행 (105)
제일징병 (267)
레디백스 (143)
빅터 라디오 (표지 2)
노립스 (그라비어)
매일신보 (269)
조선일보 (189)
콜롬비아 (목차 2)

미나카이 백화점 (155)
미쓰코시 (109)

서적부
가실·사랑 (150)
우정 (166)
니체의 생애 (327)
나의 전투기 (325)
대중유신사 독본 (113)

방첩과학 (115)
인도 (229)
세계의 특종 (283)
연애와 정부의 서 (154)

편집 후기

♣ 햇빛이 찬란하게 빛나는 상쾌한 초여름. 국운이 점점 융성해져 흥아의 대업이 착실히 전개되어 가는 이때, 임시 증간 제2차 『조선판』을 현지 편집하여 참신하고 발랄한 내용을 담아 전국 애독자 여러분께 바친다. 본 잡지 간행에 즈음하여 반도 2천3백만의 열렬한 성원에 깊이 감사드린다.

♣ 본지 간행기념으로 조선의 약진과 발전하는 눈부신 모습을 상징하는 「미스 조선」을 선발했다. 조선의 전통미를 간직하고 이를 영원히 발전시켜 나갈 박온실(朴溫實) 양을 찾아낸 것은 더할 수 없는 기쁨이다.

♣ 본사 특파원, 스카이(須貝), 가네하라(金原), 하야시(林)가 미나미(南) 총독과 나눈 대담록은 조선이 군사적·경제적으로 다사다난하고 전 국민의 애국적 관심이 깊어가는 오늘날, 질문하는 기자와 답변하는 총독의 일언일구(一言一句)는 열화처럼 진지하게 현실 문제를 정면에서 다룬 것이다. 조선에 관한 문제에 대해 이만큼 구체적으로 대답한 예는 아마도 없을 것이다.

♣ 최근 반도 황국신민화 운동의 눈부신 전개는 그 적극성에서 내지의 국민정신총동원운동도 따라가지 못할 정도이다. 시오바라(鹽原) 학무국장이 전하는 상황도 음미하여 읽어 주길 바란다. 또한 조선은행(朝鮮銀行) 마쓰바라(松原) 총재의 「조선 산업계의 장래」는 시국의 요망에 부응하기 위해 비약하는 반도의 산업계를 점친 글로서 놓칠 수 없는 기사이다.

♣ 문학 방면에도 최근의 예술상에 힘입어 관심을 보이는 사람들이 적지 않다. 특히 본지에 수록한 최명익(崔明翊) 씨의 역작 「심문(心紋)」은 금년 우리 문단의 큰 수확이다. 박태원 『길은 어둡고』, 김동리 『동구앞 길』 역시 조선적인 참신한 문학이니 반드시 문단의 주목을 받을 것이다.

♣ 「조선, 본 대로의 기록」은 시마키 겐사쿠(島木健作), 유아사 가쓰에(湯淺克衛), 장혁주(長赫宙), 후쿠다 기요토(福田淸人) 씨 등에 의한 예리한 조선 관찰기이다.

♣ 특집으로는 조선의 고전문화를 소개하는 취지에서 이 계통의 권위자인 유자후(柳子厚), 고유섭(高裕燮) 씨 두 분이 집필해 주셨다. 국민신보(國民新報) 주필 이노우에 마키(井上牧) 씨의 「역대 조선총독을 말하다」는 한일합방 이후의 역대 총독에 대하여 심도 있는 해부로 흥미진진하다. 아울러 이윤종(李允鍾) 씨의 특종 「조선 산업계 10인」도 기대가 크다.

♣ 또한 근대 조선 문학의 아버지이며 본사 예술상 제1회 수상자인 이광수(李光洙) 씨의 「교우록」, 내선의 명사들이 서로 친근하게 교대로 쓴 「내선문답」은 송금선, 김기진, 최정희, 하마모토 히로시(濱本浩), 도고 세지(東鄕靑兒) 씨 등 여러분들이 흉금을 털어놓은 뛰어난 글이다.

♣ 본지 특파원의 현지 취재에 입각한 세계 제일의 낙원 소록도 탐방기 「조선 어느 작은 섬의 봄」, 「지원병 훈련소 방문기」, 「옹진 광산 방문기」, 「경성 학생생활 르포르타주」, 또는 「경성 번화가 탐방기」 등도 흥미로운 보고서이다.

♣ 좌담회는 정치, 실업, 학술 등 조선 문화에 해박한 쟁쟁한 명사들이 「조선의 어제와 오늘을 이야기하는 좌담회」, 「반도의 영화계를 짊어진 사람들」 혹은 「조선 여학생 좌담회」 등이 대거 포진하고 있다.

♣ 기타 「조선독본」, 「백문백답」, 전설 등 읽을거리와 특종 대행진. 아트 그라비어 특별사진이 실린 호화판! 평판이 좋은 현상(懸賞) 등 본지야말로 애독자 여러분의 환호에 힘입어 이루어지게 되었다고 해도 좋을 것이다.

♣ 별항과 같이 「조선행진곡」의 가사를 모집한다. 전 조선 2천3백만이 발맞추어 활발히 애창할 수 있는 걸작을 기대하는 바이다.

모던일본 제11권 제9호

1940년 7월 12일 인쇄
1940년 8월 1일 발행
발행 겸 편집인 스카이 마사요시(須貝正義)
도쿄시 고지마치구 우치사이와이초 2-1-3

발행소 주식회사 모던일본사
오사카빌딩 신관 8층

전화 긴자(銀座)
(57)
5180
5181
5182
5183
5184
5185
5186
5187
5188
5189
2924
우편대체(振替) 도쿄 75162

정가

○1년분 4원 80전(송료 포함)	○반년분 2원 40전(송료 포함)	○3개월분 1원 20전(송료 포함)	○1부 40전(2전 5리)

인쇄소
도쿄시 우시고메구 벤텐초 36번지
대일본인쇄 주식회사 에노키초 공장

임시 증간 특가 50전
송료 내지 3전 5리 / 외국 6전

○외국행 송료는 일반호 1부에 2전8을 받습니다.
○우편료가 없어지면 청가와 송료가 모두 다르니 그때마다 차액을 알려 드리겠습니다.
○특별호는 정가와 송료가 모두 다르니 그때마다 차액을 받습니다.
○염려가 없습니다.
○우리에게는 반드시 일할 한중의로 부탁드립니다.
○송금방법은 대체 송금이 가장 안전하고 도중에 분실될 염려가 없습니다.
○송금하실 때는 잡지의 호수를 명기해 주십시오.
○도장을 찍어 발송하니 즉시 송금하여 주기 바랍니다.
○주문은 모두 선불입니다.
○본지는 매월 1회 1일 발행입니다.
○선불금이 없어지면 봉투 앞면에 잔액 없음, 이라는 도장을 찍어 발송하니 즉시 송금하여 주기 바랍니다.

입맛이 살아나고 잠을 잘 잔다
튼튼하게 살이 찌고 지구력이 강해진다

조선 강원도 김삼성(金三成)

나는 위장이 약해 평소 조심을 하는 편이나 상태가 좀 괜찮다고 방심하다가 다시 나빠져서 오랫동안 걱정해 왔습니다. 게다가 어찌된 일인지 1년 전부터 신경쇠약 증세까지 있어 밤에는 잠을 설쳐 나날이 몸이 마르고 신경도 안정이 되지 않아 일을 하면 금방 피곤해져 오래 지속할 수 없었습니다. 그래서 온갖 수단을 써서 몸이 건강해지는 방법을 찾아 팔방으로 시도해보았으나 이렇다 할 효과가 없어 어찌해야 할지 답답한 마음뿐이었습니다.

그런데 작년 8월 무렵 잡지에 위장이 약한 사람, 밤에 숙면을 취하지 못하는 사람에게 신슈(信州) 이나노타니(伊那の谷)지방의 특산물로, 시오자와(鹽澤) 가문에 전해오는 비법으로 만든 양명주(養命酒)가 매우 좋다고 하기에 당장 마셔 보았습니다. 그러자 몸이 점점 따뜻해지고 입맛이 좋아지더니, 잠도 푹 자고 점점 몸 상태가 좋아지는 것이었습니다. 그 이후 저는 계속 양명주를 애용하고 있습니다. 덕분에 몰라볼 만큼 살이 올라 근력이 생겼고 체력도 좋아져 장시간 일을 해도 지치지 않을 만큼 건강해졌습니다.

양명주를 시음해 보실 분은 도쿄시 시부야구(澁谷區) 가미토오리(上通) 4정목 24번지 양명주 점포 출장소에 엽서로 신청하시면 양명주 견본 작은 병을 무료로 보내드립니다. 꼭 한번 시음해 보십시오.

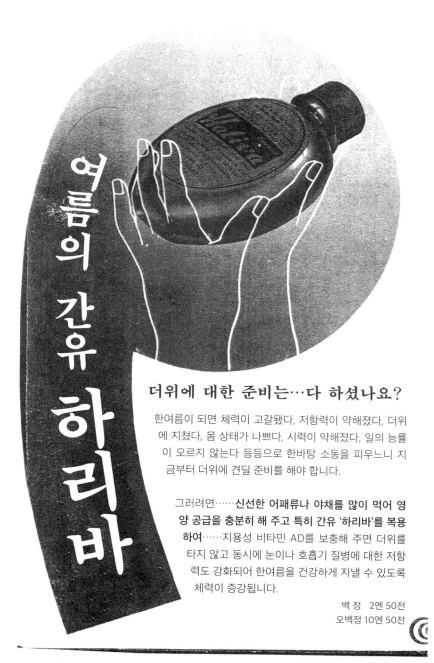

여름의 간유 하리바

더위에 대한 준비는…다 하셨나요?

한여름이 되면 체력이 고갈됐다, 저항력이 약해졌다, 더위에 지쳤다, 몸 상태가 나쁘다, 시력이 약해졌다, 일의 능률이 오르지 않는다 등등으로 한바탕 소동을 피우느니 지금부터 더위에 견딜 준비를 해야 합니다.

그러려면……**신선한 어패류나 야채를 많이 먹어 영양 공급을 충분히 해 주고 특히 간유 '하리바'를 복용하여**……지용성 비타민 AD를 보충해 주면 더위를 타지 않고 동시에 눈이나 호흡기 질병에 대한 저항력도 강화되어 한여름을 건강하게 지낼 수 있도록 체력이 증강됩니다.

백 정　2엔 50전
오백정 10엔 50전

역주

1   p-Aminobenzolsulfonamid의 약어.

2   伊東深水. 1898-1972. 일본화가. 본명은 하지메(一). 우키요에를 기반으로 한 현대성을 띤 화풍
    으로 미인화가 유명.

3   나리타야는 에도 가부키를 전문으로 하는 대표적 명문 이치가와 단주로(市川團十郎) 집안의 옥
    호(屋號, 일본음 야고)이다. 에도시대 가부키 배우는 천민이어서 성이 없었지만 가부키 배우에 대
    한 예우로서 성에 준하는 호칭을 하사한 것이 야고다. 오토와야는 이치가와 단주로 가문과 쌍
    벽을 이루는 에도 가부키의 명문 오노에 기쿠고로(尾上菊五郎) 가문의 야고다. 여기에서의 의미
    는 관객들이 연극배우가 '나리타야'나 '오토와야'처럼 아주 잘한다는 의미에서 넣는 추임새이
    다.

4   島木健作. 1903-1945 소설가. 삿포로(札幌) 출신. 본명은 朝倉菊雄. 고학하여 20세에 북해중학(北
    海中學)을 졸업, 도호쿠(東北)제국대학 중퇴. 농민운동과 공산주의 운동에 종사, 1929년에 전향.
    1934년『문학평론(文學評論)』에 발표한 소설「癩」외에 장편소설『生活の探求』(1937), 여행기로「滿
    洲紀行」(1940) 등이 있다.

5   湯淺克衛. 1910-1982. 소설가. 대표작에『이민(移民)』,『파란색 상의(靑い上衣)』,『둘도 없는 태양
    아래(二つなき太陽のもとに)』,『압록강』(1944년),『간난이』(1946) 등이 있다.

6   福田淸人. 1904-?. 소설가.

7   『백조』2호(1922년 5월 23일 발행)에 실린 시의 원문을 토대로 현대어 표기법을 감안하여 옮겨 적
    었다.

8   朴鐘和. 1901-1981. 시인. 호는 월탄(月灘), 서울 출생. 1920년에 휘문의숙(徽文義塾) 졸업. 대표
    시집에『흑방비곡(黑房秘曲)』(1924),『금삼(錦衫)의 피』(1936),『대춘부(待春賦)』(1937),『전야(前夜)』
    (1940),『다정불심(多情佛心)』(1940) 등이 있다.

9   『동아일보』1930년 11월 14일에 발표한 시의 원문을 옮겨 적었다.

10 金尙鎔. 1902-1951. 시인. 경기도 연천 출생. 경성 제일 고등보통학교와 보성고등보통학교에
    서 수학, 일본 릿쿄 대학 영문과 졸업(1927), 이화여자전문학교 교수 역임. 한국전쟁 중 부산
    에서 병사했다. 시집에『망향』(1939).

11 『신세기』1938년 3월호에 실린 시의 원문을 토대로 현대어법을 감안하여 옮겨 적었다. 이 시를 일본어로 번역한 김종한은 시의 제목을 단지 「죄」라고 붙였다.

12 金東煥. 1901-?. 호는 파인(巴人). 함경북도 경성 출신. 중동중학교 졸업, 일본 도요대학 영문과 수학. 일본명은 시라야마 아오키(白山靑樹). 장편서사시 「국경의 밤」(1925)으로 주목받음.

13 『안서시집』한성도서, 1929에 수록된 「여봅소 서관 아씨」의 원문을 옮겨 적었다. 이 시를 번역한 김종한은 시의 제목을 단지 '서관'이라고 붙였다.

14 金億. 1896-?. 호는 안서(岸曙). 평안북도 관산 출신. 1907년 오산학교 수학, 1913년 일본 게이오대학 영문과 입학. 『폐허』와 『창조』동인으로 활동하다 한국전쟁 때 납북되었다. 시집으로 『오뇌의 무도』(1921), 『해파리의 노래』(1923), 『먼동 틀 제』(1947) 등이 있다.

15 원시를 찾지 못하여 번역하였다.

16 林學洙. 1911-1982. 호는 악이(岳伊). 전라남도 순천 출신. 경성 제일 고등보통학교와 경성제국대학 영문과 졸업, 배화여자고등학교 교사 역임. 호메로스의 『일리아스』를 처음 한국에 번역 소개했다. 1951년 월북했다.

17 金鍾漢. 1914-1944. 함경북도 명천 출생, 경성고등보통학교 졸업, 니혼대학 전문부 예술과 졸업(1940), 1939년에 일본에서 발행된 『부인화보』의 기자, 1939년 『문장』으로 등단했으며, 1942년부터 『국민문학』 편집 담당. 1944년 급성폐렴으로 요절했다. 후지이시 다카요, 「김종한과 국민문학」, 『사이』창간호, 국제한국문학문화학회, 2006 참조.

18 柳宗悅. 1889-1961. 민예학자. 도쿄 출신. 학습원을 거쳐 도쿄제국대학 졸업. 1919년 3·1운동 후 조선에 가서 조선미술과 민예품에 관심을 갖고 수집, 연구하여 그 예술적 가치를 정립하는 데에 큰 영향을 끼쳤다. 1936년에 도쿄에 일본민예관을 설립했다.

19 한자 風 모양을 한 벼루.

20 關口次郎. 1893-1979. 극작가·연출가. 후쿠이현 출생. 1918년 도쿄제국대학 독문과 졸업. 대표작 「어머니」(1921)가 있다.

21 Knickerbockers. 무릎 아래서 졸라매게 되어있는 느슨한 짧은 바지.

22 下村海南. 1875-1957. 저널리스트, 정치가, 와카야마(和歌山) 출신. 저서에 『사번차(四番茶)』(1927), 『엿가래(飴ん棒)』(1930), 『움직이는 일본(動く日本)』(1937), 『장래의 일본(來るべき日本)』(1941), 전쟁기의 경험을 담은 기록문학으로 『종전기(終戰記)』(1948) 등이 있다.

23 李克魯. 1893-1978. 언어학자. 경남 의령 출생. 1910년대 중국 동북지방 무송의 백산학교와 환인현의 동창학교 교사, 1921-27년에 베를린종합대학에서 수학. 동 대학에 동방어학부 조선어과를 창설하고 박사 학위를 받았다. 조선어학회를 결성, 회장으로 일했다. 1942년 7월 조선

어학회사건으로 함흥감옥에 투옥, 감옥에서 해방을 맞이한 후 1948년 북한에 갔다가 홍명희와 함께 잔류했다.

24 安含光. 1910-1982. 문학평론가. 황해도 신천 출생. 본명은 종언(鍾彦). 1929년 조선 프롤레타리아 예술가동맹(KAPF) 해주지부에서 활동. 사회주의 리얼리즘의 입장에서 1930년대 농민문학론을 제기해서 주목을 받았다. 1942년경 국민문학에 관한 논문을 발표했으며 해방 후에는 북한에서 민족문학론을 제기하며 활동했다.

25 鄭寅燮. 1905-1983. 시인, 문학평론가, 영문학자. 1929년 와세다대학 영문과 졸업. 1922년 윤극영, 방정환, 마해송 등과 함께 '색동회' 발기인으로 참여. 1929-46년 연희전문학교 교수. 해방 후 서울대 교수 등을 역임. 1923년 한국전래의 설화와 동화를 일본어로 번역한『온돌야화(溫突夜話)』발행. 저서에 평론집『한국문단논고』(1959),『세계문학산고』(1960) 등이 있다.

26 柳子厚. 호는 송주(松洲). 1896년 경기도 풍덕(현재 개풍) 출생. 한성고등보통학교 졸업, 일본 중앙대학교 경제학과 졸업. 1945년 전후 논문 13편과 단행본 5권을 발표, 1950년에 납북되었다. 전병무, 유자후의『조선화폐고』,『한국사학사연구』조동걸교수회갑기념논총, 나남출판, 1997 참조. 이 글은 동아일보 1938. 2. 18 - 8. 28일까지 총 133회 연재한「조선화폐연혁」에 의거하고 있다. 연재기사는『조선화폐고』(경성, 학예사, 1940)로 출간되었다.

27 『고유섭전집』에 이 글을 번역한「조선고대의 미술공예」가 수록되어 있으나 번역문에 다소 차이가 있으니 비교 참조 바란다.

28 高裕燮. 1905-1944. 미술사학가. 경성제국대학 철학과 수학, 개성박물관장, 연희전문과 이화여전의 교수 역임. 저서에『송도고적(松都古蹟)』,『조선탑파(朝鮮塔婆)의 연구』등이 있다.

29 궁륭. 가운데가 높고 사방 주위가 점점 낮아지는 하늘 형상, 돔(dome).

30 원문에는 '가에루마타'(蛙股, 蟆股)이다. 기둥 위쪽의 무게를 지탱하기 위한 부재이면서 장식성을 가미하여 사용되었다. 부재의 생김이 발을 벌린 개구리 모양 같아서 이런 이름이 붙었다. 한국에서는 화반(花盤)이라고 한다.

31 anthemion. 고대의 전통적인 꽃잎 문양.

32 高濱虛子. 1894-1959. 시인, 소설가. 소설『조선』은 한일합방 직후인 1911년 2번에 걸쳐 조선을 여행, 이 경험을 소설로 형상화 한 작품이다.

33 有賀光豊. 1873-?. 1906년에 도한, 1918년 조선식산은행 이사역임.

34 赤星陸治. 1874-1942. 구마모토현 출신, 동경제대 법과대학 졸업. 일본의 실업가. 미츠비시 재벌에 입사하여 고이와이(小岩井)농장장, 미츠비시토지 사장, 회장을 역임.

35 弓削幸太郎. 1911년부터 10여 년에 걸쳐 총독부 학무국장을 역임. 조선총독부 초기 교육행정

의 중심인물. 저서에 『조선의 교육(朝鮮の教育)』(동경자유출판사. 1923)이 있다.

36 차야(茶屋). 손님에게 음식과 주색(酒色), 유흥을 제공하는 요리점.

37 단비사건. 중국 청나라 말기에 의화단이 산동, 베이징 등지에서 배외주의를 내세우며 일으킨 사건.

38 韓相龍. 1880-?. 관립영어학교(官立英語學校) 졸업. 1899년 일본 세이죠(成城) 중학교 수학. 1902년 대한제국 외부 참서관(參書官) 등을 지내고 1903년 한성은행 전무, 1908년 동양척식주식회사 창립이사 겸 조사부장, 1927년 중추원 칙임참의(中樞院勅任參議), 1945년에는 7명의 칙선귀족원의원 중 1인으로 뽑혔다.

39 石井柏亭. 1882-1958. 도쿄 출생. 본명은 이시이 미쓰요시(石井滿吉). 서양화가. 미술평론가.

40 마멋 marmot. 다람쥣과 마멋속 포유동물을 통틀어 이르는 말. 몸은 작은 토끼만하고 온몸이 회갈색으로 덮여 있다.

41 山本實彦. 1885-1952. 출판인. 출판사 가이조샤의 창립자. 가고시마(鹿兒島)현 출신. 1919년 종합잡지 『가이조(改造)』창간. 다이쇼에서 쇼와 초기에 엔폰(円本)이라는 출판물의 염가 판매를 하여 붐을 일으켰다. 1930년대 이후에는 정치가로 변신하였으나, 명암이 많은 생애를 보냈다. 대표 저서에 『사람과 자연(人と自然)』 등이 있다.

42 阿部充家. 1862-1936. 호 무부쓰(無佛). 1914년 8월 경성일보 사장 취임, 4년가량 조선에 머물며 경성일보와 매일신보를 경영하였다. 사이토(齋藤) 총독의 참모 역할을 하였다고 알려져 있으며 경성 굴지 언론사의 사장으로 활약하며 조선의 친일 지식인들과 폭넓은 교류를 하였다.

43 德富蘇峰. 1863-1957. 문필가, 언론인. 구마모토(熊本)현 출신으로 본명은 도쿠토미 이이치로(德富猪一郎). 1887년 민유샤(民友社)라는 출판사를 설립, 종합잡지 『국민지우(國民之友)』, 일간지 『국민신문(國民新聞)』을 발행하였으며, 『경성일보』의 감독을 역임하기도 하였다. 군국주의를 지지하였으며 일제시기 조선의 지식인들과 인적 교류가 많은 대표적인 인물이다.

44 副島道正. 1871-1948. 실업가, 캠브리지대학 졸업. 경성일보사장 역임. 경성일본에 「조선자치」를 주장하는 글을 발표한 바 있다.

45 藤森成吉. 1892-1977. 소설가, 극작가. 나가노(長野)현 출신. 도쿄제국대학 독문과 졸업. 1919년 『새로운 땅(新しい地)』 출간 후 왕성한 창작활동을 하였고, 이후 점차 사회주의에 경도됨. 『무엇이 그녀를 그렇게 하게 했는가(何が彼女をそうさせたか)』(1927)라는 작품으로 제목을 유행어를 남기기도 하였다.

46 池田林儀. 1892-1966. 저널리스트. 우생학자. 1920년대 후반 일본우생운동협회를 설립하고 잡지 『우생운동』을 창간하였다.

47 朴榮喆. 1879-1939. 일제강점기의 관료, 실업가. 호는 다산(多山). 1902년 관비유학생으로 일본육군사관학교 졸업. 러일전쟁에 참가, 한국병합 무렵 조선주차헌병대 사령부에 근무했다. 동양척식주식회사 감사, 삼남은행(三南銀行), 상업은행의 총재와 경성주재 만주국 명예총영사 역임. 저서로『50년의 회고(五十年の回顧)』,『조선동포에게 주는 교훈(朝鮮同胞に對する敎訓)』등이 있다.

48 약 30cm.

49 약 3.03cm.

50 약 3.75kg.

51 朴興植. 1903-1994. 경제인. 일제시기 지류 도매상에서 시작하여 1931년 화신백화점을 설립, 조선인 자본가로서 성장하였다. 1944년 전투기 생산을 위하여 조선비행기공업주식회사를 설립하여 해방 후 반민족행위처벌법에 의해 구속되었다.

52 愼鏞頊. 1901-1961. 기업인, 정치인. 일제시기 군수산업에 몸담았고 해방 후에는 제2, 3대 국회의원을 지냈다. 일본 동아항공전문학교를 졸업, 조선비행학교를 설립하였으며 1948년 대한국민항공사(KNA) 설립 항공노선을 운항하였다.

53 伊原宇三郎. 1894-1976. 일본 국내외에서 활동한 서양화가. 도쿠시마(德島) 출신. 1921 도쿄미술학교 졸업. 고전주의풍의 중량감 있는 나부상(裸婦像) 등의 수많은 인물화와 전시하에는 전쟁기록화를 남겼다. 피카소에 경도하는 글을 써서 일본에 피카소붐을 일으키는 데 일조했다.

54 井上收. 1887-?. 나가노(長野)현 출신. 1910년 도요(東洋)대학 졸업, 1919년 오사카 아사히 신문 경성 지국장 역임, 1927년부터 29년까지 조선총독부 관방문서과 촉탁, 잡지『조선』의 편찬 관여.

55 寺內正毅. 1852-1919. 정치가, 18대 내각총리대신, 1910년 한국통감으로 부임, 제1대 조선총독으로서 무단정치를 이끌었다. 1916년 내각총리대신이 되었고 제정 러시아의 시베리아 출정을 주장하였으나 1918년 총리사직 후 이듬해 사망했다.

56 ビリケン. 머리가 뾰족한 사람을 가리키는 말, 여기서는 데라우치의 별명임.

57 長谷川善道. 1850-1924. 1906년에 조선주차군(駐箚軍) 사령관 겸 임시통감 대리를 지냈고, 1915년 제2대 조선총독으로 부임하여 조선임야 조사령, 조선 지세령(地稅令)을 공포하는 등 무단정책을 폈다.

58 齋藤實. 1858-1936. 해군대장, 정치가. 1919년-1927년과 1929년-1931년 두 차례에 걸쳐 조선총독을 역임하였다. 3·1운동 이후 종전의 무단정치에서 '문화정치'로 통치방법을 전환시켰고, 1932년에서 1934년 내각총리대신이 되었다. 그의 내각은 만주국을 승인하고 국제연맹을 탈퇴하는 등의 조처로 논란을 불러일으켰다. 1936년 2·26 사건으로 청년장교들에 의해 살해되었다.

59 山梨半造. 1868-1944. 군인, 정치가. 육군대장을 역임했고 1927년 제5대 조선총독으로 부임했다가 1929년 매직(賣職)사건에 연루되어 사임했다.

60 宇垣一成. 1868-1956. 군인, 정치가. 오카야마(岡山)현 출신. 1931년-1936년 제6대 조선총독 역임. 육군상을 역임할 당시 1930년의 런던 군축회의의 무기감축안을 받아들여 군부의 반대에 직면하였다. 1938년 고노에 내각에서 외무상 겸 척무상이 되었고 2차 대전 이후에는 중국과의 갈등종식을 위하여 협상하였고 1953년에는 참의원에 당선되었다.

61 南次郎. 1874-1955. 군인, 정치가. 1931년 육군대신을 거쳐 1936년 제7대 조선총독으로 부임했다. 1937년 중일전쟁 발발 이후, '내선일체(內鮮一體)', '선만일여(鮮滿一如)'를 내세웠고 일본어 사용, 창씨개명 등 조선민족문화말살정책을 추진했다.

62 方漢駿. 1906-?. 영화감독. 나운규, 이규환, 최인규 등과 함께 한국영화 초창기 사실주의 영화를 대표하는 감독이다. 도쿄의 쇼치쿠 키네마에서 수련. 1935년 「살수차」로 데뷔. 1939년 「성황당」, 「한강」, 1940년 이후에는 「승리의 뜰」(1940), 「풍년가」(1942) 등 국책 영화를 주로 만들었다.

63 閔奎植. 1888-?. 경제인. 1918년 영국 캠브리지 대학 졸업, 1919년 미국 존스홉킨스 대학 박사원 입학, 귀국 후 1920년 한일은행 상무. 이후 한일은행, 조선견직 주식회사, 동방식산주식회사 등 여러 회사의 사장을 겸임. 1936년 동일은행 회장, 조선공영주식회사 등 여러 기업에 관여하였으며, 1942년에는 경기도 도회의원 역임.

64 金季洙. 1896-1979. 경제인. 교토대학 졸업. 동아일보 설립자인 인촌 김성수의 동생. 해동은행, 경성방직 사장, 만주국 총영사를 역임. 해방 후 삼양사 사장 등 대표적인 사업가이다.

65 李鐘萬. 대동광업 설립자. 창씨명 月城鍾萬.

66 崔昌學. 1890-?. 평안북도 구성 출신. 창씨명 松山昌學. 삼성금광 청설 조선 최대의 광업자로 불렸다. 대창산업 사장, 오산학교 이사장 역임, 친일단체 활동과 거액의 국방헌금을 헌납 등, 전쟁 지원활동을 하였다.

67 河駿錫. 1898-?. 창씨명 河本駿錫. 경남 창녕 출신으로 와세다대학(早稻田大學) 정치경제학부 경제학과를 졸업한 엘리트로 알려진 인물이다. 그는 창녕 부호 집안 출신으로 청년시절부터 실업가로 진출하면서 막강한 권력자로 성장하였다.

68 玄俊鎬. 1889-?. 전남 광주출신, 사업가. 1919년 호남은행 발기인으로 참여하여 1920년 대표이사가 되었으며 같은 해 동아일보사가 창립되자 10월에 감사역(監査役)을 맡았다. 1921년 보성전문학교 감사가 되었고, 1926년 전라남도 도시제사주식회사(道是製絲株式社), 조선생명보험주식회사 감사역 등 여러 기업에 관계했다. 1927년에는 광주여자고등보통학교를 설립했다. 1924년 전라남도 평의원이 되었고 1930년 6월에는 총독부 중추원 참의가 되어 1945년 8·15해방 때까지 중임했다. 1937년 광주보호관찰소 심사위원이 되었으며 1938년에는 전시국민통제기관인 국민정신총동원전라남도연맹 이사장, 조선총독부 시국대책조사위원회 위원이 되었다. 1941년 전쟁지원단체인 흥아보국단(興亞報國團) 상임위원이 되었고, 흥아보국단이

조선임전보국단(朝鮮臨戰報國團)으로 개편되자 이사를 맡았다. 일제가 조선인을 침략전쟁에 동원하기 위해 학병제를 발표하자 마지못해 독려강연에 동원되었다.

69 方義錫. 1895-1961. 기업인. 함경남도 북청 출신. 사립학교인 극명학교를 졸업하고 포목상을 운영한 것을 시작으로 점차 큰 부를 쌓아 '조선의 자동차왕'으로 불리면서 함경남도 지역을 대표하는 큰 부자가 되었다. 1920년대부터 자전거, 목재 판매업, 무역업, 운수업, 전기업, 금광업 등을 경영하였고, 기업인으로서 뛰어난 수완을 보였다. 중일전쟁 발발 후 고사기관총을 헌납하고 부인은 애국부인회에 거금을 기부하는 등 전쟁 지원에 적극적이었고 중추원 참의로 발탁되어 해방까지 재직 중이었다.

70 宋今璇. 1905-1987. 1919년 일본 도쿄여자고등사범학교 졸업, 1934년 이화여전 교수, 1937년 조선부인문제연구회 활동, 전시하 국민정신총동원조선연맹의 활동과 학병지원을 독려하는 활동에 참가하였다.

71 麻生久. 1891-1940 정치가, 노동운동가. 오이타(大分)현 출신. 도쿄제국대학 졸업. 다이쇼데모크라시의 계몽조직인 여명회(黎明會) 조직. 1936년 도쿄 중의원 의원. 1940년 9월 6일, 심장마비로 사망.

72 金基鎭. 1903-1985. 문학평론가, 소설가. 1921년 일본 릿쿄(立敎)대학 영문학부에서 수학. 1922년 토월회 활동. 장편소설『해조음』을 조선일보에 연재. 프로문학의 이론을 세웠고 조선 프롤레타리아 예술가 동맹(KAPF)의 실질적인 지도자로 활동했다.

73 원제목『탁류를 헤치고 나아가다(濁流に泳ぐ)』아소 히사시(麻生久, 1891-1940)의 저서. 그는 사회운동가, 정치가이다. 도쿄제대 법학부를 졸업하고 노동운동에 참여하였다. 이후 일본대중당, 전국노농대중당, 사회대중당의 서기장을 역임하고 1930년대 무렵부터 고노에(近衛文麿)의 측근 그룹에 참가, 1940년에는 신체제준비위원을 맡은 직후 같은 해 9월 사망했다.

74 崔貞熙. 1906-1990. 소설가. 1928년 서울중앙보육학교를 졸업하고 1930년 일본에 건너가 학생극예술좌에 참여했다. 여성 특유의 감각으로 심리묘사에 뛰어난 글을 썼다. 대표작『지맥』, 『인맥』,『천맥』은 여성의 불행한 운명을 다룬 3부작이다.

75 濱本浩. 1890-1959. 에히메(愛媛)현 마쓰야마(松山)시 출생. 고치(高知)시 출신. 도시샤(同志社) 중학부 중퇴. 하쿠분칸(博文館)중학세계 방문기자, 가이조샤(改造社) 교토지국장을 거쳐 1932년 작가생활을 시작. 『12층 아래의 소년들』(1935년)로 인정을 받게 되었고『아사쿠사(淺草)의 등불』(1937년)로 제1회 신초샤(新潮社)문예상 대중문예상을 수상했다.

76 문 무게 단위. 1문은 약 3.75그램.

77 에밀 마텔. 프랑스인으로 1905년에 대한제국에 초빙되어 경성대학에서 프랑스어를 가르쳤다. 마태을(馬太乙)이라는 이름으로 활동한 에밀 마텔은 한국에 오기 전에 영국에 유학해서 터득했던 축구를 학생들에게 가르쳐 이듬해 5월 동소문 밖 봉국사(奉國寺)에서 가졌던 운동회에서 처음으로 공개했는데 이것이 한국 최초의 축구 시합이었다고 한다.

78 철이 바뀌어 묵은 것 대신 햇것이 나오는 때.

79 盧壽鉉. 1899-1978. 1899년 경기도 개성에서 출생하였다. 호는 심산(心汕)이다. 한국의 동양화가. 조선미술전람회, 조선박람회(朝鮮博覽會)에 입선. 서울대학교 미술대학 교수 및 명예교수를 역임하였고, 대한민국예술원 회원에 선임되었다.

80 孤帆. 1899-1981. 이서구(李瑞求)의 호. 창씨명 牧山瑞求. 1899년 경기 안양(安養) 출생. 1919년 동아일보 기자, 1921년 조선일보의 도쿄 특파원을 거쳐 신극운동에 참여하여 토월회(土月會)를 창립, 1930년 동양극장 전무로 취임하여 『어머니의 힘』, 『정염(情炎)』 등 60여 편의 희곡을 썼다.

81 李浣. 조선 중기의 무신(1602-1674). 자는 징지(澄之), 호는 매죽헌(梅竹軒). 시호는 정익(貞翼). 병조 판서와 우의정을 지냈으며 병자호란 때 정방산성(正方山城)의 싸움에서 공을 세웠다. 효종 4년(1653)에 북벌임무를 맡았으나 효종의 죽음으로 실현하지 못하였다.

82 현존하는 일본 최고(最古)의 시가집. 나라(奈良)시대 말기에 완성되었음. 전 20권으로 서기 400년경에서 759년에 이르는 약 350년간에 걸친, 약 4,500수의 작품이 수록되어 있다.

83 굵고 마디가 많은 쌍꼬치 실이나 방적견사 등으로 촘촘하게 짠 평직(平織)의 견직물

84 久米正雄. 1891-1952. 중학교 시절부터 신경향 하이쿠에 뛰어났으며 도쿄대학 재학 중에 『신시초(新思潮)』에 『우유가게 형제(牛乳屋の兄弟)』를 발표하여 주목을 받았다. 스승 나쓰메 소세키(夏目漱石)의 장녀와의 실연을 소재로 한 『닭의 장풀(螢草)』, 『파선(破船)』으로 일약 유행작가가 되었다.

85 伊原宇三郎. 1894-1976. 서양화가. 신고전주의시대의 피카소의 영향을 받아 중후한 나체의 여인을 그렸으며, 2차 세계대전 이후에는 미술가를 위한 사회적 환경정비에 공헌하였다.

86 城戶四郎. 1894-1977. 평생 일본영화의 발전을 위해 노력한 영화프로듀서로, 영화사 쇼치쿠(松竹)의 사장을 역임하였다. 일본을 대표하는 프로듀서로 꼽힌다.

87 森岩雄. 1899-1979. 각본가, 영화 프로듀서. 영화사 도호(東寶)의 창시자 중의 한 사람으로 후에 사장을 역임하였다.

88 安夕影. 1901-1950. 영화인·삽화가. 나도향(羅稻香)의 연재소설 『환희』의 삽화를 그려 한국 삽화의 선구자가 되었다. 1934년 『춘풍(春風)』 이후 영화계에 투신하여 《심청전》을 첫 감독 작품으로 내놓은 뒤 시나리오 작가 및 영화감독으로 활약했다.

89 朴基采. 송계 정응민 명창의 제자로 판소리에 능했을 뿐만 아니라 일본에서 영화 수업을 받고 〈밤의 태양〉, 〈조선해협〉, 〈무정〉 등의 영화를 만든 영화감독으로 활약하였다.

90 山田不作. 山田耕筰의 잘못으로 생각됨. 야마다 고사쿠는 1886-1965. 일본의 대표적인 동요 고

추잠자리(赤とんぼ)의 작곡가.

91 鄭芝鎔. 1902-1950. 서울 휘문고등보통학교를 거쳐, 일본 도시샤(同志社)대학 영문과를 졸업했다. 귀국 후 모교의 교사, 8·15광복 후 이화여자전문 교수와 경향신문사(京鄉新聞社) 편집국장을 지냈다. 독실한 가톨릭 신자로 순수시인이었으나, 광복 후 좌익 문학단체에 관계하다가 전향, 보도연맹(輔導聯盟)에 가입하였으며, 6·25전쟁 후 북한에서 사망했다. 작품으로 『향수(鄉愁)』 등이 있다.

92 阿部知二. 1903-1973. 소설가. 평론가. 「주지적 문학론」으로 주목을 받았다. 『문학계』동인으로 연재한 『겨울집』 그리고 장편 『풍설』로 소화 10년대(1935-1944)를 대표하는 작가가 됨. 그의 자유주의 입장에서의 주지적 작풍은 많은 지식인을 매료시켰다.

93 森鷗外. 1862-1922. 일본의 소설가·평론가·군의관. 19세기 후반 당시 신문학의 개척기였던 일본문단의 대표적인 작가의 한 사람으로 많은 업적을 남겼다. 평론집·역사물 등 다방면에 저술이 있다.

94 Joseph Goebbels(1897-1945). 독일 나치스 정권의 선전장관. 국회의원, 당 선전부장으로 새 선전수단 구사, 교묘한 선동정치로, 1930년대 당세 확장에 크게 기여했다. 국민계발선전장관 등으로 문화면을 통제, 국민을 전쟁에 동원했다.

95 1922년 3월에 조직되었던 '국가사회주의 청년동맹(國家社會主義靑年同盟)'이 1926년 7월에 재건된 것이다. 18세까지의 청소년을 대원으로 하고, 돌격대의 일부로서 일종의 사회주의적 관념을 가졌으며, 이론학습을 위한 야간 모임이나 소풍·시위·선동활동을 하였다. 나치스가 정권을 장악한 후 비약적으로 발전하여 1934년 말에는 약 358만 명으로 증가하였다.

96 千石興太郎. 1874-1950. 산업조합주의를 제창하여 산업조합운동의 중심적 지도자 역할을 하였으며, 1945년에는 농림대신을 역임하였다.

97 咸貴奉. 해방공간에서 조택원과 최승희와 함께 활동한 무용가로, 당시로서는 드물게 마리 뷔그만 계열의 독일 표현주의 무용을 펼쳐 보였다. 광복 직후 함귀봉무용연구소·조선교육무용연구소 설립. 1946년 이후 월북.

98 본명은 박영인.

99 Moulin Rouge. 1889년에 탄생한 파리 몽마르트르에 있는 캬바레. 프랑스어로 「빨간 풍차」라는 의미인데 실제로 빨간 풍차가 있다. 노래와 춤, 캉캉 등을 믹스한 쇼로 유명하다.

100 原信子. 1893-1979. 일본 오페라 여명기의 소프라노의 제1인자. 일본에서 활약하다가 미국, 캐나다 각지를 순회공연하였고, 이탈리아 밀라노의 명문 스칼라의 전속가수로 활약하였다. 하라 노부코 가극 연구소를 설립하여 후진양성을 하였다.

101 尹致昊. 1865-1945. 정치가. 서재필·이상재 등과 독립협회를 조직하였으며, 1910년 대한기독교청년회연맹을 조직한 후 대성학교 교장으로 있다가 11년 105인 사건으로 10년 형을 선고

받았다. 일제강점기 말에 한때 변절, 일본제국의회의 칙선 귀족원의원을 지냈다.

102 金活蘭. 1899-1970. 한국의 여성운동가이자 교육자. 학교법인 이화학당 이사장 겸 이화여자대학교 총장으로 재직하였고 공보처장(公報處長)을 지냈으며 대한적십자사 부총재, 한국여학사협회 회장 등 여러 사회단체에서 활동하였다.

103 桂貞植. 1904-1977. 한국의 바이올린 연주자·지휘자 평양 출생. 일본 도쿄의 도요음악학교(東洋音樂學校)를 마치고, 독일에 건너가 1935년에 뮌헨예술대학을 졸업하였다. 국내 교향악단의 첫 지휘자가 되었다. 서울시립교향악단을 창립, 지휘했고 국제 오페라 협회의 창립 대표가 되었으며 한국 음악단체 연합회 최고위원을 지냈다.

104 李勳求. 1896-1961. 교육자·정치가. 1924년 일본 도쿄대학교 농학과와 미국 캔자스주립 농과대학 대학원을 수료하고 미국 위스콘신대학교에서 철학박사 학위를 받았다. 숭실전문학교(崇實專門學校) 교수 겸 농과과장을 역임, 1938년 조선일보사(朝鮮日報社) 주필 겸 부사장 역임. 저서『조선농업론』등이 있다.

105 崔奎南. 1898-1992. 한국의 물리학자. 이학박사. 서울대학 교수 및 총장, 물리학회장, 대한 교육 연합회 회장, 문교부장관, 국회의원, 경제과학심의회 상임위원, 인하공과대학 이사장, 학술원 종신회원(물리학), 기상협회장 등을 지냈다. 저서에『원자』,『동운논집(東雲論集)』, 역서에『당신과 원자력』이 있다.

106 源喆. 1896-1963. 1919년 연희전문학교 수물과(數物科) 졸업, 미국 미시간주립대학에서 수학과 천문학을 전공, 1926년『항성분광분석(恒星分光分析)』이라는 논문으로 이학박사 학위를 받았다. 이듬해 귀국, 연희전문 교수·중앙기독교청년회 이사를 역임하고, 8·15광복 후 6년간 재임하였다.

107 安浩相. 1902-1999. 호는 한뫼. 1924년 중국 상하이동제대학(上海同濟大學) 예과를 거쳐 1929년 독일 예나대학교를 졸업하고, 동 대학에서 철학 박사 학위를 받았다. 보성전문학교 교수, 서울대학교 문리과대학 교수 역임. 1948-50년 초대 문교부 장관 등을 지냈다.

108 牟允淑. 시인. 호는 영운(嶺雲). 1931년 이화여자전문학교 문과 졸업, 배화여자고등학교 교사, 「삼천리」기자, 경성방송국 기자 등 역임.

109 都宥浩. 1905-1982. 북한 고고학자. 함경남도 함흥 출생. 독일 유학. 해방 후 1947년 김일성종합대학교 교수 및 고고학연구소 소장에 임명되었다.

110 金載元. 1909-1990. 한국 고고학자. 호 여당(藜堂). 함경남도 함주 출생. 서울대학교 강사, 진단학회 간사장·평의원 등을 겸하고, 1955년 대한민국학술원 회원이 되었다. 저서에『단군신화의 신연구』,『조선미술』,『한국지석묘연구』,『감은사(感恩寺)』,『Arts of Korea』등이 있다.

111 柯子彰. 1910-2001. 대만 출신. 중국 복건성에서 성장. 13세에 일본으로 건너 감. 와세다대학 럭비 축구부에 입단하여 1930년 일본 대표로 캐나다 원정 선수에 발탁됨. 대학 졸업 후 만주 철도에서 근무. 일본 패전 후 대만에 귀국. 대만 럭비의 아버지로 불린다. 한국에도 중국에

서 귀화한 태안 가씨가 있기 때문에 대만인으로 알려진 가자창이 여기에 소개된 이유는 재고의 여지가 있다.

112 小野佐世男. 1905-1953. 도쿄미술학교 서양화과 졸업 후 호치(報知)신문사에 입사해 만화가가 되었으며 만화단체에도 소속되어 활동을 하였는데 특히 미녀화를 그리는 것으로 알려져 있다. 심근경색으로 48세에 급사함.

113 Marie Laurencin. 1883-1956. 20세기 전반에 활동한 프랑스 여성화가이자 조각가로, 감각적이며 유연하고 독특한 화풍 구사로 알려져 있다. 기욤 아폴리네르의 불후의 명시 「미라보 다리」는 그녀와의 이별의 아픔을 노래한 것으로 유명하다.

114 소맷자락이 긴 소매의 일본옷으로 미혼 여성이 입는다.

115 尹白南. 1888-1954. 소설가, 극작가 겸 연극영화인. 1917년에 백남(白南)프로덕션을 창립, 여러 편의 영화를 감독·제작했다. 한국 최초의 대중소설『대도전(大盜傳)』을 발표하였으며 민중극단을 조직, 신극운동을 전개하였다.

116 羅雲奎. 1902-1937. 영화인. 「아리랑」, 「벙어리 삼룡」, 「오몽녀」 등의 영화를 제작하였다. 항일영화를 만들어 민족혼을 고취시킨 공로로 사후 건국훈장이 추서되었다.

117 尹逢春. 1902-1975. 영화인 「잘 있거라」, 「벙어리 삼룡」 등의 영화에 출연하며 주목받았고 「승방비곡」에 출연하여 호평을 받았다. 1930년 「도적놈」으로 감독에 데뷔하여 「큰 무덤」, 「도생록」 등 민족주의자로서의 자유사상이 투영된 작품을 감독하였으며 다수의 계몽영화를 만들었다.

118 李錦龍. 1906-1955. 영화배우. 배재학당에서 수학하고 조선배우학교를 졸업했다. 20세에 나운규의 「아리랑」에 단역으로 데뷔했다. 그 뒤 「풍운아」, 「들쥐」, 「사랑을 찾아서」 등에 출연하여 연기력을 인정받았으며 특히 「사랑을 찾아서」에서의 나팔 부는 노인역은 호평을 받았다. 작고한 후 그를 추모해서 '금룡상'을 마련하였다.

119 徐恒錫. 1900-1985. 독문학자·연극인·예술원 원로회원. 1931년 극예술연구회 창립동인의 한 사람으로 연극운동에 투신하였다. 1933년 동아일보사 학예부장, 1948년 민주일보사 편집국장을 거쳐 1953년 중앙국립극장장(中央國立劇場長), 전국문화단체총연합회 최고위원 등을 지냈다. 서울특별시문화상·대한민국예술원상을 수상하기도 하였다. 저서로『한국연극사』가 있다.

120 비와호(琵琶湖)의 풍부한 자연 아래 농산물이 풍부했던 오우미에서는 일찍부터 장이 서고 상업이 활발히 이루어졌다. 가마쿠라시대에는 타 지역으로도 활발하게 행상을 시작했으며 에도시대에는 교통로가 발달함에 따라 일본 전국으로 진출해 나갔다. 이리하여 오우미상인은 일본 전국에 그 이름이 널리 알려지게 되었으며 거상을 수많이 배출한 것으로 유명하다.

121 朴泰遠. 1909-1987. 소설가. 필명은 몽보(夢甫)·구보(丘甫) 등. 1933년 구인회에 가담한 이후 반계몽, 반계급주의문학의 입장에 서서 세태풍속을 착실하게 묘사한『소설가 구보 씨의 1

일』, 『천변풍경』 등을 발표함으로써 작가로서의 위치를 굳혔다. 6·25전쟁 중 월북.

122　蔡萬植. 1902-1950. 『레디 메이드 인생』, 『탁류』, 『천하태평』 등 풍자적인 작품을 주로 쓴 소설가. 동아일보·조선일보 기자를 역임하기도 하였다.

123　韓雪野. 소설가. 본명 한병도(韓秉道). 함흥고등보통학교를 졸업하고, 1924년 도쿄(東京)에 있는 니혼(日本)대학 사회학과를 졸업하였다. 1936년에 당대 지식인의 불안 사조를 바탕으로 하면서도 성장하는 노동계급의 삶의 현장을 취급한 『황혼』을 발표하였다. 조선프롤레타리아예술동맹을 결성하였고 월북하여 초기 북한 문단을 주도한 것으로 알려졌다. 『청춘기』, 『귀향』 외 다수의 작품을 발표했다.

124　李無影. 1908-1960. 본명 용구(龍九). 충청북도 음성(陰城) 출생. 1925년 도일, 세이조(成城)중학교 수학. 일본작가 가토 다케오(加藤武雄) 문하에서 수업. 1932년 장편 『지축을 돌리는 사람들』을 동아일보(東亞日報)에 연재, 이어 『B녀의 소묘』 등의 단편과 희곡 『탈출』을 발표. 일제강점기 말(1942-1945)에는 『대동아전기(大東亞戰記)』, 『개천촌 보고』 등 친일적인 글들을 남겼다.

125　安懷南. 1909-?. 소설가. 『소년과 기생』 등의 작품들을 남겨 1930년대 신변소설의 대표적 작가로 꼽힌다. 일제징용 경험 이후 작품경향이 현실지향으로 변화하였다. 신소설 『금수회의록』을 쓴 안국선(安國善)의 외아들이다. 1948년 월북.

126　金東里. 1913-1995. 소설가·시인. 순수문학과 신인간주의의 문학사상으로 일관해왔다. 고유의 토속성과 외래사상과의 대립을 통해 인간성의 문제를 그렸고, 6·25전쟁 이후에는 인간과 이념의 갈등에 주안을 두었다. 작품은 『화랑의 후예』, 『무녀도』, 『역마』, 『황토기』, 『등신불』 등이다. 예술원상 및 3·1문화상 등을 받았다.

127　鄭飛石. 1911-1991. 문인 겸 소설가. 평안북도 의주 출생. 1932년 일본 니혼(日本)대학 문과 중퇴. 1935년 동아일보에 시 『여인의 상』, 『저 언덕길』 등을 발표. 1936년 단편 『졸곡제(卒哭祭)』가 동아일보 신춘문예에 입선하고, 1937년 단편 『성황당(城隍堂)』이 조선일보 신춘문예에 당선되어 데뷔했다.

128　金永壽. 1911-1977. 소설가·극작가. 1934년 동아일보에 희곡 『동맥』이, 1939년에는 조선일보에 소설 『소복(素服)』이 당선된 이래 희곡·소설의 많은 작품을 남겼다.

129　『개벽』 2권 2호(1935년 3월)에 발표된 원고에 따랐으며 일부 한자 표기, 한글 표기와 기호, 띄어쓰기, 줄바꾸기는 읽기 편하도록 바꾸었다.

130　『문장』(1940년 2월)에 발표된 원고에 따랐으며 일부 한글표기와 기호, 띄어쓰기, 줄바꾸기는 읽기 편하도록 바꾸었다. 일부 사투리 표현은 그대로 살렸다.

131　『문장』(1939년 6월)에 발표된 원고를 참조하였으며 일부 한글 표기와 기호, 띄어쓰기, 줄바꾸기, 외래어표기는 읽기 편하도록 바꾸었다.

132 崔明翼. 1903-1978. 소설가. 지식인의 심리와 남녀 간의 갈등을 섬세하게 파헤쳤으며, 이상 (李箱)과 함께 심리소설의 대표작가로 불린다. 일제시기 대표적인 모더니즘 소설로 꼽히는 「심문(心紋)」은 만주 하얼빈을 무대로 무력한 지식인의 고뇌를 그려냈다. 소설집으로『장삼 이사』(1947), 『맥령(麥嶺)』(1948) 등이 있으며 수필집으로『글에 대한 생각』(1964)이 있다.

133 일본 연극에서 배우들이 다니는 통로.

134 인화문 분청사기인데, 이 분청사기에 신선한 맛을 느낀 일본인들은 '미시마데(三島手)'라고 불렀다.

135 寸. 척관법에서 길이의 단위이다. 尺의 10분의 1일 寸이다. 寸의 10분의 1이 分이다.

136 帶. 일본옷에서 허리에 두르는 띠, 또는 그 장식.

개정판

잡지 《모던일본》 조선판 1940 완역

발행일 2020년 11월 13일

지은이 모던일본사
옮긴이 박미경 · 윤소영 · 채영님 · 홍선영
펴낸이 박영희
편집 박은지
디자인 최소영
마케팅 김유미
인쇄·제본 AP프린팅
펴낸곳 도서출판 어문학사
　　　　서울특별시 도봉구 해등로 357 나너울카운티 1층
　　　　대표전화: 02-998-0094/편집부1: 02-998-2267, 편집부2: 02-998-2269
　　　　홈페이지: www.amhbook.com
　　　　트위터: @with_amhbook
　　　　페이스북: www.facebook.com/amhbook
　　　　블로그: 네이버 http://blog.naver.com/amhbook
　　　　　　　　다음 http://blog.daum.net/amhbook
　　　　e-mail: am@amhbook.com
　　　　등록: 2004년 7월 26일 제2009-2호

ISBN 978-89-6184-964-7 (03910)
정가 18,000원

이 도서의 국립중앙도서관 출판예정도서목록(CIP)은 서지정보유통지원시스템 홈페이지
(http://seoji.nl.go.kr)와 국가자료종합목록 구축시스템(http://kolis-net.nl.go.kr)에서 이
용하실 수 있습니다. (CIP제어번호 : CIP2020043572)